本书受中央财政支持地方高校科研项目"课堂教学改革创新专业支持团队建设"资助

课堂研究方法

王 鉴 ◇ 著

中国社会科学出版社

图书在版编目(CIP)数据

课堂研究方法 / 王鉴著. —北京：中国社会科学出版社，2019.9
ISBN 978 - 7 - 5203 - 4997 - 0

Ⅰ.①课… Ⅱ.①王… Ⅲ.①课堂教学—教学法—研究
Ⅳ.①G424.21

中国版本图书馆 CIP 数据核字(2019)第 200513 号

出 版 人	赵剑英
责任编辑	周晓慧
责任校对	无　介
责任印制	戴　宽

出　　版	中国社会科学出版社
社　　址	北京鼓楼西大街甲 158 号
邮　　编	100720
网　　址	http://www.csspw.cn
发 行 部	010 - 84083685
门 市 部	010 - 84029450
经　　销	新华书店及其他书店
印　　刷	北京明恒达印务有限公司
装　　订	廊坊市广阳区广增装订厂
版　　次	2019 年 9 月第 1 版
印　　次	2019 年 9 月第 1 次印刷
开　　本	710 × 1000　1/16
印　　张	35.75
插　　页	2
字　　数	501 千字
定　　价	178.00 元

凡购买中国社会科学出版社图书，如有质量问题请与本社营销中心联系调换
电话：010 - 84083683
版权所有　侵权必究

作者简介

王鉴，1968年生，甘肃通渭人。教育学博士，教育部长江学者特聘教授，现任云南师范大学二级教授、博士生导师。《当代教育与文化》杂志主编。学术兼职有：教育部民族教育专家委员会委员，教育部基础教育课程改革专业支持小组专家组成员。中国少数民族教育学会常务理事、中国教育学会常务理事，教育人类学专业委员会副理事长。北京师范大学、南京师范大学、西北民族大学、新疆师范大学、西藏民族大学、青海民族大学、青海师范大学、山西大学等兼职教授。曾任西北师范大学教育学院副院长，教育部人文社会科学重点研究基地西北师范大学西北少数民族教育研究中心主任。主要从事课程与教学论、少数民族教育研究。先后在《教育研究》《民族研究》《心理学报》等期刊发表学术论文180余篇。出版专著《课堂研究概论》《民族教育学》《实践教学论》《多元文化教育比较研究》（合著）、《教师与教学研究》《课程与教学基本原理》等十余部。主持并完成国家社会科学基金项目"我国少数民族双语教学的实践效果调查研究"等十余项，研究成果曾获中共中央宣传部"五个一工程"奖、全国教育科学优秀成果二等奖、甘肃省社会科学优秀成果二等奖等。2013年入选国家百千万人才工程国家级人选，并被授予有突出贡献中青年专家称号。2014年享受国务院特殊津贴。2015年荣获"全国先进工作者"荣誉称号。2017年入选云南省千人计划"云岭高层次人才"。2018年入选青海省千人计划青海师范大学杰出人才。

目　录

引　言 ………………………………………………………… (1)

第一编　课堂研究的方法论基础

第一章　人文社会科学研究的解释性 ………………… (29)
　　一　人文社会科学及其研究特点 ……………………… (29)
　　二　人文社会科学的解释研究方法 …………………… (33)
　　三　关于人文社会科学研究方法的反思 ……………… (37)

第二章　人文社会科学研究的原创性 ………………… (40)
　　一　人文社会科学研究的原创路径 …………………… (40)
　　二　教育研究的原创路径 ……………………………… (44)

第三章　人文社会科学研究的实践性 ………………… (53)
　　一　人文社会科学效法自然科学研究之历程 ………… (53)
　　二　人文社会科学研究的知识类型 …………………… (56)
　　三　人文社会科学研究的实践方法 …………………… (58)

第四章　教育学属于人文社会科学 …………………… (62)
　　一　判定教育学学科性质的依据问题 ………………… (63)
　　二　教育学与自然科学、人文科学、社会科学之间的
　　　　关系 ………………………………………………… (68)

· 1 ·

三　教育学属于人文社会科学 …………………………… (72)

第五章　教育民族志研究的理论与方法 …………………… (77)
　　一　教育民族志及其研究层次 …………………………… (77)
　　二　教育民族志研究的历史及经典案例 ………………… (82)
　　三　教育民族志研究的一般步骤及主要方法 …………… (87)

第六章　课堂研究：从学术殿堂走进生活世界 …………… (94)
　　一　课堂研究的意义 ……………………………………… (94)
　　二　课堂志的含义、特点与方法 ………………………… (96)
　　三　课堂志研究以理论创新推动教学变革 ……………… (108)

第二编　课堂研究理论反思

第一章　教学论学科建设问题反思 ………………………… (115)
　　一　教学论学科建设的历程回顾 ………………………… (115)
　　二　教学论学科建设的主要内容 ………………………… (119)
　　三　教学论学科建设中存在的问题及其反思 …………… (124)

第二章　从演绎到归纳：教学论的知识转型 ……………… (129)
　　一　演绎体系的教学论 …………………………………… (130)
　　二　归纳体系的教学论 …………………………………… (132)
　　三　教学论的知识转型：从演绎到归纳及其相互
　　　　关系 …………………………………………………… (134)

第三章　当代中国特色教学论的发展历程 ………………… (139)
　　一　当代中国教学论的发展阶段 ………………………… (139)
　　二　当代中国教学论发展的启示 ………………………… (156)

第四章　中国特色教学论学派 …………………………（164）
　　一　学派及其特点 ………………………………………（164）
　　二　中国教学论及其学派的形成 ………………………（166）
　　三　中国特色教学论的发展 ……………………………（176）

第五章　教学理论如何介入教学实践 ……………………（181）
　　一　教学理论为什么要介入教学实践 …………………（182）
　　二　教学理论介入教学实践的路径 ……………………（185）
　　三　教学理论介入教学实践的价值 ……………………（188）

第六章　我国教学研究范式的转型 ………………………（191）
　　一　教学研究的嬗变历程和发展趋势 …………………（192）
　　二　我国教学研究的变革 ………………………………（198）
　　三　我国新型教学研究的路径和方法 …………………（202）

第七章　课堂研究范式的转型 ……………………………（210）
　　一　课堂研究范式的界定 ………………………………（210）
　　二　课堂研究范式的转型发展与多元共存 ……………（211）
　　三　我国课堂研究范式转型的路径 ……………………（218）

第三编　作为教学研究方法的课堂志

第一章　课堂的困境与变革 ………………………………（227）
　　一　课堂的困境 …………………………………………（227）
　　二　课堂的变革 …………………………………………（233）

第二章　我国课堂研究的理论及其发展共势 ……………（248）
　　一　我国课堂研究的几个重要流派 ……………………（249）
　　二　我国课堂研究的发展共势 …………………………（293）

第三章 课堂志的方法 ……………………………………（300）
  一 课堂志的基本含义 ………………………………（300）
  二 课堂志研究的特点 ………………………………（306）
  三 课堂志研究的一般过程 …………………………（314）
  四 课堂志研究的方法 ………………………………（318）

第四章 课堂志的案例研究 ……………………………（354）
  一 自主学习的课堂志研究 …………………………（354）
  二 合作学习的课堂志研究 …………………………（360）
  三 探究学习的课堂志研究 …………………………（367）

第五章 教师研究课堂的理论与方法 …………………（375）
  一 教师研究课堂中专业引领的价值 ………………（375）
  二 在集体备课活动中促进教师专业发展 …………（386）
  三 在听评课活动中研究课堂教学 …………………（397）

第四编　现代教学论与课堂研究

第一章 "互联网＋"视域中的现代教学论 ……………（409）
  一 教育实践变革与理论创新的时代背景 …………（410）
  二 教育实践领域的变革 ……………………………（411）
  三 教育理论领域的创新 ……………………………（416）

第二章 现代教学论的发展基础 ………………………（421）
  一 关于教学论与现代教学论 ………………………（421）
  二 现代教学论的学科史基础 ………………………（424）
  三 现代教学论的相关学科基础 ……………………（427）
  四 现代教学论的实践发展基础 ……………………（429）

第三章　现代教学理论与课堂教学改革 ……………………（433）
　　一　教学认识论 ………………………………………（434）
　　二　教学实践论 ………………………………………（435）
　　三　教学建构论 ………………………………………（436）
　　四　教学交往论 ………………………………………（438）
　　五　教学生活论 ………………………………………（439）

第四章　课堂生活及其实质 ………………………………（442）
　　一　对课堂生活内涵的理解及其意义阐释 …………（443）
　　二　课堂生活的构成内容及其变革途径 ……………（447）
　　三　课堂生活研究及其方法 …………………………（452）

第五章　高效课堂的理念及其建构策略 …………………（458）
　　一　高效课堂的核心理念 ……………………………（458）
　　二　建构高效课堂的主要条件 ………………………（463）
　　三　建构高效课堂的主要策略 ………………………（468）

第六章　课堂教学如何构建学生发展核心素养 …………（477）
　　一　学生能动者及能动性分析 ………………………（478）
　　二　课堂教学结构及其变革 …………………………（483）
　　三　在课堂时空转换中落实学生发展核心素养 ……（487）

第七章　翻转课堂的本质 …………………………………（493）
　　一　什么是翻转课堂 …………………………………（493）
　　二　传统课堂及其弊端 ………………………………（498）
　　三　翻转课堂的历史 …………………………………（501）
　　四　翻转课堂的本质 …………………………………（505）

第八章　结构化理论视角下的课堂教学变革 ……………（509）
　　一　社会结构化理论构成分析 ………………………（510）

二　传统课堂教学结构分析 …………………………… (515)
　　三　现代课堂教学结构分析 …………………………… (522)

第九章　教学模式与学习方式的关系 ………………………… (529)
　　一　"不适"：在教学模式和学习方式变革中寻求
　　　　平衡 …………………………………………………… (529)
　　二　"不适"：在学习者边缘性问题的解决中探寻
　　　　平衡之道 ……………………………………………… (533)

第十章　从"适教课堂"到"适学课堂" …………………… (540)
　　一　两种课堂范式的并存与更替 ……………………… (540)
　　二　"为教而教"批判 …………………………………… (543)
　　三　"适教课堂"及其特点 ……………………………… (546)
　　四　"为学而教"理念 …………………………………… (550)
　　五　"适学课堂"及其特点 ……………………………… (553)

参考文献 ………………………………………………………… (557)

后　记 …………………………………………………………… (561)

引　言

　　假如我们能够认识到人文社会科学研究不应该成为自然科学研究的翻版，并且它可能还是一种完全不同类型的科学研究的话，那就需要重新确定人文社会科学的研究方法及其规则。关于人文社会科学研究方法，主要存在着三种基本的观点。第一种是功能主义的，以法国著名的社会学家迪尔凯姆为代表，他强调每一学科领域都必须按照其自身的规则开展研究。他在《社会学方法的规则》中指出："如果把社会现象只作为哲学问题的话，自然不必用什么特别的和具体的方法，只要用通常的演绎的和归纳的方法推论，把一般概括当作大致的观察就够了。事实上，社会现象必须加以细致的考察才能被真正了解。也就是说，研究事物，必须以事物为主，而不能以一般性原理为主；对一些问题的研究，必须进行特别的实验才能弄清楚；考察所得的证据还必须合乎逻辑。"[①] 因此，迪尔凯姆倡导建立一种明确的社会科学方法来对各种社会现象进行特别研究。其研究方法的核心在于，一方面把社会现象作为事物来研究，而不是作为观念来研究；另一方面认为人文社会科学的研究应该有专门的方法与规则。第二种是解释主义的，以美国著名的文化人类学家克利福德·格尔茨为代表，他继承了解释主义的方法论，以人类文化为研究对象，分析了"深描""解释"方法在人文社会科学研究领域的运用。他在

---

　　① ［法］埃米尔·迪尔凯姆：《社会学方法的规则》，胡伟译，华夏出版社1999年版，第2页。

《文化的解释》中指出："理论建设的根本任务不是整理抽象的规律，而是使深描成为可能；不是越过个体进行概括，而是在个案中进行概括。"[1] 他进而指出，人文社会科学的研究重点不在于探寻规律，而是寻求意义。第三种便是结构主义的，以吉登斯为代表，他在批判继承结构主义理论的基础上，创造性地提出"结构二重性"理论。他尖锐地批判了功能主义所倡导的社会客体的某种霸权地位和各种解释主义所确立的某种主体霸权地位，并指出："社会科学研究的基本领域既不是个体行动者的经验，也不是任何形式的社会总体的存在，而是在时空向度上得到有序安排的各种社会实践。"[2] 这三种研究方法不限于社会学或人类学，而是涉及整个人文社会科学，教育学的研究方法也明显地受到不同时期不同方法的影响。这不仅因为教育学作为人文社会科学的一门学科，它与普遍的人文社会科学的研究方法有必然的联系，而且因为教育学内部丰富的学科性质决定了它独特的研究方法。

教育学是一门内涵十分丰富的学科，作为研究人的培养与成长的学科，教育学自然有着丰厚的理论性，同时，人们也无法否认它所具有的较强的实践性。关于教育学的学科性质历来存在着争议。教育学内部的下位学科体系庞杂，其学科属性各不相同。教育哲学与教育史就明显地属于人文科学，教育管理学与教育经济学等又明显地属于社会科学，而课程与教学论、高等教育学、学前教育学、职业教育学等既有人文学科的属性，又有社会科学的属性。因此，在分析教育学的学科属性时，一定要具体情况具体对待，要对其学科内部的结构进行分类分析。有学者认为教育学属于人文科学，也有学者认为教育学属于社会科学，还有学者提出教育学属于人文社

---

[1] ［美］克利福德·格尔茨：《文化的解释》，韩莉译，译林出版社1999年版，第33页。

[2] ［英］安东尼·吉登斯：《社会的构成》，李康、李猛译，中国人民大学出版社2016年版，第2页。

会科学。① 对于教育学的学科属性问题的长期争论，从一个侧面说明了教育学学科性质的复杂性。通常来讲，教育学的研究应包括两个方面，即宏观教育学与微观教育学。宏观教育学主要研究教育事业。教育事业是作为一种典型的社会现象而存在的，可以作为事物的存在和活动来研究。教育学的另一层面是微观教育学，其主要的研究对象是教育活动，既包括学校的教育活动、家庭里的教育活动，也包括其他"学习型组织"里的教育活动。比如我们通常所说的"课堂教学活动"便是一种典型的微观教育现象，是微观教育学研究的对象。微观教育现象包含两种情况。其一，微观教育现象的社会组织及其存在方式。微观教育现象是宏观教育现象的"基层组织"，它不可避免地要受到宏观教育现象的制约和影响。课堂的组织与活动更是特殊社会的缩影，因此从社会学角度研究课堂教学的理论便被认为是社会学领域的研究向教育领域的延伸，这样，微观教育学研究不可避免地打上了社会科学的烙印。其二，微观教育现象的人文精神教育及其存在方式。微观教育现象必然涉及人的精神、道德、价值、情感、态度等，无论是教育者还是受教育者都有自己的精神世界、价值世界、意义世界。微观课堂教学活动的过程就是在教师有目的、有计划、有组织的影响下学生精神世界成长的活动方式与存在方式，这些方面虽然也受到社会存在和社会意识形态的制约，但最根本的属性表现出较强的人文科学的特点。所以，课堂教学研究所形成的课程与教学论从其本质而言是属于人文社会科学的研究，它的研究方法必然受到人文社会科学研究方法的影响。

功能主义兴起于 20 世纪四五十年代，它被广泛地运用到语言学、心理学、建筑学、社会学、经济学和教育学等众多学科中，形成了"生物学隐喻"的功能主义研究方法。功能主义包括不同的学派和作者，但他们有一些共同的研究规则。其一，他们以社会系统

---

① 张楚廷：《教育学属于人文科学》，《教育研究》2011 年第 8 期；王洪才：《教育学：人文科学抑或社会科学？——兼与张楚廷先生商榷》，《教育研究》2012 年第 4 期；王鉴、姜振军：《教育学属于人文社会科学》，《教育研究》2013 年第 4 期。

的均衡或整合来说明社会实践的持续性，这些实践是扎根于这种社会系统中的。其二，功能主义理论家重建了合理性概念。其三，功能主义利用了功能的必要条件概念。①迪尔凯姆是功能主义最著名的研究者之一，他的《社会学方法的规则》就是在批判继承孔德和斯宾塞的社会学理论基础上专门研究社会学方法的力作。迪尔凯姆认为，一门学科的产生，必须有它特殊的研究对象，以及研究这种对象的特殊方法。关于社会现象，迪尔凯姆认为，这是社会学研究的首要方法问题，既不能将社会现象简单地等同于社会中的普遍现象，也不能将普遍的、概括的现象称为社会现象，社会现象是独立于个人的特殊现象，可将社会现象分为动态部分与形态部分。他认为：“关于思想、行为和感觉的现象，我们统称为活动状态现象。它们是社会现象的基本部分。另外，社会上还存在一些外貌的、形态的现象，我们称其为存在状态的现象，它们同样与社会生活的基本条件有关，因此也属于社会学感兴趣的社会现象。”②关于社会现象的研究，迪尔凯姆提出了两套规则，即观察社会现象的规则和解释社会现象的规则。在批判"主观臆断"社会现象问题的基础上，迪尔凯姆提出将社会现象看作客观事物的具体规则，"社会学者研究社会现象，必须想办法从那些排除了个人特殊现象和已经确定的事物入手"③。在此基础上，迪尔凯姆进一步提出了区分规则现象和不规则现象的规则。在观察社会现象时，研究者可能会遇到各种各样的现象，但总可以概括为规则的现象和不规则的现象。规则的现象就是指那种应该怎样就怎样的现象，可以称之为常态的现象；不规则的现象是指应该这样，但它偏偏不是这样的现象，可以称之为病态的或者不规则的现象。区分这两类社会现象的规则是：如果某些形式在相似类型的社会里有规则地发生，并且它们在社会

---

① [英]帕特克里·贝尔特：《二十世纪的社会理论》，瞿铁鹏译，上海译文出版社2002年版，第40页。

② [法]埃米尔·迪尔凯姆：《社会学方法的规则》，胡伟译，华夏出版社1999年版，第11页。

③ 同上书，第37页。

里完成了必要的功能，那么它们在特定社会里就是正常的，其形式就为规则现象。如果其形式并不满足这些条件，那么它们就是不正常的现象。正常与不正常形式的区别对迪尔凯姆规定什么是需要做到的尝试是极其重要的，正常形式要被促进，不正常形式要被根除。关于解释社会现象的规则，最能反映迪尔凯姆功能主义的方法论。他指出："大多数社会学者对于社会现象，都以为只有考察它有什么用处，或者它在社会中扮演了什么角色，才能称得上是对这一现象的研究。他们以为事物存在的原因是由于它们对社会的效用，除了这种效用之外，其他原因都是不重要的，是非决定性的；正是为了了解这种效用，才促使人们去研究事物。因此，他们认为只要能够解释事物的实际效用或说明事物的存在对于社会有什么需要，就可以称得上完全了解那件事物。"① 他们这种解释社会现象的方法，混淆了事物存在和事物效用这两个极不相同的方面。事物的所谓效用，是假设它具有这些方面的特别属性，这些属性说明了事物的特征，而不是事物产生的原因。事物的存在有它自己的原因。总之，要了解一件事物，就必须根据事物的因果关系进行探寻，直到人们能够直接观察实际事物为止。事物存在的原因可以独立于事物存在的目的，将事物存在的原因和事物的功能区分清楚之后，再通过社会去解释社会现象，厘清事物之间的因果关系。因果分析解释社会现象连续发生的原因，而功能分析则根据社会实践扎根于其中的"社会有机体的一般需求"，对社会运行的持续状态做出解释。由此可见，迪尔凯姆社会学方法的规则特别强调对社会现象的分类与观察并提出相应的规则。关于社会现象他强调了现象的客观性与现象的社会性，前者要求研究者不要主观臆断地想象社会现象，或者从情感上一厢情愿地把主观的先验强加给社会现象。后者要求通过社会来解释社会现象，而不是通过常识或经验主观地理解社会现象。关于社会现象的研究规则，他强调了区分规则现象与

---

① ［法］埃米尔·迪尔凯姆：《社会学方法的规则》，胡伟译，华夏出版社 1999 年版，第 73 页。

不规则现象的规则，形成了研究事物存在与事物功能的规则。任何事物都必须在一定的"场"中才能存在和表现出来，社会现象的"场"就是社会环境。因此，研究社会现象的方法和规则必须被放到各种社会实践的现场去检验。

迪尔凯姆关于社会现象的方法及规则对于社会学及整个社会科学的影响较大，教育学领域的研究者并未对这一方法论进行深入的思考，即教育学领域缺乏对教学现象的研究。课程与教学论的研究者宣称其研究对象是课堂教学现象，可在当前所有的著作中都很难看到对教学现象的界定与分类，更谈不上对教学现象的研究了。正如格尔茨所批判的那样："研究对象是一回事，对对象的研究则是另一回事。"① 不以教学现象为研究对象的课程与教学论体系是如何建立起来的呢？只能通过逻辑的演绎方法，从哲学、心理学、社会学等学科中推演而来，由此形成的理论距离教学实践活动十分遥远，更难以指导教学实践活动。这种主观臆断的研究方法正是迪尔凯姆所批判的。当前课程与教学论的研究方法就要在界定什么是课堂教学现象的基础上，对教学现象进行分类并提出不同教学现象的具体研究方法，在对这些方法运用的过程中不断完善其研究方法体系。

什么是教学现象呢？理解教学现象必须从理解现象和本质这一对哲学范畴开始。"本质是事物的内部联系，它由事物的内在矛盾构成，是事物的比较深刻的一贯的和稳定的方面。现象是事物本质在各个方面的外部表现，一般是人的感官所能直接感觉到的，是事物的比较表面的零散的和多变的方面。"② 教学现象就是在教学活动过程中所表现出来的有关教学的比较表面的、零散的和多变的外部联系，是教学活动过程中可以看得见、摸得着的各个方面。而教学活动的本质或规律就是教学活动内部的联系，由教学的内在矛盾构成，是教学活动比较深刻的、一贯的和稳定的方面。对教学论的

---

① ［美］克利福德·格尔茨：《文化的解释》，韩莉译，译林出版社1999年版，第19页。

② 《辞海》（中），上海辞书出版社1979年版，第2854页。

规律不能从主观臆想的或演绎的推论来研究，而应从对复杂、多变的教学现象的观察中研究得出稳定的、必然的规律。我们在理解教学现象时，不能简单地将其等同于课堂教学过程中发生的所有现象。"课堂教学中的现象可能会包括一些社会现象、心理现象和教学现象。课堂教学中的社会现象是教育社会学的重点研究对象，课堂教学中的心理现象是教育心理学的重点研究对象，只有课堂教学过程中表现出来的教学现象才是真正的教学论的研究对象。"① 课堂教学现象的表现还包括较为普遍性的教学科学现象和具有情境性的教学人文现象两个方面。教学科学现象常常和教学规律相关，而教学人文现象常常和教学艺术相关，表现出较强的情境性与生成性。课堂教学的存在现象是教学活动的一些外貌的、形态的现象，也可称之为"存在状态现象"，它们与教学活动的基本条件相关，因此属于教学论研究的教学现象，如课堂教学所在地的地理、生态、文化环境、物质条件、交通情况、居住环境、民族关系等。课堂教学现象的重点应该是教学活动现象，也将其称为"活动形态现象"，它们是教学现象的主体，是基本的部分，是关于教学活动的思想、行为和感觉的现象。也就是说，教学现象可分为存在形态现象与活动形态现象，其中存在形态现象是条件，活动形态现象是目的。存在形态现象与活动形态现象有着相似的特征。存在形态对个人的强制也和活动形态对个人的强制一样。当我们研究一个课堂的教学现象时，不能仅仅从地理上的观察或物质上的分析来说明，因为除了这些物理的自然现象或环境现象以外，还有精神的或道德的因素，这些因素通过教学活动本身来传递。课堂教学中存在形态现象和活动形态现象的差别只在于表现程度的强弱不同而已。存在形态现象和课堂教学存在的原因相关，活动形态现象和课堂教学的功能相关。我们在观察和解释课堂教学现象时，必须分别研究产生教学现象的真实原因和教学现象所实现的功能。我们必须弄清楚和明确一种教学现象与教学活动机体与它的需要之间，究竟有没有相适

---

① 王鉴：《论课堂教学现象及其研究方法》，《教育研究与实验》2006 年第 6 期。

应的地方。如果有的话，这种适应的地方表现在哪里。对教学现象产生的原因和教学现象所达成的功能这两类问题，不仅应该予以分别研究，而且应当把原因问题放在功能问题之前考察，即只有在研究清楚原因问题之后，才能研究其功能问题，这种先后顺序符合事物本身发展的次序。研究教学现象，首先要找它存在的原因，然后再考察其功能，这是顺理成章、符合逻辑的研究方法。当然，顺序问题并不是重要或不重要的问题，将考察教学现象的功能问题放在分析教学现象的原因之后，并不是说"功能现象"不重要，"原因现象"重要，恰恰相反，教学活动的功能虽然不是教学生存的理由，但是，一般地说，教学活动能够存续下去，必须有其存在的效用。因为一种绝对无效用的教学活动客观上是不可能存在下去的，它于教学活动而言是多余的、无用的。但是，我们不要忘记，教学活动现象中确实存在着一些没有功效的现象，这便是低效教学或无效教学的活动，它毕竟是教学活动的病态现象和不规则现象，是教学活动中应通过正常的、规则的现象来予以消解的现象。

教学现象是复杂多变的，但同时又是可以认识和把握的。从迪尔凯姆关于社会现象的规则与不规则的分析方法出发，教学现象亦可以分为规则的教学活动现象和不规则的教学活动现象、规则的教学存在现象和不规则的教学存在现象四大类。

所谓规则的教学活动现象是指教学活动应该怎么样就怎么样的现象。它们是在教学活动构成要素诸方面及其关系中所表现出来的正常的、规则的教学现象，是课堂教学中较为普遍的现象，通过课堂观察就能把握其中的必然性规律。规则的教学活动现象是指在教学活动过程中所表现出来的运动特点、存在状态（即一定的时空特征）、内在结构和具体属性（即教学诸要素之间的联系及其性质），特别是随着教学活动发展变化过程的展开而表现出来的一系列教学阶段、环节、问题等方面的表现形式。教学活动是由教师教的活动与学生学的活动所组成的双边活动。教师作为能动者，他对自己的所作所为有较强的反思能力，教师之反思性特征是教学实践循环往复的安排过程中根深蒂固的要素，教学实践的连续性是以反思性为假设前提的，但反过来，实践活动之所以可能具有反思性，又恰恰是因为它的连续性使得实践在时空向度上体现出独特的类同性。学生是发展中的能动者，他们同样具有一定的反思意识，学生的学习活动作为一种绵延发生的实践活动，是一种持续不断的行为流。教师与学生从事教学活动的场中必须存在一定的资源及其规则，这些资源与规则是教学活动的存在现象，在存在现象中最根本的教学现象是教学的活动现象。规则的教学活动现象之所以是规则的，是因为教学活动从理论上已经形成了一个比较成熟且完整的体系和分析框架，这一框架正是作为能动者的主体与作为制度与文化存在的资源与规则之间相互作用而形成的较为稳定的、正常的、规则的教学活动所表现出来的样态。这一规则的教学活动现象的直接表现方式是"有教有学"的教学活动和"有学无教"的学习活动。正因为这样，所以英国教育家赫斯特在其《教育哲学》中明确表示："一般来说，教育过程既包括'学习'，也包括'教学'。'学习'乃教育的逻辑必然，而'教学'不是。"赫斯特进而指出："教育过程即学习过程，这种学习过程可能因教学而得到促进，理想的心理状态（包括知识和能力）由于学习而得到发展。"[1] 不管是教学活动还是学习活动，都应该既有静态的结构成分，也有动态的结构成分；既包括实体系统，也包括属性系统。所以，规则的教学活动现象就是教学实体现象，即教学要素及其关系在教学活动过程中的表现，既可以从基本的教学三要素角度分析，也可以从全面系统的七要素角度把握。

所谓规则的教学存在现象，是指教学活动发生的场的特点及其表现样态。规则的教学活动现象发生的场便是教学的存在现象，它常常与教学活动展开的生态、文化、条件等密切相关，是保障规则的教学活动顺利进行的外在条件。教学活动总要存在于一定的场域中，场既是物质的，又是文化的，当物质的条件和文化的条件相对

---

[1] P. H. Hirst, What is Teaching? In R. S. Peters (ed.), *Philosophy of Education*, Oxford: Oxford University Press, 1973, p. 172.

稳定的时候，教学的存在条件就相对稳定，形成了规则的教学存在现象，教学论研究常常把这一场域作为教学的背景或条件加以分析，最具代表性的是对教学文化与教学环境的探讨。在一定的时代背景和同一的文化情境下，教学的存在现象总是表现出规则的特点，因而与规则的教学活动现象相辅相成。

所谓不规则的教学活动现象，就是指教学活动中非常规的、不正常的，甚至是病态的现象。不规则的教学活动现象既有整体意义上的课堂类型的变态，也有局部意义上的课堂教学活动中客观存在的病态。前者是指教师之教与学生之学双边活动中所形成的另外两种样态。教与学的双边活动无非有四种样态，即有教有学的样态、无教有学的样态、有教无学的样态、无教无学的样态。前面两种样态就是规则教学现象的常态，后面两种样态恰恰是不规则的教学现象的表现形式。试想，在日常教学活动中，有教无学的样态既是一种教学的变态，又是一种极不正常的教学病态。假如教师在课堂上开展教学活动，而学生基本上没有参与课堂教学活动，各行其是，这样的课堂十分少见，但并不是不存在。传统的讲授教学在课堂教学最初的十几分钟内还是有效的，可到一个小时以后呢？教师仍在讲授，学生则无法参与其中，形成了有教无学的"假教学"或"无效教学"现象。无教无学的情况就更少见了，教师不教，学生不学，课堂上不会是教师和学生都在睡大觉吧？但那种教师不知所教，不知为何而教的教学，那种学生"各行其是""心不在焉"的教学，如果二者共时于某一课堂上，便真的形成了无教无学的教学的存在现象。另外，在一般的班级授课制的教学活动过程中，很难做到因材施教，学生被分成三六九等，不能开展个性化教学，教学活动通常是为少数所谓的优生而开展的，课堂上的陪读现象与不公平现象便随时存在，无法参与为优生准备的课堂教学的所谓差生便形成了不规则的教学活动现象，即有教无学的现象。再假如教师因为这些学生不能参与课堂教学而批评甚至责罚这些学生甚至停止课堂教学活动的话，那么便形成了所谓的无教无学的教学现象。

所谓不规则的教学存在现象是指教学活动发生的场所表现出来

引　言

的不规则、不正常现象。当场的物质与文化中的任何一方发生变化时，教学存在现象就随之发生变化，与常态不同而呈现出不规则的现象。比如，随着时代的发展，课堂教学的物质条件发生了很大的变化，传统课堂教学的环境随之发生变化，智能化教学及机器人教学的出现，对于传统教学活动而言就成了一个变态。这一变态又会成为新的时代背景下教学活动的常态。同样，当单一文化的课堂被改变而形成多元文化的课堂时，多元文化回应教学的文化背景则成了与传统单一文化教学活动不相容的变态，它又成了新型多元文化课堂教学的新常态。因此，一方面，课堂教学的存在现象与课堂的物质与文化环境有关，另一方面，规则与不规则的样态又是随着教学活动模式的变革而发生转移的。

总之，教学的规则现象与社会的规则现象有一定的相似性，都源于生物学上的规则现象。在课堂教学活动中，个体根据自身的状况呈现出不同的形态，呈现出他们各自特殊的形态。尽管如此，教学现象还是可以分为两种。一种是普遍现象，普遍存在于同一类现象中，它们的形态或者存在于所有的个体中，或者能在大部分个体中找出来，它们的普遍现象在发生变动时，虽然不一定在所有的个体中都呈现出同样的形态，但它们变动的程度，彼此大体相同。另一种教学现象则是例外，这些现象不仅存在于少数个体中，而且在这少数个体中也不会永久存在，它们在时间和空间上都属于例外现象。[①]

如果说功能主义方法论更加注重对独特的社会科学研究方法的探究的话，那么，解释主义则更加强调对人文科学研究方法的探索。这两种方法对于课堂教学的研究都值得借鉴和运用。

解释学的方法最早是关于《圣经》的解读方法，也就是教人们解读《圣经》的方法。作为一种研究方法，解释学主要是人文社会科学研究的方法论及其方法。人文社会科学究竟是不是科学？是怎

---

① ［法］埃米尔·迪尔凯姆：《社会学方法的规则》，胡伟译，华夏出版社1999年版，第45页。

样的科学？如康德的"任何一种能够作为科学出现的未来形而上学导论"就是想探索人文科学的方法论。胡塞尔从现象学出发，提出哲学到现在为止还没有成为一门科学，它怎样才能成为一门真正的科学？狄尔泰也提出"人文科学何以可能"的问题，这些都是解释学历史发展中最需要解决的核心问题。在这一过程中，解释学发生了三次重大的转向：第一次是从特殊的解释学到普遍的解释学，代表人物是施莱尔马赫；第二次是从方法论的解释学转向生存论的解释学，这是指从狄尔泰的解释学到胡塞尔和海德格尔的解释学的转向；第三次是从存在论的解释学到实践哲学的解释学，代表人物是伽达默尔。[①]

施莱尔马赫的解释学理论主要由三个基本概念即体验、生命和泛神论所构成。体验是感性的，它是针对理性主义的，它又和生命这个概念分不开，即人文社会科学中不能排除生命主体对研究对象的感性体验。在施莱尔马赫看来，一切个性都是普遍生命的表现，每一个人都在自身内与其他人有着某种联系，因此理解可以通过心理解释来达到。狄尔泰继承和发展了施莱尔马赫的上述思想，并确立了人文社会科学的地位及与自然科学等同的有效性。他认为，人文社会科学恰当的对象是特殊的人，是历史和社会的、内在心理的人的生活，因此，人文社会科学独特的方法应该是理解（understanding）。理解不是进行因果说明，而是把其移入另一个异在的生活经验之内，以"我"作为一个生命存在，重构性地理解另一个对象化的生命，这便是在体验中把握意义。20世纪西方哲学发展最杰出的理论当然是胡塞尔的现象学，他的"意向性"理论和"生活世界"理论是现代新解释学的理论基础，也是人文社会科学研究方法论的基础。胡塞尔在《欧洲科学的危机与先验现象学》中认为，欧洲文明陷入危机的根本原因在于自然科学的成功和人文社会科学的失败，它源于近代科学的客观主

[①] 陈嘉映：《现代西方哲学方法论讲演录》，广西师范大学出版社2009年版，第160页。

义和哲学上先验的主观主义,最终导致以精密的自然科学方法建立人文社会科学的研究方法,这是注定要失败的。胡塞尔进一步认为,拯救上述危机的关键在于运用现象学克服这种分裂,重新回到生活世界。解释学大师伽达默尔看到了这一点,他批判了人文社会科学研究中较为普遍的客观主义和科学主义现象,认为对于哲学解释学来说,"问题不是我们做什么,也不是我们应当做什么,而是什么东西超越我们的愿望和行动与我们一起发生"①。伽达默尔的目的并不是要制定指导人文社会科学研究的方法规则,而是要对理解和解释中的一种超越性的实际状况进行描述,这是本体论的解释学立场。

真正将解释学方法运用到人类学研究中的大师是美国著名文化人类学家克利福德·格尔茨。他在《文化的解释》中不仅系统地提出了作为解释方法研究人类文化的深描学说,而且在案例研究中运用了这种解释的研究方法。格尔茨认为:"文化作为由可以解释的记号构成的交叉作用的系统制度,不是一种引致社会事件、行为、制度或过程的力量,它是一种风俗的情景,在其中社会事件、行为、制度或过程得到可被人理解的描述。"② 理解一个民族的文化就是在不削弱其特殊性的情况下昭示其常态。人类学家的解释便是建构对于发生之事的一种理解,对于任何事物,人类学家解释的目的总是把人们的认识引向他所解释的事物的本质深处。从这一点而言,人类学著作本身即是解释,并且是第二第三等级的解释。格尔茨便是通过深描的方法来解释人类的文化现象的,其经典的研究就是他关于巴厘岛人斗鸡事件的深描与解释。格尔茨认为:"对文化的分析不是一种寻求规律的实验科学,而是一种探求意义的解释科学。"③ 从这一点而言,民族志本质上是解释性的,它所解释的是

---

① [德]伽达默尔:《真理与方法》(上卷),洪汉鼎译,上海译文出版社1999年版,第4页。
② [美]克利福德·格尔茨:《文化的解释》,韩莉译,译林出版社1999年版,第18页。
③ 同上书,第5页。

社会性会话流，这种解释是建构对于所发生之事的一种理解，解释便与所发生的事不能分割，解释便要将事件置于日常系统之中，与特定的人们在此时或在彼时所说、所做或所遭遇的话和事联系起来，与一种风俗的情景、社会事件、行为、制度等联系起来，这样，解释便变得易于理解，难于理解之处也随之消释了。不仅如此，民族志所涉及的解释还能将"所说过的"从即将逝去的时间中解救出来，并以可供阅读的术语固定下来。

课堂教学现象是由教师之教与学生之学活动组成的双边活动，不管是教师作为能动者的教学活动，还是学生作为能动者的学习活动，课堂教学现象的本质是人文的，是关乎人的精神世界的建构过程。传统的课程与教学论研究方法要么是逻辑思辨的方法，要么是实证主义的方法，都不适合对人文科学现象的研究。传统教学论的逻辑思辨方法直接来源于哲学的方法，从概念到范畴再到理论体系，建构的是逻辑严密的学科体系，探讨的是教学本体论问题，对于教学活动现象与教学存在现象研究甚少，准确地讲这种方法所形成的课程与教学理论属于课程与教学哲学，并不是完整的课程与教学论。而实证主义的研究方法效法自然科学的研究方法，试图通过因果关系来研究教学活动现象，岂不知教学活动现象既不能被搬到实验室让其重复发生，又不能通过控制变量而专门研究自变量与因变量之间的关系。受解释主义研究方法论的启发，课程与教学论的研究者（不论是大学的专业研究者还是中小学教师研究者）丛方法论上要深入课堂教学现象发生的场域之中，通过观察、访谈、深描、解释而形成课堂志研究，并通过体验与理解，达到对教学活动现象的解释性研究。

民族志本质上的解释性决定了课堂志的解释性，课堂志是受到解释主义方法论影响而形成的课堂研究的专门方法。课堂教学现象不论规则的还是不规则的，都是一种人文主义的活动，是一个文化交往互动的过程，是学生精神成长与发展的过程。从表面上看，工具理性时代的课堂教学仅仅是知识的传递活动，但它不是教学的真相，教学活动自从远古产生，直到今天，在世界各地，均是作为培养未成年人成人的活动展开过程，成人不仅仅是肉体的成长与发育，更重要的是人格与精神的成长与完善。教学活动有很强的人文性，研究教学活动的教学理论就应以人文科学的研究方法来开展研究，而最为有效的方法便是解释的方法。研究者作为能动者进入课堂，开展课堂教学现象研究，其实践反思意识与能力始终贯穿其研究实践之中，面对纷繁复杂的教学现象，其文化与制度本身作为客观存在会影响研究者的观念与意识，甚至方法。但研究者参与其中，其自身的体验与生命感受的过程通过语言的描述而形成解释课堂教学现象的材料，这不仅仅是主观的问题，而是主观对客观的呈现问题。教学现象虽然制约和影响着研究者，但研究者的能动性使他有意识和能力保持客观的立场。正是研究者以此为基础形成的对教学的深描，使读者或他者通过文本理解教学成为可能。研究者身处课堂教学活动之中，既成为课堂教学存在现象中的现象，又成为课堂教学活动中的特殊活动者。研究者通过专业的参与观察，发现问题、理解问题、描述问题，将问题作为研究的对象，进一步访谈当事人，形成与观察相互印证的访谈材料，研究者的主观性参与其中了，他的眼睛和耳朵成为研究的工具，还有语言，正是通过语言的详细描述，才使深描在观察与访谈之后客观地呈现了课堂教学现象的原貌。但这还是不够的。人文社会科学的研究不能止于深描，深描是一种手段，解释并让他者理解才是真正的目的。解释需要理论的支撑，理论不是从天上掉下来的，而是对前人研究成果的继承和在研究成果不断积累的基础上形成的。理论在解释现象的过程中生成理论，理论也可能会先入为主，但好的理论解释现象是能达于现象的本质的，这也是理论能够先行并受到所有理论工作者推崇的主要原因所在。课堂志便是在人类学的人种志或民族志的基础上形成的专门研究教学现象的方法，它包括"观察、访谈、描述、解释"四个环节的组合与一体化运行。这四种研究方法在人文社会科学中被普遍地使用着，在课堂研究中使用也有较长的历史了，但作为组合的方法套路，它在研究课堂教学中便有着更为精妙的效果，由此而形成的研究成果便是关于课堂教学现象的经典案例研究。①因此,作为一种研究方法,课堂志有五个特点:它是解释性的;它所解释的是课堂教学中的教学活动现象与教学存在现象;它是由参与观察、追踪访谈、深度描述、理论解释所构成的套路组合;它是案例研究的主要方法;它是微观的科学研究。② 课堂研究者正是在课堂研究的归去来兮中完成对课堂教学现象的人文理解的,因此,研究者总是开玩笑地说,他们不是在课堂上做研究,就是在去研究课堂的路上。这不是实证主义,这恰恰是人文主义的研究取向。

正如吉登斯所言,功能主义建立了客观主义的霸权研究方法,解释主义建立了主观主义的霸权研究方法,二者都不能有效地解决主观与客观的二重性难题。正因为如此,吉登斯提出结构化理论,其基本目标之一就是终结这些建立霸主体制的努力。"在结构化理论看来,社会科学研究的基本领域既不是个体行动者的经验,也不是任何形式的社会总体的存在,而是在时空向度上得到有序安排的各种社会实践。"③ 尽管结构主义批判功能主义与解释主义,但从社会理论的发展历史来看,结构主义与二者又有着密切的关系,尤其是结构主义与功能主义,二者虽然因具有不同的谱系而相互区别,但是它们有时确实是联系在一起的。其代表人物便是弗雷泽、拉德克利夫—布朗和塔克·帕森斯。结构主义的源头是结构语言学,它来自于瑞士语言学家索绪尔创立的结构语言学理论。后来法国的列维—施特劳斯把它成功地运用于人类学领域,取得了引人注目的成果,从而确立了结构主义的方法论。列维—施特劳斯的思想方法以追求科学的严密性为目的。他认为,科学研究只有两种方式,要么是还原主义的方法,要么是结构主义的方法。还原主义的方法是把某一层次上复杂的现象还原为另一层次上简单的现象,当复杂现象无法被还原为简单现象时,就要运用结构主义的方法。所

---

① 王鉴:《课堂志:作为教学研究的方法与方法论》,《教育研究》2018 年第 9 期。
② 王鉴:《课堂志:回归教学生活的研究》,《教育研究》2004 年第 1 期。
③ [英]安东尼·吉登斯:《社会的构成》,李康、李猛译,中国人民大学出版社 2016 年版,第 2 页。

谓结构主义的方法就是"对不变性的追求,就是对表面差异中的不变因素的探求"①。列维—施特劳斯追求科学的严密性,意味着追求统一性,追求事物中统一的、本质的、规律性的结构。不论神话、婚姻规则、图腾制度还是科学、艺术、宗教之间的相互关系,都不过是一些符号系统,每个社会就是这些符号系统的集合体。帕森斯在欧洲留学期间受到欧洲社会学家思想的影响,他毕生尝试把这些不同的欧洲思想家的思想融合成统一的理论体系。帕森斯的《社会行动的结构》批判了实证主义社会科学,因为他认为人类的行动实质上是有目的性的,这是内在于能动者行动之中的,它不可以被简化为外部环境。到了20世纪40年代,帕森斯提出了他的"普通行动理论",使其成为美国最有影响力的社会科学家。帕森斯的"普通行动理论"的核心是"系统概念",他认为,"行动系统"指称所谓的"行动者"与"环境"持久的互动体系。行动者可能是个人或群体。环境可能或不可能把其他"行动者"包含在内。帕森斯进而认为,任何系统都有三个特征:第一,系统是相对有结构的。第二,为了系统的生存,某些功能需要必须被满足。第三,控制论的等级序列概念可以把握社会领域有秩序的转型现象。②

吉登斯在批判帕森斯理论的基础上,提出其结构化理论,它本质上还是一种结构主义的方法。吉登斯指出:"帕森斯标榜自己是一位'行动理论家',将自己的社会科学论述为'行动参照框架',但我在他的书里找不到令我满意的行动概念(以及其他相关概念,特别是意图和理由)。"③ 所以,作为一本有关结构化理论的导论性著作,吉登斯的《社会的构成——结构化理论纲要》在相当程度上旨在勾勒一般意义上的社会理论,也正是在这个意义上它才成其为

---

① [法]列维—施特劳斯:《结构人类学》,陆晓禾等译,文化艺术出版社1978年版,第12页。
② [英]帕特克里·贝尔特:《二十世纪的社会理论》,瞿铁鹏译,上海译文出版社2002年版,第58页。
③ [英]安东尼·吉登斯:《社会的构成》,李康、李猛译,中国人民大学出版社2016年版,第2页。

理论。也就是说，它主要关注的是对人的能动作用和社会制度的理解。

吉登斯的社会结构化理论认为，社会理论的任务之一，就是对人的社会活动和人类行动者的性质做出理论概括，而且这样的理论概括是有助于经验研究的。能动者（"agent"或者"actor"，通译为"能动者"）是行使权力或造成某种效果的人。"能动者认知所特有的反思能力，是社会实践循环往复的安排过程中根深蒂固的要素。实践的连续性是以反思性为假设前提的，但反过来，实践之所以可能具有反思性，又恰恰是由于它存在连续性，使得实践在时空向度上体现出独特的'类同性'。"[1] 吉登斯认为，能动者的能动作用可以通过两个方面来考察：一个是能动者的分层模式，另一个是能动者的话语意识与实践意识。能动者的分层模式主要是行动的反思性监控、行动的理性化以及行动的动机激发过程三者之间的互动关系。能动性的发挥渗透在个体行动流中，即从动机的激发过程到行动的理性化再到行动的反思性监控三者之间的流动过程。反思性监控是能动者不断监控自己，试图对自己的各种实践活动有所认识，同时希望他人也对自己的这些活动有所监控。所谓行动的理性化是行动者对自身活动的根据始终保持"理论性的解释"，即能动者能够对自己的所作所为用言语进行理论解释，以"知其所以然"。而动机的激发过程不同于行动的反思性监控和行动的理性化，因为动机的激发过程并不与行动的连续过程直接联系在一起。它所指涉的与其说是能动者惯常的行动模式，不如说是行动的潜在的可能性。吉登斯把动机称为"通盘的计划或方案"。能动者的反思性在一定程度上体现于话语层次。能动者几乎总是可以用话语的形式，就自己之所为给出意图和理由，但他们并不总是能够说清楚动机。无意识层次上的动机激发过程是人的行为的一项重要特征。对于结构化理论而言，实践意识的观念至关重要。实践意识（practi-

---

[1] ［英］安东尼·吉登斯：《社会的构成》，李康、李猛译，中国人民大学出版社2016年版，第3页。

cal consciousness）指的是"行动者在社会生活的具体情境中，无须明言就知道如何'进行'的那些意识。对于这些意识，能动者并不能给出直接的话语表达"①。能动者对自己所作所为及其缘由的了解，即他们作为能动者所具有的认知能力，大抵止于实践意识。话语意识（discursive consciousness）是能动者通过言语形式表达"为什么这样做"的意识。"话语意识和实践意识之间不存在什么固定界限，两者之间的区别不过是在于，什么是可以被言说的，什么又是只管去做的。不过，在话语意识和无意识之间，还是存在着主要以压抑为核心的障碍。"②

结构化理论的核心概念便是制度。吉登斯认为，结构指的是使社会系统中的时空束集在一起的那些结构化特性，正是这些特性，使得千差万别的时空跨度中存在着相当类似的社会实践，并赋予它们"系统性"的形式。"我把在社会总体再生产中包含的最根深蒂固的结构性特征称为结构性原则。至于在这些总体中时空延伸程度最大的那些实践活动，则可称之为制度。"社会结构不是外在于人的社会关系或社会现象的模式，也不是人与人互动中自由创造出来的符号，而是运用在各种社会实践中的规则和资源。因为存在于社会实践活动中的结构并不是一成不变的，结构是逐渐形成的动态过程，这个过程被称为"结构化"。

社会生活中的规则是社会实践的实施及再生产活动中运用的技术或可加以一般化的程序。规则具有两方面的特性：一是构成性；二是管制性。所谓构成性是指规则是一般化的程序，它为一系列情境和场合下的行动提供了一套方法以及加以运用的程序。这种程序在本质上是方法性的，只适用于一般化的情境。管制性体现在实践活动中，它对能动者的活动进行控制和制约。能动者对规则的自觉遵从来自于实践意识。资源是规则存在的前提和条件。资源在社会系统中具有扩展性，因为它是能动者在与社会互动过程中不断利用

---

① ［英］安东尼·吉登斯：《社会的构成》，李康、李猛译，中国人民大学出版社2016年版，第11页。
② 同上书，第2页。

资源再生产出来的。能动者在利用资源时要借助权力作为手段，资源只有在权力发挥的过程中才能不断地生产和再生产。资源有两种类型：一是配置性资源，指对物体、商品或物质现象产生控制的能力，或指各种形式的转换能力；二是权威性资源，指对人或者能动者产生控制的各类转换能力。规则和资源构成了制度的主体，它是社会能动者将要生活其中并受其制约也能动于它的客观存在形式。

当能动者与制度发生作用的时候，便会形成结构的二重性。二者的关系表明，既不是能动者创造或生成了制度本身，也不是制度本身限制了能动者的活动，而是能动者在一定规约下的创生和制度在一定程度上制约着能动者的变革。这一复杂的关系在广泛时空延伸的范围内常常均可加以考察。结构二重性是社会化结构理论中的最大亮点。吉登斯在整个论述过程中，"起笔于个人，落笔于社会；起笔于自我，落笔于制度，将行动的结构性和结构的行动性紧密结合在一起。"他在分析社会结构二重性的时候运用了两种方式：一是从横向的聚合向度（syntagmatic dimension）出发对社会实践活动具体情境中的模式化结构二重性进行阐述；二是从纵向的聚合向度（paradigmatic dimension）出发，在循环反复的社会实践活动中分析社会结构二重性的"虚拟秩序"。

吉登斯在纵向聚合角度主要着眼于宏观社会结构的再生产。社会制度的促进性会促使能动者不断自我组织和完善、不断吸收新的因素、不断创新，社会制度也会趋于完善。社会体系结构化的过程也是能动者之间的自我调适、能动者与社会环境相互调适的过程，最终维持一种自平衡状态。这种调试是局部的、缓慢的，当积累到一定程度，能动者和社会制度之间的矛盾无法解决时，就会导致原有的社会体系瓦解。因此，人的能动作用不仅构成了社会变迁的内在组成部分，也是促进社会变迁的一种手段。社会变迁包含着主体和客体、主观和客观的辩证关系，这正体现了社会结构二重性的特征。

审视传统课程与教学论的研究发现，在 20 世纪 80 年代已经开始探索教学活动的构成要素及其关系，从三要素到七要素，对教学活动的构成要素及每个要素的分解式研究内容较为丰富，但这只是为教学结构的研究奠定了基础，并没有形成教学结构的概念与体系。结构主义尤其是结构二重性理论，让我们再一次认识到教学活动中的能动者与教学客体之间的关系，既解决了教学活动中教师主导与学生主体之间能动者的角色冲突问题，又解决了教学活动中只见要素不见结构的分解式研究问题，从而将教学研究从静态转化为动态，从主客分离转化为主客一体，增强了教学现象研究的科学性。

课堂教学活动是特殊的认知活动，它的构成要素及其关系明显存在着与结构化理论的相关性。课堂是一个小的社会，课堂教学活动本身是一种特殊的社会活动存在方式，在这一实践过程中，能动者包括教师和学生，课堂的传统文化与制度等以规则与资源为主要方式客观地存在于课堂内外。能动者与课堂教学的文化、制度、模式之间便形成了所谓的结构二重性。这一过程可以从工业化时代的传统课堂教学模式和现代智能化时代的课堂教学模式的差异方面进行分析。

传统的课堂教学模式是指在工业化背景下形成的班级授课制教学模式，这一模式受工业化生产方式的影响，旨在成批量地培养社会所需人才。因此，课堂教学的重心在于"教"，强调教师的作用及教的方法，强调以教材为主，强调学生对教材知识的系统掌握。在这种课堂教学模式下，教师是显在的能动者，他设计并实施课堂教学活动，教师的主观能动性主要表现在对教材、教法、学法和教学设计的实践探索性研究和理论性解释上。传统课堂上的学生，被称为被动的能动者。虽然学生是能动者，但学生的能动性受到教师能动性的限制，学生在教师眼中成为教的对象，成为教学活动的客体，教师不仅预设了课堂教学内容及其进度，同时也预设了课堂上学生的学习活动。学生的能动性必须通过教师的能动性才能发挥出来，所以是发展中的、被动的能动者。作为实践者的反思性主要是教师能动者的工作，教师不仅通过培训知道了自己该怎样做，而且还知道为什么这样做。教师的实践意识与话语意识均表明其能动者角色的成功。但教师能动者持续反思性的成功，并不意味着学生能动者的成功。学生作为能动者,要么被教师牵着鼻子走,要么其能动性的发挥受到了影响而成为缺失的能动者。传统课堂上的教学资源,同样包括权威性资源与配置性资源。课堂上的配置性资源主要是教师和学生共同使用的教科书,以及为教学提供服务的所有物质资源,具体表现为教学环境与教学条件等。课堂权威性资源是指教师对自身教学活动及对学生学习活动的协调,表现为具体的师生关系或教学关系。传统课堂上的配置性资源主要是统编教材,因为传统课堂上知识的传递方式只有两种:一种是以文字为载体的教材;另一种是教师口头语言的讲授。学生获得信息的途径也以这两种方式为主,而且教师讲授的信息主要围绕教材来进行,即"教教材"。在教学活动中,教师能动者与学生能动者共同面对教材资源以及学生面对教师作为教学资源的过程中,规则就显得十分重要了。"规则"可以被"看作在社会实践的实施及在生产活动中运用的技术或可加以一般化的程序。法律条令、科层规章、游戏规则等言辞表述形式并不是规则本身,而是对规则的法则化解释"[①]。课堂教学结构中的规则一般被理解为课堂教学原则、教学阶段和教学方法。传统课堂教学活动正是这样一种实践活动:作为能动者的教师和学生在共同面对教材的时候,教师通过传统的讲授方法帮助学生更好地学习教材,"学教材"便被"教教材"所替代。传统教学的这种模式是在广泛的时空延伸中,能动者与制度在相互作用的过程中形成的,具有明显的结构二重性,一方面这种制度与文化在形成以后就成了一种客观存在,制约和影响着能动者的实践活动;另一方面,能动者又在实践活动中作用于这种制度与文化,使其在制约和影响自己的同时发生一定的变化。教学实践活动便成了能动者与制度的一种相互作用的结果。课堂教学的研究便要分析能动者的角色及其持续反思监控能力,分析能动者的实践意识与话语意识对其能动性的影响。课堂教学研究的规则便是研究者与能动者在"主

---

① [英]安东尼·吉登斯:《社会的构成》,李康、李猛译,中国人民大学出版社2016年版,第20页。

位"与"客位"的互换中,体验能动者与制度之间的二重性关系,并将其作为一种分析的方法运用于教学分析之中。

近年来,随着人工智能的发展,智能化时代已经到来,不仅慕课、翻转课堂被广泛运用于学校课程与教学中,而且对机器人教师能否代替教师开展教学工作展开了广泛讨论。在智能化时代,信息的获得十分便捷,形成了人人能学和处处可学的学习化社会。教师作为能动者的角色正在发生明显的变化,作为学习的主体,学生的学习能力增强与信息化的便捷使得学生正在成为学习活动的真正能动者。学生能动者将直接面对学习资源,新的规则正在发生变化。这种由学习者与信息资源及相关规则构成的教学结构二重性与传统的结构有着明显的差异。而这只是课堂教学中的内圈结构,在它的外面,因为教师不能被机器人所替代,他还要在角色转换中完成实践活动,所以新的课堂教学模式是重新理解教育、教学和学习的内涵,将学生的学习活动作为课堂生活的主要实践活动。教师及其教学活动更侧重于德性的、情感的、态度的、价值的引领与教育。或许未来教育在获取信息资源上会形成学生能动者与制度文化直接相互作用的结构,而在学生作为人的发展上,教学活动将更加注重能动者之间的平等互助。正因为如此,教学与学习活动将成为教育的两种主要方式,学习活动更是教育活动中的主要活动。课堂教学结构的变革使得研究者身居课堂上,观察体验分析课堂教学实践活动的要素及其相互关系,研究重点从研究教到研究学,课堂观察从观察教师到观察学生,以学为主的课堂研究方法与技术正在与智能产品相结合,形成传统研究与现代视频图像相结合的研究成果。

"如果你想理解一门学科是什么,人首先应该观察的,不是这门学科的理论发展或发现,当然更不是它的辩护士们说了些什么;你应该观察这门学科的实践者们在做些什么。"[①] 教育学领域的实

[①] [美]克利福德·格尔茨:《文化的解释》,韩莉译,译林出版社1999年版,第6页。

践者们，尤其是课程与教学论的实践者们所做的正是课堂教学的优化变革工作。实践的变革需要理论的引领并能生成理论，而这一过程需要理论与实践的联合研究。如何研究？方法与规则是什么？对此，既要在研究过程中运用，又要在研究过程中形成和发展。课堂研究有其方法和规则，问题的关键在于我们如何理解课堂教学活动。课堂教学作为特殊的社会实践活动，它具备人类实践活动的诸多特点，因此社会科学和人文科学的研究方法均可被运用到教学研究之中。长期以来，教学活动表现出明显的二重性，即科学性与艺术性。教学活动是有规律可循的，所以来自于实证的研究方法也适用于课堂研究，教学活动也是有创造性的活动，是一种艺术的活动，是与人的精神的成长和完善密切相关的，所以人文科学的研究方法也适合于课堂研究。从功能主义到解释主义再到结构主义，一般社会科学研究的方法在批判与反思中发展，形成了独特的研究方法与理论体系。教育学作为人文社会科学，它的研究方法受到了一般人文社会科学研究方法的影响，经历了功能主义到解释主义再到结构主义的历程。事实上，这些方法有着内在的联系，它们共同探讨作为人文社会科学的研究方法应该是什么这一问题。功能主义的方法强调事物的客观性，通过事物的现象来研究其原因与效用，把教学现象作为研究的对象，分析课堂教学现象产生的原因，并归纳课堂教学活动的效用，理解教学存在现象与教学活动现象。解释主义的方法注重事物现象背后的文化意义，它把教学活动看作一项人文的、精神的活动，课堂教学中的知识获得、方法技能的掌握、情感态度与价值观的形成，这些现象背后的文化意义在于"学以成人"。结构主义试图调和功能主义的客观立场与解释主义的主观立场之间的矛盾，强调能动者与社会制度之间的二重性关系，把教学活动理解为教师和学生能动者与教学资源及规则的互动所形成的二重性结构，教学研究的方法就是分析教学结构二重性的形成及其对教学发展的影响关系，洞察事物背后所谓普遍的二重性结构。现代课堂教学研究的方法及其规则也正好可以用结构化理论的时髦话语来表达：研究者作为能动者研究课堂教学实践活动，在广泛延伸的时空范围内，能动者与制度及其文化的相互作用形成了客观存在的教学研究实践活动，而客观的教学研究成果或教学实践活动也制约着研究者的能动性，二者所形成的教学研究结构同样具有结构二重性。研究者既受到传统研究方法与规则的限制，在传统的研究方法与规则中从事着研究，但研究者并不是完全被动的，他们具有能动性，能在一定范围内突破与创新课堂教学研究的方法与规则，为建构新的研究方法与规则发挥能动者的反思实践能力。课堂教学的研究者正是在这样一种研究范式的影响下，突破已有研究方法的限制，尝试探索不同于自然科学实验验证为主的方法而构建富有人文社会科学特色的研究方法体系。这些研究方法一方面受到普遍的人文社会科学研究方法的制约和影响，另一方面又为普遍的人文社会科学的研究方法贡献了具体学科的、成功的研究案例。

第一编
课堂研究的方法论基础

  课堂研究是一种人文社会科学的研究方法，遵循人文社会科学研究的方法理论路线。课堂研究的方法论基础旨在分析人文社会科学研究的方法特点与价值选择，进而确认教育学研究是一种人文社会科学的研究，课堂研究便要将教学研究的方法建立在人文社会科学研究的理论基础之上。

第一章　人文社会科学研究的解释性

一　人文社会科学及其研究特点

"科学"这一术语本是西方的产物,西方对科学的划分大体有两种:英、美强调三分法——自然科学、社会科学和人文科学,而以德国为代表的欧陆强调两分法——自然科学和精神科学。目前,全世界达成共识并通行的是英、美的三分法。

所谓人文科学,是指一些以人的内心活动、精神世界以及作为人的精神世界的客观表达的文化传统及其辩证关系为研究对象的学科体系,它以人的生存价值和生存意义为学术研究的主题,它所研究的是一个精神与意义的世界。[①] 例如,文学、历史学、哲学、艺术学、宗教学、伦理学、文化学、心理学、教育学等。人文科学是一门最古老的学科,比自然科学和社会科学要早得多,可以说,人类最早的学问就是人文科学。东西方学术的发展均以人文科学为源头,西方的学术源于苏格拉底、柏拉图、亚里士多德所生活的轴心时代,中国的学术源头则在与此同期的孔子、孟子、荀子时代。真正科学意义上的人文科学则诞生于14—15世纪,它是欧洲思想界经过漫长的中世纪黑暗时代苏醒后的产物,是作为神学的对立面提出来的。正因为这样,《辞海》关于人文科学的界定为:"人文科学源出于拉丁文 humanists,意即人性、教养。在欧洲15、16世纪时开始使用这一名词。原指同人类利益有关的学问,以别于中世纪

[①] 吴鹏森、房列曙主编:《人文社会科学基础》,上海人民出版社2000年版,第4页。

教育中占统治地位的神学。狭义指拉丁文、希腊文、古典文学的研究。广义一般指对社会现象和文化艺术的研究，包括哲学、经济学、史学、法学、文艺学、伦理学、语言学等。"[1]

社会科学通常是以人类社会为研究对象的科学，它通常研究的是人类的组织与制度方面的问题，并构成相应的学术体系，例如经济学、社会学、政治学、法学、教育学等。因为人文科学和社会科学不仅关系密切，而且都是涉及人的学问，而非"物"的学问，所以人文科学、社会科学常常并提，在德国还被称为"精神科学"，它和研究"自然""物"的自然科学有着本质的区别，不仅在研究对象上，而且在研究方法上。从时间上看，社会科学的产生要比人文科学和自然科学晚得多，社会科学中的经济学、社会学、政治学等以经验的方法对社会进行实证研究的学科都产生于18世纪，到了19世纪才逐渐形成其系统的理论体系。社会科学的出现是欧洲工业化的产物，是近代以来西方自然科学与技术兴起与迅速发展的产物。

一般来说，人文科学和社会科学之间是既有联系又有区别的。二者的联系是十分明显的，都是研究人及其社会构成的科学，与研究"物"的自然科学相对而生，属于精神科学的范畴。二者的区别主要表现在两个方面：一是研究对象上的差异，人文科学研究的是人的观念、精神、价值、情感等，是人的精神世界及其积淀而形成的文化。社会科学研究的是"社会"，它是从政治、经济、法律等角度分门别类地研究人类社会的结构、功能、机构、制度等。二是研究方法上的差异，人文科学主要采用意义分析的方法，即采用解释学和诠释学的方法，而社会科学较多地使用从自然科学研究中移植过来的实证方法。在人文社会科学领域中长期存在着一个争论，即能不能用自然科学的研究方法研究人文社会科学呢？即用自然科学的方法研究人文社会科学何以成为可能？从孔德、斯宾塞以来的实证主义研究者已经证明了它的可能性，并取得了大量的经典研究

---

[1] 《辞海》，上海辞书出版社1979年版，第305页。

成果。那么，是不是这就是人文社会科学研究者的必然选择呢？是不是这样人文社会科学就科学化了呢？恰恰相反，这只是看到了人文社会科学的研究对象"人"及其"社会"的客观存在性，而这一客观存在性只是它的真正属性的表层属性，它的真正属性是区别于自然物存在的人类精神及其积淀而成的丰富的人类文化，而人类的精神与文化是一种个性独特的存在，虽然是有着一定的普遍性的存在，如对于真、善、美的共同追求，但更多的是其所具有的特殊性价值，多元文化的价值如同生物多样性的价值一样，都是人类精神发展的源泉与保障。所以研究人文社会科学不能仅仅研究人及其社会的一般性的客观存在，更要研究它作为独特性的精神存在。人文社会科学是兼具科学性与价值性的学科，是科学性与价值性的统一，是真理性与价值性的统一。一方面，人文社会科学的科学性要求研究者认识和把握其客观性与规律性，这是任何科学研究的共同目标。另一方面，人文社会科学的独特性要求在特殊的文化背景与社会情境中合理地解释其现象，把"求真"与"求善"统一起来，把"真理"与"价值"统一起来。正如马克思在《关于费尔巴哈的提纲》中批判旧唯物主义时所指出的一样："从前的一切唯物主义的主要缺点是：对对象、现实、感性，只是从客体的或者直观的形式去理解，而不是把它们当作感性的人的活动，当作实践去理解，不是从主体方面去理解。"[1] 在关于人的理解上，费尔巴哈撇开历史的进程，并假定有一种抽象的——孤立的——人的个体，把人的本质理解成为一种内在的、无声的、把许多个人自然地联系起来的普遍性。所以，马克思进一步指出："人的本质不是单个人固有的抽象物，在其现实性上，它是一切社会关系的总和。"[2] 所以，研究人及其社会关系，就不仅要研究人的自然存在物，更要研究人作为社会关系的特殊存在。

在上述人文科学与社会科学的所有学科中有两个学科是十分独

---

[1] 《马克思恩格斯选集》，人民出版社1995年版，第54页。
[2] 同上书，第56页。

特的，需要予以特殊说明，这两个学科就是心理学和教育学。先说心理学。按理说，它是最有代表性的人文科学，但经过其自身的努力，现在却跻身于自然科学的行列，且以此为荣。因为人们认为自然科学是真正的科学，所以只有跻身于其间才是真正的科学。然而仅把人作为自然科学的对象进行研究显然是有很大问题的，那是生理学和医学的研究范围，真正的心理学研究的应该是人文的心理活动，对这一点心理学却主动放弃了，所以今天的人们自然不知道心理学与人的心理有什么关系了。心理学也就成了学院派自我陶醉的象牙塔里的玩物，或者成了实验室里的智力游戏。当有一天像弗洛伊德、马斯洛这样的心理学家及其理论产生的时候，人们才仿佛了解了一些关于人的心理常识。或者当中国的某一地区发生灾难，成群结队的心理工作者给灾区带来的是新问题而不是有效地解决现实中人的心理问题时，人们才会想起中国的心理学原来如此远离现实中的心理问题，这难道是所谓真正的心理科学所要追求的目标吗？

其次是教育学。如果从教育事业的角度而言，它是最明显的社会科学，如果从教育的内容、过程及方法来说，它更是人文科学，所以，它理当是人文社会科学。尽管教育学也经历了科学化的过程，并且现在还为此努力着，但它终究没有成为自然科学，而是保存着人文社会科学的浓厚特色。正是这一点，使这一兼具人文科学与社会科学双重属性的学科颇受争议。有人以自然科学的标准衡量它，说它不是科学，而是伪科学；有人以自然科学的方法企图同化它，使它真正科学化。这样的论者多了，把教育学内部的学者都搞糊涂了，一些教育学学者也称教育学不是科学，也以钱锺书在《围城》中挖苦教育学的故事来自嘲，表现出明显的自卑心理。事实上，这些观点都是不正确的，教育活动既是一种人的精神活动又是一种人类的社会活动，它兼具人文科学与社会科学的双重属性，教育研究就应该利用人文科学与社会科学的双重方法研究教育现象与教育问题，不仅通过调查分析、数据分析、实验研究等实证研究方法研究教育事业发展中的一般和普遍问题，而且要通过省思、解释、参与观察、行动体验、个案分析、叙事等方法展开研究，把握教育问题的复杂性和独特性，这样才能从人文社会科学的根本属性出发研究和把握教育学的规律。这正如德国哲学家狄尔泰所追问的：人文社会科学何以能成为科学？我们同样要追问教育学、心理学这样的人文社会科学何以在中国的研究成为科学的研究？

二 人文社会科学的解释研究方法

正是人文社会科学的特殊属性决定了人文社会科学研究方法的解释性。人文社会科学的解释性不仅指人文社会科学需要以解释性方法来研究，而且指人文社会科学如何以解释的方法来研究。前者是关于"是什么"的价值问题，后者是关于"怎么做"的方法问题。

社会科学和自然科学所反映的内容有着明显的区别，人文社会科学主要面对的是人，自然科学主要面对的是物；人文社会科学主要涉及精神，自然科学主要涉及自然界；人文社会科学是主观的，自然科学是客观的；人文社会科学是实践智慧，自然科学是理论智慧；人文社会科学重在意义解释，自然科学重在事实说明。"如果说自然科学的哲学基础是知识论（狭义的认识论），那么人文社会科学的哲学基础就是解释学。"[①] 西方近代真正意义上的哲学是从十六七世纪的培根、笛卡尔开始的，是在自然科学摆脱了神学的束缚后，在实验室的研究中迅速发展起来的，这时候，哲学关注的重心从古典的"爱智慧"转向了近代的"爱科学"，其哲学基础也从"本体论"转向了"认识论"。西方自然科学的发展与认识论的发展是同步的，并且直接为自然科学提供哲学基础。认识论的两大典型——唯理论和经验论以数学和经验自然科学为样板一直是自然科学知识论的基础，这一时期的哲学家同时也是自然科学家，比如培根、笛卡尔、斯宾诺莎、莱布尼兹等。以认识论为哲学基础的自然科学研究强调主客相分和主客相符，它所反映的是人类把握自然的

---

① 何为平：《解释学之维——问题与研究》，人民出版社2009年版，第53页。

方式，追求的是"实然"的"是"及与其相伴而生的"为什么是"的自然科学哲学命题。

近代意义上的人文社会科学从一开始形成就打上了自然科学研究倾向的烙印。美国学者 D.W. 卡尔霍恩认为："社会科学主要是技术革命以及随之发生的社会变化的结果。工业革命以前的社会并不是没有变化，但是，技术的兴起比这种变化迅速得多，并且打破了传统的生活模式而又没有新的模式来代替。社会科学的产生，部分的原因就是努力寻求这种新的模式。"① 正是在这样的时代背景及自然科学发展的影响下，欧洲的社会科学开始萌芽。首先是自然法与社会契约论思想的产生，导致了霍布斯、洛克、斯宾诺莎等人的学说的形成，同时英国的古典经济学成为一门独立的学科。其次，维科、伏尔泰、孔多塞、卢梭等人的理论体系的出现，使历史学、法学、政治学等社会科学形成。到了19世纪，经孔德、斯宾塞等人的努力，社会学终于形成。之后，社会科学逐渐分化并发展，形成了结构完整的学科体系。尤其是在自然科学研究方法的启发下，实证主义的研究取向不仅在社会科学领域获得了主流地位，而且人文科学也积极效仿之。实证主义宣称："社会科学只有在认识到把社会事实作为实在物来研究时，才能诞生科学的研究成果。"② 这种在理论取向上以自然科学为标准模式而建立统一的知识体系的实证主义研究传统在很长时间里成为人文社会科学研究方法的主流，以致人们渐渐地淡忘了人文社会科学研究的独特性，上演了一幕"东施效颦"的现代人文社会科学研究闹剧。

事实上，人文社会科学独特的研究对象决定了它不能像研究自然现象那样来研究人文社会现象。关于人文社会科学研究独特对象与方法的认识正是在反实证主义的过程中逐渐确立起来的。最早的是19世纪的施莱尔马赫、狄尔泰，后来就是现象学、存在哲学、解释学的一些大师们，如胡塞尔、海德格尔、伽达默尔等，这一发

---

① [美] 卡尔霍恩：《变革时代的社会科学》，社会科学文献出版社1989年版，第46页。
② [法] 涂尔干：《社会学研究方法论》，华夏出版社1988年版，第11页。

展路线正是人文社会科学研究的哲学基础——解释学——形成的路线。施莱尔马赫的解释学理论主要由三个基本思想即体验、生命和泛神论所构成。体验这一关键词是针对理性主义的，它和生命这个概念是分不开的，他所理解的生命本身就是一种体验，是一种"共同感"。在施莱尔马赫看来，一切个性都是普遍生命的表现，每一个人都在其自身内与其他人有着某种联系，因此理解可以通过心理解释来达到。狄尔泰继承和发展了施莱尔马赫的上述思想，并确立了人文社会科学的地位及与自然科学等同的有效性。他认为，人文社会科学的恰当的对象是特殊的人，是历史和社会的、具有内在心理的人的生活，因此，人文社会科学独特的方法应该是理解（understanding）。"我们把这种我们由外在感官所给予的符号而去认识内在思想的过程称之为理解。"① 理解不是进行因果说明，而是把自身移入另一个异在的生活经验之内，以"我"作为一个生命存在，重构性地理解另一个对象化的生命，这便是在体验中把握意义。体验是将"陌生的生命表现和他人的理解建立在对自己的体验和理解之上，建立在此两者的相互作用之中"②。体验不仅是对自己生命和生活的体验，而且通过这种体验达到对理解他者生命与生活的重构。可见，体验是理解的基础，理解是把握意义的方法。这样，人文社会科学的研究方法是体验，它与自然科学研究方法的因果说明就有了明显的不同：自然科学探讨的是"事实"，而人文社会科学主要探讨的是"意义"；自然科学依靠的是"经验"，而人文社会科学依靠的是"体验"；自然科学使用的是因果"说明"，人文社会科学使用的是意义"理解"。这样他就确立了精神科学的认识论之基础。③ 20世纪西方哲学发展最杰出的理论当是胡塞尔的

---

① ［德］狄尔泰：《诠释学的起源》，洪汉鼎主编：《理解与解释——诠释学经典文选》，东方出版社2001年版，第76页。
② ［德］狄尔泰：《对他人及其生命表现的理解》，洪汉鼎主编：《理解与解释——诠释学经典文选》，东方出版社2001年版，第103页。
③ ［德］狄尔泰：《精神科学引论》，童奇志、王海鹏译，中国城市出版社2002年版，第9页。

现象学，他的"意向性"理论和"生活世界"理论是现代新解释学的理论基础，也是人文社会科学研究方法论的基础。胡塞尔在《欧洲科学的危机与先验现象学》中认为，欧洲文明陷入危机的根本原因在于自然科学的成功和人文社会科学的失败，它源于近代科学的客观主义和哲学上的先验的主观主义，最终导致了以精密的自然科学方法建立人文社会科学的研究方法，这是注定要失败的。胡塞尔进一步认为，拯救上述危机的关键在于运用现象学克服这种分裂，重新回到生活世界。这显然是对实证主义科学观的对抗，实际上是为人文科学地位的重新确立和解释学的深入反思开辟道路。解释学大师伽达默尔看到了这一点，批判了人文社会科学研究中较为普遍的客观主义和科学主义，他认为："只有对意向活动和意象对象之间的相互关系进行分析时，才能揭露一种基于精密自然科学的客观主义的世界本体论的幼稚可笑。"① 胡塞尔"此在"的现象学就是"此在"的解释学，这一思想在他的学生海德格尔那里得到了发展。海德格尔认为，"此在"虽然也是一种在者，但却是一种特殊的在者，这个在者不是既定的现成的东西，而是不断超越的存在，即生存。"解释学乃此在或事实性的投入、接近、觉醒，是事实性或此在自身的解释。"② 这种解释学在存在论上或时间上都先于一切科学完成，是一种本体论的解释学。如果狄尔泰的解释学是研究人文社会科学如何可能的话，那么海德格尔的解释学则是要把它和生存哲学结合起来：一方面，存在哲学的方法是现象学的，他认为现象学是让人从显现的东西那里，如它从其本身所显现的那样来看它。把人的存在看作所呈现为的一些现象。③ 另一方面，存在哲学的方法又是解释学的，它要解释人的存在及其基本结构的意义，或者说，它通过对人的生存状态的分析来提示人的存在之所以

---

① ［德］伽达默尔：《哲学解释学》，加利福尼亚大学出版社1976年版，第184页。
② Martin Heidegger, Ontologive (Hermeneutic der Faktizitat), Gesamtausgabe, band63, Frankfurt am Main, 1982, s.9, 10.
③ ［德］海德格尔：《存在与时间》，陈嘉映等译，生活·读书·新知三联书店1987年版，第43页。

可能的条件。① 这一思想又在海德格尔的学生伽达默尔的思想中得到了进一步的体现和发展。伽达默尔认为，对于哲学解释学来说："问题不是我们做什么，也不是我们应当做什么，而是什么东西超越我们的愿望和行动与我们一起发生。"② 伽达默尔的目的并不是要制定指导人文社会科学研究的方法规则，而是要对理解和解释中的一种超越性的实际状况进行描述，这是本体论的解释学立场。伽达默尔提出"理解何以可能"的问题，是要探寻作为一切理解方式的共同依据，并且要指明这一问题的答案在于理解并非主观行为，而是被处于历史中的对象制约、影响的活动。他进而认为，理解是普遍性的，理解的经验乃是"先于现代科学并使之得以可能的东西"③。这句话把解释学的作用提得很高，解释学的经验甚至还成为自然科学的前提。④ 可见，从现象学到存在哲学再到解释学，从胡塞尔到海德格尔再到伽达默尔，都在为人文社会科学研究的独特性寻求方法论基础，这一基础便是解释学。在这一过程中，解释学发生了三次重大的转向：第一次是从特殊的解释学到普遍的解释学，代表人物是施莱尔马赫；第二次是从方法论的解释学转向生存论的解释学，这是指从狄尔泰的解释学到胡塞尔和海德格尔的解释学的转向；第三次是从存在论的解释学到实践哲学的解释学，代表人物是伽达默尔。⑤

三 关于人文社会科学研究方法的反思

效仿自然科学研究方法研究人文社会科学在西方已经出现了实

---

① ［德］海德格尔：《存在与时间》，陈嘉映等译，生活·读书·新知三联书店1987年版，第47页。
② ［德］伽达默尔：《真理与方法》（上卷），洪汉鼎译，上海译文出版社1999年版，第4页。
③ 同上书，第5页。
④ 陈嘉映：《现代西方哲学方法论讲演录》，广西师范大学出版社2009年版，第187页。
⑤ 同上书，第160页。

证主义的黄昏现象，而在我国的人文社会科学研究中才刚刚是黎明。回首西方学者走过的道路，我们有许多可以借鉴的地方。实证主义研究确实保证了人文社会科学研究中的规范性，使研究成果更加客观真实，但是它没能真正把握住人文社会科学研究的独特性及真谛，忽视了体验在人文社会科学研究中的价值，轻视了人文社会科学研究中更为重要的价值的一面、主体参与的一面，是把人当物研究的典型。当然，这种实证主义的研究在客观呈现人文社会科学现象的存在方面有着一定的优势，所以在人文社会科学中常常会设计问卷调查或设计相关实验来呈现其客观特性。但要真正研究人文社会科学现象的特殊性，还需要走解释主义的路线，赋予人文社会科学现象以一定的意义。因为人类行动是通过这样的方式来得到理解的：一个人可以决定说明别人的眨眼是不是眨眼（格尔茨在其《文化的解释》中演绎的一个经典故事），同样，只有在不同的文化背景或社会情境中，人们才能理解一个微笑是不是嘲讽，一个点头是不是满意，同样才能理解投票、打出租车、课堂发言等，这都要取决于不同的语境及行动者的不同意图。所以，为寻求某项行动的意义，人们必须按照行动者正在使用的特定方式进行解释。解释理论将人类行动视为有意义的，并以对生活世界的尊重和忠实的形式表明了一种伦理承诺。从认识论的角度看，强调人类主体性对知识的贡献，即完全可能用一种客观的方式来理解行动的主观意义。[1]

由此可见，解释主义正是看到了人文社会科学的独特性，才强调从理解意义的角度区别于自然科学的因果说明研究。前面所提到的心理学和教育学，如果一味地追求自然科学模式的科学化目标，一味以强调实验的客观性为研究方法，而不顾人文社会科学的特点及人的精神与文化的特殊性，它的研究必将远离现实的人的心理世界与教育世界，这也正是当下心理学与教育学脱离实际做研究，不闻不问现实对象的特殊性的痼疾所在。如果这样，我们的教育学和心理

---

[1] ［美］诺曼·K. 邓金、伊冯娜·S. 林肯主编：《定性研究方法论基础》，风笑天等译，重庆大学出版社2007年版，第209页。

学是不是在研究方法上能早点看到一些解释主义的曙光呢？解释学的思想家们谈论更多的是人文科学和自然科学在研究方法上的区别，而对教育学、心理学这样的人文社会科学而言，不仅在探寻规律方面是可行的，而且是对人的生命的一种体验与理解，进而在解释其意义的基础上重构人的生活世界。生命不是一个理论的过程而是一个体验的过程，意义必然与人的生命联系在一起。研究者不是一个世界舞台的旁观者，而是一个行动与抵抗的参与者，在人文科学研究中，研究者所要做的是更接近于文学与法律的自我阐释。在人类生活的不同领域中，思想以各种方式表现出来，如文学作品、法律典章、历史文献等，这些都是理解人类生活的文本源泉。所以，研究者可以通过对这些文本的阐释来达到对人文世界的理解，同样，在现实生活世界中，人们的思想还表现在其活动中，研究者参与其中并通过独特的体验感知当事人的生活意义，在此基础上进行理解和解释，也是一种人文世界的研究。比如心理学研究者深入灾区现场体验受灾民众的心理活动特点，会形成他们独特的研究体验，进而解释其中的心理问题；比如教育学研究者深入学校课堂，通过参与观察、体验等方式，理解课堂上师生独特的专业生活，形成研究的基本经验，进而对课堂上的教学现象进行合理的解释，等等。所以，研究者不管是通过哪一种"文本"的阐释来达到对研究对象的理解，都要经历一个参与体验的过程，都要结合归纳和演绎、分析与综合、假设等方法，但假如离开了阐释与理解，人们就很难准确把握人文世界的特点。对于社会科学而言，它的基础是人文科学，因为不管是哪一门社会科学，归根到底都是对人的研究，如果抽取了这一基础，社会也就成了无"人"的社会，社会科学就成了无"人"的社会科学。由此可见，研究人文社会科学的前提条件是承认它们共同的基础即它们是关于"人"的科学，这是与"物"的科学完全不同的一门科学，接下来才有一个研究方法的问题。在这一点上，解释学及其理论对我们的启发是不言而喻的，任何一个人文社会科学的研究者都不能不思考这一哲学基础与方法论的根本问题。

第二章　人文社会科学研究的原创性

最近几年来关于人文社会科学原创性问题的研究逐渐多了起来，这主要是因为研究者从人文社会科学研究的繁荣中看到了一个"未雨绸缪"的根本问题，即人文社会科学的原创性成果不够。这也成了进一步繁荣和发展人文社会科学研究的主要瓶颈。邹诗鹏《学术原创的三个层面》一文从学术研究的质料层、结构层与理念层三个层面反思了学术原创研究的问题，颇有新意，给人很大的启发。[①] 如果我们能够从研究者自身的研究价值取向的角度反思这一问题，也许更能把握问题的实质。因为研究者的价值取向问题解决了，才能够更好地解决研究范式、研究方法、研究理念等问题。

一　人文社会科学研究的原创路径

人文社会科学研究之所以缺乏原创性是与研究者自身的价值取向分不开的。人文社会科学研究最大的特点是实践性与问题性，而当下许多研究者更愿在书斋文献中"皓首穷经"而不闻不问社会现实。这一矛盾既是人文社会科学研究者价值取向上出现的偏差，又是人文社会科学研究缺乏学术原创性的根本所在。任何人文社会科学研究的对象范围都能在现实中找到实践的事业或活动的场域，如社会学研究中的村落与社区、经济学研究中的企业与市场、教育学

---

① 邹诗鹏：《学术原创的三个层面》，《光明日报》2005年11月1日。

研究中的学校与课堂等，而在书斋文献中做研究的人认为，所谓"研究"或"学问"就是中国传统文史哲中的"义理、考据、辞章"，足不出户就能在资料研究的基础上成为该学科领域所谓的"专家"。事实上，对作为研究资料、研究素材以及研究者的学术习得与积累的质料层的强调是必要的，但它决不是人文社会科学研究的全部，它只是学术研究的外层与基础。研究者常常标榜"××学科是研究××现象，提示××规律的一门科学"，但事实上"研究对象是一回事，对研究对象的研究又是另一回事"①。因为不关注实际，不闻不问人文社会科学的对象现实，使学术研究失去了源头活水，所以造成了理论研究与实践的脱离，导致表面看来似乎繁荣的研究其实缺乏真正原创性的成果。所以，转变人文社会科学研究者的价值取向，是关乎其原创性问题的根本。

  关于研究者的价值取向问题，可以从人类学领域的"马林诺夫斯基之路"中受到很大的启发。1914 年，英国功能主义人类学大师马林诺夫斯基受著名的人类学家弗雷泽的影响，踏上了去澳大利亚特罗布里安群岛开展实际考察的征程。年轻的马林诺夫斯基也许是不满于当时人类学研究中那种"扶手摇椅"上的学问而远去他乡的，也许是为了完成自己的博士论文而对遥远的、异域的特罗布里安岛民产生了兴趣，总之，这位 30 岁刚出头的青年人并没有打算在这个蛮荒的陌生之地做长期的研究，但是由于第一次世界大战的爆发，战乱使他不得不在新几内亚及其邻近的岛屿上进行深入的实际研究工作。他真的在林子中间扎下他的帐篷，学习口语形态的土著语言，并直接以第一手资料观察特罗布里安岛民在平常 24 小时中是如何生活的。在特罗布里安群岛宁静的田园里、沿海的渔船上、手工业的作坊中，马林诺夫斯基开始了从一个"局外人"到"局内人"的研究工作，他搜集了大量关于特罗布里安岛民的交易、家庭生活、生育、神话、社会规范、园艺等方面的第一手资

---

① [美] 克利福德·格尔茨：《文化的解释》，韩莉译，译林出版社 1999 年版，第 12 页。

料。一年之后，在登上返回英国的轮船时，面对辽阔的大海，回想自己的研究经历，马林诺夫斯基天才的灵感被唤醒，他已经预感到自己将成为20世纪中叶人类学领域的领军人物。他的理想形成了，因为他坚信自己获得了别的人类学家难以获得的第一手研究资料，而这些资料是建立新的人类学体系的基石。后来，他又于1915年5月至1916年6月、1917年10月至1918年8月两次深入澳大利亚的特罗布里安群岛和梅鲁岛开展实际调查研究工作。果然，1922年至1935年，马林诺夫斯基的主要著作都是围绕特罗布里安岛民的生活而写的专论，其中包括具有代表性的《澳大利亚土著家族》《西太平洋的航海者》等七部专著。以马林诺夫斯基为代表的英国文化功能主义学派形成了，他果然实现了他的理想，成为20世纪中叶之后文化人类学领域的代表人物。马林诺夫斯基以他亲身的研究历程形成并发展了人类学领域著名的"田野研究"方法，并提供了人类学界津津乐道的人类学家生活与研究的典范。用西方人类学者常用的话讲，就是一位专门研究者的历程包括三个阶段："在这里"（being here）、"去那里"（being there）、"回到这里"（coming home）。

"在这里"是指研究者系统学习和掌握本学科领域基本理论与方法的专业训练阶段，一般是在相应的研究机构或大学之中。这也是邹诗鹏所谓的"质料层"的准备阶段。"在这里"的目的就是进行专业的训练，就是让研究者在本学科领域掌握大量的研究资料、研究素材以及让研究者加强自身的学术习得与积累。今天几乎所有的学科都在相应的研究机构或大学中设有从本科到研究生再到博士后的学位与研究制度，就是为了专门而系统地让研究者在学术研究的基本功方面有所发展。马林诺夫斯基是在英国伦敦经济学院经历这一阶段的。当然，所有的研究者并非都必须走这一条路，有的研究者在大学毕业之后，就是在工作的过程中做研究，而成为研究精英的。但不可否认的一点是，在现代社会里，在相应的研究机构中系统地进行专业训练，已经成为研究者成长的共同选择，因为这是一条公认的研究者成长的捷径。学术原创不可能是空中楼阁，坚实的学术积累、足够的资料占有是十分必要的,这一阶段所要解决的就是这方面的问题,这已经成了研究者成长中不可绕过的"大山",而且这座"大山"是越来越高、越来越大。

"去那里"就是到研究现象呈现的场域中,运用已经掌握的理论与方法做研究。每一种学科的研究对象都必须在一定的"场"中存在和表现出来,如社会现象的"场"是社会环境,物理现象与化学现象的"场"是实验室,教育现象的"场"是学校的课堂。研究者要研究人文社会现象就必须深入该学科相应的"场"中,观察与描述现象,获取第一手研究资料,构建起研究的理论大厦,这便是学科建设的理论之源。在"去那里"的过程中,研究者的研究方法与研究范式以及与此相关的话语符号系统就会有新的突破。所以它直接关系到学术研究的结构层,是研究者能否开展原创性研究的关键。"去那里"就是要强调人文社会科学研究的实践性与问题性。科学的研究应建立在实践及其改造的基础上,这是无可争论的真理。对实践的研究可有各种不同的形式,最常用、最恰当和最有效的研究方法,通常被认为是调查、观察、访谈、实验等。实践研究是以实践中的现象为直接研究对象的,以考察现象的本来面目为目的,是研究的"源头活水",也是文本材料生成的源泉。它虽然不如实验研究那样具有精确性,但是它的丰富多样性和广泛性却是实验研究所远不能及的,其最大的特点就在于根据事实进行客观的记述、说明,从中解释现象或发现规律。如果说自然科学因实验研究法而优于人文社会科学的话,那么,人文社会科学则是因实践研究法而优于自然科学的。人文社会科学研究正在强化对实践研究价值的肯定:人类学的田野工作、社会学的社区调查、艺术学科的现场采风、教育学科的课堂研究等的兴起,都是回归实践研究的具体表现。在实践中运用成熟的科学理论与方法做研究,既可以发现问题,形成学术研究的知识增长点,又可以通过实践研究在解决问题的过程中发展学术理论。"去那里"的不应是个别的人或少数的研究者,而应该是大多数人文社会科学研究者,这样就可以在研究过程中凝聚学术队伍。"去那里"从现象观察中积累第一手研究资料，改变传统的研究范式与方法，进而从结构层为学术原创打下基础。"去那里"培养"问题意识"，在发现问题、解决问题的过程中形成本土性和原创性的研究成果及理论体系。

"回到这里"是指研究者在经历了实践研究的过程之后，还要回到自己的专业研究机构中进行理论的提升。研究者因为在实践研究过程中受到时间、环境、条件以及研究任务等因素的影响，不可能对研究的问题与领域形成明确的学术理念，而只有回到自己的研究机构中，在参与学术研讨的过程中，才能逐渐明晰研究的理念，在相应的研究领域才可能提出一个新的原理、一种新的观点，通过它既可以超越已有的研究传统与范式，又可以为构建一个新的理论体系创造条件。"回到这里"处于研究者对实践研究资料的整理与归纳阶段，也是研究者在第一手资料基础上提出新观点、新思维、新方法、新理论的理论创新阶段。

研究者正是在这样不断的"归去来兮"中接近研究对象、发展理论的。研究者不是完成一次"去那里"就能解决研究价值取向问题的，研究者一生的研究过程应该有很多"去那里"的经历，而且每次都有新的收获。少数研究者这样做了还不够，还需要更多的研究者走这样的成长之路。研究者在这样的研究过程中自然会体会到作为一位真正的学术研究者的价值追求，尝到所谓的"甜头"，再配以一定的人文社会科学研究的制度支持与经费保障，研究者就可以逐渐完成其价值的转变，他们就会自觉地关注人文社会科学领域里的现实问题，并在解决问题的研究中形成原创性的研究成果，人文社会科学的研究才能真正走向繁荣。

二 教育研究的原创路径

教育研究领域对缺乏原创性研究的问题做了深刻的反思，既有理论脱离实践的学术群体的自我批判，又有实践层面拒绝接受教育理论指导的尖锐批评。如何让教育研究走一条原创性的研究道路？"叶澜之路"是对"马林诺夫斯基之路"的再一次验证。

我对叶澜及其"生命·实践教育学"理论的关注由来已久,我不仅关注这一理论学派,而且推荐给我的同事和我的博士生大量阅读叶澜及其同事们的著作与论文。因为我深深地知道,这是当代中国教育理论界最为成熟且最具中国文化特色的教育学理论。叶澜是研究教育学原理的,但在我看来她也是研究课程与教学的专家,因为她的新基础教育实验研究有两个核心:一个是学校的课堂教学,另一个是学校的班级管理。所以,教育理论要植根于学校教育的土壤,自然就要研究学校的教学与班组的管理,反过来,通过深入研究学校的教学与管理,才能洞察教育的最基本的理论。"生命·实践教育学"走的就是这样一条理论与实践交互生成的研究道路,是在回归突破中不断超越自我的研究道路,我称之为"叶澜之路",它对我们从事教育理论研究的人颇有启发意义。因为这是一条学术原创研究的道路,这是一条通过实践变革提升理论质量的学术道路,这也是一条学术研究者成长的道路。

第一,"生命·实践教育学学派"中的"生命·实践教学论"。

这一教学论思想有着理论与实践交互生成的双重基础,教育理论基础为"生命·实践教育学",其根本的理论依据是"人学"理论,即"人不仅是发展的主体,而且是影响自身发展的关键性因素,在一定程度上,人决定自我的命运,教育应该使人意识到这一点,教人争做自己命运的主人"[①]。教育实践的基础在于"新基础教育"实验20余年的扎根研究。叶澜的教学论思想集中体现在她的一系列论著之中。其中重要的论文包括:1997年《教育研究》第9期上的《让课堂焕发出生命活力》,2002年第5期上的《重建课堂教学价值观》,第10期上的《重建课堂教学过程观——"新基础教育"课堂教学改革的理论与实践探究之二》,2003年第8期上的《改革课堂教学与课堂教学评价改革——"新基础教育"课堂教学改革的理论与实践探索之三》,2013年在《课程·教材·教法》上发表的《课堂教学过程再认识:功夫重在论外》等。重要

---

① 《回归突破:生命实践教育学论纲》,华东师范大学出版社2015年版,第6页。

的著作包括:"生命·实践教育学"论著系列丛书"生命实践教育学论丛""生命·实践教育学论著系列之基本理论研究丛书""当代中国基础教育学校变革丛书""合作学校变革丛书"等,尤其是叶澜的专著——《新基础教育论》《回归突破:生命·实践教育学论纲》《新基础教育探索性研究报告集》《新基础教育发展性研究报告集》等。叶澜的教学论思想包括以下主要内容。

关于课堂教学的性质在于其教学目标任务的特殊性,她认为,课堂教学的性质是由教育活动的宗旨规定的,以促进人的发展为终极目标,包括教学在内的一切教育活动都有别于人类其他的社会活动,否认这一点就背离了教学的性质。关于课堂教学的价值,她认为,应该通过批判传统课堂教学价值而重建,传统的课堂教学价值在于知识的传递方面,重建课堂教学的价值观,即将课堂教学的价值定位于培养能在当代社会中主动健康发展的一代新人,用"主动"一词来形容"健康",既体现了活动的状态,又内含了主体自觉,还指向了关系事物,且道出了追求期望,表达的是要求个体行为应有利于个体身心和人类社会发展的积极向上的指向。关于课堂教学过程观,叶澜提出了课堂教学过程必须关注的三个基本问题,即如何认识教学过程中不可取代的基本任务?如何认识教学过程中不可缺失的基本元素及其内在关系结构?如何认识教学过程展开、进行的独特内在逻辑?针对这三个基本问题,她提出了课堂教学的过程观重在对课堂教学基本要素——教师、学生、教学内容及其关系的理解与把握。关于课堂教学的评价观,她认为,应该将评价改革贯穿于教学改革研究与实践的全过程,形成一个层级递进、动态发展的评价系统。关于课堂上的师生关系,她认为,必须将其置于教学活动过程中,把握其内在不可分割性、相互规定性和交互生成性。

叶澜的教学论思想是她所创立的"生命·实践教育学"的有机组成部分,甚至可以说是其核心内容,这一思想的形成与发展正是立足于其理论构建、实践探索、学派创新的"叶澜之路",理论的形成与发展路径决定其学术的原创性、系统性、生成性与发展性,这为中国特色教育学的形成与发展走出了一条示范之路。

第二,"生命·实践教学论"思想的形成。

正如叶澜所言,当代中国学术风气的重新活跃是从20世纪的80年代开始的。教学论领域也是一样,当代中国教学论的学科发展有三个重要阶段。

第一个阶段是教学认识论阶段。王策三从学习到工作都接受过苏联教育学系统的训练,他的教学认识论思想的源头正是凯洛夫教育学,他的代表作《教学论稿》是在他教授本科生的讲义基础上形成的国内首本较为成熟的教学论专著,在高等院校教育学专业本科生与研究生培养中被作为教材运用多年,到现在还是重要的参考书之一。王策三认为,教学过程是一种特殊的认识过程,以此为基本观点,分析了教学的本质及过程,并倡导教学的科学化发展。他认为,教学论要从教学认识论上做文章,概括起来,有三个基本的命题:其一,发展学生的主体性是现代教学论的根本目标;其二,教师主导、学生主体是教学的基本关系;其三,教学模式多样综合是现代教学论的根本方式。这三个命题解决了教学的目标、关系和方式等基础性的问题,是教学认识论的三个支柱,也是对教学改革和实践的理论思考。

第二个阶段是教学系统论阶段。随着教学论学科的发展,需要一个更为成熟的理论体系作为学科存在的标志并作为人才培养的教材。李秉德的教学系统论应运而生。李秉德的学术观点主要集中在由人民教育出版社1991年出版的《教学论》中,李先生用系统论的观点讲述了教学的七要素,即教学、学生、教学方法、课程、目的、反馈和环境,并论述了七要素之间的相互关系,这样就确立了教学论学科体系的基本框架,教学系统论或教学要素分析论成为一个较为完整且成熟的理论影响了教学论学科几十年,现在仍然是许多学者赞成的理论,也是许多高等院校人才培养的参考教材。

第三个阶段是"生命·实践的教学论"阶段。叶澜从对一个宏大的教育学的"世纪问题"的思考出发,即"教育学的双重依附性,与本国文化传统的断裂,与教育实践的断裂,存在着缺家园、缺内在生长力、缺学术尊严的并不理想的生存状态"来思考中国教育学的生存与发展问题，形成了"生命·实践教学论"的丰富思想，叶澜在其诸多著作中已经详细表述了这一思想。在理论方面，叶澜自20世纪80年代开始反思中国教育学的重建问题，这一学术重建的过程分为三个阶段，即有关理论、历史和方法论的批判反思的第一阶段，有关当代中国学校变革的新基础教育实验探索的第二阶段以及以生命·实践教育学派创生为标志的第三阶段。在《回归突破：生命·实践教育学论纲》中，叶澜在对学派生成历程的回溯性分析中进一步指出："生命·实践教育学的创建与形成先后近三十年，历经五个阶段，开展多维多元的回归与突破，如'冬虫夏草'般地展示出它的魅力。"生命·实践教育学派回归与突破的最深的一个"猛子"是扎入当代教育实践之涌动不息的大海里，尤其是深度介入当代中国基础教育学校改革的实践。正是受到这种研究取向的影响，叶澜及其团队在中小学的课堂教学研究与变革中用力最多，成效最为显著，不仅为形成和完善教学论思想打下了坚实的基础，也为合作校的课堂教学改革带来了巨大的影响。这一点在"合作学校变革丛书"中表现得十分到位：既体现了实践第一线的日常教育教学活动，又融合了生命·实践教育学的基本理念。生命·实践的教学论能够针对传统教学论的弊端重建课堂教学的价值观、过程观与评价观。而且，在叶澜研究取向的影响下，国内众多的教育研究者，尤其是关于学校课程与教学的研究者，都开始关注学校课程与教学的实践变革，形成了当下中国课程与教学论研究重返课堂教学实践的热潮，无疑，将学校和课堂作为教育与教学研究的"田野"，深入其中，长期扎根，通过观察、访谈、与教师合作、听评课活动等研究学校教学活动，是生命·实践教学论的基本理念，已经成为当下中国最具代表性的教学理论形成之道。

如果说前两个阶段的教学论学科发展是处在一个学科理论体系的构建阶段，它还是一种逻辑演绎的教学论的话，那么生命·实践教学论则是一种生成、归纳的教学论，它是叶澜"新基础教育"实践探索的产物，是教育理论与教育实践交互生成的产物，是面向世界发出中国声音的产物。所以，我总是期望能从叶澜的生命·实践教育学中读出生命·实践教学论的时代内涵，也常常盼望她能再出版一本"生命·实践教育学"类的专著，其中包括体系较为完整的生命实践教育学的理论基础、文化表达、学校课程、课堂教学、班级管理、教师发展、学生主体、学校变革等。虽然这样的表述有较为明显的学科痕迹，但它却能体现教育学的体系，所以，作为一本代表中国最高水平，与西方教育学对话的代表作，它既要相对保持学科原有的框架，又要有一定的创新突破，这才是能代表中国最高水平的教育学，也能让教育学的研究者，不论是基础教育还是高等教育、职业教育、学前教育等的研究者都能从中感受到一般教育学的普适性，更能让中国的教育研究者从中找到自信，进而增强其学术自觉。

第三，"生命·实践教学论"的方法论思考。

叶澜的生命·实践教育学有三个基本的支柱：其一是"上天工程"——能够进行抽象的理论构建与研究；其二是"入地工程"——进行实践研究能够"入地"，能够到中小学课堂上做研究；其三是关注人的生命价值，尤其是学生的主动性与能动性，通过唤醒学生的主体性来激发真正的人性。在近30年里，她确实做到并创建了中国生命·实践教育学派。不仅从教育理论上对中国的教育学学科建设做出了重要贡献，而且从实践上走出了一条教育研究的"叶澜之路"，即扎根学校推动课堂变革与生命实践教育理论的交互式发展之路，正如叶澜所讲："生命·实践教育学派在回归与突破中生成。"生命·实践教育学从20世纪90年代叶澜提出"让课堂焕发出生命活力"到今天的"教天地人事，育生命自觉"的中国式表达，历时近30年，经历五个阶段，大学理论工作团队与中小学实践工作团队交互生成，形成其独特内涵，以及结构与外显的存在形态，呈现出有学、有书、有行、有路、有人、有实体的全气候景象，也形成了一条中国教育研究的"叶澜之路"。这既是一条教育研究的价值取向之路，也是一条教育研究的方法之路，值得当下的教育研究者深入思考与研究。

叶澜在《回望》和《回归突破：生命·实践教育学论纲》中，以她本人近30年的学术思想和研究历程为主线，为我们勾勒了生命·实践教育学派别的生成史。不难看出，叶澜的学术思想是从对教育基本理论的核心问题、教育科学现状的反思和教育研究方法的探索三个方面同步开始的，她以"人学"理论为基础，将教育作为一个复杂的开放系统，用系统动态变革的方法论，对教育基本理论体系做了重新阐释，对教育科学研究的自我意识进行反思，并以新基础教育实验研究为路径进行教育研究方法的探索。叶澜一方面进行学术的理论重建，另一方面面向实践、深入实践、理解实践，与实践工作者一起创新实践和发展理论，将理论研究的成果运用于学校变革的实践之中，通过学校变革的实践发展完善生命·实践教育学理论。叶澜在总结其研究历程时指出，她的成长有一个从"知"到"慧"的过程，以"知"为基础，还要发展到"慧"。对教师而言，要有教育智慧；对于研究者而言，在对学科的认识、思想方法、方法论和实践等各个方面都需要有大智慧，它体现为对事理、事态的一种洞察力，一种穿透力和透视力，以及善于融会贯通进而实现原创的能力。叶澜在分析她所创立的生命·实践教育学派时也指出，把"生命实践"作为基因式核心概念，是构建学派过程中一个重要的决定性选择，它不仅是学派建设的基点，也是学派理论的理想，还是学派命脉的聚焦点。而这一学派的形成与发展，叶澜将其形象地比喻为"冬虫夏草"。叶澜关于生命·实践教育学的研究，并没有因为她的退休而告一段落，相反，她在中国20世纪与21世纪的过渡时间段里所提出的教育学的重建与中国教育学派的创建问题，将成为抱有教育理想的众多的教育理论与实践工作者追求的梦想。

"叶澜之路"可以概括为四句话：探究学术源流，创建理论学派，行走天地人间，独爱"冬虫夏草"。

探究学术源流。即以理论家的宽阔胸怀，关注中国教育学的"世纪问题"，考察百年中国教育学的发展之路，思考中国教育学的生存状态，在继承前人学术成果的基础上，创造性地开展理论研究，进而从根本上解决中国教育学的双重依附性问题。

创建理论学派。呕心沥血，近三十载，既有青灯黄卷的孜孜以求，又有深入学校的串串脚印，更有对学生生命发展的慷慨激昂。不是一个人的战斗，而是率领着一个团结奋进的团队；不是一个团队的战斗，而是带领着中国主流教育学的研究者奋勇向前。创建的生命·实践教育学流派，不仅蕴含了丰富的中国文化元素，而且可以自豪地与西方教育学交流对话，重新找回了中国教育学人的学术自信。

行走天地人间。生命·实践教育学，既有敢于上天的理论气魄，又有扎实田野的踏实作风，更有以人为本的生命关怀。这样一群人行走在天地之间，吟唱生命赞歌，是何等的意气风发、壮怀激烈！

独爱"冬虫夏草"。冬虫夏草，何等神奇！冬虫蛰伏在地下，虽然要经历严冬的考验，但已经涌动着生命的潜能。夏天来临，"冬虫"向"夏草"的漫长演化过程中正在显露生命的绿意，正在展示蓬勃向上的生命之美。冬虫夏草，主要长于中国青藏高原，是富有中国特色的元素，以此隐喻中国特色的生命·实践教育学，真可谓匠心独具。

叶澜并不孤独，"叶澜之路"上人来人往，"我们虽然渺小，却因深爱与执着而将一直行进在路上"。这条路，我们会永远记着，它叫"叶澜之路"，走的人多了，便会形成一条康庄大道。

哲学社会科学研究范畴很广，不同学科有其自身的知识体系和研究方法。原创性研究之路归根结底是研究者走一条什么样的道路的问题。"创新是哲学社会科学发展的永恒主题，也是社会发展、实践深化、历史前进对哲学社会科学的必然要求。社会总是在发展的，新情况新问题总是层出不穷的，其中有一些可以凭老经验、用老办法来应对和解决，同时也有不少是老经验、老办法不能应对和解决的。如果不能及时研究、提出、运用新思想、新理念、新办法，理论就会苍白无力，哲学社会科学就会'肌无力'。哲学社会科学创新可大可小，揭示一条规律是创新，提出一种学说是创新，阐明一个道理是创新，创造一种解决问题的办法也是创新。"① 作为人文社会科学的教育学的研究也要深入教育生活，运用新思想、新理念、新方法走创新之路。

---

① 习近平：《在哲学社会科学工作座谈会上的讲话》，2016 年 5 月 18 日。

第三章 人文社会科学研究的实践性

人文社会科学与自然科学在研究的目的与价值、过程与方法、结果与应用等方面有着明显的不同，这一点似乎没有人怀疑过。但是，当我们认真审视人文社会科学的研究时不难发现，人文社会科学的研究又似乎在极力推崇自然科学的研究取向与方法。自然科学因其取向与方法而成为支配一切科学知识的显学，人文社会科学便效法其道并遵守之，致使人文社会科学的研究在价值取向上缺乏原创性，缺乏特色。事实上，人文社会科学研究若要确定其独特价值与地位，就必须探寻适合其自身的研究对象的价值取向与方法体系，而不是盲目地模仿或照搬自然科学的研究方法。

一 人文社会科学效法自然科学研究之历程

人文社会科学研究效法自然科学的研究取向与方法，经历了两个阶段。

第一阶段是人文社会科学研究受到"启蒙运动"这一深远文化运动的影响，它是因文艺复兴及后来17世纪的科学化过程而产生的。启蒙运动对人文社会科学研究的影响在于，一方面，社会世界被看成是从一个阶段发展到另一个阶段的"不断进步"的过程；另一方面科学可以用来促进社会的进步。这一时期人文社会科学研究所关注的核心问题是理解社会秩序的急剧转型，这种急剧转型是由于商业和市场的扩大、产品的工业化、劳动力的都市化、具有内聚力的当地社区的衰落、官僚国家的出现、世俗法律和科学的扩展引起神圣符号的显著降低、存在于新社会阶级之间的冲突以及许多其他造成分裂的转型因素而引发的。① 因而，人文社会科学研究开始效法自然科学研究的价值取向与方法，重点研究社会发展的阶段理论及推动社会进步的工具。这一阶段也从根本上奠基了人文社会科学研究的科学化意识，从早期纯主观的思辨的研究开始向较客观的实践研究迈出了第一步，尽管这些脚印如同小孩蹒跚学步时那样不太坚定，但这一步的迈出却标志着人文社会科学在科学化历程中漫长的未来之路的启程。

第二阶段是人文社会科学研究受"实证主义"研究价值的影响，它是随着人文社会科学研究"科学化目标"的进程而产生的。19世纪以来形成并在20世纪占据主导地位的指导社会科学研究的一些理论旨趣和模式以实证主义为研究特征，它统治了整个20世纪。实证主义者认为，社会现象和自然现象之间并无本质的区别，它们遵循同样的方法论规则，都可以用普遍的因果律加以说明。这种以孔德、斯宾塞、涂尔干为代表的实证主义宣称："社会科学只有在认识到把社会事实作为实在物来研究时，才能诞生科学的研究成果。"② 这种在理论取向上以自然科学为标准模式而建立统一的知识体系的实证主义研究传统在很长时间里成为社会科学研究方法的主流。大家比较熟悉的是人文社会科学的心理学，它从哲学中独立出来是因为1879年德国心理学家冯特在莱比锡建立了第一个心理学实验室，把实验法作为心理学的主要方法，于是乎，心理学就科学化了，有意思的是它还成了自然科学。另一个大家熟悉的就是教育学了，德国伟大的教育学家赫尔巴特终生的理想就是使教育学成为物理学那样让人们相信的科学，可是近两个世纪过去了，今天的人们仍然相信物理学的科学性而怀疑教育学的科学性。其实这并不是因为心理学与教育学不是科学，而是因为它们根本就不同于物

---

① [美]乔纳森·特纳：《社会学理论的结构》（下），华夏出版社2001年版，第224页。

② [法]涂尔干：《社会学研究方法论》，华夏出版社1988年版，第11页。

理学这样的科学，物理学是自然科学，而心理学与教育学当是人文社会科学，二者科学化的标准就应该是不一样的，但为什么人们（甚至许多是人文社会科学研究者）还是以自然科学的标准衡量人文社会科学呢？这便是实证主义对人文社会科学研究者洗脑的结果。

到19世纪下半叶，以韦伯为代表的古典社会学家开始对实证主义的研究进行批判，认为社会现象有其独特的性质与规律，绝不能盲目地效仿自然科学的研究方法来研究社会科学，而应建立社会科学独特的研究方法。这一研究方法试图对社会科学的现象进行解释进而形成人文的、理解的研究方法体系。正如韦伯所指出的："社会科学的意图在于对社会行动进行诠释性的理解，并从而对社会行动的过程及结果予以因果性的解释。"① 以韦伯为代表的人文主义的研究取向对实证主义研究方法的批判仍然没有改变实证主义在社会科学研究中的重要地位。直到20世纪60年代，西方社会科学研究主流的实证主义取向的坚冰才开始化解，这是由诠释学、现象学、后经验主义、后结构主义、后实证主义、后现代主义等非实证主义研究思潮的兴起所引起的社会科学研究领域的革命。这些非实证主义研究的共同特点是强调对社会现象或社会行为进行研究时，必须要有强烈的价值介入。从此，实证主义的研究典范开始受到质疑，各种理论将共同的批判对象锁定为实证主义，批判实证主义纯客观的角度、纯数据的方法、纯技术的理论，忽视人文社会科学的现实场景与实践特点，这样，人文社会科学领域才逐渐形成对效仿自然科学研究方法弊端的系统认识，并转向以探索实践研究为主的人文社会科学研究价值与取向。人类学领域以格尔茨为代表的解释人类学、社会学领域以哈贝马斯为代表的批判理论、教育学领域悄然兴起的叙事研究等，均反映了这种人文社会科学对以实践性为特点的研究价值与方法体系的初步探索。

---

① ［德］马克斯·韦伯：《社会学的基本概念》，远流图书公司1993年版，第19页。

二 人文社会科学研究的知识类型

人文社会科学知识与自然科学知识是两种不同的类型，其研究对象、研究方法、理论体系等均有较大的差异，自然科学知识属于科学技术型知识，是一种纯客观的知识，而人文社会科学知识属于批判型或解释型知识，是一种主客体统一的知识类型。人文社会科学研究者在兼顾借鉴自然科学研究方法的同时，将重点放在探索符合人文社会科学知识特点的研究方面。

人文社会科学研究在先后继承"启蒙运动"与"实证主义"研究的价值与方法之后，又深入批判了这种方法对其研究价值的影响，可见，人文社会科学领域还是没有探寻到适合自己研究对象的价值取向与方法。虽然自然科学的研究方法，尤其是实证主义的研究方法在对人文社会科学研究某些问题时的客观性与价值的中立性方面有较大的推动作用，但毕竟人文社会科学和自然科学是两种不同的研究类型，因为研究对象的不同，研究的价值取向与研究方法也就会有明显的差别，尽管在方法论层面有某些相通之处，但在具体的研究价值取向上却大相径庭。在这一点上，哈贝马斯似乎是一个执着的探寻者，他在《公共领域的结构性转变》中，将人文社会科学的研究锁定在公共领域，即一个社会生活的领域，在那里人们可以讨论有关公共利益的事情，可以对这类事情进行讨论和争议而不必求助于传统、教条及强力，可以通过合理的争论来解决观点的分歧。但是由于市场经济的动荡，国家权力在努力稳定经济的过程中膨胀起来，随着科层制向更广阔的社会生活领域的进一步扩张，公共领域受到了压制。与此同时，由于人文社会科学研究在价值取向上的科学化倾向，科学型的技术控制知识成为主流，而解释型的知识与批判型的知识则受到冷落。这两个方面结合起来的事实是，现代社会公共领域逐渐走向衰落，国家对社会各个领域的干预程度不断加大，导致科学知识在服务于国家技术控制的过程中占统治地位。国家干预权力的扩大，使得许多人文社会科学领域的问题不再是文化问题,而是"技术问题"。既然是技术问题,就由科层制组织中的专家按照一定的技术路线去解决就可以了,这种"专家统治意识"的核心在于对"工具理性"的强调,从而导致了交往理性的系统性失真。这样,以解释型和批判型为主的人文社会科学研究被经验型知识或科学知识逐出了应有的地盘,所以才有必要强调这两种被冷落的知识。以人类对地震的研究为例。地震的形成本是自然现象,需要用物理学与地质学的专门知识来研究,所以在避免和预防地震方面,自然科学的威力是显在的。可是,一旦地震发生,造成一定的灾难之后,随之而来的就是社会重建与人们的心理问题,需要大量社会学、人类学、心理学、教育学等方面的科学知识。而在技术至上的时代,国家相信和重视的只是掌控地震的自然知识,轻视了人文社会科学知识,一旦当地震不可预防地发生时,面对灾区社会的重建和人们心灵的慰藉,国家和社会才暴露出这方面的问题。

从知识的类型上看,自然科学知识多为经验分析型知识,即各种旨在理解物质世界规律性本质的知识类型,它与致力于理解意义的历史解释型知识、致力于为使自由得以发展和提高的批判性知识等人文社会科学知识不同。首先是研究对象的不同。自然科学知识研究的对象多属可控制的现象,通过一定的技术与方法、手段可以将其现象搬进实验室而使其不断发生并开展研究,而人文社会科学的研究对象多属于生活实践层面,难以将其搬到专业的实验室里进行重复性研究。其次是研究的性质不同。自然科学探究的是客观的知识,不存在价值的问题,即研究者即使不加以研究,自然现象中的规律与本质特点依然存在,即不以人的意志为转移,研究只能是一个从"不知"到"知",或从"知之较少"到"知之较多"的过程。而人文社会科学研究的不仅有客观的事实,即"是什么"的科学问题,又有"为什么""怎么样"的价值问题。不仅人文社会现象之间相互影响、相互作用,而且研究有利于人们更加科学、合理地理解与构建一种理想的人类生活世界。最后是研究的方法不同。自然科学是"实验研究",而人文社会科学则是"实践研究"。

实验研究的最大特点在于变量的可控制性，而实践研究最大的特点在于变量的难以控制性。不管是文学、历史、建筑、音乐、美术等人文科学，还是人类学、教育学、社会学、经济学等社会科学，它们都是人类社会生活中的现象，其中固然有其发展的内在规律需要我们去研究、探索，这其中还蕴藏着大量的需要理解与解释的知识和文化，没有参与式的观察体验、调查研究、深度访谈等实践性的研究方法，而仅凭人为的控制与实验，是难以形成解释性、批判性的知识体系的，就不能研究出人文社会科学真正的合理性与科学性。

三 人文社会科学研究的实践方法

人文社会科学研究的根本方法应该是实践研究的方法。关于实践研究，最常用、最恰当和最有效的方法，通常被认为是实地调查、参与观察、深度访谈、个案研究、民族志、现象学、解释主义、诠释学等。正如社会研究方法方面的专家艾尔·巴比所言："如果你们要了解某一件事，何不就到它发生的地方去看看，感受一下，甚至参与其中？"[1] 实践研究是以实践中的现象为直接研究对象的，以考察现象背后的规律为目的，是人文社会科学研究的"源头活水"，也是文本材料生成的源泉。它虽然没有实验研究那样具有精确性、典型性、先进性，但是它的丰富多样性和广泛性却是实验研究所远不能及的，其最大的特点就在于根据事实进行客观的记述、说明，从中解释现象或发现规律。如果说自然科学以实验研究法优于人文社会科学研究的话，那么，人文社会科学正是以实践研究法优于自然科学的。实践研究法不仅要求研究者像人类学家那样扎根于"田野"工作，深入研究对象的"场域"中体验、观察、认识其文化本义，还要求研究者对现象进行理性的反思与重建。回顾人文社会科学领域的诸多研究成果，凡是有较大影响并被

---

[1] ［美］艾尔·巴比：《社会研究方法基础》，华夏出版社2002年版，第239页。

承认为科学研究的基本上属于实践研究的产物。经济学领域最著名的马克思的《资本论》，通过大量事实，详细而深刻地分析了资本主义的发展历史，揭穿了资本主义迅速发展的"秘密"，暴露了资本主义残酷剥削工人阶级的丑恶本质，也指出了工人阶级极其贫困的原因。这部历史巨著就是马克思在领导工人运动的过程中，深入工厂与工人家庭做了大量实践调查研究，并在总结革命的经验教训的基础上，在伦敦查阅了大量的文献资料，经过十余年的艰苦劳动才完成的。因为它的独特贡献，它不仅成为经济学领域的标志性成果，而且是整个人文社会科学研究的杰出典范。马克思指出："人的思维是否具有客观的真理性，这不是一个理论的问题，而是一个实践的问题。人应该在实践中证明自己思维的真理性，即自己思维的现实性和力量，亦即自己思维的此岸性。关于离开实践的思维是否具有现实性的争论，是一个纯粹经院哲学的问题。"[①] 这就非常清楚地告诉我们，一种理论的形成是否能正确地反映客观实际，就取决于研究者能不能深入实践去证明自己的思维并发展自己的思维。人类学领域最著名的文化功能主义的创始人马林诺夫斯基和他的研究成果，同样是从大量的田野研究中获得素材的，将整个人类学"扶手摇椅上的研究"向"田野研究"转型，他先后于1914年、1915年、1916年、1917年、1918年多次深入澳大利亚的特罗布里安群岛和梅鲁岛开展实际调查研究工作，并在1922年至1935年，围绕特罗布里安岛民的生活，完成了《澳大利亚土著家族》《西太平洋的航海者》等七部代表性著作。马林诺夫斯基在总结自己的研究历程时指出，一个真正的研究者必须经历"在这里""去那里""回到这里"的归去来兮之路。在社会学领域，我国学者费孝通通过实践研究所取得的成果同样有着十分重要的影响。1935年，费孝通从清华大学研究院毕业，取得该校公费留学资格，出国前，他偕夫人王同惠赴广西进行实地调查，开展了早期社会学的田野调查研究，积累了宝贵的经验和资料。翌年，费孝通返乡休息，

---

① 《马克思恩格斯选集》（第1卷），人民出版社1995年版，第16页。

准备出国。在此期间，他去吴江县庙港乡开弦弓村参观访问，在该村进行了一个多月的调查。1936年秋，费孝通抵英，师从布·马林诺夫斯基完成博士学业，根据其在吴江的调查结果写出论文《江村经济》。后来，费孝通又在实践研究的基础上出版《生育制度》《乡土中国》等著作，均有较大影响。正因为这样，费孝通在总结其研究历程时，将书名定为《行行重行行》，九十高龄时还到甘肃省的定西、临夏等地做调查研究，其研究取向与方法可见一斑。

  实践研究既是人文社会科学研究的一种价值取向，又是一种方法体系。作为一种价值取向，是指人文社会科学的研究不能停留在传统的文献资料与书斋的纯思辨研究上，而要走出书斋，走向生活，深入各个学科独特的研究领域中去。研究艺术创作的人，要深入火热的生活之中，观察生活、体验生活，不论是音乐美术的采风，还是文学创作的体验，都需要研究者把自己的思想与情感与现实的生活融为一体，从现实生活中获取创作灵感，这样的创作才会有生命力，才能体现文学艺术的真正价值。当人类的精神家园荒芜和道德滑坡时，人们在生活中遇到挫折时，就需要文学艺术给人以力量和鼓励。研究社会学、人类学、民族学的人，要深入家庭、社区、民族地区等获取第一手的研究资料，关注现实中突出的问题，以文化的理解与沟通为媒介，对家庭、社区、民族地区的发展进行有效的研究，这样才能称得上是真正的社会学、人类学、民族学研究。当人类社会一旦出现较为严重的家庭问题、社会问题、民族问题时，就需要以这些学科的理论为依据加以解决。研究经济学的，要深入车间、工厂、市场等，了解生产与商业活动中的各种现实问题，为经济的正常发展与经济水平的提高出谋划策。当金融危机席卷全球的时候，经济学的理论就要瞄准这些人类社会亟待解决的问题，为经济的复苏和振兴提供理论支持。研究教育的人，就要深入学校和课堂，解决学校教育中的种种问题，为课程与教学的改革，为素质教育的推进从事专门研究，并提供理论依据。当国家与民族的教育需要进行改革时，理论的引导与专业的支持就能有效地保证改革的顺利进行。如果人文社会科学领域以实践为取向的研究多了，人文社会科学的价值就能更真实地再现出来，也就更能体现人文社会科学与自然科学一样是人类社会不可缺失的理性工具。作为一种方法体系，实践研究法需要在研究过程中不断地完善。传统的观察法、问卷调查法、实地考察法、主位体验法、比较研究法、抽样研究法、实验法、访谈法等，其价值是不言而喻的，其方法规则也在不断地加以完善。与此同时，随着人文社会科学的不断发展，一些新型的人文社会科学研究方法如现象学、解释主义、诠释学、参与观察、深度访谈、扎根研究、民族志研究、叙事研究、案例研究、深描法等在研究中不断地成熟起来。人文社会科学研究的专门方法体系正在日益扩大并逐渐完善，也正在成为人文社会科学研究的主流。在西方实证主义走向黄昏的时候，人文社会科学研究方法正如日中天，而我国的人文社会科学研究正处在二者的交替阶段。正如人文社会科学研究专家艾尔·巴比所指出的那样："社会科学研究方法的特殊价值就在于提供探究事物的合乎逻辑和利于观察的方法。社会科学研究方法可以帮助我们越过个人的偏见，超越个人的眼界来看世界，这就是掌握着解决社会问题方案的'超然领域'。"[①] 从这一点来看，人文社会科学研究的方法体系和问题意识相结合，越来越显示出自身在人类社会发展中的独特价值。

总之，回顾人文社会科学的研究方法，从早期的人文主义的思辨研究，到近现代科学主义的实证研究，再到后现代深入现场的实践研究，走的是一条不断探索自身研究特色的道路，这一道路也使人文社会科学研究者越来越清醒地认识到人文社会科学研究的特殊性在于实践性研究。当前人文社会科学的研究正处在实证研究与实践研究的转型过程中，需要在认真反思实证研究之不足的基础上重建人文社会科学研究的实践研究价值取向与方法体系，在实证研究走向黄昏之后，需要经历一段暗夜的探索，方能迎来人文社会科学研究的黎明。

---

① ［美］艾尔·巴比：《社会研究方法基础》，邱泽奇译，华夏出版社2002年版，第4页。

第四章　教育学属于人文社会科学

在教育学研究的历史上,大概有两种倾向:一种认为教育学应像其他社会科学一样,向自然科学学习,才能完成自己的科学化。于是几百年来教育学研究者试图将其研究建立在心理学的基础之上,即通过教育学的心理学化而完成自身的科学化。试问心理学真的就科学化了吗?所以,几百年来的教育学科学化无能为力并没有产生什么效果,时至今日,几乎没有人相信赫尔巴特的"让教育学成为像物理学一样的科学"的观点。另一种认为教育学应保持其人文社会科学的特点,其研究方法恰恰不能效法自然科学,而应有自己独特的研究方法。那么,理解教育学的学科属性对于采用什么样的研究方法就显得十分重要了。

教育学到底是什么样的学科?这一问题不仅关系到教育学的学科属性问题,而且关系到用什么样的方法研究教育的问题。教育学属于人文社会科学,当然,它的研究方法要符合人文社会科学研究的方法论基础。

教育学的学科性质问题历来作为教育学原理领域中的一个基本理论问题加以讨论。"教育学是科学""教育学是艺术""教育学是社会科学""教育学是人文学科",如此等等,不一而足。人们总是根据自己的经验和理解对此问题进行解说。近来,教育学术界对这个"老问题"又产生了探讨的"新热情"。这是为何呢?起因主要在于:当下教育的社会控制与管理,使教育中的人文本真"失语",教育活动中的政策导向、制度规约、长官意志以及教学活动的千篇一律,使得教育中"来自人自身、为了人自身、发展人自身"的人文精神目标淡出教育领域。教育研究领域更是以此为研究的重点内容，不论素质教育还是课程改革，社会制度规约多于人文精神培植，教育管理与政策研究多于课堂教学方法研究，教育学正陷入单一的社会科学中而不顾其他。当前教育及教育学的社会科学化倾向遮蔽了教育学的人文价值、魅力或本真，使教育及教育学沦为一种事实上的"工具"。因此，重新呼唤"教育学属于人文科学"的属性之一在于唤醒人们不要忘记教育活动中的人文特性，其现实意义重大。① 与此同时，正如有学者所指出的，将教育学归入人文科学虽具有一定的合理性和现实针对性，但这种认识有"矫枉过正"之弊，教育学不仅属于人文科学，而且有社会科学的属性，应将教育学建设成为一门综合科学。② 我们认为，对于这样一个涉及教育学学科独立、学术尊严以及学科建设方向的重要问题理应进行深入研究并探个究竟。研究这一问题，不仅要结合当下教育及其教育学的现实处境，而且要结合教育及教育学的本真要旨；不仅应重视研究结论的合理性，而且应重视探索过程的逻辑性。因此，探究教育学学科归属问题就要从思维上弄清楚两个根本问题，即知己与知彼。所谓知己，即要明了判定教育学科学性质的依据或标准是什么？所谓知彼，即教育学要归属的科学（自然科学、社会科学、人文科学）究竟有何特点？它和教育学之间又有何特殊关系？

一　判定教育学学科性质的依据问题

关于教育学的学科性质之所以会有如此多种迥异的解读，是因为判定教育学学科性质所依据的标准不同。第一种观点是将历史上著名教育学家的观点作为判定教育学学科性质的标准，岂不知教育及教育学是处在发展变化之中的，历史上教育家的观点总会打上他所在时代的烙印，其观点可以参照但绝非一成不变的标准。比如有

---

① 张楚廷：《教育学属于人文科学》，《教育研究》2011 年第 8 期。
② 王洪才：《教育学：人文科学抑或社会科学？——兼与张楚廷先生商榷》，《教育研究》2012 年第 4 期。

学者将教育学视为一门艺术,其主要依据是夸美纽斯在《大教学论》中将教学论(实为教育学)视为一种艺术的观点;有学者将教育学视为一门科学,其主要依据是赫尔巴特在《普通教育学》里着力使教育学成为一门科学的努力。第二种观点是将教育学当中的某些特殊现象作为判定教育学学科属性的标准,比如有学者认为教育学是关于人的学问,其实质是人学,因此其学科属性应归于人文学科;又比如有学者看到教育现象与其他社会现象(政治、经济、文化、人口等)有着密切的联系,因此将之视为社会科学。[①] 还有一些折中的观点,即超越论者,他们认为教育学应超越社会科学与人文科学而将之建设成为熔自然科学、社会科学、人文科学于一炉的综合科学。第三种观点是将教育学的研究方法作为判定其学科归属的标准。历史上实验教育学运用自然科学的实验法研究教育,故将之归入自然科学;德国以狄尔泰为代表的精神科学教育学派主要以理解与解释的方法研究教育,故将之归入精神科学或人文科学。另外,近因多采用社会学、人类学、经济学"实证"研究方法来研究教育,而将之归入社会科学。

首先,以历史上著名教育家及教育学家的观点作为判断教育学科的学科性质的标准是存在不足的。这是因为教育学科不是静止不变的,教育学科是随着教育实践的发展而发展的。教育学起初作为教授术或教学艺术而存在,这是在教育活动领域十分狭小的情况之下的认识。从古至今,教育学经过两千多年的发展,其存在形态已非初始阶段可比,教育已不再仅仅作为一种家庭和学校的活动形式,因此,教育学也不可能仅仅停留在艺术和技术的层面。当然,历史上教育学家的观点反映了教育学的部分属性,但是,这远不是教育学属性的全部。其次,将部分教育现象作为判定教育属性的标准同样是不全面的。当今教育学研究的对象已超越了家庭、学校、课堂,它至少面对的是贯穿终生的教育现象(纵向上)和涵盖家庭、学校、社会的学习化社会(横向上)的教育现象。因此,教

---

① 沙依仁:《社会科学是什么》,世界图书出版公司2006年版,第14页。

育学所研究的教育现象包括了人类的一切教育现象,如果以某一领域或某一类型的现象作为教育学的研究对象而确定其学科属性,必然会陷入以偏概全的逻辑错误中。最后,将研究方法作为判定教育学属性的观点更是有着极大的迷惑性,也是十分错误的,应当说是本末倒置的。研究方法不属于学科的特权,并不能说某一研究方法是某一学科所特有的,别的学科就不能用此研究方法。事实上,同一研究方法常常被不同的学科所使用,并与该学科的研究对象相结合,才能使该方法具有意义。比如观察法,不管是自然科学还是人文社会科学,观察法均被使用,并在不同的学科中有着不同的操作要领。研究方法是什么?正如毛泽东同志所指出的那样:"我们的任务是过河,但是没有桥或没有船就不能过。不解决桥或船的问题,过河就是一句空话。不解决方法问题,任务也只是瞎说一顿。"① 研究方法实际上就是如何"过河"的问题。我们应该清醒地看到,方法是要服从、服务于任务的。如果不了解任务,而空谈方法,那么必然是无的放矢,甚至南辕北辙。教育学的研究方法也同样如此,它要为教育学的研究任务服务,即为了有效地研究教育现象及其规律,研究者可以采用不同的方法。将研究方法作为决定教育学学科性质的依据,就如同用"船"或"桥"来界定"此岸"或"彼岸"的性质一样可笑。

那么,究竟应当如何判定教育学的学科性质呢?讨论此问题的逻辑起点在哪里呢?对此,胡德海早已给出了明确的回答,即判定教育学学科性质的最重要也是唯一的根据就是看教育学的研究对象。"如果认为教育是自然现象,就会把教育学归到自然科学中去;如果认为教育是社会现象,就会把教育学划归到社会科学中去;如果认为教育既是自然现象,又是社会现象,就会把教育学看成是自然科学与社会科学的综合,是一种接缘性科学或跨界科学。"② 确实如此,一门学科的研究对象是该门学科区别于其他学科的重要标

---

① 《毛泽东选集》(第1卷),人民出版社1991年版,第139页。
② 胡德海:《教育学原理》,甘肃教育出版社1998年版,第14页。

志，也是看待本门学科性质的可靠依据。那么，教育学的研究对象究竟为何呢？这个问题看似简单异常，但确实又如教育学的学科性质问题一样，人言人殊，莫衷一是。有人说教育学的研究对象是"教育问题"，有人说是"教育"，有人说是研究"教什么和如何教"，有人说是"学校教育"，有人说是"教育现象"，有人说是"教育规律"，有人说是"教育过程"，有人说是"教育活动"，甚至有人说是"人"，如此等等，热闹非凡。根据现在通行的表述，界定一门学科的研究对象，一般表述为："××学是研究××现象，揭示××规律的科学。"例如，物理学是研究物理现象，揭示物理规律的一门科学；生物学是研究生物现象，揭示生物规律的一门科学。那么，教育学应当是研究教育现象，揭示教育规律的一门科学。这样的表述绝非"闭门造车"，而是符合学科学通例的，因此也较为合理。而其关键在于对"教育现象"的理解是个老大难的问题。为什么这么说？正如陈桂生所指出的那样，教育学论者在教育学论著"前言"中所声称的是一回事，在其正文中研究的却是另外一回事。① 也正如别的学科——人类学一样，"研究对象是一回事，对研究对象的研究又是另一回事。"② 虽然有很多教育学论著或教科书声称其所写的教育学的研究对象是教育现象，但其研究的对象却并未触及真正的教育现象。这种主观臆断的自我窄化研究对象的做法造成了许多明显的问题，也是教育学学科性质不明朗的"罪魁祸首"。那么，何为教育学的研究对象呢？我们认为，教育学的研究对象就是"人类的一切教育现象！"为什么这一正确观点得不到普遍的认同和接受呢？其原因有二：一是受苏联凯洛夫教育学的影响太深。众所周知，凯洛夫教育学是中华人民共和国唯一"正确"的教育学，属于教育学领域的"官方哲学"，学者们当然唯其马首是瞻，而凯洛夫教育学研究的主要对象是学校教育，其教育学理论构成是"四大块"，这个毋庸赘言。二是受历史上典型教育学家的

---

① 陈桂生：《教育学的"研究对象"是什么?》，《教育学术月刊》1995年第3期。
② 克利福德·格尔茨：《文化的解释》，韩莉译，译林出版社1999年版，第12页。

影响太深。中国自有"崇古"的传统，凡是历史上著名教育学家所断定的问题都是不易之论，因而教育学的发展备受束缚，实际上无论是为教育学开宗立派的夸美纽斯，教育学科学化的首倡者赫尔巴特，还是现代教育理论的集大成者杜威，他们所讲的教育主要还是学校教育，其研究的教育学属于学校教育学。因此，很有必要重申教育学的研究对象是人类一切教育现象这一观点，这有利于澄清教育学边界不明、学科体系不完整、学科性质不确定等一些重大理论问题。

既然作为判定教育学学科性质的是其研究对象，而教育学的研究对象又是人类一切教育现象，那么，就十分有必要对这个研究对象做出进一步的理性分析了。从时间上看，教育现象既包括历史上的教育现象，又包括现实中的教育现象和未来的教育现象；从空间上看，教育现象既包括中国的教育现象，又包括外国的教育现象，既包括学校教育现象，又包括家庭教育现象、社会教育现象。如果从其他学科比如物理学、社会学、经济学的划分上看，物理现象包括宏观物理现象、微观物理现象，社会现象包括宏观社会现象、微观社会现象，经济现象包括宏观经济现象、微观经济现象，那么教育现象也应该包括宏观教育现象和微观教育现象两个层面。不管怎么理解，教育活动既是一种社会活动，又是一种认识活动。作为社会活动的教育，是人类所特有的现象，它是社会需要的产物，也是受社会诸因素制约的产物。所以，教育学当属社会科学，这是毋庸置疑的。但这一社会现象中又存在着明显的认识现象，即教育是以人为对象的，教育活动既是一种文化活动，也是一种精神活动，教育现象中存在着大量的人的认识现象和心理现象。据此，教育学还属于人文科学。事实上，人文科学和社会科学总是有着千丝万缕的联系的，这也正是人们常常把人文科学和社会科学相提并论的根本原因。而在所有的人文社会科学中，唯有教育学因其特殊性、综合性而兼备人文科学和社会科学的特点，我们称之为"人文社会科学"或"社会人文科学"。诸如"百年大计，教育为本""教育兴（强）国""教育救国""教育发展战略"等中所指称的"教育"

均属于宏观教育现象；而"上学受教育""这个影片使我深受教育""德育""家庭教育""社区教育"等所反映的"教育"属于微观教育现象，尤其是课堂教学中的教和学等更是属于微观教育现象。前者可被称为"教育事业"，后者可被称为"教育活动"。因此，教育现象应包括教育活动现象和教育事业现象两大类。教育活动现象主要是一种认识现象、心理现象，更多的是人文现象；教育事业现象是一种社会现象。[1] 因此，教育学的研究也应包括两个层面：教育活动现象研究（微观教育学）与教育事业现象研究（宏观教育学）。而研究宏观教育事业发展现象的教育行政、教育管理、教育政策、教育规划、教育战略等宏观教育学的学科属性更倾向于社会科学，研究微观教育活动现象的课堂教学、教学方法、教师专业发展、学生身心、教学评价等微观教育学的学科属性更倾向于人文科学。由此可见，教育学是人文社会科学。这一结论也是由人文科学和社会科学的特点及它们与教育学的关系来决定的。

二　教育学与自然科学、人文科学、社会科学之间的关系

我们所讨论的教育与教育学是一个"大教育""大教育学"的概念，这是"知己"问题，是我们进一步讨论的基点或原点。另外，在探讨教育学学科归属问题之前，十分有必要对它的"归属"对象做一番了解，这是"知彼"的问题，否则就有"盲人瞎马，夜半深池"的危险了。"科学"这一术语本是西方的产物，西方对科学的划分大体有两种：英、美强调三分法——自然科学、社会科学和人文科学，而以德国为代表的欧陆强调两分法——自然科学和精神科学。目前，全世界达成共识并通行的是英、美的三分法。[2] 因此，我们主要对自然科学、人文科学和社会科学进行讨论。

自然科学（natural sciences）是研究无机自然界和包括人的生

---

[1] 胡德海：《教育理念的沉思与言说》，人民教育出版社 2005 年版，第 140—141 页。
[2] 王鉴：《论人文社会科学研究的解释性》，《学术探索》2011 年第 12 期。

物属性在内的有机自然界的各门科学的总称。其研究对象是整个自然界，即自然界物质的各种类型、状态、属性及运动形式。其研究任务在于揭示自然界发生的现象和过程的实质，进而把握这些现象和过程的规律性，以便控制它们，并预见新的现象和过程，为在社会实践中合理而有目的地利用自然界的规律开辟各种可能的途径。它包括物理学、化学、天文学、气象学等基础科学和农业科学、生物学、医学、材料科学等实用科学。自然科学是伴随着18世纪以来物理学的日渐成熟与生物科学在社会上的巨大影响而占据学界显著位置的。尽管自然科学的影响是巨大的，但有一个事实是抹杀不了的：人文科学的本质不能完全用自然科学的方法与标准加以衡量，社会历史的经验不能完全通过自然科学的归纳程序上升为科学。早期的教育学著作中虽然有人认为教育学的属性有自然科学的一面，如教育学中关于人的自然存在物的研究，如教育生理学、教育心理学、教学法分支、教学手段分支以及学科教育学等均具有自然科学的性质。但是，随着教育学学科的发展，关于人的自然的研究已经被公认为生理学、医学、心理学等学科的研究对象，而这些学科都成了教育学的基础学科，所以教育学非自然科学属性的结论基本上不存在争议了。

社会科学（social sciences）是"研究各种社会现象、社会运动变化及发展规律的各门科学的总称"①。社会科学的典型学科是社会学、经济学、法学、政治学、教育学等。它们是伴随着工商业的发展于19世纪后期逐渐在西方发展起来的，按时间来说，其出现并产生影响要比人文科学和自然科学晚一些。而且社会科学的发展受到自然科学的深刻影响。19世纪后期这些学科刚刚独立的时候，为了获得成为"科学"的入场券，这些学科甚至不得不服从自然科学的"科学"标准，并大量借用自然科学的方法。20世纪以后，特别是当代以来，各门社会科学逐渐形成了与自己的独特研究对象相适应的研究方法，但在致力于探索和发现支配本学科研究对象的

---

① 《中国大百科全书》（简明版），中国大百科全书出版社1998年版，第4208页。

普遍规律、获取关于本学科研究对象的本质和规律的普遍知识这一点上，却没有发生任何变化。① 美国学者 D. W. 卡尔霍恩认为："社会科学主要是技术革命以及随之发生的社会变化的结果。工业革命以前的社会并不是没有变化，但是，技术的兴起使这种变化速度加快，并且打破了传统的生活模式而又没有新的模式来代替。社会科学的产生，部分的原因就是努力寻求这种新的模式。"② 首先是自然法与社会契约论思想的产生，导致了霍布斯、洛克、斯宾诺莎等人学说的形成，同时英国的古典经济学成为一门独立的学科。随后是维科、伏尔泰、孔多塞、卢梭等理论的出现，使历史学、法学、政治学等社会科学形成。到了 19 世纪，经孔德、斯宾塞等人的努力，社会学终于形成。之后，社会科学逐渐分化并发展，形成了结构完整的学科体系。尤其是在自然科学研究方法的启发下，实证主义的研究取向不仅在社会科学领域取得了主流地位，而且人文科学也积极效仿其研究方法。实证主义宣称："社会科学只有在认识到把社会事实作为实在物来研究时，才能诞生科学的研究成果。"③ 这种在理论取向上以自然科学为标准模式而建立统一的知识体系的实证主义研究传统在很长时间里成为人文社会科学研究方法的主流，以致人们渐渐地淡忘了人文社会科学研究的独特性，上演了一幕"东施效颦"的现代人文社会科学研究闹剧。社会科学的特点表现在它们始终处于客观与主观、必然与偶然、事实与价值、描述与规范的诸种张力之中，而对这些对立面的不同方面的认同与强调，则形成了社会科学研究的不同学说或派别。教育学作为社会科学中的一支，在西方也曾走过实证主义的研究路线，不过，现在这一方法在西方正走向黄昏，而在我国教育学领域的实证研究中却刚刚是黎明。

---

① 汪信砚：《人文学科与社会科学的分野》，《光明日报》（学术版）2009 年 6 月 16 日。

② [美] 卡尔霍恩：《变革时代的社会科学》，社会科学文献出版社 1989 年版，第 46 页。

③ [法] 涂尔干：《社会学研究方法论》，华夏出版社 1988 年版，第 11 页。

人文科学（humanities）是"研究人类的信仰、情感、道德和美感等的各门科学的总称"①。"是指一些以人的内心活动、精神世界以及作为人的精神世界的客观表达的文化传统及其辩证关系为研究对象的学科体系，它以人的生存价值和生存意义为学术研究的主题，它所研究的是一个精神与意义的世界。"② 人文科学源于拉丁文"humantitas"，意为人性、教养。起源于古罗马西塞罗提出的培养雄辩家的教育纲领，后转变为中世纪基督教的基础教育，包括数学、语言学、历史、哲学和其他学科。在文艺复兴时期，它在广义上指与神学相对立的研究世俗文化的学问，主要研究语法、修辞、诗学、历史与道德；它在狭义上指希腊语言、拉丁语言研究与古典文学的研究。③ 人文科学是人类历史上最早出现的科学，可以追溯到"轴心文明"时代。文学、历史学、哲学、宗教学、语言学、考古学、伦理学、美学、音乐学、美术学、舞蹈学等便是典型的人文科学（学科）。堪称近现代人文科学研究之父的维柯在《论我们时代的研究方法》中，批判了笛卡尔的唯理论及其"新批判法"，并对人文科学进行了辩护。④ 康德的思想中同样存在着科学与人文的两面性，一方面，他不相信自然科学知识之外有任何其他的知识，另一方面，由于他突出的情感、移情和天才的作用和地位，又极大地减少了人文科学对自然科学的方法论依赖。⑤ 黑格尔更是如此。他尖锐地批评了18世纪在思想领域占统治地位的形而上学和机械论者的观点，他指出，在这些人看来，只有可以用数学加以量化的科学才能算作真正严密的科学，而对于像自由、法律、道德等不能用数学加以量化的就不能算作真正的科学，他们看不到自然现象与精神现象之间的真正区别。⑥ 这种批判就包含了对人文科学独立价

---

① 《中国大百科全书》（简明版），中国大百科全书出版社1998年版，第3993页。
② 吴鹏森、房列：《人文社会科学基础》，上海人民出版社2000年版，第4页。
③ 冯契：《哲学大辞典》，上海辞书出版社1992年版，第23页。
④ ［意］维柯：《维柯论人文教育》，广西师范大学出版社2005年版，第116页。
⑤ ［德］伽达默尔：《真理与方法》，洪汉鼎译，上海译文出版社1992年版，第52页。
⑥ ［德］黑格尔：《小逻辑》，商务印书馆1981年版，第99页。

值的维护和超越自然科学方法论的思想因素。人文社会科学独特的研究对象决定了它不能像研究自然现象那样研究人文社会现象。关于人文科学研究独特对象与方法的认识正是在反实证主义的过程中逐渐确立起来的。最早的是19世纪的施莱尔马赫、狄尔泰，后来就是现象学、存在哲学、解释学的一些大师们，如胡塞尔、海德格尔、伽达默尔等，这一发展路线正是人文社会科学研究的哲学基础——解释学——形成的路线。正是人文主义学科的兴起及研究方法的逐渐成熟，人们才真正脱离了源于自然科学并流行于社会科学的实证主义研究方法的束缚，而形成了人文学科独有的解释方法。教育学作为人文社会科学的学科之一，自然会受到这种方法的影响，开始出现了批判教育学、解释教育学、现象学教育学等，教育学的人文学科属性的观点越来越得到一些研究者的认同，在此基础上正在形成其特有的研究对象与研究方法。

三 教育学属于人文社会科学

人文科学、社会科学的研究各有侧重，不能将其等同，亦不可互相代替。与此同时，这种划分方法亦有其相对性，而非绝对的。比如关于人的科学就十分丰富，包括了生理学、心理学、教育学，而生理学、医学等属于自然科学，心理学属于人文科学，教育学则属于人文社会科学等。目前，我国人文社会科学所出现的自然科学化和人文科学社会科学化的现象是需要引起重视并应当认真加以批评的。比如，与教育学联系密切的心理学深受此影响。心理学按照它的研究对象来看，理所应当归入人文社会科学的行列，但是它却毫不留恋地投入了自然科学的"怀抱"，采用严格的实验法和大量的数学、统计学的方法，造成心理学的研究已远离了它的研究对象——人，而其研究成果也难有多少积极的价值。作为人文科学主要组成部分的文学研究也玩起了"实证"，在文学研究的论文中出现了大量的数据、表格、曲线图。当我们阅读这样的文学研究论文时很难说有愉悦之感，感受最深的是文学研究已经远离文学本身。

我们所讨论的对象——教育学便置身于这样的学术背景之下。"教育学一定要科学化"的呐喊,"教育学,你是科学吗"的质疑都与此相关。但是,正如心理学不能被简单地归入自然科学,文学不能被实证地社会科学化一样,教育学也不能不顾自身的学科实际而任意"他化",那样非但不会发展教育学,而且可能将教育学带入绝境。

　　教育学的研究应包括两个方面,即宏观教育学与微观教育学。宏观教育学主要研究的是教育事业。教育事业是作为一种典型的社会现象而存在的。它和一个社会的政治、经济、文化、人口、生产力、生产关系等有着密切的联系,也是众多教育学家所论述过的,比如在教育学中被称为教育的两大规律之一的"教育与社会发展规律"便是这种理性认识的结果。教育事业作为一种社会存在,具有其客观性、规律性,这是毋庸置疑的。发展教育事业,也不能只凭主观臆测,仅凭一时的政治冲动。那样的话,教育事业必然会误入歧途,比如"文化大革命"十年的教育失误,当前我国高等教育"跨越式发展"所带来的隐患,等等。因此,对于教育事业必然需要抱有一种客观的态度,一种尊重客观规律的科学精神。如此,以教育事业为主要研究对象的宏观教育学便具备了社会科学的属性。事实也的确如此,现在一些对人文社会科学的研究集刊或著作,也通常将教育学列入"社会科学"的范畴。[①] 教育学的另一层面是微观教育学研究,其主要的研究对象是教育活动。其既包括学校的教育活动、家庭里的教育活动,也包括其他学习型组织里的教育活动。比如我们通常所说的"课堂教学"便是一种典型的微观教育现象,是微观教育学研究的重要方面。从结构性质来看,微观教育现象又内在地包含两种情况。其一,微观教育现象的社会影响方面。微观教育现象是宏观教育现象的"基层组织",它不可避免地要受到宏观教育现象的制约和影响。比如在我国,无论是城市还是乡

[①] 苏力、陈春声:《中国人文社会科学三十年》,生活·读书·新知三联书店2009年版,第29页。

村，无论是南方北方还是东部西部，都深受"科教兴国"这一宏观教育现象的影响；也正是在"一考定终身"的高考制度的宏观教育现象的影响之下，作为微观教育现象的学校课堂和家庭教育蒙上了一层厚厚的"应试教育"的尘土。因此，微观教育学研究不可避免地打上了社会科学的烙印。其二，微观教育现象的个人方面。微观教育现象必然涉及人，无论教育者还是受教育者都有其精神世界、价值世界、意义世界。这些方面虽然也受到社会存在和社会意识形态的制约，但其具有自己鲜明的独特性与独立性。教育的过程不只是知识的授受，更是一种精神的交往，是使人从一个自然人到一个文化人的精神历变过程。"教学有法，但无定法"，说明教学的个性和风格。"春风化雨""如沐春风"，形容教师的教学魅力和听者的主观享受，其实质也是一种美感，如此等等。课堂、家庭等微观领域存在着大量关于人的心理现象、认识现象、精神现象。从这个意义上讲，教育学又具备了人文科学的属性。这是微观教育学的一个最重要而且最为核心的属性。值得注意的是，微观教育学的这一特征实际上在当今已被遗忘很久了！人们更多地从社会科学的概念、范畴、逻辑、方法上研究教育的宏观现象和微观现象，将它们看成是纯粹的客观物质运动和社会现象。所以，如今之教育学看似蓬勃发展，实则内部空虚，缺乏真正的教育学魅力。教育学变成"干巴巴的条条框框"，缺乏生机和活力。因此，教育学要关注人，关注个人，关注人生，关注人的精神世界、意义世界、价值世界。只有关注人本身，教育学才能成为真正意义上的"人学"，也只有关注与个人的精神、价值、情感等内隐而具有实质意义的问题，教育学才能在其"核心理论区"产生真正的原创和突破。事实上，历史上很多大的教育家和教育学家都十分重视这个问题。因此，将这门学科视为"最复杂的科学""最难学的艺术"。我们应当重新重视这方面的研究。不要让教育学仅仅成为充斥着大量数据、众多社会学名词、经济学名词而唯独没有"教育"没有"人性""人生""精神""智慧"的虚妄之学。值得庆幸的是，仍有学者致力于教育学的"生活体验研究"①"现象学研究""解释学研究""课堂志研究"②"课堂里的精神空间研究",运用"理解""体验""反思""诠释""参与观察""个案分析""叙事"等方法展开其教育学研究,努力探寻教育学的真谛,追求一种"智慧"与"生命"③ 共生的学术境界。这样的研究使教育学复归它的"本来面目",使教育学(主要是微观层面)"返璞归真"重获"魅力"。然则,我们还必须看到,这样的研究也仅限于对教育学微观领域的研究,它不可能代替教育学在宏观领域的"实证研究",也就不能否认教育学在宏观领域和部分微观领域属于社会科学的基本事实。

总之,教育学的学科属性决定于其研究对象。而教育学的研究对象是人类的一切教育现象。从结构上看,可以将教育现象划分为宏观教育现象和微观教育现象。研究宏观教育现象即教育事业的教育学为宏观教育学,其学科属性为社会科学;研究微观教育现象即教育活动的教育学为微观教育学,其学科属性为社会科学与人文科学的融合。如果从教育事业的角度而言,教育学是最明显的社会科学,如果从教育的内容、过程及方法来说,它更是人文科学,所以,教育学应当是人文社会科学。尽管教育学也经历过努力实现科学化的过程,并且现在还为此而努力着,但它终究没有成为自然科学,而保存着人文社会科学的浓厚特色。正是这一点,使这一兼具人文科学与社会科学双重属性的学科颇受争议,有人以自然科学的标准来衡量它,说它不是科学;有人以自然科学的方法企图同化它,使它真正科学化。这样的论者多了,把教育学内部的学者都搞糊涂了,一些教育学学者也认为教育学不是科学,也以钱锺书在《围城》中挖苦教育学的故事来自嘲,表现出明显的自卑心理。事实上,这些观点都是不正确的,教育活动既是一种人的精神活动又

---

① [加]马克斯·范梅南:《生活体验研究——人文科学视野中的教育学》,宋广文译,教育科学出版社2003年版,第33页。
② 王鉴:《课堂研究概论》,人民教育出版社2007年版,第46页。
③ 叶澜:《让课堂焕发出生命活力——论中小学教学改革的深化》,《教育研究》1997年第9期。

是一种人类的社会活动，它兼具人文科学与社会科学的双重属性，教育研究就应该从人文科学与社会科学的双重方法中研究教育现象与教育问题，不仅通过调查分析、数据分析、实验研究等实证研究方法探讨教育事业发展中的一般和普遍的问题，而且要通过省思、解释、参与观察、行动体验、个案分析、叙事等方法展开分析，把握教育问题的复杂性和独特性，这样才能从人文社会科学的根本属性出发研究和把握教育学的规律。

第五章 教育民族志研究的理论与方法

教育学属于人文社会科学,因而应该依据其特点开展研究,这样才能真正把握教育活动的特点与规律,解释教育活动的现象与本质。教育研究领域受人类学研究的启发而形成了教育人类学专门学科,其主要的研究方法便是教育民族志。教育民族志是教育研究者对"民族志"这一研究方法的跨学科应用。教育民族志研究有两个层次:一个是以参与观察和整体性研究为主要特征的描述性研究方法,即搜集资料;另一个是教育人种学,即对实地研究所收集的资料进行比较、综合、分析和概括,形成独特的研究成果。人类学家运用民族志方法研究教育问题大致在 20 世纪 30 年代之后成为一种热潮,经典的研究当属马格丽特·米德的《萨摩亚人青春期的到来》。20 世纪 60 年代以来,许多人类学家纷纷把民族志研究方法应用于教育问题的研究,教育民族志研究逐渐成熟起来,经典性的研究层出不穷。教育民族志研究的一般步骤主要包括确定教育民族志研究的对象、作为搜集资料方法的"参与观察"、作为研究成果的教育民族志报告的撰写等。

一 教育民族志及其研究层次

"民族志"(ethnography,又译"人类学""民俗志"等)一词通常是指人类学家进行田野工作(field work)、做田野笔记的过程,以及在这一过程中所使用的方法。"在田野工作之后,人类学家依据他们所获得的社会知识写成专著或报告,可以集中考察当地社会的某一方面，也可以整体表现这个地方的社会风貌，总的做法还是整体论的，即基于当地意识的整体构成的文化观。"① 著名人类学家格尔茨将它的精神实质概括为"地方性知识"，即由社会生活中可观察与不可观察的方方面面所构成的伦理、价值、世界观及行动的文化体系。② "民族志"不管是作为一种方法还是作为这种方法结出的成果，均被国际上公认为人类学所特有的一种崇尚客观和描述的定性研究。"民族志方法特别适用于对学校或课堂这样相对局限的系统作经验研究，而且也适用于研究家庭、社会组织和少数民族社区在教育中的作用。"③ "教育民族志"（ethnography in education 或 educational ethnography）是教育研究者对"民族志"这一研究方法的跨学科应用。在教育研究过程中，研究者一般将这种方法应用于微观层次，通过与被研究者互动从而真实地观察学校中究竟发生了什么。教育民族志属于微观民族志，研究对象主要集中于学校这一典型的教育机构。教育民族志除了一般民族志研究的情境的自然性、视角的整体性、时间的长期性、程序的灵活性、结果的描述性五个特点之外，还有研究对象的特殊性、研究时间相对宽松等特点。

教育民族志作为一种方法是随着教育民族志学科的不断成熟而趋于完善的。教育民族志的研究最初有两个视角：一个是以人类学为目的的教育学，另一个是以教育学为目的的人类学。就其中的第一个视角来看，教育民族志常常被理解为教育学对广泛的人类学说的论证，也就是对一般人类学的论证，因此教育科学被列入那些完成了向人类学转向的科学系列之中，这种转向是由舍勒（Max Scheler）为代表的现代哲学人类学完成的，后由德国教育人类学家博尔诺夫（Otto Friedrich Bollnow）及其弟子洛赫（W. Loch）发展成熟的。博尔诺夫在《教育学的人类学考察方式》、洛赫在《教育

---

① 王铭铭：《人类学是什么》，北京大学出版社2002年版，第63页。
② [美] 克利福德·格尔茨：《地方性知识》，王海龙、张家宣译，中央编译出版社2004年版，第223页。
③ 中央教育科学研究所比较教育研究室编译：《简明国际教育百科全书》，教育科学出版社1990年版，第126页。

学的人类学因素》中分别就民族志考察方式在教育学中的运用问题进行了专门论述。他们认为，教育民族志探讨人的存在"在整体上"对于教育实际和教育现象的意义。① 就其中的第二个视角来看，教育民族志被明确地认为并非关于人的一般学说的理论，而是要在教育科学范围内使用人类学观察方式以有效说明教育学问题。这一视角可以在教育人类学家罗特（H. Roth）的《教育民族志》中见到，经诺尔（H. Nohl）的《教育民族志常识》一书得以系统地表述。② 在教育民族志的发展长河中，因为研究视角的不同，出现了哲学教育民族志与文化教育民族志两大流派。哲学教育民族志关于教育的研究内容大都归属于教育哲学的范畴，以德奥教育民族志为主，在研究方法上注重在哲学层次上对人性和教育本质进行反思，是教育民族志的人本研究取向。文化教育民族志关于教育的研究内容多属于后来的教育民族志的骨干学科体系，以英、美教育民族志为代表，是教育民族志的文化研究取向。③ 到了20世纪60年代，在教育民族志学科发展成熟以后，西方文化教育民族志内部又因研究者学科背景、研究方法、研究立场的不同而一分为二：一派以英、美文化人类学注重田野工作和文化工作为研究特色，形成了以美国人类学家斯宾德勒和奥格布为首的文化教育民族志学派；另一派以美国的詹姆斯·A. 班克斯和英国的詹姆斯·林奇为代表的多元文化教育学派。④ 不同的流派从不同的视角对教育与人的问题所进行的深入研究为教育民族志学科的发展与成熟做出了不同的贡献，同时，教育民族志内部的研究也渐进地形成了一种主流思潮，即注重从田野研究的立场出发，以人类学方法为标志，深入学校中

---

① ［德］O. F. 博尔诺夫：《教育人类学》，李其龙等译，华东师范大学出版社1999年版，第31页。
② 转引自［奥］赫勒尔特·茨达齐尔《教育人类学原理》，李其龙译，上海教育出版社2001年版，第2—7页。
③ 滕星、马茜：《教育民族志》，庄孔韶主编：《人类学通论》，山西教育出版社2004年版，第418页。
④ 徐杰舜问，滕星答：《在田野中追寻教育的文化性格——教育人类学者访谈录》，庄孔韶主编：《林耀华先生纪念文集》，民族出版社2005年版，第399页。

开展研究，形成独特的教育研究成果，教育民族志学科体系由此不断积累、完善与成熟。

在讲到教育民族志时，一般有两层含义：一层是教育人类学家的民族志，这种"教育民族志"的产生与"教育人种学"有着密切的关系；另一层是作为方法的教育民族志，主要是一种搜集资料的路径与方法，其中以参与观察与深度访谈为主。第一层次的教育人种学，不是独立的学科，而是教育民族志研究的第一个层次，即对研究对象的确定有着一定的跨文化背景，通过对异文化的教育研究来比较、综合、分析和概括文化的教育现象及规律，即教育民族志家在完成田野工作之后，详尽地描述、说明所观察到的现象与文化，而且尽量以"当地人的观点"（native's point of view）来"深描"（thick description），使他们的描述成为其他研究者了解教育民族志者田野工作的过程，异文化教育的情况以及人类学工作者个人的反省与理论观点。[①] 1977年，当时担任美国宾夕法尼亚大学教育研究生院院长的教育人类学家海明斯（D. Hymes）当选为美国人类学与教育研究会主席，他把推动"教育人种学"的研究作为任期内的首要任务，他号召人类学家全面开展民族志研究，以此为基础建立新型的教与学的综合理论。在海明斯的努力下，美国学界对教育民族志和教育人种学的研究非常活跃，研究成果不断涌现。其中，威尔逊（S. Wilson）和勒孔特（M. D. LeCompte）的研究尤其引人注目。1977年，威尔逊发表了《教育研究中人类学技术的应用》一文，系统阐述了人类学方法论对教育研究可能做出的贡献，大力倡导教育研究界采用人类学方法研究教育问题。这篇学术论文在教育民族志研究领域引起了较大的反响，在学术研究中被大量引用。1978年，勒孔特发表了《学会工作：课堂上的隐性课程》一文，以人类学为方法，从微观研究的角度对学校和班级生活进行了专题研究。另外，有的学者还在教育研究中引入"批判人类学"（criti-

---

[①] 冯增俊主编，万明钢副主编：《教育人类学教程》，人民教育出版社2005年版，第90页。

cal ethnography）的方法，采用人类学定性的、参与观察的方法，并依靠源自批判社会学和批判哲学的理论体系来阐述其理论的各种研究。除美国、英国外，法国学界对教育民族志也有不少研究，这与结构主义人类学家列维—施特劳斯（C. Levi Strauss）的研究直接相关。施特劳斯认为，人类学的第一个层次即观察与收集资料。近年来教育人类学有日益明显的学科化趋势。1981年，法国学者埃尔尼（P. Erny）出版了《教育民族志》（*Ethnologiede L' Education*）一书，试图从民族学的观点出发进行概念探究和资料分析，为教育人类学建立了一个学科体系。[①] 教育民族志的第二个研究层次，是一种以参与观察和整体性研究为主要特征的描述性的研究方法。搜集资料的技术主要是"参与观察"（participant-observation）与"深度访谈"（depth-interview）。所谓参与观察是指教育民族志家在一所学校或一个课堂上做研究时，不仅作为旁观者观察所研究对象的一切，同时也在相当程度上参与到他们的活动中，作为其中的一员，以求更密切地接近观察。所谓深度访谈则是指教育民族志家与研究对象做无拘无束、较深入的访问谈话，即事前不规定所要访谈的问题，更不限定回答的方式，而是就某一范围的问题做广泛的聊天式的对话，或对某一特定的问题做详细的说明。[②] 在教育民族志的研究中以参与观察为主的"实地研究"，是由"芝加哥学派"的社会学家贝克尔（H. S. Becker）、吉尔（B. Geer）、休斯（E. Hughes）和施特劳斯（A. Strauss）等人对医学院学生进行社会调查时率先引进教育研究领域的。1968年，史密斯（L. M. Smith）和杰弗里（W. Geoffrey）首次应用这种微观人类学（Microethnography）方法，对班级过程进行人类学实地研究，从此发端了"实地研究"的教育民族志。[③] 对于"参与观察"，人类学家和社会学家在各自进行的教育研究中都采用过。不过，人类学家往往称之为"民族志"

[①] 李复新、瞿葆奎：《教育人类学：理论与问题》，《教育研究》2003年第10期。
[②] 李亦园：《人类的视野》，上海文艺出版社1996年版，第12页。
[③] 参见李复新、瞿葆奎《教育人类学：理论与问题》，《教育研究》2003年第10期。

或"实地研究"。

二 教育民族志研究的历史及经典案例

（一）教育民族志的萌芽时期与米德的"文化—个性"研究

最早运用民族志方法研究教育问题的是美国人类学家赫维特（Hewett）。他1904—1905年在《美国人类学家》杂志上发表了《人类学与教育》和《教育中的种族因素》两篇文章，这是美国教育人类学家从事教育民族志研究的开始。[①] 人类学家运用民族志研究教育问题大致在20世纪30年代之后成为一种热潮。如30年代美国人类学家玛格丽特·米德（M. Mead）、本尼迪克特（R. Bendict）、卡迪特（A. Kardiner）和林顿（R. Linton）等人倡导的"文化—个性"（culture and personality）研究；50年代亨利（S. Henry）对学校进行的中观人类学研究等。[②] 第一位系统对人类学进行论述的是英国功能主义人类学家马林诺夫斯基，他强调指出，人类学学者必须在搜集资料时采用他称之为"具体的统计性文献资料"的方法作为控制手段，人类学研究的目的在于了解某一种族人的观点、他们的生活态度，摸清他们对世界的看法。[③] 又如，美国人类学家博厄斯（Franz Boas）认为，人类之所以有各种不同的行为模式，不是因为其生物特性，而是因为其各自独特的文化背景。博厄斯据此明确提出了文化决定论。博厄斯的两位女弟子玛格丽特·米德和本尼迪克特收集了翔实的第一手材料，为文化决定论提供了证据，形成了人类学研究的经典之作《萨摩亚人的成年》《文化与性格》《文化模式》《菊花与刀》等。尤其是米德，她运用其在工业

[①] 徐杰舜问，滕星答：《在田野中追寻教育的文化性格——教育人类学者访谈录》，庄孔韶主编：《林耀华先生纪念文集》，民族出版社2005年版，第399页。

[②] 李复新：《西方教育人类学研究的历史透视》，《华东师范大学学报》（教育科学版）1990年第4期。

[③] 中央教育科学研究所比较教育研究室编译：《简明国际教育百科全书》，教育科学出版社1990年版，第127页。

落后社会的田野工作经历，生动地描述了快速变化的美国教育情境，并倡导教师运用观察和一手资料进行研究。① 在米德之前，美国心理学家斯坦利·霍尔根据他对西方社会青年的研究，率先于1904年在其两卷本的《青春期》中提出了著名的"青春期危机"理论。而这种观点与博厄斯学派的观点不同，为了从人类学的角度证明这种理论的不足及进一步确证文化决定论的观点，博厄斯曾和米德共同制定了调查"生物学上的性成熟与文化形态的相对力量"的专门计划，试图寻找更多的证据来证明文化对人格的塑造作用。米德通过对南太平洋波利尼西亚群岛的萨摩亚人进行9个月的田野生活调查，于1928年出版了《萨摩亚人的成年》一书，该书的副标题是"为西方文明所作的原始人类的青年心理研究"。在这本著作中，米德力图说明"人类（野蛮而未经教化的原始人类）所赖以生存的丰富多彩的文化环境是如何塑造人格的"②。简言之，她力图找出决定人格的文化因素。她发现，那些身穿草裙的萨摩亚姑娘在青春期并不存在紧张、抗争和过失的阶段，由于没有父母的约束，没有因性的困惑而产生的闷闷不乐，因此丝毫没有西方社会所见到的那种紧张、抗争和过失。"在萨摩亚，青春期的女孩子和青春前期的妹妹相比，确实有所不同，那就是在年龄较大的姐姐身上发生的某些变化，在年龄较小的妹妹身上尚未出现。但除此以外，处在青春期的人和两年以后才达到青春期或两年以前就达到青春期的人之间，并没有什么其他差异。"③ 米德指出，青春期只是一个文化意义上的事实。生理上的共同变化并不能得出同样的结果，可由文化的差异给出不同的青春期定义。自此之后，从东部的波利尼西亚到西部的新几内亚，太平洋地区形态殊异的原始文化牵动着她此后整整50年的情愫。米德根据其长期的人类学研究材料在晚年

---

① Robert C. Bogdan, Sari Knopp Biklen (1998), *Qualitative Research in Education: An Introduction to Theory and Methods*, Allyn and Bacon, p. 8.
② [美]玛格丽特·米德：《萨摩亚人的成年：为西方文明所作的原始人类的青年心理研究》，周晓虹、李姚军译，浙江人民出版社1988年版，第8页。
③ 同上书，第196页。

时写成了影响更大的《文化与承诺》一书，在这本书中她提出了一套教育与文化的观念，也就是所谓的"后塑型文化"（post-figurative culture）、"同塑型文化"（co-figurative culture）与"前塑型文化"（pre-figurative culture）的说法。这些观点与她早期的人类学研究《三个原始部落的性与气质》（1935年）相一致，构成了一幅教育民族志研究的经典画卷。

（二）教育民族志的成熟时期与微观课堂民族志研究

20世纪60年代以来，许多人类学家纷纷把人类学研究方法应用于教育问题的研究，这主要有两方面的原因：一方面是社会大背景的变化，即60年代社会科学研究方法的多样化，尤其是质的研究方法的广泛应用，使人类学的研究成为时尚。另一方面是教育民族志这门学科不断发展而进入成熟时期，即"二战"后第三世界国家的兴起以及西方殖民政策的失败，使得当时的人类学家失去了殖民地这片曾经的研究"异邦"，不得不转向对本国文化的研究，同时，社会危机和政治危机也促使诸多的社会学家、人类学家和心理学家关注各种教育问题，尤其是贫民和少数民族的教育问题，这使得质的研究方法在社会学、人类学、心理学以及教育社会学、教育民族志等学科领域中得到广泛的运用。例如，美国俄勒冈大学的沃尔科特（H. Wolcott）教授在研究了加拿大和美国哥伦比亚地区的印第安儿童的学业问题之后，于1967年出版了《夸基特尔村庄与学校》（*A Kwakiutal Village and School*）；他还与一位小学校长一起生活了两年，在收集了详尽资料的基础上，于1971年出版了《行使校长职权的人——一种人类学观》（*The Man in the Principal's Office: An Ethnography*）。另外，美国学者埃迪（E. Eddy）、奇尔科特（J. Chilcott）、米德、斯平德勒、奥格布等人开始以学校为单位进行研究。他们把民族志研究方法引入学校教育的研究中，称之为"教育民族志""教育研究的人类学方法""教育研究的人类学技术"等。[①]

[①] 李复新：《教育人类学：回顾与展望》，熊川武、郑金洲、周浩波主编：《教育研究的新视域》，辽海出版社2003年版，第110页。

英国教育人类学家扬（M. F. D. Young）、史密斯（Smith）、杰弗里（Geoffrey）等人也曾于1968年运用所谓的"微观民族志"（microethnography）对班级进行过长期的田野工作。他们宣称其"基本目的在于描绘一所贫民学校中某一班级文化的沉默的语言，从而使那些没有生活在其中的人能够理解他们的微妙与复杂之处"①。

西方学者以教育民族志方法为武器，深入学校课堂开展行动研究，形成了大量经典的微观民族志研究案例，其中以美国密歇根州立大学教学研究学院的苏珊·弗罗里欧对一个班进行的长期的课堂民族志研究，美国学者斯迪文森和贝克尔的文化与教科书内容研究，美国社会学家刘易斯·A. 科塞的课堂冲突的民族志研究为代表。例如，苏珊·弗罗里欧在进入课堂——对"为什么在学校里让学生写作是一件很难的事呢"这一问题进行课堂民族志研究时，发现学生写作中的困难主要是因为写作活动没有意义，写作活动让学生无话可说。所以研究者与任课教师一道设计了创设学生写作情境的教学活动。这一活动通过教师为学生创设有意义的交流场景，有效地帮助培养学生的写作能力。研究者把学生的课堂设计成学生们十分熟悉的社会情境，学生的角色被自愿确定为社区不同职业的居民。他们在居民办公室工作，制定法律。课堂上就有了如同社区里一样的设施：执法部门、文化活动、商业、福利，以及对我们来说非常重要的邮政系统。当然，这个课堂也具备其他标准教室所具备的特征，也有着黑板、桌子、书架之类的东西，但作为一个社区小镇的特征更加明显一些。一天，在放学前，教师要求学生画地图，标出教室里重要的东西和地方。结果学生们的地图非常详细地把镇里每个方面都表现出来了。学生们就是在这样的情境中活动的，也是在这样的课堂情境中从事写作的。在一年多的课堂人类学研究过程中，研究者慢慢地发现了学生写作中困难克服的方法以及教师在

---

① R. Taft, "Ethnographic Research Methods," In John P. Keeves (ed.) (1997), *Educational Research, Methodology and Measurement: An International Handbook*, Cambridge University Press, Cambridge, UK.

其中应该做的工作。①

　　我国学者将民族志方法运用于课堂作微观研究的时间主要在20世纪90年代以后。叶澜针对我国中小学缺乏"生命活力"的课堂教学，提出"让课堂焕发出生命活力"。她带着研究队伍深入上海的中小学，做课堂观察与分析，从微观方面研究我国的基础教育课程与教学问题，做了大量的观察与记录工作，搜集了丰富的第一手研究资料，构建了"新基础教育理论与实践模式"，重构了课堂教学的价值观、过程观、评价观，在国内产生了很大的影响。我国学者以课堂作为研究对象，比较全面和系统的还有以南京师范大学的吴康宁为主开展的课堂教学社会学研究。他们认为，不论从理论上还是从事实出发分析，课堂首先是一个正式的"社会活动场"，然后才是一个"教育活动场"。在课堂社会中，存在着特殊的社会组织——班级与小组；特殊的社会角色——作为权威的教师与有着不同家庭及群体背景的学生；特殊的社会文化——作为"法定文化"的教学内容及作为亚文化的教师文化与学生群体文化；特殊的社会活动——有目的、有计划的教育人际交往；特定的社会规范——课堂规章制度，以及由此生发的各种基本的社会行为，诸如控制与服从、对抗与磋商、竞争与合作等。长期以来，我国中小学课堂教学研究一直是"就课堂谈课堂""就教学论教学"，在课堂社会观的指导下，他们承认课堂社会，走进课堂社会，研究课堂社会和理解课堂社会，进而认识课堂教学，进一步改进课堂教学。当他们从课堂社会学的视角观照课堂教学时，便发现了已被视为不言自明的一些现象的新含义，如学生从学习课程到体验与经历课程的认识；便发现了迄今很少被视为问题的一些行为其实大有问题；便发现了研究课堂可以解决一些长期困惑人们的老大难问题。② 在课堂上做研究将成为我国青年学者研究课程与教学的一个主要取向。进入20世纪90年代，我国加大了在基础教育领域的改革力度，许多教学

---

　　① ［美］古德、布罗菲：《透视课堂》，陶志琼译，中国轻工业出版社2002年版，第90—100页。

　　② 吴康宁等：《课堂教学社会学》，南京师范大学出版社1999年版，第5页。

论的研究者不断深入中小学的课堂教学中，通过对课堂的观察与分析、对教师的访谈与调查、对学生的问卷与测量等，逐渐转变了传统的研究方式，走出书斋，进入课堂，开始形成以中青年学者为代表的课堂研究者群体，出现了许多课堂教学研究的成果。如王鉴的《课堂研究概论》、郑金洲的《重构课堂》、陈时见的《课堂学习论》、袁金华主编的《课堂教学论》、柳夕浪的《课堂教学临床指导》等。

经过近年来的探索，作为微观民族志的课堂人类学研究已经成为教育民族志的主要研究方法，形成了课堂民族志研究的学科技术和研究特征：基于课例的叙事风格、研究者的参与观察与角色定位、被研究者的共性与个性、课堂日志的记录与整理、教学主体的叙述与再叙述、当事人观念的表述、课堂本土知识与术语的润饰、具体素材的推知、被研究者的概念和言论的注释等。这些特征可以作为对课堂进行科学研究与人文研究共同使用的方法，尤其在课堂人文性方法研究方面有着更恰切的运用，因此，我们可以说，课堂研究因为有了课堂民族志的研究方法，正在迈向一条回归教学生活"事实本身"的、"深描"的实证研究之路。

三 教育民族志研究的一般步骤及主要方法

教育研究是科学研究，科学研究是实证性研究，实证性研究的基础是掌握第一手资料，透过第一手资料探究事物现象背后的规律。教育研究还是人文研究，它与科学研究的最大区别就在于不仅仅寻求事物现象的量的关系而是要通过全面分析各种要素来揭示事物和现象的内在规律和发展特征。因此人文研究就要直面研究对象，进行观察、访谈、记录、描述、解释，非常重视在获取第一手资料的基础上开展研究。由于学科研究对象与学科性质的不同，各门学科获得第一手资料的方式也就不同。如物理学、化学主要在实验室里获得，历史学主要在文献资料中获得，人类学主要靠田野调查获得。教育学研究要获得第一手资料，就必须深入学校、课堂现场，即在学校中、课堂上进行科学的、人文的研究。简言之，就是要把民族志研究方法引入学校研究和课堂研究，将学校、课堂作为教育、教学研究的第一手资料获得的"田野"或"场域"，即开展教育民族志研究。

（一）确定教育民族志研究的对象

教育民族志研究是从研究者与学校建立一定的联系开始的。研究者从事教育研究之前就要选择一定的学校及其课堂作为自己的"自然研究现场"，从而对研究的规模有所限定，使研究的内容能够深化。最典型的方法就是研究者要和学校的负责人和课堂上的教师建立联系，选择调查合作人，做课堂观察，编制记录谱系等。如美国学者唐娜·伊·玛茜和帕特里克·杰·麦奎兰就在美国的8所学校进行了为期5年的教育变革的民族志研究，其研究成果主要集中表现在《学校和课堂中的改革与抗拒——基础学校联合体的一项人种志考察》一书中，正如作者所指出的那样："民族志研究方法非常适合研究教育变革。我们可以假设学校生活中有着无数的系统联系。为了倡导有意义的、直接的变革，有必要改变学校组成部分之间的关系。任何方面的变革，无论是机构性的、课程的，还是意识形态的，都给学校教育的一切方面引进了潜在的变革。那么，从人类学的视角着眼，有助于我们看到学校教育的一个方面是如何影响其他方面的。……通过运用人类学田野研究的灵活性，特别是它长期蹲点的本质，信奉多元观点的追求，使我们获得了每个学校实际变革的广阔意义，也获得了之所以人们愿意说出他们的感受和行动的全面理解。"[①] 一般而论，一个较为规范的教育民族志需要研究者在某个学校的课堂上进行为期一年以上的观察研究，以便对学校课堂教学和校园文化的所有方面有较深刻的感受，方可有真正意义上的人类学研究价值。研究者所确定的研究对象能够接纳研究

---

① [美]唐娜·伊·玛茜、帕特里克·杰·麦奎兰：《学校和课堂中的改革与抗拒——基础学校联合体的一项人种志考察》，白芸等译，华东师范大学出版社2005年版，第15页。

者，从而使研究者较顺利地从一个"局外人"转变成为一个"局内人"，能够理解当地教育教学的本土术语，能够从当地人的教育观、文化背景、生活实际等角度考虑教育问题。

研究者选择并确定研究对象时考虑的因素主要包括研究者所要从事的课题内容、研究对象的条件、是否具有典型性与代表性等。从研究者所要从事的课题内容来看，尽管学校或课堂不是研究的对象，但在什么样的学校或课堂上从事什么样的研究却是十分重要的。如要进行大班额下的教学组织形式问题的研究，最好选择那些教学硬件设施较差的农村学校；要进行研究性学习、合作学习的课堂研究，就必须选择那些已经在新课程改革中有一定经验的班级作为研究对象；要进行课程与文化关系的课堂研究，就必须深入民族地区的学校进行课堂人类学研究，等等。

研究对象的条件主要包括主观条件与客观条件，主观条件指研究对象对研究者的接纳程度与参与研究的态度、积极性等主观因素；客观条件是指研究对象在研究课题方面已开展的工作、教学环境、学校文化等。考虑这些因素的理由在于研究者要尽快与研究对象进行合作，深入学校和课堂上做研究，而不是在学校和课堂之外做大量的协调工作。

研究对象的代表性，是指如何从大量的被选择的研究对象中确定自己进行教育民族志研究对象的最主要因素，因为这一因素直接关系着研究成果的信度与效度，如同人类学家常常选择那些遥远的、异域的甚至原始的部落作为研究对象一样，教育民族志研究者也要将那些由特殊因素决定的学校与课堂作为自己研究的对象。

（二）教育民族志中的"参与观察"

参与观察是人类学的核心方法。观察有参与观察和非参与观察之分，但教育民族志强调研究者的参与观察。所谓课堂参与观察是指观察者参与到课堂教学的观察对象活动之中，通过与观察对象共同进行的活动达到从内部进行考察、探究这些活动的发展和内在含义。教育民族志参与观察研究又可介于两个层面的水平上：一是

"参与者的观察",二是"观察者的参与"。所谓"参与者的观察"是一种比较理想的观察水平,即研究者成了师生这一被观察者所接纳的成员,教学活动不会因为研究者在场而改变其典型的行为表现。一般来说,进修教师或作为实习教师对课堂教学的观察就有可能成为此类观察。一些研究者以一定的学校为研究基地,比较固定地听一些科目的课,慢慢地与师生熟悉而被观察对象所接受,也属于这类观察。所谓"观察者的参与"是指观察者虽然也参与观察对象的活动,但不被观察对象所接纳,仍被观察对象视为局外人,在这种情况下,被观察对象虽不拒绝观察者参加活动,但他们会出现与平时不一样的表现,从而使观察结果的真实性受到一定程度的影响。因此,课堂民族志强调研究者要有一定的时间与被研究者共同生活,以实现"参与者的观察",或帮助经由从"观察者的参与"到"参与者的观察"的过渡。参与性观察比较自然,观察者不仅可以观察研究对象的教学行为,而且可以感知他们的内心世界,观察者既是研究者又是参与者,所以能和被观察者形成较好的合作关系,从而能设身处地地了解他们的想法。

学校和课堂观察的内容选取可以有几种考虑:一是对教师的观察,主要包括:在教学态度方面,教师是否认真负责,是否尊重信任学生,是否对教学工作准备充分,是否有敬业精神,教学是否投入等;在教学能力方面,对教材的组织是否条理清楚,教学语言是否具有逻辑性和吸引力,教学活动是否组织得有序活泼等;在教学智慧方面,是否能灵敏地捕捉教学过程中的各种信息,是否能有效地采取一些教学策略,对课堂教学中的突发事件是否有着灵活而艺术性的处理方式,在教学中是否表现出一定的科学性与艺术性的统一等;在教学效果方面,是否注重课堂上学生的反映,是否注重有效的教学,是否把知识传授、过程与方法、情感态度价值观的三维目标统一到课堂教学活动之中。二是对学生的观察,主要包括:在参与状态方面,学生是不是全员参与了教学活动,参与的积极主动性如何,进行学生参与教学的效果分析等;在交往方面,观察学生在课堂教学上是否具备多向的交往,进行学生之间合作学习与交往的效果分析，师生交往的频率与效果分析等；在情绪状态方面，观察学生是不是其乐融融地学习，是不是积极主动地学习，是不是愉快有效地学习等；在学生的思维状态方面，观察学生是否愿意提出问题，是否发表自己的观点和看法，是否善于在教学过程中提出质疑等。三是对课堂教学过程的观察，主要包括：有哪些教学方法上的创新，教学组织形式是否合理有效，教学过程中教师与学生主体性的发挥情况，教学手段是否现代化和科学化等。四是对学校文化的观察，主要包括学校物质文化、制度文化及精神文化的表现及实质。物质文化包括校园环境、建筑、教室、教学设施、图书馆、食堂、宿舍等，制度文化包括学校教学管理制度、课程管理制度、教师管理制度、学生管理制度等，精神文化包括校训、校风校纪、教师的精神面貌、学生的精神状态等。

在学校和课堂参与观察中要积累三大类的素材，以便为撰写民族志报告做准备。第一类素材是有关学校文化与制度的全貌概观。研究这一类素材的目的在于建构一系列的图表，以使研究者更方便地进入课堂观察与校园文化相关的课程实施与教学活动。这种图表包括两个内容：一方面概述课堂上课程实施与教学活动的因素，另一方面指明这些因素之间的关系。图表的基础是学校教师讲述的情况和研究者的观察。第二类素材是指研究者观察到的校园生活或课堂生活的真实记录，这是一种"学校生活的非思索性素材"（the imponderabilia of classrooms life），它实际上就是研究者的课堂观察笔记。第三类素材是一系列的人类学说明，以及对被研究学校教师的叙说风格、典型的口语表述、学校文化、教学模式等的说明，这是对被研究者思维方式的一种间接描述。

（三）教育民族志报告的撰写

作为研究成果表现形式的教育民族志的撰写，是一种科学研究与现实主义相结合的表现手法。研究者在从事了长期的课堂观察与记录之后，掌握了丰富的课堂人类学素材，如何将这些较零散的"珍珠"串成美丽的"项链"，还需要研究者在"回到这里"之后完成教育民族志报告的精心撰写。撰写教育民族志主要应考虑以下几个关键因素。

1. 叙述结构

教育民族志中叙述结构的最典型特点是"全观性"（totality）。教育民族志的叙述结构表明，不仅要研究学校课程与教学的各个要素，而且要将研究课程与教学作为整体所构成的教育生活，并且应侧重于后者。因此教育民族志的写法是：在明确研究的内在含义基础上，精选部分最典型的事例对教育中的课程与教学活动的本质进行深层次的描述，在叙述事件的过程中道出它内在的本质。

2. 叙述方法

教育民族志研究一般是通过对个案进行独特性和复杂性的探讨，追踪教学活动产生、演化和发展的全过程。"深描"（thick description）是课堂人类学研究的重要特点。[1]为了将研究者在现场的观察结果与体验过程直接而真实地表达出来，教育民族志研究就要将一些能够表达独特关系的情境与背景深入而细致地描述出来，以加深读者的印象和对这种关系的理解。"深描"的目的是尽量让读者有一种直观真实的了解，让读者感受到真实的学校教学情境和体验存在的课堂教学过程，使读者分享研究者的感受，受到较深的刺激，促使他们关注和思考这一问题，进而争取他们对研究者观点的认同与支持。因此，教育民族志能不能有这样的效果，完全取决于研究者能否将现场的观察与体验"深描"出来。人类学者在田野工作中，面对大量复杂的概念结构，其中许多结构是相互层叠在一起，或相互交织在一起的，这些结构既是陌生的、无规则的，也是含混不清的，人类学者首先要把握它们，然后加以"深描"。所以，这种研究需要"访问调查合作者、观察仪式、查证亲族称谓、追溯财产继承的路线、调查统计家庭人口……写日记。从事人类学研究好似阅读一部手稿——陌生的、字迹消退的，以及充满着省

---

[1] "深描"是文化人类学的一个非常重要的概念，美国文化人类学家格尔茨用这一概念指称"人类学"研究中对文化现象的详尽描述，以求对文化现象背后的文化规律或对文化现象做出合理的解释。

略、前后不一致、令人生疑的校正和带倾向性的评点的——只不过这部书稿不是以约定俗成的语音拼写符号书就的,而是以模式化行为的倏然而过的例子写成的"①。例如,笔者在教育民族志的研究中,发现学生"举手"现象与教师教学活动的进展和学生对教学活动的参与有着直接的关系,如何使教师认识到这一问题并有效地控制这一问题,笔者对此做了课堂人类学"深描"研究。②

3. 叙述者角色定位

为了表现教育民族志成果的来源与教育民族志研究的"科学性",在教育民族志撰写时就必须表明作者在文本中的角色。这样做不仅不会影响作品的"客观性"与"科学性",相反,由于读者知道在课堂研究中研究者的知识与他们获得知识的方法之间的关系,从而增强了对研究成果的"科学性"的认同。与此同时,人类学中"让当地人讲话"或"当事人的观点"要求研究者既要沉入研究对象之中,成为其中的一员,还要以其中一员的眼光观察与思考问题。课堂人类学的研究者在参与观察的学校研究中,已经融入所研究对象的学校生活之中,他们积累的素材都强调本土知识,因此在他们撰写教育民族志时,一方面表明自己与研究对象之间的关系,即自己在文本中的角色,另一方面还要不断以当事人的观念表述研究的结论。口述研究、访谈材料的旁证,甚至一些影视资料的再现等都具有这种表述的特点。

---

① [美] 克利福德·格尔茨:《文化的解释》,韩莉译,译林出版社1999年版,第12页。

② 王鉴:《课堂志:回归教学生活的研究》,《教育研究》2004年第1期。

第六章　课堂研究：从学术殿堂走进生活世界

从事课堂教学研究的主要有三支队伍，即大学理论工作者队伍、教研员队伍和中小学教师队伍。其中大学理论工作者起着专业引领的作用，中小学教师是教学研究的主体，而教研员是联系二者的"桥梁"。中小学教师研究课堂教学虽然有许多方便之处，但常常因为缺乏理论性而难以深入开展下去，且以经验为主的研究不能从根本上解决教学中所遇到的问题。教研员一般是中小学教师中教学与研究都比较优秀的教师，当他们做了教研员之后，就渐渐远离了课堂，既不能专业地从事理论研究，又无暇顾及中小学课堂的问题研究。大学理论工作者要深入中小学做课堂研究，会受到很多因素的影响，到中小学做课堂研究也不是一件容易的事情。但是，如果大学理论工作者能走一条"马林诺夫斯基之路"，或者"叶澜之路"，发展一些和自己合作开展研究的中小学伙伴学校，这对于开展课堂研究将有着十分重要的意义。

一　课堂研究的意义

1. 课堂研究不是研究课堂，而是在课堂上做研究。套用人类学家的一句话，"田野研究"不是研究田野，而是在田野中做研究。那么，课堂研究不是研究课堂，而是在课堂上做研究。在马林诺夫斯基之前，人类学也不做田野研究，自他之后才有了田野研究这种方法取向。在通常情况下，人类学的博士生写论文至少必须有三个月的时间做田野研究，"田野研究"在英文中的表述是"field

study",按笔者的理解,在其他人文社会科学中更准确地讲应该是"现场研究",比如说,经济学的学者研究经济学现象要到企业、市场、工厂中去;社会学的学者要到家庭、社区做访谈、调查和研究;音乐美术的学者要到现场采风、写生和拍摄;教育学中的现场研究一定是在学校和课堂上。我们经常说教育学是研究教育现象、揭示教育规律的科学,任何学科关于研究对象的表述与此都是一样的,如经济学、社会学、教育学、人类学等。"教育现象比比皆是,人类社会里处处都有教育现象,但是集中的教育现象发生在学校和课堂中,我们做现场研究的话,作为研究者就应该深入学校和课堂。"[①] 因此,课堂研究不是研究课堂本身,而是研究者在课堂上做研究。它使理论工作者过去在书斋和借助文献做研究的取向发生了转变,同时,使实践中的诸多问题进入了理论研究的视野。研究者只从中小学教师的言说中获得有关学校和课堂的信息是远远不够的,要亲自深入学校和课堂中,只有将自己"浸泡"在学校和课堂中,理论和实践才能够拉近距离。

2. 课堂研究的问题是层出不穷的,课堂教学论的体系是开放的。要构建一个成熟的课堂教学论体系,我认为,目前在国内其条件还是很不成熟,因为有关课堂各要素的研究成果积累不足,还需更多研究者深入课堂去发现问题,解决问题。课堂研究的成果积累得多了,一种新的课堂教学论的体系就会"水到渠成""瓜熟蒂落"。这种学科体系与我们现存的由逻辑演绎而形成的体系,或从哲学、心理学理论构建起来的教学论的学科体系完全不同,它最大的特点就是建构性与开放性。建构性是指课堂教学论是通过对课堂现象及规律的长期研究,形成较为成熟的理论与方法,并以此为基础形成指导教师课堂教学的基本原理,它是建构的、生成的过程,不是主观臆断或逻辑演绎的过程。开放性是指课堂教学论是在研究课堂教学问题的基础上形成的理论,而课堂上的问题是无限的,因此研究也是无穷尽的。随着研究成果的积累与发展,课堂教学论的体

---

① 王鉴:《从教学论研究到教学研究》,《教育研究与实验》2003年第2期。

系与内容也是发展变化的并逐渐趋于成熟和相对稳定。这种建构的、开放的理论体系是我理想中的课程与教学理论体系,它虽然遥远,但只要坚持做课程研究,就会离理想越来越近。

3. 课堂研究不仅是理论工作者需要做的事情,而且应该是广大中小学教师做的事情,他们才是课堂研究的主体。理论工作者有他们的优势,这就是受过研究方面的专业训练,但他们也有一定的不足,即他们缺乏对基础教育实践的经验,因此,他们更愿意做一种专业理论的研究。广大中小学教师虽然在专业研究方面有一定的不足,但他们也有自己的优势,即熟悉中小学教学实践,积累了大量的课堂教学经验。他们本身就是在课堂上从事教学工作及研究的人员,教师专业发展不仅要求教师从事教学工作,而且要从事教学的研究工作。研究是为了促进实践,改进实践,在实践中做研究也是教师工作的特点。所以教师的专业目标定位既是理论工作者,又是实践工作者,甚至是工程工作者。虽然有的教师达不到这一目标,但这种定位是没有错的。有些特级教师讲理论可能比专业的理论工作者讲得更深入、生动。有的教师的教学不仅效果好,深受广大学生的喜欢,而且能够把他的教学经验和智慧与同事们分享,不断推广普及,这些都是专业化水平较高的教师。所以,课堂研究能够改进实践,对于理论工作者来讲,就是要在课堂上获取第一手的研究资料;对教师来讲,则是要在对课堂教学的改进中提升课堂教学的质量。

二 课堂志的含义、特点与方法

(一)"课堂志"的含义

"课堂志"在教育学领域首先是由我提出的,准确地讲是我从人类学中移植过来的。我曾经写了一篇文章《课堂志:回归课堂教学生活的研究》[①],将人类学中的"人种志""民族志"运用到课程

---

① 王鉴:《课堂志:回归课堂教学生活的研究》,《教育研究》2004 年第 1 期。

与教学论的研究而成为"课堂志"。为什么不叫"课堂人种志",而叫"课堂志"呢?我认为,"课堂人种志"主要适合在多民族多文化背景下开展课堂研究,如果不涉及多民族与多元文化问题的话,用"课堂人种志"就不太合适了。"课堂志"作为一种方法,和人类学中的"人种志"是相同的,就是一种观察记录、参与体验的研究方法。不涉及"人种""种族"和"民族"的问题,纯粹是指一种观察描述的研究方法而已。方法都是相通的,比如说"观察法",任何一个学科都可以用,没有哪种学科可以很霸道地说"观察法"是"我的","你不能用",所以"人种志"的研究方法也不是人类学所特有的,这种"志"的方法比较普遍,在文学、医学、教育学和社会学的研究里都有研究者在使用。"课堂志"就是教学研究者深入学校课堂之中,直面教学的现象,搜集第一手研究资料,全面描述课堂上的课程实施与教学活动。在这种观察、访谈与描述的过程中,研究课堂教学现象、探寻课堂教学规律或解释课堂情境。即用一种较微观的整体描述方法进行课堂上的课程与教学问题的研究,进而正确认识和解释这种现象,从而探寻其中的规律,这就是"课堂志"。

(二)"课堂志"的特点、路径与方法

1. "课堂志"的特点

"课堂志"有四个特点,即微观研究、质性研究、直观研究和描述性研究。爱因斯坦曾说"一切科学的研究都应该从微观研究开始",西方学者关于课程与教学的研究基本上都是微观研究,我也非常喜欢这种研究,因为这种研究是真实的,是来自于课堂教学的。过去我和大部分研究生一样在学院里接受训练,我的本科、硕士和博士都是在西北师范大学读的,本科学的是教育学专业,硕士和博士攻读的是教学论专业。博士毕业后参加了教育部教学专业支持小组活动,就是去中小学听课、评课。课程改革的落脚点在课堂上,所以在听课中要发现课程改革的成绩与问题,我在听课过程中发现了一个非常重要的问题:一线教师对理论工作者发表的文章都不甚了解，从来都不关注。我曾经把我发表的文章复印后给一线的教师看，过了一段时间后他们还没看，说明他们根本不感兴趣，这对我是一种打击。教学理论离教学实践真的那么遥远吗？每次我和中小学教师交流时，他们都说我讲的理论就像天上的云，而他们是地上干涸的禾苗，他们需要雨水，而天上的云太遥远，飘来飘去，什么时候能够降雨？作为理论工作者，我们在思考天上的云什么时候能够和地上的禾苗的需求相结合，鉴于此，我们就要做一些质性的、直观的、描述性的、微观的研究，这些研究是让教师可以接受和理解的。于是，我就开始尝试做这种研究，我和我的同事们曾经开玩笑地说："我们都是不熟悉教学生活的所谓的教学论专家。"理论工作者不熟悉教学生活、一线教学和中小学教师，就不能被称为教学论专家，所以，"课堂志"研究的特点在于：通过对微观的课堂教学事件的观察、访谈和描述等质性研究方法，形成直观的课堂教学研究材料，进而构建课堂教学的理论体系。

2."课堂志"的研究路径

英国人类学家马林洛夫斯基曾将其专业成长的过程概括为三个阶段：第一个阶段是"在这里"，就是在这里系统地学习理论，掌握这个学科最前沿、最有价值的知识体系和专业的研究方法，所以我们在读研究生阶段就是要在大学里面、在学术团体中发展我们的专业水平，这是必需的。如果没有"在这里"的专业训练，你就无法完成第二个阶段的"去那里"。"去那里"就是去现场，去中小学，去课堂收集第一手研究资料，这些资料和我们"在这里"学习的理论方法要对接起来。收集完资料以后就到了第三个阶段即"回到这里"。回到研究机构中写作，把研究过程和结果表述出来。"写文章"和"做研究"是两回事，"写文章"较简单，看一些文献，经过思考就可以表达一种观点，就可以发表，而"做研究"是很难的事，它所包含的内容十分丰富，比如说去中小学就要调课，联系校长和教师，还要和老师建立朋友关系，进入课堂还要做观察记录，和教师探讨，访谈学生等事情，这样才能收集到第一手资料，回去以后的事情才是"写文章"，做博士论文的过程就是做研究的

第六章 课堂研究：从学术殿堂走进生活世界

过程而不仅仅是写文章。"马林洛夫斯基"之路就是马林洛夫斯基在人类学中建立的一种"田野研究"的路径。1914年，他30岁做博士论文，不满足于人类学中躺在扶手摇椅上的那种对遥远的、异域的、野蛮的民族进行的描述，他要去现场看一看，因此他坐轮船去了澳大利亚的特罗布里恩群岛做调查研究，原本计划耗时三个月，可是，由于第一次世界大战的爆发，航线被切断，他不得不待了一年。航线畅通后，他在回国的路上，站在轮船的甲板上浮想联翩，心中产生了一个理想：我要做20世纪最伟大的人类学家。回国后，他在五年里出版了七本有影响力的著作，创立了文化功能主义学派。其理论成为统治20世纪后半叶的人类学理论，至今在人类学中仍有很大的影响。他在总结其研究历程时就提到这样一种线路。当然，不是去一次就能完成田野研究的，而是要去多次。我把这种研究者来往于研究机构与实践场域的研究，称为"归去来兮××志"，在课程与教学论方面就是"归去来兮课堂志"。我们进入课堂不是光听听课就算是课堂志了，做课堂研究，对研究者有着很高的要求，不仅是理论与方法方面的，而且是态度与能力方面的。我的一个博士生做藏族地方性知识的研究，我要求他在甘南藏族自治州的一个县做了一个学期的田野工作，通过这样一个过程收集资料，写出的论文就有了坚实的基础。"课堂志"研究的关键是研究者愿不愿意走这样一条路，很多研究者不愿意做田野研究，愿意待在家写文章，但这两种研究的价值是不一样的。我通过"课堂志"研究所写成的论文在发表以后，一些中小学老师来信告诉我说："这些文章就是我们想写的，但是我们写不出来，您是怎么写出来的？"我在大学里有20多年"在这里"的感受和体验，试想，如果他们有一定的专业训练的话，也会成为很好的研究者的。因此，"归去来兮课堂志"不仅是大学的研究者要走的一条路，也是中小学教师专业成长的必经之路，只不过对于中小学教师来讲，三个阶段的空间和场域发生了变化："在这里"就是在课堂教学第一线，"去那里"就是去大学或研究机构深造，现在的教育硕士和教育博士就是中小学教师"去那里"的典型代表，"回到这里"就是回到中小学提升其教学水平。方向虽然不一样,但线路是相同的,理论工作者与实践工作者在"归去来兮"的道路上相遇就是理论与实践的相遇,对于理论的发展与实践的改进都有十分重要的意义。

3."课堂志"的方法

"课堂志"的方法可以概括为八个字:观察—访谈—深描—解释。①

观察:课堂观察法是在真实自然的课堂情境下对课程与教学问题的发展、变化、结果进行有目的地观看、体察、记录,进而发现其规律或对其进行合理解释的一种研究方法。课堂观察的原则为每次只观察一种行为,所观察的行为特征应事先有明确的说明,观察时要善于捕捉和记录,采纳时间取样的方式进行观察等。课堂观察的特点包括课堂观察有明确的观察目的,课堂观察有系统的计划,课堂观察是在真实自然状态下的观察等。对课堂观察,大家都很熟悉,上过研究生课程的没有一个人不知道观察法,但是我讲课堂观察就讲这样几点:第一,课堂观察的意识非常重要。我把研究生派去做课堂观察,有的研究生回来以后收获很大,有的研究生什么收获也没有。打个比方说就是,我们把一个转动的皮球给猫,猫非常好奇,瞪着一双大眼睛并且思考这个皮球为什么会转动,它还会尝试用爪子去拨一拨;如果把这个皮球给鸡、羊看,情形可能就有所不同了,鸡和羊会转身离去,它们没有那种好奇心,对现象不敏感,不会去探究。作为一名专业的研究者就要有"猫眼"意识,对课堂教学中所发生的各种现象要非常敏锐和感兴趣,要善于发现"小问题"后面所隐藏的"大教育"。我在课堂做研究遇到过这种问题:中小学学生回答老师的问题要举手。举手这个现象很简单,可谓是"小问题",但是在研究后我发现举手这个现象背后大有学问,如老师提了一个问题:"什么是分数?"小学生会全部举手,如果用照相机拍下来的话,举手没什么差别,只是有的人举得高点,有的人举得低点,有的人举左手,有的人举右手。举手现象告

---

① 王鉴:《课堂研究概论》,人民教育出版社2007年版,第190页。

诉我们学生全都想回答问题，如果老师这样认为就错了，其实，每个学生举手背后的心理活动是不一样的：有的学生举手确实想回答问题，并且伴随着拍桌子的动作；有的学生举手但不想回答，并且伴随着低头、目光闪烁，甚至把手举得很低；还有的学生不举手但想回答问题，看见大家都举手自己反而不举，以此引起教师的注意。教师对举手这种现象处理的方法也不同，有的教师采用抢答的方式，谁举手快谁回答；有的教师总是叫自己喜欢的学生，比如学习好的、长得漂亮的、讲卫生、听话懂事的学生；有的教师是惩罚性的，认为那些不举手的学生没有预习和思考，就让这些学生来回答。所以我们认真研究"小问题"对教师教学方法的改进有很大的作用。课堂观察不仅需要好奇心，而且需要一个合适的视角，我仍将其称为"猫眼"。城市人家的防盗门就装有"猫眼"，通过"猫眼"能看到客人，但客人看不到主人。课堂观察中的非参与式观察，就是研究者坐在教室的最后面观察教师的教，也可以坐在最前面观察学生的学。对中小学老师来讲，课堂教学的观察是参与式观察，理论研究者进入课堂做研究更多的是非参与式观察，这两种研究各有利弊，即"旁观者清"与"当局者迷"之间的互补关系。中小学教师的课堂研究可以将二者很好地结合起来，教师在自己的课堂上一边从事教学一边从事研究，就是参与式观察，同时，教师进入同伴的课堂，通过听评课活动完成非参与式课堂观察的研究。

访谈：课堂访谈常常是一种课后的访谈，特殊情况下可以在课堂教学中访谈。访谈的内容是通过课堂观察记录下来的一些现象。对这些现象的理解有两个角度：一个是研究者的角度，一个是当事人的角度，通过访谈就可以知道当事人的真实情况。课堂访谈是一种深度访谈，可以不断追问当事人观念深处的东西，确认当事人观念与行为之间的关系。课堂访谈是对课堂观察的补充，课堂访谈是描述的基础。在观察时眼睛可能会欺骗我们，有时候甚至我们也不能理解某些现象，所以要做进一步的访谈，当然，上课时不能马上跑过去问学生和老师，这种现场访谈是不可以的，因此课堂研究的访谈更多的是课后的补充访谈，前面看了怎么样，再听听当事人的观点。如我问张三上课为什么吃东西？我问老师为什么看见张三吃东西就火冒三丈？了解了他们内心真实的想法之后，再对我们看到的现象做解释，所以访谈是一种深度的访谈，可以不断追问当事人观念深处的东西，确证当事人观念与行为之间的关系。

深描："深描"就是极详细的描述，描述细节，用细节说明教育教学的现象。课堂研究对"深描"中的解释给予高度重视。对于现实生活中教学的观察和描述，坚持客观事实第一和特殊情境相结合的原则，不仅分析具体教学形态中的教学规律，而且对教学过程中所涉及的人文性内容给予必要的、合理的解释。深描和轻描淡写是相反的，"轻描淡写"的英文表达是"thin description"，深描（thick description）就是不厌其烦、详细地描述细节，要让细节呈现出真实的情景。在文学作品里面有很多深描，比如说《红楼梦》对林黛玉进贾府的心理活动的描写就是深描。从"且说黛玉自那日弃舟登岸时，便有荣国府打发了轿子并拉行李的车辆久候了"，到"黛玉方进入房时，只见两个人搀着一位鬓发如银的老母迎上来，黛玉便知是她外祖母。"曹雪芹共用了六百余字描写黛玉所思所想、所见所闻，极力深描了黛玉敏感多疑的性格与贾府富丽堂皇的反差，为人物的命运发展埋下伏笔。如果对《红楼梦》不感兴趣，可能会觉得写得乱七八糟，就会把林黛玉进贾府的心理描写翻过去，直接阅读进贾府后的章节，这样永远都看不懂《红楼梦》。生活中有很多人擅长讲故事，讲得非常吸引人；有的人讲笑话，别人不笑他自己却哈哈大笑，问题就出在他不会描述细节，不会深描，只会轻描淡写。"深描"来自于格尔茨《文化的解释》第一章——迈向深描的解释学说，在这里他解释了什么是"深描"。比如说"挤眼睛"是人的生理现象，我们用照相机拍下来的"挤眼睛"都是眼帘的上下张合，但是"挤眼睛"在日常生活中的差别非常大：一个演员对着镜子挤眼睛是在练习面部表情；两个人在议论曹操，说曹操，曹操就到了，这时就会互相挤个眼睛，我们就会说刘备而不说曹操了，这叫心领神会；我在这做报告，下面有两个学生本来是恋人，但今天没坐在一起，也会挤个眼睛传达"我们出去"的意思，

第六章 课堂研究：从学术殿堂走进生活世界

只有他们理解"挤眼睛"的意义。格尔茨在这本书中讲到巴厘岛人喜欢斗鸡，斗鸡是赌博事件，警察不允许斗鸡，但这个风俗的历史非常悠久，最能代表巴厘岛人的特征，因此格尔茨带着夫人去做这项研究。去了以后，听当地人说今天不斗鸡，便问什么时候才斗鸡，当地人说不知道，所以他根本进不到斗鸡的现场。有一天，房东问住了十几天的格尔茨是来干什么的，他说，想看看斗鸡，房东就给他提供了一个信息，说今晚某个地方有斗鸡，让他去观察。而这次正好碰上警察抓赌，格尔茨带着夫人就和当地人一起逃，钻进了一个狗窝。等警察走后，他们从狗窝里面钻出来，当地人就又带着格尔茨去了斗鸡现场，并向本村人描述了格尔茨钻狗窝的细节，他们认定格尔茨是"自己"人，所以让他进入斗鸡现场，并不设防。由此格尔茨就开始研究巴厘岛人的斗鸡事件，他在作品里面详细描述了当时在狗窝里面的面部表情、心理活动等，不厌其烦，这就是"深描"。

解释：解释在人类学研究中常常是理论建构。对文化现象，人类学家总是想研究文化现象背后的意义。人类学以遥远的、陌生的、原始的村落或岛民为研究对象，就是想通过他们的生活来研究人类最初的生活样态，来演绎文明社会的发展历程，来探寻文化发展的奥秘所在。于是便有了马林诺夫斯基的文化功能主义，便有了列维·施特劳斯的结构主义，便有了格尔茨的解释主义，等等。解释在课堂志研究中，就是将我们所看到的（观察）、所听到的（访谈）、所讲到的（深描）等现象，用一种理论去做合理的解释，使读者理解现象的意义所在。所以，解释科学与探寻规律的科学不同，它是人文社会科学研究的一种专门方法，虽然带有一定的主观性，但它是人文的而非科学的。因此，理论在解释中有着十分重要的意义，已经成熟的理论常常是研究的依据，同样，在研究的过程中我们也可以形成理论、发展理论。人文社会科学的研究正是在理论的解释中探究现象的意义，同时在研究现象的意义过程中发展理论，形成了独特的研究对象、方法、理论体系。

通过课堂志四个基本环节而形成的研究是一种什么样的研究

呢？在本质上它属于研究类型的哪一种呢？我认为，它的本质是一种案例研究。"案例"具有典型性和代表性，所以在研究中常常被作为类型研究的一种。案例研究在法学、医学、教育学中都是一种很古老的研究方法。中央电视台的"今日说法"节目就是典型的一档法学方面的"案例研究"，老百姓不喜欢枯燥的法律条例，但是"今日说法"做得非常好，先是记者的报道，有观察、访谈、描述的呈现，然后由专家结合法律条文来点评和解释，主持人再串起来让老百姓知道故事和法律有什么样的关系。比如今天播出的是重婚罪的案例，有些人一看觉得自己也好像犯了重婚罪了，如果只是发布新婚姻法让老百姓免费读，是没人读的，所以案例研究在解决问题上是非常重要的。当然，课堂志所完成的教学案例来源于教学生活，要让其高于教学生活，就需要加工，但加工不能损害它的真实性。搜集案例研究的素材主要有三个途径：一是研究自己的教学，从大量的教学实践中积累一定的案例；二是在对别人的教学课堂观察中捕捉案例；三是在平时的学习和阅读中注意搜集书面材料中的案例。对案例进行加工与创造，使其具有广泛性与代表性。把看到的、听到的详细讲出来，就形成了案例，所谓"叙事研究"就是指这样的研究。教师把自己的教学故事讲出来，就是教师的叙事研究，同时也是一种案例研究。通过观察、访谈、深描，最后形成案例，所以说"课堂志"通俗地讲就是在课堂上观察、访谈、描述和形成案例，用案例去分析和解决课堂教学中的课程与教学问题，要么探寻一定的教学规律，要么结合一定的情境来解释某种现象。

　　长期以来，我国教学理论研究者偏重于逻辑思辨的演绎研究，较少深入课堂开展实践研究，或有一些研究者深入了课堂中，却将研究的价值锁定在"搜集第一手研究资料"上。而教学实践研究者身在课堂中，却将主要精力放在教学实践活动上，较少开展课堂教学研究工作，或有一些研究者做了课堂研究，却将研究的目的定位于"解决教学实践的问题"上。在传统的课堂研究中，理论研究者与实践研究者虽然在课堂上相遇，却从事着"各取所需"的工作。这导致教学理论研究缺乏原创性，教学实践活动缺乏有效的理论指导,理论与实践始终是"两张皮"。在国家基础教育课程改革全面深入推进中,有更多的理论研究者与实践工作者在课堂研究中相遇,如何改变传统的"各取所需"的研究范式,形成理论与实践互动的"行动研究"范式,从价值定位到理论形成,从方法变革到路径介入,均需要重建一种"以理论创新推动实践变革"的课堂研究新理念,这对于教学理论的创新与教学实践的变革均有着十分重要的意义。

所谓课堂志研究,就是在课堂上做研究,而非研究课堂,是研究者深入教学现象发生与教学规律呈现的"场域"之中,综合开展课程、教学活动、师生关系、教学方法、学习方式、教学环境等方面的研究,探索与总结课堂教学的科学规律,解释课堂教学中生成的人文现象。[①] 课堂研究的类型从研究者的角度可分为理论工作者视角的课堂研究和实践工作者视角的课堂研究,前者旨在通过课堂研究获取第一手研究资料,进而发展课堂教学理论,落脚点在理论;后者旨在通过课堂上问题的发现与解决,进而提升课堂教学的质量,其落脚点在实践。在通常情况下,理论工作者与实践工作者会通力合作,在课堂研究过程中获得各自专业发展所需的素材,即在"教学相长"的同时,完成"教研相长"。课堂教学是一个中观的层次,重视课堂教学的研究有利于理论与实践的结合。"社会科学研究在宏观与具体实践之间的中间环节应该是一种介于理论与实践之间、由研究者与行动者共同建构的一种中观性理论。这种中观性理论就是课堂教学研究。"[②] 作为教育理论与实践的中观理论,课堂研究的价值不仅在于为原创性教学理论提供源头活水,而且在于以理论创新推动课堂教学实践的变革。

(三)课堂志研究的价值

"我们本来就不应该把在学术研究上取得的一般性突破视为学

[①] 王鉴:《课堂研究概论》,人民教育出版社2002年版,第123页。
[②] 劳凯声:《现代文化视野中的课堂生活研究》,第四届中国"学校改进与伙伴协作"学术研讨会交流论文,首都师范大学,2010年。

术原创,至于诸多通过闭门造车弄出来的令人匪夷所思且又自以为是的所谓原创性成果,事实上正在败坏原创的名声。"① 教学理论研究之所以缺乏原创性,与研究者自身的价值取向是分不开的。一般而言,教学研究者的价值取向主要有两种:一种坚持教学研究的理论性,强调通过对概念与范畴的梳理、逻辑体系的建构与完善而形成演绎性的教学论体系;另一种坚持教学理论的实践性,强调通过对教学现象的观察与分析,积累丰富的教学研究质料层,进而形成教学论体系。这两种研究取向都是构建教学论体系的有效路径,可是,当第一种研究取向占据教学研究的主流并达成共识成为教学研究的合法化路径时,教学研究者就固守于书斋、文献之中而弄出"匪夷所思"的所谓学术成果。这种成果越来越远离教学研究的直接对象,成果本身的积累变成一种文字和逻辑的游戏,造成教学理论脱离教学实践的客观事实。而研究者通过在书斋、文献中"皓首穷经"而产出的所谓学术成果,不闻不问课堂教学实践,远离课堂教学研究的对象和现实,使学术研究失去了源头活水,所以造成理论研究与实践的脱离,导致表面上看似繁荣的研究其实缺乏真正的原创性成果。第二种研究范式坚持教学理论研究的实践性特点,② 把课堂研究看作理论创新的源泉,倡导研究者深入课堂做现场研究。随着教学实践问题的产生并不断积累而影响到教学实践的正常发展,实践对教学理论的需求随之产生,使一部分理论研究者尝试深入课堂开展教学研究,这样,研究者通过与教师的合作研究,通过对课堂教学现象的观察与分析,通过对课堂教学中所遇到问题的探究解决而逐渐积累了课堂研究的材料与经验,富有原创性的教学研究成果随之产生并形成广泛而深远的影响。所以,转变教学研究者的价值取向,从书斋、文献式的思辨研究转向直面现象的实践研究,是关乎课程与教学理论原创性的根本问题,也是课堂研究价值的根本所在。③

---

① 邹诗鹏:《学术原创的三个层面》,《光明日报》2005年11月1日。
② 王鉴:《论人文社会科学研究的实践性》,《教育研究》2013年第5期。
③ 王鉴:《也谈人文社会科学的原创性问题》,《光明日报》2006年1月27日。

我国教学理论的研究长期受苏联研究范式的影响，研究的重心在于理论研究而非实践研究，只有那些有机会参与课程与教学改革工作的研究人员才有机会关注教学实践。因此，在我国教学论学科体系中，也就没有专门的课堂研究，没有专门的教学现象研究，而是把课堂上的教师、学生、教学内容、教学方法、教学组织等要素作为研究的重点。这种研究的思维方法是构成论的，教学的复杂性与动态性，使得构成论不能准确地反映教学活动的实际，"仅仅停留在构成论的分析这个层面是不够的，它还未涉及教师与学生，作为复合主体在活动中相互作用的特殊性。……而且未进入对教学活动过程中教师与学生、教与学的交互作用的分析"[①]。这样的研究传统也使得我国课堂研究的时间相对较晚，成果也相对较少。正是面对理论界的原创性缺失，结合新课程改革的背景，我国的课程与教学论才出现了回归课堂教学实践的研究热潮，而且当下已经成为中国教学理论研究的一种新的价值取向，为课程与教学论学科的原创性研究带来了生机。相继出现了裴娣娜的"教育创新与学校课堂教学改革"研究，叶澜的"新基础教育实验与课堂教学的重构"研究，吴康宁的"课堂教学社会学"研究，崔允漷的"有效课堂教学"研究，郭元祥的"课堂教学生活"研究，王鉴的"课堂教学论与课堂志"研究，马云鹏的"优质学校课堂教学"研究等。以叶澜的研究为例，就足以透视这一研究价值取向所带来的理论剧变。叶澜长期致力于中国"新基础教育"的实验研究，得以深度介入课堂教学的实践，先是于1997年率先提出了"让课堂焕发出生命活力"的主张，随后在《教育研究》上连发三篇文章，系统论述了"重建课堂教学的价值观""重建课堂教学过程观"及"重建课堂教学评价观"的重要思想，形成了富有原创性的"生命·实践教育学派"。她关于课堂教学原创性的理论包括了四个基本内容：论述了教学任务的特殊性；认清了教学过程中师生活动关系的内在

---

① 叶澜：《课堂教学过程再认识：功夫重在论外》，《课程·教材·教法》2013年第5期。

不可分割性、相互规定性和交互生成性；明确了要用生成论的思想方法去认识动态的教学过程；重建了课堂教学的过程逻辑。① 叶澜的研究结出了教育学领域公认的原创性研究成果，她本人作为理论研究者所探索形成的研究之路，再一次证明了课堂研究本身是原创性理论产生的源头活水。

教学现象集中表现在学校的课堂上，作为研究教学现象并揭示教学规律的教学理论的形成和发展，要求研究者必须深入课堂中，洞察教学现象，透视教学现象，发现教学问题，分析并解决教学问题，在这样的研究过程中，原创性理论在解决实际问题的过程中产生并完善。课堂研究者并不是有了一次或数次深入课堂研究的经历就能形成原创性教学理论的，而是要经过"归去来兮"的无数次尝试与探索，只有这样，方能在理论创新方面做出贡献。教学理论的原创性不是研究者灵光的瞬间闪现，更不是研究者智力技巧的逻辑游戏，而是需要有足够扎实的研究资料与学术基础作为支撑。课堂研究就是通过研究者第一手研究资料与学术基础的获得而为研究做好质料层准备的，进而为学术研究的结构层与理念层奠定基础，这样学术原创才有可能。因为不同的时代、不同的国家和地区，课堂教学中所遇到的问题是不同的，有效解决这些问题的可行方法就是课堂研究，所以，研究者深入课堂做研究不是一时的热情，而是教学理论原创性成果不断丰富与发展的永恒需要。

三　课堂志研究以理论创新推动教学变革

教学理论工作者深入课堂开展研究，为教学理论创新走出了一条可行之路。原创性的教学理论既在课堂研究的过程中形成，又在课堂研究的过程中发展与成熟。事实上，这只是问题的一个方面，另一方面是教学实践工作者参与其中而形成的课堂研究成果，为进

---

① 叶澜：《课堂教学过程再认识：功夫重在论外》，《课程·教材·教法》2013 年第 5 期。

第六章 课堂研究：从学术殿堂走进生活世界

一步将这些来自实践的原创性的教学理论的运用创造了条件，为课堂教学问题的解决和课堂教学质量的提升打下了基础，即以创新理论促进实践变革。

教师研究课堂是实践视角中的课堂研究，课堂教学活动因为其生成性特点自然会遇到各种各样的问题，这些问题困惑着一线教师并需要得到有效解决。为此，斯滕豪斯赋予教师研究人员的角色（Teacher as Researchers），他把"课程设计工程"的思想融合于教师在实践中从事研究性工作的开展模式。[①] 古德（Thomas L. Good）和布罗菲（Jere E. Brophy）的研究提供了清楚明了的证据。他们认为，教师要想成长为专业人员（professionals），就必须学会在课堂上从事教学工作的同时还要积极有效地开展研究工作。[②] 佐藤学通过"静悄悄的革命"让幻想着每天做"法国大餐"的教师安心地从事"一日三餐"的日常工作，老师们打开了课堂之门，校长为他们扛起了摄像机，课堂研究就这样悄无声息地自下而上地开始了。[③] 教师面对课堂教学的问题与困惑，不仅需要自我反思，研究自己的课堂教学并不断完善和变革自己的课堂教学，而且教师可以与同事形成专业同伴，互助开展课堂研究，教师同样可以通过专业人员的理论引导而与理论工作者合作开展课堂教学研究，即新课程改革中所倡导的"自主反思、同伴互助、专业引领"，聚焦课堂校本教研模式。不管哪一层次的研究，都需要一定的创新理论做指导，而非教师孤立地、盲目地开展研究。

教师需要在自己的课堂上做研究进行自主反思。"教然后知困，知困然后能自反也。"教师在课堂教学中通过"教"产生问题，通过对问题的研究产生相应的对策，教学就是在研究中不断提升质量的。教师既是教学的组织者，也是课堂教学的研究者，伴随着教师

---

① 中央教育科学研究所比较教育研究室编：《简明国际教育百科全书》，教育科学出版社1990年版，第192页。
② ［美］Thomas L. Good and Jere E. Brophy：《透视课堂》，陶志琼、王凤、邓晓芳等译，中国轻工业出版社2002年版，第50页。
③ ［日］佐藤学：《课程与教师》，钟启泉译，教育科学出版社2003年版，第4页。

教学活动开展的研究活动，是教师个体的专业发展行为，开始于教师的专业自觉，发展于教师经验积累的教学日常生活，成熟于教师既是教学高手又是研究能手的专业自主活动。教师自主反思的课堂研究是教师研究的起点，表面上教师研究的还是备课、上课、说课的问题，但它已经是一种教学研究的开始，在此基础上如果有专业人员的合作研究，教师研究课堂的质量就会更上一层楼。同伴互助需要教师进入同事的课堂中做研究。教师进入同事的课堂开展教学研究就是同伴互助，其研究过程主要包括三个基本的环节：首先是"备研"，即作为研究者进入同伴课堂做研究前的准备；其次是"听课"与"观课"活动，从中获取研究资料；最后是在"评课"中做教学研究。[①] 教师在同伴的课堂上做研究，是教师教学工作的有机组成部分，不是额外地让教师做本不属于他们的抽象研究，而是将专业教学活动与专业研究活动融为一体的教师专业生活。教师在专业引领下的课堂研究，就是教师与专业研究者合作开展课堂研究，其实质就是通常所说的"行动研究"。在这一研究过程中，教师丰富的教学实践经验在专业研究人员的理论指导下会不断提升为教师的实践性知识，进而成为推动教师专业发展和研究水平提高的基础理论。教师与专业研究者的合作可以是教师个体与专业研究人员的合作研究，即研究人员进入教师的课堂，为教师的课堂教学诊断问题并提出改进良方，教师在教学活动结束之后与专业人员一起开展关于课堂教学的研究工作，必要时还可以结合录像课一起进行。教师与专业研究人员的合作也可以是教师集体与专业研究者的合作，即通过专业的听、评课活动，引领教师掌握课堂教学研究的基本理论与方法，在专业人员的指导下开展听课、观课、评课的集体研究活动。

在实践中研究课堂其实还不仅仅是教师的专业活动需求，更是现代学校发展的专业需求。在一所优秀的学校中，从教师个体的自

---

① 王鉴、李泽林：《教师研究课堂：意义、路径和模式》，《教育研究》2008年第9期。

主反思到教师同伴的互助研究,再到专业引领的集体研究,其实已经在构建一所研究性的学校了。现代学校教育发展的经验表明,研究性学校是教育变革的突破口。研究性学校的推进是现代教育发展的必由之路。2009年,在全国初中新课程课堂教学改革经验交流暨研讨会上,江苏省泰兴的洋思中学、山东省茌平的杜郎口中学、江苏省溧水的东庐中学分别就课堂教学改革情况进行了深入的交流和研讨。这三所学校的课堂教学改革模式及所取得的成果,得到了政府、社会、家长和教育同行的广泛认可,其经验与模式正在影响全国基础教育的课堂教学。这种课堂教学模式的形成本身就是学校长期坚持课堂研究与探索的结果。以洋思中学为例。1986年学校就开始遵循"没有教不好的学生"的办学理念,选择了"先学后教,当堂训练"的教学改革模式。其成功之处主要是"目标导向、任务驱动",把课堂教学过程转化为引导学生自主学习的过程。"先学后教"在课堂教学实践中会遇到很多问题,比如,学生先学的工作需要投入大量的时间与精力,甚至学生会走弯路;又比如,学生先学之后的教,学生对其的神秘与好奇心没有了,等等,但是学校通过长期的研究与探索,有效地解决了"先学"与"后教"之间的矛盾,逐渐形成了"当堂清、日日清、周周清、月月清"的课堂教学模式。同样,杜郎口中学与东庐中学都是从1998年开始探索其课堂教学模式的,其间遇到了许多问题与挑战,也是通过长期的课堂研究,才逐渐完善了自己的教学模式。

不管是基于教师的课堂研究,还是基于学校的课堂研究,都需要一定的创新理论的指导,同样,都可以在探索的过程中形成一定的创新理论。任何一位教师或一所学校,在应用教学理论指导教学实践时,其教学模式、方法都不能是机械的、教条的,而是灵活多变、富有个性、充满灵性的,必须根据学校条件、教师状况、教学内容,尤其是根据学情合理选择适合学生的方法。[1] 在这一理论指

---

[1] 时晓玲、于维涛:《中小学课堂教学模式改革的省思与多元创新——基于洋思、杜郎口、东庐等校课堂教学实践的思考》,《教育研究》2013年第5期。

导下的探索活动过程、实践会出现很多问题,课堂研究就是解决这些问题并形成教学模式的有效路径。学校开展课堂研究不仅要动员教师参与,形成良好的课堂研究意义与能力,还要与大学或专业研究团体开展广泛合作,在理论指导下开展研究,在研究过程中发展理论。

总之,课堂研究,不论是对理论研究者,还是对实践工作者而言,相互合作都是最佳的研究路径。理论工作者深入课堂从事课堂教学研究,旨在结出原创性的研究成果,这也只是为理论的完善和发展做出了贡献,对于理论工作者来说,只是完成了任务的一半。理论工作者任务的另一半就是要将其原创性的教学理论运用到教学实践之中,并以此为指导,解决教学实践中的问题,提升课堂教学的质量。即理论来源于实践,还要回到实践中经受实践的检验并指导实践。实践工作者身在课堂上,研究课堂是专业发展的内容之一,研究、解决课堂问题也是他们专业任务中的一半,另一半任务还在于形成较高层次的理论以有效地指导教学实践,即实践是理论的源泉,也是检验和发展理论的标准。可见,理论工作者与实践工作者有着同样的研究对象,只是各自的侧重点不同而已,如果能在课堂研究中形成并完善二者合作的有效机制,对于丰富课堂研究理论,变革课堂教学实践具有着十分重要的意义。

第二编
课堂研究理论反思

  我国现代学科意义上的教学论研究始于20世纪80年代，先后经历了向苏联学习、向西方学习、本土化探索、中国特色理论体系建构等几个阶段。因为重视教学论学科的演绎体系而轻视其逻辑归纳体系，使我国教学论研究呈现出实践性较弱的特点，理论与实践"两张皮"现象明显存在。因此，批判与反思我国教学论的学科体系及研究方法，对于重建课堂教学论有十分重要的现实意义。

第一章 教学论学科建设问题反思

回顾我国教学论学科建设问题研究的历程，不难发现，教学论研究的对象逐渐深化，学科性质进一步明确，研究方法更加科学有效，理论体系从"无"到"有"并日趋完善。教学论学科研究的发展不仅形成了中国特色的教学理论流派，而且对教学实践的发展产生了深刻的影响，特别是在基础教育课程改革过程中发挥了理论支持作用。当然，总结教学论学科的发展经验，还会发现一些有待进一步探讨和完善的问题。

一 教学论学科建设的历程回顾

我国教学论学科建设问题研究经历了引进国外教学理论、探索本土教学理论、建立中国特色教学论三个阶段。

（一）引进国外教学理论阶段

党的十一届三中全会以前，长期的"左倾"路线和闭关锁国政策，使得我国学术界不仅在本土理论研究上没有任何突破，而且对国外的研究知之甚少。十一届三中全会以后，政治领域迎来了思想大解放，"左倾"思想、"长官意志"、教条主义等一系列错误思想路线被纠正。"大家都有一种'春天般'的感觉，学科发展的坚冰被打破。"[①] 根据"实践是检验真理的唯一标准"这一原则，广大

[①] 王鉴、安富海：《提高博士生培养质量 加强教育学学科建设》，《当代教育与文化》2009年第2期。

教育工作者对许多教育理论问题进行了重新探讨。首先，学术研究领域开始自我反思。"教学论界认真检讨了建国以后乃至近现代几十年来教学论发展的经验教训，揭露了教学实践中发生过的一系列有偏差的教学论根源，清算了教条主义、'长官意志'在教学研究中的各种表现和影响。"[1] 其次，翻译引进国外先进的教学理论。改革开放后，教学理论的贫乏和教学实践中问题突现这一现实，使我们必须引进和学习国外教学理论。"我国教育报刊，师范院校课堂对国外教学研究的信息，从内容到方法，从理论到技术，进行了广泛的介绍。如苏联苏霍姆林斯基、赞科夫、巴班斯基等人的教学理论和教学实验，新近关于合作教育学的论争，美国程序教学的理论与技术，布鲁纳的结构—发现教学理论，保加利亚卢扎诺夫的暗示教学法。"[2] 还有"皮亚杰、奥苏贝尔、弗洛伊德、班杜拉、根舍因、罗杰斯、马赫穆托夫、斯科特金"[3] 等学者的理论。国外教学理论的介绍和引进开阔了多年被禁锢的研究思路，丰富了我国的教学理论。最后，深入开展教学基本理论问题的探讨。在介绍和引进国外理论的同时，我国一部分教学论研究者也开始对教学领域的一些重大问题进行理论探讨。讨论的问题主要包括教学中传授知识与发展智力及个性的关系问题；[4] 教学中不仅重教也要重学的问题；[5] 教学论的学科性质与任务问题；[6] 教学设计问题；[7] 还有关于

---

[1] 王策三：《教学论十年》，《教育研究》1988年第11期。

[2] 同上。

[3] 王嘉毅：《从移植到创新——改革开放30年来我国教学论学科发展》，《教育研究》2009年第1期。

[4] 参见胡克英《教学论若干问题浅议》，《教育研究》1979年第3期；关和钧《在教学实践中探索教学规律》，《教育研究》1982年第12期；徐勋《国外现代教学论的发展趋势》，《教育研究》1987年第6期。

[5] 参见王策三《简论教学论的研究对象、任务和方法》，《教育研究》1985年第9期；杨小微《全国教学论第二届学术年会综合报道》，《教育研究》1987年第12期。

[6] 胡克英：《教学论若干问题浅议》，《教育研究》1979年第3期；张定璋：《教学论问题片段》，《教育研究》1979年第3期；关和钧：《在教学实践中探索教学规律》，《教育研究》1982年第12期；熊川武：《确立以"发展能力"为重心的教学论》，《教育研究》1985年第1期。

[7] 钟启泉：《从现代教学论看教学设计的原理与课题》，《教育研究》1987年第7期。

教学认识论、教学规律、教学艺术、课程论、教学评价等的许多理论问题。"许多理论探讨的成果，已经转化为教学实践，涌现出一大批相当可观、质量逐步提高的教学论专注、教材和论文，填补了学科体系的许多空白。新的教学论研究队伍也逐渐成长起来，这一切开始改变过去长期漠视理论研究、理论贫乏的状况。"[1] 随着理论探讨的不断深入，我国教学论学科的建设和发展也开始起步，1986年成立了全国教学论专业委员会，定期开展学术研讨。我国教学论学科从此走上了科学化建设的探索之路。

（二）探索本土教学理论阶段

到了20世纪90年代，在不断引介国外理论和反思我国教学领域内外部环境的基础上，我国教学论研究者逐渐意识到开展教学实验对于改进本土教学状况和建立本土教学理论的重要性。事实上，自改革开放以来，我国教学领域里的实验就逐渐展开了。"20世纪80年代中期开始，我国一些学者将研究重点转向中小学教学实践的改革与实验，到90年代中期逐渐成为教学研究的主流。其中主要有发端于80年代的整体改革实验和情景教学实验，从90年代中期开始的主体教育实验，对全国中小学教学影响颇大的新基础教育实验、新教育实验等。这些研究与实验，大都是专家学者与中小学教师相结合，在现代教育理论的指导下开展的，不仅在理论上做了大量的探索，而且对中小学的教学实践产生了重要影响。"[2] 到20世纪90年代后期，教学研究与实验不断深入、系统化，也不断创新，即针对我国中小学的教学实际，又吸纳了其他学科和其他国家先进的做法。教学论研究者从大量的本土教学实验中总结和提升了许多有价值的教学理论，并开始探索本土化的教学论学科体系。教学论从教育学中分化出来，成为一门有独立学科体系的分支学科，在教育科学大家庭中占据了自己应有的一席之地。在科技迅猛发

---

[1] 王策三：《教学论十年》，《教育研究》1988年第11期。
[2] 王嘉毅：《从移植到创新——改革开放30年来我国教学论学科发展》，《教育研究》2009年第1期。

展，知识信息快速增长，各种新兴学科、边缘学科不断涌现的大背景下，在短短数年间，教学论就繁衍出一个数量可观的分支学科群。教学论的学科群落包括向上与哲学等学科结合而形成的学科，如教学认识论、教学辩证法、教学逻辑学、教学科学学、教学系统论、教学信息论、教学控制论等；向下与各种应用技术学科结合而形成的学科，如课程论、教学模式论、教学方法论、教学技术论等；横向上与许多有关学科结合而形成的学科，如教学伦理学、教学社会学、教学论史、比较教学论、教学生态学、教学病理学、教学实验论等。① 与此同时，对教学论不同方面的研究也不断深入，取得了许多新的成果，如对教学认识论的研究、教学论发展史的研究、教学思想史的研究等。

（三）建立中国特色教学论阶段

从 20 世纪末开始，教学论学科的科学化与中国化的研究逐渐受到我国教学论研究者的关注。自 1995 年全国教学论专业委员会召开"教学论跨世纪的思考"② 座谈会以来，如何建构跨世纪的教学论学科体系，如何建立具有中国特色的社会主义教学论体系，如何实现教学论的世纪转换等，一直是教学理论界所追求的目标。经介绍引进和认真反思以后，我国教学论研究者开始思考建立能够指导中国教学实践的中国教学论学科体系。这个研究重心的转移是经历史沉淀后对现实的一种更加理性的认识。因为我国教学论经历了从 20 世纪 30 年代借鉴西方的教学思想和教学方法，20 世纪 50 年代照搬苏联的教学思想和教学模式，20 世纪 80 年代有选择地介绍、引进国外研究成果几个阶段。虽然 80 年代在介绍和引进国外教学思想和研究成果上比过去有很大的进步，但依然存在着食洋不化的现象，对异域教学理论所产生的历史条件、理论基础和社会文

---

① 王策三：《教学论学科发展三题》，《北京师范大学学报》（社会科学版）1992 年第 5 期。

② 郭道明：《跨世纪的思考——教学论学术研讨会综述》，《教育研究》1995 年第 9 期。

化背景缺乏具体分析和整体把握，过分关注技术层面而忽视了教学理论赖以生存的文化环境。随着人们对教学论文化特性认识的不断深入，教学论研究者逐渐减少了对国外教学论的介绍和引进，而将注意力转移到研究如何建立中国教学论体系这一问题上来。不仅国内一些研究外国教学思想的学者，如李定仁、钟启泉等，而且一些研究教育基本理论问题的学者，如叶澜、杨小微等，都开始将研究的重点转向对中国特色教学理论的探索。"1996年国内十多种有影响的教育杂志对有关教学论研究文章内容构成进行了统计分析，结果表明：有关国外教学思想、理论与实践的翻译、介绍、评述已开始降温，其研究文章的数量仅占总数的7.5%。统计者把造成这种现象的原因归之于人们已经越来越多地将研究重点放在对符合我国实际的教学理论与实践的研究上，放在探讨建设具有中国特色社会主义教学论体系的宏伟目标上。"[①] 具有中国特色的教学理论开始产生，如叶澜的"生命·实践教育学派"，强调从生命的层次、用动态生成的观点、重新全面地认识课堂教学，构建新的教学观；[②] 裴娣娜的"回到原点"教学论，主张教学论研究要回到"教育教学"的原点，在对本土课堂教学实践进行研究的基础上，建立了中国特色的教学论学科体系。[③] 这些研究成果标志着我国教学论已经走上了中国特色的研究道路。

二　教学论学科建设的主要内容

改革开放40年来，学者们研究教学论学科建设问题主要集中在以下几个方面。

[①] 陈晓端：《教学理论研究的现状与展望——对90年代我国教学理论研究的统计分析》，《教育研究与实验》1998年第1期。

[②] 叶澜主编：《"新基础教育"探索性研究报告集》，上海三联书店1999年版，第224页。

[③] 裴娣娜：《教学论应回归教学"原点"》，《光明日报》2006年9月3日。

(一) 研究对象问题

"对于一门学科来说,生死攸关的问题就是明确自己的研究对象和任务。"[①]"对象问题是一门学科的理论框架和一般问题。一门学科如果没有恰当的理论框架和不解决自己的一般问题,那么它在处理具体问题时往往就被迫回到这个一般问题上来。"[②] 教学论也不例外。党的十一届三中全会以后,教学论学科建设问题的首要任务就是界定教学论的研究对象。因为"对象是理论的主体和核心,只有明确了对象才能进行科学的研究,也才能建立起严格的科学理论及其体系"[③]。关于教学论的研究对象问题,学者们的观点不尽相同。王策三认为,教学论必须坚持研究教学的一般规律。[④] 徐勋认为,研究教学过程中教与学的双边活动及其客观规律,应是教学论的研究对象。[⑤] 李秉德和王嘉毅认为,从研究对象来看,教学论的研究对象是教与学的活动。[⑥] 吴也显认为,教学论应以揭示教学的规律和特点为其研究对象。[⑦] 田慧生认为,探索教学规律是教学论研究的主要目的和最主要的任务,但并不能由此就将教学规律作为研究对象,不仅笼统、模糊,而且在具体研究中也无从下手,无法操作。教学论的研究对象应是教学活动或教与学的活动。[⑧] 事实上,任何一个学科在其发展的历史过程中,不仅研究的观点会不断变化,而且其研究对象也不断变化着,教学论也不例外。不仅夸美纽斯时代那种教学论不复存在,而且我国和苏联通行的教学论也发生着变化,变成了多样性的统一,统一于教学这一客观对象;在这

---

① 王策三:《简论教学论的研究对象、任务和方法》,《教育研究》1985 年第 9 期。
② 李定仁、徐继存:《教学论研究二十年》,人民教育出版社 2001 年版,第 22 页。
③ 胡德海:《教育学原理》,甘肃教育出版社 1998 年版,第 1 页。
④ 王策三:《简论教学论的研究对象、任务和方法》,《教育研究》1985 年第 9 期。
⑤ 徐勋:《关于教学论的研究对象、任务和方法之我见》,《教育研究》1986 年第 3 期。
⑥ 李秉德、王嘉毅:《论教学论》,《教育研究》1996 年第 4 期。
⑦ 吴也显:《教学论发展之我见》,《教育研究》1996 年第 8 期。
⑧ 田慧生:《对教学论学科性质、地位与研究对象的再认识》,《教育研究》1997 年第 8 期。

个统一性之下，具体的研究对象则多样化了，出现了众多的教学论学科，它们各自分别研究教学的不同方面、层次，不同的问题和规律。例如，教学技术学只研究教学的技术方面，研究教学技术的应用问题和规律。教学认识论着重研究教学的认识方面，居于较高的层次，如此等等。①

（二）学科性质问题

教学论究竟是理论学科还是应用学科，多年来这方面的争论一直持续着。这在历次"全国教学论专业委员会年会"特别是第五、六届年会上都有直接的反映。② 王策三认为："教学论只能是理论学科，而且必须是理论学科。"③ 吴也显指出："教学论既是一门理论的科学，又是一门应用科学，它既要研究教学的一般规律，也要研究这些规律在实际中的运用。"④ 李秉德认为："现代教学论应在阐明教学规律的基础上扩充阵地，向实际方面靠拢。"⑤ 1995 年召开的"全国教学论专业委员会'跨世纪思考'学术研讨会"对我国教学论研究的现状做了这样的估价："教学论正经历'形而上'与'形而下'的发展，既有理论的升华，也有应用的发展。"⑥ 由此可见，拓宽研究领域，注重应用研究，已成为我国教学发展的一个基本方向。在这种情况下，如果仍只坚持教学论的学术性、理论性，忽视它的实践性和应用性，则不仅在认识上滞后于教学论的发展现实，而且可能在一定程度上束缚教学论的正常发展。田慧生将教学论的性质界定为一种外推的理论研究，他认为，将教学论定性为外推的理论研究就意味着教学论既是一门理论学科，要研究教学的一般规律，同时它又密切关注实践，具有很强的实践目的性，要

---

① 王策三：《教育论集》，人民教育出版社 2003 年版，第 14 页。
② 张广君：《教学论研究与发展的困境、盲点和误区》，《教育研究》1998 年第 11 期。
③ 王策三：《简论教学论的研究对象、任务和方法》，《教育研究》1985 年第 9 期。
④ 吴也显主编：《教学论新编》，教育科学出版社 1991 年版，第 10 页。
⑤ 李秉德主编：《教学论》，人民教育出版社 1991 年版，第 9 页。
⑥ 郭道明：《跨世纪的思考——教学论学术研讨会综述》，《教育研究》1995 年第 9 期。

研究将一般规律运用于教学实践的方法、策略和技术。就是说，教学论既要坚持以理论研究为主，不断提高理论成果的抽象概括水平，又要在已有理论原理的指导下，开展必要的应用研究，解决教学中一些带有普遍性的操作问题。[①] 徐继存认为，教学论既是一门理论性极强的学科，同时也是一门实践性很强的学科，明确教学论的实践性，有助于防止经院式研究的偏向。[②] 因此，我们认为，教学论研究对象的变化，当然就意味着学科性质的变化。我国教学理论界多年来对教学论学科性质问题存在着不同的观点和争论，归纳起来不外乎三种：一是理论科学；二是应用科学；三是理论兼应用科学。面对教学论学科的分化，对于学科群整体而言，它已经不仅仅是一门理论科学，因为它包括许多应用学科；它也不仅仅是一门应用学科，因为它还包括许多理论学科。可见，认为教学论学科是一门理论兼应用的学科更合乎事实，不同的研究者可根据自己的专业基础与研究兴趣，或在理论领域为教学理论大厦建设添砖加瓦，或在应用领域为教学理论之树常青施肥浇水。

（三）方法论问题

党的十一届三中全会以后，我国教学论领域展开了对方法论问题的讨论。王策三指出："要在克服简单化的斗争中坚持马克思主义的方法论""要研究事实，充分占有资料，把定性分析与定量分析结合起来""要重视开展教学实验""应该肯定推论—验证，把它作为教学论的研究方法之一""要认真提高总结教学经验的水平""正确实行古今中外法"[③]。吴也显认为应该"从历史的角度研究问题""从比较的角度研究问题""从经验的角度研究问题""从

---

① 田慧生：《对教学论学科性质、地位与研究对象的再认识》，《教育研究》1997年第8期。
② 徐继存：《教学理论发展的内外部因素分析》，《课程·教材·教法》1995年第7期。
③ 王策三：《教学论稿》，人民教育出版社1985年版，第63—82页。

理论的角度研究问题"①。裴娣娜认为，当代科技革命突出了思维方式问题的重要性，同时也引起研究方法论模式的根本变革。从过去机械的严格决定论、单纯的因果解释框架和还原论的思维方式，转变到确定整体的、动态发展的、非线性的不可绝对还原分析的唯物辩证的思维方式上，这一变革同样发生在教学论领域。教学论研究的方法论应该从机械唯物论向唯物辩证法转换。② 方法论问题涉及诸如一元与多元、必然与偶然、历史与逻辑、抽象与具体、理论与实际、科学与人文、定量与定性、平衡与失调、批判与继承、民族性与国际性等问题。只有综合考虑这些问题，深刻把握教学研究的主题及科学界定研究域，才能形成教学研究方法论现代发展的新思路。③ 张广君认为，在教学论科学化的过程中，存在着过分强调经验、分析、定量、实证和归纳，忽视甚至排斥人文方法的倾向。④ 学者们关于教学论方法论问题争论的根本分歧点在于：应以立足于教学实践、面向生活实践的经验归纳和提升为主，还是以演绎的、思辨的理论思考为主。关于这一问题，裴娣娜指出，教学论研究中的"理论先导""现实指向""历史回溯"各有定位，我们应在理论、现实、历史的三维空间中把握现代教学论问题。⑤ 近年来，随着人们对方法论问题研究的不断深入，教学论的研究方法正在突破原来的思维方式，朝着多样性、互补性方向发展。

（四）学科体系建设问题

教学论学科体系是通过归纳还是通过演绎建立这一问题，也是教学论领域多年来一直争论的问题。从教学论近 40 年的发展历史

---

① 吴也显：《教学论新编》，教育科学出版社 1991 年版，第 25—31 页。
② 裴娣娜：《从传统走向现代——论我国教学论学科发展的世纪转换》，《教育研究》1996 年第 4 期。
③ 裴娣娜：《基于原创的超越：我国教学研究方法论的现代构建》，《教育研究》2004 年第 10 期。
④ 张广君：《教学论研究与发展的困境、盲点和误区》，《教育研究》1998 年第 11 期。
⑤ 裴娣娜：《基于原创的超越：我国教学研究方法论的现代构建》，《教育研究》2004 年第 10 期。

中我们可以看到，我国教学论学科是在通过对国外教学理论的移植、借鉴和对我国古代教学论的再研究中按照演绎的方法建立起来的。当然，这与当时的理论极度缺乏有关。随着人们对教学论学科研究的不断反思和对其他人文社会科学研究成果的不断了解，学者们认识到教学论的学科体系建设必须关注教学实践。教学论研究者必须从教学实践出发，对原点问题即现实问题进行观察、剖析、解释。如果撇开现实，对实际问题视而不见，仅试图从外面简单输入一种"新"的理论，建立一种理想体系，这无异于缘木求鱼。当前教学论体系偏重于演绎体系而轻视甚至忽视归纳体系的理论建设之路，致使教学论体系成为一个相对封闭的体系，难以融合来自教学实践的归纳材料与内容。而事实上，教学论的两种体系是并存的，二者的相互依存并相互促进共同实现着教学论的科学化。[1] 现代教学论理论体系应以"问题解决"为目的，建立开放性的教学论理论体系。这一体系将使教学论永远以对实践的关注为目的，与实践紧密结合，并在解决教学实践问题的基础上汲取继续发展的养料，从而使其理论体系永远充满时代活力。[2] 我们认为，问题是研究的起点，也是学科发展的生长点。体系都是学科的体系，学科也都是面向问题的学科。任何学术研究都是对问题的研究，没有问题，也就没有学术研究。所以必须重视对学科理应关注的问题的研究，在此基础上进行体系构建，这样才符合学科体系建立的逻辑。从这个意义上说，教学论研究中的"体系构建"和"关注问题"二者不是非此即彼的对立关系，而是共存、互补关系。

三 教学论学科建设中存在的问题及其反思

（一）价值取向：功利化倾向明显

功利化倾向是当前人文社会科学研究中，或者可以说是整个学

---

[1] 王鉴：《教学论若干问题的反思》，《教育研究》2005 年第 5 期。
[2] 魏新民、蔡宝来：《教学论的困境与出路》，《教育研究》2002 年第 6 期。

术界普遍存在的一个问题。就教学论学科来说，我们认为，许多研究者没有把教学理论研究作为一项严肃的科学活动，这个问题在教学论的研究者身上较普遍地存在着。研究者常常无视或有意回避现实的教学问题去闭门造车，他们的研究不是为了解决实践中的教学问题，而是为了拿到学位、完成项目、获得津贴。在教学理论发展史上，"举凡对教学理论做出重大贡献的教育家无不具有实事求是的科学态度和无私的奉献精神，赞科夫为了揭示教学与发展关系中客观存在的教育规律，进行了长达20年的实验研究。他的研究成果在苏联教学论发展史上占有很重要的地位，也是世界教学理论的主要流派之一"[1]。当然，教学论研究的这种功利化行为与我国现行的学术评价制度有很大的关系。以教学论学科为例，现行的学术成果评价制度没有为优秀的研究成果的产生提供必要的政策保障，在某种程度上可以说是制度阻碍了优秀成果的生成。要改变教学论研究的功利化倾向必须变革现行的学术成果评价制度，为优秀成果的生成提供相应的制度支持，而不是对教学论研究者进行放弃物质享受、追求学术理想等的政治化说服。因为教学论研究者是一个体制内的人，他需要生存的物质保障。教学论研究能够发展到今天，取得这样的成绩，说明还是有一部分真正有学术良知、以教学问题为研究兴趣和学术追求，并深入教学实践研究本土教学问题的研究者。总之，教学论研究铸就了教学论研究者的理想、信念和情操，体现着教学论研究者的向往、憧憬和追求的一项严肃的科学活动，不仅需要制度的支持，而且需要研究者的学术良知和社会责任。

（二）研究方法：演绎仍居主流

我国教学论研究习惯于采用思辨的研究方法，以建立普适性的、能解释一切教学场域中所发生的教学现象的宏大体系为旨归，其一般程式是：首先确认哲学具有普遍的方法论意义，之后论证这一普遍方法必然适用于作为具体现象的教学，然后把一般哲学原理

---

[1] 吴文侃主编：《当代国外教学论流派》，福建教育出版社1991年版，第37页。

转换成教学命题，进而得出关于教学的理论。这一简单的套用方式在过去被视为天经地义，然而在目前则遇到了生存危机，因为它对教学要素的分析局限于少数变量和因素，是一种原子式分析，揭示的是静态的、线性的因果关系，不能解释和解决不断发展变化的教学实践问题。严格地说，这是一条用哲学研究代替教学论研究的路线，故而常使人感到教学论空疏无用。这种简单的理论移植是一种用观念来代替实际事物，把自己的想象当作事物实质的研究范式，所生成的理论也是关于"逻辑的教学"的理论，这种理论不仅不能有效地指导教学实践，而且对教学论自身的发展也是十分有害的。方法是因问题而存在和发生变化的，教学实践的整体性、复杂性、动态性、文化性等特征决定了任何单一的方法都不可能解决教学实践问题。因此我们认为，教学论的研究方法应该突破原来线性的、机械的思维方式，朝着非线性的、灵活的方式转变，针对教学实践的复杂性和广延性，灵活地进行多种研究方法的互补，用综合、动态的观点研究教学现象，在对立的多元方法之间保持必要的张力。

（三）研究内容：对课堂教学问题的关注不够

我国教学论学科建立之初，主要谈论的是学科体系建设问题。随着教学实践的不断发展，教学论学科体系的问题日益暴露。到20世纪90年代，教学论理论研究者开始谈论教学论研究的战略取向问题。应该是问题取向还是体系取向？要有效回应实践的呼唤似乎就得采取"问题取向"的研究战略，要促进学科的成熟就不能放弃"体系取向"的研究视角。在这两难选择中，教学论研究在短时期内仍将徘徊不定。有学者认为，不能将"问题取向"简单地理解为教学论只关注教改实践中的具体现实问题，也不能将"体系取向"理解为单纯的理论演绎和背离实际的抽象学科建设。事实上，对于当代教学论的发展来说，这两种取向可能都是必需的，关键在于如何在两者之间保持一种必要的张力。[①] 然而，历史和逻辑应当

---

① 张广君：《教学论研究与发展的困境、盲点和误区》，《教育研究》1998年第11期。

统一。无论何种学科体系，都必须具有独特的价值，能够通过本学科的发展来推进实践，这样才有其存在的合理性。对于实践性很强的教学论学科来讲，更应如此。一种关于实践的理论如果解决不了实践问题就会遭到学术界的批评，那么一种关于实践的理论如果不去思考和关注实践问题就应该被唾弃。教学论是研究教学现象、揭示教学规律的一门学科。教学现象发生在哪里？当然发生在师生共同活动的课堂教学过程中。一个从来不进课堂，不研究课堂的教学理论研究者怎样建构自己的教学论体系呢？当前，我国教学论研究者一味地致力于学科体系的建设，试图建立一种普适的、能解释一切场域中所存在的，教学问题的理论，而对教学实践问题或者敷衍搪塞或者避而不谈，出现了"理论工作者在天空自由翱翔，实践工作者在地上艰难蠕动"的荒唐局面。有学者专门撰文批判这种坐在扶手摇椅上建构教学论体系的研究路径及其所产生的不良影响。[1]这种建构学科体系的思维就是毛泽东所讲的"将逻辑的事物当作事物的逻辑"的思维，也即迪尔凯姆所讲的"主观臆造式"的研究。这种研究范式所产生的研究成果也只能是关于"逻辑的教学"的理论，而非现实的教学的理论，能够指导的教学实践也只能是"按照逻辑进行的教学实践"。

（四）研究队伍："实践意识"有待加强

随着教育事业的发展和高等院校研究生招生规模的不断扩大，教学论研究队伍空前壮大，但学科研究的质量和水平并没有取得突破性的进展。我们认为，造成这种局面的主要原因，一是新成长起来的研究者理论素养有待进一步加强；二是研究者的培养和成长路径存在许多问题。"我国现有的教学论研究者大多是从本科到研究生，从助教到教授这样一个成长历程。他们始终在自己'单位'中从事着天经地义的本职工作。间或有的研究者也深入实践，但大都

---

[1] 参见王鉴《课堂研究概论》，人民教育出版社 2007 年版，第 3—15 页；徐继存《教学理论反思与建设》，甘肃教育出版社 2000 年版，第 132—146 页。

是走马观花或浅尝辄止。"① 这种培养模式和成长路径远离了教学论的研究对象，这种模式下成长起来的研究者由于一直处在对"教学实践无知"的状态，没有新的问题去刺激他们批判和反思已有教学论的研究成果，当然更谈不上解决教学实践中的问题了。因此，我们必须改变这种漠视实践的培养模式和成长路径。我们认为，教学理论研究者的培养不仅要保证"在这里"进行理论学习的时间，而且要重视"去那里"对现实了解的深度。只有这样，"回到这里"才会有新的认识和思考，才有可能回应和解释教学实践中所出现的问题，建立中国特色的教学论体系也才会成为可能。

---

① 王鉴：《课堂研究概论》，人民教育出版社2007年版，第8页。

第二章 从演绎到归纳：教学论的知识转型

教学论学科在发展过程中呈现出两种理论体系：一种是以演绎为主的逻辑体系，另一种是以归纳为主的经验体系。目前我国教学论的现状是以演绎体系为主流，少有归纳体系，导致教学论的知识远离教学实践。事实上，这两种知识体系是有着密切的关系的：归纳体系为教学论提供"源头活水"，演绎体系为教学论生成"参天大树"；没有归纳的演绎只能是一种智力游戏，没有演绎的归纳只能是一种经验总结。教学论的知识转型就是要引导更多的研究者从演绎式的理论构建走入归纳式的实践研究，进而为教学论的丰富与完善提供研究成果。

在教学论发展史上，一直存在着这样一个学理上的争议：教学论究竟是一门理论学科还是一门应用学科？这两种争议的长期存在使教学论研究形成了分歧，加剧了教学论研究方法上的一系列矛盾，阻碍了教学论的科学化进程。那么，它们的分歧究竟是什么呢？认为教学论是一门理论学科的研究者认为："教学论只能是理论科学也必须是理论科学。"[1] 教学论作为一门理论学科，应该以演绎思辨的方法为主研究教学论；而认为教学论是一门实践学科的研究者则认为："科学的教学论应建立在研究教学的实践及其改造的基础上，这是无可争论的真理。"[2] 主张对教学论的研究应以归纳为主进行研究。这样，教学论在研究路径上不可避免地出现了两

---

[1] 王策三：《教学论学科发展三题》，《北京师范大学学报》1992年第5期。
[2] ［俄］列·符·赞科夫：《教学论与生活》，俞翔辉、杜殿坤译，教育科学出版社1984年版，第149页。

种选择，要兼顾这两种选择又是十分困难的，教学论的不少研究者便不由自主地陷入此选择困境。基于此，客观的分析这一困境并从源头上解决这一问题，便成为现代教学论发展必须面对的挑战之一。

一 演绎体系的教学论

（一）演绎和演绎体系的教学论

何为演绎体系的教学论？要真正理解这一概念，必须从源头上予以把握，或者说必须从词源上予以解释和阐述。所谓"演绎"，包含两层意思：一是推演铺陈。《朱子语类》卷67："汉儒解经，依经演绎；晋人则不然，舍经而自作文。"二是由一般性知识这一前提出发得出个别性或特殊性知识的结论的推理方式、思维进程和思维方法。[1] 演绎教学论之"演绎"主要取第二层意思。由此可知，演绎体系的教学论是由教学论的一般性知识这一前提出发得出关于教学论个别性或特殊性知识的结论的推理方法。它采用的是从理论到理论、从范畴到范畴的思维方法，也就是一种演绎体系的教学论，其实质是以哲学思辨和理论本身为研究对象而形成的教学论。长期以来我国教学论的繁荣在很大程度上是一种理论再生的繁荣，教学论的生长点主要是对教学理论的再研究。[2] 也就是说，我国教学论长期发展的主流是以演绎体系为主的教学论。

（二）对演绎体系教学论的深度批判

演绎体系的教学论在教学论的发展史上长期占据着主流地位，是有其深刻根源的。由于深受科学理论的影响，教学论研究者认为，从一般理论中可以推演出个别理论，从普遍理论中

---

[1] 《辞海》，上海辞书出版社2010年版，第2198页。
[2] 王鉴：《实践教学论论纲》，《学科教育》2004年第7期。

第二章 从演绎到归纳：教学论的知识转型

可以演绎出特殊理论。那么，一般理论和普遍理论从何而来呢？自然是从其他较为上位的学科和较为成熟的学科而来，是从教学论领域中较为公认的理论中来的，比如从哲学、心理学、社会学、科学技术等原本是教学论的基础学科中搬来相关理论，作为演绎个别或特殊理论的"母鸡"，又比如从夸美纽斯、赫尔巴特、杜威、赞科夫等人的理论中移植生成本土的教学理论等。再加上中国传统知识分子十分重视思辨性的研究方法及学术传统，使得这种研究越来越成为中国特色的教学论研究风格。演绎体系的教学论，将主要的精力放在对理论文字的推敲论证上，以文本呈现的方式对国外的教学理论和传统教学理论的研究成果加以嫁接和再研究，在此基础上形成新的教学理论。这种以演绎为主的理论教学论，在研究的过程和方法上更加便捷，更加节省研究成本，只要从堆积的许多材料中进行提炼和萃取，便能形成学术成果，导致更多的教学论研究者热衷于对这种以演绎为主的理论教学论的研究。

在这种以演绎为主的理论教学论研究进行得如火如荼的同时，潜藏着一种危机。教学论研究的专业人员在经过专门化的专业训练之后，将主要精力和时间集中在对国外教学理论的引介和对传统教学理论的重组与反思方面。研究者不是走马灯似的翻译和介绍国外名目繁多的各种教学理论，就是对前人的东西进行旧题新作和小题大做，甚至无病呻吟，这似乎成了教学理论研究必须遵循的正宗路线。反过来，教学理论成果的评价又扩大了这种不关注教学实践而一味沉溺于理论扩张的研究怪圈。[1] 这就导致大家在应然的层面上认可教学论的研究对象是研究教学现象及其规律的一门学科，而在实然层面却受多重因素的影响，将教学论的研究对象锁定在"教学理论自身"之上。绝大多数研究者仍然以演绎思辨的方式对理论进行再加工，是一个"理论工厂"流水线上的熟练工人，而非理论研

---

[1] 王鉴：《从"教学论"研究到"教学"研究》，《教育研究与实验》2003年第2期。

究的权威专家。

时代的发展带来了教学论的进一步发展，以演绎思辨为主的教学论的发展现状让许多研究者为之忧心忡忡，他们开始通过不同的方式来研究和批判这种学科发展状况，主张以一种新的教学论——以归纳体系为主的实践教学论来冲击以思辨演绎体系为主的理论教学论，突破教学论长期以来发展的困境，以此引领和指导现代教学论的发展。

二 归纳体系的教学论

（一）归纳和归纳体系的教学论

要从根本上认识何为归纳体系的教学论，就必须了解何为"归纳"。在汉语语境中，"归纳"有如下几层意思：一是归还。欧阳修《与宋龙图书》："先假通录，谨先归纳，烦聒岂胜惶悚。"二是归入。秦观《鲜于子骏行状》云："东周平衍，衮、郓、单、济、曹、濮诸河，其所归纳，唯梁山、张泽两泺。"三是归纳总结并使有条理。四是从个别或特殊的经验事实出发推出一般性原理、原则的推理形式、思维进程和思维方法，同"演绎"相对。[1] 归纳体系的教学论中之"归纳"就是第四层意思，即在教学论中，从个别的或特殊的教学经验事实出发而概括得出一般性的教学原理、教学原则的思维方法，如此形成的教学论就是归纳体系教学论。归纳方法主要包括观察、实验、比较、分析、综合等，是由具体到抽象，由特殊、个别到一般和普遍的过程，由此形成的教学论的实质是一种与教学生活紧密相连的实践教学论。在教育学学科发展越来越快的今天，明确教学论的实践性有助于防止经院式研究的偏向。教学论绝不是一个封闭的、单纯依靠内部因素自行演进发展的知识体系，它的发展不仅要靠研究者的智力活动，而且取决于教学活动

---

[1] 《辞海》，上海辞书出版社2010年版，第649页。

的发展变化。①

(二) 对归纳体系教学论的深度批判

恩格斯说:"我们大家都同意:不论是在自然科学或历史科学的领域中,都必须从既有事实出发,因而在自然科学中必须从物质的各种实在形式和运动形式出发;在历史科学中也不能虚构一些联系放到事实中去,而是要从事实中发现这些联系并且在发现之后,要尽可能地用经验去证明。"② 归纳体系的教学论就是从教学实践的事实出发构建理论,其实质是归纳体系的教学理论,它的发展也不能脱离实践和事实。长期以来,大家都认为教学论是研究教学现象、揭示教学规律的科学。教学的现象及规律就蕴藏在丰富的教学实践之中,不从实践中发掘这些事实,就不能有效地研究教学的现象,更谈不上揭示教学的规律。因此,教学论研究要让教学活动"从抽象理念的剪裁下挣脱出来,恢复其丰富具体的个性,显示其内蕴的异质性、矛盾、裂缝和不协调之处,避免将生命创造的脉络僵化为思辨逻辑的构架"③。与此同时,"研究规律最根本的是要研究事实,不可能离开事实,单纯思辨地研究出来"④。

深入教学实践,开展教育实验,成为现代教学论发展的一个新趋势。教学实践是教学理论最基本的理论来源,要进行理论上的提升,必须有来自教学实践和教学第一线的资料积累,这样才能实现对教学理论更高层次的完善。任何教学理论都是在一定的民族文化环境中产生、发展起来的,而它本身一旦产生,就成为民族文化的一个重要组成部分。⑤ 因此,对教学论的研究不仅要求教学论研究

---

① 徐继存、赵昌木:《教学理论发展的内外部因素分析》,《课程·教材·教法》1995 年第 7 期。

② 恩格斯:《自然辩证法》,《马克思恩格斯选集》(第 3 卷),人民出版社 1972 年版,第 469—470 页。

③ 孙正聿、杨晓:《哲学研究的理论自觉》,《哲学研究》2011 年第 3 期。

④ 王策三:《教育科学的本质在于揭示教育的客观规律》,《北京师范大学学报》1985 年第 3 期。

⑤ 李定仁、徐继存:《教学论研究二十年》,人民教育出版社 2001 年版,第 41 页。

者深入实践,进行实地考察,获取第一手资料,以求准确地认识和了解事物发展的本质,同时,要对在实践中所获得的第一手资料进行归纳、总结、分析,进行理论上的再次升华,最终指导和引领教学论的发展。

三 教学论的知识转型:从演绎到归纳及其相互关系

当前,我国教学论研究者一味致力于学科体系的建设,试图建立一种普适性的、能解释一切场域中所存在的教学问题的理论,而对教学实践中的问题或者搪塞过去或者避而不谈,出现了"理论工作者在天空自由翱翔,实践工作者在地上艰难蠕动"的尴尬局面。有学者专门批判过坐在扶手摇椅上构建教学论体系的研究路径及其产生的不良影响。[1] 我们认为,目前我国教学论的研究者们习惯于采用思辨的研究方法,以建立普适性的、能解释一切教学场域中所发生的教学现象的宏大体系为宗旨,它对教学要素的分析局限于少数变量和因素,是一种原子式分析,揭示的是静态的、线性的因果关系,不能解决不断变化发展的教学实践问题。[2]

在教学论研究史上,大部分教学论研究者都认可教学论是研究教学现象和教学规律的一门科学,然而,在真正实行的过程中,他们并非如此做的。一般说来,教学论观念层面的来源有三种:对国外教学理论的移植和借鉴;对国内传统教学思想的批判和继承;对当前国内教学实践的阐述和论证。在我国教学论研究的现实中,长期以来研究者们重演绎而轻归纳,重视前面两种来源而轻视第三种来源,导致教学论理论本身的枯燥和乏味,造成我国教学论长期以来的虚假繁荣。

面对这种局面,教学论的研究转型已经迫在眉睫,从演绎到归

---

[1] 王鉴:《课堂研究概论》,人民教育出版社2007年版,第16页。
[2] 王鉴、安富海:《教学论学科建设三十年》,《当代教育与文化》2010年第1期。

纳是一个研究模式的转型,更是我国教学论发展的必经之路,那么,何为转型?如何转型?成为摆在教学论研究者面前一道不可逾越的鸿沟。

(一) 在学理层面对转型的认识

所谓转型,是指事物的结构形态、运转模型和人们观念的根本性转变过程。不同转型主体的状态及其与客观环境的适应程度,决定了转型内容和方向的多样性。转型是主动求新求变的过程,是一个创新的过程。在中国教学论研究中,也有学者把转型理解为研究处于转型中或转变中的教学研究领域或分支学科。因此,对教学论来说,转型不仅仅意味着发个文件或者写几篇文章,也不是一个简单的话语方式的转换,它涉及教学论的内部结构形态和人们在观念层面思维方式的根本性转变,是一个极其漫长而充满挑战的过程。这就要求教学论研究者在这个转型的过程中,不仅要关注教学论的研究对象问题、学科性质问题、方法论问题、学科体系建设问题,而且广大教学论研究者要避免一种功利化的倾向,坚持一个研究者应该有的价值取向,要具有实事求是的科学态度和无私的奉献精神。教学论的转型是从研究方法的转型开始的,最终将止于教学论的知识体系,也就是说,通过研究方法的转型,让更多的研究者关注实践,从课堂教学研究中积累素材,进而在丰富的素材基础上构建教学论新体系,这种体系不同于传统的从哲学、心理学、社会学等学科中通过移植理论而形成的演绎体系,这样,教学论的知识体系就会发生根本性的变革,这种知识体系来自课堂教学实践,并将在运用于教学实践中得到完善和修订。在此基础上形成新的教学论演绎材料,这样真正意义上的课堂教学论就自然分娩了。可见教学论的转型,并不是要抛弃演绎的教学论体系而仅仅追求归纳的教学论体系,而是在归纳基础上的演绎,在演绎基础上的归纳,如此不断循环往复,使教学论学科体系越来越丰富和完善。

（二）演绎和归纳之关系

演绎和归纳这两种思考方式都存在于我们的日常生活中，归纳是从个别出发以达到一般性，从一系列特定的观察中发现一种模式，在一定程度上代表所给定事件的次序；演绎是从一般到个别，从逻辑或理论上预期的模式到观察检验预期的模式是否确实存在。也就是说，演绎是从"为什么"推演到"是否"，而归纳则正好相反。这两种方法都是达到科学的有效途径，二者的关系如图 1 所示。①

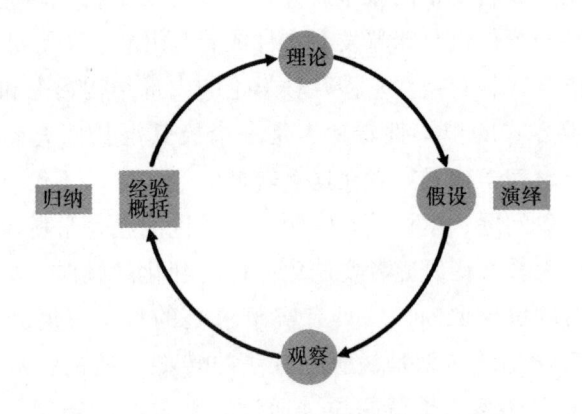

图 1　艾尔·巴比的科学轮

从图 1 我们可以看出，归纳和演绎的结合可以帮助人们寻求对事物更有力、更完整的理解，因此，演绎体系的教学论和归纳体系的教学论，二者并不是对立的，也不是矛盾的。事实上，这两种体系的教学论是相互并存的，同时是相互促进的。没有归纳层面的教学论，演绎就会陷入思维的智力游戏而言之无物；没有演绎层面的教学论，归纳就只能停留在经验水平而难以具有普适性和规律性。正是因为当下的教学论呈现出演绎体系唱独角戏的局面，所以，理

---

① 艾尔·巴比认为，理论和研究可以被比作一场接力赛跑，尽管所有的参与者都不同时出发或停下，但是他们共享了一个相同的目的——检验社会生活的所有层次。

第二章　从演绎到归纳：教学论的知识转型

论界才有研究者大力倡导并进行归纳的教学论研究，这样才有了教学论知识转型这一命题。

任何一门学科都有产生、发展、创新、完善的历史过程，学科知识体系是人类记录和传承某一时期和阶段成果的表现形式。当人类的认识有了新的发展并产生新的知识时，学科发展问题便会突显出来。① 演绎体系的教学论目前正处于这个尴尬时期，教学论作为一门研究教学规律和教学现象的科学，其最主要的场域在实践中，研究者应该走进教学实践，研究教学实际问题。服务课堂教学，走进实践，积累第一手资料和经验并进行理论升华，最终让这些理论服务于教学归纳体系的教学论应该是重点，是主流，这是教学论发展的应然层面。而实然层面的状况是，以思辨演绎为主的理论教学论长期以来占据了教学论发展的主流，并且有愈演愈烈之势，这种以演绎体系为主的教学论，将教学活动研究成一个个分离的环节和一组组抽象的数据，导致教学中的人文意蕴被减弱，因此，教学论的转型势在必行。

我们认为，目前教学论研究不仅在理论品质上比较欠缺，而且在实践情怀上也比较匮乏，理论品质上的欠缺正是由于较少深入实践而导致的。杜威认为：“我们的观念，不论是粗浅的猜测或是高深的理论，都不过是预料可能的解决方法，预料一个活动的某个连续性或联系和一个还没有显示出来的结果。所以，观念是通过行动来检验的。观念必须指导和组织进一步的观察、回忆和实验。它们是学习的中间物，不是最后的目标。”② 长期通过思辨演绎所写的教学论文章，不仅缺乏文采上的缀饰，而且缺乏一种人文性的、精神层面的情怀，看似文笔生辉，其实都是陈词滥调，不知所云，经不起仔细的推敲，读来更是乏味和无聊。所以，由以演绎体系为主的教学论向以归纳体系为主的教学论的转型，不是放弃演绎独求归纳，而是侧重点上的一种转换和变化，是一种视角的倾斜；是因为

---

① 王铭铭：《人类学与文化学说》，《国外社会科学》1996年第1期。
② ［美］杜威：《杜威教育论著选》，赵祥麟、王承绪编译，华东师范大学出版社1981年版，第185—186页。

我们在过去的教学论研究中轻视了它,并非从演绎转向了归纳。事实上,教学理论与实践保持一定的距离更有助于摆脱琐碎表象的缠绕,清醒地看到教学现实深处的问题,[①] 最终求得二者的协调和一致,能更科学、更合理地引领和推进教学论向更高层次的发展。

[①] 辛继湘:《教学论研究:理论自觉与实践情怀》,《课程·教材·教法》2012年第9期。

第三章　当代中国特色教学论的发展历程

中国当代教育科学的繁荣与发展始于20世纪80年代,"由于中国共产党第十一届三中全会的'决定'发表之后,禁锢思想的大门被打开了,中国社会进入一个大转型、大发展的时期。一个以改革开放、创新发展为时代主旋律的时期,学派之风从经济学、社会学、文史哲等领域首开,教育学也渐渐出现了新一轮的多元引进和以分解与交叉为特征的新学科群发的局面。后续发展主要沿着国内学人在分支学科领域内撰写独立著作、不同主体承担各种不同层次的专题研究而深入开展,呈现出多姿多彩,甚至令人眼花缭乱的'盛世'"[①]。教学论的研究正如叶澜所分析的一样,后续的研究者们著书立说,形成了丰富的理论,但总结起来,在国内有重大影响并波及国外的学术理论主要有三大派别:以王策三为代表的教学认识论,以李秉德为代表的教学要素论,以叶澜为代表的生命·实践教学论。梳理总结中国当代教学论发展的历程,有利于在全面把握教学论发展脉络的基础上探寻当代教学论发展的历史轨迹及其演进规律,对我国教学论的未来发展具有十分重要的现实意义。

一　当代中国教学论的发展阶段

拨乱反正,改革开放,中国教学理论迎来了一个真正与西方对

[①] 叶澜:《回归与突破:"生命·实践"教育学纲》,华东师范大学出版社2015年版,第237页。

话的发展时期，历经 30 多年，教学理论进一步繁荣，经历了三个重要的发展阶段。

（一）教学认识论

1. 产生和发展

教学认识论研究萌芽于 20 世纪 70 年代末 80 年代初的一场关于教学本质问题的争论。在 1979 年第一次全国教育科学规划会议上，于光远首次发表"教育认识现象中的'三体问题'"的演讲。随后，1982 年邹有华发表了《教学认识论》，初步提出要研究教学认识论这个问题。伴随着教学理论研究的深入，以北京师范大学王策三为代表的学者对教学认识论进行了系统的理论建构，提出教学活动是一种特殊的认识过程的基本观点，并围绕这一观点，先后出版了《教学论稿》《教学认识论》《教育论集》《现代教育论》《基础教育改革论》等学术著作，集中体现了教学认识论的理论体系。尤其是王策三 1985 年出版的专著《教学论稿》，标志着"特殊认识说"教学认识论的形成。1988 年，北京师范大学教育系编写的《教学认识论》出版，标志着"特殊认识说"最终完成了范畴体系的建构。其后，王策三和北京师范大学的其他学者如裴娣娜、丛立新、王本陆、郭华等在对教学认识论进行深入研究的基础上，结合存在的问题，对《教学论稿》和《教学认识论》进行了补充、修订、拓展、更新，使其得以多次再版，并发表了大量捍卫"特殊认识说"的学术论文，使教学认识论体系更趋完善。在整个 20 世纪八九十年代近 20 年的时间里，教学认识论几乎主导了教学论领域，并影响到学校实践领域，影响到学校的课堂教学过程，形成了"课堂教学重在传授学科知识"的教学实践思想。教学认识论的形成、发展与完善经历了观点争鸣期（1979—1983 年）、理论建构期（1984—1989 年前后）、反思拓展期（1990—2000 年前后）和理论重构期（2001—2010 年）四个时期。①

---

① 李泽林：《教学认识论研究现状与反思教学基本理论问题研究之三》，《当代教育与文化》2012 年第 6 期。

进入新世纪以来，我国在基础教育领域掀起了课程改革的热潮，随着新一轮基础教育课程改革的推行，教学理论领域的变革也"随波逐流"，有学者开始批判长期在教学论领域占有绝对地位的教学认识论。叶澜进而提出了她对于基础教育课堂教学改革的基本观点：

> 把丰富复杂、变动不居的课堂教学过程，简约化归为特殊的认识活动，把它从整体的生命活动中抽象、隔离出来，是传统课堂教学观的最根本缺陷。它既忽视了作为每个独立个体，处于不同状态的教师与学生在课堂教学过程中的多种需要与潜在能力，又忽视了作为共同活动体的师生群体，在课堂教学活动中双边多向、多种形式的交互作用和创生能力。从根本上看，这是忽视课堂教学过程中人的因素之突出表现，它导致课堂教学变得机械、沉闷和程式化，缺乏生气与乐趣，缺乏对智慧的挑战和好奇心的刺激，使师生的生命力在课堂中得不到充分发挥，进而使教学本身也成为导致学生厌学、教师厌教的因素，使传统课堂教学视为最要之认识性任务也不可能得到完全和有效地实现。为了改变上述状态，我以为，必须超出和突破（但不是完全否定）"教学特殊认识论"的传统框架，从高一个层次——生命的层次，用动态生成的观念，重新全面地认识课堂教学，构建新的课堂教学观，它所期望的实践效应就是：让课堂焕发出生命的活力。[①]

2004年，王策三针对基础教育领域是否有轻视知识倾向的问题，发表了《认真对待"轻视知识"的教育思潮——再评由"应试教育"向素质教育转轨提法的讨论》一文，认为以素质教育取代应试教育是轻视知识的表现，强调要强化知识。[②] 此文一出，立刻

[①] 叶澜：《让课堂焕发出生命活力——论中小学教育改革的深化》，《教育研究》1997年第9期。
[②] 王策三：《认真对待"轻视知识"的教育思潮——再评由"应试教育"向素质教育转轨提法的讨论》，《北京大学教育评论》2004年第3期。

引起新课程改革支持者们的反对，华东师范大学钟启泉发表《发霉的奶酪——〈认真对待"轻视知识"的教育思潮〉读后感》一文对此做出反驳，辨析了有关新课程所倡导的理念，重构了现代学校教育的知识观、学习观和课堂文化观。①"钟王之争"由此而生。一方面是教学认识论的捍卫者，他们坚持教学认识论的哲学基础与现实主题，提出教学认识论强调学校教学传授知识，永远没有错，如果有不完善的地方，也需要结合时代的特点加以进一步完善和发展，而不是彻底否定，彻底否定不是科学研究的实事求是的方法。另一方面是新课程理论的倡导者们，他们认为，教学认识论是"发霉的奶酪"，教学理论研究者应该积极主动地寻找新鲜的奶酪，这样教学理论才有出路。新鲜的奶酪需要在新基础教育课程与教学改革中不断形成并发展。而在"钟王之争"时期，国内的教育学人对此保持了比较冷静的态度，并没有一哄而上支持或者反对，而是从不同的方面进行了反思。"钟王之争"的实质是不同教学论学派在学术观点上的碰撞，是新旧教学理论相遇时擦出的理论火花。在争论过程中，人们逐渐认识到旧理论必须发展的道理，也理清了新理论尚未形成时的困惑与迷茫。王策三、钟启泉的争鸣既反映了我国教学论在学术批判与对话中不断繁荣发展的现实，也显现出教学实践对理论发展提出了与时俱进的新要求，教学认识论进入了理论重构期。事实上，教学认识论是一种哲学演绎的教学论，它是从哲学中的认识论，尤其是马克思主义的哲学认识论出发推演而形成的教学，是一种特殊的认识活动。演绎的教学论体系缺乏实践归纳材料的支持，常常是通过逻辑推理来完善其概念体系，通过教学案例来联系实际情况。教学认识论日益表现出理论框架封闭保守、学科体系僵化过时等问题，陷入理论与实践的双重困境之中。②

2. 主要观点

教学认识论的主要观点是把教学活动看作一种学生的特殊的认

---

① 钟启泉：《发霉的奶酪——〈认真对待"轻视知识"的教育思潮〉读后感》，《全球教育展望》2004年第10期。

② 魏新民、蔡宝来：《教学论的困境与出路》，《教育研究》2002年第6期。

识活动。这种教学认识活动的基本特点有三：一是间接性。认为学生的认识和人类的认识不同，学生认识的对象是已知世界，而人类认识的对象是未知世界。学生的认识对象（客体）和认识方式都是特殊的，主要是间接经验——学习间接经验，间接地去经验。二是指导性。学生的认识过程是有教师指导的过程，有分门别类的学科，这样就排除了盲目性。教学中学生的认识是有指导的，区别于人类一般认识中的无指导性，这就保证了学生学的正确方向和质量。三是有计划性、教育性。学生的认识过程和人类的认识过程的不同之处在于学生的认识过程是在有计划、有组织的设计当中进行的。学生进行认识的过程同时是接受德、智、体全面发展的教育过程。[1]

教学认识论强调教学中知识的重要性，并把教学活动看成是一种传授知识的过程，是一种在教师指导下的特殊认识并掌握知识的过程。第一，教学认识论强调知识的重要性，强调知识对人的发展、对学生发展的重要性。第二，强调教师在学生获取知识过程中的指导作用。认为教师主导作用要和学生的主体地位相一致，教师发挥主导作用不应是径直的过程，而应根据具体内容和条件，探索、创造多种多样的具体形式，不应对某一种具体形式进行绝对的肯定或否定。认为从各个年龄阶段学生的发展趋势上看，学生这个主体是从依赖性向独立性发展的，其间不可脱离老师的主导。第三，强调知识的系统性，学生获取知识的系统性、完整性。按照学科课程分门别类，通过有效的教学、讲授，使学生系统地继承知识。《教学认识论》指出教学认识的客体就其主导内容而言，是按一定的原则组织起来的人类知识经验，教学的本质价值是认识，即学生通过掌握系统的科学理论性知识，形成对现实世界的正确认识，发展以科学理性为基本内涵的各种认识性品质和能力；既为他们形成较高的精神境界、健康的生活趣味，更好地履行责任，提供

---

[1] 王策三：《教学论稿》，人民教育出版社 2005 年版，第 116、125、125、384、248 页。

认识性基础，也为他们在较高的起点上走向社会生活和实践提供较为广泛、坚实的基础。①

教学认识论从本质上认为教育的主要任务是传承人类文化要素，是最有价值的知识的要素主义理论的反映。教学认识论从过程来看是一种认识过程，从实质来看就是一种传递人类文化有价值的知识的过程。追根溯源，这种理论属于哲学的、演绎的和思辨的教学理论，打上了哲学的烙印，旨在探讨教学过程的本质，是对人类知识的特殊认识过程。

教学认识论在教学实践论中的几个研究领域是：第一，教学内容即教材，给学生什么样的知识，怎么来组织和设计安排这些知识，怎么编写教材，形成了教学论的主要内容。第二，教师指导作用和教法。对教师在教学中的地位和作用高度重视，尤其是教师的教法，教师的主要教学方法是讲授法，因此特别重视讲授的艺术。王策三还主张根据具体情境选择不同的教学方法，认为每一种具体的教学方法都有它的长短，都有它的特点——独特的性能、适用范围和条件。第三，学生对知识的掌握。学生的发展虽然有许多评价指标，但主要是通过考试测验来评价学生知识方面的获得情况，因此特别强调学生对知识的掌握。

3. 评价

教学认识论是我国教学论发展中最初形成的理论之一，也是最有影响的学派之一，它的生命力是强大的。② 它立足于教学中的认识方面，抓住教学过程这一质的特征，为教学完成基本的认识任务提供了较为有效的理论指导和思维范式。③ 要置于当时的历史背景下，置于中国教学论发展的历史中去审视、评价，更要在国际教育教学理论发展的历史背景下进行考察。

---

① 王策三：《教学认识论》，北京师范大学出版社 2002 年版，第 31、92、105—106 页。
② 王鉴：《论中国特色的教学论学派》，《华中师范大学学报》（人文社会科学版）2011 年第 1 期。
③ 张广君：《反思·定位·回归：论"教学认识论"》，《西北师大学报》（社会科学版）2002 年第 5 期。

从国内背景看，以马克思主义教学论为指导的教学认识论相关著作填补了我国高等院校教学论教材的空白，最终促成了教学认识论学派的形成。80年代，我国高等教育领域没有专门的教学论教材，所翻译的苏联的教学论因为情境不同，不适合作为教材在我国高等院校使用，当时亟须出版一本有学科建设意义的中国化的教学论教材，在此背景下教学认识论的出现恰逢其时。王策三在给本科生教学的过程中形成了《教学论稿》这本教材，形成了他的体系，这个体系后来在《教学认识论》中得到了系统、完整的表达，在教育教学领域产生了重大影响。其后在王策三、裴娣娜、丛立新、王本陆、郭华等学者持续研究的推动下，最终促使教学认识论学派的形成。我们知道，中国特色社会主义理论始于20世纪80年代，教学认识论可以称得上中国特色教学理论建设的初步尝试，而且这一理论也历经数代人的不断完善，已经成为中国特色教学理论中十分重要的理论之一，并在中国特色教学理论建设中起着基础性的作用。

从国际背景来看，教学认识论的确立，标志着中国教学论正在独立自主地向着探索教学规律的科学化道路上前进。[①] 王策三在《教学论稿》中率先分析了国际教学论学科的科学化历程，提出了经验教学论、科学教学论、现代教学论、苏联马克思主义教学论、中国特色的教学认识论等。教学认识论的提出是对教学论研究科学化历程的有益探索，是构建中国特色的教学论的有益尝试。王策三把教学论放在整个国际教学论科学化发展的背景下进行考察，认为中国应创建自己的教学论体系。他从国际视野出发看待教学理论的发展，谈到了苏联的赞科夫、巴班斯基和美国布鲁纳的教学论。研究了暗示教学法、程序教学法等，而这中间缺了中国的教学论，中国的教学论不仅历史悠久，而且理论丰富，当代中国的教学理论应该在国际上有自己的一席之地。这便是中国一流教学论专家的中国

---

① 郭华：《"教学认识论"在中国的确立及其贡献》，《山西大学学报》（哲学社会科学版）2015年第4期。

情结与理论追求。马克思主义教学论的产生与发展首先在苏联，属于教学认识论，这种教学认识论通过翻译被引进到中国，但与中国的实际、学术、教学理论及高等院校教学的需求不相适应，在创建中国特色社会主义理论的背景下，王策三以马克思主义教学论在中国的产生和发展为起点，结合中国高等院校的需求，构建了中国的教学认识论这样一个学科体系，这是探索构建中国特色教学论的有益尝试，对中国当代教学论学科的建设及其科学化发展做出了巨大贡献，这一历史事实不论什么时候都是不能否定的。

（二）教学要素论

1. 产生与发展

王策三的《教学论稿》从本质上讲更像是一部学术专著，是他在为本科生教学的过程中潜心研究教学的成果表达，如果作为本科生使用的教材，显然是学术味较浓而基础性与系统性不足。当然，在当时没有教学论教材的情况下，人民教育出版社将它作为全国高校文科教材出版并使用，是无可非议的。但随着时代的发展，高等院校尤其是师范院校需要适合学生使用的基础性和系统性较强的教材，这时候李秉德的《教学论》应运而生了，教学论的要素论理论形成，并成为大家普遍接受的科学的教学理论之一。

要构建完整的教学论学科体系，就得搞清楚教学活动的要素。对教学要素问题的探讨一直是教学论研究的热点问题，学者们纷纷从对教学要素的内涵分析入手，在建立划分教学要素标准的基础上，或从"单维"角度提出了三要素（如顾明远，1990；钟启泉，1988）、四要素（如南京师范大学教育学系，1984）、五要素（如南纪稳，2001）、六要素（如郝询，1997）、七要素（如李秉德，1989）；[1] 或从"多维"视角提出了"2+2+5要素"说（如吴文侃，1994）、教学要素层次论（如张楚廷，1999）、"2+2+4要素"架构模式（如张广君，2002）、"3+4+2要素"架构模式

---

[1] 吕国光：《教学系统要素探析》，《上海教育科研》2003年第2期。

(如李如密，2003)、教学要素系统论（如董志峰，2005）等。[①] 在这些丰富多元的关于教学要素的探讨中，其标志性成果是李秉德1989年在《对教学论的回顾与前瞻》一文中所阐发的"七要素论"。李秉德的教学"七要素论"逻辑严密，内容完整，代表了这一时期教学要素探讨的核心内容，更重要的是李秉德及其弟子对教学要素论的完善和发展最终促成了中国特色教学论又一理论学派的形成。

李秉德早年留学法国、瑞士，是认知发生论创始人皮亚杰的学生，他的思想深受皮亚杰认知发生论的影响。教学要素论是教学系统论思想的又一种表述，教学的基本要素及其相互关系构成了教学活动系统。教学要素论深受20世纪80年代兴起的"三论"中的系统论和皮亚杰认识发生论的双重影响，是在对教学现象进行全面分析基础上于20世纪90年代初提出的，学界称之为"教学七要素论"。1991年李秉德主编、李定仁副主编的《教学论》由人民教育出版社出版，并作为全国高校文科教材广泛使用，教学论发展到了教学要素论时代。2000年，《教学论》一书又被教育部师范教育司作为全国中小学继续教育学习参考书再次修订出版，李秉德和李定仁又组织相关研究者吸收了国际国内教育科学研究和其他学科研究的最新成果，使之更加科学和完善。《教学论》一书的出版，不仅标志着教学要素论体系的形成，而且标志着中国特色教学论科学化探索迈出了坚实的一步。如果说教学认识论是哲学论的推演，那么教学要素论则是科学教学论的产物，它以马克思主义的理论为指导，以科学的心理学和系统论为基础，力图破解教学活动的构成要素及其内部结构，形成科学的教学论体系。教学要素论作为一种新的教学论体系，标志着以李秉德为首的中国特色的教学论又一学派的诞生。

对教学论学科的发展，李秉德特别强调理论与实践相结合，强

[①] 李泽林等：《教学"要素论"研究现状与反思》，《当代教育与文化》2012年第3期。

调与时俱进。他认为:"教学论同其他学科一样是不断发展的,要与时俱进才行。现代教学论研究既要适应时代的要求,又要能体现中国的特色。这是我们现代教学论工作者的努力方向。"① 他在85岁高龄之际,针对我国教学论的研究现状,先后撰文深入分析教学理论与教学实践"两张皮"现象,并就如何加强教学理论与教学实践的结合提出了重要的观点。② 他长期致力于研究探索现代教学论的学科体系与发展问题,于20世纪90年代末还承担了全国教育科学重点课题"现代教学论的范畴重建",带领西北师范大学的研究团队开展现代教学论学科体系的建设研究,先后在《教育研究》《高等教育研究》等期刊上发表《论教学论》《现代教学论的概念、性质及研究对象》《也谈现代教学论的概念、性质及研究对象》《时代的呼唤与教学论的重建》《现代教学论阐释》《现代教学论界说》等重要文章,进一步明确了现代教学论的学科地位、学科范畴和研究方法,进一步发展了教学要素论思想。③

2. 主要观点

教学要素论以马克思主义认识论和实践论为指导。李秉德认为,教学活动是学生认识活动和实践活动的有机统一,即教学过程是学生在教师的指导下,对人类已有知识经验的认识活动和改造主观世界、形成和谐发展个性的实践活动的统一过程。④ 显然,他推进了一步,认为教学活动不仅是认识活动,还是认识活动和实践活动的有机统一。

李秉德提出的教学要素论又被称为"七要素论",内容分为理论建构层面和实践操作层面两大部分。在理论建构层面,李秉德在其《教学论》中认为,教学活动由诸要素构成,主要有七个要素。

---

① 李秉德:《李秉德文集》,教育科学出版社2005年版,第134页。
② 李秉德:《教学理论与教学实践"两张皮"现象剖析》,《教育研究》1997年第7期。
③ 李瑾瑜:《李秉德先生的教学论研究及其方法论启示》,《当代教育与文化》2012年第2期。
④ 李秉德、李定仁:《教学论》,人民教育出版社1991年版,第24、16、14、16页。

这七个要素分别为教学目的、教师、学生、课程、方法、环境、反馈及评价。他认为，教学的最终任务是要达成教学目的，而教学目的之是否达成是要从学生身上体现出来的。为了达成目的，必须通过课程与方法的中介。这种影响的情况究竟如何？目的是否达成呢？这就要从学生方面的反馈信息来加以判定。一方面，在整个教学过程中，环境都会对教师和学生产生有利或不利的影响，但教师和学生也会对环境发生反作用。重要的是教师要设法控制或适应环境，使环境对学生的学习产生有利的影响。由上可知，在整个教学活动过程中，主要靠教师去理顺各要素之间的关系。所以，教师在整个教学活动中起着关键的作用，或者说是主导作用。另一方面，整个教学活动都是为使学生能顺利完成学习任务，达到教学目的服务的，也可以说，一切都是为了学生，而且必须通过学生才能实现目的。从这个意义上说，学生是学习的主体。这七要素的关系中有两点非常重要：一是强调教师的主导作用。既然它们（其他教学要素）大都通过教师这个中介，那么教师就可以在整个教学过程中发挥他们的主动性去调整、理顺各要素（包括教师自己这个要素）之间的关系，使其达到最优化的程度，以收获最大的教学效果。二是强调学生的主体地位。所有的教学要素都是围绕学生这一主体而组织安排的，教学质量与效果也是从学生身上体现出来的。[①] 关于师生关系第一次被李秉德在其教学要素论中给予清楚而详细的论述，它也是在王策三教学认识论基础上发展而来的。王策三和李秉德之间多有学术交流与沟通，他们在理论研究上互相支持、印证。与王策三教学认识论的不同之处在于，李秉德引进了系统论，把教师、学生等七要素放在教学活动系统中加以考察，分析各要素的作用，分析各要素之间的相互关系，分析这些要素当中最为重要的教师的作用和学生的地位。

在实践层面，教学实践要按这些要素去发展，按照教学要素之间的关系去组织开展教学活动。李秉德在20世纪40年代跟着他的

---

① 李秉德、李定仁：《教学论》，人民教育出版社1991年版，第24、16、14、16页。

导师李廉方在河南开展教育实验研究，又在西北地区做过中小学教师和大学教师，当过中小学校长和大学校长，他还经常带着研究团队深入兰州市的一些中小学开展听评课活动，对中小学教学十分熟悉，对教学实践活动尤为关注。他构建的教学要素论理论体系本身就是对他长期教学实践研究的总结。同时，他为了进一步验证理论并发展理论，按照七要素及其关系如何有效地组织教学活动，还开展了专题性的实证研究。他指导的博士生先后以七要素中的每一要素为研究对象，深入实际开展实证研究，深化了对教学要素论的研究。比如，关于教师专业发展的研究，关于学生学习特点的研究，关于教学环境的研究，关于教学目标的研究，关于教学方法的研究，关于教学评价的研究等，这些研究既有对理论的系统深入的总结，又有对实践问题的反思与解决，起到了理论联系实际的作用，对于进一步发展和完善教学要素论发挥了十分重要的作用。在李秉德的带领下，汇聚了西北师范大学的教学论研究人才，形成了国内较强的研究团队。他们遵循一定的学术共同体规范，以教学要素及其关系为研究对象，构建新的教学论学科体系，形成了中国特色的教学论研究范式——教学要素论。

3. 评价

如何评价教学要素论这一理论流派呢？有学者认为，从大花园教学实验到"七要素论"的创设，李秉德教学论思想体现了师承、自创、生传和弘扬的特征，独特的教学理论成果与其扎实的教学实践和规范的教育科学研究方法是密不可分的，是他客观把握国内外情况和准确判断教育政策的结果。[①] 张楚廷认为，李秉德的"七要素论"把教学"软件"也纳入教学要素范畴来考虑，这是一次跨越，也是一个进步。[②] 教学要素论的提出在一定意义上反映了中国教学论发展的时代诉求，对中国教学论理论发展的困境进行了破

[①] 李孔文：《七要素说：李秉德教学论的核心思想》，《当代教育与文化》2012 年第 5 期。

[②] 张楚廷：《教学要素层次论》，《教育研究》2000 年第 6 期。

解，它有着鲜明的时代性、发展性、开放性和方向性。①

从国内范围看，李秉德和王策三基本上属于同时期进行教学论探索与体系构建的学者。在中国当代教学论发展的历程中，教学要素论是在教学认识论的基础上发展起来的。教学要素论是20世纪80年代思想解放以后探索教学论体系的另外一种尝试，最终促成了教学论学派多元化的发展。李秉德的教学要素论形成了一种研究范式，独树一帜，得到全国学术界的普遍承认。这一学派不仅通过学术观点影响了中国教学论学科的发展，而且通过培养大量的人才来扩大其学术影响。这个学术派别有三个特点：一是形成了完整的理论体系，以李秉德的教学要素论为代表。二是有师承关系，他的很多学生也受他的影响，围绕教学要素与课程综合等问题先后开展深入研究，如杨爱程的课程综合化问题研究，田慧生的教学环境研究，刘要悟的教学评价研究，王嘉毅的教学研究方法研究，曾天山的教材研究，李瑾瑜的教师专业发展研究，许洁英的学生研究等。在李秉德之后，又有李定仁、万明钢、王嘉毅、李瑾瑜、王鉴等的持续研究支持了这一理论的发展。他们秉承李秉德所创立的学术思想和研究精神，对教学要素论进行了继承、解释、完善、发展和创新，他们的理论在内在逻辑上始终是一致的。三是形成了明显的研究风格。这种研究风格是以学术理论和思辨研究为主，在强调理论性的同时关注实践性和应用性。

从国际上看，教学要素论与马克思主义哲学紧密结合，是马克思主义教学论中国化的一次尝试，也是教学论科学化的重要尝试。分析七要素之间的关系，把教师的作用和学生的地位有机结合起来，教与学并重，打破过去只注重教师的教，强调学生在教学中的主体地位，对不同要素之间的关系也进行了研究。这种辩证关系既来自于马克思主义哲学，也来自于系统论，是教学论科学化的重要尝试。李秉德主编的《教学论》作为高等院校的教材，逻辑明晰、结构严谨、前后呼应、系统连贯，不失为教学论教材结构逻辑化、

---

① 王兆璟：《以教学要素说的探讨为中心》，《当代教育与文化》2012年第2期。

理论化的有益尝试。这一教材在全国广泛使用长达 20 余年，不仅作为本科生、研究生的教材，而且作为中小学教师培训的参考资料，足以显示出这一理论强大与持久的影响力，而且现在还在广泛的使用之中，其生命力再一次证明了教学要素论在学术界的普遍认同性。

（三）生命·实践教学论

1. 产生与发展

"生命·实践"教学论研究同样源于改革开放之后所形成的良好的学术氛围，是中国特色教育学理论探索的又一朵奇葩。它站在广阔的教育学背景下，以建构中国特色的教育学为理想，提出了"生命·实践教育学"思想，其核心在于"教天地人事，育生命自觉"。"生命·实践"教学论是其中关于教学的理论，也是"生命·实践教育学"的核心。"生命·实践"教育学派的创建历程，从时间维度上看，大致可分为孕育（1983—1991 年）、初创（1991—1999 年）、发展（1999—2004 年）、成形（2004—2009 年）和通化（2009—2014 年）五个阶段。"生命·实践"教育学派三套丛书的出版，特别是《回归突破：生命·实践教育学论纲》的诞生，意味着"生命·实践"教育学派已经开始了自觉的理论建构，并进入理论与实践互为融合的"通化"期，实现了"回归与突破"这一学派的追求。[①] 叶澜曾经有两个目标：一个是"上天工程"——能够进行抽象的理论构建，一个是"入地工程"——深入中小学校课堂进行实践研究。因而她创立的"生命·实践教育学"很好地建构了理论联系实践，实践支持理论的互动机制。"'生命·实践'教育学派回归与突破的最深的一个'猛子'，是扎入当代教育实践之涌动不息的大海，尤其是深度介入当代中国基础教育学校改革的实践。"[②]

叶澜领导的研究团队所创立的"生命·实践"教育学蕴含着丰

[①] 王枏：《"生命·实践"教育学派的回归与突破》，《教育科学》2015 年第 3 期。
[②] 叶澜：《回归与突破："生命·实践"教育学论纲》，华东师范大学出版社 2015 年版，第 36 页。

富的教学论思想，被称为"生命·实践"教学论，其教学论思想集中体现在她的一系列论著之中。1997年叶澜在《教育研究》上发表《让课堂焕发出生命活力》一文，提出中小学课程改革的问题，批判性地指出传统课堂的很多弊端及其问题，提出新的课堂改革应该尊重学生的生命价值，让学生的生命在课堂上彰显出来，要让学生参与、交流、表达、活动，这样课堂才会有生命的气息。叶澜提出让课堂焕发生命的气息，就是要让学生在课堂上动起来、活起来，成为生命的存在方式。叶澜的教学论思想还体现在她的一系列著作中，包括"生命·实践教育学"系列丛书中的"生命·实践教育学论丛""生命·实践教育学论著系列之基本理论研究丛书""当代中国基础教育学校变革丛书""合作学校变革丛书"等，尤其是其专著《新基础教育论》《回归突破：生命·实践教育学论纲》《新基础教育探索性研究报告集》《新基础教育发展性研究报告集》等。在新基础教育的理论研究与实践探索中，叶澜逐渐提出重建课堂的价值观、变革课堂教学的过程观、重建课堂教学的评价观等一系列主张，特别是2013年在《课程·教材·教法》上发表的《课堂教学过程再认识：功夫重在论外》一文，更是系统地论述了她的教学论思想。她认为，研究者之所以会有非此即彼的认识，其根本是因为观念与理念的更新问题，并坚信教育理念与教学观念不是用来"论"的，而是应该用来指导并转化为"行"的。她提出要重新认识教学的过程，对课堂教学性质、课堂教学构成要素及其相互关系、课堂教学过程的预设与生成关系进行了再认识，从而对教学活动的本质、教学活动的过程做了系统的表达。这篇文章可以看成是叶澜教学论思想的系统表达。这样就形成了"生命·实践教育学"内部的教学论完整体系。这个体系包括教学的目的、教学的过程、教学的评价、教师、学生、教学的本质以及教学活动的特点。

2. 主要观点

以叶澜为代表的"生命·实践"教学论思想有着理论与实践的双重基础，教育理论基础为"生命·实践教育学派"，教育实践基础在于"新基础教育"实验研究。① "生命·实践"教学论的主要内容包括课堂教学本质观、课堂教学价值观、课堂教学过程观、课堂教学评价观和课堂上的师生关系等。

关于课堂教学的性质,她认为,在于教学目标任务的特殊性,即课堂教学的性质是由教育活动的宗旨规定的,以促进人的发展为终极目标,使包括教学在内的一切教育活动有别于人类其他的社会活动,否认这一点就背离了教学的性质。② 关于课堂教学的价值,她认为,应该通过批判传统课堂教学价值而重建,传统的课堂教学价值在于知识的传递方面,重建课堂教学的价值观,即将课堂教学的价值定位于培养能在当代社会中主动健康发展的一代新人,用"主动"一词形容"健康",既体现了活动的状态,又内含着主体自觉,还指向了关系事物,且道出了追求期望,表达的是个体行为应有利于个体身心和人类社会发展的积极向上的指向。③ 关于课堂教学过程观,叶澜提出了课堂教学过程必须关注的三个基本问题,即如何认识教学过程中不可取代的基本任务?如何认识教学过程中不可缺失的基本元素及其内在关系结构?如何认识教学过程展开、进行的独特内在逻辑?④ 针对这三个基本问题,她提出了课堂教学的过程观重在对课堂教学基本要素——教师、学生、教学内容及其关系的理解与把握。关于课堂教学的评价观,她认为,应该将评价改革贯穿于教学改革研究与实践的全过程,形成一个层级递进、动态发展的评价系统。⑤ 关于课堂上的师生关系,她认为,教学过程中的师生多元、多向、多层、多种方式的互动贯穿并组成全过程,

---

① 叶澜:《"生命·实践"教育学派在回归与突破中生成》,《教育学报》2013年第5期。
② 叶澜:《课堂教学过程再认识:功夫重在论外》,《课程·教材·教法》2013年第5期。
③ 叶澜:《重建课堂教学价值观》,《教育研究》2002年第5期。
④ 叶澜:《重建课堂教学过程观——"新基础教育"课堂教学改革的理论与实践探究之二》,《教育研究》2002年第10期。
⑤ 叶澜:《改革课堂教学与课堂教学评价改革——"新基础教育"课堂教学改革的理论与实践探索之三》,《教育研究》2003年第8期。

它也是推进教学过程的动力。认为必须将师生关系置于教学活动过程中，把握其内在的不可分割性、相互规定性和交互生成性。

"生命·实践"教学论有两个重要特征，即生命特征和实践特征。把学生的主体性进一步向前推进，强调教学中要尊重学生的个体差异和生命存在。叶澜认为，教育是直接点化人之生命的社会实践活动，她的理论构建以尊重学生的生命为核心。"教育是基于生命、直面生命、为了生命、通过生命所进行的人类生命事业。"生命是教育的"魂"，实践是教育的"行"，学校（以及其他教育组织、机构）是教育的"体"[1]。这种实践的教学论就是在课堂上，在教学过程和教学活动中生长出来的教学论，更加契合中国本土的需要。所以"生命·实践"教学论是真正具有中国特色的教学论。叶澜提出"教天地人事""育生命自觉"，用中国传统文化的形式概括了她的理论，这种用中国传统文化的形式所进行的中国式表达体现了"生命·实践"教育学的中国原创性。叶澜以"冬虫夏草"为比喻，表达她对教育学的理解与寄寓。一种生命在冬天以虫子的形式存在，在夏季以草的形式存在，这种生命存在方式非常独特，兼具动植物的有机统一。"生命·实践"教育学正是在中国的土壤里生长出来的，是高贵而独特的。

3. 评价

评价以叶澜为代表的"生命·实践"教学论，不仅要触及"生命·实践"教育学派创立的重大意义，而且要置于国内教学论发展的大背景和国际视野中进行审视。无论从"时间""空间""学科"哪个维度上看，"生命·实践"教育学都具备典型的中国立场，它是中国自己的教育学，"生命·实践"教育学派表现为"问题、眼光和视角、方法及思维方式的世界性"[2]。

从国内教学论发展形成来看，"生命·实践"教学论是30年来

---

[1] 叶澜：《回归与突破："生命·实践"教育学论纲》，华东师范大学出版社 2015 年版，第 237 页。

[2] 李政涛：《"在中国"与"在世界"："生命·实践"教育学的学术景象》，《华东师范大学学报》（教育科学版）2015 年第 2 期。

中国学人尝试构建中国教学理论体系的集成和结晶，它也是沿着中国学人探索科学化的教学理论体系的路径发展而来的。"生命·实践"教学论是在学校发展，学校课程和教学改革，班级、校园文化的建设等过程中生长起来的，完整地构建了一个非常独特的中国教学论学科体系，从实践当中生成、成长，形成了富有中国特色的理论体系。从学科构建上讲，开始形成一种归纳而开放的教学论，又称生成的教学论或实践的教学论。教学论体系从"重演绎研究"向"重归纳研究"的转型标志着一种新型的、富有原创性的课堂教学论学派的形成。[1] 将其放在中国教学论发展的历史长河中来看，它应该是第三阶段，也是中国特色教学论发展的成熟阶段。

"生命·实践"教学论是在中国的土壤中生长出来的，因此独树一帜，可以和国际上其他国家如欧美、日本的教学论对话，这让中国教学论学人找到了自信，也让学界同仁认识到：只要扎根、立足中国本土，探索、通过实验研究来构建归纳式的教学论是可行的。叶澜立足于理论建构、实践探索、学派创新的研究之路，被称为"叶澜之路"，其理论的形成与发展路径决定其学术的原创性、系统性、生成性与发展性，这为中国特色教育学的形成与发展走出了一条示范之路。[2]

二　当代中国教学论发展的启示

纵观中国当代教学论的发展历史，教学论经历了从学习外国到本土化，从注重理论演绎到关注实践归纳的演进过程。从教学认识论的哲学建构到教学要素论的科学化尝试再到生命·实践教学论的问题生成归纳，中国特色的教学论逐渐形成并发展完善，中国教学论与世界教学论有了对话的平台。如何将中国教学论的成果进一步完善化和系统化，使之在中国教育实践中生根、发芽、开花、结

---

[1] 王鉴：《课堂研究概论》，人民教育出版社2007年版，第53、50、46页。
[2] 王鉴：《论教育研究的"叶澜之路"》，《当代教育与文化》2015年第3期。

果，使之推动中国教学实践的变革，在此基础上，中国教学论走向世界，展示中国学人对教学论学科的贡献，使中国教学理论在国际社会发声，形成中国方案与中国影响。认真总结当代教学论发展的经验，对于进一步规范教学论学科的中国化、特色化、国际化都将有重要的作用。

（一）教学论学科体系的建构方法问题：是归纳还是演绎

教学论作为教育学下位的二级学科，有其自身的学科体系。学科体系最初是从哲学、心理学甚至从社会学等其他学科当中演绎而来的，最主要的是从马克思主义哲学认识论演绎而生出了教学认识论。演绎是一种方法，演绎也证明了学科之间尤其是人文社会科学之间的相通性。比如可以从哲学、心理学、社会学的理论中演绎出教育学的一些相关理论，这些理论在哲学中属于宏观理论或上位理论，演绎在教育学里就成了下位理论或具体理论。演绎形成的教学理论主要解决教学的基本理论问题，从基本概念到关于教学的历史与本质的认识等，演绎形成的体系是一种逻辑的体系、思辨的体系，与实践有一定的距离，因此也就不能指导实践，这也是演绎教学论所存在的最大问题。这样的教学论属于理论教学论，它是教学理论工作者的逻辑游戏，存在于象牙塔的高阁之内，与教学第一线有一定的距离。

演绎可以构建学科的基本体系，但这一体系是抽象的，作为抽象的概念与理论应与实然的教学活动相对应，纯粹的理论是教学理论的最顶层，不是教学理论的全部。纯粹的理论还需要一般理论的支撑，一般理论必然与研究的对象有着千丝万缕的关系。一般理论的下位理论就是归纳的理论，是来自于实践的经验基础上的理论。可见，在理论的金字塔中，理论之源在于实践，教学理论的源头之水一定来自于教学实践活动。因此构建教学理论必须有另一种思路，即归纳的思路。李秉德的教学论从系统论的角度出发，关注教学实践活动中诸要素的构成及其相互关系，形成了教学论的归纳体系。李秉德不仅在《教学论》中就十分关注教学现象，关注教学实践研究，而且在他所承担的"现代教学论的学科体系建设"课题中，还继续尝试构建现代教学论的学科体系。他的所有研究，既有对认知发生论的演绎，也有对教学实践的归纳，力图使理论和实践结合起来，力图使演绎和归纳结合起来，但是他没有更多地将时间和精力投入实验研究当中，他所构建的教学论理论体系还是演绎的味道更浓一些。到了叶澜，历时近30年，她带领团队深入基础教育的学校和课堂教学之中，从80年代开始发表一系列论文，反思中国传统的教育学体系，构建新世纪中国特色的现代教育学新体系。她主持的新基础教育实验研究闻名全国，在教学一线进行了长期的、大量的探索，积累了丰富的第一手研究资料，在此基础上构建完成了"生命·实践"教育学体系。"叶澜在论述'教育学科内外结构现状分析'时，有两张图：一张是教育学科群内结构图，一张是与教育领域相关的外学科群结构图。两张图结构清清楚楚，要素明明白白。对于方法论，有无可能换一张类似的结构图，或者至少就方法论的构成而言，明确地以概念化的方式设立几条？"[1] 吴康宁所指的方法论，就是叶澜演绎与归纳相结合的两条线索，其中重在中国本土教学实践的归纳。"'生命·实践'教育学有力地促进了中国教育学研究从引进式加工向原创性发展，从哲学演绎转向扎根生成，从依附性寄居转向独立性存在。"[2] "生命·实践"教育学是一种以归纳为主的体系。

归纳所形成的学科体系虽然源自实践，有大量的原创性资料的支撑，但缺乏逻辑严密的范畴体系，不利于教学论学科的完整表述与体系的建构。基于演绎和归纳的研究方法各有利弊，只用其中一种已经难以克服本身的弊病，因此，坚持演绎和归纳的有机结合是教学论发展的必由之路。教学论学科的建设怎样从演绎走向归纳，进而将演绎和归纳结合起来构建教学论的学科体系是当代教学论发

---

[1] 吴康宁：《"生命·实践"教育学：为教育学赢得学术尊严》，《当代教育与文化》2015年第3期。

[2] 扈中平：《"生命·实践"教育学的"内立场"》，《当代教育与文化》2015年第3期。

展的历程给予我们的启示。在当前信息技术的背景下，传统的教学论体系正在受到挑战，适合国外教学实践的教学论移植明显地水土不服，如何从中国教学实践出发，结合现代信息技术与教学理论，建构现代的教学论学科体系，既需要研究者深入我国教学实践场域开展扎根研究，积累素材，归纳形成一般理论，在此基础上，还需要进一步进行理论建设，通过逻辑演绎方法，构建体系完整的具有中国特色的现代教学论体系，这才是当下的教学论研究者从当代教学论发展的历程与规律中所应认识到的重要任务并要努力完成之。

（二）教学论研究者的价值取向问题："在这里"还是"去那里"

教学论研究的价值取向问题一直是学界关注的重要问题。王策三、李秉德、叶澜带领他们的研究团队形成了各自的研究价值取向，研究的价值取向决定了建设教学论学科体系的基本路径。

教学论研究的价值取向主要有两种：一种是理论教学论的取向，就是强调教学论学科体系构建的理论性、逻辑性、思辨性。这种教学论构建的思维方法正如法国著名思想家利黑所讲的属于"狐狸型"的教育家，常常掌握大量的学科文献资料，抱有宏大的理论建树思想，通过逻辑演绎的方法构建学科的理论体系。[①] 要构建一个完整的、非常严密的体系，用这个体系去解决学科的发展问题。王策三的教学认识论、李秉德的教学要素论都有这样的特点，从价值取向来看是理论性的。另一种是强调教学论的应用性和实践性、生成性，强调教学论的根、土壤一定在基础教育的学校、课堂、课程实施当中。研究者应深入田野去直面教学现象，研究、解释教学现象，探寻教学的规律，在这个基础上建构教学论体系。应用性和生成性取向注重实践，直通教学现象，是归纳体系的取向，叶澜就是持这种价值取向的代表。这两种不同的价值取向对教学论学科建设都做出了巨大的贡献。

---

① 王鉴：《课堂研究概论》，人民教育出版社2007年版，第53、50、46页。

因此，教学论研究者的价值取向基本上有两个：一个是"在这里"写文章，即研究者身居书斋之中，以文献研究为对象，以逻辑方法构建学科体系。研究者身在大学或研究机构之中，足不出户，凭着对别人研究成果的再研究，凭着对资料的理解与思维的加工，以演绎方法构建起学科的概念范畴与理论体系。另一个是"去那里"做研究，即研究者到教学现象发生的课堂上，通过课堂志的研究，积累第一手研究资料，直面教学现象本身，以归纳方法形成对教学的研究成果。这两种取向是可以并存的，不能要求所有的研究者都选择其中的一种，而是应根据研究的需要引导研究者多做"去那里"的研究，因为这种取向是一种有根的研究，是一种可能取得原创性成果的研究。既不能把研究者关在房子里，关在大学里，关在象牙塔内，关在文献资料室中做思辨研究，也不能把所有的研究者都赶出象牙塔，让他们进入基础教育、进入课堂去做田野研究，而要根据研究者的兴趣、学科的性质和特点，根据理论研究和研究者自身的需要，进行合理的分工和选择。当我们发现更多的研究者沉浸在理论构建、逻辑思辨中时，就要鼓励和倡导研究者深入实践进行归纳的、实证的研究；当我们发现更多的研究局限在现象中、在实践中不能上升为理论、没有高度时，就要鼓励研究者做逻辑的、思辨的、理论提升的研究，这就是教学论研究的价值取向。它是多元的，也是变化的，伴随着学科发展的需要而处在不断变化当中。我们应该辩证地看待这个问题，教学论研究者的价值取向，直接决定着教学论学科的建设。倡导逻辑思辨价值取向的研究者所构建的体系是以演绎为主的，倡导实践、生成的教学论价值取向的研究者所构建的体系往往是归纳的。可见，体系的形成和研究者的价值取向有着密切的关系。教学论学科体系的不断完善必然要求教学论研究者寻求多元的价值取向。纵观当代中国教学论学科的发展，我们认为，教学论研究者的价值取向应是多元、变化的，既不能置身象牙塔中而不做实践研究，也不能一味地处身在实践中而不做理论研究。应该根据研究者的旨趣、学科的特点进行合理选择，寻求多元的价值取向。

(三) 教学论学科建设的方法问题：实证研究还是实践研究

透过当代教学论发展的三个阶段的历程来审视，教学论研究方法一般有三种类型：第一种是思辨的研究方法，这种研究方法以文献、历史研究为主，靠的是以逻辑思辨构建体系，以王策三的教学认识论为代表。第二种是理论联系实际的方法，其重心在理论。第三种是田野研究法即实践研究法，也就是人类学当中的田野研究方法。引导人文社会科学研究者的价值取向，重视在实践中做研究，是实现原创性研究的根本所在。① 此方法主要有三个法宝：一是参与观察，必须深入现场，通过听评课活动来研究教学；二是深度访谈，要对参与教学活动的当事人、教师、学生进行结构式、半结构式访谈，而且要不断追问，直到发现问题的真谛；三是在观察和访谈的基础上进行解释，运用一定的理论，尤其是能从文化的角度做出解释。这样不但对改进实践有利，而且对发展理论也非常重要。因此，在研究方法上除了传统的文献研究、思辨研究之外，还应鼓励研究者进入现场进行参与观察、深度访谈、理论解释。教育学研究要获得第一手资料，就必须深入学校、课堂现场，即在学校中、课堂上进行科学的、人文的研究。简言之，就是要把民族志研究方法引入学校研究和课堂研究，将学校、课堂作为教育、教学研究的第一手资料获得的"田野"或"场域"②。课堂志研究是一种实践研究，它不同于源于效仿自然科学研究方法的实证研究。自然科学多用实验研究方法，因为其研究对象是可以重复发生的，影响因素是可以有效控制的。自然科学因其精确性而被尊为真正的科学。人文社会科学受其影响，为了取得科学的资格而效法自然科学，引进了所谓的实证科学。与自然科学和精确性相反的是，人文社会科学是不能精确计算的对象，是属于复杂科学。实证科学方法论在20世纪后半叶受到了普遍的批判，人文主义的解释研究方法和现象学

---

① 王鉴：《论人文社会科学研究的实践性》，《教育研究》2010年第4期。
② 王鉴：《教育民族志研究的理论与方法》，《民族研究》2008年第2期。

研究方法兴起。教育学当属于人文社会科学，其研究更适合采取解释学和现象学的方法。课堂志就是在此背景下形成的研究课堂教学现象的解释学方法论。课堂志研究可分为四个阶段：观察、访谈、描述、解释，最后形成一个完整的案例。这四个阶段的研究恰恰又形成一个研究者成长的历程：作为研究者首先可能在大学或研究机构中通过系统的理论学习来掌握本学科的理论和方法，这时采用的更多的是历史的、文献的、逻辑的、思辨的方法，如读书、讨论、交流、研讨。其次，在掌握了一定的方法之后，就要到实践当中参与观察，进行深度访谈，从文化的、理论的角度去解释，这样就形成了研究者"在这里、去那里、回到这里"这样一个研究历程。这个历程就是著名的"马林洛夫斯基之路"，叶澜走的就是这样一条路，只不过她的路是具有中国特色的教育研究之路。对一个研究者来说，经过归去来兮的历程，其理论和实践方面都成长起来了，既有理论的系统学习，又有实践方面的积累，这样，教学论研究者才能在多元化的价值取向中，在多样的、丰富的研究方法当中使教学论学科更加接近于科学化，才能使教学论的学科体系更加完善。

当然，中国当代教学论学科的发展内容还是十分丰富的，除了这三种理论流派外，还有一些非常著名的理论流派，我们选择三个阶段最具代表性的理论派别做比较分析，期望可以从中透视我国当代教学论发展演进的历史轨迹，从中发现学科建设的一些基本规律，为我国教学论的本土化、科学化、国际化探寻发展之路。不难发现，中国当代教学论从借鉴国外到本土探索再到形成特色，走过了一条逻辑演绎、理论联系实际、归纳生成的发展道路。在这一过程中，中国的教学论研究者从"在这里"的体系构建到"去那里"的扎根生成，几代人辛勤耕耘、默默奉献，从尝试构建学科体系的《教学论稿》到以系统论为方法形成较为完整体系的《教学论》，再到富有中国文化元素创新生成的《回归与突破：生命·实践教育学论纲》，中国特色的教学论逐渐形成。研究者已经认识到教学论研究的方法不同于自然科学的研究方法，实证研究不是唯一的方法，解释学与现象学的方法正在兴起。进入新世纪，"互联网+"

的思维与社会环境正在形成，教学论领域正面临着现代教育信息技术与课堂教学变革深度融合的困境，如何结合时代的需要，如何把握学科建设的主题，以现代教育信息技术广泛运用于课堂教学的研究为课题，构建中国特色的现代教学论新体系，将是我们这个时代的研究者必须完成的任务。任重而道远，好在我们已经走在这条道路上了。

第四章 中国特色教学论学派

我国教学论学科建设，经过几代人的艰苦努力，基本上形成了一个比较完整的教学论学科体系。从我国关于教学论的研究状况来看，不管是成果还是研究队伍以及它的学术影响力等，在教育学学科体系中均占据着重要的地位。鉴于学科建设与发展的需要，我们十分有必要从学派的角度归纳、梳理和总结我国教学论的发展历程。

一 学派及其特点

从学术史的角度看，凡是有学术发展的历史就有学派之说。何谓"学派"呢？"学派"一词的英文为"school"，源于希腊文"skhole"，本义为"踌躇、阻止、抑制"，后来引申为"空闲，闲暇"，演变为拉丁文"schola"，进而演变为现在的"school"。"学派"一词内涵丰富，包括学校、学院、学习、学业、授课、求学、全校学生、学派、流派、门生、弟子、训练、锻炼等。

在古希腊，一般日常劳动和工作由奴隶和下层人承担，拥有"闲暇"的贵族能够利用大量时间进行吟诗、作画、听音乐、健身、打猎等，我们非常熟悉的有"七艺"，即文法、修辞、辩证法、算术、几何、天文和音乐。也就是说，当时的学术是贵族利用"闲暇"来研究和探讨自然的、人文的和社会的科学。其实，今天我们讲到学科起源的时候，都会追溯到亚里士多德，在那个年代亚里士多德的著述简直就是一部百科全书，内容涉及古希腊人已知的各个学科,因为当时就形成了这样一种气氛。在古希腊,以"学园"为场所专门论述和研究学术问题,因而"skhole"开始被用以指"讲学场所""辩论园地"和"公共讲演场所"等,也就是说,"school"一词逐渐演化为指专门谈论和研究学术的地方,后来才发展为指专门培养人才的场所。比如,我们非常熟悉的古希腊学园有"柏拉图学园"和亚里士多德派讲学的"莱森学园",这类学园用以专门培养人才和开展学术研讨与辩论。随着人们"闲暇"时间的增多,拥有"闲暇"的"闲人"聚集在一起,探讨自然科学和社会科学,并且围绕在这些学术大师周围,比如苏格拉底、柏拉图、亚里士多德等,形成探讨学术和研究学问的师生关系。这个时期,正好是中国春秋战国儒、墨、道、法等不同学派进行百家争鸣的时期,中国传统学术流派开始形成。由此可见,国内外的背景是非常接近的,并形成了以"school"为基础,以一定的师生关系为主,探讨文化、研究学问和开展学术活动的中心,为后来产生某个专门的观点打下了坚实的基础,学派也由此而产生。

综上所述,一个学派的形成需要三个基本条件:一是要有学术大师,并形成一定的师承关系,即在学术大师的引领下有一大批人,这些人都是他们带出来的学生。他们的学生又带学生,传承学术观点与思想,这样就形成了一个严密的师承关系,比如西方的苏格拉底、柏拉图、亚里士多德等;中国以孔子为首的儒家,弟子三千,而贤者七十二人,并通过孟子、董仲舒、胡瑗、朱熹等人的传播,影响了后来整个中国的思想意识形态。二是要有共同的地域或机构,即以某一地域,或某一国家,或某一民族,或某一文明,或某一社会,或某一问题为研究对象而形成具有自身特色的学术传统的一些学术群体,比如芝加哥学派、瑞典学派、剑桥学派、洛桑学派等。在中国百家争鸣的时代,山东的儒家、西北的法家,甚至在今天的中国东北、西北、华南、西南、华中、中原等不同地域的人们都有着不同的思想,做事和行为方式有着很大的差别。三是要有共同的、自成体系的学术观点。比如,英国伦敦经济学院的马林洛夫斯基20世纪创立的功能主义人类学学派统治人类学研究领域长达一个世纪；法国法兰西学院的列维·施特劳斯的结构主义学派，影响了20世纪后半叶的学术思想；德国法兰克福学派是影响现代哲学的最著名学派之一，霍克海默、阿多诺、马尔库塞、哈贝马斯等都出自这一学派。显然，学派形成以后可以影响一个时代，影响一个时代学术发展的方向与队伍。学派之间的相互碰撞与交流也可以影响不同学派的发展并催生出新的学派，学派与学派之间的交流、批判、借鉴还可达成学派之间的融通。因此，我们用学派这个观点来考察中国教学论学派的形成与发展的基本线索是一种整体性思维的需要，是学科建设与发展的需要。

二 中国教学论及其学派的形成

在2000年长沙举办的"全国教学论专业委员会"学术年会上，国内教学论专业研究者齐聚一堂。当时有一位青年教师看到此情此景，颇有感慨地说，我国教学论四股最强大的学术力量聚齐了——西北师范大学、西南师范大学、北京师范大学以及华东师范大学。因此，要讲中国教学论学派首先要讲西北学派和西南学派的形成与发展，其次讲北京师大学派和华东师大学派，然后再到多元化学派的发展。

（一）西北教学论学派

西北师范大学的前身为国立北平师大，发端于1902年建立的京师大学堂师范馆。1937年"七七"事变后，北平师大与同时西迁的国立北平大学、北洋工学院共同组成西北联合大学，国立北平师大整体改组为西北联大下设的师范学院。1939年师范学院独立设置，改称国立西北师范学院，1941年迁往兰州。在中华人民共和国成立前，西北师范大学就聚集了一大批在全国范围内非常优秀的教育学专家学者，其中也包括教学论学科。当时有人称中国的教育为"南陶北李"，是指南京高师的陶行知与北京高师的李建勋，后来有人说"北李"是指李秉德，其实李秉德要比陶行知和李建勋晚得多。但是，李建勋、李秉德等很多老先生为西北师范大学的教育学学科建设做出了卓越的贡献。就教学论学科或学派建设来说，还是要从李秉德讲起。

1982年，我国批准的教育学博士学位授权单位只有三个，北京师范大学的教育学原理与教育史、华东师范大学的教育学原理、西北师范大学的教学论。李秉德是我国第一位教学论专业的博士生导师。有了这样的学术平台后，马上就产生了师承关系，有了学术带头人。西北教学论学派的学术观点是什么呢？李秉德的学术观点主要集中在由人民教育出版社1991年出版的由他主编的《教学论》中，李先生用系统论的观点讲述了教学的七要素，即教学、学生、教学方法、课程、目的、反馈和环境，并论述了七要素之间的相互关系，这样就确立了教学论的基本框架。① 在此之前，研究者对教学论要素的讨论也比较多，比如有三要素、四要素、五要素、六要素等很多观点。在系统论主导的七要素框架的基础上，李先生又提出了教学论的基本任务，即"探明教学的基本原理和基本方法"。《教学论》这本书后来成为教育部师范司中小学教师继续教育的教材和全国高校文科教材，这本书再版修订达十多次，并成为90年代以及90年代之后整个高校文科教学论专用教材，在全国产生了非常广泛而深远的影响。另外，1986年人民教育出版社出版的由李秉德主编的《教育科学研究方法》一书也先后印刷了十多次，全国各高等师范院校大都采用此书做教材。由此可见，系统论主导下的教学七要素学科体系与基本范畴的形成，标志着教学论内部严密的学科体系的构建，确立了西北教学论学派的思想与观点。

在师承关系上，李秉德于1983年招收了第一个博士生杨爱程，杨爱程的博士学位论文做的就是课程综合化问题。后来李先生带的很多博士生都围绕七要素展开研究，比如田慧生的教学环境研究、刘要悟的教学评价研究、曾天山的教材研究、王嘉毅的教学方法研

---

① 李秉德：《李秉德文集》，教育科学出版社2005年版，第99页。

究、徐继存的教学论学科建设研究、李瑾瑜的教师专业发展研究、蔡宝来的现代教学论研究、许洁英的学生学习研究、王鉴的课程本土化研究、张广君的教学本体论研究，等等，基本上形成了西北特色的教学论学派。西北学派的第二位带头人是李定仁，李先生过去从事教育史的研究，教育史的功底非常深厚。这两位先生相差20多岁，因此在师承关系上没有断裂，李定仁之后又有万明钢、王嘉毅、李瑾瑜、徐继存、许洁英、蔡宝来、王鉴等。西北教学论学派不仅通过学术观点影响了中国教学论学科的发展，而且通过培养大量的人才来扩大学术影响。这两位李先生先后培养了30余名博士生，这些人现在基本上都是全国教学论研究的中坚力量，有相当一部分还是全国师范院校教育学院的负责人，他们将西北教学论学派的学风与观点传向全国各地。

（二）西南教学论学派

西南大学教学论学派的源头是1983年张敷荣开始招收教学论博士研究生，并形成一定的师承关系与学术体系。张敷荣1928年考入美国斯坦福大学教育学院，先后获得教育学学士、硕士和博士学位，1936年回国，1953年调任西南师范学院教育系教授。

张敷荣的学术观点主要有三个方面。一是课程论思想。张先生的课程论思想主要体现在1990年《华东师范大学学报》（教育科学版）第4期刊载的《建国以来课程理论与实践的回顾与展望》中："在课程的指导思想上，强调用马克思辩证唯物主义思想来指导课程理论与实践，辩证地处理人与社会的关系。""在课程的价值观上，坚持课程对提高民族科学文化素质的作用。""在课程内容上，一方面，既要批判地继承人类文化遗产，借鉴各国的科学文化成果，又要突出中华民族文化的精华；另一方面，要摆正素质教育、升学教育与就业教育三者之间的关系，要加强素质教育，渗透就业教育，稳步发展升学教育，使全体学生从多方面受益，具有多方面的适应性。""在课程设置上，他主张平衡、协调自然科学与人文科学课程的关系。""在课程体系上，张敷荣先生反对单一的学科课程,主张学科课程、活动课程和潜在课程相辅相成,有机统一,形成完整的课程体系。"① 二是教学论思想。首先,他认为教学论有三个支柱性的学科,即"心理学、生理学——帮助了解学生;科学学、社会学——帮助了解教学内容;系统论、信息论、控制论(简称'三论')——帮助设计教学思路和方法"②。其次就是张敷荣秉持大教育学观、大教学论观。他认为:"教学论研究决不能就教学论教学,应该把教学论置于整个科学体系之中,在比较、借鉴、影响方面来打开研究思路。"③ 汲取其他学科尤其是临近学科的最新成果,将教学论建立在其他各门学科的基础之上,尤其是心理学基础之上。而且教学论中应该包括课程论和学习论。三是学习理论思想。他认为,学生是学习的主体,我国教育学由于受赫尔巴特、凯洛夫教学思想的影响而忽视了学生的主体性,教学论重论"教"轻论"学"。学生是信息的主体,是教学过程的主动参与者,教学须充分发挥学习主体的积极性。张敷荣曾两次(1983年、1991年)主译美国教育家L.比格的《学习的基本理论与教学实践》一书,这也反映出张先生以"学"论"教"的思想。

和李秉德一样,张敷荣也是1983年开始招收教学论专业博士生的。当时李先生招的博士生是杨爱程,4年后毕业(其中一年去加拿大留学),张先生招的博士生是张武升,3年后毕业。西南大学和西北师范大学最大的区别是什么呢?张先生到了90多岁还没有找到他的接班人,直到他94岁,在教学论这个博士点不得不传承下去的时候,时年29岁的博士毕业生靳玉乐继承了张先生的学术衣钵。从94岁到29岁,这中间的跨度很大,缺乏中间的学术继承人来传承张先生的学术观点或学术思想以延续师承关系,这个学科显得比较脆弱,甚至出现了断裂。因为西南大学在博士生招生方

---

① 李森、靳玉乐:《学术与人生——张敷荣教育学术思想研究》,西南大学出版社2009年版,第10—11页。
② 同上书,第12页。
③ 同上书,第11—12页。

面时断时续，有时两三年招收一个，有时甚至好几年都不招生，所以张先生带的学生不多。张先生的学生分别在教学论、课程论和学习论三个领域进行研究，并产生了广泛的影响。今天看来，也许张先生想构建一个教学论的学科体系少不了课程论和学习论。所以他的学术观点和李先生是不一样的。李先生注重从教学论内部构造一个教学论的学科体系，也就是教学七要素以及它们之间的关系。而张先生则在构建教学论内部关系的同时，建构了课程论与学习论这样与教学论关系密不可分的两个学科之间的教学论体系。

所以说，西南教学论学派的学术带头人是张敷荣，其学术观点可以从课程论、教学论、学习论中得以体现，但是在师承关系、培养学生的数量和延续性上不如西北教学论学派有完整和系统的学术传承。显然，从学术观点上看，其差别也是非常明显的。西北学派的李秉德是以系统论思想从教学内部构建了七要素教学论流派，而西南学派的张敷荣是以教学论为中心、建构课程论和学习论并举的教学论流派。西南大学教学论学派的特点是起步早，学术影响大，但在师承关系上，培养的学生较少。记得1994年全国教学论专业委员会在西南师范大学召开会议，正值张先生九十华诞，而靳玉乐此时还只是博士研究生，不到而立之年，两人相差近60岁，师承关系及人才培养方面受到了较大影响。但是到了靳玉乐时代，西南教学论学派的发展却有了较大的起步，研究人员数量大增，成果丰硕，将课程与教学论学科建设成了国家重点学科，进而发展成为国内有较大影响的学术团体。

那么，大家为什么在讲到教学论的时候，必然会讲到北京师范大学和华东师范大学？甚至圈子里面的很多人认为北京师范大学和华东师范大学是一流的。当然，就教育学的发展而言，北京师范大学和华东师范大学的确很强，是一流的，但就教学论的发展而言，这两所大学都晚于西北师范大学和西南大学，而且发展也要有一个过程，至于后来因为天时、地利等因素，它们后来居上，那就不用说了，但历史事实是不能抹杀的。

（三）北京师大教学论学派

北京师范大学教学论学科最早是在教育学原理下产生的，当时王策三是教育学原理下教学论方向的博士生导师，后来获准建立教学论博士点以后，王策三才成为教学论专业的博士生导师。王策三1951年7月毕业于安徽大学，同年，考入中国人民大学教育学研究生班学习，高校院系调整后转入北京师范大学教育系。1953年7月从研究生班毕业留校。

王策三从学习到工作都接受过苏联教育学的系统训练，他的教学认识论思想的源头正是凯洛夫教育学，他的代表作有《教学论稿》《教学认识论》《教育论集》《现代教育论》《基础教育改革论》等。王策三关于教学有个基本的观点，即教学是一个特殊的认识过程。教学认识论是从教学本质的追问中发展起来的一种教学哲学，是关于教学的基本理论。1988年，王策三出版了《教学认识论》，系统地表达了他的教学论观点。他认为："发展教学论，必须克服教学认识研究上的哲学代替论和心理学化现象，要努力吸收时代发展和科技进步的新成果，真正把握'教学认识'的特性和运动规律。"[①] 认为教学论要从教学认识论上做文章，概括起来，有三个基本的命题：一是发展学生的主体性是现代教学论的根本目标；主体性的发展是全面发展的核心和综合体现，学生的发展主要是在认识人类文明成果的过程中实现的。二是教师主导、学生主体是教学的基本关系。教师主导是对学生主体学习活动的主导，而学生主体是在教师主导下的主体，教是为学服务的。显然，这和张敷荣的以"学"论"教"思想是不一样的。三是教学模式多样综合是现代教学论的根本方式。教学模式从这样或那样的单一化走向多样化、综合化，是现代教学发展的历史规律和必然趋势，是全面实现教学功能的内在要求。应该说，这三个命题解决了教学的目标、关系和方式等基础性的问题，是教学认识论的三个支柱，也是对教

[①] 王策三：《教育论集》，人民教育出版社2002年版，第7页。

学改革和实践的理论思考。① 裴娣娜所做的教学主体性实验的源头就是王策三《教学认识论》中的三个观点之一，即学生是学习的主体，裴娣娜在此基础上做了大量的演化与研究，并提出了回到原点建设教学理论的重要观点。

王策三在2004年《北京大学教育评论》第3期上发表了《认真对待"轻视知识"的教育思潮———再评由"应试教育"向素质教育转轨提法的讨论》"。我们知道，这次新课程改革主要是针对"繁难偏旧"来改的。王先生认为，新课程改革有一种轻视知识的倾向，并从教学是一种特殊的认识过程出发，认为新课程改革不管怎么改，轻视知识是不对的，强调要强化知识。钟启泉和有宝华在2004年第10期《全球教育展望》上发表《发霉的奶酪——〈认真对待"轻视知识"的教育思潮〉读后感》的文章，拉开了教学论学术发展史上的"钟王之争"，其实质是不同学派在学术观点上的对抗。王策三观点的源头实质上就是苏联的凯洛夫《教育学》的"双基"教育论、基础知识论，他的指导思想是马克思主义认识论。在他看来，教学认识论本身没有错，只是我们对教学认识论的理解还不深入，还没有达到马克思主义哲学认识论的水平。在新课程改革的一些新理念的冲击下，教学认识论在北京师范大学得到了更深入的发展，裴娣娜、丛立新、王本陆、郭华等也通过不同的学术著作继承并传承了这一学术观点。不管怎么说，教学认识论还是我国教学论学术发展中最有影响的学派之一，它的生命力是强大的，我们的任务不是片面地否定它，而是结合时代发展的需要，真正以马克思主义的观点为指导来发展它，使它成为中国特色教学论的重要组成部分。

（四）华东师大教学论学派

从源头上看，李秉德曾留学法国和瑞士，他的思想源头来自于欧洲大陆，后来在中原地区做过教育实验，有了本土的经验，因此

---

① 王策三：《教育论集》，人民教育出版社2002年版，第7页。

西北教学论流派是来源于欧洲大陆又经过本土改造的。张敷荣的思想源头来自于美国。北美的教学论是从课程理论与学习理论中派生出来的，而我们国家则恰恰相反，是从教学理论中派生出的课程理论。北京师大学派的教学理论源自苏联。华东师大教学论学派之所以被称为多元化教学论学派，是因为它在源头的发展中就形成了三派。

1. 以施良方为代表的"课程论、教学论、学习论"学派

施良方是瞿保奎的助教，瞿先生最早也是在教育学原理下带教学论博士研究生的。和北京师范大学一样，在 20 世纪 80 年代后期，华东师范大学有了教学论博士点后，施良方成为教学论的博士生导师。施良方的学术观点也来自北美，因为他本人是在加拿大获得硕士学位的，他的学术观点主要集中在他的著作《教学理论——课堂教学的原理、策略与研究》（1999）、《课程理论——课程的基础、原理与问题》（1996）和《学习论——学习心理学的理论与原理》（1994）当中。通过这三本书可以看出，施良方和张敷荣的观点非常接近，因为他们的源头都是北美。这三本书也是施良方尝试构建教学论体系的表现。

施良方认为："课程是为有目的的学习而设计的内容；教学则是达到教育目的的手段。相应地，课程理论主要探讨教育的内容和目标；而教学理论则主要关注达到这些目标的手段，尽管目标与达到目标的手段之间有千丝万缕的关系，甚至还存在着某些重叠部分，但这两者之间毕竟侧重不同的方面。"[①] 在教学理论与学习理论的关系上，虽然说有效的学习理论为教学理论奠定了基础，但是我们不能说学习理论就是教学理论。"一种合适的学习理论并不是改进教学的充足条件，但是，一种有效的教学理论必然是建立在有关的学习理论的基础上的。当然，教学理论不是学习理论的简单的和直接的应用，我们不能把教学理论看作学习理论的直接的派生

---

① 崔允漷：《课程·良方》，华东师范大学出版社 2007 年版，第 21 页。

物。"① 学习论是教学论的基础学科。施良方认为，我国教学论有明显的苏联教学论体系的影子，最明显的是："第一，把课程理论作为教学内容这一部分来处理，构成了涵盖课程理论的'大教学论'；第二，往往只重视以哲学认识论作为教学理论的基础，忽视了教学理论的心理学（尤其是学习理论）的基础。"这些都不利于我国教学理论的发展。因此，教学理论要处理好与相邻的姊妹学科之间的关系，这就是课程理论与学习理论。因此，有必要把学习理论、课程理论和教学理论作为教育科学的三门分支学科独立出来进行深入研究。但有一点是可以肯定的：这三者相互依赖、相互促进，而且有一定的相互渗透。②

2. 以钟启泉为代表的课程与教学论学派

钟启泉是华东师范大学终身教授、课程与教学研究所原所长、博士生导师，研究领域主要为比较教育研究和课程论研究。20世纪80年代，钟启泉翻译了大量日本学者的学术著作，也是日本多所大学的客座教授。他的研究领域主要体现在比较教育研究和课程论研究中。钟启泉的比较教育研究思想主要体现在对学力理论的探讨、对教师专业化的探讨、对建构主义理论的探讨以及对整体教育思想的探讨上，这里不再赘述。钟启泉的课程论思想主要体现在两个方面：第一是他的课程论思想，主要体现在他的著作《现代课程论》中。有研究者将其评论为"我国课程论的教学与研究拓展新的、基本的视野和理论起点（框架）"，从而使"课程学"成为一门独立的分支学科出现在大学的学术殿堂里。③ 钟启泉从关注学生作为"整体的人"的角度出发，强调课程研究离不开对学生的关注，因此极力倡导能够促进学生和谐发展的新的课程形态，如研究性学习、综合实践活动。他把研究性学习课程的开展看作"课程文化的革命"，是旨在打破分科主义课程的束缚，促进中小学课堂教学从"灌输中心"转变为"对话中心"的一种课程创新。第二是

---

① 崔允漷：《课程·良方》，华东师范大学出版社2007年版，第24页。
② 同上书，第29页。
③ 周勇：《课程理论史》，《课程论》，教育科学出版社2007年版，第54—55页。

他本人参与和引领课程改革的研究与实验。钟启泉作为我国第八次课程改革专家工作组组长，以他为首的专家工作组起草了《"国家基础教育课程改革纲要"研究咨询报告》，对我国课程与教学领域的问题做出了基本的判断，提出了课程改革的"六大目标"。钟启泉认为，课堂教学是形成三个维度的意义与关系对话的实践过程——同教材与客体的对话、同他人的对话、同自己的对话。所谓"课堂教学"，是由种种要素构成的复杂过程。而且，教学既是单纯的、种种要素的复合体，也是种种过程的复合体，拥有依其内在逻辑而发展的动态结构。课堂教学将从"人（教师）—人（学生）系统"转变为"人（学生）—应答性环境系统"。在课程的编制上，任何课程编制大抵离不开三项基本原则：其一，传承和发展人类文化遗产；其二，回应社会现实；其三，满足儿童发展的需求……基础教育课程体系力图走出知识传授的目标取向，确立培养"整体的人"的课程目标；破除书本知识的桎梏，构筑具有生活意义的课程内容；摆脱被知识奴役的处境，恢复个体在知识生成中的合法身份；改变学校个性缺失的现实，创建富有个性的学校文化。[①]钟启泉的观点先后得到了高文、张华等的传承，其中高文在其简介中说她是中国第一位课程与教学论的博士生导师，可能就是根据她的理解，课程与教学论作为一个学科而不是课程论与教学论两个学科而言，她是第一个博士生导师；张华更是通过他的著作《课程与教学论》反映了他将课程与教学整合成一门学科的学术观点。

3. 以叶澜为代表的生命·实践教育学派

叶澜是华东师范大学终身教授、曾任基础教育改革与发展研究所所长、博士生导师，研究领域主要为教育学原理、教育研究方法论及当代中国基础教育、教师教育改革等。叶澜开创和引领的"新基础教育"的理论与实践研究在海内外产生了广泛的影响。

叶澜在《教育研究》上发表的四篇有代表性的论文，即 1997 年第 9 期的《让课堂焕发出生命活力》，2002 年第 5 期的《重建课堂

[①] 宋时春：《钟启泉教育思想述评》，《国家教育行政学院学报》2008 年第 2 期。

教学价值观》、第 10 期的《重建课堂教学过程观——"新基础教育"课堂教学改革的理论与实践探究之二》，2003 年第 8 期的《改革课堂教学与课堂教学评价改革——"新基础教育"课堂教学改革的理论与实践探索之三》，总体上反映了她的"新基础教育"或者说是教学论思想，实质上她是从尊重学生主体性、发展学生主体性构建中国教学论体系的。叶澜有两个目标：一个是"上天工程"——能够进行抽象的理论构建与研究；另一个是"入地工程"——进行实践研究能够"入地"，能够到中小学课堂上做研究。她确实做到了这两点！并创建了中国生命·实践教育学派。她的教学论思想就体现在这个过程当中。叶澜虽然通过大量的基础教育课程与教学改革来研究教育的基本问题，但主题还是集中在课程与教学改革方面，所以也是教学论学派中本土化探索的主要力量之一。

另外，除了全国最早建立的西北师范大学和西南大学教学论博士点外，北京师范大学和华东师范大学的教学论博士点发展速度很快，而且形成了十分有影响力的学术团队。在第三个阶段兴起的东北师范大学、华南师范大学、南京师范大学、华中师范大学、陕西师范大学、上海师范大学、哈尔滨师范大学、山东师范大学等，也使我国的教学论学派越来越丰富、越来越多样化。

三　中国特色教学论的发展

叶澜在接受《教育研究》杂志社记者的访谈时谈到怎样创立一个具有中国特色的"生命·实践教育学派"，她讲了三点：一是开拓的现实主义和现实的理想主义；二是以开发、生成、互动和复杂的方法论为导向；三是理论与实践的积极互动，在综合、互动中实现观察体悟、批判反思、实践探究和创建生命·实践教学论学派。[①]结合我们前面所讲的中国教学论学派的发展过程可以看出，中国教

[①] 《教育研究》杂志社记者：《为"生命·实践教育学派"的创建而努力——叶澜教授访谈录》，《教育研究》2004 年第 2 期。

学论学派的发展经过了一个由单一的、少数的学派发展到多元化的学派。在今天看来，中国教学论学派的发展还应该有两个基本趋势：一是教学论内部的发展，即教学论内部要不断地"百家争鸣、百花齐放"；二是学派之间通过合作、交流、发展促成和构建具有中国特色和中国气魄的教学论学派。那么，怎样促进中国教学论流派的发展呢？

（一）教学论研究的实践性

教学论研究的实践性实质上是教学研究，主要解决两个问题：一是要解决原创性问题；二是要解决教学论研究的中国化问题。我们知道，教学论的实践性是教学活动，教学理论来自于对教学活动的研究，教学实践是教学理论产生的源头。那么当教学理论积累得越来越多的时候，很多研究者就不去研究教学实践，而去研究教学理论，把理论作为研究对象。当越来越多的研究者研究教学理论的时候，就忽视了教学论的源头，这就使学术研究缺乏原创性，这种理论被不断复制、被重复……因为这些问题不是在教学实践中产生的，而是在文献资料中获得的，这样的理论是谈不上原创性的，甚至是泡沫。一旦泡沫破灭，就什么都没有了。教学论研究的中国化，就是研究者要深入我国的中小学从事科学研究，结合中国的文化传统来研究教学，而不是盲目地照搬国外的教学理论。真正的中国教学论研究就是要了解和研究中国的文化，这是因为中国的教学论是和中国的教师文化、学生文化以及课堂文化紧密结合在一起的。比如，我们进入中国的课堂和进入美国、日本的课堂是不一样的——美国的教师可以坐在讲桌上和学生交流，而在中国的课堂上老师则站在讲台上，其教学井井有条，课堂上井然有序。所以，教学论研究的实践性就是要解决中国教学论的本土性和原创性问题。

（二）教学理论体系的构建

教学理论体系的构建可以从中国教学论学派中归纳出来，对这个教学论体系已经达成一个基本的共识，即从内部来讲，是指教学的要素构建论，应不断深化对教学诸要素理论及其关系的研究；从外部来讲，是指对教学论和相邻的课程论、学习论三者关系的构建（见图2）。

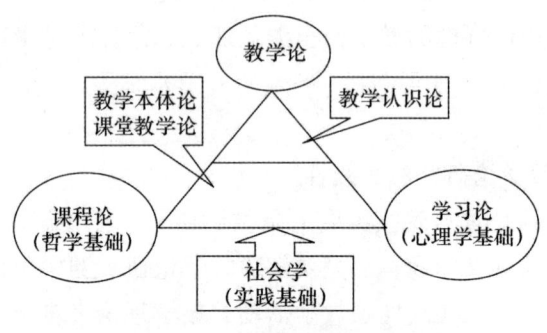

图 2　教学论体系构建

从前面我国教学论学派形成与发展的过程中可以看出，不论是李秉德、张敷荣还是施良方，他们都讲到了教学系统内部的构成与教学系统外部三者之间的关系。我们现在讲教学论学科的时候已经不是原来意义上的教学论了，不论是国务院制定和颁布的学科名目还是学生培养方案，都称之为"课程与教学论"。所以说课程论与教学论之间的关系是非常密切的，而学习理论是教学论建设的心理学基础，课程论是教学论建设的哲学基础，这是因为课程论要解决教学论的目标与价值问题，是哲学的认识论问题。还有一个学科基础是社会学，解决的是教学论实践基础的问题。比如我们为什么要到实践中去研究教学、解决教学问题呢？就是因为要让教学理论有一个源头活水，能够获得原创性的、本土化的研究素材。我们所进行的课程改革、学校变革等都不是孤立的，课程、教学、学校等的变革折射出的是整个社会变化，比如政治的、经济的、生产关系的等都促进了教育的改革。我们进行的基础教育课程改革不是教育内部的改革，而是整个社会，尤其是政治、经济、文化、科技等变革因素促成的以课程为突破口的改革。所以科学的教学理论体系的构建，离不开课程理论和学习理论的支持。教学论和教学改革、教学实践密切相关，教学论体系的建构也依赖于外部体系的建构。因此，教学论体系的建构除了李秉德以前讲的七要素论与教学系统论的关系外，从教学理论内部讲主要分为实践层面的研究与理论层面的研究。实践层面的教学论是实践教学论、课堂教学论、学科教学论，理论层面的教学论是教学哲学论、教学认识论、教学原理等。

（三）学术队伍的整合

过去，教学论学术队伍的发展都是纵向的，是以门派为标志的，一个门派的学术观点是由师承关系流传下来的。它们的成长和发展是纵向的，是依靠师承关系、依靠学科带头人的学术平台继承本学派的学术观点而发展起来的。如果要构建具有中国特色的学术流派就需要横向地整合各学派的学术队伍。怎样整合呢？目前在学术队伍中已经有了这样的组织，教学论专业学术委员会和课程论专业学术委员会。比如教学论专业学术委员会主任裴娣娜组织全国各地教学论专业研究者，编写了现代教学论的标志性成果——《现代教学论》（共3卷）；课程论专业学术委员会主任吕达组织全国课程论研究者做了相关课程改革的实验研究与实践；还有学习论的研究，过去不论是教学论还是课程论研究，对学习论的研究都是有所忽视的，甚至有人认为，学习论是心理学，因此，这一支队伍的整合需要依靠心理学的力量，或者从课程与教学论队伍中分化出一批有志于进行学习论研究的研究者。将来通过这样的整合，在全国形成横向的三支队伍，这对于学术观点的创新和师承关系的变革等都会发挥重要的作用。学术团体的活动是一种合作双赢的活动，也是一种整体思维与行动的活动，它的价值在未来学术发展中将越来越明显。

（四）研究方法的突破

从方法本身来讲，任何学科都没有一个自己专门的研究方法。方法是可以独立的，自然科学的方法，社会科学也可以运用，反之亦然。但只有当方法和研究对象结合起来的时候，方法的独到之处才可以表现出来。比如说，我们经常所讲的把实验法引入心理学是心理学科学化的标志，其实，这个说法是值得推敲的。心理学科学化是不是以方法为标志呢？还有心理学是不是已经科学化了？这些问题也值得研究。所以关于方法会有专门的方法学、方法论来进行专门的研究。方法是在与不同的研究对象结合的过程中获得不断发展的，方法本身也在不断发展，尤其是在科学技术飞速发展与计算机广泛应用的今天，一些统计分析的方法，以软件的方式使操作越来越简便化。方法本身还要与研究对象结合起来获得发展，比如与个案法、观察法和人类学方法结合起来，那么来自于自然科学的实验法在教育学、心理学中都被使用了，而且在与教育学、心理学结合的过程中实验法本身也获得了一定的发展。另外，调查法、问卷调查、访谈、叙事研究法在与社会学、经济学的结合中演化出很多的方法和技术。教学论学科的方法从总体上讲无非就是定量研究与定性研究。定性的研究方法对于形成和发展教学理论，比如教学认识论、教学哲学等发挥了重要的作用。定量研究的方法在课堂教学论、实践教学论中获得深化和发展。

因此，从创建一个学派的角度讲，研究方法的突破需要把握两点：一是能够立足于实践收集资料、研究现象的方法，比如观察法、访谈法、问卷法、个案研究法、实验法等"材料"层面的方法，需要加以不断完善。二是能够建构系统的、完整的教学理论的方法，比如把思辨的、逻辑的、文献资料的方法结合起来，就是哲学上所讲的"质料"层面的方法。总之，我国教学论学科历经60多年的发展，已经形成了繁荣、强大的学科阵容，但是还没有形成中国特色的教学论学派，现在正处在不同学派各自发展的阶段，在这一阶段如何促成一个具有中国特色的标志性的教学论流派的形成，还需要教学论研究者的共同努力。

第五章 教学理论如何介入教学实践

教学理论与教学实践的脱离之根本在于教学理论工作者与教学实践工作者之间的隔阂。因此，破解教学理论与教学实践"两张皮"的难题，需要教学理论工作者与教学实践工作者的团结协作。站在教学论学科立场上看，教学理论必须从"关注教学实践"走向"介入教学实践"。教学理论要介入教学实践的根本原因在于教学论学科所具有的"双重性格"，即教学论既具有理论性，又具有实践性。教学论介入教学实践有四种基本的方式与途径：一是教学理论工作者将教学理论带入教学实践；二是教学实践工作者到教学理论工作者那里"取经"；三是区域性教育实验中教学理论工作者与教学实践工作者的结合；四是国家宏观教育改革过程中教学理论工作者与教学实践工作者的合作。教学理论介入教学实践的价值在于发展教学理论，有效推进教学实践。

教学理论与教学实践"两张皮"的现象为教学论界公认的难题。[1] 为了破解这一难题，教学论研究者提出了种种设想，如提倡走进学校、走进课堂的教学论研究新范式，[2] 建构教学理论与教学实践的中间环节即所谓的"架桥"[3]，等等。可以说，在"教学理论要关注教学实践"这一立场上，教学论界并无异议，而在如何关注这一具体的操作层面上却是各执一词。随着教学实践的发展，教

---

[1] 李秉德：《教学理论与教学实践"两张皮"现象剖析》，《教育研究》1997年第7期。
[2] 王鉴：《实践教学论》，甘肃教育出版社2002年版，第58页。
[3] 张生：《架起教学理论与实践的桥梁》，《中小学信息技术教育》2009年第4期。

学理论仅仅停留在"关注教学实践"层面，显然是不够的。寻求教学理论"介入"教学实践便成为时代的新课题。"介入"一词，有"参与其中"之意，而且是理论研究者的主动参与。这就意味着教学理论不是作为客观化的知识体系而存在，它的形成、发展与教学理论工作者密切相关，它的运用、完善也与教学实践工作者密不可分。言说教学理论如何介入教学实践，即指教学理论研究者的教学理论如何"介入"教学实践工作者的教学实践。地方性知识理论认为，科学知识具有地方性、本土性、情境性的特征。[①] 教学理论作为一种知识形态，也具有地方性和情境性的特征。教学理论绝不是一种普适性的放之四海而皆准的大一统的知识体系，而是与它的生产者——教学理论研究者息息相关。同样地，教学实践也不是抽象的教学实践，它必然是具体教学实践工作者的教学实践。因此，归根到底，教学理论与教学实践脱离之最根本原因，就在于教学理论工作者与教学实践工作者的脱离。谋求教学理论如何介入教学实践的实质在于如何建立教学理论工作者与教学实践工作者的良好协作关系。

一　教学理论为什么要介入教学实践

站在教学论研究者的立场上看，教学理论要介入教学实践的根本原因在于教学论学科所具有的"双重性格"，即教学论既具有理论性，又具有实践性。正如有的教学论教科书所指称的，"教学论是一门实践性很强的理论学科"。

（一）教学论的理论性需要

教学论之所以存在，是因为教学论具备"理论性"。从教学论学科发展的历史看，从裴斯泰洛奇的"要素"教学论、赫尔巴特的"教学四阶段"教学论，到赞科夫的发展性教学论都沿着"科学

---

① 石中英：《本土知识与教育改革》，《教育研究》2001年第8期。

化"的路向发展着。正如王策三所指出的,教学论的学科史就是"教学论的科学化"的历程。① 科学化的实质在于探究教学内在的规律性,以摆脱经验主义的束缚,摆脱盲目性,实现教学论的学科自觉。而教学论的科学化之本质是教学论的心理学化。自裴斯泰洛奇大力提倡"教育的心理学化运动"以来,1806 年赫尔巴特在他的《普通教育学》中就明确提出,要将教育学(包括教学论)建设成为一门科学,并且明确将心理学定位为教育学(教学论)这一科学的两大理论基础之一。到 1879 年冯特在莱比锡大学建立世界上第一个心理学实验室,心理学终于摆脱经验和思辨的束缚,成为科学大家庭中的一员,教学论乃至整个教育学都以心理学为理论基础来建构其学科体系。翻开以往的教学论著作,心理学的痕迹比比皆是,教学论甚至可以说是心理学或教育心理学的应用理论。作为研究人的学科,教学论和心理学有着内在的联系。教学论是研究如何培养人的学科,而心理学研究的是人身心发展的规律。因此,教学论的研究必须以心理学作为其最切近、最重要的理论基础,也必须研究人身心发展的规律及如何培养人的教学规律。使教学论成为一门真正的科学是教学论发展的永恒追求,坚持教学论的理论性、教学论体系的完善性是教学论发展的一个重要着力点。

(二)教学论的实践性需要

建构完善的理论体系是任何一门学科的内在旨趣,教学论当然也不例外。但是,教学论还具有十分强烈的实践特性,即教学理论指导教学实践以及教学实践的改造。教学理论存在的最终根据,在于教学理论能够对教学实践产生积极影响。因此,应当指导教学实践,教学理论应当介入教学实践并使之得到改进,便成为教学论的内在核心追求之一了。脱离教学实践的教学理论是没有生命活力的,是伪教学理论。21 世纪的教学实践正在事实上拒斥这样的教学理论,那种书斋思辨式的、玩弄概念游戏的教学论研究已经遭到

---

① 王策三:《教学论稿》,人民教育出版社 1985 年版,第 2 页。

教学理论界和教学实践工作者的双重拒斥。[1] 教学论学科发展陷入一种空前的危机之中。原因主要在于教学论研究者误解了教学论的学科特性，只强调教学论的理论性这一个方面，而不及其余。试图将教学论建设成为如哲学、文学、史学等基础学科的努力，使教学理论远离了它的实践场域——教学实践，如此所造成的后果是严重的。丧失魅力的教学论正在寻求学科的"突围"或学科发展的"新的生长点"。于是，"回归原点"的教学论、"回归生活"的教学论、"课堂教学论"等便成为教学论学科发展的基本走向。[2] 也就是说，教学论要想恢复生机和活力，就必须考虑教学理论与教学实践的血肉关系，这正如手背与手心的关系一样，教学理论离不开教学实践，教学实践也不能离开教学理论，离开教学理论的教学实践会陷入经验主义的泥潭，离开教学实践的教学理论便成为不知所云的"呓语梦话"。

从教学论的学科建构角度来看，教学论有两种发展路向：一是教学理论体系的构建、完善、科学化，即教学论的"演绎体系"；二是在教学理论与教学实践双向互动中发展教学论，即教学论的"归纳体系"[3]。探讨教学理论为何要介入教学实践这一问题，从根本上，从教学理论工作者的立场上讲，主要是为了发展教学论，为了使教学论走出目前的危机，为了使之重新释放出教学理论的活力，为了使教学论成为一门真正的科学。从教学实践工作者的立场来看，教学理论介入教学实践是教学实践的呼唤，是为了优化发展教学实践。教学实践的发展与教学理论的关系在不同的阶段有不同的表现：当教学实践过程中所出现的问题为常规性问题时，教学实践可以通过自身的习惯、制度、实践智慧得以解决，这个时候教学

---

[1] 石鸥：《新世纪拒斥这样的教学论——主流教学论困境的根源及其走出》，《湖南师范大学教育科学学报》2002年第1期。

[2] 唐启秀：《2006年第十届全国教学论专业委员会学术年会简介》，《教育学在线》(http://epc.swu.edu.cn/cyber/index.html)。

[3] 王鉴、田振华：《从演绎到归纳：教学论的知识转型》，《教育理论与实践》2013年第4期。

实践便具有"自组织"的特性，可依靠自身的力量解决问题；当教学实践中所遇到的问题是新问题，不能依靠经验加以解决的时候，教学实践特别需要教学理论能够带来"及时的甘霖"以解实践之渴。概而言之，教学理论与教学实践的关系存在常态与非常态两种情况。在常态情况下，教学理论与教学实践是相对分离的，教学实践拒斥教学理论，教学理论不关注教学实践，二者不易结合。在非常态情况下，当教学理论与教学实践遇到困惑之时，双方都在寻求对方以化解自身的危机，比如，在新课程背景下教学理论与教学实践就需要结合在一起，也容易结合在一起。从社会分工的角度看，教学理论与教学实践的分离是正常的，这是由教学理论与教学实践的不同特性所决定的，但两者不能永远分离。保持教学理论与教学实践之间的张力，是发展教学理论和推进教学实践的最优选择。如果教学理论和教学实践能够相互交织，实现良性互动，将会生出重大成果。如此一来，教学理论的实践性与教学实践的理论性便可得以彰显，不仅能发展教学理论，而且能推动教学实践的变革和进步。

二 教学理论介入教学实践的路径

教学理论要发展，必须与教学实践保持良性互动。这是"自我救赎""自我发展"的必由之路。那么，教学理论如何才能与教学实践发生关联呢？长期以来，人们总是抽象地谈论教学理论与教学实践的关系，而没有意识到无论教学理论还是教学实践都是一种有着不同主体参与的活动，教学理论与教学实践的关系之实质在于教学理论工作者与教学实践工作者之间的关系，不存在没有主体的理论与实践。因此，从教学论的角度来看，为了发展教学理论，教学理论必须介入教学实践。实际上，也即教学理论工作者必须与教学实践工作者发生关联。具体介入的形式与途径有四种。

（一）教学理论工作者将教学理论"带入"教学实践

教学理论是教学理论工作者长期研究积累的产物。因此，教学理论介入教学实践与教学理论工作者直接相关。教学理论工作者要确立面向教学实践的研究价值取向。历史上著名的教学论专家如赞科夫的发展性教学理论、巴班斯基的最优化教学理论都是由这些教学论专家积极倡导并在教学实践领域推而广之的，我国叶澜的新基础教育实验也是在大量的理论研究的基础上通过建构课堂的价值观、课堂的过程观、课堂的评价观而对教学实践产生重大影响的。教学理论工作者带教学理论进入教学实践之中有两种情况：一种情况是教学理论为经过实践检验的较为成熟的理论，如最优化教学理论、发展性教学理论等；另一种情况是教学理论是没有经过实践检验的不成熟的理论，是教学理论界尚未形成一致观点的教学理论，如教学回归生活的教学理论等。无论是带成熟的教学理论或不成熟的教学理论进入教学实践当中，教学理论工作者最关心的是检验并发展教学理论。

（二）教学实践工作者遇到困惑时，溯源而上寻找理论，即"取经"

长期以来，教学实践工作者遵循教学实践的逻辑从事教学实践工作。在面对困惑的时候，一般会找教龄较长、教学经验丰富的教师帮助其解决问题。随着问题的解决，教学实践工作者也就不再追本溯源了。随着教学实践的深入变革和发展，在教学实践中出现了许多新情况、新问题，原来的教学实践工作者仅凭教学经验就可完成教学任务的情况正在发生变化。在此背景下，有的教师在自己的教学实践中发现了问题，不仅通过询问其他教师的方式来解决问题，而且进一步挖掘问题背后的原因，于是，他们必然需要学习理论，并借助理论审视从而变革其实践活动。如很多一线的特级教师就是通过这种途径成长起来的。他们通过自学相关的教育学、心理学、教学论、管理学、哲学等理论，实现自身的专业发展。另外，还有一种情况，即教学实践工作者通过自学无法满足实践的需要，这时，他们需要到专门的研究机构如大学、研究所进修（教育博士、教育硕士），从而提高自身的专业素养和专业水准。随着教学实践的进一步拓展，教学实践工作者到一些教学理论机构进修"取经"成为实现教师专业发展的重要途径。从人数规模上看，已经从个别教师的专业成长涵盖普遍教师的专业发展了。在大量的一线教师学习教学理论的过程中，教学理论被广大一线教学实践工作者所掌握，教学理论将发挥它的重要功能作用。

（三）区域性教育实验中教学理论工作者与教学实践工作者的结合

前两种情况属于个别教学理论工作者与个别教学实践工作者的结合。如果从更大的范围来看，通过区域性教育实验进行的合作更为有效。在这种情况下，教学理论得到发展，教学实践得到推进。比如裴娣娜主持的主体性教育实验，理论工作者长期深入学校场域，与教学实践工作者朝夕相处，指导并深度参与教学实践。在此过程中，主体性教学理论获得完善和发展，学校自身和参与的教师也获得了长足的进步，通过主体性教育实验涌现出了如河南安阳人民大道小学和刘可钦这样的名校和名师。[①] 因此，区域性教学理论工作者与教学实践工作者的结合既是发展教学理论的一个好方法，也是推进教学实践的好举措。在共同面对教学实践问题并一起解决问题的过程中，教学理论工作者和教学实践工作者精诚团结，不断对话协作，使教学理论与教学实践真正"相遇"，从而实现"双赢"。

（四）国家宏观教育改革过程中教学理论工作者与教学实践工作者的合作

如果说区域性教育实验是教学理论工作者与教学实践工作者比较松散的自我结合，那么更为宏观的国家教育改革过程中二者的结

---

① 刘可钦：《刘可钦与主体教育》，北京师范大学出版社2006年版，第77页。

合便是一种制度安排的产物。国家教育主管部门通过宏观调控，动用权力的方式，使教学理论工作者和教学实践工作者紧紧联系在一起。比如我国第八次基础教育课程改革的实施就很好地体现了这一点。一方面，在新课改之初，在重点师范大学里建立课程研究中心，成立课程改革专业支持小组，由教学理论专家、课程专家、学科专家组成的理论研究队伍对新课程改革的相关理论进行深入研究。在新课程实施之后，这些理论专家亲自走进教育实验区、实验校进行现场听评课。另一方面，教育改革也迫使学校和教师进一步提升自身的理论水平，或者派出教师代表到各种层次的机构参加新课程的教师培训，或者通过"引进来"的方式，邀请课改专家到学校里做培训。在课改专家的指导下，进行校本培训，从而实现学校的内涵式发展和教师的专业发展。可以说，国家教育改革使教学理论工作者与教学实践工作者之间的结合成为一种必需，将教学理论工作者和教学实践工作者的相对区分逐渐淡化。教学理论工作者介入教学实践不仅在于发展教学理论，教学实践工作者在与教学理论工作者沟通、对话、合作的过程中，也不再仅仅满足于推进其小范围的教学实践。教学理论工作者成为具有实践关怀、强烈地改造教学实践意识的教学理论工作者，教学实践工作者成为具有某种理论自觉的、具有发展自身实践性理论意识的教学实践工作者。通过国家教育改革，教学理论工作者和教学实践工作者不再是"井水不犯河水"的"老死不相往来"，而是经常性、长期性地精诚合作。可以说，外在的共同目标，使两者紧密地走到了一起，这也可作为国家教育改革的一个重要成果所在。

三 教学理论介入教学实践的价值

教学理论介入教学实践的可能结果是什么？如前所述，教学理论介入教学实践不外乎两个结果：一是发展教学理论；二是推进教学实践。

（一）发展教学理论

教学理论的源头活水就在教学实践当中，离开教学实践建构教学理论是不可想象的。通过教学理论介入教学实践，可进一步检验教学理论的合理性与合法性，使教学理论进一步科学化。比如，主体性教学论正是在教学理论工作者长期介入教学实践的过程中逐渐发展成熟起来的。"生命·实践"教育学派的研究也是如此，它通过将其教学理论成果付诸教学实践，从而开展"上天入地工程"，使它的教学理论焕发出生命的活力。郭元祥将教学回归生活的研究运用于综合实践活动课的开发，在与教育实验区教学实践工作者的互动中进一步深化了综合实践活动的理论体系。总之，教学理论介入教学实践首先是"自利"。其次是培养新型的教学论研究者。通过教学理论介入教学实践，教学理论工作者可以摆脱困守书斋、坐而论道的研究方式，改变一种冷眼旁观"看客式"的研究心态，从而产生对变革教学实践的使命感和责任感。这一研究价值取向的确立具有十分重要的意义。"介入"行动使教学理论工作者摆脱盲目的"理论自大狂"弊端，使教学理论研究不再是一种独白式想象式研究，教学论不再是自娱自乐的"理论游戏"，学习教学论的人也不再迷茫，不再痛苦。[①] 教学理论工作者的人生幸福感会得到有效提升。我们说发展教学理论，不是抽象地谈发展，教学理论是教学理论工作者工作的产品，试想，教学理论工作者都对教学理论产生怀疑，言说教学理论指导、推进教学实践的发展岂不是自欺欺人！总之，确立教学理论介入教学实践的价值取向有助于教学理论的优化、创新。

（二）推进教学实践

教学理论介入教学实践重在推进教学实践。由于教学理论工作

---

① 赵宁宁:《我是谁？——作为教学论学习者的困境与反思》,《北京大学教育评论》2007年第1期。

者的有效介入，教学实践工作者获得一种理论支撑，并使教学实践工作者掌握教学理论，从而提升教学实践工作者的理论素养，最终推进教学实践的革新和发展。而且，在教学理论工作者和教学实践工作者的交互合作中建立彼此的信任关系，摆脱教学理论工作者高高在上，教学实践工作者被动低下的局面，使教学理论工作者走进教学实践，教学实践工作者掌握学习教学理论成为一种习惯和自觉。如此，在教学理论工作者和教学实践工作者的精诚合作中获得进步。通过教学理论工作者介入教学实践的方式，教学实践工作者由对教学理论的陌生、恐惧甚至无端的蔑视和不屑，转变为对教学理论的亲近、信任甚至热爱。教学实践工作者逐渐成为研究自己的教学实践的人，这个时候，教学理论工作者的角色就变成了纯粹对话者的角色。因此，"介入是为了不介入"，教学理论介入教学实践的最终结果应当是教学实践工作者具有自己的教学理论追求。教学实践在实践、反思、理论、检验、再实践这一过程中得到不断提升，从而实现教学实践自足式的发展。我国新课程改革的教学实践很能说明这个问题。在新课改中，教学理论主动介入教学实践，引领教学实践，教学实践工作者刚开始时还有些不太适应，比如有学者提出了"教学理论的文化适应性"问题。[1] 不过，随着教学理论介入教学实践的深度和广度的加强，新课程的一些教学理论主张已成为教学实践工作者的常识性话语，比如"三维目标""三级课程、三级管理""校本教研""校本培训""综合实践活动""自主、合作、探究"的学习方式等成为新课程改革的标志性教学理论主张，也成为教学实践工作者进行新课程改革实践的最直接的理论根据。教学理论介入教学实践，至少给教学实践刮进了一股新风。教学实践工作者按照新的教学理论的要求提升自己，参加各种层次的培训，有效地促进了教学实践的深入开展。

---

[1] 万明钢、王平：《教学改革中的文化冲击与文化适应问题》，《教育研究》2005年第10期。

第六章 我国教学研究范式的转型

通过考察教学研究的历史，发现全球范围内的教学研究正在形成一个共同的趋势，即由传统的"以教为中心的课堂"研究向现代的"以学为中心的课堂"的研究范型转变，而我国的教学研究正处在这一转型过程之中。实现"以学为主"的教学研究，需要专业的路径与方法，主要包括理论工作者对"以学为中心"教学研究的专业引领；教师群体作为学习型组织成员的"同僚性"共同体构筑；教师个体作为研究者和反思性实践家，对自己的课堂教学开展的反思性教学研究。

教学研究是研究者深入课堂教学的场域中，研究教学内部的构成要素及其相互关系，并探索和总结出教学规律，解构和诠释教学人文现象的一种研究活动。在不同的历史时期，教学研究的对象、主体、方法等各有其侧重点。当前，全球范围内教学研究的发展呈现出共同的趋势，即研究主体由单一的理论研究者转向理论与实践结合的研究者，研究对象的重心由传统的研究教师的"教"转向现代的研究学生的"学"，研究方法由传统的课堂观察法转向定性与定量结合。我国的课堂教学研究正处在这种转型过程之中，传统的研究范式仍然占据主导地位，新型研究范式正在形成之中。因此，把握全球范围内教学研究的新趋势，变革我国的教学研究范式，对于推进我国基础教育的教学研究、深化课堂教学改革均有着十分重要的现实意义。

一 教学研究的嬗变历程和发展趋势

教学研究从其发展历史来看，经历了三个重要的阶段，每个阶段各有其侧重点。通观教学研究的历史，可以洞察其普遍的规律，可以把握当下的趋势。

（一）教学研究的萌芽期：以教师个性特征为主的研究阶段

西方现代意义上的教学研究始于20世纪初至50年代，早期的研究者对教学现象的认识较为直观，片面地认为教师的个性特征是影响教学的唯一因素。开展教学研究的理论工作者也对此持有普遍的认识，认为"好"的教学就是"好"的教师，"好"的教师才会创造"好"的教学，对"好"的教学开展研究只需明确"好"的教师的概念和范畴，即明确"好"的教师所需具备的特征及能力。因此，以教师个性特征为主的教学研究成为早期教学研究的重点。

在研究方法上，从大样本的归纳分析方法发展为定量分析方法。早期以教师个性特征为主的研究，采用最原始的方式让学生运用最简单的话语描述"好"教师的那些可观察到的性格特征，描述为什么他是"好"的教师。为保证研究所得数据的有效性，采用大量样本，把"好"教师的各种特征的出现频率汇总起来，计算百分比，百分比高的便被证明是"好"教师的特征。[①] 随着定量分析介入教学研究中，研究者为了使所观察结果定量化，科学而有效地提高判断的精确度，广泛应用教师等级量表。

教师等级量表的使用使研究者认清了等级量表实质上仅能澄清专家判断的内容，并没能科学地说明有效教学的本质，也没有证据能证明一般评定得高分的教师就比得分低的教师的教学更有效，也

---

① 中央教育科学研究所等编译：《简明国际教育百科全书·教学》（上），教育科学出版社1990年版，第177页。

没有对教师的效力进行测试以说明有效的和无效的教学之间究竟有何差别。① 即便研究试图测定总的等级评定与学习结果的相关性,以确定总评定的可靠性,但研究结果一致表明,这两个变量之间没有相关性,也就是说,学生的平均成绩与教师的总评定无关。② 此类研究结果的不断证实,使"只是将教师特征与教育结果机械相连,而忽视了对课堂实际进行深入细致的客观分析"③ 的研究范式受到质疑,热衷于研究教师个性特征的学者开始转向关注教师的教学行为,这一改变使研究者注意到长久以来被视为"暗箱"的教学现象发生的真实场域——课堂,逐渐引导研究者对教学过程本身开展研究。

(二) 教学研究的探索期:以"教"和"学"为主的研究阶段

20世纪60年代以后,深受库恩范式理论的影响,美国著名的教学研究专家盖奇(Gege)、多以利(Doyle)等把范式界定为研究共同体内寻求共识的解决问题的方法、方案的一种隐含性的框架,使研究人员对研究结果达成共识,进而开始了教学研究范式探索的阶段。

在研究重心上,教学研究从个别细小的变量开始,从变量的相互关系中逐渐引申出因果法则。④ 研究者先通过对以往教学研究的反思,发现教学过程本身的中间环节会削弱教师的个性特征和教学效果之间相关的误差,教学研究开始从以往仅是对教师个性特征的研究转向对教师教学特征的研究,试图寻求教师在课堂教学过程中所表现出来的特征及规律。研究者开始认识到研究教师的教学行为是不够的,因为教师的行为是受教师心理背景系统中教师的思考、计

---

① N. L. Gage, *Hard Gains in the Soft Sciences: The Case of Pedagogy*, Bloomington: Phi Delta Kappa, 1985.

② 中央教育科学研究所等编译:《简明国际教育百科全书·教学》(上),教育科学出版社1990年版,第179页。

③ R. J. Marzano, *What Works in Schools: Translating Research into Action*, Alexandria, VA: Association for Supervision and Curriculum Development, 2003.

④ 王嘉毅:《教学研究的本质和特点》,《教育研究》1995年第8期。

划和决策影响的。[①] 克拉克（C. C. Lark）和皮特森（P. Peterson）提出要对教师的思考过程展开研究。此时，研究者也认识到教学过程中的教师、学生、课程等因素及其相互作用对教学效果会产生影响，教学研究转向关注教学过程本身，开始了对教学过程中教师的教和学生的学共同研究的阶段。盖奇利用范式理论研究教师的教与学生的学，将教学研究范式归纳为三种：效果—标准范式（criterion of effectiveness）、教学过程范式（teaching process）、机器范式（machine）。梅德利（Medley）总结了教学研究发展必须关注的五种关系：课堂学习的研究，即学生的学习成绩与学习经验之间的关系；课堂教学研究，即教师行为与学生学习活动的相互作用；教师决策的研究，即教师的预作用行为与相互作用行为之间的关系；教师能力的研究，即教师应具备哪些能力；师资选拔研究，即有助于选拔接受师资培训人员的研究。从这五种关系中可以看出，教学研究对象以教师的"教"和学生的"学"为主，增加了学生的学习经验、师生之间相互作用、有效教学模式、对学生学习研究等。在考察这一时期的教学研究文献时，发现大多数研究强调课堂教学的规范性，教师的教学行为和可观察的效果，教师的思考过程，教师如何管理课堂、组织活动、分配时间、提问、奖惩学生、布置作业、备课、判断学生的理解程度等，对学生认知过程以及学习机会的各种指数的重视程度依旧不够。[②]

在实施以教师的教和学生的学为主的教学研究下，为有效揭示教学研究中影响教学效果的变量，诊断这些变量所存在的问题并加以改进，实现教学效果的提升，研究方法和研究主体也相应地发生了改变。

在研究方法方面，由原来单纯的观察法、等级量法发展到观察量表法、实验法。观察量表的使用和推广以及把课堂作为实验室而

[①] 赵明仁、黄显华：《近 20 年来西方教学研究的新进展——对教学的理解及其转变》，《比较教育研究》2006 年第 2 期。

[②] 徐学福：《理论失位与实践转向——20 世纪美国课程与教学研究的重心转移》，《全球教育展望》2011 年第 5 期。

采取自然科学的实验方法开展教学研究存在以下特点：将课堂教学的过程变量以数字化的形式呈现出来，用量化研究方法记录和分析"T"（教师）、"C"（学生）发言，把教学内容、教学方法、学习方法作为独立变量加以设定，把特殊化的教育目标的达成作为从属变量加以评价，或进行教学过程的功能分析，以谋求教学的效率化，似乎让人们看到了以学生的心理发展与学习过程为轴心的教学过程的法则性理解合理性技术之体系化的可能性。[1] 然而，用这种量化的实验及测量方式探求教学的科学规律，也越来越受到质疑，因为这种研究是将教学活动抽象、概括为几个重要的研究变量，将复杂的、多样的现象概括为简单的关系，虽然有利于实验研究工作的进行，却剥离了真实的课堂情景，难以反映教学现象的整体面貌，难以反映教学现象中各因素间的真实关系。20 世纪 80 年代以后，受现象学、人种志和新马克思主义观点的影响，观察法从传统的重点测量、统计、分析可用的分数转化为长期性描述记录的定性分析。"将研究对象放置在其发生的背景和脉络之中"，在生动再现的基础上进行"理解"和"诠释"[2]。

在研究主体方面，由单一的理论研究者转向教师介入教学研究的队伍中。在课堂教学中开展长期性描述记录的定性分析，强化了英国斯腾豪斯提出的把教师作为研究者的概念，以及美国施瓦布等提出的把教师作为行动研究者的理念，国际上逐渐展开了关于教师作为课堂行动研究者的研讨，"教师成为研究者"由理念落实到教学研究的实践上，丰富和壮大了教学研究的队伍，特别是理论研究者和教师开展了初步的合作研究。由于受技术理性的影响，教师们不仅服从于专家等理论研究者的权威，而且同理论研究者一样把复杂的情境与事件抽象、概括成一定的概念与原理，琢磨"能干教师""资深教师"的技术，以"科学的方法"分析自身的实践，并陆续写出"研究论文"。专家学者和教师所开展的教学研究均是作

---

[1] ［日］佐藤学：《课程与教师》，钟启泉译，教育科学出版社 2003 年版，第 221 页。
[2] R. A. Charlotte, *Classroom Research for Teachers: A Practice Guide*, Norwood, MA Christopher-Gordon Publishers, 2004.

为课堂教学技术的科学化与体系化的理论而出现的。①

（三）教学研究的成熟期：以研究学生的"学"为主的阶段

20世纪90年代以后，国际教学理论的新进展使得教学研究的重心越来越明晰，同时欧美等国教学实践的导向也改变了研究者的研究取向。教学研究从以往对课堂教学规范性的关注转向对课堂教学实践性质、交往性质和文化属性的研究；研究主题则从片面关注课堂教学过程的实效性转向对课堂教学过程的合理性关注。进入21世纪以来，发达国家和新兴国家的研究人员不断加强对自身教育体系的反思和对世界教育的关注，把研究重心转向了基于学习的教育创新。对学习和学习者的聚焦和研究，已成为全球教育变革的强劲潮流。教学研究重心的转向也使研究者更切入教学的最终归宿：对学习者学习的研究。

从理论方面看，国际教育发展委员会出版的《学会生存——教育世界的今天和明天》《从现在到2000年教育内容发展的全球展望》《教育——财富蕴藏其中》《学习的本质：用研究激发实践》等一系列经典之作提出了一些重要观点——"我们应使学习者成为教育活动的中心""学习过程现在正趋向于代替教学过程"；而且明晰了一些教育教学的基本理念：终身学习、学习化社会、人的发展与主体性培植、创造性能力的培养、学会学习、学会关心、学会负责等。这些理念促使人们反省以往的教学研究，使学习者、学习、学习科学成为专家学者们的"特别兴趣"。同时在这些理念的基础上，研究者具体阐述了对教学和教学研究的新认识，如舍恩"反思性实践家"概念的提出和建构，日本佐藤学关于"学习共同体"和"同僚性共同体"理念的建构，认知主义和建构主义理论对教学和教学研究的渗透，变异理论课堂学习研究的建构，以及合作学习、研究性学习、探究性学习、基于问题的学习等方法的使用，都为以学习者的学习为重心的教学研究注入了新鲜的血液。

---

① ［日］佐藤学：《课程与教师》，钟启泉译，教育科学出版社2003年版，第222页。

从教育改革方面看,近年来世界各国尤其是欧美各国的教育改革正以实现教育的"优质"与"平等"和教师教育的高度化与教职的专业化而发生缓慢的根本性的"永续的革命"[①]。研究者认识到基于课堂事实的教学研究是提高学生学习质量和促进作为专家的教师发展的最有效方法,欧美各国率先在课堂教学中从课程、教学方法、学习方法等方面将以"教"为主的教学转变为以"学"为主的教学,课程的内容不再以教科书为主角,而是以对学生而言有探究价值的题目和课题为中心,借助丰富的教学资料和多彩的活动形式追求学生高品质的学习。教师以课堂学习的设计师、研究者或儿童学习的促进者的姿态展开活动,通过与同伴和专家学者的研究性学习反思教学实践以促进学生的成长及自身的专业化。从各国课堂教学的转型可以看出,当前教学研究的变革正在朝向学生的学习。作为欧洲教学中最为传统的法国、采用复式教学的芬兰也均开始追求优质的发展性学习。东亚国家和地区的课堂教学变革和教学研究的转型相比欧美各国是迟缓的,但却以破竹之势变革着,尤以日本和新加坡等国率先开展,日本正处于从技术性话语下"以教为主"的教学研究向实践性话语下"以学为主"的教学研究的变革阶段。佐藤学在《学校的挑战》中详细地阐述了在这个过程中教师怎样构建同僚性的互助合作关系,以及教师和理论研究者如何通力合作开展教学研究。佐藤学还预言,这种"以学为主的教学研究"会在全世界掀起静悄悄的革命。

对国外教学研究发展历程的分析可以发现以下特点及趋势:第一,教学研究重心发生转移。最早的教学研究注重对教师个性特征的研究,到后来,研究者意识到只研究"教"而忽视"学"则难以揭示教学的本质问题,开始研究学生的学,但关于教和学在教学研究中受关注的程度、双方在教学研究中的关系和地位,起初并没有发生本质变化。伴随着对教学活动过程的研究及理论体系的完

---

① [日]佐藤学:《学校见闻录(学习共同体的实践)》,钟启泉译,华东师范大学出版社2014年版,第58页。

善，特别是适应现代教育强调学生主体性和主体意识的要求，及教师作为学习者和反思性实践家理念的提出，对学生的"学"和教师的"学"的探讨及研究日益凸显，强调以"学"为出发点研究"教"，研究教师的"教"是为了"学"，并非忽视"教"，而是注重对教之目的、归宿的研究。而研究教师的"学"，其最终指向也是强调学生的"学"的实现。第二，教学研究主体扩大。从单一的理论研究者扩展为一线教师等实践者和理论研究者共同开展教学研究，而且教师的实践性研究是教学研究的主体，二者需要合作研究教学，以通过"实践话语"和"理论话语"的结合，超越"技术理性"。第三，教学研究方法多样化。研究方式从朴素的大样本归纳方法到追求量化的、科学的等级量表的统计分析，探寻科学化的教学研究方法。再到"回归事实本身"，采用质性研究方法阐释教学过程的合理性。最终形成多样化的研究方法，如教育叙事研究、行动研究、量化和质性研究相结合等方法均被应用于教学研究。

二 我国教学研究的变革

（一）我国教学研究的传统

自 20 世纪 50 年代以来，为了推进教育变革、实现教师专业发展和大面积提高教育质量，教育行政部门在结合我国教育发展的实际情况的基础上借鉴苏联教学研究的经验，自上而下设立了专门的教学研究组织，不仅设有中央教育科学研究所（现中国教育科学研究院），而且各省、市、地、县各级教育行政部门及高等学校均设立教学研究机构，形成了一个完整的国家教学研究体制，由专门的教学研究机构组织并开展教学研究活动，主要是组织教师讨论和制定各学科的教学计划，拟定教学大纲，选编教材，改进教学方法等。在中小学校里，按各学科分别设教学研究室，同样定期或不定期地开展教学研究工作，主要研究教学大纲、教材和教法的实践活动；结合教学钻研教学理论和专业科学知识，帮助新教师提高业务能力；总结交流教学和领导课外活动的经验等。①

随着教育教学研究的发展，各地学校教研室着力针对教师队伍素质薄弱和统编教材无法适应地方具体需求的情况，开始积极组织力量编写与教材相关的教学参考资料，为中小学教师备课提供必要的参考。教研员创造性地组织教师参加备课、听评课等教学研究活动，其中听评课活动包括资深教师上示范课、教学专题研究课、青年教师汇报课三种类型，通过资深教师的教学活动学习先进的教学思想和方法，或钻研好教师的教学特征；通过教研员和教师合作学习和讨论某一教学专题，开展实验性的教学观摩活动；通过青年教师和资深教师的师徒制关系逐步提高青年教师的教学水平。此阶段的教学研究力图探讨教学的科学规律，研究改革教学内容和方法的技术手段，并在此基础上改进教学方法。这种探索教学规律并以此预设教学活动的重心在于"教"，而学生的学习过程与方法被轻视，教的结果是向学生要成绩，逐渐演化成了应试的教学活动。

实施新课程改革以后，我国课堂教学的重心由教师的教开始向学生的学转变，课堂教学倡导学生新型的学习方式，教师为学而教，为教而学，教师不仅要研究自己的课堂教学，提升自己的专业素养，还要研究学生的学习方法。我国的教学研究重心也因此发生了转变，教学研究逐渐将学生的学作为研究的重点。但是，因为传统的教学及其研究范式的稳定性与保守性，新的"专业引领、同伴互助、自主反思"三位一体的研究模式尚未真正落实，这表现在三个方面：第一，理论研究者仍然重理论，轻实践。大多数的理论研究者远离教学实践，沉溺于书斋、文献中闭门造车地开展纯理论研究，妄想创造科学教学研究的神话。只有那些有机会参与课程教学改革的研究人员和教研员与一线教师通力合作开展校本教学研究。第二，教研员对于教材、教法、教师的研究仍然是教学研究的重点。因为教研员深入学校做教研，使校本教学研究中有了听评课活

---

① 《中国大百科全书·教育》（第10册），中国大百科全书出版社1985年版，第157页。

动,有了对学生新型学习方式的课堂教学研究,但教学研究的重点不在于课堂教学的过程及其改进,而是仍停留在对教学的结果性评价上。教研员的主体还是在教研部门做教材与进行教学辅助材料的开发与研究,校本教研中的同伴互助缺乏制度保障与政策支持,其主要的功能尚未发挥出来。第三,广大教师作为研究者仍然停留在理念层面,甚至只是一个口号,教师作为研究者既缺乏制度上的保障,又缺乏理论上的武装。教师作为研究者也只能在少数人身上有所体现,大多数中小学教师或因教学任务重,或因对教学研究缺乏信心,或因在教学研究上缺乏方法指导,或因一些管理者的错误要求而对教学研究失去兴趣,教师个体的教学反思还不能内化为教师个体的自觉行为。

从我国教学研究的发展现状来看,研究重心以教材、教辅资料为主,虽然也开展了以教为中心的教学研究,却不是很成熟,而以学为主的教学研究更是凤毛麟角。在研究的过程中,理论研究者虽然开展了一定的教学研究,但却是理论研究占主导。广大教师中虽也有先行的研究者,但大多数缺乏深入系统的研究,更谈不上理论的构建与教学的改进了。由此可见,我国教学研究正处在一个转型的关键时期。

(二) 我国教学研究的转型:以学生学习为主的研究

我国基础教育领域明确强调教学的重心由传统的"教师、教材、教法"转向"学生、学习、学法",教学研究的重心也由此发生了变化,关注学生的学习方法成为新时期教学研究的核心。我国的教学研究改革正沿着以下两个方向前行。

第一,教学研究制度的变革。从教学研究制度上而言,传统的教学研究部门均隶属于教育行政部门,教学研究人员是从教学第一线选择出来的优秀教师,可是做了教研员后,就很少深入学校做研究了,主要从事于教材、教参、教学辅导资料的编写及进行统测、统考的试题与资料开发。新的教学研究制度要求教学研究人员重返学校,成为若干所学校的教学专业指导工作者,上联大学理论研究工作者和学科专家，下达中小学教师的课堂教学观摩与改进。与此同时，大学设立了基础教育课程改革研究中心，鼓励大学理论研究者走出书斋，从文献式的理论研究者转变为"听课专家"和"指导者"，成为深入教学现象发生的场域同教师开展合作研究、平等对话、知识共享的共同体中的一员。

第二，教学研究方式的转变。教学研究方式的转变同时从理论研究者与实践研究者的研究变革方面双管齐下。大学研究人员深入中小学开展教学研究活动，在理论自觉和创新实践基础上比较深入和系统地研究课堂教学变革经验。以叶澜长期致力于中国"新基础教育"的探索性研究为例。她在课堂教学实践变革方面提出了"把课堂还给学生，让课堂焕发出生命活力"的主张。叶澜认为："我国现实教育中最大的缺失是对学生——作为教育对象的具体的人生命的关注。作为教育者的教师，在忽视学生真实生命成长需要的同时，自身的生命成长的价值也被忽视，强调的仅是教育的工具价值。正是双重的忽视，使学校教育丧失了'生命性'，丧失了'魂'。"① 所以，叶澜以中小学课堂教学的改进为基石，开展了以学为主的教学研究。崔允漷也将有效教学的理念落实在学生的发展方面及教师专业实践的转变上，他认为："学生有无进步或发展是教学有没有效益的唯一指标。"②教师的专业实践已经发生了变化，如基于课程标准或学生经验的方案设计、实施与评价，教师关注已从"怎么教"转向"怎么学、学会了什么"③。实践研究者的变革以洋思中学和杜郎口中学为代表，它们发起了以学生的学习为中心的课堂教学实践变革。这两所学校均通过教与学的关系、教学组织形式及教学活动方式的改变，实现课堂教学过程关注的焦点从教师的教转向学生的学，以学生的有效学习为整个课堂教学的重心，落实学生在教学过程中的主体地位。

因此，从总体来看，无论是国家颁布的改革政策，还是提倡的

---

① 叶澜：《命脉》，广西师范大学出版社2009年版，第15页。
② 崔允漷：《有效教学策略》，人民教育出版社2001年版，第109页。
③ 崔允漷：《中小学教研制度：不容忽视，不容替代》，《中国教育报》2014年6月。

教育教学理念，都鲜明地显现出以学生的学习和发展为本，以促进学生健康成长为本。教学研究也呈现出与教学改革相一致的趋势，即教学研究注重对学生学习活动过程与方法的研究，课堂教学改革与校本教学研究相互促进。学校教育正处在变革之中！教学研究正处在变革之中！

三 我国新型教学研究的路径和方法

以学生的学习为主的教学研究是国际化教学研究的主要趋势，也是我国教学研究正在形成的一种新的范式。形成这种研究范式需要批判传统的教学研究范式，需要准确把握国际教学发展的新动向，需要专业的路径与方法。

（一）"以学为中心"的教学研究之专业引领

全球范围内新型的课堂强调"以学为中心""学习共同体"等理念，教学研究因而转向研究课堂上的学习活动。如何从以"教"为重心转向以"学"为重心？如何从以"教研"为重心转向以"学研"为重心？这需要理论工作者的专业引领。教学活动重心的转变是受到教学理论的影响而形成的一种新变革，任何教学改革，教学理论都是先行者，指导教学改革的理论需要理论工作者的专业引领而达于课堂教学实践中。理论的专业引领既包括理论主动适应实践，送理论进实践，也包括理论工作者对实践工作者的培训，还包括实践工作者邀请理论工作者进入实践场域，二者一起通力合作解决实践问题，推动实践变革。在新课程背景下，我国教学研究的转型需要理论研究者和一线教师开展通力合作。这主要是由于以下几个原因：一是在传统的教学研究中，理论研究者要么开展解构式的思辨研究，把构成课堂的要素当作研究的重点，如教师、教材、教学方法、教学组织等；要么将课堂教学当成黑匣子或是玻璃盒，以定量或质性的方法探讨教学过程中各要素之间的关系，寻求对教学过程技术性的合理解释。基于以上两种形式得出的理论研究成果，不仅以理论话语的形式独霸教学研究的各个领域，使得教师的话语权式微和自律性衰退，而且不能为教学实践的改进提供真正意义上的理论支持和生成本土经验的教学理论。因此，只有理论研究者"进入课堂与一线教师合作，关注课堂教学的整个过程，才有可能从活动本身的角度，让教学形成多元综合、交互生成、全程展开式的理性认识"[1]。二是教学是极其复杂的工作，是一种智慧的作业。对教学的研究是以教师为主体的实践性研究，教师直面的实践性问题往往是拥有复合侧面的综合性问题，教师自身存在理论和方法上的许多不足，对教学现象的认识往往停留在经验层次，凭借自身的经验和能力，倾向于用简单的技术方式来解决。再加上教师所开展的叙事研究，不仅是记录与叙述教师的实践性见解，反思自身的教育生活与实践，还需要得到反思性批评，进而增进教师实践知识和提高实践能力。这些都需要学术文化领域的专家和教育研究领域的专家来引领教师解决实践性问题。因此，实现优质的教学和教师作为专家的成长需要理论研究者的专业引领和指导，而理论研究者也需要深入课堂教学实践中，研究教学、探讨教学的科学规律，解释教学活动的内在特性，指导教师的教学实践，建构、丰富、发展教学理论。

实现以学为主的教学研究的转型，从本质上说是借助课例研究建构研究者和教师新的学习团队及新的合作关系的过程。在这里，理论研究者和教师所开展的通力合作研究的形式主要有：一是以课堂案例的形式开展教学研究。合作双方所开展的研究是回归教学事实本身的研究，是直面具体教学的实践性课题，而不是远离教学实践的教学研究。以课堂案例的形式开展研究有利于让合作双方更好地洞察不同的学习者在教学活动中是否发生真实的学习及学习者学习的状态，同时也有利于收集、解释、记录与利用教师的实践智慧。正如舒尔曼所提倡的："确定案例知识、案例文献与基于案例

---

[1] 叶澜：《课堂教学过程再认识：功夫重在论外》，《课程·教材·教法》2013年第5期。

的教师教育，是我们讨论和研究的中心，形成了丰富而重要的研究日程。"[1] 二是"以学为主"的教学研究。在课堂案例研讨中，理论研究者和一线教师应从传统的对"教师、教材、教法"的研究转向"学生、学习、学法"的研究，关注学生学习活动的特点与方法、学生的学习过程和结果。在具体的研讨环节中，研究者和教师也会关注课堂上教师的教和学生的学的状况，但这仅是为研究学生的学做准备的。最为关键的是研究者和一线教师通力合作不仅从理论上研究学生学习的基础、内涵、特点、形式、方法等，而且从实践上探索学生学习过程与有效模式，以指导新型的教学活动的展开，实现教师的专业发展和保障优质教学的开展。三是研究者与教师在合作研究中共同成长。在以往的观念认识中，教师自身理论水平不足，需要研究者的引领和帮助。实则，研究者不仅需要从书本中学习，在书斋、文献中做研究，而且需要从课堂的事实和教师工作的具体经验中学习，以获得第一手的研究素材来开展理论研究。同时，研究者很少深入课堂教学开展针对教学现象的研究，对于课堂教学现象的理解和教师工作复杂性的理解都显得不足，但却在听评课等教学研究活动中，对教师的教学工作做出傲慢的建议与指导，处于孤独和焦虑中的教师也从属于权威的诱惑，形成了单向的权力关系，使得"教学研究"进入一种恶性循环的状态。斩断这种恶性循环的方法需要研究者放下权威者、指导者的身份，向教师学习并与教师确立起共同成长的关系。四是在通力合作中综合运用课堂教学研究方法。教学实践是一种复杂的、多样的、不确定的、人为的、为人的实践活动，是一种面向生命主体、体现生命意志、彰显生命本性、促进生命发展的实践。因此，以学习为主的教学研究既不是把课堂视为"黑匣子"，以定量的方法探讨教学过程的诸要素之功能的因果关系，也不是基于课堂观察的质性研究求得对教学

---

[1] L. L. Shulman, "Those Who Understand: Knowledge Growth in Teaching", *Educational Researcher*, 1986（2）：12.

第六章 我国教学研究范式的转型

过程理论解读的场合，视课堂为"玻璃盒"，记录师生的活动，寻求对教学过程的技术合理性理解，① 而是打开"黑匣子"和"玻璃盒"，研究者"回到事实本身"，这需要理论研究者和实践研究者都"融入活生生的教育实践之中，直面教育实践，在鲜活的事件现场中感悟和建构"②。关注学生学习活动的特点与方法，研究课堂上师生直面的具体的实践课题，进而解释教学现象，提高教学质量。

（二）教师作为学习专家的校本教学研究共同体的构筑

迈克尔·富兰认为，教师是变革的主动力，③ 而学校从内部发生变革的最大原动力在于教师作为专家构筑起亲和与合作的"同僚性"。④ 构筑教师作为学习专家的"同僚性"校本教学研究共同体，是源于冲破由学校竞争所引致的教师以各自教室为城堡而在无形中形成的壁垒，改变教师在各自的堡垒中自我蒙蔽和故步自封的状态及在教学研讨中不基于彼此教学实践的冷淡疏离的、标准化的甚至流于形式的评价方式；矫正受"假设—验证"模式支配的现代学校教学研究中的"上课"概念，转变热衷于"上好课"就会产生好的学校、好的教师、好的教育的朴素信念。这是因为个性化的教学会阻碍教师个人的专业成长，而且使得教学研究部门很难更好地集中力量完成其使命；同时任何行业的成长都依赖于它的参与者分享经验和进行诚实的对话，⑤ 同僚之间相互交流对话和切磋学习的共同性的指引，可以帮助教师在自己的课堂和其他教师的课堂上开展优质的教学研究，以真正提高教师的实践知识和实践智慧，实现教

---

① ［日］佐藤学：《课程与教师》，钟启泉译，教育科学出版社2003年版，第221页。
② 李政涛：《论教育实践的研究路径》，《教育科学研究》2008年第4期。
③ ［加］迈克尔·富兰：《变革的力量：深度变革》，教育科学出版社2003年版，第115页。
④ ［日］佐藤学：《学校的挑战：创建学习共同体》，钟启泉译，华东师范大学出版社2010年版，第165页。
⑤ ［法］帕克·帕尔默：《教学勇气》，吴国珍、余巍等译，华东师范大学出版社2005年版，第135页。

师角色的转型和专业的自主成长，即从"教的专家"转型为"学的专家"，从"技术熟练者"角色转型为"反思性实践家"角色。教师自身的实践反思及教师向其他教师学习与合作的态度，会影响教师对教和学的态度，有助于开展以学生学习为主的教学研究，实现每一个学生的学习权。

因此，为了构筑教师作为专家的"合作学习"关系，实现"以学为主"的教学研究的转型，需要学校积极构建同僚性教学研究共同体教研组织，并引导教师积极参加丰富多彩的教学研究活动。

第一，全员教学研究活动的参与。学校中所有的教师都应该参加到教学研究活动中。一方面，青年教师进行公开教学，老教师对其提出意见，这样可以帮助青年教师解决教学过程中所遇到的困难，促进青年教师的成长；另一方面，老教师、资深教师也需要进行公开教学，这不仅有利于学习资深教师是如何开展以学生的学为主的教学经验和智慧的，而且能帮助老教师认识到教学惯性，有利于老教师的再学习，改进其教学实践中的不足，实现教学质量的提升。第二，进行日常教学活动的公开化研讨。教师不能仅仅依靠学校每学期进行的一两次听评课活动实现教学的成长，而且要在教师之间针对日常教学活动中所面临的困境和不足展开研讨。这要求在日常教学活动中，改变关起门来各自为政的教学研究现状，借助教师之间多样性的交流，开展日常教学研究，着力研究学习的过程与结果，寻求对"事件意义的多样性解释"[1]。第三，进行教师教研活动的集体"备研"。听课教师在进入同伴的课堂之前，必须进行集体备研，根据特定的研究目的，对所要研究的课题内容、研究对象的条件、研究对象的典型性与代表性等做出必要的准备，其根本目的在于听课教师尽快深入课堂"内部"做研究，而不是周旋于课堂之外。集体备研与集体备课是校本教学研究中两种日常的准备活

---

[1] ［日］佐藤学：《学校的挑战：创建学习共同体》，钟启泉译，华东师范大学出版社2010年版，第167页。

动，教师均应积极参与其中。① 第四，教学研讨对象必须明确。教学研讨的对象不是以教材和教辅资料的研究为重心，也不是以教师的教为重心，而是基于课堂教学实践中学生的成功之处和失败之处展开的研究。这是因为教学研讨的目的不是教师教学技能的展现，而是教学活动中生成的教师与教师、教师与学生、教师与教材、学生与教材等学习关系的创造与学生实现优质的学习，是回归教学原点的研究，是实现课堂教学改革的关键。第五，寻找有利于观测学生学习状态的点。走进课堂开展听评课活动，应寻找有利于观测学生学习状态及教师教学状态的点，改变传统的教学听评课活动中教师习惯性地拿张凳子坐在后排的听评课方式，因为那只是教师以教师的视角观察教师，而不是教师以教师的视角观察学生、以学生的视角观察教师的方式。寻找能关注学生的感受、反应、行为、思考、发展和成长等学习状态的观测点，统观整个课堂教学现状的观测点是以学为主的教学研究的必要条件。第六，对构建"同僚性"来说，重要的是互相尊重每位教师的教育观，尊重教学方式的多样性。② 在研讨活动中，听课教师既不是缄默不语，也不是高谈阔论、品头论足，而是基于教学过程中教师具体的教学活动的开展和学生学习过程与结果的研究，阐述自己在听评课中学到了什么，收获了什么，且有建设性地对教师的日后教学活动提出改进意见。第七，多种研究方法的使用。在教学活动中可以利用多样的研究方法对同伴的教学活动开展研究，如参与观察法和非参与观察法，其中使用参与观察法，可以制定学生学习情况观察量表；使用非参与观察法，可以借助录像、摄像的方式记录课堂上师生的对话、行为、表情、互动等。或是可以采用案例分析的方式对课堂教学开展研究，只是案例的搜集应来源于课堂教学的真实生活，且是具有代表性和典型性的案例。第八，构筑教师作为学习专家的"同僚性"校本教

---

① 王鉴、李泽林：《教师研究课堂：意义、路径和模式》，《教育研究》2008 年第 9 期。

② [日]佐藤学：《教师的挑战：宁静的课堂革命》，钟启泉、陈静静译，华东师范大学出版社 2012 年版，第 130 页。

学研究共同体，还需要从学校的制度层面加以保证和支持。学校需以学生与教师的学习为中心，精简学校的组织与教师本职工作之外的杂务，将教学研究活动作为学校的日常活动确定下来，让同伴之间的教学研究活动润泽在每个教师和学生的心中，开展以学为主的教学研究。

（三）关于教师成为研究者的自我反思

教学研究是关于教学的研究，是直接关系到教师教学活动的研究，并且直接影响教师课堂教学实践的创造与反思，所以教学研究是以教师的实践性经验的创造与反思为基础的研究，研究的主体是教师，需要教师在其课堂上开展"主位的"教学研究，目的是改进教学实践，提高其课堂教学质量，促进自身专业成长。马克斯·范梅南（Van Manen）指出，旨在实现优质教学的"反思"分两种：一是基于教师对自身体验的解释从而获得鲜活而深入洞察的"回顾性反思"（recollective reflection）；二是教师深入思考教学实践可能性的"前瞻性反思"（anticipatory reflection）。[1] 也就是说，教师需要在其课堂上开展实践—反思—再实践的教学研究活动，这是教师的行动研究。

在实现以学生学习为主的教学研究中，首先，应开展备课环节的反思。在教学活动前的备课环节进行预设的"前瞻性反思"，教师需要思考是否创造了适合学生学习此内容的学习场域，如弹性教学环境、丰富的教学素材和学习资料；是否考虑到此年龄阶段学生的学习特点、学习兴趣及学生已有的认知水平；是否根据学生的学习特点和学习兴趣及已有的认知水平设计了学案；学案的设计是否以学生为中心；是否结合教材设计了适合学生有效学习的策略和方法；是否针对教材知识设计了学生个性化学习的"夯实性的知识"和"挑战性的知识"，其中"挑战性的知识"不是偏、难、繁、旧

---

[1] ［日］佐藤学：《学校的挑战：创建学习共同体》，钟启泉译，华东师范大学出版社2010年版，第173页。

的知识内容，而是学生在与同伴和教师的协同学习过程中可以达到的，是激发学生学习兴趣和动力的内容。其次，开展教学过程中的反思。由于课堂教学的复杂性，教师在开展教学活动时不能仅仅局限于预设内容，还需在教学活动中关注自己与学生、与教材及学生与学生、学生与教材的交互作用以创造性地生成教学活动，如学生在自主学习、合作学习的过程中生发出来的问题，教师与学生互动过程中提问、回答的内容，教师需要对这些生成性的教学活动，对教学现象"事实本身"进行追问、反思，以灵活、有效地把握课堂教学。最后，进行课后反思。在教学活动后，教师需要针对其教育教学活动中所存在的问题进行不断审察、追问、探究与评价，通过与问题情境对话探讨教学中所产生的个别、具体的经验和事件的意义以开展"回顾性反思"。总之，在以学生的学为中心的课堂上，教师的备课是教师开展课堂教学研究的起点，其教学设计思想正是研究的一种表达形式，是对课堂教学的基本预设，为教师走进课堂开展研究打下了基础。教师在教学活动中一边教学一边研究，对教师而言是比较困难的，需要教师具备丰富的教学机智和智慧应对教学活动中的生成性内容。而"教然后知困"成为教师进行课堂教学总结与反思的动因，教师可以在教学活动结束后追溯教学之前的课堂教学活动设计、教学过程中的协调管理及带有评价性质的课后批判性反思。教师正是在教学前的备课环节、教学活动、教学后对教学流程进行"前瞻性反思"和"回顾性反思"，并在"前瞻性反思"和"回顾性反思"的归去来兮中进行批判性反思，生成新理解、新认识、新经验，在自我反省、自我观照中学会学习、学会教学，这有助于发展教师逻辑推理能力、思维判断能力及反思的支持性态度，促进教师专业化发展。[1] 更为核心的是教师在研究教学活动中学生学习活动的特点与方法方面不断反思、不断成长，最终有利于优质教学的实现。

---

[1] 陈晓端：《国外教学论基本文献讲读》，北京大学出版社2013年版，第291页。

第七章 课堂研究范式的转型

库恩在《科学革命的结构》中提出了"范式的构成"和"范式的转型"两个概念。从"范式的转型"历程看,既形成了逻辑演绎和经验归纳的课堂研究范式,又有自然类比和实证分析的课堂研究范式,还出现了以人文理解为基础的中介过程、生态文化、生命·实践课堂研究范式。在整个课堂研究范式转型的过程中,研究范式表现出更新替换与多元共存的特点,研究范式具有多样化。根据"范式的构成"探究我国课堂研究范式的转型之路可从四个方面展开:研究取向由理论向实践转变;研究主体由单一的理论研究者向以教师为主体,理论工作者、教研员、教师通力合作的研究共同体转变;研究对象由研究"课堂要素"向研究"课堂共同体"转变;研究方法由单纯的思辨研究向以理论为引导,定性与定量相结合转变。

一 课堂研究范式的界定

课堂研究是研究者深入教学现象发生与教学规律呈现的课堂"场域"之中,综合地开展关于课程、教学活动、师生关系、教学方法、学习方式、教学环境等研究活动的一种方式。[①] 随着课堂研究理论与方法的形成与发展,课程研究正逐渐成为一种相对稳定的课堂研究范式。所谓范式(Paradigm),按照库恩的解释是指那些

---

① 王鉴:《课堂研究概论》,人民教育出版社2007年版,第123页。

公认的科学成就，它们在一段时间里为实践共同体提供典型的问题和解答。① 通俗地讲，范式就是某个领域的实践共同体所长期共同拥有的价值观、方法论和典型案例的总称。② 所谓课堂研究范式就是通过学术共同体、理论思想、研究方法及内部关系等要素共同构建形成相对稳定的结构。

正如库恩所言，范式的构建就像提出"谜题"和"解谜"的过程一样。课堂研究范式规定了课堂研究者所研究的问题，如果一切运转良好，就可以稳定发展。一旦指导理论和方法不能应付一系列反常现象，内部危机就会爆发，就会爆发革命，逐渐会有新的学术共同体、理论观点形成，从而产生新的课堂研究范式。这一过程经历了"前范式时期—常规科学时期—危机时期—革命时期—新范式时期"。这种在课堂研究领域内一种范式对另一种范式的更替和革命就是"课堂研究范式的转型"。稳定是相对的，变化是绝对的，课堂研究范式正是在这种相对稳定和绝对的变化中不断发展和丰富的。

二 课堂研究范式的转型发展与多元共存

追溯课堂研究的历史发展可以看出，一种课堂研究范式在形成时，的确有其产生的各种历史条件，并且每一种课堂研究范式总会有其繁荣期，之后便由其他的课堂研究范式对其加以改进，新的课堂研究范式便得以形成。③ 这一过程中旧的范式并未完全消失。库恩认为，在范式的转变期间，新旧范式所能解决的问题之间有一个很大的交集，但并不是完全重叠的。④ 就课堂研究范式转型的历程

---

① ［美］托马斯·库恩：《科学革命的结构》，胡新和译，北京大学出版社2003年版，第4页。
② 刘远杰：《我国教师文化范式的历史演变及其应然走向》，《当代教育与文化》2015年第6期。
③ 刘义兵、段俊霞：《教学研究范式论——内涵与变革》，人民教育出版社2011年版，第286页。
④ ［美］托马斯·库恩：《科学革命的结构》，金吾伦、胡新和译，北京大学出版社2003年版，第86页。

来看，既出现了逻辑演绎和经验归纳的课堂研究范式，又有自然类比、实证分析课堂研究范式，还形成了以人文理解为中心的中介过程、生态文化、生命·实践课堂研究范式。因而课堂研究范式的发展既出现新旧范式的交替和转型，又出现多元共存的现象，从而使课堂研究范式更加多样化。

（一）逻辑演绎、经验归纳课堂研究范式

在课堂研究发展初期，并没有形成对课堂这一"场域"专门的系统研究，而是分别对课堂上的教师、学生、教学内容、教学方法、教学组织形式等加以研究。课堂研究只是作为教学研究的一部分而存在。课堂研究范式也主要以朴素的逻辑演绎和经验归纳为主，其目的旨在改进教学，为教学研究服务。这一时期的课堂研究主体为理论研究者。在传统教学论背景下，理论研究者有自己的"场域"，但这个"场域"不是课堂而是图书馆、资料室、书斋。他们通过阅读资料文献、素材及理论积淀，针对课堂进行逻辑演绎和经验归纳，形成研究的理论知识从而指导课堂教学实践。随着传统教学论受到质疑，这一课堂研究的传统范式也受到了挑战。课堂理论研究与课堂实际不能有机结合，出现了"理论"和"实践"两张皮现象，课堂理论与教学实践相脱节。与此同时，由于早期教学的需要，也有少部分教师对课堂进行研究，但因理论研究者和教师各自在属于自己的"场域"里工作，两个群体之间无合作交流，使得教师即使想做研究也因没有系统的理论和方法而多停留在简单的经验式归纳上。

（二）自然类比、实证分析课堂研究范式

20世纪60年代，以菲利普·杰克逊《课堂生活》的出版为标志，人们开始进行系统的课堂教学研究。课堂意识的觉醒使得研究者们纷纷走出书斋深入课堂。"课堂"这一"场域"逐渐被作为进行教学研究的"源头活水"而受到重视。受实证主义的影响，课堂研究范式也从最初的逻辑演绎与经验归纳向自然类比和实证分析转

变，与此同时，前两种范式并未消失，它们与新的研究范式并存，发挥着各自的功用。

　　以自然类比为主的课堂研究范式，最早源于夸美纽斯、裴斯泰洛齐、福禄贝尔等人。这一范式根据自然现象或事物的发生与发展来类比教学、推论教学，以确立教学的内容和方法。最有代表性的是夸美纽斯，他运用自然类比方法，在自然适应性原则的基础上，提出课堂教学需要把握系统性原则和直观性原则。因此在夸美纽斯看来，自然是根据，教学是以自然为根据来说明、解释的，通过自然类比教学，获得对课堂教学的认识。① 虽然自然类比研究范式开始对人作为生命体有了一定的认识，在课堂研究方面也运用了类比方法，但是这种研究范式没有认识到，人虽然是自然的一部分，但人的发展需要在社会关系中才能实现。因此它忽视了教学是一种有目的、有意识的社会活动。另外，以经验归纳为基础的类比法，虽然具有一定的科学性，但对课堂的研究仍停留在主观归纳上，未深入课堂内部进行分析研究。

　　随着传统教学论向现代教学论的转变，课堂上学生的主体地位逐渐受到重视，课堂研究也不单纯是研究教师的教学和课堂的管理，而是关注在课堂共同体作用下的教学。因此在改进自然类比范式的基础上，以实证分析为代表的研究范式逐渐形成。美国学者弗兰德斯提出了课堂行为分析技术，即弗兰德斯互动分析系统（FIAS），它以课堂内的师生语言行为互动作为分析课堂的依据。弗兰德斯互动分析系统由一个编码系统，一套关于观察和记录编码的规定标注，一个呈现数据的矩阵表格三部分构成。它把课堂上的言语互动行为分为教师言语、学生言语和沉默或混乱三类情况。② 旨在采用量化方法，通过对课堂上教师和学生行为及互动进行统计描述来揭示课堂的结构。在我国，崔允漷提出了"课堂观察 LICC 范式"。他将课堂教学分为四个构成要素（学生学习、教师教学、

---

① 张武升：《教学研究范式的变革与发展趋向》，《教育研究》1994 年第 12 期。
② 王鉴：《课堂研究概论》，人民教育出版社 2007 年版，第 148 页。

课程性质、课堂文化），并遵循研究的逻辑，将每个维度分解成五个视角，再将每个视角分解成3—5个可供选择的观察点，这样就形成了"4维度20视角68观察点"[①]。崔允漷以实证分析为导向对课堂进行多维度多视角研究，相较于简单的自然类比课堂研究范式而言，无疑有着巨大的进步。实证分析范式相对于之前的逻辑演绎和经验归纳范式而言，其优势是研究者从书斋中走出，深入课堂，用较为成熟的观察测量表进行课堂观察和分析，相较于自然类比课堂研究范式显然更加科学、精确、全面。但是用数据来呈现生动的课堂形态，这种实证分析课堂研究范式忽视了课堂的整体性、生成性、流动性，因此具有一定的局限性。

（三）以人文理解为基础的课堂研究范式

20世纪中后期，西方教育科学领域发生了重要的"范式转型"：由实证主义影响下探究普适性的教育规律转向从人文方面理解教育的意义。传统的观察法、问卷调查法、抽样研究法、实验法等，其价值是不言而喻的。与此同时，随着人文社会科学的不断发展和情境化教育的需要，一些新兴的人文社会科学研究如现象学、诠释学、人类学、社会学向课堂研究注入了新鲜血液。因此，研究取向的转变和研究方法的引进，派生出一系列有代表性的课堂研究范式，包括中介—过程课堂研究范式、生态—文化课堂研究范式、生命·实践课堂研究范式等。

1. 中介—过程课堂研究范式

中介—过程课堂研究范式从建构主义和人本主义心理学出发，增加了对教师信念、教学观念和实践的反思以及对学生认知、情感等方面的研究。这一研究范式重视教师与学生在课堂上的认知过程和意义建构，认为课堂是由教师和学生互动所展现出来的主体性与能动性创造和推动的，对课堂生活的复杂性有了更深刻的认识。[②]

[①] 崔允漷：《论课堂观察LICC范式：一种专业的听评课》，《教育研究》2012年第5期。

[②] 赵明仁：《课堂研究的理论反思：范式的视角》，《教育研究》2013年第11期。

中介—过程课堂研究范式最有代表性的研究者是日本学者佐藤学。他深入学校观察分析课堂，以学校与课堂为基地进行行动研究，取得了包括《静悄悄的革命》在内的一系列成果。在造访各类学校的过程中，佐藤学通过课堂观察、课堂记录、课堂分析、课堂事件的解释等进行课堂研究，并发现"课堂的困境"在于同步划一的课堂教学忽视了学生的学习自主性，从而提出现代的课堂应该进行"静悄悄的革命"，只有课堂改变了，学校才会发生改变。因此他提出"润泽的课堂"和"创建学习共同体"的理念，让课堂由僵化变得润泽，由冰冷变得充满人情味，学生由被动接受变为主动探究。在整个课堂上，教师与学生、学生与学生、教师与教师之间构成一种愉快的"学习共同体"。另外，我们也从文化人类学的角度出发，将"民族志"概念引进课堂研究中，提出了以"课堂志"为主的课堂研究范式。课堂志研究以扎根理论为基础，通过"观察、访谈、深描、解释"为基本步骤对课堂现象进行直观、质性、描述、微观的研究，从而扭转课堂与教学研究中的两种错误倾向：一是只重理论教学论研究而不重实践教学论研究；二是只重课堂教学各要素的研究而不重课堂与教学整合研究。[①]

从国内外学者的研究成果中可以看出，中介—过程课堂研究范式在研究方法上，更多地采用课堂观察、深度访谈等"现场式"方法，通过对教学活动中外显与内隐、过程与情境的内涵进行微观的深描来理解课堂，主张课堂不再局限于知识和技能的传递与习得，而应着重于成长、转化和创造性。课堂研究主体的视角要从"客位"向"主位"转换，研究者愿意俯首观察与分析实际的课堂情境。这一转型较之自然—类比和过程—结果范式多了一分人文理解的特性。

2. 生态—文化课堂研究范式

20世纪中期，生态—文化课堂研究范式承袭了西方的进步主义和批判主义教育思想，引进了"生态系统"的概念，认为课堂上的

---

① 王鉴：《课堂研究概论》，人民教育出版社2007年版，第152页。

有机体是从事教和学活动的主体，即教师和学生；非生物环境为教室环境，周围的教师和学生构成其生物环境。① 因此，课堂生态的研究对象就是教师和学生同教室环境的关系和师生之间、生生之间的关系。课堂上的活动则被视为以人际互动为中心的社会过程。

美国学者沃勒在其《教育社会学》中首次提出"课堂生态"（Ecology of classroom）这一术语，他运用生态学的视角进行课堂研究，把课堂当作一个生态的意义群，以关联为核心内涵，探讨课堂的互动、多维、联系、复杂、尊重个体等方面的特性。20 世纪 70 年代，M. Louis Smith 提出用人种志的方法如活动笔记、讨论、教师书面评论、问卷调查来研究课堂生态，即通过对课堂的直接观察产生和证明关于课堂环境和活动的假设。② 因此，这一时期西方学者普遍认为，课堂是一个由社会和心理相互作用而形成的单元，运用社会认知理论去认识课堂上的生命，这样才能体现出生态文化课堂研究的整体性、情境性。

20 世纪 90 年代，吴康宁出版了《课堂教学社会学》，并集全国一流教育社会学研究人才，形成了南京师范大学的教育社会学研究学派。他同样从生态文化的角度审视课堂，认为课堂首先是一个"社会"范畴，置身于社会中，在社会中生存；其次，课堂本身就是一个"小社会"，课堂上有着社会组织，特定的社会角色，特殊的社会文化和社会活动，特定的社会规范。③ 因此他运用社会学、语言学、人类学的理论针对课堂文化、师生角色与交往互动，对课堂教学的时空维度进行观察和分析。在研究方法上注重定量研究与定性研究的结合，在研究内容上倾向于把课堂当作一个整体进行研究；在研究维度上，既针对课堂内外与社会的关系，又从时空维度对课堂进行剖析。因此生态—文化课堂研究范式揭示了课堂不仅是认知的，也是情感的、政治的，是具有多种属性的综合体。

---

① 孙芙蓉：《试论课堂生态研究的几个基本问题》，《教育研究》2011 年第 12 期。
② Louis M. Smith, *Classroom Ethnography and Ecology*, Presented to the ASCD 14th Annual Western Research Institute, San Francisco, 1969：242.
③ 吴康宁：《课堂教学社会学》，南京师范大学出版社 1999 年版，第 140 页。

3. 生命·实践课堂研究范式

以叶澜为代表的生命·实践课堂研究范式旨在"让课堂焕发出生命的活力"。叶澜以"人学"理论为依据，从教育与生命的关系出发阐释"生命"一词，认为"教育是直面人的生命、通过人的生命、为了人的生命质量的提高而进行的社会活动，是以人为本的社会中最体现生命关怀的一种事业"[①]。而"实践"则是在进行理论构建的"上天工程"之后，深入中小学课堂进行的"入地工程"。不仅要有教育观念的系统更新，而且需要学校教育的日常形态和教师的教育、教学实践发生真实意义上的变化。[②]

针对我国教学理论与实践相脱节的问题，叶澜致力于课堂教学问题的诊断与改革路径的探索。在理论上，通过理论重建形成了课堂教学变革目标、价值、过程、评价的观点和基本框架；在实践上，通过实践改革旨在使教育成为直接点化人之生命的社会实践活动。[③] 在研究理念上，叶澜强调"理论"—"实践"—"理论"循环过程，通过理论重建来指导实践改革，通过深入学校的实践改革来重构理论框架，真正做到"在这里"—"去那里"—"回到这里"。在研究内容上，更注重课堂教学的本质是为了直面生命、关注生命，在此基础上一切可以焕发出课堂活力的方法都是灵活多变的、不拘形式的。在研究主体上，理论研究者须深入学校课堂，不仅进行课堂观察，而且通过理论研究者与教师研究共同体的建构，来实现课堂教学的实践改革，使得课堂研究理论真正作用于实践、影响实践、改进实践。因此，"生命—实践课堂研究范式将课堂研究提到了一个新的高度，既有勇敢上天的理论气魄，又有扎根田野的踏实作风，更有以人为本的生命关怀"[④]。

---

① 叶澜、郑金洲、卜玉华：《教育理论与学校实践》，高等教育出版社2000年版，第136页。

② 叶澜：《命脉》，广西师范大学出版社2009年版，第16页。

③ 王明娣、王鉴：《论叶澜先生的课堂教学论思想》，《西北师大学报》（社会科学版）2015年第1期。

④ 王鉴：《论教育研究的"叶澜之路"》，《当代教育与文化》2015年第3期。

三 我国课堂研究范式转型的路径

库恩指出:"研究范式作为一个相对稳定的结构,它包括定律与理论、科学共同体、应用、仪器。"① 国外课堂教学研究范式的转型表现在课堂教学研究重心的转移、教学研究主体的扩大、教学研究方法的多样化等方面。② 对于我国的课堂研究而言,不仅在研究取向、研究主体、研究内容、研究方法等方面正发生着变革,而且研究范式也正在从理论的、实验的、计算的传统范式向数据思维的范式转换。③ 因此课堂研究范式正是在回答为什么要进行课堂研究,谁来进行研究,研究什么和怎样研究这四个问题上构建和转型的。

(一) 课堂研究取向的转变

库恩在《科学结构的革命》中提到:"常规科学的理论是基于科学共同体指导世界是什么样的假定之上的。"④ 这种假定对应在课堂研究范式上就是一种其先导性作用的研究取向。研究取向的不同会直接导致研究主体、研究对象和研究方法的差异。对于我国的课堂研究来说,其研究取向从前期单一的理论研究正在向以理论为基础引领、以实践为主流的研究转变。其研究思想从单一变得多样,研究面也逐渐扩大。扎根的实践研究为理论研究输送"源头活水",它是课堂研究的基础和根基。理论研究通过创新范式,推动实践研究的变革。具体而言,在课堂研究前期,课堂研究以理论研究为主。研究者多在书斋中以逻辑演绎、自然类比、经验归纳等方

---

① [美]托马斯·库恩:《科学革命的结构》,金吾伦、胡新和译,北京大学出版社2003年版,第2页。
② 王鉴、谢雨宸:《论我国教学研究范式的转型》,《高等教育研究》2014年第4期。
③ 王鉴:《智库建设与教育科研创新》,《当代教育与文化》2015年第4期。
④ [美]托马斯·库恩:《科学革命的结构》,金吾伦、胡新和译,北京大学出版社2003年版,第14页。

法对"文本"进行分析。理论研究注重文学语言的丰富多彩,哲学语言的优美思辨,科学语言的精确细致和逻辑严密。理论工作者既固守自己的"理论功底",也固守属于自己的"场域"。结果,深入教学"场域"的研究者少,深居书斋的研究者多。随着时间的推移,这种研究范式内部出现了危机,即研究对象的偏移和表述语言的贫乏。一方面由于研究视角轻视课堂教学生活,从而研究对象的源头活水逐渐枯竭。另一方面对于理论研究的表述词汇由于多次使用而"味同嚼蜡"。在这种情况下传统课堂研究范式受到挑战,而这一挑战正是来源于现代教学论新型的课堂教学与研究范式。

实践研究取向在 21 世纪逐渐成为研究的主流。实践研究主张课堂研究者走出书斋,走向生活,深入自己独特的研究领域中。在实践研究产生的初期,主要引进实证研究方法,通过观察法、问卷调查法、实地考察法、主位体验法、抽样研究法、实验法、访谈法等对课堂进行研究。随着人文社会科学研究的不断发展,一些新兴的人文社会科学研究方法如现象学、诠释学社会学、民族志等对课堂研究产生了重大影响。研究者开始注重以扎根理论为基础,保持现象学的态度,用人类学的方法和诠释学的角度对课堂进行多维实践研究。实践研究的形式也从单一的教学实验、课堂观察转向注重实践者参与、真实情境、问题解决的行动研究,包括以"观察、访谈、深描、解释"为主的"课堂志"研究,以故事或事件方式呈现的叙事研究,挖掘自己、别人、书本的教学案例研究等在内。[1] 因此课堂研究取向的范式经历了从前期理论研究的相对稳定到内部危机爆发,新的实践研究取向产生并与理论研究多元并存的过程。课堂研究的价值取向发生了根本的变革,从单一的收集资料的价值取向转变为通过理论创新推动实践变革。[2] 这一研究价值取向上的

---

[1] 王鉴:《从学术殿堂到生活世界——"课堂志"研究方法与案例》,《社会科学战线》2013 年第 7 期。

[2] 王鉴、宋生涛:《课堂研究价值定位:以理论创新推动实践变革》,《教育研究》2013 年第 11 期。

转变也引发了研究主体、研究对象、研究方法的改变。

(二) 课堂研究主体的转变

库恩认为:"如果科学是流行在教科书中所收集的事实、理论和方法的总汇,那么科学共同体便是这样一批人:他们不管成功与否,都力求为这一特殊的总汇贡献一二。"[①] 对于课堂研究而言,科学共同体即是长久以来从事课堂研究的主体。对于我国的课堂研究主体而言,研究主体的转型主要体现在由单一的专业研究者向以教师为主,以专业研究者、教研员、广大教师通力合作的研究共同体转变。课堂研究主体的转型不仅扩大了课堂研究的队伍,也使课堂研究的主体变得多样化。

不难看出,传统课堂研究主体是单一的专业研究者,他们拥有扎实的理论基础,深入课堂情境的目的是从理论上真正阐释课堂上所存在的种种现象,从多学科的角度说明课堂上所出现的种种问题,通过课堂研究来索取研究的素材,并完成"在这里"—"去那里"—"回到这里"的过程。但是专业研究者的构成相对整个教育研究队伍而言人数较少,更多的是进行"在这里"的理论研究,对教学中真正的问题接触不多,也不能亲自解决这些教学问题,只能帮助和引领老师去解决实际问题。

随着教师专业发展的进行,课堂研究队伍逐渐扩大,形成了金字塔式的分层结构。在课堂研究主体的金字塔中,理论研究者处于上层但数量较少,他们主要从理论方面对广大教师和教研员起到专业引领作用,既通过理论知识提高他们的课堂研究意识和主动性,又通过研究方法"授之以渔",教会他们如何做课堂研究,还通过进入真实课堂情境,提出值得研究的问题以启发和鼓励教师做研究。处于金字塔中层的教研员,即是从优秀的教师中筛选出来的,他们既从事过教学实践工作,又了解教学研究的理论和方法,既能

---

① [美] 托马斯·库恩:《科学革命的结构》,金吾伦、胡新和译,北京大学出版社2003年版,第16页。

深入实践了解课堂教学中的实际问题,又能在教学研究中起到示范引领作用。因此他们是连接教师和理论工作者的"中介"和桥梁。而在整个金字塔结构中,教师群体是最庞大、最基础的队伍,也是进行课堂研究的主要力量。从解决课堂上的问题来讲,教师是主体;从将来教学理论的发展来讲,教师还是主体;当教师专业化后,教师成为研究者,他们自然而然就是教学研究的主体,专家和教研员只能起到帮助和引领的作用。教师在课堂研究的起始阶段,可能会出现"顾此失彼"和"当局者迷"的问题,但在专业引领、同伴互助、自我反思的过程中,通过校本研究、课堂志研究、个案研究、行动研究、叙事研究等多种形式的研究逐渐从新手教师成长为专家型教师,从而实现从"顾此失彼"到"一心二用",既能有效教学又能做好课堂研究;从"当局者迷"到"旁观者清"甚至到最终的"当局者清"。课堂研究主体也就从单一的专业研究者向以教师为主体的专家、教研员、教师通力合作的研究主体转型。

(三) 课堂研究内容转变

库恩认为:"有时研究强把大自然塞进由专业教育所提供的概念箱子里。"[①] 研究一开始的定位就为后期的研究设了限,就课堂研究内容而言亦是如此。课堂研究刚开始设限在课堂各要素的研究上,认为研究课堂要素即是研究课堂。但随着研究取向、研究主体和研究方法的转变,这种限制被打破,其研究对象也逐渐从单一要素转变为整合的"课堂共同体"。这一转型之路伴随着课堂形态的解构与重构。

传统教学论不研究整体的课堂,而研究课堂上的各要素,是一种对课堂的"解构式"研究。传统教学论认为,课堂研究探讨两方面的要素:一是课堂的教学环境。如课堂上环境的布置、排座

---

① [美]托马斯·库恩:《科学革命的结构》,金吾伦、胡新和译,北京大学出版社 2003 年版,第 124 页。

位的方法、教室的温度与光线、教室的面积与学生的人数、教学活动的硬件设备等。二是课堂的教学活动，即所谓的教学研究，主要包括教师及其教学方法、学生及其学习方式、师生关系、课堂提问、教学评价等。①这种"解构式"的课堂要素研究会出现两个问题：一是课堂作为一个综合体，如佐藤学所言，既是一个具有归属感和无意识承认的原始共同体社会，又是具有契约和角色关系的群体性社会，更是一个学习的共同体。因此只单独就某一课堂要素进行研究，很难实现对其他要素的可控性，从而导致研究结果出现误差。课堂作为一个学习共同体犹如一首优美的合奏曲，若被分解成单个的音符，既损坏了本身的完整性，又失去其艺术性。二是课堂是一个动态的情境场域，是随着时间的流动而变化的。这种动态性正是范梅南所强调的教育应具备一种启发灵感的品质和某种叙述的结构来激发批判性的反思和产生顿悟的可能性。②因此，若将动态的课堂人为地分割成部分来单独讨论，也就使课堂研究失去了其生命性特征。

　　课堂不单是由教学环境和教学活动等要素构成，而是一个借助交互主体式构筑的共同体关系。因此课堂研究正在从课堂要素转向将课堂当作一个动态的共同体来研究，如教学活动的过程和特点、教学要素及其相互关系、课堂现象、课堂生活、课堂人文性的解释和发展。它要求研究者将课堂作为研究的"田野"，在"回归事实本身"和"扎根理论"的指导下，用动态的观察记录方式，深度的访谈，细致的描述和综合的理论解释去重新看待研究对象，重新构建现代课程与教学论体系。

（四）课堂研究方法的转变

　　库恩认为："如果没有范式理论规定问题并担保有一个稳定解的存在，就不可能构思出这些精心的实验工作，也不可能做任何一

---

① 王鉴：《课堂研究概论》，人民教育出版社2007年版，第48页。
② ［加］马克斯·范梅南：《教学机智——教育智慧的意蕴》，李树英译，教育科学出版社2001年版，第14页。

个实验。"① 就课堂研究而言,一个相对稳定的课堂研究范式必然包含研究的方法。我国课堂研究方法的发展之路与教育研究方法的发展之路相同,经历了思维科学研究方法、自然科学研究方法与社会科学研究方法移植、内化与发展的过程。其基本形态主要包括思辨研究、定量研究、定性研究三种范式。这种多级梯度也印证了韦伯之"社会研究应坚持价值中立和价值关联的统一"的观点。②

思辨研究作为一种方法论,主要以文献研究为主,即通过对文献资料的检索、搜集、鉴别、整理、分析,形成事实科学的认识。文献研究法不仅指资料收集,而且更加侧重对这些资料的分析。研究视角包括从"历史的角度研究问题""从比较的角度研究问题""从经验的角度研究问题""从理论的角度研究问题"③。其研究资料来源有三个方面:一是哲学、心理学等学科中引入并形成的教学认识论;二是对国外教学理论的翻译和引进;三是对传统教学理论的研究。④ 因此思辨研究是一种对已有理论和历史的再研究,如果把已有理论作为新理论的生长点去派生和发展,其方法就将会走向单一和僵化。

定量研究范式是在对思辨研究进行批判的基础上产生的。以定量研究为主的实证研究因其所具有的准确性、客观性、可操作性等特点被快速应用于课堂研究中。量化研究将课堂问题与现象用数量加以表示进而去分析、验证、解释,从而获得其中的意义。它重在对课堂现象、问题的测量、计算和统计分析,旨在通过对课堂自然情境或场景进行直接观察或实验,获得课堂上相关研究问题的数据资料以达至研究目标。⑤ 其研究来源主要是通过抽样方式产生的课堂研究样本。研究工具也以结构式的观察量表、调查问卷、访谈大

---

① [美]托马斯·库恩:《科学革命的结构》,金吾伦、胡新和译,北京大学出版社2003年版,第28页。
② M. Weber, *The Methodology of the Social Sciences*, The Free Press, 1949.
③ 吴也显:《教学论新编》,教育科学出版社1991年版,第25页。
④ 王鉴:《课堂研究概论》,人民教育出版社2007年版,第48页。
⑤ 李泽林:《课堂研究方法范式的嬗变和路径》,《教育研究》2013年第11期。

纲为主，运用 SPSS 对其所收集的数据进行统计分析，研究的结果以数据的方式呈现，并运用理论知识对其进行解释。这种研究方法看似精确却潜存着问题。由于教育的对象是具有主动性、主体性的人，一方面其研究过程中的"不可控性"使得定量研究只能达到准实验的程度，而做不到完全的精确和准确。另一方面，当课堂这一具有生命活力的"场域"以冰冷的数据呈现时，其所具有的交互性、人文性、社会性也就被忽视了。

为解决定量研究所产生的危机，研究者从社会学、现象学、人类学、诠释学等学科引进定性研究并使其成为现阶段我国课堂研究的主要方法。定性研究或质性研究通过研究者和被研究者之间的互动对事物进行深入、细致、长期的体验，然后对事物的"质"得出一个比较全面的解释性理解。它适合在微观层面对个别事物进行细致、动态的描述和分析。用语言和图像作为表述手段，在时间流动中追踪实践的变化过程。[①] 定性研究的工具常是研究者本身，研究者通过"局外人"向"局内人"转变，置身于课堂情境中，以非数字化形式通过描述体系、叙述体系、图式记录、工艺学记录等手段将课堂上的细节记录下来，并通过课堂观察、课堂写真、课堂案例将结果呈现出来。同时质性研究为达到一定的客观中立，在资料的分析方面采用 NVIVO 质性分析软件，在信效度检验方面采取三角检证的方法，使得质性研究不至于太过主观和片面。总之，在课堂研究方法的金字塔中，思辨研究虽然减少了，但却以理论引领的方式促进了定量和定性研究方法的不断发展与繁荣，呈现出量的研究与质的研究在横向上不断融合、在纵向上不断深入的取向，并逐步形成了理论引领、质量结合的课堂研究方法体系。

---

① 陈向明：《质的研究方法与社会科学研究》，教育科学出版社 2000 年版，第 10 页。

第三编
作为教学研究方法的课堂志

  课堂志就是在课堂中做研究,它是一种直观、微观的研究方法,是将民族志、人种志运用于课堂研究的一种方法,它不涉及民族问题与种族问题,而是涉及课程与教学问题。课堂志的研究方法具体表述为观察—访谈—深描—解释,其本质是一种案例研究。

第一章 课堂的困境与变革

一 课堂的困境

基础教育课堂的困境主要表现在两个方面：一是课堂上学生的精力与兴趣不能适应高难度、高速度的教学内容与单一乏味的教学方法。其原因在于学生的家庭作业量大，作息时间晚，睡眠严重不足。二是教师的课堂教学方法单一陈旧，不能适应基础教育课程改革的需要，不能适应学生主体性发展的需要。其原因在于教师在教学方法的变革与探索方面缺乏相应的引导与机制保障，教师仍以不变的方法应对变化着的学生与变化着的内容。因为学生睡眠不足，因为教师教学方法单一，课堂就成了低效的课堂，而且形成了恶性循环。构建高效课堂必须双管齐下，不仅在减轻学生的课业负担上做文章，而且要在课堂教学方法变革中唱好戏。课堂的困境也是课堂研究的主要问题，通过研究问题而达于解决问题，不仅可以使理论更具原创性，而且可以通过理论创新促进实践变革。

当下中小学最时髦的追求目标已经由有效教学转向高效课堂了。大家似乎尚没有弄清楚无效教学和低效教学的意旨，还没有完成课堂的有效教学之目标，却已经放弃了它，以为它已经是落后的理念了。在此背景下不顾一切地高喊高效课堂的口号，似乎仅仅是在追求一种时髦，对于当下仍然处在低效状态的课堂教学变革并没有多少积极的意义。

其实，不管是有效教学还是高效课堂，其目的是解决课堂教学中的低效问题。我认为，当前基础教育课堂教学低效的根本原因，或者说制约有效教学与高效课堂的主要因素有两个：一个是学生放学后家庭作业太多，学习负担过重，活动和睡眠时间明显不足，导致学生第二天在课堂上缺乏积极的学习情绪和基本的学习能力。另一个是课堂教学方法单调乏味，缺乏生活化气息，满堂灌现象普遍存在。这两个方面合在一起，课堂必然是低效的。而要追求真正高效课堂，就必须从两手都要硬方面加以保障。一手抓减轻学生家庭作业负担，保证学生足够的睡眠时间与基本的活动时间；另一手抓课堂教学方法改革，将生活世界的理念与方法引入课堂教学，让课堂充满情趣与智慧，让学生在交往、合作、活动、探索、实践中多样化地学习，让课堂成为真正学习的场域。只有课堂的有效性才可以保证在课外时间里让教师和学生回归生活世界，让教师和学生都得以解放并有足够的休息与睡眠时间。

■到课堂上睡觉去：学校生活写实

聪聪是初中一年级的学生，早上六点半被妈妈从睡梦中唤醒，揉着惺忪的眼睛，洗脸、刷牙、吃早餐，七点出发赶公交车，七点半必须到校。要知道，昨天晚上当做完各门课程的作业，收拾好沉甸甸的书包，准备睡觉的时候，看了一眼表，正好是十二点半。假设他一躺下就睡着的话，他最多只能睡六个小时。

在课堂上，聪聪第一节课还勉强坚持不打瞌睡，可第二节课上，他基本上处于半睡半醒的状态，下课后竟然不知道老师布置了什么作业，还得打电话问同学。中午十二点半回到家，妈妈的饭已经做好了，匆匆吃过之后，已经是一点钟了，一点半又得去赶公交车，两点到学校。下午的课就更是瞌睡难忍，实在没办法了，只能在课堂上睡觉了，可很快就被老师发现，被狠批一顿，伤了自尊心。于是，他下决心回到家好好做作业。六点半放学，七点钟到家，面对一大堆作业，他发现其实很多作业都不会做，因为在课堂上他是处于半睡半醒状态的，这就需要更多的时间用来自学课堂上老师讲过的内容，等学得差不多了,再做作业。做完作业,又到十二点半了。

  第二天上学,又是同样的时间,同样的状态,同样的半睡半醒的课堂生活。

  其实,聪聪对这种日子已经是驾轻就熟了,他从小学一年级开始就过上了这样的生活,掐指算来,已近七年了。正处于年少期的聪聪,却明显地表现出一种疲惫的神情。可怕的是不知到了高中毕业,聪聪将考取一所什么样的大学?更可怕的是不知聪聪到了40岁身体会是一种什么样的状态?聪聪的父母真不知道该怎么办好!为此,他们已经为聪聪转了两所学校了,可所有的学校教育都是这个样子。

  跟聪聪情况类似的学生在聪聪的学校较为普遍,睡眠时间超过六个小时的中学生基本很少,其他学校的情况怎么样呢?全国中学生的情况又怎么样呢?调查发现的情况也基本上和聪聪的情况差不多。曾振宇就睡眠问题对1100名中学生进行的调查发现,仅有3%的中学生每天的睡眠时间达到8个小时,有77.5%的学生每天只睡6个小时,高达19.5%的学生竟然只睡4—5个小时。中学生的睡眠严重不足,尤其是重点中学学生的睡眠长期严重不足。

  著名作家巴金曾这样批评我们的基础教育:"我越来越觉得我们这个新社会里封建流毒很多。……仍然用'填鸭式'的方法教育儿童。不管孩子们理解不理解,只要把各种各样的知识塞进他们的脑子,塞得越多越好,恨不得在短短的几年中间让他们学会一切,按照自己的愿望把儿女养成什么样的人。因此不论家长不论老师,都以为听话的孩子就是好孩子,整天坐在书桌前的学生就是好学生。家长说孩子做功课太慢,老师就布置更多的作业,学生不得不早起晚睡,好像学生休息愈少成绩愈好,老师也显得愈认真、负责。塞进脑子的东西越多,学生的收获越大。学生忙,老师也忙,老师脸上的血色越来越少,学生的眼睛越来越近视。"[①] 让人不解

---

① 巴金:《致李楚材》,《收获》2004年第1期。

的是，为什么十年前就存在的这种问题，经过基础教育课程改革仍然没有得到有效解决呢？难怪一位中学教师这样调侃道：谁要是能解决中国学生的睡眠问题，也就基本上解决了中国的教育问题。

中国基础教育最大的问题是：课堂上学生打瞌睡，效果极差；回到家里，有做不完的作业，耗费时间极长；学校教育与家庭生活形成了恶性循环。

■回家做作业去：家庭生活镜像

放学了，孩子回到家，应该是回到了他的生活世界了，家庭是生活世界的共同体，是温馨舒适的地方，是舒心自在的地方。学生回到家其实还是学校生活的延续，甚至比学校生活更单调乏味，因为回到家就是没完没了的作业。

聪聪的妈妈说，聪聪上小学的时候，正好赶上基础教育新课程改革，学生的作业还比较少。虽然少一些，也要从七点半做到十点左右，勉强能睡够八个小时。到了初中，作业不知为什么突然就多了起来，是因为要面临中考了吗？反正聪聪从初中开始每天做作业的时间都在五个小时以上，从七点半开始做作业，基本上都是在十二点之后才睡觉，有时会做到深夜两点钟。聪聪的一位同学说，他做作业的方法是，放学回家后吃完饭睡觉，睡到凌晨三点起床，然后做作业一直做到七点去上学。不管怎么做作业，睡眠时间都只有五六个小时。让家长担心的是，即使花了这么长的时间，投入了这么多的精力，学习成绩还是不好。为此，家长多次向学校反映作业太多的问题，学校却总是找各种理由推托。说什么只有您的孩子太慢了，别的孩子可没有花这么长时间做作业。事实果真如此吗？聪聪的妈妈说，在一次学校开家长会的时候，她专门就此问题问了几位熟悉的家长，他们都说自己的孩子做作业时间长达四五个小时，而睡眠时间也不足六个小时。

面对学校如此的教育方法，家长觉得很困惑。有的家长想，学校教育只要能给孩子一个健康的身心就行了，至于成绩不好也不要紧；有的家长想，如果学校教育能给学生一个好的成绩，即使身心不健康也就认了。可学校教育这两样都没有做到！学校教育既不能给学生一个健康的身心，又给不了学生好的成绩。学校教育到底起到了什么作用？是在培养学生还是在折磨学生？为了能给孩子找到一所保障睡眠时间的学校，聪聪的家长费尽心机，托人给聪聪转了学，转到市里一所著名的私立学校去上学。一学期下来，让家长更失望了，这所学校的教师确实比较负责任，但与此同时给学生布置的作业就更多了。下面是聪聪的作息时间及作业情况。

·我没有周末：星期六至星期日的上午必须到校上课，星期日下午要上老师办的课外补习班，晚上要到学校上晚自修。不去是不行的，也不得随便请假，否则老师要找你谈话。

·我在校时间：上午 7：30—12：00；下午 2：30—6：00；晚间作业：7：30—12：30，合计 13 个小时。

·睡眠时间：当天有课的老师要布置作业，当天没有课的老师也要布置作业，我常常睡不够 6 个小时。

·作业量（以 2012 年 11 月 27 日的作业为例）：语文一张卷子、英语是一张报纸的两个版面，数学、物理各两张试卷，其他课程各一张试卷，有 100 多题，回家后一直做题到 12 点，凌晨 5 点又得硬撑着起床，继续做题到 6 点，然后匆匆吃了早饭就往学校赶。……这样的作业不做行不行？不行，因为不完成作业，任课老师要找班主任，说你们班的某某同学作业没有完成，班主任就要找该同学谈话，作业多，不做也得做。如果完不成作业，有的教师还会体罚学生，甚至有的教师还会使用暴力。

·哎！什么时候才能熬出来啊？

聪聪的妈妈说，她看到一篇报道，称美国的中学生作业负担没有这么重，中学生四点多就放学了，作业一两个小时也就完成了。现在不知道把聪聪转到哪儿去上学，难道真的初中一毕业就让孩子去美国上高中？可家里哪有那么多的钱呀！如果不去国外上学，到哪儿上学才能保证孩子的健康呢？说透了，现在不要成绩好，就要健康都不行了！还有一位家长，不让自己的孩子去学校了，可当他打发孩子出去玩的时候，孩子也找不到玩伴了，最后就守在校门口等其他孩子放学。家长听说，哪儿的学生因为什么原因跳楼或者跳河自杀的，他们的心里就特别难受。在作业重压下孩子的生活真的有多少乐趣呢？

学生课堂上的瞌睡状态，在家里的生活中找到了答案，就是作业太多，影响了学生的睡眠时间。学生休息不好，课堂上学习效果就差，回到家中还要自学课堂内容，再加上作业多，睡眠时间自然减少。长此以往，学生的生活世界与学校的课堂教学之间形成了恶性循环。从表面上看，是学生的学习效果不太理想，就其实质而言，是学生综合素质的全面下降。20年、30年后，我国的国民素质将整体降低，最起码公民的身心素质就让人担忧。

■课堂与生活的良性循环

如果我们真正意识到课堂教学与学生日常生活的恶性循环对基础教育所造成的严重危害的话，就知道该如何通过课堂变革促进教学与生活的良性循环了。解决这一问题的突破口在于教师的专业自主。教师在课堂教学中有很大的专业自主权，但现实中教师常常因专业水平较低而不能有效地发挥专业自主，或因专业自主意识差而放弃真正的专业自主，于是，课堂教学按照功利思想的惯性而运转。教师因不相信自己课堂教学的效果而大量布置作业，教师或怀疑其他教师布置了大量的作业而不甘落后，进而给自己的学生也布置大量作业。如果教师能真正做到专业自主，第一件要做的事就是少布置作业或布置弹性的作业，这样做的主要目的是保障学生回到家里后的睡眠时间，而睡眠时间的保障主要还是为第二天的课堂教学做准备。让学生在课堂上不打瞌睡，除了一定的睡眠时间保障外，还有教师教学方法的变革。教师如果采用满堂灌的方法，学生同样对学习缺乏主动性，缺乏兴趣，课堂生活仍然沉闷。课堂生活世界必须被看成是教师与学生的专业生活世界，即科学世界的一种，但这种科学世界始终是以教师与学生的生活世界为基础的。传统的知识型的课堂教学是唯一的专业世界，是没有日常生活世界做基础的科学世界。虽然不能强化日常生活世界在课堂专业世界中的地位与作用，但必须看到教师与学生作为人的日常生活世界对于教学生活世界的意义。日常生活世界中的经验、体验、交往是教学生活世界中教师从事教学工作和学生进行学习活动的基础，不仅在教材内容、教学方法上注意人的直接经验与知识文本的间接经验的结合，而且在师生关系、同学关系、课堂纪律等方面也要体现出人性化、生命化的日常生活的特点。

二 课堂的变革

以课堂教学改革为突破口的教学生活世界重构应沿着两条思路进行：一是在课堂生活世界中注入日常生活世界的基础，使课堂焕发出生命的气息，使课堂教学与教师、学生的生活经验与体验联系起来；二是把本该是教师与学生的日常生活世界的时间与空间还给他们，使他们作为人的存在先于作为教师与学生角色的认识，使日常生活中有经验、有体验、有交往，进而为课堂教学专业世界提供基础。

大学与中小学合作（U—S）是 21 世纪推动中小学课堂教学变革的主要力量。大学中因有专业的教学研究力量而在理论与观念层面可以引领中小学的课堂教学变革，中小学因有教学的现场情境而成为大学研究者的主要田野。大学的研究团队其实是学校变革的外部能动者，学校的领导者与骨干教师，就是学校内部的能动者。能动者自身具备一定的势能，在一定的条件下可以转化为动能。外部能动者与内部能动者的联合行动，会使动能达到最大化。所以，在U—S 相互协作推动课堂教学变革的过程中，如何使能动者的势能转化为动能，如何通过能动者的联动而达到最大的动能，显得尤为重要。

（一）课堂变革的能动者及其价值

学校是专门培养人的场所，其内部管理与课堂教学在一定的文化背景与时代特征的影响下，总会形成一定的模式。学校在运行过程中，稳定的模式是必要的，但模式化的管理与课堂教学的程序化，总意味着保守与缺乏创新。正是在这样的背景下，学校的课堂教学模式容易成为变革的阻力。课堂上的问题虽然很明显，却得不到有效的解决，教师总是会凭借经验来开展教学，相信经验甚于相信理论，甚至会出现有学者所分析的"拒绝理论"现象。为了改变这种状况，学校内部常常会有能动者尝试变革，率先在其课堂教学中发生"静悄悄的革命"，"小林教师决心从一年做一次法国大餐的教师，变成每日三餐过问柴米油盐并能做出美味佳肴的教师，他决心把那种期待学生会发生戏剧化的教学转变为不间断地可持续地培育学生的教学"[1]。学校内部为响应课堂教学改革的行动，会形成专业合作的同事关系，"静悄悄的革命"便会从一间教室萌生出来，形成以植根于下层的民主主义的课堂变革模式。学校内部的能动者在将自身的"势能"转化为"动能"的时候，学校变革便开始了。在这里，学校内部能动者的"势能"是什么呢？"势能"如何转化为"动能"呢？学校内部的能动者就是学校的领导者与骨干教师，他们是学校变革的发动者，他们身上所具备的"势能"就是他们自身的理论与实践素养，尤其是对课堂教学低效问题的认识与反思，以及对这些问题解决的信心与能力。"势能"是需要储备的，储备是需要时间过程的，是需要经验积累与理论学习的。如果他们的理念与方法不能付诸实践变革过程，"势能"也就永远只是一种"势能"，而一旦静悄悄的革命在课堂上发生，"势能"就会

---

[1] ［日］佐藤学：《静悄悄的革命——创造活动的、合作的、反思的综合学习课程》，李季湄译，长春出版社2003年版，第5页。

转化为"动能",能动者就会变成行动者。因此,从学校内部来讲,如何让能动者变成行动者,是校长及学校的领导们要重点关注的事情,是学校课堂教学变革的起始环节。正如法国思想家阿兰·图海纳所指出的那样:"在教育领域,学校被赋予的任务是把学生由其出身、家庭背景,以及支配这一切的地方精英所造成的特殊性中解放出来。这一切都为我们描绘出一幅并非通过其自身性质、更非经其内在秩序而界定的某种有力的——如果不是振奋人心的——社会图像;这种社会是依其自身而被界定的。而其行动者也同样地体现为将自己从特殊性和过去的桎梏中摆脱出来,迎接普遍性和未来。"所以他进一步指出:"行动者在其中若不是推动进步的施为者(agents),就是朝向变革发展中的障碍。"[1] 行动者能否成为积极的变革者,就在于将自身"势能"转化为"动能"并在学校变革中发挥积极的作用。

如何使学校内部能动者之"势能"最大化地转化为"动能"? 如何使学校内部能动者成为推动进步的施为者? 学校内部的力量需要借助学校外部的力量来形成最大的"动能",即需要学校外部能动者与其联动而推动学校内部的变革。

学校外部之能动者便是 U—S 合作中之"U"方,因为大学中尤其是师范大学中,有教学研究的专业人员,他们长期从事学校课堂教学研究而成为储备相当"势能"的能动者。学校外部的能动者只有将其理论与方法与中小学课堂教学的变革联系起来,他们的理论与方法才能成为一种"势能";只有他们的研究成果与学校内部课堂教学中问题的解决结合起来,外部能动者才能成为行动者。所谓行动者归来,其含义包括两个方面:一方面是理论能动者介入实践,参与实践变革,与实践行动者合作,促使真正的能动者转化为真正的行动者;另一方面,实践层面的教师带着问题去大学深造学习,学成归来。归去来兮,他们不是相遇在大学的课堂上,就是相遇在中小学的课堂上,还有人开玩笑地说,他们可能正在去往课堂

---

[1] [法] 阿兰·图海纳:《行动者归来》,商务印书馆 2008 年版,第 1 页。

相遇的路上。事实上，如果没有学校外部的能动者，学校内部的能动者也能推动学校课堂教学的变革，但是"当局者迷"，学校内部的能动者不仅对自身课堂教学的问题"不识庐山真面目"，需要旁观者清的外部能动者的助力，而且，学校内部的能动者因为是实践工作者而在理论上需要理论工作者的顶层设计与变革理论的支持。所以，只有学校内部的能动者与学校外部能动者的联动，才能形成最大的动能以推动学校课堂教学的变革，尤其对于像普通高中这样难以变革的"铁板课堂"，更需要内外能动者的联动来推动它的有效变革。

学校内外能动者的联动，是一种"动能"组合，其目的在于形成最大的"势能"并将其转化为学校变革的"动能"。在联动的机理中，内部行动者在其内部也有一个核心的能动者，这便是学校的校长，是集学校能动者势能于一体的动力"齿轮"，他的行动会带动学校内部其他的能动者。同样，其他能动者的行动会助推校长能动者的行动。这是一个内部动能相互转化的机制。外部行动者在其内部同样有一个核心能动者，他是理论带头人，是集外部能动者势能于一体的动力"齿轮"，他的行动会带动学校外部其他能动者。同样，其他能动者的行动会助推"核心能动者"的行动，这同样是一个内部动能相互转化的机制。外部行动者与内部行动者不是两个人，而是两个团队，两个团队中又有两个核心成员。两个团队可以独自运行，从事各自的理论研究或实践工作，但当两个体系组合形成一个体系之后，内外能动者就形成了联动机理：一方面各自承担相应的任务，另一方面二者又面临着共同需要解决的问题，即学校课堂教学的变革与发展。联动一旦形成，课堂变革便正式启动，这是理论与实践的联动，这是内部与外部的联动，这是团队与团队的联动，联动行动的价值在于将内外能动者身上的"势能"最大化地转变为学校课堂教学变革的"动能"。从这一点上讲，学校内部能动者与外部能动者组成了学校变革的"命运共同体"（见图3）。

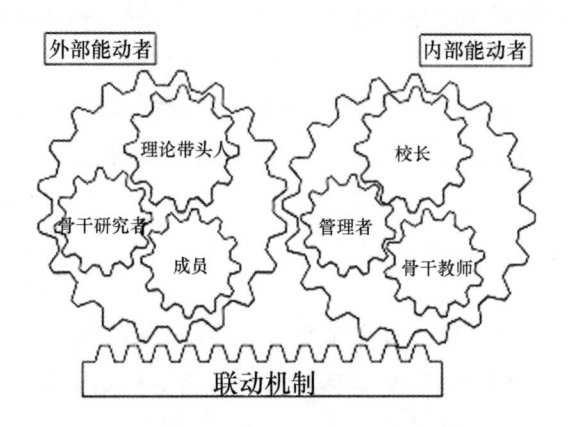

图3 外部能动者与内部能动者的联动机制

（二）能动者联动：助推课堂变革的主要模式

21世纪以来，学校内部能动者与外部能动者联动而推动学校变革的成功案例确实不少，形成了佐藤学的"学习共同体课堂"变革模式、叶澜的"生命·实践教育学"学校变革模式、香港中文大学"U—S合作"学校变革模式。这些模式均涉及学校内外能动者的联动功能，总结这些联动模式，对于理解新的时代背景下的学校变革与课堂教学改革具有十分重要的借鉴价值。

1. 创建"学习共同体学校"的联动模式

佐藤学是日本东京大学教育学教授，日本教育学会会长。他创立的著名的"学习共同体学校"理论，成为日本学校发展变革和课堂教学改革的主要依据。佐藤学是一位著名的学校变革的能动者与行动者，据他自己回忆，自20世纪80年代他在地方大学的教育学院谋职以来，几十年间深入学校开展研究，观察过的课堂教学案例达8500余项，到访过的学校累计达1500多所。作为能动者，他是以其丰富而创新的理论作为势能储备的，他的著作如《静悄悄的革命——创造活动的、合作的、反思的综合学习的课程》《课程与教师》《学校的挑战——创建学习共同体》《学校见闻录——学习共同体的实践》《学习的快乐——走向对话》等，影响了当代日本及整个世界的教育学,他本人也成为学校变革研究的权威专家。他的行动不仅是他个人的作为,还是一个团队的贡献,他和他的团队深入中小学课堂,与老师们一起尝试建构学习共同体课堂。他还在大学里或中小学里组织学术研讨会,从理论与实践的不同视角研究课堂的变革。他奔赴世界各地作学术报告,宣扬"学习共同体学校"理论,以此推动世界范围内的教育从传统向现代的变革。

佐藤学长期在滨之乡小学和岳阳中学开展"学习共同体学校"与"学习共同体课堂"的实践探索。作为学校外部的能动者,他在这两所学校中敏锐地发现了其中的问题,即这两所学校都解决不了几十名学生因厌学而不到校上课的问题,难以扫除校园暴力和违法行为,学生的学习能力测试也处于全市最低水平。面对这些问题,佐藤学提出自己的"学习共同体课堂"理论,将传统的以教师讲授为中心的课堂逐渐转变为以学习者为中心的课堂。说起来容易,可做起来却十分困难。首先是学校内部核心能动者——校长要接受他的理论并愿意在其所在的学校尝试推行,然后由内外能动者的联动来促使教师在课堂教学中的变革。佐藤学为此长期深入学校,以其理论变革学校领导者,以领导者的变革促进教师的变革,最终解决学校中普遍存在的学生厌学问题。他写到:小林老师的课堂上有了学生的欢笑声,教师的门打开了,课堂的变化从一间教室传到另一间教室。加纳校长自己扛起摄像机给教师们录课。这些形象的描述隐喻了学校内外能动者联动的过程,外部的力量推动了内部的变革,内部的变革形成了内在的动力。为了构建"学习共同体学校",所有的教师必须打开教学的大门,通过教学和范例研究,构建共同学习的同事关系。家长和市民参与学校的教育活动以及连带关系强有力地支持了作为"学习共同体学校"的建设。在日本,佐藤学在中小学开展的行动研究可以说是家喻户晓。到目前为止,"全国有两万多名教师到滨之乡小学访问学习,岳阳中学也接待了数千名教师的参观学习。全国已经有将近二千所小学以'滨之乡模式'挑战学校改革,以'岳阳模式'推进中学改革的学校也已经有三百多所，真正形成了学校变革的燎原之势。"①

2. "新基础教育实验研究"的联动模式

中国的基础教育课堂教学的变革，来自官方的有21世纪以来的国家基础教育课程改革，这次改革自上而下，不仅变革了学校的课程设计，提出了全新的课程标准与编写了有利于学生学习的教材，而且对课堂教学方式实施变革，即实施以自主、合作、探究为主的课堂学习方式。来自民间的学校变革与官方的理念与方法是一致的，但在具体的操作目标与变革的内容上更为具体。叶澜倡导的"新基础教育实验研究"及形成的"生命·实践教育学"成为理论能动者助力学校内部能动者，促进学校变革的典型案例。

叶澜是一位能够读懂时代的智者，作为一位有很强责任意识的学者，她对自己的要求是"读懂时代召唤，唤醒投身教育改革的自觉"，早在1994年的《时代精神与新教育理想的构建》一文中，叶澜表明了她所读懂的这个时代的精神在于关注未来与变革，对每一位教育工作者、教育学研究者而言，都是一场价值观、认识水平和教育情怀的考验。1997年，她发表了《让课堂焕发出生命活力》一文，对基础教育课堂教学中漠视学生生命的教学观进行了猛烈的批判，这篇文章唤醒了不少的教育研究者和一线教师，启蒙了中国基础教育课堂教学改革的先行者群体。这些先行者在全国各地陆续成为学校变革的能动者。她自20世纪80年代开始反思中国教育学的重建问题，这一学术重建的过程分为三个阶段，即有关理论、历史和方法论的批判反思的第一阶段、关于当代中国学校变革的新基础教育实验探索的第二阶段、以生命·实践教育学派创生为标志的第三阶段。② 理论的建设与不断发展成熟，使叶澜及其团队储备了强大的理论"势能"，这些势能将在基础教育的实验研究与学校变革发展中发挥积极的推动作用。叶澜所主持的"新基础教育"课题

---

① ［日］佐藤学：《建构学习共同体的学校改革》，《中国德育》2007年第1期。
② 叶澜等：《"新基础教育"成型性研究报告集》，广西师范大学出版社2009年版，第19—33页。

研究，自 1994 年开始，经历了探索期、发展期、成型期三个阶段的研究过程，走过了 15 年的历程。叶澜和她的课题组成员、参与试验的学校校长和教师、相关实验区教育部门领导等携手合作、相互支撑，共同探索基础教育的改革问题，已经形成了当代中国基础教育学校变革的一套理论。[①] 叶澜及其团队先后近 30 年，历经五个阶段，不仅形成了"教天地人事，育生命自觉"的"生命·实践教育学"，完成了"冬虫夏草"般神奇转化的理论建设，而且"最深的一个猛子扎入当代教育实践之涌动不居的大海，成为深度介入当代中国基础教育学校改革的实践"[②]。正如叶澜所总结的那样："一项研究，一项改革研究，靠什么持续下去？研究的持续，需要外部支持，但是只有外力是不行的！任何事物真要长大，真要有力量，必须要有内生力！""实现学校的整体转型，这是我们的'成事'追求，但只关注学校转型，不思考在转型过程中如何促进人的变革，那么事做不好，人变不了，最终也不能实现综合整体的学校变革。""人如何'成'？如何在做事中'成'？如何让人自觉发展，我们把'发展自觉'概括为四句话：以学促自明，以思促自得，以省促自立，以行促自成。"[③] 新基础教育唤醒的不是一两个教师，也不是一两所学校，而是激发出区域层面的整体性变革动力，并探索出区域学校群生态式成长的新路径。如果从理论自身的发展而言，将最大的猛子扎入实践，是为了获得外在的支持与持续的发展，理论自身必须有内生力。如果换一个角度，对于学校变革而言，理论能动者作为外部能动者的介入，旨在唤醒学校内部能动者的内生力，即将内部能动者的"势能"转化成"动能"，而唤醒的过程就是内外能动者的联动过程。事实上，在这一过程中，理论获得其需要的内生力资源，实践获得其变革需要的内生力能量，这才是真正意义上能动者的联动。

[①] 叶澜：《基因》，广西师范大学出版社 2009 年版，第 1—3 页。
[②] 叶澜：《回归突破：生命·实践教育学论纲》，华东师范大学出版社 2015 年版，第 36 页。
[③] 叶澜：《新基础教育：唤醒内生力的深度解读》，《人民教育》2016 年第 2 期。

3. 香港 U—S 合作的联动模式

香港教育改革过程中的 U—S 合作模式，更为重要的是从制度创新方面完成了学校内外能动者的联动。自 2000 年以来，香港中文大学与香港的中小学开展了伙伴协作的学校变革研究计划，香港中文大学成立了大学与中小学伙伴协作中心，专门负责此项教育改革计划，著名学者卢乃桂、黄显华、李子建、赵志诚等先后投入其中，总结并形成了香港特色的大学与中小学伙伴协作模式。李子建就以 "4P" 到 "4R" 的转型为例，论证了香港 U—S 合作模式的形成与发展。最初，大学与学校伙伴协作中心一直倡导以行动研究联结一线教师和大学研究人员，提出了简明易懂、富于操作性的 4P 模式，即澄清问题（problem clarification）：协作讨论，辨明学校问题的症结所在；拟订规划（planning）：提出解决问题的方案；计划行动（program action）：在协作中实施行动方案；进展评估（progress evaluation）：检视行动成果，为下一轮行动研究提供基础。协作式行动研究不仅使大学人员和一线教师能够就共同关心并且真实存在的问题展开协作，而且其自身鲜明的实践关怀和平民色彩也有助于破除一线教师对学术研究的误解。这种协作式行动研究让研究者走出了大学象牙塔，关注实践问题，同时，让一线教师接触到了理论指导下的问题研究，形成了一种伙伴协作的友好关系，这本身就是一种制度上的突破与创新。在协作研究的过程中，学校的改善离不开参与人员的投入和承担，不管是内部能动者还是外部能动者，一旦参与学校发展变革活动，就要积极地投入，勇敢地承担，外部能动者的理论引领旨在唤醒内部能动者的发展自觉，这就有必要拓展教师的理解，反思其核心的教育价值观，使其对学校、专业共同体乃至整个教育系统的发展担负责任。外部能动者帮助教师由个体的学习者和协作行动研究者逐渐转变成为一个在专业学习共同体中富有创新精神和变革使命的成员。这就是学习型组织理论支持下新型的伙伴协作的 4R 模式，即关系建立（relationship- building）：大学与学校成员建立愿景一致、平等互惠、相互依存的共生关系；概念重建（re-conceptualizing）：大学成员重视实际运用的学术成就，学校成员重视具有研究及理论基础的实践，并且双方强调校本脉络下基于协作探究的知识获得与理论重构；寻求资源（resourcing）：双方积极扩展资源，将周边的同事、学校和社区视为资源提供者；反躬自省（reflecting）：大学和学校成员开诚布公、互为诤友，通过反思、对话和分享对理论的限制与误区进行修订，对实践的成效进行检讨，对理论与实践的落差做出调整。从 4P 模式到 4R 模式的转型，一方面是伙伴协作由浅入深、由外及里的表征，另一方面是学校变革制度的不断创新。为了真正实现学校变革的目标，大学研究团队吸纳了中小学教师作为成员，常驻大学进行课题研究，在中小学中也常驻了大学的研究者，这种相互渗透团队成员、相互学习与促进的协作机制，对于 U—S 协作模式中能动者联动方式又是一种创新。[1]

上述三种模式都是理论能动者作为外部能动者进入学校，发现学校课堂教学中所存在的主要问题，引入理论依据，启动学校内部的能动者，使内外能动者联动形成最大"动能"。学校变革是艰难的，有很强的惰性及其阻抗力，变革从外部打破比较容易，从内部形成内生力切实可行，能动者中的核心能动者要善于培养能动者团队，使能动者成为联动者，能动者的势能转化为动能的过程由外而内、由少而多、由高到低，最终落实到每一位教师的变化之中，落实到每一节课的教学过程中，落实到每一位学生的发展之中，使课堂发生真正的变革，提高课堂教学的质量（见图 4）。

（三）能动者联动：如何推动普通高中的课堂变革

在所有的学校变革案例中，小学和初中最为成功，而在普通高中开展学校变革则困难重重。普通高中是学校变革中难以改变的"铁板一块"，不管是理论工作者还是普通高中的实践工作者，他们都不相信普通高中的课堂变革，也不愿意在普通高中尝试变革。

---

[1] 李子建：《大学与学校伙伴协作式行动研究：从 4P 到 4R》，《上海教育科研》2007 年第 8 期。

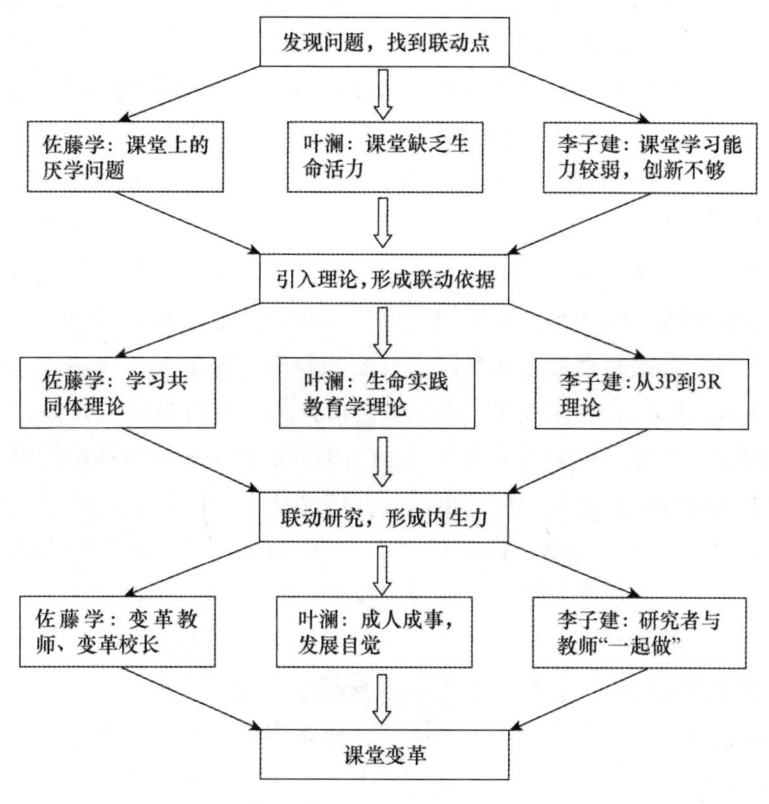

```
          发现问题，找到联动点
    ↙           ↓            ↘
佐藤学：课堂上的  叶澜：课堂缺乏生  李子建：课堂学习能
厌学问题         命活力           力较弱，创新不够
    ↘           ↓            ↙
        引入理论，形成联动依据
    ↙           ↓            ↘
佐藤学：学习共   叶澜：生命实践    李子建：从3P到3R
同体理论         教育学理论        理论
    ↘           ↓            ↙
        联动研究，形成内生力
    ↙           ↓            ↘
佐藤学：变革教   叶澜：成人成事，  李子建：研究者与
师、变革校长     发展自觉         教师"一起做"
    ↘           ↓            ↙
              课堂变革
```

图4　内外能动者联动流程图

尤其是高中的实践工作者，他们坚信高中就是拿"升学率"说话的，谁都不敢拿高中的升学率做实验。在经济发达的地区尚且如此，在西北的农村地区，在考试升学文化根深蒂固的普通高中，能否通过U—S合作而开展学校课堂教学的改革呢？

学校的变革需要外部能动者的助力，使内部能动者行动起来，变革就有了可能。外部能动者的任务之一便是调动内部能动者的需要及变革的积极性。有一位普通高中的校长，因为在大学里攻读了教育博士学位，他的思想正在受到理论研究者的影响，他不得不思考自己学校中所面临的种种问题，于是便作为内部能动者的核心能动者主动邀请大学的理论团队进入他所在的高中做研究并助推学校课堂教学的变革。

这是一所什么样的学校呢？

甘肃省L高中，是甘肃省省级示范高中，是政府的品牌学校，也是所谓的优质学校。学校现有教职工157人，其中，特级教师1人，高级教师22人，一级教师66人，教师学历达标率为88.3%。2014年高考一本录取237人；二本录取548人，应届一本录取比例为26%，二本录取比例为57%，均超过了省级示范高中标准。由大学教学研究团队与L高中协商成立专业调查组，对学校的发展问题展开了专题调查，包括校园文化论证分析、课堂听评课活动、教师座谈、学生问卷调查等。通过调查研究与观察分析发现，该校课堂教学的主要问题表现在如下方面。第一，作为一所寄宿制学校，学生作息时间有明显问题。第二，校园文化单调。第三，课堂教学低效。针对这些问题，内外能动者联动进入课堂，通过听评课活动，深入研究这些问题形成的原因及解决的途径。在此基础上，通过外部能动者引入了课堂有效教学的理论支持。为此，经过一学期的课堂研究，联动者提出了大家"一起做"的事：第一，落实作息制度，保障学生在课堂上头脑清醒，变革作息制度，让学生在课堂上精力充沛。晚上十一点睡觉，早上七点起床，半小时早操，十分钟早餐，二十分钟早自习。八点上课。中午有半小时午休时间。下午有一小时课外活动时间。保证学生有八小时睡眠时间和集中一小时活动时间。第二，丰富校园文化，使每位学生参与社团活动，让学生喜欢学校、喜欢教师、喜欢课堂。下午五点至六点为全校课外活动时间，各种文化体育音乐活动全部开放，学校形成三十多个特长兴趣小组，让所有学生都能有选择性地参与其中，不同小组相对稳定，可适当灵活改变。如篮球、足球、乒乓球等体育活动，如书法、音乐、绘画、舞蹈等文化活动，如演讲、戏剧、乐团、义工、宣传、劳动等活动小组。学生根据自愿原则，选择参加各种活动，既丰富了学生的校园生活，又培养了学生的各种兴趣特长、责任与能力。第二课堂为第一课堂打下良好坚实的基础。第三，变革课堂教学方法，倡导自主学习、合作学习、探究学习等新型学习方式。

观摩优秀教师课堂教学，开展专业听评课活动，通过实践与理论的双重合力，推动教师开展课堂教学研究。通过说课、评课、录像分析、同伴互助等形式，开展以学为主，因学施教的课堂教学改革。

外部能动者进入学校，助力学校课堂教学变革，是因为学校有核心能动者校长的支持。但进入学校后发现，学校内部同样存在很大的阻力，首先是中层管理者有不同的声音，有人不同意在普通高中开展课堂教学改革，认为普通高中的课堂教学天经地义就是这样子的，改革会影响升学率。甚至有人认为，高中生就应该少睡觉，高中生适合夜间学习，课堂上只适合讲授法等，对学校作息时间的调整、校园文化的设计、课堂教学的变革持否定的态度。其次，在教师之中，也有人对高中课堂教学改革持怀疑态度。"院校协作作为教育改革和教师改变的一种外在支持方式，其本身的实现并非坦途，而需要吸纳更多的有效教师发展的元素来配合，如方式要植根于或直接与教学工作相关联、内容基于课堂教与学、注重发展教师的专业社群、要考虑组织的具体情境、要强调教师的反思和自身能力、学校管理从集权转向分权等。一句话，只有真正地增强教师的赋权感，使他们对各种教学活动充满信心，那么对教师最终实现其自身及学校文化内在转变的希望才不会落空。"[1] 这时候作为外部能动者最需要通过引入理论来解决课堂教学中的问题。我们在听评课时发现，许多学生在课堂上有睡觉的现象，经访谈后发现，主要原因在于晚上睡觉太晚。为此我们组织教师研讨了"上课睡觉去、放学做作业去"的教学沙龙活动；针对学校照抄照搬的"成都七中"远程在线教学，开展个案分析与批判，决定放弃这种"教育殖民"的简单模式；针对学生学习兴趣不浓厚、厌学情绪严重的现象，开展了形式多样的课外活动。找到问题，就能找到解决问题的突破口，经过学校内外能动者的联动，重新确立了学校文化，重新理解课堂教学变革的理论与方法，在有效教学理念下，开展教师培训与样本教学研修活动，发展了一批骨干教师，使他们成为课堂教

---

[1] 卢乃桂、操太圣：《论教师的内在改变与外在支持》，《教育研究》2002年第12期。

学变革的能动者。经过一年多的尝试，学校管理理念发生了很大的变化，使学校富有秩序；校园文化越来越丰富，使学生富有生机；适学课堂应运而生，使课堂富有效益。学校变革的内生力量来自教师，但唤醒教师的声音却来自校外，正是在学校教师的专业成长与教学改革过程中，形成了学校发展的内生力量，也正是在学校发展的过程中，积累了学校变革的理论与方法，滋生了理论发展的内生力，U—S协作的伙伴关系，促进了理论联系实际的共赢合作，能动者联动的意义在于形成最大的"势能"并将其转化为积极的"动能"（见图5）。即使像普通高中这样的"铁板课堂"，通过能动者的联动，促使其合理有效地发生变革，提高课堂教学的效益与质量，也是有很大的发展空间的，这方面的探索才刚刚开始，更多的伙伴协作研究要将普通高中课堂的变革作为重点的研究对象，以打通从基础教育到高等教育实施素质教育的"咽喉要道"。

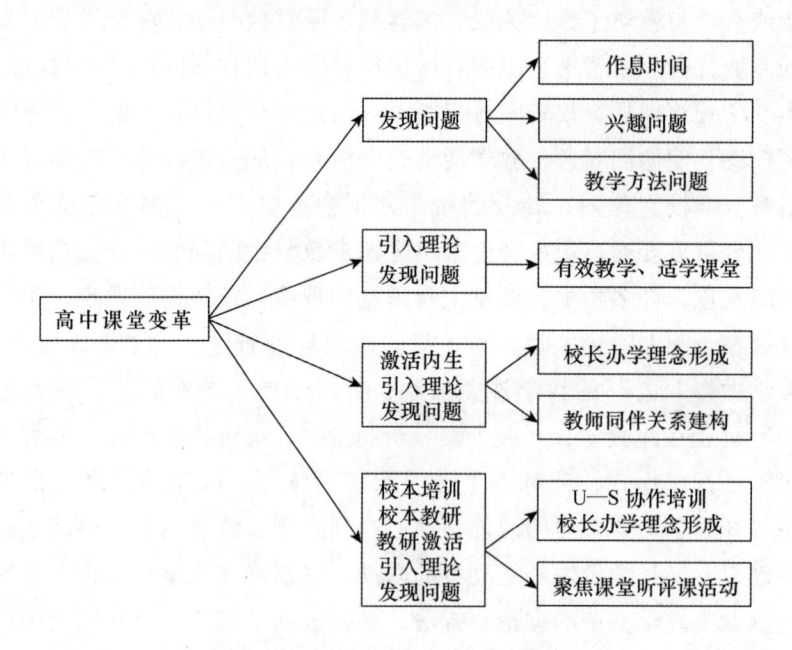

图5 普通高中课堂教学变革流程

在十余年的基础教育课程改革中，义务教育阶段的课堂教学发生了很大的变化，这与国家推行的教师培训计划及校本教学研修有很大的关系。但是普通高中的课程改革及课堂教学还浮于表面，没有深入教师的观念与行为层面，课堂教学没有发生根本性的变革。在未来十年里，新一轮基础教育课程改革的重点将是普通高中。鉴于此，在进一步推进普通高中课程改革之前，通过学校内外能动者的联动模式来探索相关经验，对于深化高中阶段的课程与教学改革有着十分重要的意义。

第二章 我国课堂研究的理论及其发展共势

我国教育学学者在研究理论与方法上长期受苏联研究范式的影响，研究的重心在于理论研究而非实践研究，只有那些有机会参与课程与教学改革工作的研究人员才有机会关注教学实践，研究者真正关注教学实践始于21世纪之初的国家基础教育课程改革。因此，在我国教学论的学科体系中，也就没有专门的课堂现象与实践研究，而是把课堂上教师、学生、教学内容、教学方法、教学组织等要素作为研究的重点。这种研究的思维方法是构成论，因为教学的复杂性与动态性，使得构成论不能准确地反映教学活动的实际，"仅仅停留在构成论的分析这个层面是不够的，它还未涉及教师与学生，作为复合主体在活动中相互作用的特殊性。……而且未进入对教学活动过程中教师与学生、教与学的交互作用的分析"[1]。这样的研究传统使得我国对课堂教学进行综合研究与实践研究的时间相对较晚，成果也相对较少。

我国的课堂研究基本上可以分为三个阶段：第一阶段，20世纪50—70年代，我国教学论界乃至整个教育学界主要重视对教学方法的研究，其间，我国"一边倒"地向苏联学习，其中包括教育学。凯洛夫主编的《教育学》，其中有一编是关于教学理论（教学法）的，在我国流传最广，影响最大。凯洛夫《教育学》的"教学论"内容主要包括系统知识的学习，在学习系统知识上发展认知能力，学习系统知识与形成科学世界观和良好的道德品质，以及教

---

[1] 叶澜：《课堂教学过程再认识：功夫重在论外》，《课程·教材·教法》2013年第5期。

学中教师与学生四个问题。① 第二阶段，20 世纪八九十年代，改革开放之后，我国课程权力下放，课程民主化趋势日趋明显。特别是苏联解体之后，学术界对苏联的理论研究范式进行了反思，逐步形成了把课程与教学综合起来的课堂研究。第三阶段，21 世纪初的课堂教学变革研究。课程与教学论的研究者积极投身于课堂教学变革研究，从而形成课堂教学研究的不同理论流派。比如，理论界的研究主要包括裴娣娜的"教育创新与学校课堂教学改革"研究，叶澜的"新基础教育实验与课堂教学的重构"研究，吴康宁的"课堂教学社会学"研究，崔允漷的"有效课堂教学"研究，郭元祥的"课堂教学生活"研究，王鉴的"课堂教学论与课堂志"研究，马云鹏的"优质学校课堂教学"研究等。实践界的探索主要包括以杜郎口中学、洋思中学为代表的中小学课堂教学变革研究，香港地区聚焦课堂的"U—S"伙伴合作研究，等等。叶澜指出："自本世纪最初十年中期始，我国教育界有关课堂教学改革的讨论，出现了又一次热潮。与上世纪九十年代中期始的第一次热潮相比，这次至少有三大不同：一是研究背景的变化。二是研究主体的变化。三是研究的重心已由批判转向重建。"② 正是在新的时代背景下，我国课堂研究逐渐形成了几个重要的流派，在各自呈现出特色化研究的同时，形成了我国课堂研究的理论发展共势。

一 我国课堂研究的几个重要流派

（一）主体性教育实验与课堂教学改革研究

1. 研究背景

中国的基础教育正面临着一场深刻的变革，推进这场变革的关键在于素质教育的实施。基于对素质教育的核心是促进人的全面发

---

① 黄济、王晓燕：《历史经验与教学改革——兼评凯洛夫〈教育学〉的教学论》，《教育研究》2011 年第 4 期。

② 叶澜：《课堂教学过程再认识：功夫重在论外》，《课程·教材·教法》2013 年第 5 期。

展这一基本命题的理解,可以说,"以主体教育为核心的素质教育"是促进学生全面发展的基本途径。"现代教育的最重要特征就是弘扬学生的主体性"[1]。在教育学界,20世纪80年代初,我国著名教育家顾明远率先发表文章,提出"学生既是教育的客体,又是教育的主体"的重要观点,引起了教育学界的一场大讨论。黄济、王策三、王道俊、郭文安等一些著名学者纷纷发表见解,支持并进一步阐发"学生是教育主体"的观点,形成了主体教育思想。这为我国主体教育实验的深入开展做了重要的理论准备。另外,在实验研究层面,我国教育工作者进行了促进学生生动活泼、主动发展的各种实验,如李吉林的情境教学实验,魏书生的六步教学法,卢仲衡的中学数学自学辅导实验,北京海淀区28所学校的"和谐教育"实验等,为主体教育研究提供了坚实的实践基础,主体教育研究正是在已有教育改革实验基础上的再创造。

2. 研究内容

从1992年起,由北京师范大学裴娣娜领导,一些中青年教育专家、学者广泛参与,开始了全面、深入的主体教育实验研究。该实验研究的主旨是解决人的现代化发展问题,即探索中国教育的现代化发展以及中国人现代素质提高的现实路径,其内容主要包括:首先,界定了主体教育的基本概念和范畴,初步形成了由理论体系、实践体系和制度体系组成的主体教育理论分析框架。理论探讨的核心是对主体、主体性概念的界定。其次,开展了学校教育现代化基本问题研究。通过查阅文献资料、典型调查以及召开学术研讨会,课题组集中探讨了我国基础教育现代化发展的根本标志及基本特色。再次,进行了主体教育视野下基础教育课程改革与建设。以人文与科学相结合的课程观为指导,课题组进行了"科学探究"课程设计与校本课程开发研究。最后,构建了主体教育理念下的课堂教学改革与发展性教学策略。

---

[1] 武思敏:《主体教育的理论与实验——访北京师范大学裴娣娜教授》,《教育研究》2000年第5期。

3. 课堂教学改革研究

关于课堂教学改革研究，主要是在教育观念和实践两个层面进行的。在观念层面，重新界定了学习的本质以及确定体现学生发展的现代学习观；在实践层面，主要通过对教与学的行为分析，研究学生，实施有效的发展性教学策略。

主体教育实验一开始是从课堂教学入手培养学生的主体性，具体表现在以下几个方面。

一是发展性教学策略体系的形成。体现主体教育的发展性教学，是在现代教学观念指导下，以学生为主体，通过学生主动学习促进主体性发展的一种教学思想和教学方式。发展性教学策略体系包括主动参与、合作学习、尊重差异、体验成功四个基本策略。[①] 第一，主动参与，发展性教学强调培养学生主动参与的意识和主动参与的能力。发展性教学的主体参与，核心问题是学生主体的参与状态和参与度问题。第二，合作学习，发展性教学将教学过程作为师生共同构建学习主体的过程，在充分尊重人格的基础上，通过多样、丰富的交往形式，不仅为学生提供一个自由和谐的学习环境，而且承认教学认识的社会性，将师生间的社会交往纳入认识活动过程中，使教学认识成为一种社会文化活动，成为学生认识发展中的一个重要内容。发展性教学关注教学活动群体间的人际关系和交往活动，积极建立群体合作学习关系。第三，尊重差异，一是承认学生发展存在差异性，不追求平均发展，不搞"填平补齐"，而是让每个学生都能在原有基础上获得最优发展；二是承认学生发展的独特性，要尽可能地发现每个学生的聪明才智，尽力捕捉他们身上所表现出的或潜在的创造力火花，鼓励他们形成自己的特色和鲜明的个性。第四，体验成功，实施发展性教学，让每个学生（处于不同水平、不同层次的学生）都能体验成功。

二是对集体教学、小组合作学习及个别辅导相结合的新教学形

---

① 裴娣娜：《发展性教学与学生主体性发展》，《河南教育》（基础教育版）1999年第1期。

式的探索。小组合作学习，作为一种新的教学观念与策略，以异质小组为基本形式，以小组成员合作性活动为主体，强调小组目标达成及小组总体成绩评价和奖励，以有利于对学生合作意识、合作技能的培养。

三是体现主体性发展的有效课堂教学基本特征及其评估。体现主体性发展的有效课堂的教学基本特征是：其一，制定以人的发展为根本宗旨的教学目标。不仅有学科教学的基本目标，即国家颁布的教学纲要所规定的学生必须掌握的学科知识、基本技能及基本学习能力，相应的思想品德以及本学科学习与研究方法的要求，而且有主体性发展目标，即从学科实际和学生出发，促进学生自主性、主动性和创造性的发展。后者更是有效教学的集中表现。其二，设计科学合理的教学内容。具体体现在教师对教材的正确理解和创造性的应用上，教学内容应有基础性、发展性、实践性和综合性。其三，具有促使学生主动学习的教学策略与方法。有效教学应立足于学生的学，体现学生主动参与学习的有效度，学生合作学习的实效性，学生自主学习及差异发展等教学策略。其四，提高教师的教学能力，即教师对课堂教学具有监控、调节能力，较强的实践操作能力以及良好的语言表达能力。作为体现主体性发展的课程教学，提倡教学的个性特点，教师不仅有教学创新，而且应形成独特的教学风格。[①]

4. 研究的影响

主体教育主要从哲学层面解决人的构成问题，研究人的良好素质的全面养成。主体教育关于尊重学生主体性的思想，关于促进学生自由充分发展的思想以及关于发展自主性、主动性和创造性的思想等，由于体现了现代社会发展的主题，体现了时代精神，使我国基础教育有了一个较高的目标定位。主体教育为我国的基础教育发展提供了新的价值观念，提供了一种新的理论框架以及促进青少年

---

① 武思敏：《主体教育的理论与实验——访北京师范大学裴娣娜教授》，《教育研究》2000 年第 5 期。

儿童生动活泼、主动发展的基本途径，并将对形成新的教育观，确立新的教育体制、内容和方法等产生一定的推动作用。

主体教育理论与实验研究以选题立论高、理论构思较完善、实验研究方法较合理、实验研究范围广以及研究队伍实力强而受到国内教育界的广泛关注。作为"八五""九五"和"十五"时期教育科学研究的国家重点课题，该研究是一项理论探索、服务实践、培养教育专业研究人员三位一体，带有一定开拓性且层次较高的教育实验。该研究依托由高校、科研单位、教育行政部门以及100余所中小学组建成的教育科研共同体，经过了实验准备、搜集资料、区域性发展和专题研究四个发展阶段，取得了重要的认识成果。成员的单位从1992年的一所学校发展到包括北京师范大学、华东师范大学、西北师范大学等14所高校，四所科研单位，121所中小学等在内的大实验区，而且，在国家的重点项目中，形成了精诚团结的学术共同体，成为颇具影响力的"主体性教育实验"学派。[1] 在实践领域，涌现出了姚文俊、刘可钦等著名教育改革风云人物。[2]

（二）"新基础教育"实验与课堂教学重构研究

20世纪末，针对我国教学理论的实践乏力问题，叶澜开始致力于课堂教学问题的诊断与改革路径探索，提出了"让课堂焕发出生命活力"的主张，在理论上形成了课堂教学变革目标、价值、过程、评价的观点和基本框架；在学校基层的实践——课堂教学层面，探索改革的可行之路，并通过对"新基础教育"的研究与实践，创造性地融合了"生命"与"实践"，为我国21世纪的教育改革贡献了鲜活而独特的经验和创新性理论。

1. 研究背景

叶澜对实践研究的关注和转向是与其学术体验和学术思想的发

---

[1] 裴娣娜：《现代教学论》（第3卷），人民教育出版社2005年版，第1—40页。
[2] 刘可钦：《刘可钦与主体教育》，北京师范大学出版社2006年版。

展有着密切关联的。

首先,叶澜对教育基本理论若干问题进行了深度反思。

(1) 教育与人的发展的关系

1986年,叶澜发表了《论影响人发展的诸因素及其与发展主体的动态关系》一文,从理论和方法论两个维度对传统的关于影响人的发展的"三因素论"进行了批判,认为传统的"三因素论"忽视了发展主体的能动性,而抓住发展主体本身的特殊性是把影响因素的研究真正提高到人学水平的关键。[①] 该文提出的核心论点是:关于影响人的发展因素的分析,必须从生物学立场上升到人学立场;发展主体的自我意识,同样是形成人的发展的重要因素。

(2) 教育理论和实践的关系

1987年,叶澜发表了《关于加强教育科学"自我意识"的思考》一文,指出教育科学的理论状态还缺乏科学的成熟度,不能指导实践,强调要改变我国教育科学"上不着天、下不着地、漂浮于半空中的状态"[②]。她主张提高理论水平和深入实践研究,以此作为解决教育领域中理论与实践不能有效相互作用的问题。其"上天""入地"两大工程的思想便发端于此。在她看来,一个教育理论工作者应该承担起理论"上天"的责任,同时也要关注实践,在实践应用的研究上要有"入地"的工程。

(3) 教育价值取向

1989年,叶澜指出:"当代中国教育价值取向存在着偏差。它主要表现为:在政府的教育决策中历来只强调教育的社会工具价值,忽视教育的培养个性、使个人的潜能得到尽可能发展方面的价值;总是要求教育即时的、显性的功效,忽视或者轻视教育的长期

[①] 叶澜:《论影响人发展的诸因素及其与发展主体的动态关系》,《中国社会科学》1986年第3期。

[②] 叶澜:《关于加强教育科学"自我意识"的思考》,瞿葆奎主编:《教育学文集·教育与教育学》,人民教育出版社1993年版,第758—772页。

效益。"① 她呼吁当代中国教育价值取向当以人为本,注重教育的育人、个体发展功能,追寻人的发展。

其次,叶澜对时代精神和学校使命有了突破性的认识。

20世纪90年代,叶澜看到了转型期社会给教育带来的冲击,意识到转型时代需要创建新的教育理想和实践。1994年,她发表了《时代精神与新教育理想的构建》一文,提出了培育生命自觉的时代任务,突出时代精神中"重视未来、强调发展、立足变革"的特征和"呼唤人的主体精神"的内在需要。② 对培养"时代新人"的目标重建开始成为其新的教育理想的基石,即要为中国创建符合时代精神的新型基础教育。叶澜认为,培育时代新人必须研究有关学校文化问题,把理论与现实状态的研究结合起来进行。1996年,她指出,学校不但要承担传递人类已有文化成果的使命,而且要承担为未来社会培养新人的新型文化使命。③

再次,叶澜倡导的"入地"工程形成了对传统理论研究范式的强烈冲击。

在20世纪八九十年代,叶澜在进行重建教育理论的"上天"工程的同时,也开始将其研究指向实践的"入地"工程。在寻找"入地"途径的过程中,三个有关实践的研究课题为她提供了契机:一是"中小学区大面积提高教育质量"的综合调查研究;二是"基础教育与学生自我教育能力的发展";三是"新基础教育探索性研究"。这些实践研究使叶澜深切地感受到了"生命"对于教育的重要性:体会到了实践的智慧,认识到实践人员有一种她自己所没有和缺少的独特的智慧。④ 学校里单一的讲授与灌输方式遗忘了学生们在课堂上的一种生命的体验,学校迫切需要改革;学生具有极大的潜力,而学校教育实践中最忽视的是"关注学生可能发展"

---

① 叶澜:《试论当代中国教育价值取向之偏差》,《教育研究》1989年第8期。
② 叶澜:《时代精神与新教育理想的构建》,《教育研究》1994年第10期。
③ 叶澜:《世纪之交中国学校教育的文化使命》,《教育参考》1996年第5期。
④ 叶澜:《反思 学习 重建——十五年学术探索的回顾》,《天津市教科院学报》2000年第4期。

的一面。关注实践的研究对传统的思辨研究范式影响很大,叶澜成为在学校中做研究的代表者。

2. 研究内容

(1) 理论重建

叶澜在开展"新基础教育探索性研究"的过程中,得以深度介入实践研究,在长期深入课堂变革实践研究的基础上,不断发现理论的新的生长点,先是提出了"让课堂焕发出生命活力"的主张,随后阐发了重建课堂教学的价值观、过程观及评价观的重要思想。

1997年9月,叶澜发表《让课堂焕发出生命活力——论中小学教学改革的深化》一文。该文针对中国课堂教学中"见物不见人"、见人的部分发展而忽视生命的整体发展、见学生不见教师发展的情况,提出要让课堂焕发出生命活力,教育的主要价值在于提升人的生命精神,使人的精神生命得到主动发展。她还指出:"教学改革要改变的不只是传统的教学理论,还要改变千百万教师的教学观念,改变他们每天都在进行着的、习以为常的教学行为。"[①] 此文渗透着对教师和学生的强烈的生命关怀,因贴近现实并具有强有力的批判冲击力,在课堂教学领域起到了"猛醒"的作用,引起了广泛关注和热情回应。之后,叶澜进一步阐释教育与生命的关系,提出"教育是直面人的生命、通过人的生命、为了人的生命质量的提高而进行的社会活动,是以人为本的社会中最体现生命关怀的一种事业"[②]。由此,她把对个体发展的认识从一般人学立场聚焦到生命成长的立场上。

2002年5月,叶澜发表了《重建课堂教学价值观》一文,对现实的教育活动做出具体的评析,提出应重建课堂教学价值观,把我国基础教育课堂教学中单一地传递教科书上所呈现的现成知识的

[①] 叶澜:《让课堂焕发出生命活力——论中小学教学改革的深化》,《教育研究》1997年第9期。

[②] 叶澜、郑金洲、卜玉华:《教育理论与学校实践》,高等教育出版社2000年版,第136页。

价值观，转为培养能在当代社会中实现主动、健康发展的一代新人。[①] 此文主要试图弄清什么是当今中国学校课堂教学所要追求的最有价值和最为根本的目标，提倡一种直面生命、关怀生命的教学价值观，以此实现学校培养目标的生命化重建。

2002年10月，叶澜发表了《重建课堂教学过程观——"新基础教育"课堂教学改革的理论与实践探究之二》一文，指出课堂教学过程观的重建，要回答教师怎样重新认识课堂教学的过程，并如何以新的过程观为指导，创建新的课堂教学实践，以实现新的价值观由理想向现实的转化。[②] 在她看来，传统的教学过程是由教和学两个单位相加而成的，而"新基础教育"则把教学过程视为师生实现教学任务和目的，围绕教学内容，共同参与，通过对话、沟通和合作活动产生交互影响，以动态生成方式推动教学活动的进程。[③]

2003年，叶澜发表《改革课堂教学与课堂教学评价改革——"新基础教育"课堂教学改革的理论与实践探索之三》，指出了现实的教学评价与课堂教学实践之间存在一种评价主体与教学主体、评价过程与教学过程的"双重脱离现象"，致使教学评价过程成为非教学人员对已经进行过的教学结果的测量和评判，而没有直接指向教学过程本身。"新基础教育"研究采取了评价改革贯穿于教学改革研究与实践全过程的策略，改变了评价者在改革之外，评价过程外在于改革过程的传统，使课堂教学评价成为课堂教学改革的认识深化和实践推进中不可缺少的重要构成，把课堂教学改革实践的深化过程与阶段成果不断转化为评价改革的深化过程与重要资源。[④]

（2）实践变革

课堂教学改革除了对"为什么要改"和"改什么"的问题要

[①] 叶澜：《重建课堂教学价值观》，《教育研究》2002年第5期。

[②] 叶澜：《重建课堂教学过程观——"新基础教育"课堂教学改革的理论与实践探究之二》，《教育研究》2002年第10期。

[③] 叶澜等：《基础教育改革与中国教育学理论重建研究》，经济科学出版社2009年版，第307页。

[④] 叶澜、吴亚萍：《改革课堂教学与课堂教学评价改革——"新基础教育"课堂教学改革的理论与实践探索之三》，《教育研究》2003年第8期。

有清晰的认识外，对于"从哪里改"和"怎么改"也要有一定的路径选择。叶澜所倡导的"重建"不只局限于理论的批判，还力图在改革中探讨和创建新的实践形态。"新基础教育"研究选择了小学的语文、数学、思想品德和中学的语文、数学、英语各三门必修课程作为探索的重点，因为这些课程是学校的基础性课程，且其课堂教学是"应试教育"的"重灾区"。如果能在这些课程中实现教学模式的变革，那么，对其他学科教学改革更具有说服力。[①] 课堂教学过程改革从"还"字做起，提出还主动学习的"时间""空间""工具""提问权""评议权"等"五还"，教师重建教学过程的自觉性。在重建教学评价方面，"新基础教育"研究着力于"评课文化"和"教学评价指标"的重建，提炼出了课堂教学全程性评价的指标体系，包括课堂教学设计的评价、课堂教学实施过程的评价和教学反思与重建的评价三个部分。

3. 研究影响

叶澜的课堂教学研究特色鲜明，具有重要的理论意义和实践价值。

首先，对教学理论界产生了重要影响。

（1）提出了重建课堂教学目标、价值、过程与评价的系统理论，针对中小学基础性课程的课堂教学进行改革，形成了三门改革试点学科的改革大纲与研究报告，编写了"新基础教育"语文、数学和外语教学改革指导纲要，还有一些相关成果体现在探索性、发展性、成形性研究三套丛书之中。此外，实验学校教师在报刊上发表了许多论文、体会和经验总结性文章。

（2）开创了教育实践研究的新方式——主动深度介入[②]，基于教育实践研究过程的内在需要，对教育本质、教育价值、教育理论进行反思批判与重建。

（3）创新研究方法论——在研究中实现教育变革理论与实践创

---

① 叶澜、李政涛等：《"新基础教育"研究史》，教育科学出版社2010年版，第20页。
② 伍红林：《主动深度介入：转型期教育实践研究的新方式》，《现代大学教育》2010年第6期。

新的交互生成倡导理论，即"理论与实践的双向构建"，形成一种新的以双向构成为核心的"理论—实践思维"①。

（4）创建生命·实践教育学派

以"生命焕发"为基点的"新基础教育"还催生了我国第一个本土化的教育学派——"生命·实践教育学派"，培养出一大批从事生命·实践教育的研究人员，并通过发表学术论文、开展学术研讨、从事实验改革等方式，进行了许多有开创性的工作。在此基础上形成了相对个性化的符号系统、理论体系，如作为核心、基础性概念的"生命""实践"；如"生命活力""动态生成""滋养关系""具体的人"等特色概念，这些成果为我国创建一条具有中国特色、本土化的教育学指明了可能的发展路径与发展方向。"新基础教育"作为本土研究，无疑具有开拓性和创新性，它将研究实践作为一种推进学科发展的机制，使发展教育学理论与推进当代中国教育变革实践有机地统一在研究全程之中，尝试为中国教育学的发展"开路"和"筑路"。

其次，对教学实践产生了重要影响。

叶澜引领的"新基础教育"研究先后有上海、江苏、山东、广东、福建、海南等地的100余所学校参与。参与研究的实验学校形成了课堂教学新形态，目前，在"新基础教育"课堂上，"重心下移""结构开放""思维主动""资源生成""层次推进""动态调整"等成为"新基础教育"课堂教学生活的基本特征。② 这些实验学校课堂教学的变革使师生在校的生存方式发生转变，学校管理团队的生命自觉和教育智慧正在形成，教师们在研究性变革实践中的学习、合作与创造能力不断生长。其研究成果具有普遍的推广价值。1999年10月成立"新基础教育"研究共同体，2002年9月"新基础教育"网站开通，2009年5月华东师范大学新基础教育研

---

① 李政涛：《当代中国基础教育改革的方法论特征探析》，《基础教育》2009年第5期。

② 叶澜等：《基础教育改革与中国教育学理论重建研究》，经济科学出版社2009年版，第499页。

究中心成立,成为师范大学与中小学开展合作研究的交流中心,以深化和推广"新基础教育"。另外"新基础教育"实验对在读硕士生、博士生的影响很大,许多博士生在参与研究的同时进行学习,在研究的过程中形成博士论文。

(三) 课堂教学社会学研究

1. 研究背景

20世纪90年代初期,国内的一些教育学专家认为,我国中小学课堂教学实践长期存在一个重要的传统性缺憾——课堂教学的"麦当劳化"表现得比较明显:效率至上、数字标签化管理、预测与意外、控制与失控。[①] 不可否认,课堂教学不仅是以知识的传递和学习为基轴的教育过程及以个体心理品质的训练与养成为主线的发展过程,而且是以人际互动为中心的社会过程,课堂教学对于学生个体社会化的影响在相当程度上仰仗其中的社会过程。在国内,课堂教学缺乏社会学理论的指导。[②] 而在西方课堂教学社会学已经成为教育社会学的一个重要分支领域,并且和课堂教学认识论、课堂教学心理学成为支撑课堂研究的三大理论支柱。[③] 社会学分析就是用有关群体活动的理论及社会学方法来分析课堂教学,它把课堂看成是微观社会,考虑师生的社会文化背景,着重研究课堂上师生的社会行为。多年来,吴康宁率领他的团队致力于课堂教学社会学的研究,成为国内研究课堂的一支视角独特的生力军,为课堂研究理论注入了生机。

2. 研究内容

课堂教学社会学研究既涉及"技术方向"层面,也涉及"研究视角"层面。所关注的不是根本性问题,而是现实性问题;关注

[①] 刘云杉:《课堂教学的"麦当劳化"——一个社会学视角的检讨》,《教育研究与实验》2001年第2期。

[②] 吴永军、吴康宁、程晓樵、刘云杉:《我国小学课堂交往时间构成的社会学分析》,《上海教育科研》1995年第5期。

[③] 吴永军:《当代教育社会学研究趋势透视》,《上海教育科研》1996年第6期。

的不是个体性问题，而是群体性问题；关注的不是课堂教学的规范性问题，而是事实性问题。课堂教学是一个社会活动体系，具有一定的构成因素，被称为"社会因素"，它主要包括社会组织，主要指人际构成，如教师、学生、师生关系等因素；互动方式，指师生间、生生间的相互影响，改变彼此行为的模式，从形式上看有教学形态、同辈团体、教师领导方式等，从类型上看有竞争、合作、冲突、对立等；师生认同，指师生之间相互了解、期望与接受，涉及学生角色、教师期望、教师权威、课程等因素。课堂教学中的社会因素是相互联系的统一体，社会组织是静态结构，互动方式是动态表现。而师生认同则是前两者存在与发生的条件。对课堂教学社会过程的研究主要探讨作为活动主体的教师与学生所进行的各种各样的相互交往和相互作用，即社会互动。从研究视角上看主要有"视点变换法"和"视层逼近法"；从研究维度组合上分为"双维组合法"和"多维组合法"；从研究关系上分为"包容与被包容关系"和"重合性关系"两种。[①]

（1）课堂教学的社会学理论及课堂文化

教育社会学把知识在课堂上的转化看成是社会建构的过程，符号互动理论认为，现实不是固定的材料，它因"行动者—自我—创造"的新角色和新意义，以种种"现实的"不同方式确定其环境而不停地变动着。这一过程通常在交往中进行。交往是通过"有意义的举动"，使人类行为有别于非人类行为的自觉行动而实现的。知识社会学强调知识不是固定不变的，而是个体知觉的结果。个体的经验是解释知识的中介。人主动地创造、建构自己的社会世界，解释、界定符号，在这个过程中自我扮演着积极的角色。按照英国社会学家杨的观点，课程即实践，主张学校知识、教师的意识形态，甚至任何教育问题都是相对的，是由主体间相互协商而形成的。课程知识在课堂上的社会建构，师生互动（意义沟通）是关键机制：师生互动是形式，意义沟通是内容，是实体。学生内化的知

[①] 吴康宁：《课堂教学的社会学研究视角》，《上海教育科研》1998年第8期。

识首先来源于教师的理解，教师对知识进行个体的表述，学生在教师启发下进行理解，最后达到内化。这个过程会受到各种因素的影响。主要影响因素有不同的教育体制、教师对教学法的认识和运用（英国教育社会学家伯恩斯坦认为，有两种教学法：有形的教学法和无形的教学法，伯氏用"分类"和"构架"探讨权力、控制和课程知识组织之间的关系）——强控型和弱控型，教师对自我角色的认同、教师的学生观等也影响着教师对知识的表述，从而导致不同形态的师生互动。①

课堂文化就是课堂教学中产生的规范、价值、信仰和表意象征符号的复合体。课堂文化就其文化成分而言可分为以规范性文化为主体的统合型文化，以非规范性文化为主体的统合型文化，以及离散型文化。按照社会学的分析，课堂文化的生成结果包含了六种类型的文化，即 A 型，既符合社会期待，又符合教师期待；B 型，符合教师期待，但是不符合社会期待，却又与社会期待不相抵触；C 型，符合教师期待，但是不符合而且是反社会期待的；D 型，是教师期待之外的，但却符合社会期待；E 型，既在教师期待之外，又不符合社会期待，但是不反社会期待；F 型，既在教师期待之外，又是反社会期待的。② 课堂上不同类型的文化在价值体系、文化资源、表意象征符号等方面存在着大小不一的差异，这是课堂文化冲突的内源性基础，它们构成了冲突的可能性条件。而不同类型文化在课堂上的共求目标是按自身文化属性去表达，这是使冲突的可能性变为现实性的关键。

（2）课堂教学社会学研究的时空分析

课堂教学时空所构成的社会学分析。教育学意义上的课堂教学时间构成是指"组织教学、检查复习、学习新教材、巩固新教材、布置课外作业"等基本教学环节在整个课堂教学活动中被分配的时间比重，而社会学意义上的课堂教学时间构成则是指不同类型的人

---

① 吴永军：《试论课堂教学中知识的社会建构》，《教育理论与实践》1995 年第 5 期。
② 吴永军：《课堂文化生成的社会学分析》，《江西教育科研》1998 年第 1 期。

际互动在整个课堂教学中所占的时间比重。如前所述,在时间构成上,国际上常见的方法有贝氏、弗氏和高氏的量表。吴康宁利用高氏的方法对国内的一些学校进行了研究,并把结果与英国的情况进行了比较,发现中英两国小学教师在课堂活动时间的总体构成上差异不大,但在互动时间构成上存在明显差异;中国教师几乎不与学生小组交往,而注重与学生个体及全班学生交往,并将后者置于更优先的地位。相比之下,英国教师的课堂交往对象主要是学生个体,同时,学生小组也在一定程度上成为其交往对象。中国学生的课堂互动时间虽然远多于英国学生,便绝大部分互动都发生于教师和学生之间;而在英国,学生互动时间多于师生互动时间。对课堂教学的空间构成可有两种理解。一是指课堂内整个物理环境,即如戴尔克所言:"教学活动是在一定的物理环境中进行的,这一环境在某些十分重要的方面制约着学生学习与发展之可能性。环境这一舞台一旦搭起来,则于此上所进行的演出活动便部分地被决定了。"[①] 二是指空间是一个权力建构的场域,检讨秧田型、马蹄型课堂空间中不同的师生交往、课程资源、教学流程背后的教育理念,进一步讨论在圆桌型、研究室乃至网络空间中何为人、何为教育、何为知识,意涵迥异,最后诘问:"空间究竟如何塑造?我们还可能塑造空间吗?"[②]

(3) 师生角色与交往互动研究

课堂教学过程实际上是课堂上的各种角色相互作用并发挥其特有功能的过程。根据角色主体的社会身份以及角色功能与课堂教学任务本身的联系,可以把课堂教学中的角色分为教师正式角色、教师非正式角色、学生正式角色、学生非正式角色四个基本类别。教师正式角色包括学习动机激发者、学习资源指导者、教学过程组织者、课堂行为与学习效果评价者等。教师非正式角色包括教育知识分配者、学生交往控制者、课堂气氛营造者、社会标签张贴者等。

[①] 吴康宁:《课堂教学时空构成的社会学分析》,《教育研究与实验》1996 年第 2 期。
[②] 刘云杉:《教学空间的塑造》,《教育科学研究》2004 年第 6 期。

学生正式角色包括既定课程学习者、课堂活动参与者、课堂（群体）规范遵守者等。学生非正式角色包括主体地位谋求者、展示机会竞争者、肯定评价寻求者、同伴与教师行为制约者等。研究发现了我国中小学课堂教学中角色的若干倾向：正式角色过度强化，非正式角色相对弱化，教师角色家长化，学生角色个体化。① 教师的角色分类有：启创者、导引者、搀扶者、启创·导引者、启创·搀扶者、导引·搀扶者、启创·导引·搀扶者（A 型）；建议者、放任者、强制者、建议·放任者、建议·强制者、放任·强制者（B 型）；鼓励者、矫正者、鼓励·观望者、鼓励·矫正者、鼓励·观望·矫正者（C 型）。② 课堂教学是一种社会活动，它涉及多种人际关系和人的行为，包含多种社会性质。课堂教学中的社会因素主要有社会组织、社会互动方式和师生认同。社会组织是由课堂教学这一社会活动体系的人际关系构成的，包括教师、学生等角色因素以及师生、生生相互之间的关系。互动方式是课堂教学中社会角色之间相互影响而发生的交互作用的方式，包括教学形态、教师领导方式、课堂气氛、学生团体等互动形式，以及师生间的合作、冲突、对立，生生间的合作、竞争、冲突、对立等互动类型。师生认同是课堂教学中师生相互间的了解、期望与接受，包括教师自我认同、学生自我认同、师生相互认同、生生相互认同、师生对外在制度文化的认同。③ 社会互动分为感官的互动、情绪的互动和智力的互动三种类型。也有人从具体的、现实的运动过程上把社会互动分为循环式互动、直线式互动和连锁式互动。主体只有三种，即教师个体、学生个体、学生群体。如果从课堂人际交往的时间构成来看，我国小学课堂社会互动大致有六种类型："师—个""师—组"

---

① 吴康宁、程晓樵、吴永军：《课堂教学中的角色类别及其主要特征》，《南京师大学报》（社会科学版）1993 年第 3 期。
② 吴康宁、程晓樵、吴永军、刘云杉：《教师课堂角色类型研究》，《教育研究与实验》1994 年第 4 期。
③ 吴永军、吴康宁、程晓樵：《课堂教学中的社会因素》，《南京师大学报》（社会科学版）1993 年第 2 期。

"师—班""个—个""组—组""个—班"。交往主要由言语行为组成，分为回答（主动回答和被动回答），提问（索果性提问和求因性提问）、异议和其他四类。① 合作性互动、对抗性互动、竞争—合作性互动；互动又分为言语行为和非言语行为两种。② 教师在课堂互动中的策略有支配性策略、协商性策略、常规性策略（常规性策略的关键特征是有规律性，教师采取这种策略来组织教学活动，就可使整个教学活动有步骤地展开）、操纵性策略。③ 从学生维度上可以发现，教师的交往行为没有明显的性别倾向。教师对扮演不同角色的学生给予不同的交往机会。师生的课堂交往行为受到学科性质的影响。④ 教师期望与学生在课堂上有互动的机会。⑤

根据社会学有关群体活动的理论，凡涉及人际关系、社会行为、社会气氛、社会环境等的均为社会学因素。就课堂教学而言，师生关系、同辈团体、课堂气氛、教学形态等是主要的社会学因素。师生关系可分为专横型、放任型和民主型，或紧张型、冷漠型和亲密型。教学形态有演讲形态、演讲—讨论形态、积极学习形态、独立计划形态、分组讨论形态。除了以上四个主要因素外，其他一些次要因素也不可忽视。如学生的社会经济背景、学校所在社区环境、教师社会地位、校园文化、社会大环境等。⑥

（4）课堂教学社会学观察方法

课堂教学社会学研究中的现场观察主要分为定量观察和定性观察两种。常见的定量观察方法有贝尔斯的群体互动观察类目系统，弗兰德斯的师生互动观察类目系统，高尔顿等人的观察项目清单，

---

① 刘云杉、吴康宁、程晓樵、吴永军：《学生课堂言语交往的社会学研究》，《南京师大学报》（社会科学版）1995年第4期。
② 程晓樵：《课堂教学中的社会互动》，《教育评论》1994年第2期。
③ 程晓樵：《教师在课堂互动中的策略》，《教育评论》2001年第4期。
④ 程晓樵、吴康宁、吴永军、刘云杉：《教师课堂交往行为的对象差异研究》，《教育评论》1995年第2期。
⑤ 程晓樵：《教师期望与学生在课堂中的互动机会》，《教育评论》2002年第6期。
⑥ 吴永军：《课堂教学的若干社会学分析》，《南京师大学报》（社会科学版）1992年第2期。

国内的程晓樵、吴永军和沈贵鹏等开发的观察项目清单。定性观察主要有社会性考察、主观性知察和过程性审察三种。[①]

3. 研究的影响

（1）产出了一系列有重大影响的研究成果。1991—1995年吴康宁主持全国教育科学规划"七五"重点研究项目——"班集体建设与课堂教学"，最后形成了《班集体科学理论研究报告》；1995—2000年，吴康宁又主持了全国教育科学规划"八五"重点研究项目——"课堂教学的社会学研究"，最后把研究成果发表在《教育研究》1997年第2期上。截至目前，该成果被引用次数超过了220次，是课堂研究界的经典之作。当然，随着课题研究的深入，不断有研究成果发表在各种教育期刊上，逐步构成了以课题教学社会学为核心的理论体系，1997年吴康宁的专著《课堂教学社会学》的出版对课堂研究产生了极大的影响，这是国内课堂教学社会学的奠基之作。1998年，吴康宁的《教育社会学》由人民教育出版社出版，该著把社会学的理论从课堂扩展到了整个教育上，是教育社会学的经典之作。

（2）形成课堂教学社会学理论流派。正是在吴康宁的带领下，以南京师范大学为中心，集全国一流教育社会学研究人才于一体，形成了南京师范大学的教育社会学研究学派，在国内外有着重要的学术影响。在这一领域完成的学术著作也十分丰富，主要包括：2002年王有升的《被规训的"教育"》，马维娜的《局外生存：相遇在学校场域》，周润智的《被规约的教师职业》，2003年周宗伟的《"高尚"与"卑贱"的距离》，2004年杨跃的《理性与躁动》，易东平的《救人救己与害人害己》，2005年庄西真的《学校行为的社会逻辑》，胡金平的《学术与政治之间：大学教师社会角色的历史分析》，2006年刘猛的《匿影缠绕：意识形态与中国教育学》，高水红的《改革精英》，闫旭蕾的《教育中的"肉"与"灵"》，

[①] 吴康宁：《课堂教学社会学研究中的现场观察》，《教育研究与实验》1998年第2期。

2007 年胡宗仁的《变迁社会中的晚清教育》，常亚慧的《沉默的力量》，王占宝的《促进学生"充分发展"的教育模式研究》，2008年石艳的《我们的"异托邦"》，胡之淇的《公共领域中的师生教育话语探析》，2011 年孙启进的《结构的力量：社会结构与高等教育分流结构关系研究》，赵翠兰的《精神追求：农民工子女的语言与自我认同》，2007 年程天君的《"接班人"的诞生——学校中的政治仪式考察》等。

（四）有效课堂教学研究

崔允漷认为："课堂变革不外乎两类：一是由教师自发引起的，二是通过改变一些外部因素如教师考评、听评课制度、教师培训等引起的。"① 因此，从教师自身出发的"有效教学"思想和从外部因素听评课制度提出的"课堂观察 LICC 范式"是崔允漷有效课堂教学思想的两个方面。

1. 有效课堂教学思想的产生背景

（1）理论背景

20 世纪之前，在西方教育理论中"教学是艺术"的教学观占主导地位。随着 20 世纪以来科学思潮的影响，特别是受美国实用主义哲学和行为主义心理学影响的教学效能核定运动开展之后，人们意识到，教学也是科学。即教学不仅有科学的基础，而且可以用科学的方法来研究。有效教学就是在这一背景下提出来的。"课堂观察作为一种研究课堂的方法源于西方科学主义思潮，发展于 20 世纪五六十年代，典型代表为美国社会心理学家贝尔思于 1950 年提出的'互动过程分析'理论。后来经美国课堂研究专家弗兰德斯不断修正，于 1960 年提出'互动分类系统'，即运用一套编码系统，启示课堂中的师生语言互动，分析、改进教学行为，则标志着现代意义上的课堂观察的开始。"② 从 20 世纪 70 年代开始，人种志

---

① 崔允漷：《听评课：一种新的范式》，《江苏教育》2007 年第 12 期。
② 沈毅、崔允漷：《课堂观察：走向专业的听评课》，华东师范大学出版社 2008 年版，第 73 页。

研究等质性研究方法开始进入课堂观察。两种不同的研究取向从不同层面和不同方向丰富和充实了课堂观察知识。

（2）实践背景

在我国新一轮基础教育课程改革即将到来之际，当时的中小学教学面临着一个非常突出的问题，即教师很辛苦，学生很痛苦，然而学生却没有得到应有的发展。崔允漷试图构建一种有效教学的分析框架，使得教师拥有有效教学的理念，掌握有效教学的策略或技术。2011年，他在《人民教育》上公开发表《有效教学：理念与策略》（上、下），可以看作他有效教学思想萌发的开端。后来在新课改不断推进的过程中，经过不断的探索和完善，基于基础教育课程改革的课程标准特别是教师教育课程标准，2009年由他主编的《有效教学》一书出版，标志着这一思想的基本完善。

2005年3月，浙江省余杭高级中学成为华东师范大学课程与教学研究所的实验学校，正式建立了大学—中小学专业伙伴关系，他们在共同探讨"基于合作的教师专业发展"过程中，深刻地认识到听评课作为一种合作研究方式对学生课堂学习的改善和教师专业发展促进的重要作用。但是传统听评课制度存在"三无"的去专业化现象，即"听课，无合作的任务，无明确的分工；评课，无证据的推论，基于假设的话语居多；听评课，无研究的实践，应付任务式的居多"[①]。因此，构建一种指向学生有效学习和教师专业发展的新的听评课范式势在必行。

他们决定以重构听评课的框架作为突破口，从《余杭高级中学课堂观摩框架》到《余杭高级中学课堂观察手册（试用版）》再到《余杭高级中学课堂观察框架（修订版）》，"研究历经三个阶段：一是模式的框架设计阶段，该阶段的主要贡献在于对课堂教学的分解、工具的移植与改造、三步程序的精致化等问题的研究；二是具体步骤与方法的尝试阶段，包括课前会议要做什么、课后会议要做

---

① 崔允漷：《论课堂观察 LICC 范式：一种专业的听评课》，《教育研究》2012年第5期。

什么、记录工具如何开发与应用等;三是模式的修正与形成阶段,经过两年的持续研究与不断修正,在 2007 年 12 月 21 日余杭高级中学举办的'第一届全国普通高中课堂观察研讨会'上发布了该模式,标志着课堂观察 LICC 模式的正式诞生。"[1]

2. 有效课堂教学研究的主要内容

(1) 目的指向学生的有效学习

崔允漷认为:"教学是指教师引起、维持或促进学生学习的所有行为。有效教学是为了提高教师的工作效益、强化过程评价和目标管理的一种现代教学理念。"[2] 而"课堂观察是通过观察对课堂的运行状况进行记录、分析和研究,并在此基础上谋求学生课堂学习的改善、促进教师专业发展的专业活动"[3]。可以看出,有效教学思想是通过培养教师有效教学理念和掌握有效教学的策略,促进学生的有效学习。课堂观察促使教师由观察他人课堂而反思自己的教育理念和教学行为,促进他人改进教学技能,同时感悟和提升自己的教育教学能力,在共同提升双方专业素养的同时,改善学生的课堂学习。因此二者的最终目的都指向学生的有效学习。

(2) 主体框架作为思想的支撑

有效教学的主体框架包括引起意向、明释内容、调适形式、关注结果四个元素。即有效教学的起点是关注学生的学习动机,以适合学生发展水平的方式说明和解释学生所学的内容,从而促进学生的全面发展。

课堂观察的主体框架是 4 维度 20 视角 68 观察点。课堂是复杂的、多样的、动态的且充斥着丰富的信息。为此,我们将构成课堂教学的四个要素(学生学习、教师教学、课程性质、课堂文化)视作四个维度,并遵循研究的逻辑,将每个维度分解成 5 个视角,再

---

[1] 崔允漷:《论指向教学改进的课堂观察 LICC 模式》,《教育测量与评价》2010 年第 3 期。
[2] 崔允漷:《有效教学:理念与策略》(上),《人民教育》2001 年第 6 期。
[3] 沈毅、崔允漷:《课堂观察:走向专业的听评课》,华东师范大学出版社 2008 年版,第 74 页。

将每个视角分解成 3—5 个可供选择的观察点，这样就形成了"4 维度 20 视角 68 观察点"①。

（3）解决问题程序的完整性

有效教学包括教学准备、教学实施与教学评价三个阶段。

教学准备发生在课堂教学前，主要是教师制定教学方案所采用的策略。教学实施发生在课堂教学中，是教师为实现上述教学方案所采用的策略。一般把课堂教学实施行为分为主要教学行为、辅助教学行为与课堂管理行为三类。教学评价发生在课堂教学之后，是教师或他人对获取与处理学习过程中的评价信息做出价值判断的策略。主要基于"评价文化"开展学生学业成就评价与教师课堂教学评价。

课堂观察必须包括课前会议、课中观察与课后会议三个阶段。

课前会议是指在课堂观察之前，观察者和被观察者集中在一起进行有效商榷，以了解本堂课的教学情况，确定观察主题的过程。因此，课前会议的核心任务就是明确观察点，至少需要 15 分钟。课中观察是指观察者进入现场后，要遵循一定的观察技术要求，根据课前会议所制定的观察量表，选择恰当的观察位置和观察角度，迅速进入观察状态，并通过不同的记录方式（如录音、摄像、笔录等技术手段），将定量方法与定性方法结合起来，记录所观察到的课堂关键行为和自己的思考。课后会议主要关注定量或定性分析、有效学习的证据、资源利用的适宜性、预设与生成以及上课教师的自我反思等。最后，围绕课前会议所确立的观察点，提出指向教学改进的、针对此情此景的教学建议和对策。

（4）强调教师活动的专业性

"教师的专业事务可以分两大类：一是个人实践，二是合作实践。"② 有效教学是教师的一种专业的个人实践，崔允漷认为，教师只有通过"研究"的方式才能使自己教得更好。而教师从事教学

---

① 崔允漷：《论指向教学改进的课堂观察 LICC 模式》，《教育测量与评价》2010 年第 3 期。

② 崔允漷：《论课堂观察 LICC 范式：一种专业的听评课》，《教育研究》2012 年第 5 期。

研究的路径为自我反思、同伴互导与专家引领。

课堂观察是一种专业的合作实践,课堂观察的实体要素是教师课堂观察合作体,这一合作体必须包含四个元素:有主体的意愿、有可分解的任务、有共享的规则、有互惠的效益。以合作体为组织依托,促进课堂观察的专业化,寻求团队中所有人专业素养的提升。

3. 研究的影响

(1) 理论影响

有效教学思想的影响主要体现在理论层面。崔允漷的《有效教学:理念与策略》(上、下)的被引用率高达 584 次。他主编的《有效教学》被确定为普通高等教育"十一五"国家级规划教材,也是我国第一套基于教师教育课程标准的新教材。课堂观察 LICC 范式丰富了课堂研究范式;为一线教师提供了"4 要素 20 视角 68 观察点"的知识基础和一整套程序与技术;由沈毅、崔允漷等人编写的《课堂观察:走向专业的听评课》发行 3 万多册;课堂观察 LICC 范式的提出引起了很多教育理论工作者和中小学教师的反思和思考,基于课堂观察的论文多达 3000 多篇。

(2) 实践影响

2007 年 5 月 8 日,《中国教育报》报道了"杭州市余杭高级中学关于课堂观察"的相关内容。自此之后,北京、宁夏、浙江、广东等省市区的多所学校相继前往杭州市观摩、研讨,并积极倡导组建课堂观察联合体。同年 12 月 21 日,大区域课堂观察联合体在余杭高级中学举办了"第一届全国普通高中课堂观察展示与研讨会"。2008 年 11 月 18 日,该联合体在北京市海淀区清华大学附中召开了"第二届全国普通高中课堂观察展示与研讨会"。按计划,第三届、第四届研讨会将在广东深圳中学、宁夏银川一中召开。①"此外,其他各省市也纷纷开展课堂观察实践活动并取得了一定成果,如江苏省锡山高级中学高一政治组首次开展目标导引教

---

① 崔允漷:《论指向教学改进的课堂观察 LICC 模式》,《教育测量与评价》2010 年第 3 期。

学下的课堂观察实践活动,并自主开发了课堂观察量表,为有效听评课提供了值得借鉴的范例。"① 各地中小学校也结合学校的实际和具体学科特点,开始了具体学科领域的课堂观察研究,如语文课堂学生学习研究②、数学课堂教学的有效性③、基于课堂观察的外语专业发展研究④、自然科学课堂研究⑤以及社会科学课堂研究⑥等。

(五) 课堂教学生活研究

1. 研究背景

(1) 实践背景

20 世纪 90 年代末期,我国中小学课堂教学中的应试教育倾向依然严重,学生课堂生活表演化,难以体现课堂教学全部的生活意义和生命价值。⑦ 为改变学生学习过程中的被动状态,国内教育界发起了主体性教育实验、活动课程实验等,然而,在活动课程实验过程中反映出人们对活动课程缺乏正确的认识、开展活动课程的理论基础缺乏等问题。⑧ 国家也在 21 世纪初启动新一轮基础教育课程改革,以期能够从根本上解决应试教育倾向严重和学生难以全面发展的问题,调整课程结构、增加课程类型(包括开设综合实践活动课程)成为课程改革的重要内容。

---

① 李长吉、余芳艳:《课堂观察研究:进展与趋势》,《当代教育与文化》2010 年第 11 期。
② 张霞儿:《基于学生学习的课堂观察——以〈竹影〉教学为例》,《人民教育》2011 年第 2 期。
③ 黄映玲、张檬:《提高数学教学的有效性——基于教研组的课堂观察行动研究》,《数学教育学报》2011 年第 6 期。
④ 李彩英:《利用课堂观察,促进英语教师专业化发展》,《吉林教育》2011 年第 3 期。
⑤ 王叶浓、姜幸光:《基于课堂观察的高三化学复习二次备课及课案》,《中学化学教学参考》2010 年第 11 期。
⑥ 任靖:《思想政治课案例探究教学实效性的课堂观察》,《思想政治课教学》2011 年第 9 期。
⑦ 郭元祥:《论课堂生活的重建》,《教育研究与实验》2000 年第 1 期。
⑧ 郭元祥:《论活动课程》,《课程·教材·教法》1994 年第 11 期。

(2) 理论背景

第一，随着国内外学术界交流的日益深入，"生活世界"的概念随着西方后现代哲学思潮传入我国。1998年后，"生活世界"理论进入教育学研究领域，郭元祥是较早关注到生活世界理论的教育学者。从生活世界的视角，他对教育与生活的关系、学生观、教学观、课程观等教育教学的核心范畴进行了重新理解，这与其课堂生活研究有着根本性的内在关联。其生活教育研究富有特色。

第二，20世纪90年代，国内教学论研究偏重于研究学科课程的教学理论与教学实践，教学论所探讨的问题都是以学科课程的教学活动为基础，缺乏对活动课程形态的教学问题的探讨。教学论丧失了活动课程教学活动这一实践基础，既不利于教学论自身建设，也不利于活动课程的有效开展。[①]

第三，华中师范大学教育学原理学科有着重视主体教育的学术传统，王道俊、郭文安曾在国内率先提出并研究主体教育问题。郭元祥深入参与了其中，在湖南、湖北的许多中小学积极展开多种形式的主体教育实验。2000年后，他开始主持教育部人文社会科学"十五"规划项目"学习方式的变革与学生实践能力发展研究"、教育部基础教育课程改革重大研究项目"九年义务教育阶段综合实践活动的研究与设计"等科研项目。作为综合实践活动项目组总负责人之一，开展"综合实践活动指导纲要"的研制和实验研究工作。

2. 研究内容

(1) 重建课堂生活

重视生活与教育的关系，是郭元祥学术研究的一大特色。在课堂这一教育微观领域，郭元祥主张应该重建课堂生活的内容与形式。

首先，课堂生活存在突出问题，这是重建课堂生活的基础。中小学课堂教学中存在如下问题：远离生活世界，偏重书本世界；脱离现实生活，缺乏对学生可能生活的合理建构；乏味单调的理性生

[①] 郭元祥：《活动课程改革实验中的教学问题》，《教育研究与实验》1996年第2期。

活成为主旋律，不能满足学生完满的精神生活需要；课堂生活的物理空间和精神空间狭小。其根源有二：其一是被物化的学生观和为生活做准备的教育观；其二是学生的生活世界被理性化和体制化，缺乏对学生完满生活世界的建构。①

其次，课堂生活内容、形式和空间的重建。重建完满的课堂生活，是学生健康发展的内在需要，也是深化课堂教学改革的必然要求。课堂生活的内容包括理性生活、审美生活和道德生活三个方面。学生课堂生活的基本形式是认知、理解与体验、感悟三种类型，三者对于课堂的理性生活、审美生活和道德生活都非常重要。课堂生活的空间包括物理空间和精神空间两个维度，其中物理空间涉及班级规模和教学组织形式，精神空间则涉及课堂教学目标指向性、师生关系、教学方法等客观问题。②

（2）综合实践活动课程

郭元祥的综合实践活动课程研究，既有其2000年之前的主体性教育实验和活动课程研究作为前期研究基础，又有其2005年以来的教育过程属性观（2005）、经验或自我实现课程观（2008）、教育性实践（2012）等作为其综合实践活动研究的后期理论提升。这里重点介绍他对综合实践活动课程的研究。其综合实践活动课程研究，是课堂研究向教室外空间的必然延伸，或者说是对综合实践活动课程的课堂研究。

首先，综合实践活动课程研究的价值。综合实践活动是新课程的难点。但综合实践活动真正触动了传统的知识至上、知识唯一的教育观，触及了人才培养方式的变革，触及了我国中小学教育长期忽视学生能力发展的要害，特别是忽视学生实践能力、创新精神和社会责任感的培养问题。③ 在综合实践活动过程中自主学习、探究学习、合作学习无处不在，对引导学生体验多样的学习方式，发展他们分析解决问题的能力、实践能力和良好的思维品质，对学生的

---

① 郭元祥：《论课堂生活的重建》，《教育研究与实验》2000年第1期。
② 同上。
③ 郭元祥：《综合实践活动课程的回顾与前瞻》，《基础教育课程》2010年第5期。

各科学习和全面发展都有积极意义。①

其次，综合实践活动课程的基本规定。通过对国内外中小学生综合实践活动类型的研究，发现综合实践活动课程的课程性质是经验性、实践性、综合性三级管理的课程，其特点是综合性、实践性、开放性、生成性、自主性，其基本理念应是突出学生主体，面向学生生活，注重学生实践，强调活动综合。②

再次，综合实践活动课程实施中的十大关系。通过对国内试验区的考察发现，综合实践活动在课程实施中存在教师的有效指导策略、实施方式与校本课程开发、管理、评价、政策支持系统五大问题。综合实践活动课程的有效实施，需要妥善处理综合实践活动课程与学科课程、教师与学生、认识与实践、内容与形式、过程与结果、体验与建构、生活世界与科学世界、时间与空间、规范性与开放性、学校与社会十大关系。③

最后，对综合实践活动课程实施的总结与反思。在综合实践活动进入学校课程领域的第五年和第十年，郭元祥分别著文加以整体性的总结反思。综合实践活动课程开展十年来在课程理念、学习方式、课程评价、课程资源、课程管理、课程制度、课程研究等方面都有较大的进展，然而以下问题仍然值得重视：常态实施的面比较小；有效性不强；课程开发、建设与管理能力不足；教学规范、评价体系有待确立；课程环境有待优化。应该进一步加强课程制度建设，提升课程建设能力，加强教学规范研究，提升课程有效性，深化教育评价改革特别是学生综合素质改革，加强课程资源建设。④

3. 研究的影响与评价

郭元祥将生活世界的概念引入课堂研究之中，从而使得"课堂

---

① 郭元祥：《学习方式变革：可能的与有效的》，《河北教育》（综合版）2008年第5期。
② 郭元祥：《综合实践活动课程的基本规定》，《当代教育科学》2003年第2期。
③ 郭元祥：《教育的立场》，安徽教育出版社2009年版，第267页。
④ 郭元祥：《综合实践活动课程的回顾与前瞻》，《基础教育课程》2010年第5期。

生活"成为课堂研究的重要视角之一。其课堂生活研究在国内教育理论界有其开创性意义，且对后来学者的研究起到了重要的推动和启发作用。郭元祥的综合实践活动课程研究，通过理论建构与课程实验相互推动的方式取得了一系列理论成果，成为其重要的学术风格。他就综合实践活动课程研究所形成的系列论文和著作，进一步丰富和深化了课程研究的内容与领域，有效拓宽了课堂研究的空间视野，在国内教育理论界产生了较大影响。他作为教育部基础教育课程改革综合实践活动项目负责人，参与和指导了国家课程改革试验区综合实践活动项目十年来的开展，在实践领域同样产生了较大影响。郭元祥在课程与教学的理论、政策及实践等领域均取得了较强的影响力，也正因此担任了国家基础教育改革专家工作委员会委员、中国教育学会课程专业委员会副主任委员、教育部基础教育课程改革综合实践活动项目负责人等重要学术和社会职务。

（六）课堂教学论学科体系的重建

1. 研究背景

（1）实践背景

21世纪初，世界正处在一个巨大的变革时代，这种巨大的变革影响到社会的各个方面。教育要培养出适应时代要求的一代新人，教育教学理论要为之服务。教育教学的改革遇到许多新问题，需要教育教学理论的指导，长期以传统社会中人才培养为基点建立的教育与教学的理论也需要革命性的变革。[1] 真正启动中国教学论研究的实践乃是兴起于世纪之交的中国教育的大变革，从对应试教育的批判与反思到素质教育的提出与推进，从课程教材的改革与设计到课堂教学的变革与创新，中国大地上教育改革从政府行为的自上而下到基础教育课程改革在全国大面积自下而上的广泛参与，更迫使教学论研究者思维方法的变革与研究范式的转型。正是教育教学的改革，使长期"划界而治"的教学理论工作者与教学实践工作

---

[1] 李秉德、王鉴：《时代的呼唤与教学论的重建》，《高等教育研究》1999年第5期。

者走到了一起，找到了共同的研究课题，找到了共同探究的实践问题。在这一过程中，新的研究重心逐渐显现，并成为专门的研究对象，全新的研究方法在借鉴其他学科方法的基础上逐渐适应教学论的研究对象，如课堂参与观察的方法、案例累积与分析的方法、主客位并置的研究方法、行动研究的方法等。实践教学论的研究范围与体系正在形成，涌现出了诸如"透视课堂""深描课堂""教学研究""关注教学生活""走向教学实践"等大量的实践教学论系列研究成果。①

（2）理论背景

传统教学论面临着危机：其一，教学论理论界开始对教学理论与教学实践的脱离问题进行反思，并指出了这种研究所造成的我国教学论研究的空疏无用与理论的表面繁荣。②如何走出"教学理论与教学实践'两张皮'"困境，是教学论理论界要着力解决的难题。其二，教学实践工作对传统教学论的忽视甚至指责加剧了理论教学论内部的分化，有相当一部分研究者开始在西方实证研究方法的影响下，学习和借鉴西方学者研究教学行动的方法，深入教学实践中，但就中国整体教学论的研究队伍而言，这种研究还是十分有限的。

2. 研究内容

课堂教学论就是在新课程与教学改革的背景下，在与广大中小学教师的合作研究与行动研究的过程中，以教学实践中的现象与问题为研究对象，通过大量的课例研究材料，而尝试构建的一种教学论研究新体系。

（1）对传统教学论的批判

教学论研究的危机是研究对象的偏移与表达语言的贫乏共同造成的。③传统教学论声称其研究对象是"教学现象"，但实际上远

---

① 王鉴：《实践教学论》，甘肃教育出版社2002年版，第8页。
② 李秉德：《教学理论与教学实践"两张皮"现象剖析》，《教育研究》1997年第7期。
③ 参见王鉴《从教学论研究到教学研究》，《教育研究与实验》2003年第2期；王鉴《理论教学论批判》，《教育科学研究》2004年第1期。

离了真正的研究对象，研究者从书斋文献中寻找描述教学现象及其规律的词汇，这些词汇在被无数次地使用之后已经"味同嚼蜡"。传统教学论研究的是"一种迷茫的理论研究，是一种以理论'勾兑'理论的研究，是一种静坐于书斋进行的研究"。如果把传统教学论研究作为教学论的理论生长点，其前景是十分有限的。

(2) 课堂基本理论

关于课堂研究，在理论上主张从现象与问题出发研究教学实践，研究课堂教学活动，力图构建与"理论教学论"有别的"课堂教学论"，并提出教学研究应以实践教学论为主流；在实践上主张从研究者与教师的合作与行动研究中，解决课程与教学改革中的实际问题，提高课堂教学的效率与质量。课堂研究的实质是在课堂上进行课程与教学问题的研究，而非研究课堂本身。在课堂上做研究，对理论工作者来讲，不仅是理论的源头，而且是理论的应用与发展。对于实践工作者来讲，是行动中的研究，是他们成为真正研究者的有效途径。围绕课堂的历史、本质、形态及其变革、课堂教学现象、课堂生活等论题展开深入研究，指出关于课堂有三种主要的理解：第一，课堂是指教学的场所，即教室（classroom），以前教学论研究把它作为教学环境；第二，课堂是指教学，就是发生在教室里的教学活动，由于传统的课堂课程是刚性的，课堂教学研究只是从教学内容的角度加以考虑，传统教学论重点在于研究教学活动及其构成要素；第三，课堂是指一个学习型共同体，这个共同体是学生成长、发展和教师专业提高的共同体。

(3) 课堂研究的基本方法

我大量引进和移植文化人类学的研究方法，并且与课堂教学论密切结合，形成关于课堂研究的"主客位"研究法、课堂观察法、深描解释法、教学案例研究法等。而且全面评介和引入古德和布罗菲透视课堂的方法、佐藤学课堂研究的理论与方法、弗兰德斯互动分析系统方法、课堂人种志研究方法。在此基础上，我创造性地提出了"课堂志"研究方法。所谓课堂志，"就是教学研究者对特定的研究场域中的教育制度、教育过程和教育现象的科学描述过程"。

"课堂志"一词缘于"民族志"的名称与方法启迪，在以前的教学论研究中，常常用"课堂人种志研究方法"这一称法，这种称法既不太准确，又不太科学。因为课堂"人种志"所用的方法虽然是人类学的"人种志"方法，但研究的重点是课堂教学中的多种族、多文化问题，是多元文化背景下的课堂教学问题，而不是用"志"的方法研究一般的教学活动。用"志"的方法研究课堂教学，其实就是用观察、记录、描述、解释等研究方法去综合地研究教学问题，所以可直接称其为"课堂志"。

（4）课堂研究案例分析

运用课堂研究的基本方法对一些课程与教学问题进行案例研究，主要涉及"教师成为课堂教学研究者""聚焦课堂的校本教研""课堂上的合作学习""课堂上的教师期望""课堂教学的有效性问题""课堂教学智慧""课堂教学的二重性问题"等。主张在课堂上做案例研究，在课堂上研究课程与教学问题，因为问题是无穷尽的，研究也就是无穷尽的，这是一种开放式的教学论体系建设方法。

3. 研究的影响

首先，对教学实践界的影响。2000年，教育部在西北师范大学成立了基础教育课程改革发展研究中心，我作为其中的一员开始关注基础教育课程改革，并于2001年正式参与了国家基础教育课程改革中专业支持小组的工作，曾先后多次深入国家级实验区和省级实验区开展听课、座谈、讨论、调研等活动。在课程与教学改革专业支持工作的过程中，将自己的实践教学论成果向广大实验区的教师做了交流与汇报，得到他们的认同、支持和肯定。另外一个重要的影响途径是对在读本科生、硕士生、博士生的影响，通过他们传播课堂教学研究的理论与方法。

其次，对教学理论界的影响。截至目前，我关于课堂研究的专著已出版多部，即《实践教学论》《课堂研究概论》《教师与教学研究》《课堂观察与分析技术》等。其中，《实践教学论》已作为香港中文大学教育学院的教师培训推荐用书，而"实践教学论"的观点被同行学者广泛引用。《课堂研究概论》自2007年由人教社出版以来，也广受赞誉，其作为国内课堂研究的力作被评介和重视。[1] 其中，关于"课堂志""课堂田野""在这里，去那里，回到这里"等观点，影响颇大。[2] 该书被列为普通高等教育"十一五"规划重点教材，成为教育部课程教材研究所推荐使用教材。《课堂观察与分析技术》作为西北师范大学教师教育的课程及教材连续使用多年，受到师生的好评。

（七）优质学校课堂教学研究

1. 课堂研究的背景——基础教育课程改革

马云鹏2002年在《教育研究》上发表的《近现代课程研究范式的演变及其启示》一文认为，教育研究虽然经历了"课程目标的逻辑推演时期""课程研究的科学化时期""量化与质化研究多元共存"等几个阶段，但是由于人类学、社会学的发展以及教育研究"内在效应"的呼唤，课程研究范式及方法表现出"21世纪的课程研究方法论是多元共存的；课程研究中倡导中介取向；研究者要亲历教学实践，注重质性研究"等趋向。[3] 可见，他进行课堂研究是出于对课程研究理论，尤其是方法论及方法体系的反思。纵观其研究的主要成果，是在基础教育课程改革的背景下完成的。而有关"课堂"方面的研究成果，主要是在2001年以后发表的，可以说明其这一方面的研究也是在基础教育课程改革的大背景下完成的。从课程与教学理论的研究内容来看，可以充分说明其基础教育课程改革的背景。正如马云鹏在其2002年主编的"教育部人才培养模式改革和开放教育试点教材"《课程与教学论》一书的前言中所提到

---

[1] 参见尹弘飚《重返课堂，面对实事——评〈课堂研究概论〉》，《教育研究》2008年第7期；李泽林、吕晓娟《课堂研究归去来兮——〈课堂研究概论〉开拓思维新阡陌》，《中国教育报》2008年7月16日。

[2] 王丽媛：《课堂志：一种基于课堂场域中的"田野式"研究》，《教育科学论坛》2008年第10期。

[3] 马云鹏、吕立杰：《近现代课程研究范式的演变及其启示》，《教育研究》2002年第9期。

的:"本书的有关章节尽可能与新课程改革问题相结合,对有关问题进行了分析和阐述,结合有关课程与教学的理论与方法分析和介绍基础教育课程改革的有关问题。"① 另外,其有关课堂研究的主要内容集中在课堂教学的价值取向、课堂环境、课堂教学评价体系等方面,这些与基础教育改革的联系均较为紧密。

2. 课堂研究的内容

纵观马云鹏有关课堂研究的内容,可以看出其研究主要关注的问题是"如何在基础教育课程改革的背景下实施课堂教学"。其中有关课堂教学的各个方面均是围绕"基础教育课程改革"这样一个主题来进行的,课堂研究的思想偶见于其相关研究成果之中。

(1) 着眼于学生全面发展的课堂教学价值观

随着基础教育课程改革的深入,课堂教学的价值取向问题逐渐成为人们关注的焦点。课程改革的理念与目标是否能够实现,归根结底要看课堂教学的实际效果,因此便涉及课堂教学的价值取向问题。课堂教学的价值取向是课堂教学改革的核心,体现了课堂教学的灵魂。在马云鹏看来,课堂教学价值观的转变必须是由观念到行为的转变,必须落实到课堂教学的实践中。"课程改革追求学生的全面发展,而学生全面发展不是一句空话,应当体现在每一个课堂教学中,体现在课堂教学的各个环节之中。"② 课堂教学乃至教育,其主要目标在于学生的全面发展,为学生的学习、成长乃至未来提供有力的保障。"教育着眼于学生的未来,着眼于'全人生'的发展,为未来生活服务,为做一个'社会人'服务。"③

在课堂教学中教师并不是简单地"做样子",而是要将培养学生全面发展的理念落实到实践中,形成教学常规。"坚持和运用鼓励学生参与,启发学生思考,为学生提供探索的空间和实践等教学

---

① 马云鹏:《课程与教学论》,中央广播电视大学出版社2003年版,第1页。
② 马云鹏:《小学数学课堂教学价值取向的思考》,《湖南教育》(数学教师)2008年第4期。
③ 解书、马云鹏、许伟光:《为学生学习、成长与未来的教学——基于一节英国小学数学课的案例分析》,《外国中小学教育》2012年第10期。

取向，就会促进学生的整体发展，对他们将来的学习和走向社会都是十分重要的。"[1] 只有如此，课堂教学的价值才能发挥到极致。

(2) 创建"建构型"课堂

课堂环境又称学习环境、课堂气氛或课堂氛围，是一个内涵复杂丰富但同时也是歧义很大的概念，国内外学者在关于课堂环境的定义上存在着较多的争议，至今尚未形成统一的意见。"课堂环境"是马云鹏课堂研究关注的主要方面，在其有关课堂教学研究方面的研究文献中占有较大的比重。马云鹏在认同范春林有关课堂环境的观点（"课堂环境是影响教学活动开展、质量和效果，并存在于课堂教学过程中的各种物理的、社会的及心理的因素的总和；其与其他相关概念之间的关系是：课堂气氛（氛围）、课堂心理环境→课堂环境、教学环境→学习环境→教育环境，依次由低到高，由具体到抽象"[2]）的基础上，从广义角度将课堂环境分为物理环境、社会环境和心理环境，并将课堂环境类型分为建构型课堂、中间型课堂和传统型课堂。其中，建构型课堂指的是以"会带来学生的学习态度、信念、解决问题能力、高层次思维、学习取向等方面发生积极变化的课堂"[3]；传统型课堂指的是"教师讲授为主，无情的标准化评价、严肃的课堂气氛"；中间型课堂则是指处于二者之间的一个过渡性课堂。[4] 通过实践研究发现，"课堂环境与学生学习表现之间的确存在因果关系"[5]"建构型课堂的学生解决开放性问题的能力显著高于中间型和传统型课堂的学生"[6]"建构型课堂的学生相对于传统型课堂的学生来说，他们的学习取向更倾向于深

---

[1] 马云鹏：《小学数学课堂教学价值取向的思考》，《湖南教育》（数学教师）2008年第4期。

[2] 范春林：《课堂环境研究的现状、意义及趋势》，《比较教育研究》2005年第8期。

[3] 丁锐、黄毅英、林智中、马云鹏：《小学数学课堂环境与学习成果的关系》，《教育研究与实验》2009年第1期。

[4] 同上。

[5] 丁锐、马云鹏：《课堂环境与学生学习表现的因果关系研究》，《全球教育展望》2011年第10期。

[6] 丁锐、黄毅英、马云鹏：《小学数学课堂环境与学生问题解决能力的关系》，《教育科学研究》2009年第12期。

层，学习态度更加积极"①。因此，马云鹏极力提倡在课堂教学中要积极构建"建构型"的课堂环境。

那么，怎样创建"建构型"的课堂？他主要从四个方面进行了阐述：第一，建立民主平等的师生关系。教学活动是师生共进共生、教与学相互促进的过程。要创建一个"建构型"的课堂，教师"要真正用心倾听学生的声音，用心灵与学生对话，反对任何形式的话语霸权"②。第二，联系学生的生活实际。"教师要积极构建愉悦的课堂氛围，让学生感受到所学的知识与自身的生活是息息相关的"③。第三，提倡探究学习。探究的过程是一个动态生成的过程，是教师与学生共同创造教育经验的过程，体现了课堂教学的开放性。"教师不能用教参上的参考答案作为判断学生对错的标准，而应使教育内容成为师生共同创造的教育经验。"④ 第四，重视课堂的动态生成。教师"要为学生营造更开放的'生存空间'"⑤，形成一个开放的教学环境，从中发掘教学过程新的增长点。

（3）多元的课堂教学评价方法

对于课堂教学的评价，马云鹏进行了系统的实践研究。在《小学数学课堂教学评价的质性研究》一文中，他提出"课堂教学评价应该以交流、协商、理解的形式进行"⑥。因为基于不同的评价标准，从不同的角度出发，不同的评价者对同一节课，或一节课的个别教学现象的理解和判断必然会有差异。在这种情况下，评价者与评价者之间，评价者与被评价者之间的沟通就显得非常必要。首

---

① 丁锐、黄毅英、林智中、马云鹏：《小学数学课堂环境与学习成果的关系》，《教育研究与实验》2009 年第 1 期。

② 曹月、马云鹏：《后现代知识观对我国知识教学的启示》，《教育探索》2008 年第 12 期。

③ 丁锐、黄毅英、马云鹏：《小学数学课堂环境与学生问题解决能力的关系》，《教育科学研究》2009 年第 12 期。

④ 曹月、马云鹏：《后现代知识观对我国知识教学的启示》，《教育探索》2008 年第 12 期。

⑤ 同上。

⑥ 赵冬臣、马云鹏：《小学数学课堂教学评价的质性研究》，《数学教育学报》2007 年第 2 期。

先，通过相互交流和理解，可以更全面地认识课堂教学，促进课堂教学质量的提升，促进教师的专业发展。其次，课堂教学评价应该多元化。教师应尊重学生的多样性和差异性，在对学生个性进行保护的同时，应采取多元评价模式，即"采取质性评价与量性评价相结合，诊断性评价、形成性评价与终结性评价相结合，常模参照评价、标准参照评价与潜力参照评价相结合等多元教育评价模式"[①]。

3. 研究的影响

（1）侧重实践领域的问题研究

与其他课堂教学的理论研究者不同的是，马云鹏主要侧重于实践研究，多结合基础教育课程改革的理念，就课堂教学中的具体问题、具体现象开展实证研究。研究多采用实践层面的方法，包括量化研究、实验研究、质性研究等，而仅有的理论层面的研究也多采用比较研究的方法，对国外有关课堂研究中的某一个方面进行综述，通过不同文化视角下的比较，力求找到符合自身甚至是我国课堂教学的具体方法。研究少有浓烈的思辨气息。

（2）紧密围绕具体学科的研究

作为数学专业出身，同时又是"数学课程标准"研制组成员的马云鹏，他有关课程方面的研究多数是围绕数学学科来进行的，这在众多的课堂研究者中可谓独树一帜。他所具有的"数学"教学学科特点，使其一方面能够将"大而空"的理论体系应用于课堂教学，并以此对自身的理论体系进行审视、反思和重构。另一方面，能够在具体的学科教学研究中，抓住其中细微的课堂教学现象，更好地探讨其中的本质所在，如"学生解决问题的能力""学生学习的表现"与课堂环境之间的关系等。

（七）杜郎口、洋思等中小学的课堂教学变革研究

1. 课堂教学变革与研究的背景

洋思中学和杜郎口中学开始进行课堂教学改革的时间分别在

[①] 曹月、马云鹏：《后现代知识观对我国知识教学的启示》，《教育探索》2008年第12期。

1982年和1997年，时间虽然不同，但所面临的问题相似，即都作为农村薄弱学校，面临着师资水平差、生源质量偏低、升学率低而导致的阻碍学校发展的严峻考验问题。面对学校的发展困境，"穷则思变，弱则思改"，"思变"和"思改"的中心就在课堂教学改革上。洋思中学校长蔡林森和杜郎口中学校长崔其升都认为，解决学校的发展困境就要把传统的以教师为主体的课堂教学模式改为以学生为主体的课堂教学模式。在这两位校长的带领下，学校一些学科的骨干教师，开始积极探索新型的以学生为主体的课堂教学模式，并取得了显著的效果。2001年，新一轮基础教育改革正式启动，其基本理念是"以学生为中心"，促进学生主动发展，注重学生个性能力培养，全面提高学生综合能力和素质。这两所学校的课堂教学模式的基本理念与新一轮基础教育改革的核心理念不谋而合。这时教育理论界开始重视并研究这两所学校的课堂教学模式。

2. 课堂教学变革与课堂教学模式的研究

（1）课堂教学变革的内容

首先，洋思中学创立了"先学后教、当堂训练"的课堂教学模式。

自1982年起，洋思中学开始在基础教育改革方面进行探索，秉持"没有教不好的学生"的理念，坚持从初一年级开始，从最后一名差生开始，狠抓每个学生的全面发展，做到堂堂清、日日清、周周清，创造了"先学后教、当堂训练"的教学模式，它把一节45分钟的课堂教学分为三个阶段：第一阶段，"先学"（15分钟）。这阶段分四步：首先是展示目标（2分钟）。讲述目标，让学生把握总体要求。其次是自学前指导（1—2分钟）。运用投影仪、小黑板，要求学生做到"三个明确"，即明确自学的内容和范围，明确自学的方法，明确自学的要点。再次是学生自学，教师巡视（6分钟）。学生针对目标看书，教师巡视检查学生的自学情况。最后是检查学生的自学效果（5分钟）。检查中下程度的学生的学习情况，发现问题。第二阶段，"后教"（10分钟）。教师引导更正，指导运用。第三阶段，"当堂训练"（15分钟）。教师出必做题、选做题、思考题。巡视基础薄弱的学生，当场批改部分学生的作业，让学生有成功的体验。

其次，杜郎口创立了"三三六"自主学习模式。

杜郎口中学课堂教学改革自1998年起步，2001年改革思路逐渐明晰，改革经验逐步成"形"。改革之初，他们实施"0+45"模式，教师基本不讲，把45分钟的时间几近全部留给学生互动合作、自主参与。为了使改革稳步实施，崔其升决定缓步前进，分层实施。他将"0+45"模式改成了"10+35"模式，即教师在课堂上的活动时间不得超过10分钟，把35分钟交给学生。后来，有资深专家在深层次了解杜郎口模式的基础上，把该校的教改套路概括为"三三六"自主学习课堂教学模式。

三个特点：立体式、大容量、快节奏。立体式——目标任务三维立体式，任务落实到人、组，学生主体作用得到充分发挥，集体智慧得到充分展示。大容量——以教材为基础，拓展、演绎、提升，课堂活动多元，全体参与体验。快节奏——单位时间内，紧扣目标任务，进行周密安排，师生互动，生生互动，达到预期效果。

三大模块：预习—展示—反馈。预习——明确学习目标、生成本课题的重、难点并初步达成目标。展示——展示、交流预习模块的学习成果，进行知识的迁移运用和对感悟进行提炼提升。反馈——反思和总结，对预设的学习目标进行回归性的检测，突出"弱势群体"，让他们说、谈、演、写，"兵教兵""兵练兵""兵强兵"。

六个环节：预习交流、明确目标、分组合作、展示提升、穿插巩固、达标测评。分组合作——教师口述将任务平均分配到小组，一般每组完成一项即可。展示提升——各小组根据组内讨论情况，对本组的学习任务进行讲解、分析。穿插巩固——各小组结合组别展示情况，对本组未能展现的学习任务加以巩固练习。达标测评——教师以试卷、纸条的形式检查学生对学习任务的掌握情况。

这两种教学模式的特点是，课堂上教师讲课时间仅仅几分钟，课堂教学的过程成为学生在教师引导下自学的过程，充分体现了自主学习的本质，从而有效地实施了素质教育，减轻了学生过重的课业负担。

（2）对这两种课堂教学模式的研究

对在"中国学术文献网络出版总库"中搜索到的有关这两所中学课堂教学模式的文章和论文进行分类，其内容大概包括：第一，参观两所中学的感受；第二，介绍这两所中学的经验；第三，怎样学习这两所中学的经验；第四，对这两所中学教学模式的反思与理论研究。目前，对这两种教学模式的总体研究，已基本上从谈感受、介绍经验和总结学习经验，深入对这两种教学模式的理论研究和反思、评价。郝梦颖[1]和袁茂坤[2]试图用一定的教育原理来解析这两种教学模式，认为它们分别体现出了建构主义理论和结构主义教学理论。崔随庆、潘红丽[3]用后现代主义课程观解读杜郎口中学教学模式的实质，挖掘其中所隐含的契合后现代主义教育精神的先进理念，为其合理存在寻求理论支撑，为其推广奠定理论基础。

随着杜郎口"旋风"的迅速升温，教育界也开始冷思考，反思这种教学模式。余文森先后发表《杜郎口模式也需完善与发展》[4]和《深度解读杜郎口》[5] 两篇文章，总结杜郎口的贡献就在于创立和形成了一套以学生为中心的课堂教学模式和程序，找到了在现有教育体系特别是在统一课程标准、统一教科书、统一考试下课堂实施素质教育的突破口，在班级授课制这一特定的时空里，构建和形成了以学生为主体、以学习为主线、以展示为特征的教学模式。同时，反思杜郎口模式还要解决求知欲和表现欲的关系、学生"独立"阅读和"依赖"阅读的关系、学生个体独立学习与小组合作

---

[1]　郝梦颖：《杜郎口教学模式的建构主义理论解读》，《新课程学习》2011年第6期。
[2]　袁茂坤：《对洋思中学与杜郎口中学课堂教学的分析思考》，《当代教育科学》2008年第8期。
[3]　崔随庆、潘红丽：《后现代主义课程观的教育实践——解读杜郎口中学教学模式》，《天津师范大学学报》（基础教育版）2008年第9期。
[4]　余文森：《杜郎口模式也需完善与发展》，《中国教育报》2010年9月24日。
[5]　余文森：《深度解读杜郎口》，《基础教育课程》2010年第10期。

学习的关系、学生自主学习与教师指导教学的关系等问题。张良和毕景刚[1]认为，杜郎口教学模式存在着将教学理解为封闭实体、机械程序以及知识传授等简单性思维的嫌疑，学生个体学习得不到保障、教师作用发挥受到限制和学生搜集学习资源能力不足等问题。时晓玲和于维涛研究了洋思、杜郎口、东庐等校课堂教学实践之后，总结其经验为："任何一所学校或地区在应用教学模式指导教学实践时，其教学模式、方法都不能是机械的、教条的，而是灵活多变、富有个性、充满灵性的，必须根据学校条件、教师状况、教学内容，更重要的是根据学情合理地选择适合学生的方法。"[2] 因此，我们必须辩证地看待课改成果，并结合自身实际批判性地吸收和创造性地应用，才能总结出更优化的教学模式。

3. 对课堂教学变革的影响

（1）实践方面

洋思中学和杜郎口中学的成功课堂教学改革经验，得到了社会、政府、家长和教育同行的广泛认可。让很多面临同样问题的农村中学看到了希望，也让许多城市学校看到了可借鉴之处。越来越多的学校派出考察团来取真经，并结合自己学校的情况引进洋思模式或杜郎口模式。到目前为止，这两所中学已接待来自包括香港、台湾等全国各省市及美国、澳大利亚、加拿大的教育行政领导和教师几十万人次。洋思中学的"先学后教、当堂训练"的课堂教学模式和杜郎口中学的"10+35"课堂教学模式被引进到全国十多个省，形成了"洋思现象"和杜郎口"旋风"。戴荣在《洋思经验与新课程改革》[3] 中，系统介绍了洋思教学模式的实施及对新课程改革所产生的积极影响。李炳亭的《杜郎口"旋风"》[4]，选择了全国

---

[1] 张良：《反思我国教学实践变革中的简单性思维——以杜郎口中学为个案》，《中国教育学刊》2012年第9期；毕景刚：《关于"杜郎口风暴"现象的思考》，《教育探索》2008年第9期。

[2] 时晓玲、于维涛：《中小学课堂教学模式改革的省思与多元创新——基于洋思、杜郎口、东庐等校课堂教学实践的思考》，《教育研究》2013年第5期。

[3] 戴荣：《洋思经验与新课程改革》，上海科学普及出版社2005年版。

[4] 李炳亭：《杜郎口"旋风"》，山东文艺出版社2006年版，第7页。

13个省市的近30所学校，报道这些"杜郎口"以"共同体"的形式"临帖"，在短短的三个月里，便创造出了课堂的神奇，证明好教育到哪里都会散发出好教育的神奇。

(2) 理论方面

《中国教育报》《中国教师报》《江苏教育》《山东教育》《当代教育科研》《现代教育导报》等都大量报道了这两所学校课堂教学改革的内容，总结这两种教学模式的成功之处。《"洋思现象"解读》[①]从理论到实践论证了洋思教学模式实施的可行性与实效性；《杜郎口之变——解析杜郎口中学教学改革》[②]从理念、评价、结构、环境、组织和管理方面解析杜郎口中学以学生为主体、教师为主导的教学系统；《杜郎口，到底在改什么》[③]致力于高效课堂的行动研究，用"实践"来验证杜郎口的价值。

(八) 香港"U—S"伙伴合作研究

1. 研究的背景

长期以来，香港中小学教育存在着学校系统的分层性强、学业成绩的校际隔离性高、学生学业表现受其家庭影响及应试教育倾向性明显等特征。[④] 21世纪带来的最主要的挑战是全球经济一体化，国际竞争加剧，这对基础教育阶段学生的素质也提出了更高的要求。但是，当时中小学校推出的种种改进措施，或是靠政府行政力量强行推动，或是中小学校自身摸索的结果，存在诸多问题。如推行的教育改革措施之间不协调，给课程提供的支援不够，忽视对学校自身变革能力的培养和学校之间的不同需求，特别是以增加教育"输入"为主要取向，未能以整体的观点处理和改善学校的问题，

[①] 张俊平：《"洋思现象"解读》，《中国教育报》2005年5月11日、13日、17日、18日。

[②] 赵小雅：《杜郎口之变》，《中国教育报》2010年9月24日。

[③] 李炳亭、高影：《杜郎口，到底在改什么》，《中国教师报》2011年5月4日。

[④] 张景斌：《大学与中小学的伙伴协作：动因、经验与反思》，《教育研究》2008年第3期。

也未能提升学校的教育质量。一方面，尽管中小学校的改进，特别是在办学条件方面的改进，需要政府的支持，但是软环境建设更需要专业力量的支持。中小学校希望通过大学的教育专家的专业引领，帮助学校诊断其所处的发展阶段并提出切实可行的改进策略，从而提升学校的教育质量。另一方面，学校改进不仅需要资金投入、物质设施、师资力量等资源性的支持，还涉及学科教学、学校管理、家校关系、学校公共关系等专业性的支持。政府虽有权力和资源，但是在进入中小学校推动课程与教学改革还是会受到一定的限制，需要有专业知识和能力作为主导。而大学既具有专业知识的优势，又与政府没有隶属关系，且独立于中小学校。于是，政府希望借助大学的教育资源和智力优势介入中小学校改进中，提高本区域的教育质量。因此，在中小学校、政府与大学三者的共同需求下，香港教育界推出了大学—中小学伙伴式的学校改进运动。

2. 大学支持学校改进的历程

目前由香港中文大学主持的"优质学校改进计划"并不是一个全新的计划。1998年优质教育基金成立至今，香港中文大学一直获得基金拨款以开展学校改进工作，其中包括"香港跃进学校计划"（1998—2001）、"优质学校计划"（2003—2004）。这些计划都是互动有机的综合性改进计划，改进的范围包括学校工作的重要领域，从学校管理至教与学都在它们的专业视野之内。

（1）香港跃进学校计划（1998—2001）

这一计划是最早期的尝试，在香港50所中小学展开。"香港跃进学校计划"是一个发展性和研究性计划，一方面为促进学校改进提供专业支持；另一方面从以大学学术研究的角度，摸索和整理出大学与学校协作推动学校改进的模式，计划以美国ASP（accelerated schools project）的三个主导原则为核心价值，即目标一致、赋权承责、发挥所长，并以推行"强效学习"（powerful learning）为目的。

在计划早期，曾认为可以寻找学校改进的通则，研究一套可以"普遍化"和"可重复使用"的改进方程式，探索出一套大学与学校协作推动学校改进的模式。在计划进行期间，对学校的各利益相关者进行了问卷调查和访谈，并从所收集到的大量学校数据中比较参与计划学校在各年间的转变。这是"香港跃进学校计划"早期移植外地经验的想法，并以为在短短两年间便可以用量化的数据衡量计划在学校所产生的效能。很快，学校改进的全面性和复杂性表明并不能将衡量学校效能的方式简单化。就算计划所支持的学校的学生成绩、教师能量、教学策略有所提高，也不能简单地归因于由计划工作所带来的。[1] 这个大型实验受到中小学的普遍欢迎，亦巩固了大学与学校协作的"共栖关系"，建立了大学、学校与政府的"三信"（信任、信心、信念）基础，引领学校教育工作开阔视野，接受新知、反思自我、参与改革，建构学校团队文化，以逐步走向自我完善。这个时期，大学参与学校改进的模式是大学专家主导模式。

（2）"优质学校计划"系列（2001年至今）

"优质学校计划"系列共有三项："优质学校计划（2001—2003年，40所中小学）""优质学校行动计划（2003—2004年，13所中小学）"和"优质学校改进计划（2004年至今，150所中小学）"。这些计划的启动、延续和发展都和当时的教育改革有着密切关系。自2000年起，香港政府大力推动中小学的改革，并迅速指向课程改革。当时学校迫切需要适当的专业支持。与此同时，香港中文大学的专业支持计划亦渐渐改变其工作方向，由移植、转移外来实践经验改为发展更多的本土化元素。

"优质学校改进计划"（2004年至今）基本上采取了"优质学校计划"工作模式。在协助学校处理日渐迫切的课程改革的要求时，仍坚持以最早从美国APS计划移植过来的三个主要原则为核心价值。"优质学校改进计划"根据综合性的行动方案，使宏观和微观的学校改进工作可同步进行，即所谓"大齿轮"工作（包括整

---

[1] 操太圣、卢乃桂：《挑战、支持与发展：伙伴协作模式下的教师成长》，《教育研究》2006年第10期。

体检视学校状况、制定行动计划等），及"小齿轮"行动计划（包括学生培育、学科学习、课程设计与专题研习、教学效能的探索等）。"小齿轮"工作是具体而有效的支持，例如，把如何进行专题研习的部署、步骤、方法、形式、学习日志等提供给教师，或设计十节"有效英语学习"的教案、教具等。这些都是"套装式"的支持服务。这个时期的大学参与学校改进模式可分为两段：前期（2001—2004年）是以教育改革和课程改革政策为动力，配合大学专家主导的模式；后期（2004年至今）是以教改政策为动力，配合大学专家和校内参与者共同主导的模式。

3. 研究的影响

（1）充分发挥政府和大学的积极作用

中小学校改进工作不仅需要准确定位以保障改进的方向，也需要充分的资源作为改进的动力。[①] 从香港实施的一系列中小学校改进计划的情况来看，特区政府对其进行了有力的支撑与干预，为学校改进提供经费和政策上的支持，同时也为中小学校改进工作指明了重点和目标。而大学则充分发挥其自身的专业理论优势，运用理论研究成果、知识储备与国际视野为学校解决在发展过程中所遇到的问题，如变革学校的战略制定、学校文化建设以及管理和教学效能等。因此，内地政府除了为中小学校改进提供丰富的资源外，还要改变"自上而下"的干预模式，要遵循学校改进原则与规律，尊重中小学校改进的意愿，掌握有效且有用的信息，预测可能产生的影响并防范风险，保证学校改进取得预期的效果。

（2）课堂教学是中小学校改进的核心

课堂教学一直是香港中文大学参与中小学校改进工作的核心。在改进课堂教学过程中，将学生学习、课堂教学以及学校结构视为一个整体的生态环境，提倡一种以中小学校为中心、聚焦特定关键学习领域（中文科、英文科、数学科、通识教育科、小学常

[①] 廖梁、吴本韩、李子建：《院校协作式校本课程开发与教师专业化——以香港小学常识科科学探究课为例》，《西南大学学报》（社会科学版）2010年第2期。

识科）和跨科取向的学校改善。而内地关注更多的是中小学校宏观方面的改进，如学校设施的先进程度、学校的排名等，较少关注课堂层面，包括教师教学、课程等微观方面的改进。因此，内地必须认识到课堂层面是提高中小学校改进的十分关键的因素。优化课堂教学的核心在于教与学的互动提升，一要改进教师的教，目的是优化学生的学；二要关注学生学习效能的提高，目的是促进学生的健全发展。教师的角色必须由决策者、指挥者、评判者向学生学习的朋友、助手转变；教师教学要强调创新性，学生评价需要关注知识与技能、过程与方法、情感与态度等方面的平衡。

（3）重建学校文化是中小学校改进的关键

学校文化决定着学校的凝聚力、创造力和竞争力。中小学校改进要以学校文化为突破口，通过培育先进的学校文化来增强自身的造血功能。学校领导则是学校文化的塑造者。基于这样的认识，香港中文大学在参与学校改进的过程中，加强中小学校领导对学校改进理念的理解，重视中小学校领导重建组织结构的能力，通过中小学校领导努力使师生对学校的愿景、目标有认同感，进而促进中小学校深层文化的建立，形成支持改革的凝聚力。同样，内地在开展中小学校改进工作时也必须重视学校文化在中小学校改进中的作用。要将学校发展目标层次化；学校领导的教育价值观和哲学观与学校个体成员的理想接近，树立共同的远景和信念；尊重教师的整体发展，教师之间相互提出建设性的批评意见，形成合作的教师文化；培养教师和学生的团队意识；注重学校的仪式和典礼建设；关注学校环境的建设和作用；建构以人为本的管理文化；创建师生共进的学习文化。

二 我国课堂研究的发展共势

当前，我国基础教育课程与教学改革已经步入"深水区"，教育发展也经历着由"扩展数量"到"提升质量"的模式转变。课堂教学变革研究作为一个新兴的研究领域，在呈现靓丽色彩的研究特色之时，也悄然在凤凰涅槃的变革中呈现出新的姿态。国内课堂研究已经走过了一段艰辛探索而又硕果纷呈的发展道路，浪花淘尽、吹沙见金，对前面的成果做一小结，可以为我们提供新的学习内容和材料；承前启后、继往开来，对于今后的发展趋势作一简单蠡测，可以抛砖引玉，借此形成沟通话语的机会。正如叶澜所言："当前我们需要反思课堂教学改革研究与实践的现状，在突破、超越的基础上，形成具有质性更新意义上的新系统、新秩序。"[①]

（一）课堂研究的重心由批判转向重建

我国的课堂研究从无到有，从当年的万马齐喑到当下的百家争鸣，尽管时间不长，但也是一个跨越世纪的征程。从最初的个人酝酿到如今的流派群起，已形成了各具特色的发展格局：裴娣娜的北京师范大学"主体性教育学派"揭竿而起，叶澜的华东师范大学"生命·实践教育学派"高歌猛进，吴康宁的南京师范大学"课堂教学社会学学派"扩大了声势，崔允漷的华东师范大学"有效课堂研究学派"竞相争鸣，郭元祥的华中师范大学"教学生活研究学派"悄然兴起，马云鹏的东北师范大学"优质学校课堂研究学派"独树一帜，我的"课堂教学论研究"正强势崛起。一时间，风云际会，凯歌猛奏，逐鹿中原之势颇具气象。各个学派从理论上引经据典，从方法上突出特色，从模式上归纳演绎，在实践中扎根创生。各位专家聚焦于课堂，放眼于整个教育事业，从课堂上寻觅端倪，在教育实践中生根开花。在21世纪近20年间遍布于大江南北，广涉于长城内外，研究群体的队伍壮大了，参与意识增强了，参与热情高涨了，参与理论多元了，参与模式多样了。研究路径从坐在"扶手摇椅上"的掩卷沉思，到深入"田野现场"的深描揭示；从

[①] 叶澜：《课堂教学过程再认识：功夫重在论外》，《课程·教材·教法》2013年第5期。

文献资料的演绎批判到直面实事的现象分析。许多专家的手已经与一线教师的手握到了一起。并且,"U—S"合作模式已经蔚然成风,各大研究单位和研究团体竞相"抢夺地盘",跨地域的协作典范屡见不鲜,形成了一派蒸蒸日上的大好气象。从表面上看,理论多元化使教学论研究的传统体系被打破,新的体系正在创建过程之中,而从实质上看,理论的多元化发展也揭示了教学实践的多样性与丰富性,标志着现代教学论的开放性与复杂性。行动研究者与书斋研究者最大的区别在于前者放弃了逻辑思辨的批判思维,转而直面课堂,从解决课堂教学中所存在的问题入手,尝试构建全新的理论体系,课程与教学论的"研究重心已由批判转向重建"[①]。

(二) 课堂研究的理论与方法正在实践中经受检验并发展

理论既是实践的先导,又是实践的精髓,且许多理论还是在实践中创生出来的,二者是相辅相成的关系。当前在课堂研究领域,许多理论竞相演出,可以说包含了教育研究几乎所有的具象。当然,没有一种理论是兼容并包的,也没有一种理论是普适的,它们都暗含了一定的价值理念,也包容了一定的意识形态;表现出来的是知识的组合,潜藏在内的是权力的博弈。当前国内的研究呈现出结构主义的框定原则与人本主义的解放思想之间的张力,过程哲学(生命哲学)的运动模式与实用主义的实践路径之间的张力,叙事研究的故事取向与扎根理论的建构特征之间的张力,宏大叙事的演绎方法与民俗研究的深描特点之间的张力。从理论取向上看,有现象学、解释学、存在主义、人本主义、实用主义、结构主义、解构主义、后结构主义、语言分析等,从具体表现上看有叙事研究、民俗研究(常人方法学)、扎根理论、行动研究、口述史(自传或传记)、内容分析(会话、博客、微博、视频、书信、聊天记录、档案或文献)、民族志研究、个体生态学、符号互动论、专家研究、

---

① 叶澜:《课堂教学过程再认识:功夫重在论外》,《课程·教材·教法》2013年第5期。

微格教学等。

从宏观层面上讲，系统论、信息论、控制论、突变论、耗散论、协同论、博弈论、模糊理论、复杂理论也都同台竞技，有的关注于共同体的建构，有的着眼于个体性的发展；有的期待于知识面的开阔，有的寄望于实践力的发挥；有的以教师为对象，有的以学生为目标，有的以情境为焦点，有的以资源为导向。理论的延伸就是权力的行进过程，理论的博弈地带是权力的斗争场域，理论的铺设代表了各种利益相关者的博弈。当然，在全球化的世界氛围中，研究者既是理论的消费者，又是理论的生产者，作为国内教育学界的研究群体，当然肩负着振兴民族精神的使命，在历史的阵痛中孕育出本土化的理论，在内外理论思想的缠绕中建立起中国的研究旨趣，在教育学思想和文化的延续中发出中国的声音，使得课堂研究的运动场上上演着更为精彩的表演。中国特色的课程与教学理论体系正是在这种多元探索中蕴藏着生机，在这种相互的博弈中生成着智慧，本土化的课程与教学理论呼之欲出。

（三）课堂教学研究队伍正在不断壮大与成长

20世纪50—70年代，关于课堂教学的研究人员主要集中在教学论及部分中小学特级教师对教学方法的探究上。改革开放之后，乃至20世纪90年代初期，依然主要是教学论的学者和一线的优秀教师对课堂教学的一些问题展开探究。比如，课堂教学方法研究、课堂教学管理研究等。[1] 课堂教学研究涉及面比较窄，整个课堂教学研究在教学论研究方面处于边缘地位。无论是一线教师还是大学的专职研究者都只有一少部分关注课堂教学实践研究，更多的学者致力于教学论的学科建构以及对教学要素的学理分析。

20世纪90年代中期以来，随着教育改革的不断深入，教育理论界与教育实践界的"双重觉醒"，走向课堂、研究课堂的呼声日

---

[1] 李定仁、徐继存：《教学论研究二十年》，人民教育出版社2001年版，第299—332页。

益高涨,课堂教学研究的队伍不断壮大和成长。在教育理论界,一方面,一些重在学科建设研究与学理探究的教育学原理、课程与教学论的理论研究者开始转型,走向学校,走进课堂做研究。① 另一方面,一些新生代的教育学者,特别是正在进行专业训练阶段的教育学博士生、硕士生正在形成新的研究价值取向,即以走向实践,影响实践为实现学科发展和自身人生价值的最终旨归。② 因此,开始运用新的研究方法,如质性研究、行动研究、人类学研究等方法走进课堂这一田野做研究。这是一股重要的力量,将在教育学及教学论的学科发展进程中扮演重要的角色。在教育实践场域,也是由于改革的深入以及改革理念的深入人心,"教师成为研究者""教师成为课堂研究的主体"③ 等观念日益成为一种教育实践者的自觉。大量来自学校领导教学改革的校长和一线的教师,地方教科所和教研室的研究员、教研员开展课堂研究。"课堂教学研究的主体由专家转向了教师,研究的方法从实验转向了叙事反思,研究的成果表达形式从论文转向了教后感、案例等,研究的动力从外在转向了内发。教师课堂研究的主动性与积极性得到了较为充分的调动与激发,一大批来自于教师的课堂研究成果纷纷出现,课堂的多侧面、多角度、多色彩开始呈现出来。课堂教学研究的队伍大幅度放大,研究问题也海量般增多,研究成了教师们的日常存在形态。"④ 而且,来自教育理论界和来自教育实践界的课堂教学研究队伍正在形成一种更广意义上的"学术共同体",共同致力于中国教育问题的解决与改造。

(四)课堂教学研究的前景光明而曲折

迈克尔·富兰说过:"学校变革不是一个事件,而是一个旅

---

① 陈桂生:《到中小学去研究教育》,华东师范大学出版社2000年版。
② 吕晓娟、蔡宝来:《走进课堂 研究课堂 反思课堂——首届全国课程与教学论专业博士生论坛综述》,《课程·教材·教法》2007年第12期。
③ 王鉴:《教师:课堂教学研究的主体》,《教育科学研究》2004年第5期。
④ 郑金洲:《课堂教学研究30年的变迁进程》,《中国教师》2008年第11期。

程。"课堂研究也是如此。从大的方面说，我国幅员辽阔，历史悠久，民族众多，文化多样，地域特色明显，教学模式杂多，并且随着改革的召唤，国内使用的教材也由一个版本扩展到了多个版本，教学理念和教学模式都出现了新的多元取向。尽管是资源大国，平均分配之后又是资源小国，广大的学生争夺着有限的教育资源。在这场激烈的竞争中，各个利益相关者都想伸手获得自己的份额，都想体现自己的力量，课堂成为一个真实的权利集装箱，学生、家长、教师、领导、社会、国家都争夺着话语权，许多无形的大手选择、指挥、监管和掌控着表面上平静的课堂生态。这为当下的课堂研究确立了课题，也提出了挑战。从宏观上讲，整个世界都是一个资源与空间的博弈场，在全球化的推动下，每个国家和地区都被卷入这个竞争激烈的洪流中，对于国家资源的保护，对于国际资源、国际空间甚至宇宙空间的开拓，使得国际局势越来越复杂，具体而微到课堂上，新的意识、新的目标，新的价值取向，新的意识形态正不断渗入，课堂研究的重要性和复杂性交替增长。

从小的方面说，学生的地域、家庭、背景、身份、长相、民族、性别、年龄、智商、情商、情感、信仰、意识形态、知识水平、认知模式、生活习惯、学习习惯、文化氛围、家庭教养、个体素质、家长期望、经济基础、地理分布、生活经历、学习经历、个体爱好、发展趋向等都各不相同，要想使人人都获得优质发展的教育资源是十分困难的。对于课堂研究来说，平静的课堂背后暗潮涌动，这些都成为课堂研究的重要障碍。

课堂研究的发展道路无疑与教育学的发展趋势密切相关，今天的教育研究呈现出百花齐放、百家争鸣的大好气象。但是，知识是人们的一种意识形态，许多构建形成的理论都与本真的教育、本真的课堂存在着一定的偏差和距离，对于应然课堂的取舍大家各抒己见，对于实然课堂的解释也各不相同，可以毫不夸张地说，许多研究者都是用外在的简单化、共时性模式去框定复杂化、动态化和历时性的生命课堂，这无疑是一种知识霸权的威压和对教育生态的戕害，但是研究者还不得不去做这种"符号论证"的研究，因为国家振兴和教育发展的客观要求赋予他们这种精神创生和权威多元的权利，教育的向前发展也需要这些研究群体的辛勤耕耘，尽管是以"旁观者的眼光"观察，用"旁观者的知识"构建，以"旁观者的权威"促进发展的。

当前在教育研究界，宏大理论的式微与扎根理论的兴起已成为研究界的共识，理论借鉴之后的本土化创造是国内兴起的价值取向，课堂研究者也一直在"观察—研究—解释—构建—批判—扬弃—观察"的模式中默默耕耘，崇高的责任感和使命感是研究的号角和动力，"明知山有虎，偏向虎山行"的精神是每个学者的职业风范，许多专家也以其顽强斗志和实干精神取得了丰硕的成果，赢得了普遍的尊敬，他们都在纷繁杂芜的时空坐标中努力构建有民族精神的中国学派。

第三章 课堂志的方法

教学活动既具有科学性,又具有人文性,是科学性与人文性统一的一种培养人的活动。教学研究必须同时运用科学的方式和人文的方式,坚持科学人文主义的方法论思想。[①] 长期以来,我国的教学研究就其方法论而言存在着两个误区:一是教学研究作为科学的研究,实证的研究不够,对教学活动第一手的资料获取不足,导致所谓的教学研究成为"书斋文献"式的研究,成为对那些产生于遥远、异域、含糊的非本真理论的研究;二是总想把教学研究科学化,总想把教学研究变成像自然科学那样的精密科学,轻视了教学研究中的人文特性。鉴于此,我曾专门撰文批判以主观经验内省研究教学的"理论教学论"之弊,倡导回归课堂教学"实事"的实践教学论的研究方法。[②] 为了更好地理解与运用教学研究中科学与人文相结合的方法,我以"课堂志"研究为例就这一问题做进一步的探讨。

一 课堂志的基本含义

教学研究是科学研究,科学研究是实证性的研究,实证性研究的基础是掌握第一手资料(所谓第一手资料就是亲眼所见或亲身经

[①] 扈中平:《教育研究必须坚持科学人文主义的方法论》,《教育研究》2003 年第 3 期。

[②] 参见王鉴《课堂研究引论》,《教育研究》2003 年第 6 期;《从教学论研究到教学研究》,《教育研究与实验》2003 年第 2 期。

历所记录下来的材料），透过第一手资料探究事物现象背后的规律。教学研究还是人文研究，人文研究与科学研究最大的区别就在于它不寻求事物现象背后的规律而是对事物现象做出合理的解释，因此人文研究就要直面研究对象，进行观察、访谈、记录、描述、解释。这两种研究的目的与侧重点不同，但出发点却完全相同，即都要将其研究建立在获取第一手研究资料的基础上。由于学科研究对象与学科性质的不同，各门学科获得第一手资料的方式也就不同。如物理学、化学主要在实验室里获得资料，历史学主要在文献中获得资料，人类学主要靠田野调查获得资料。[①] 教学研究的第一手资料如何获得呢？教学研究在课堂上获得第一手研究资料，即在课堂上进行科学的、人文的教学研究。如同人类学的"田野研究"不是研究"田野"一样，课堂研究并不是研究课堂本身，课堂研究是在课堂上做研究，是将课堂作为教学研究的第一手资料获得的"田野"或"场域"，就是要求教学研究者做课堂志。

那么，什么是课堂志？课堂志的基本含义是什么呢？"课堂志"这一概念是由我提出来的，这个概念虽然不是我创造的，准确地讲是我从人类学中移植到课堂研究中来的，我认为，课堂就是课程与教学论学者研究的"田野"。我写过一篇文章《课堂志：回归课堂教学生活的研究》[②]，将人类学中的"人种志""民族志"运用到课程与教学论研究中并将其称为"课堂志"。为什么不叫"课堂人种志"而是叫"课堂志"呢？我认为，"课堂人种志"主要适合在多民族多文化背景下开展课堂研究，如果不涉及多民族与多文化问题的话，用"课堂人种志"就不太合适了。"课堂志"作为一种方法，它和人类学中的"人种志"是相同的，就是一种观察记录、参与体验的研究方法。不涉及"人种""种族"和"民族"的问题，

[①] 人类学、民族学的实地调查又称"田野工作"（field work）或田野调查，人类学家或民族学家将自己在调查中的发现和体验用一种较微观的整体描述法进行描述、归纳和分析，就是民族志的撰写，因此，田野调查和民族志的撰写就成为人类学或民族学最主要的方法和基本的过程。

[②] 王鉴：《课堂志：回归课堂教学生活的研究》，《教育研究》2004年第1期。

纯粹是一种观察描述的研究方法而已。方法都是相通的，比如说"观察法"，任何一个学科都可以用，没有哪个学科可以说"观察法"是"我的"，"你不能用"，所以"志"的研究方法也不是人类学所特有的，这种"志"的方法比较普遍，在文学、医学、教育学和社会学的研究里都有研究者在使用。"课堂志"就是教学研究者深入学校课堂上，直面教学现象，搜集第一手研究资料，全面描述课堂上的课程实施与教学活动。在这种观察、访谈与描述的过程中研究课堂教学现象，探寻课堂教学规律，或解释课堂情境。即用一种较微观的整体描述方法进行课堂上的课程与教学问题的研究，进而正确认识和解释这种现象，从而探寻其中的规律，这就是"课堂志"。从词源上讲，"课堂志"源于"民族志"（ethnography），英文"ethnography"，其中"ethno"意指一个民族、一群人或一个文化群体，而"graphy"是"绘图""画像"的意思，所以，"ethnography"便是人类画像。"课堂志"一词究竟如何翻译，它既然不同于"classroom ethnography"（课堂人种志），就应有相应的翻译。2004年，我在《课堂志：回归教学生活的研究》中为了与以前的课堂人种志的翻译有所区别，便将其翻译为"chronicles of classroom"（课堂志），现在看来，这样翻译有了课堂编年史的味道，因为课堂实录更准确一些，还不是我所谓的课堂志。为此，就需要一个更为准确的翻译，这应该是一个合成的新词，即"classroomgraphy"（课堂志）。正如格尔茨所言，"民族志是深描（thick description）"，是一种详尽的描述。民族志者在田野工作中面对大量复杂的概念结构，其中许多结构是相互层叠在一起，或相互交织在一起的。这些结构既是陌生的、无规则的，也是含混不清的，民族志者首先要把握它们，然后加以"深描"。所以他们"访问调查合作者、观察仪式、查证亲族称谓、追溯财产继承的路线、调查统计家庭人口……写日记。从事民族志好似阅读一部手稿——陌生的、字迹消退的，以及充满着省略、前后不一致、令人生疑的校正和带倾向性的评点的——只不过这部书稿不是以约定俗成的语音拼写符号书就，而是以模式化行为的倏然而过的例子写成"①。课堂志就是研究者在课堂上通过观察、访谈、描述、解释而研究课堂教学现象或解释其问题，其实质是一种案例研究。在案例中进行概括通常被称为"临床推断"。"这种推断不是从一组观察结果开始，进而把它们置于某一支配规律之下；而是从一组（假定的）标记开始，进而试图把它们置于某一可理解的系统之中。"② 课堂志就是教学研究者对特定场域中的教育制度、教育过程和教育现象的科学描述过程。课堂志者要全面深入地描述所研究对象的课程实施与教学活动，就必须深入研究对象之中，直面研究现象，或探究其发展规律，或进行合理的解释与说明，进而将其发现和体验用一种较微观的整体描述方法进行描述、归纳和分析，这就是课堂志的撰写。

课堂志作为课程与教学论学科的研究方法，并不是从一开始就被学者们所认识的，它的发展经历了三个主要阶段。第一阶段为传统教学论阶段。这一时期的教学论研究者都被称为"扶手摇椅里的思想者""书斋文献中不熟悉教学活动的教学论专家"，因为他们的主要工作是在书房里阅读他人留下和提供的各种材料，并在此基础上进一步归纳和写作。即便他们中的有些人亲自深入了课堂，也没有在课堂上做研究和把课堂志的撰写视为科学方法的完整过程，因此，课堂研究和课堂志的写作都没有科学的规范，处于一种无序的状态。第二阶段为现代教学论的课堂志。19世纪末至20世纪初，由于受西方实证主义研究方法的影响，教育教学论的研究者们纷纷走出书斋，开展教育实验研究，并以此为基础撰写课堂志。最具代表性的就是美国实用主义教育家杜威，他不仅在芝加哥建立了他的实验课堂，开展现代教学理论的实验研究，而且其研究成果均建立于他在芝加哥大学实验课堂的教学中所获得的第一手素材基础之上，包括他的《课堂与社会》《明日之课堂》《经验与教育》《我的教育信条》等，当今日再读他的这些著作时，我们不仅会被他睿

---

① [美]克利福德·格尔茨：《文化的解释》，韩莉译，译林出版社1999年版，第12页。

② 同上书，第33页。

智的思想所折服，还会为他丰富而生动的课堂教学描述所吸引。近代教育科学及其研究传入中国之时，中国的研究者还沉溺于书斋文献的研究之中，这与中国学术研究的传统有关，即使较新式的一些研究者，大都也以翻译西方的教育理论为主要任务，很少有专门深入"课堂田野"中的研究者。这一研究取向一直到20世纪20—30年代才有所改观。这一阶段，教育教学研究者的价值开始转向，课堂志的研究成果也较多地出现了，但课堂志作为一种教学研究的方法尚未形成，它还处在潜在发展过程中。第三阶段为"课程与教学论"学科研究的课堂志。20世纪60年代以来，世界各国均开展了较大规模的课程与教学改革运动，在美国，布鲁纳的结构课程运动、斯金纳的程序教学实验、奥苏伯尔的有意义学习、布卢姆的教育目标分类体系等均是在教育实践过程中形成的理论。在我国，宴阳初的定县"平教会"实验、梁漱溟的"乡农教育"实验、陈鹤琴的"活教育"实验等，这些教育研究者一方面在教育实践领域探索"教育救国"的出路，另一方面在理论领域开展了识字教学、课程设置、教学方法、教学组织形式等早期课程与教学论的研究。这些人掌握、学习国外一些学者所进行的教学实验的经验：在苏联有达维多夫和艾康宁的"智力加速器计划"实验、赞科夫的"小学教学新体系实验"、巴班斯基的"教学过程最优化"实验；在德国有瓦·根舍因的"范例教学"实验；在保加利亚有诺扎洛夫的"暗示教学"实验；在法国有"模范中学"实验、"开放课堂"实验；在英国有"纳菲尔德理科课程设计"实验，等等。因为实验研究者在实验过程中观察、记录整个实验的过程，总结实验的成果，因而形成了大量的实验研究的第一手材料，其中包括大量的课堂志材料。研究者正是在这些第一手材料的基础上才形成了现代教学论史上最具代表性和最具生命力的课程与教学理论。这一阶段的课堂志研究有两个主要的特点：一是随着对课程改革的重视，教学论学科与课程论学科开始结合，逐渐形成了新型的"课程与教学论"学科，除了传统的教学研究之外，课堂研究还出现了对课程的研究，而且课程与教学的综合研究逐渐增多，进而又推动了"课程与教学论"这一新兴学科的发展；二是出现了专门的课堂志研究成果，课堂志作为一种"课程与教学论"学科的专门研究方法被广泛重视。在西方，贝尔斯（R. F. Bales）的小群体互动过程分析理论、弗兰德斯（N. A. Flandersm）的课堂行为互动分析系统理论、菲利普·杰克逊（Philip Jackson）的《课堂生活》、古德（Thomas L. Good）和布罗菲（Jere E. Brophy）的《透视课堂》、德里本（R. Dreeben）的课堂"学习内容"研究等，① 都是当时背景下的代表性成果。尤其是杰克逊的《课堂生活》、古德和布罗菲的《透视课堂》等对课堂的理解、课堂志的研究方法、教师如何研究课堂等具体问题进行了详尽的论述，被西方学者公认为课堂研究的经典之作和作为研究型教师培训的主要参考书目。至此，课堂志的研究方法才真正被课程与教学论学科正式采纳并广泛运用。我国学者对课堂志研究方法的运用相对西方要晚，明确使用这一方法在课堂教学中做研究始于20世纪90年代初。如南京师范大学的吴康宁20世纪90年代初就开始了系统的课堂教学社会学的研究，这一研究将西方教育社会学和教育人类学的研究方法引入我国的课堂研究之中，至今已经结出了较丰硕的成果，成为国内有较大影响的学术研究流派。② 另一有影响的相关研究当推华东师范大学叶澜自20世纪90年代以来开展的新基础教育实验研究，叶澜的研究走的完全是课堂志的路径，她带着她的弟子们深入上海市的一些中小学，通过听课、与教师座谈、观察记录课堂文化等方法，不仅使新基础教育课程改革的理论在基础教育的实践领域生根、发芽、开花、结果，而且在国内形成了有较大影响的课程教学研究流派。③ 在21世纪初启动的国家基础教育课程改革中，教育部在全国十三所师范大学成立了"基础教育

---

① 吴康宁：《教育社会学》，人民教育出版社1998年版，第337—338页。
② 参见吴康宁《课堂教学的社会学研究》，《教育研究》1993年第1期；吴康宁《教育社会学》，人民教育出版社1998年版；吴康宁《课堂教学社会学》，南京师范大学出版社1999年版；吴永军《我国小学课堂交往时间构成的社会学研究》，《上海教育科研》1995年第5期；吴永军《课程社会学》，南京师范大学出版社1999年版。
③ 关于叶澜和"新基础教育"的成果参见"新基础教育网"（http://www.needu.com.cn）。

课程改革研究中心",组织负责"基础教育课程改革专业支持"工作,从而促使一大批中青年课程与教学理论的研究者,深入基础教育的课堂之中,在课程改革的专业支持活动中同时开展课堂的相关研究,从而掀起了我国课堂研究的新热潮。[①]

　　课堂研究扭转了课程与教学研究中的两种错误倾向:一种为只重理论教学论研究不重实践教学论研究的倾向,另一种为只重课堂教学各要素的研究不重课程与教学整合研究的倾向。在课堂研究中,研究者们一方面引进西方较为成熟的课堂志研究方法,另一方面开始着手探索适合中国学者的课堂志研究方法,从而使课堂志研究与推动课堂发展的行动研究结合起来,形成了我国课程与教学论研究中一道亮丽的风景线。经过近年来的探索,课堂研究和课堂志已经成为教育人类学、课程与教学论等学科主要的研究方法,形成了课堂志研究的稳定特征:基于课例的叙事风格、研究者的参与观察与角色定位、被研究者的共性与个性、课堂日志的记录与整理、教学主体的叙述与再叙述、当事人观念的表述、课堂本土知识与术语的润饰、具体素材的推知、被研究者的概念和言论的注释等。这些特征可以作为对课堂进行科学研究与人文研究共同使用的方法,尤其是在课堂人文性方法研究方面有着更恰切的运用,因此,我们可以说,课堂研究因为有了课堂志的研究方法,正在迈向一种回归教学生活"事实本身"的、"深描"的人文解释研究之路。[②]

二　课堂志研究的特点

　　作为逐渐成熟的课程与教学研究的一种专门方法,课堂志研究具有以下一些主要特点。

[①] 王鉴:《实践教学论》,甘肃教育出版社2002年版,第227—235页。
[②] 克利福德·格尔茨(C. Geertz)在其名著《文化的解释》开篇第一章中指出,文化人类学的解释理论正在迈上"深描说"这一正途,意指这一方法对这一学科的影响。此处我以课堂志方法做类似的比喻。

（一）课堂志研究是质性的

科学研究主要有两种方式：一种是"质性的"或"定性的"研究；另一种为"量化的"或"定量的"研究。一般来说，自然科学以量化研究为基础，社会科学则更多地采用质性的研究方法。但是随着科学方法论的发展，社会科学中大量引进以前在自然科学领域较为成熟的定量研究方法同样取得了很好的效果，如社会学、人类学中也较多使用量化的调查和研究。教学研究作为一种科学与人文相结合的研究，在研究方法上就应是"定性的"研究和"定量的"研究相结合的。这样，在课堂志研究中，就出现了两种研究范式：一种是在课堂上结合一定的量化研究而进行的质性研究，另一种是直接坚持质性的研究。如在课堂志的研究中，美国学者弗兰德斯于20世纪60年代提出的互动分析系统（Flanders interaction analysis system，FLAS）的定量研究方法。弗兰德斯互动分析系统主要由三个部分构成：（1）一套描述课堂互动行为的编码系统；（2）一套关于观察和记录编码的规定标准；（3）一个用于显示数据，进行分析，实现研究目的的矩阵表格。弗兰德斯互动分析系统通过对课堂行为的观察与记录，建立记录数据的矩阵，分析课堂教学的结构、行为模式和风格，进而对教学情况做出有意义的分析。[1]我国学者在分析了这一研究方法后指出："弗兰德斯互动分析系统具有强烈的结构化、定量化研究的特点，这为它在课堂分析中的运用带来局限。"所以在中国的课堂研究中，研究者对这一方法进行改进，提出"以定量的结构性的分析作为研究系统结构的线索，以质的研究提供意义理解和丰富情境的细节，建立数量结构与意义理解的联系。"[2]结合系统记录课堂行为的量化研究来做质性分析，比较著名的还有布罗菲—古德的双向互动系统（Brophy-Good dyadic interaction system），这一系统通过对课堂上29个维度的观察记录与

---

[1] N. A. Flanders, *Analyzing Teaching Behavior*, 1970.
[2] 宁虹、武金红：《建立数量结构与意义理解的联系——弗兰德斯互动分析技术的改进运用》，《教育研究》2003年第5期。

统计分析，来确定并分析师生之间的双向交流情况。[①] 另外一些研究者在课堂志研究中则是以直接的质性研究而著称的。如美国密歇根州立大学教学研究院的苏珊·弗罗里欧（Susan Florio）在一个班里长期进行人种志研究，通过与教师、学生的交流、访谈，了解小学生在作文方面所存在的主要困难及困难产生的原因，进而发现："学生作文困难的主要原因在于写作常常与学生生活中的任何事情或任何人没有关系。"所以，苏珊就和该班的语文教师合作，以"死亡者信件之症结"分析为突破口，在课堂上开展以创设作文情境的方法来提高学生作文水平的课堂志研究。[②] 课堂志的量化研究主要以数量关系描述研究对象，同时把数量关系自身的法则、秩序、结构赋予研究对象，从一个角度把握教学本身所具有的某种关系，因而它在一定程度上推进了教学科学研究的进程。但是，数量关系仅仅是教学属性之一，不是其全部属性，以数量关系作为一种描述的结构总有一定的局限性。正是在这样的情形下，作为整体、动态、开放的态度、语言对话和语言描述等特点的质性研究在把握教学活动的人文性方面具有十分重要的价值。当然，这并不是说二者是完全对立的，也不意味着教学研究中要摒弃结构而进行意义研究，相反，在我们逐渐认识到定量研究与定性研究各自的价值及其不足之处之后，应有意识地建立结构和意义之间的联系。

（二）课堂志研究是直观的

课堂志研究的直观性有两个方面的含义：一是课堂志研究排斥抽象的概念、空泛的语词以及泡沫式的理论复制，而是要观察课堂"场域"中教学活动的现象来探究教学规律和解释、理解教学活动，可以将其概括为维特根斯坦所说的"不要想，而要看"；二是课堂志研究排斥传统的成见、固守的教条以及不可超越和变迁的教学理论，主张回归真实的教学生活去发现并发展新的理论，用现象

[①] Thomas L. Good and Jere Brophy：《课堂透视》，中国轻工业出版社2002年版，第80—86页。

[②] 同上书，第90—100页。

学的名言讲就是"面对实事本身!"① 对于前者,主要通过课堂志研究者的研究范式转型来完成。传统的教学研究者,大都在书斋文献中做研究,不闻不问教学生活的真实现象,他们的成长一直是在远离课堂生活的研究机构或大学象牙塔内,他们仅有的课堂直观性就是自己上学的经验回忆或偶尔进入课堂的浅尝辄止。与此相对应,他们的研究成果大都是以空泛的语词和抽象的概念堆砌而成的泡沫式理论,在长期没有读者的情形下造成了教学理论的"失语"以及与教学实践的脱离。课堂志研究的直观性强调研究者的成长之路即教学理论的发展之道,在于研究者必须走出一条"在这里"(being here)、"去那里"(going there)、"回到这里"(coming home)的研究之路,使教学理论能更好地与教学实践相结合。② 教学理论工作者在接受了系统的理论学习与训练之后,要打破那种"固守阵地"或"偶尔出击"的研究传统,必须深入课堂教学之中进行长期的研究,在课堂观察中积累第一手资料,在回到研究机构或大学做研究的过程中整理与利用第一手资料,这就是做课堂志。对于后者,强调的是研究者在深入课堂之后所采取的研究方法,即现象学的研究方法。所谓现象学的研究方法就是"非常执拗地努力查看现象,并且在思考现象之前始终忠实于现象"③。课堂志研究者只有通过向直观的课堂生活以及在课堂生活中所汲取的对本质洞察的回复,教学理论的真实性才能根据发展形成的新概念和解决的新问题而得以呈现。只有通过这一路径,教学论的概念才能得到直观的澄清,研究的问题才能在直观的基础上得到新的提出,尔后才能得到原则上的解决。因此,课堂志的"现象学"研究方法强调"面对教学生活本身"的研究:其一,课堂志研究排斥中介的因素,把直接把握或这个意义上的直观看作一切教学理论的来源和检

---

① 倪梁康:《面对实事本身——现象学经典文选》,东方出版社2000年版,第9页。

② 对于"教师作为研究者"来说,在这一条道路上的经历刚好相反,他们的"在这里"就是在教学第一线工作,他们的"去那里"则是去大学或研究机构进修或接受培训,他们的"回到这里"则是回到教学第一线,用学到的理论指导教学实践活动。

③ [美]施皮格伯格:《现象学运动》,商务印书馆1995年版,第964页。

验一切教学理论的最终标准；其二，课堂志在经验事实的基础上要求通过直观来获取本质洞察，即获得对教学本质因素以及对它们之间本质关系的把握。

（三）课堂志研究是描述的

课堂志研究一般是通过对个案进行独特性和复杂性的探讨，追踪教学活动产生、演化和发展的全过程。"深描"是课堂志研究的重要特点。[①] 为了将研究者在现场的观察结果与体验过程直接而真实地表达出来，课堂志研究就要将一些能够表达独特关系的情境与背景深入而细致地描述出来，以加深读者的印象和对这种关系的理解。"深描"的目的是尽量为读者建立一种直观真实的了解，尽量让读者感受真实的课堂教学情境和体验存在的课堂教学过程，使读者分享研究者的感受，受到较深的刺激，促使他们关注和思考这一问题，进而争取他们对研究者观点的认同与支持。因此，课堂志能不能有这样的效果，完全取决于研究者能否将现场的观察与体验"深描"出来。例如，笔者在课堂志的研究中，曾经发现学生"举手"现象与教师教学活动的进展和学生对教学活动的参与有着直接的关系，如何使教师认识到这一问题并有效地控制这一问题，笔者做了专门的课堂志"深描"研究。

在中小学的课堂教学中常有教师提出问题，学生回答的场合，这在教学法上称为谈话法或问答法。学生回答问题时先要举手，在取得教师的同意后方可回答问题。在教师看来，凡是举手的学生均是想争得机会而回答问题的学生，从表面上看，举手的内在意义是一致的，但事实上，同是举手的学生，他们的心态或意图却是大相径庭的：有的学生一等教师的问题刚提出，便很快地举手了，其中有的还举得特别高，希望教师能注意到他；有的在举起手的同时，还伴随着声音的申请，如"老师，让我来回答！"或者"老师，

---

① "深描"是文化人类学的一个非常重要的概念，美国文化人类学家格尔茨用这一概念指称"民族志"研究中对文化现象的详尽描述，意指通过详尽描述来呈现文化现象背后的文化规律或对文化现象做出合理的解释。

我！我！我！"等等；或者伴随着击打桌子的声音以引起教师的重视，为自己争得回答问题的机会。在这些积极踊跃的举手者当中，有两种情况较为普遍：一是确实想争到机会回答问题，他们已经知道该如何回答问题了，其意图主要想在教师和同学们面前展示或表现自己；二是确实想争到回答问题的机会，但对于如何回答，他们并没有充分的准备，只是不愿意让别的同学捷足先登抢到机会而已。他们的态度是积极的，对问题的思考也是主动的，他们在争到机会后又会表现出紧张或者表达上的困难，这时急需教师的循循善诱，如果教师批评他们，就会大大伤害他们的学习积极性，参与的主动性。如果教师能富有启发性地引导他们思考问题、表达观点、得出结论等，会给他们自信和动力。还有一点十分重要，就是在引导某个学生回答问题时，许多教师认为这样做会耽误大量的时间，会影响教学的进程或教学计划的执行。事实上，如果教师知道通过引导一个学生来引导全班学生思考或参与，是一种十分有效的教学方法的话，他们就不会有这种顾虑了。对于这些积极举手要回答问题的学生，教师通常会有以下几种反应：第一种是条件反射型的，他们一看到有学生举手了，就马上让最先举手的学生来回答问题，这有点类似于一些大奖比赛中的抢答题。也许在教师看来，一方面他提的问题本身富有挑战性，有举手者就是有应战者。另一方面，谁先举手谁先回答是最公平的方法，可以调动学生回答问题的积极性。可是，如果仔细观察就不难发现，一个班级里举手最积极的学生也就是那么几个，因此教师选择回答问题的学生就是班里的少数学生，甚至有的教师一节课几乎把机会给了一两个学生，影响了其他学生参与的积极性。而教师似乎是无意识的，或者他们认为这样做本身没什么错，或者从心眼里喜欢让这些学生来回答问题，因为叫他们回答不会浪费时间，因为他们是教师喜欢的学生，因为他们是可以引导其他学生的榜样等。第二种是有意识有准备地选择型的。这类教师看到学生们纷纷举手时，还不断鼓励那些尚在犹豫中的学生，不断观察着举手学生的表现，与此同时在心中确定让谁来回答问题。这类教师的提问显然是有充分准备的，他们对学生也是有准备的，什么样的问题需要什么样的学生来回答，教师针对问题进行着选择：较难的富有挑战性的问题就让班里的优生或爱动脑筋思考的学生来回答，较一般的或简单点的问题就让班里的大多数学生来回答，教师还要鼓励那些参与不主动积极的学生，给他们以机会。所以，观察时就会发现，有的学生每次举手都很积极很迫切，但教师不一定会把机会给他们，但如果教师注意不到这样的情况，也会伤害这些学生的积极性，甚至学生会认为教师不公平或不喜欢他们，而在心里存有不满或产生一定的自卑心理。教师还要以恰当的方式或时机给这些学生以机会。第三种是无意识的随机型的。他们在看到或者更准确地说是在等到学生们相继举手以后，目光在学生们中间扫视或走到学生们中间，选择回答问题的学生。由于学生准备不足，选择的学生往往表现得与教师的要求或期望不一致，常表现出浪费课堂时间或走马灯似地让学生回答问题，引导不足，学生对问题要么没有信心，要么没有兴趣。这只是对那些积极主动的举手者而言的。还有另外一些举手者，教师可能不会很好地区分了，比如有的学生是看到别的同学举手了，自己才举的手，其实他们并不想回答问题，也不希望教师叫到他们，他们只是希望在全班同学面前保持自己的一份自尊。还有的学生举手是因为想为同桌或同小组的同学争得一个机会，如果他们成功了，他们也会有很强的成就感。还有的学生本来知道问题的答案，但并不举手，他的心理有时比较复杂，或许是不愿参与，或许是期望教师能注意到他的谦虚与谨慎，或许是想试试教师是否会注意到他，等等。有时这样的学生的眼神中总是有种期待与教师眼神相遇的意图，如果教师善于观察，同样可以调动他们参与的积极性。

  总之，同样的举手现象，从表面上看是没有什么异样的，但从学生的内心世界来分析却是千差万别的。学生回答得怎样对教师来说，也许过了这节课就会不记得了，但对学生来说，教师是如何对待他们的却会终生难忘。举手是课堂教学中司空见惯的事情，但这里面却有着非常重要的教育因素。

（四）课堂志研究是微观的

在结束对课堂的真实观察之后，研究者就要以一定的叙述框架阐述课堂参与观察的体验与发现，即撰写课堂志。与宏观的分析不同，课堂志采用的是较为微观的课堂教学整体描述法。因为课堂研究者把他们所研究的课堂教学的各个方面——课程、教学方法、师生关系、课程资源开发与利用、教学组织、教学环境等视为一个互相紧密关联的复合体。其中的任何一个方面，如果没有被放在与其他方面的关系中加以考察，就无法被单独理解，或只能做"静态"的因素分析研究。这种观察与分析的方法既是"全貌的"，又是"微观的"，因为课堂志不可能对某一地区或某一课堂的全部教育活动进行全面描述，它的研究对象往往是研究者选择的一个班级，而研究的重点是对能够显示课程与教学关系、结构和演变过程的细节进行详细调查与描述，用每个课堂的细节和独特性来表达研究者对课堂的理解与解释。这种微观的研究尽管"犹如在显微镜下看到整个研究对象的缩影"或"琼斯村即美国"[①]，但研究者在课堂上所发现的只是一定课堂上的教学生活，如果以这种局部的、微观的研究与更大的研究对象相关联，即在小世界中捕捉大世界，那么这种研究就不会有任何重要性了。微观课堂志研究的意义在于研究的地点并不是研究的对象，课程与教学论的研究者并非要研究课堂，他们只是在课堂上做研究。研究者可以在不同的课堂上研究不同的问题，但有的问题，如多元文化的课堂教学中课程内容与学生文化背景有什么关系，最好是在一些特殊的课堂上进行研究。但是这并没有使这个课堂变成研究的对象。不同的研究者在不同的课堂上做不同的或相同的研究，他们对教学生活的研究会有不同的素材，进而有不同的描述与解释，从而扩大了教学人文性研究的空间，正如

---

① "琼斯村即美国"是一些人类学家强调的以小见大的研究方法，即美国那么大，研究者不能进行全貌的研究，只能选择具有一定代表性的一个村落开展研究。文化人类学家格尔茨反对这种研究方法，认为理论建设的根本任务不是整理抽象的规律，而是使"深描"成为可能；不是越过个体进行概括，而是在个案中进行概括。

课堂教学多姿多彩一样，课堂研究也出现了多元化理论。

三 课堂志研究的一般过程

课堂志作为一种课程与教学研究的科学与人文结合的方法，必须遵循或体现研究的基本规范或基本程序。一般来说，课堂志研究总要涉及以下几个主要环节。

（一）确定课堂志研究的对象

课堂志研究是从研究者与课堂建立一定的联系开始的。研究者从事课堂研究之前就要选择一定的课堂作为其"自然研究室"，从而对研究的规模有所限定，使研究的内容能够深化，最典型的方法就是研究者要和课堂的负责人和课堂上的教师建立联系、选择调查合作人、做课堂观察、编制记录谱系等。研究者需在某个课堂上进行为期一年以上的观察，对课堂教学和校园文化的所有方面进行研究。研究者所确定的研究对象能够接纳研究者，从而使研究者较顺利地从一个"局外人"转变成为一个"局内人"，能够理解当地教育教学的本土术语，能够从当地人的教育观、文化背景、生活实际等角度考虑课程与教学问题。

研究者选择并确定研究对象时应考虑的因素主要包括研究者所要从事的课题内容、研究对象的条件、是否具有典型性与代表性等。从研究者所要从事的课题内容来看，尽管课堂不是研究的对象，但在什么样的课堂从事什么样的研究却是十分重要的。如要进行大班额背景下的教学组织形式的问题研究，最好选择那些教学硬件设施较差的农村课堂；要进行研究性学习、合作学习的课堂研究，就必须选择那些已经在新课程改革中有一定经验的班级作为研究对象；要进行课程与文化关系的课堂研究，就必须深入民族地区的课堂上进行课堂志研究，等等。从研究对象的条件来看，主要包括主观条件与客观条件，主观条件指研究对象对研究者的接纳程度与参与研究的态度、积极性等主观因素；客观条件是指研究对象在研究课题方面开展的已有工作、教学环境、课堂文化等。考虑这些因素的理由在于研究者要尽快与研究对象进行合作，深入课堂做研究，而不是在课堂之外做大量的协调工作。从研究对象的代表性与典型性来看，研究者是从大量的被选择研究对象中确定其课堂志研究对象的，因为这一因素直接关系着研究成果的信度与效度，如同人类学家常常选择那些遥远的、异域的甚至原始的部落作为研究对象一样，课堂研究者也要将那些由特殊因素决定的课堂作为其研究的对象。

（二）在课堂上"参与观察"

课堂观察法根据观察者是否直接参与被观察者所进行的活动，可以分为参与观察法和非参与观察法两类。课堂志强调研究者的参与观察。所谓参与观察（participant observation）是指观察者参与到观察对象的活动之中，通过与观察对象共同的活动从内部进行观察。参与观察研究又可介于两个层面上：一是"参与者的观察"；二是"观察者的参与"。所谓"参与者的观察"是一种比较理想的观察水平，即观察者成了被观察者所接纳的成员，被观察者不会因为观察者在场而改变其典型的行为表现。一般来说，教师作为研究者对其和别人课堂教学的观察就是此类观察。以前的教学论研究者以一定的课堂为研究基地，比较固定地听一些课程的教学课，慢慢地被观察对象所接受，就是此种观察。所谓"观察者的参与"是指观察者虽然也参与观察对象的活动，但不被观察对象所接纳，仍被观察对象视为局外人，在这种情况下，被观察对象虽不拒绝观察者参加活动，但他们会出现与平时不一样的行为表现，从而使观察结果的真实性受到一定程度的影响。既然所有的观察对象都介于这两者之间，那么，就存在一个具体的观察究竟居于何种水平的问题，这是任何参与观察者都可能会遇到的问题，但他们的观察一定要经由从"观察者的参与"向"参与者的观察"过渡。参与性观察比较自然，观察者不仅可以观察研究对象的教学行为，而且可以感知他们的内心世界。观察者由于既是研究者又是参与者，能和被观察者形成较好的合作关系。研究者进入课堂进行观察研究，可以是"局外人"的非参与观察，也可以是"局内人"的参与观察。课堂志强调研究者的参与观察。

　　从观察者所要观察的内容而言，课堂观察可以从以下几个方面展开。对教师的观察主要包括：在教学态度方面，教师是否认真负责，是否尊重信任学生，对教学工作是否准备充分，是否有敬业精神，教学是否投入等。在教学能力方面，对教材的组织是否条理清楚，教学语言是否具有逻辑性和吸引力，教学活动是否组织得有序活泼等。在教学智能方面，是否能灵敏地捕捉教学过程中的各种信息，是否有效地采取一些教学策略，对课堂教学的突发事件是否有着灵活而艺术性的处理，在教学中是否表现出一定的科学性与艺术性的统一等。在教学效果方面，是否注重课堂上学生的反映，是否注重有效的教学，是否把知识传授、过程与方法、情感态度与价值观的三维目标统一到课堂教学活动之中等。对学生的观察主要包括：在参与状态方面，学生是否全员参与了教学活动，参与的积极主动性如何，学生参与教学的效果分析等。在交往方面，观察学生在课堂教学中是否具备多向的交往，学生之间的合作学习与交往的效果分析，师生交往的频率与效果等。在情绪状态方面，观察学生是不是其乐融融地学习，是不是积极主动地学习，是不是愉快有效地学习等。在学生的思维状态方面，观察学生是否愿意提出问题，是否发表其观点和看法，是否善于在教学过程中提出质疑等。对课堂教学过程的观察主要包括：有哪些教学方法上的创新，教学组织形式是否合理有效，教学过程中教师与学生主体性各自发挥情况如何，教学手段是否现代化和科学化等。

　　课堂参与观察要积累三大类素材，以便为撰写民族志做准备。第一类素材是有关课堂文化与制度的整体概观。研究这一类素材的目的在于建构一系列的图表，以使研究者更方便地进入课堂观察与校园文化相关的课程实施与教学活动。这种图表包括两个内容。它一方面概述课堂上课程实施与教学活动的因素，另一方面指明这些因素之间的关系。图表的基础是课堂上教师讲述的情况和研究者的观察。第二类素材是指研究者所观察到的课堂生活的真实记录，这是一种"课堂生活的非思索性素材"（the imponderabilia of classrooms life），它实际上就是研究者的课堂观察笔记。第三类素材是一系列的课堂志说明，以及对被研究课堂教师的叙说风格、典型的口语表述、课堂文化、教学模式等的说明，这是对被研究者思维方式的一种间接描述。

（三）撰写课堂志

作为研究成果表现形式的课堂志的撰写，是一种科学研究与现实主义相结合的表现手法。研究者在长期从事课堂观察与记录之后，掌握了丰富的课堂志素材。如何将这些较零散的"珍珠"串成美丽的"项链"，还需要研究者在"回到这里"之后完成课堂志的精心撰写工作。撰写课堂志主要考虑以下几个关键因素。

叙述结构。课堂志中最典型的叙述结构的特点是"全观性"（totality），其理论基础是人文研究的功能主义。课堂志的叙述结构表明，课堂研究不仅研究课堂上课程与教学的各个要素，同时研究课程与教学作为整体所构成的课堂生活，而且侧重于后者。因此课堂志的写法是：先对课堂上的课程与教学做横切面的切割，然后用功能关系的理论把它们联系起来。

课堂志作者在文本中的角色。为了表现课堂志成果的来源与课堂志的所谓"科学性"，课堂志撰写时就必须表明作者在文本中的角色。这样做不仅不会影响作品的"客观性"与"科学性"，相反，读者知道了在课堂研究中研究者的知识与他们获得知识的方法之间的关系，会增强他们对研究成果"科学性"的认同。

被研究者的共性与个性。因为研究者在课堂上做"全观性"的研究，力图探索的是课程与教学的普遍规律，所以在他们所写的课堂志中强调的是被研究者的共性，被研究者的个性则常常被压制或消除，就好像他们没有个性只有集体的共同性一样。这种刻意追求的"科学性"反而减少了课堂志的可信度。随着课堂研究中案例研究的兴起，讲述课堂教学中教师自己的故事已经成为当前课堂志研究中的一种风尚，被研究者的个性在课堂志的撰写中被作为内容之一加以考虑。

当事人观念的表述。人类学中"让当地人讲话"或"当事人的观点"要求研究者既要沉入研究对象之中，成为其中的一员，还要以其中一员的眼光观察与思考问题。课堂志的研究者在参与观察的课堂研究中，已经融入所研究对象的课堂生活之中，他们积累的素材都强调本土的知识，因此在他们撰写课堂志时，一方面表明他们与研究对象之间的关系，即他们在文本中的角色，另一方面还要不断以当事人的观念来表述研究的结论，比如，在质性研究中较流行的口述研究、访谈材料的旁证，甚至一些影视资料的再现等都具有这种表述特点。

上述四个方面解决的是课堂志撰写中的主体（研究者）、客体（研究对象）、素材（课堂参与观素材）、方法（课堂志研究法）的关系问题，对这些因素的考虑与规范，体现了课堂志研究力图从科学与人文相结合的方法角度开展研究工作的理想，这种文本及其所承载的内容正在被越来越多的课程与教学理论和实践工作者所接受，成为一种科学而有效的研究方法。

四 课堂志研究的方法

课堂志的研究既是一种方法论，需要人文社会科学研究方法理论的支持，又是一种具体方法的组合，形成了独特而专门的研究路径。方法论（methodology）是一种以解决问题为目标的体系，方法论会对一系列具体的方法进行分析研究、系统总结并最终提出较为一般性的原则，方法论主要解决"怎么办"的问题。所谓方法（method），古代指量度方形的法则，现指为达到某种目的而采取的途径、步骤、手段等。课堂志是研究课堂的方法体系，即方法论。作为方法论，课堂志研究受阐释学、现象学、扎根理论的影响。课堂志作为方法论和人文社会科学领域的反实证主义思潮相吻合，倡导人文社会科学的解释主义理论。课堂志作为方法论和现象学的研究方法相一致，现象学从本质上讲是一种方法，回到事实本身的方法。课堂志作为方法论提出研究者扎根课堂田野，通过观察、访谈、深描、解释等具体方法，完成关于实践活动的理论研究。

既然课堂志是在课堂上开展的一种微观、直观的研究，课堂研究者就要深入"课堂田野"，采取参与观察、访谈、描述、解释等方法，形成关于课堂问题的案例研究。

（一）课堂观察

1. 观察的意识与角度问题

课堂观察法是在真实自然的课堂情境中对课程与教学问题的发展、变化、结果进行有目的地观看、体察、记录，进而发现其规律或对其进行合理解释的一种研究方法。课堂观察的原则为每次只观察一种行为，对所观察的行为特征事先应有明确的说明，观察时要善于捕捉和记录，采纳时间取样的方式进行观察等。课堂观察的特点包括课堂观察有明确的观察目的、课堂观察有系统的计划、课堂观察是在真实自然状态下的观察等。对观察法，大家都很熟悉，做研究的每一个人都知道观察法，但是如何将观察法与本学科的研究对象结合起来，恐怕永远是各学科方法研究中的重要课题。作为课堂观察的方法，就是要将观察法运用到课堂教学研究中，用专业研究者的眼光审视课堂教学中的问题。作为课堂观察者，其观察意识非常重要，研究者进入课堂做研究，对课堂教学中的问题不敏感，有时熟视无睹，有时找不到观察的重点，往往一开始是不会观察，不知道观察什么，如何观察等。但随着观察活动的持续进行，观察的方法会被逐渐运用。正如日常生活中我们所熟悉的猫一样，观察者是不是应该有一双"猫一样"善于观察的眼睛？其实这是观察者的意识问题。我们会和猫玩一个游戏：把转动的皮球给一只猫看，猫就非常好奇，瞪着一双大眼睛好像在思考这个皮球为什么会转动？它还会尝试用爪子去动一动皮球；如果我们把这个转动的皮球给一只鸡或者一只羊看，可能情形就有所不同了，鸡或羊可能会转身离去，没有那种好奇心。作为一名专业的研究者就要有"猫眼"意识，对课堂教学中所发生的各种现象感觉非常敏锐并深感兴趣，善于发现"小问题"后面所隐藏的"大教育"。比如，中小学学生回答老师的问题要举手，举手这个现象很简单，可谓是"小问题"了，但是研究者在观察后发现，举手这个现象背后大有学问。研究课堂教学中举手现象这一"小问题"对教师教学方法的改进有很大的帮助作用。课堂观察不仅需要好奇心，而且需要一个合适的视角，我仍将其称为"猫眼"。城市人家的防盗门就装有"猫眼"，通过"猫眼"能看到客人，但客人看不到主人。在课堂观察中的非参与式观察，就是研究者坐在教室的最后面观察课堂教学活动，当然也可以坐在最前面观察学生的学习状态。对中小学老师来讲，课堂教学的观察是参与式观察，理论研究者进入课堂做研究更多的是非参与式观察，这两种研究各有利弊，即"旁观者清"与"当局者迷"之间的互补关系。中小学教师的课堂研究可以将二者很好地结合起来，教师在其课堂上一边从事教学一边从事研究，就是参与式观察，同时，教师进入同伴的课堂，通过听评课活动来完成非参与式课堂观察的研究。

2. 课堂观察法的主要特点

一般来说，课堂观察法具有如下几个特点。

（1）目的性

任何科学研究中的观察都具有很强的目的性，目的性一般与研究的假设相关。研究者在提出假设的基础上，通过实验中的观察或实践中的观察来找到相关的现象以验证研究的假设。观察目的，就是研究者的目的，它制约着研究者观察的内容与方法。在观察前，研究者确定观察任务，观察要解决什么问题，观察现象变量之间的关系；在观察过程中，研究者要尽量排除无关变量的干扰，要控制无关变量而确保自变量与因变量之间现象的因果关系，在此基础上收集相关信息，做好观察记录。课堂观察的目的一定要指向课堂上课程与教学的相关问题，在课堂观察中，研究者通常可根据观察来提出研究的问题，也可以在提出问题之后进入课堂进行观察。观察对象和场所的选择、观察内容的设定、观察方法的设计等都要紧紧围绕研究目的而进行。

（2）系统性

研究者通常根据其研究目的来选择课堂观察的策略，对观察的整个过程做出系统的规划，包括对观察对象的选定、观察内容和方法、进入课堂现场以及记录观察的方式等事先都有明确的计划。尤其是对观察对象的设计与观察内容的层级把握等。计划越周密细致，观察就越能达到目的。比如对课堂上合作学习的观察，从系统性角度讲，在制定研究计划时就要考虑进行同桌之间合作学习现象的观察、小组内部合作学习现象的观察、全班授课背景下学生合作学习现象的观察。这些观察可分别在不同的课堂上进行，但总体上要形成一个课堂观察的体系。

（3）选择性

因为课堂观察是有明确任务和目标的观察活动，不是一般地、随意地感知对象，所以课堂观察具有选择性。只有做到对观察对象有所甄别，才能获得符合观察所需要的有针对性的观察材料。首先，研究者在进行课堂观察时必须对研究的问题，观察的对象，观察情景的片段，观察的工具体系或方式，观察的步骤、时间、位置，分析信息的方法和步骤等进行选择。其次，虽然课堂观察较之日常观察表现得更为细致且系统，但由于选择性因素的存在，它所描述的"事实"也很难做到全面而真实。这是因为任何一个课堂观察的工具体系都不可能记录现实的所有方面，而只能截取现实的某个片段中的某些方面。研究者要从复杂多变的材料中选择有代表性的材料，才能解决特定的问题。[①] 有所为有所不为，研究者在课堂上专注地观察自己所要研究的问题，既受目的所限，就必须做出选择，不能对课堂上所有现象都观察，没有重点，没有计划，观察则会显得零乱而无序。

（4）情境性

课堂观察是在课堂教学活动过程中进行的，课堂教学过程的情

---

① 陈瑶：《课堂观察指导》，教育科学出版社2002年版。

境与课堂现象密切相关。观察者不仅要记录所观察现象的客观特点，还要将其放在特定的课堂情境中加以分析。只有将课堂观察的现象置于真实的课堂教学情境中，才能对观察结果进行准确的解释，比如学校文化、班级文化、班级特点、学生特点等很可能决定着事件发生的原因、地点和时间问题。另外，具体事件的发生也应考察其历史背景，比如应考虑这类行为对这个学生来说是经常的还是偶然的，这类行为的发生是不是有其特定的背景。如果不考虑这些方面，而将观察与情境分割开来，那么研究者就会在对教师、学生或班级的归纳概括中受限制，做出不确切的解释，从而影响观察的效果。因此，课堂观察的真实情境十分重要，在中小学听课，一定要听真实的课。

（5）客观性

观察本身会带有主观性，是观察者的眼睛所看到的，观察者记录与表述的观察现象背景有研究者的主观臆断与理论假设，所谓现象学的"悬置"就是因力图客观而提出的一种方法。观察所获得的事实材料是深入认识教育现象的依据，是科学研究的基础。提高观察的客观性，一要保证在自然条件下进行观察，对观察对象不加任何干预和控制，这样才能获得真实可靠的材料；二要如实反映现实情况，避免主观偏见，防止个人偏好和猜测臆断，如实记录所观察到的结果；三是研究者的职业道德要求观察者不能弄虚作假，更不能主观臆断，确保观察是对事实的客观记录。

作为课堂教学研究的方法，观察法在运用时要特别注意观察应在真实自然的情境中进行，观察要选择好问题，并做好较为详细的观察计划。

3. 课堂观察法的主要类型

（1）非参与观察与参与观察

非参与观察是指观察者不介入观察对象的活动，通过旁观获得观察研究资料的一种方法，故又被称为局外观察。"非参与观察不要求研究者直接进入被研究者的日常活动。观察者通常置身于被观察者的世界之外，作为旁观者了解事情的发展动态。在条件允许的情况下，观察者可以使用录像机对现场进行录像。"① 一般而言，非参与观察比较客观、公正，操作起来也比较容易，但由于未参与被观察者的活动而缺乏对所观察资料的深刻理解。所谓"旁观者清"正是非参与观察的优势所在，但事实上，旁观者常常因不能参与或体验到事实的过程而不"清楚事实的真相"。由此可见，"走马观花是不行的，驻足以观也是不行的，光看表面的动作是看不透的，唇敝舌焦的询问也不是答案里所能十足表现的。必须能体会，必须能洞察，必须置身于事实之中而亲身去领悟、经验，与自己所研究的事物打成一片，真正钻到里面去，才能发现你所要的东西"②。因此，只做局外人的观察是不够的，重要的是研究者要把自己变成局内人，变成局内观察者（participate observer）。

正如人类学家所言："参与观察是一种极富挑战（尽管其简单的名字带有欺骗性）但又能带来潜在回报的社会研究方法。"③ 对于许多课堂志研究者来说，在参与观察中表现出两个自我：一是个人本来带入课堂的自我；二是进入课堂之后必须建立的作为研究者的自我。参与观察是指观察者参与到被观察者的活动之中，作为其中一员与观察对象建立比较密切的关系，在相互接触和直接体验中倾听和观察被观察者的言行，从而获得观察研究资料的一种方法，又称局内观察。"所谓局内观察，就是研究者不仅自处于旁观者的地位，而且亲身加入被研究者中间去共同生活，共同劳作，变成被研究者的一分子，从实地经验里去观察、体会。"④ 它强调的是研究者要贴近研究对象、深入研究对象的日常生活、理解其行为模式和文化特征。参与式观察有以下几种优点："有许多事实非局外人所能见到；局内人亲身经验一件事实的经过，时时着眼于事实的变

---

① 陈向明：《质的研究方法与社会科学研究》，教育科学出版社2002年版，第229页。
② 凌纯声、林耀华等：《20世纪中国人类学民族学研究方法与方法论》，民族出版社2004年版，第47页。
③ ［澳］林恩·休漠、简·穆拉克编：《人类学家在田野》，龙菲、徐大慰译，上海译文出版社2010年版，第10页。
④ 凌纯声、林耀华等：《20世纪中国人类学民族学研究方法与方法论》，民族出版社2004年版，第47页。

化,容易得到全局的认识;许多事实根本就不许局外人知道;以局外人的心理当做局内人的心理,以旁观者的态度当作当事人的态度,时常发生错误;即使有记载也绝对不会完整无缺。"[1] 参与观察有两种方式:一是观察者公开自己的真实研究身份,参与到观察对象的活动中去;二是观察者隐瞒自己的研究身份,以一个普通活动者的角色参与到观察对象的活动中去。课堂参与观察就是课堂研究者深入课堂教学第一线,通过听课、观课的方式,参与一线教师的课堂教学,获取第一手的研究资料。课堂研究中的参与观察通常有两种方式:一种是研究者进入课堂之中,作为课堂教学的一员,或以教师身份,或以学生身份,参与课堂教学的过程之中;另一种是教师作为课堂研究者,在其课堂教学中做研究,这是一种典型的参与式观察。因为观察者深入被观察对象中间,所以缩短了观察者与被观察者的心理距离,能够获得较深层的结构和关系的材料。但是,在参与观察中,研究者主观因素的介入会影响观察的客观性。参与者作为观察者的身份,无论采取或不采取行动,终将对被观察者产生一定的效应,这是必然的。基于伦理的或科学的考虑,研究者可以选择不同于完全参与者的其他角色,以避免两种倾向:一方面,参与观察者不要越来越深地陷入研究情境中,形成现场化的"皈依者"角色;另一方面,研究者想象其被送到火星上去观察新生命体的生活而形成"火星人"角色。[2]

事实上,课堂研究中完全的参与观察和非参与观察并不多见,更多的观察方式是因观察对象的变化而交替运用参与观察与非参与观察。与局内人/局外人这一两难身份相关的是,在课堂志研究中变戏法似的同时保持距离和维持亲熟关系所带来的困难。当我们在研究课堂教学问题时,教师作为研究者常常是参与观察,即局内人的观察,其方法受到参与观察者身份的影响;当我们作为旁观者进

---

[1] 凌纯声、林耀华等:《20世纪中国人类学民族学研究方法与方法论》,民族出版社2004年版,第53页。
[2] [美]艾尔·巴比:《社会研究方法》,邱泽奇译,华夏出版社2009年版,第290页。

入课堂研究教学问题时，又成为局外人，受非参与观察方法所限，不能有亲身的体验与参与，于是便成为职业的"叙述者"。为了搜集资料以使研究更加科学有效，我们可以变换不同的身份进入课堂开展研究，我们同样可参考以不同身份研究所得的课堂成果，还可以结合不同身份的研究者的研究成果分析课堂教学问题。总之，这不是个问题，而是个方法，关于这一点，陈向明认为："参与观察与非参与观察不一定是相互截然分开的，它们之间可以有很多结合的形态，比如完全的观察者、作为参与者的观察、作为观察者的参与、完全的参与者等。"[①]

（2）结构式观察与非结构式观察

结构式观察是指观察者根据事先设计好的观察提纲并严格地按规定的内容和计划所进行的可控性观察。在结构式观察中，一般有一定的分类体系或较为详细的观察纲要，在特定的时间和地点，对预先设置的分类下的行为进行记录，往往有较为严格的规则，对观察者和观察对象都有一定程度的控制。结构式观察常常是一种设计了观察提纲之后依据提纲展开的观察。观察提纲应该遵循可以观察原则和相关性原则进行拟定，提纲至少应包括六个方面的问题：第一，谁？有谁在场？他们是什么人？各自的角色是什么？第二，什么？什么事情？在场的人有什么行为表现？他们说了什么？他们做了什么？第三，何时？事件是什么时候发生的？持续了多久？频率是多少？第四，何地？事件在哪里发生？地点有什么特殊性？第五，如何？事件如何发生？有什么明显的特点与规则？是否与其他事件相关？第六，为什么？这些事情为什么会发生？原因是什么？人们的看法是什么？[②] 结构式观察有一定的开放性和可变通性，是一种比较程式化的观察方式，观察程序标准化、观察内容结构化、观察结果数量化是其主要的优点，但缺乏弹性，比较费时是其不足。

[①] 陈向明：《质的研究方法与社会科学研究》，教育科学出版社2002年版，第229页。

[②] J. Goetz, & M. LeCompte（1984），*Ethnography and Qualitative Design in Educational Research*, Orlando: Academic Press.

非结构式观察是指对观察范围采取弹性态度，预先不确定观察内容和观察步骤，亦无具体记录要求的非控制性观察。非结构式观察在对自然情境中的事件和行为做记录时，一般不对背景因素予以控制，资料收集的规则是灵活的，是基于需要在观察的过程中现成的，事先不做严格的观察计划。比如，在课堂观察中，当研究者进入课堂进行听评课活动时，发现研究问题的观察多为非结构式观察。当对所观察到的现象有不解之处时，研究者在观察基础上做进一步访谈以确定观察现象的真实性，这种随着事件的发生过程，进行随机参与式的观察并发现问题就是典型的非结构式观察。如果要对这一问题进行深入研究，就需要开展结构式观察，即制定观察的详细计划与设计观察的提纲。非结构式观察一般对观察者和观察对象都不做严格限定，它的特点是灵活机动，适应性强，简便易行。

（3）定量观察与定性观察

定量观察是指以结构化的方式收集资料，并且以数字化的方式呈现资料的一种课堂观察方法。定量观察的记录方式主要包括编码体系、记号体系或核查清单、等级量表等。定量观察一般运用于定量研究，观察的第一个步骤是界定观察变量。比如研究大学里如何教授英语语言，可以选择两类学生作为研究对象：一类是外语学院的教师如何教授英语语言，另一类是普通院系的教师如何教授英语语言。在此基础上，选择弗兰德斯互动分析系统作为观察工具，将教师的行为与学生的行为分为十个类型作为观察变量。研究者为了让结论更加可靠，可以选择不同类型的教师若干位，选择每位教师的六节课进行观察。这种确定了观察变量，按照一定的观察指标进行的观察就是定量的观察，最终结果必然会以统计数据的方式呈现出来。定性观察是指以质化的方法收集资料，并且以非数字化的形式呈现观察结果的一种课堂观察方法。"定量观察中的变量通常包括三类：描述性观察变量、推论性观察变量、评估性观察变量。"[1]

---

[1] ［美］梅雷迪斯·D. 高尔等：《教育研究方法导论》，许庆豫等译，江苏教育出版社2002年版，第277页。

描述性观察变量是指研究者几乎不需要推论的变量，因此它有时被称为低推论变量。推论性观察变量是指根据行为推论出的一种变量，它被假定为行为的基础。评估性观察变量不仅需要从观察行为得出推论，而且需要做出评估性判断。

定性观察与定量观察的不同有三点：观察者对被观察对象不保持中立或客观，他们在阐释观察内容时可能会融入自身的感情和经验；定性观察的重点更明确。相比之下，定量观察由较早的假设、问题和目标所驱动；定性观察的重点要比定量观察广泛得多。[1] 在定性观察中，研究者的角色多有变化，在完全的观察者和完全的参与者角色之间还有观察性参与者和参与性观察者的角色，每种角色的观察均有利弊，在设计定性研究的观察时，要考虑观察者的多元角色及其观点之间的关系，并确定观察的重点。定性观察的记录方式主要包括描述体系、叙述体系、图示记录、工艺学记录，定性观察的记录通常和访谈、深描、解释等方法结合使用，形成典型的案例研究。当然，定量观察与定性观察的划分并不是绝对的，在课堂观察的研究中这两种方法几乎是相伴而行、相互证明、相互补充的。在课堂观察的研究中，研究者应该根据观察的目标选择是以定量观察为主还是以定性观察为主。

（二）课堂访谈法

1. 访谈法及其特点

访谈（interview）是收集调查资料的一种替代方法。"这种方法不是让受访者亲历阅读并填写问卷，而是由研究者派遣访员口头提问，并记录受访者的回答。典型的访谈通常是以面对面的方式来进行的，也可以通过电话进行。"[2] 人文社会科学研究中的访谈法通常有问卷调查访谈和实地调查的深度访谈。问卷调查的访谈一般

---

[1] ［美］梅雷迪斯·D. 高尔等：《教育研究方法导论》，许庆豫等译，江苏教育出版社2002年版，第286页。

[2] ［美］艾尔·巴比：《社会研究方法》，邱泽奇译，华夏出版社2009年版，第264页。

要对访问员进行相关的培训,对问卷的发放、回收、统计都有明确的提前安排。由访问员收集问卷资料比受访者自行填写问卷有许多优点。不仅问卷的回收率会大大提高,而且访问员还能就问卷的一些容易混淆的项目提供相关指导,访问员还可以观察受访者。作为访问员,从研究价值来说,既不能影响受访者的生活,也不能影响受访者的知觉及其意见,访问员应该只是问题与答案传递过程的中立媒介。"有时候,访问者会给出一些不适合问卷问题的回答,在这种情况下,就需要追问(probe),或者说要求更详细的回答。"[①] 于是,访谈中的"谈"便更深入地进行了。因为实地研究是研究者到行为发生的地点进行单纯观察和聆听,所以实地研究中的访谈便是一种定性访谈。在实地研究过程中,仅有观察是不够的,研究者会发现有些行为你会看不到,有些行为你看到了并不能很好地理解,于是便需要访谈。"定性访谈是根据大致的研究计划在访问者和受访者之间的互动,而不是一组特定的、必须使用一定的字眼和顺序来询问的问题。与此同时,不管是定性访谈者还是调查访谈者,都必须相当熟悉访谈的问题。"[②] 定性访谈的一般流程是:先由访问员提供对话的方向,再针对受访者提出的若干特殊议题加以追问,最后由访问员负责谈话的引导与记录,形成访谈笔记。课堂访谈常常是一种课后的访谈,特殊情况下可以在课堂教学中进行访谈。访谈的内容是课堂观察中记录下来的一些现象,对这些现象的理解有两个角度:一个是研究者的角度,一个是当事人的角度,通过访谈就可以知道当事人的真实情况。课堂访谈是一种深度访谈,可以不断追问当事人观念深处的东西,确认当事人观念与行为之间的关系。课堂访谈是对课堂观察的补充,课堂访谈是描述的基础。观察时眼睛会欺骗我们,甚至有时候我们也不能理解某些现象,所以要做进一步的访谈。当然,上课时不能马上跑过去问学生和老师,这种现场访谈是不可以的,因此课堂研究的访谈更多的是课后

[①] [美]艾尔·巴比:《社会研究方法》,邱泽奇译,华夏出版社2009年版,第266页。

[②] 同上书,第304页。

补充访谈。对观察时所看到的现象，有难以理解的地方，或不能进行主观臆断的，那就需要听听当事人的观点。如小明上课时经常吃零食，被教师批评了多次，仍然不改正。研究者观察到此现象之后，就问小明为什么上课总是吃零食。小明告诉研究者，他是低血糖病患者，到一定时间不吃点食物就会头晕。观察与访谈的结合使真相大白，老师上课不再批评小明吃零食了，而是给他了特殊的"待遇"。克维尔曾用两种隐喻来说明访问员在访谈研究中的作用：访问员既是矿工，也是游人。[1] 矿工说明当研究对象身怀特殊信息时，访问者的工作就是挖掘它；游人式的访问员可以和当地居民友好相处，并提出问题引导研究对象说出自己生活世界中的故事。课堂研究同样在"矿工"和"游人"的身份转换中完成深度访谈。当研究者面对"专家型"教师时，就要深度挖掘教师身上丰富的资源，使其成为研究的第一手资料；当研究者进入课堂开展观察和访谈工作时，也可以通过"游人"的角色与教师友好相处，发现并提出问题，引导研究者讲述其独特的教学生活故事。

2. 访谈法的主要类型

作为一种研究方法，访谈法不仅具有特定的科学目的，而且有一整套设计、编制和实施的原则，以保证访谈法的科学性、有效性、访谈结论的客观性。有学者指出，相对于日常交谈，访谈其实是一种"人为的"谈话环境，明显地改变了日常交谈的结构和风格，使研究者有权力控制双方交谈的方式和内容。[2] 因此，也就形成了不同的访谈类型，通过比较各种类型访谈的特点，有助于我们正确地使用它们。

（1）结构访谈与非结构访谈

结构访谈又被称为标准化访谈，是指按照统一的设计要求，按照有一定结构的问卷而进行的比较正式的访谈。在结构访谈中，研究者对访谈的走向和步骤起着主导作用。"在这种访谈中，选择访

---

[1] ［美］艾尔·巴比：《社会研究方法》，邱泽奇译，华夏出版社2009年版，第304页。

[2] 陈向明：《质的研究方法与社会科学研究》，教育科学出版社2000年版，第165页。

谈对象的标准和方法、所提的问题、提问的顺序以及记录方式都已经标准化了，研究者对所有的受访者都按照同样的程序问同样的问题。"① 结构访谈需要制定访谈提纲，具体问题一般要在访谈进行前就准备妥当，每个问题都要经过字斟句酌的设计并进行组织排列，每位受访者都要面对相同的问题，访谈者也是按部就班地遵循标准化的程序，没有多少弹性。在课堂研究中，通过听评课的活动，研究者在课后可以对任课教师和上课的学生分别进行结构访谈，对教师的访谈可以依据提纲来进行，比如关于教学设计的理论、教学方法的运用、教学内容的安排、师生互动的环节、教学效果的自评等调查教师的教学行为与其观念之间的关系，进一步为研究课堂积累资料。对于学生的访谈同样可以有专门的提纲，如学生学习的态度、参与活动的积极性、合作学习、学习的效果等。在通常情况下，在课堂观察之后，应对教师和学生进行结构访谈，使二者能够统一起来。结构观察是研究者的眼睛所看到的，结构访谈是研究者所听到的，二者的统一可以在某种程度上证明研究的内在统一性与真实性。

非结构访谈又被称为非标准化访谈，是指只按照一个访谈意向进行的非正式的访谈。非结构访谈往往没有事先设定的问题，一般是在谈话过程中生成的，具有即时性和情境性，研究者无法确定即将发生什么甚至不知道询问的要点，每位受访者面对的可能是不同的问题，而且对某一特殊受访者的同一问题可能会多次提及，在某些情况下受访者甚至不知道他们正在接受访谈。结构访谈的特点是结果便于统计分析，易于进行对比分析，但缺乏灵活性。在非结构访谈中，访谈者可以根据访谈时的实际情况做出灵活而必要的选择和调整，能够与受访者进行深度沟通。但非结构访谈对研究者的要求更高，对所收集资料的整理和分析难度也比较大。在课堂研究中，非结构访谈常和观察结合起来使用，因为没有专门的访谈提纲，也就没有问题的结构，问题的产生来自于研究者对课堂的观

---

① 陈向明：《质的研究方法与社会科学研究》，教育科学出版社2000年版，第171页。

察，研究者看到了什么，有不理解的地方或有需要进一步调查的地方，这时候就需要访谈，在不影响课堂教学的情况下，在课堂教学过程中可以随机访谈，但多数访谈是在课堂教学活动结束之后进行的。

（2）直接访谈与间接访谈

直接访谈又被称为面对面访谈，即访谈者与被访问者进行面对面的交谈。直接访谈的内容可以是预先准备好的，即结构型的问题，访谈者按照访谈提纲与被访谈者面对面，通过对话、问答、叙述等方式，调查被访问人的真实想法。直接访谈有情境与现场感，容易形成对话交流的气氛，有利于访谈调查结果的真实性呈现。直接访谈不仅能搜集到言语信息，而且能了解到许多非言语信息，从而有利于对访谈结果的分析与解释，但对访谈者的要求高。课堂研究中的直接访谈主要是在课后进行的，可以是研究者与教师面对面的访谈，也可以是研究者与学生的直接访谈。在个别情况下，研究者可以在课堂教学过程中就临近的学生进行直接的访谈。直接访谈通常是一种深度访谈，即在不断追问的过程中获得研究所需要的资料。

间接访谈就是访谈者通过一定的媒介与被访谈者进行非面对面的访谈。常见的间接访谈有电话访谈、网络访谈等。为了提高访谈的效率和获得有效的资料，间接访谈最好也是一种结构式的访谈，按访谈的提纲进行。间接访谈搜集资料的时间快，费用省，要求低，非常适合于较为简单的调查研究。课堂研究中的间接访谈多用在研究活动结束之后，研究者为了获得一定的补充资料，可以通过电话或网络进一步对相关教师和学生进行访谈。

（3）个别访谈和集体访谈

个别访谈通常只有一名访谈者和一名受访者，两个人就研究的问题进行交谈；而集体访谈可以由一名访谈者访谈6—10名访谈对象，访谈者主要协调谈话的方向和节奏，参与者相互之间就有关问题进行讨论。在个别访谈中，受访者可以受到访谈者更多的关注，有较多的机会与访谈者进行交流，因此可以对其内心世界进行比较深刻的挖掘。集体访谈可以为参与者提供一个相互交流的机会,调动大家对有关问题进行争论,也可以观察参与者在集体互动中的行为表现。在课堂研究中,课后一般会有评课活动,在评课活动过程中,研究者会发现新的问题,这些问题通常是没有准备的,是生成的。为了研究这些问题,研究者可以对教师进行个别访谈,对学生进行集体访谈,而且对教师的访谈与对学生访谈的问题最好是相对应的,这样就可以从教师和学生的视角审视和研究同一个问题。

3. 课堂访谈的一般步骤

(1) 确定访谈时间和地点

深度访谈的质量在很大程度上取决于受访者的状态,无论是访谈时间和地点,还是访谈的时长和次数,都要充分考虑受访者的具体情况,以受访者方便为主。首先,访谈应选择在能让受访者感到轻松、安全的环境中进行。尤其当访谈涉及个人隐私或不便公开谈论的话题时,就应该安排在比较僻静的地方,避免因受访者诸多顾虑而局促不安。其次,对于需要进一步深入交谈的问题,应与受访者约定再次访谈的时间和地点,并充分尊重受访者的意见。最后,每次访谈时间不宜过长。一般而言,一次访谈的时间应该在一到两个小时,超过两个小时不但有可能使受访者感到疲劳,还可能使受访者产生厌倦情绪,不利于双方的合作。当然,具体时长并没有固定的标准,访谈者在访谈中要随时注意对方的神情、言语和动作的细节,在对方愿意的前提下随时结束访谈。以上几点既是为了保证访谈的质量,又是为了对受访者表示尊重,这是成功的深度访谈必须具备的条件。课堂访谈的地点通常有上课的教室、教师工作室、校园里比较安静的地方等,具体地点根据现场情况而定,地点的选择要因地制宜,并让受访者有一个安全和信任的空间。从时间上说,课后的跟进访谈很重要,如果教师和学生在接下来的教学活动中因没有时间接受访谈,就需要访谈者另约时间,一般以受访者确定的时间为主。

(2) 与访谈对象建立良好的人际关系

除了在访谈时间和地点的选择与安排上尊重受访者的意见和感

受外，访谈开始之前也有一些要求，可以帮助访谈者与受访者建立良好的人际关系。其一，访谈者应该对其研究课题进行简要、明确的介绍，同时还要坦率地说明为什么选择受访者作为访谈对象，真诚地告诉对方自己希望了解到哪些具体情况等。这样做的目的无非要打消受访者的疑虑，营造一种开放性的交谈气氛，其中最重要的原则就是访谈者始终要以学习者的态度对待受访者，显示出对受访者的经历、为人等方面高度的兴趣和虚心学习的愿望。其二，访谈者在访谈之前应该告知受访者双方的基本权利和责任，包括受访者有权随时退出，而且不必对研究负有任何责任、访谈者有责任对其所提供的信息保守秘密以及对当事人、地名使用加以匿名、可否对访谈进行录音等。其三，为了让受访者容易表达其深层的思想和感受，访谈者应尊重受访者的语言习惯，允许受访者用其熟悉的表达方式来交谈，同时，访谈者也应该尽力用受访者习惯的语言方式来提问，切忌表现出自己的优越感和高高在上。与受访者建立良好的人际关系是整个访谈过程都应当特别注意的问题。除了以上所述外，还需要访谈者根据所处情境以及受访者的个性特征、社会阅历、兴趣爱好等灵活处理，往往需要访谈者具备丰富的经验、敏锐的洞察力和快速准确的判断力。与其他人文社会科学研究中的访谈一样，课堂研究中的访谈同样要与教师处理好关系，最好成为一种伙伴合作关系，相互信任。研究者还要与所在班级和学生处理好关系，最好是能在班里熟悉一段时间，与学生成为亦师亦友的关系。这种良好关系的建立是研究工作的一部分，在研究者进入课堂、开展研究之前，在进入课堂的研究过程中，在课后的交往交流中逐渐培养感情、处好关系，尊重和信任是最主要的，是开展研究的基础性工作。正是从这一点上讲，研究工作是一项综合的活动，研究者为之付出了艰苦的劳动和卓越的智慧。

（3）设计访谈提纲

深度访谈虽然是一种无结构的访谈，注重的是为受访者营造自由、真实的表达气氛，但这并不等于说深度访谈不需要必要的计划和方案。事先制定一个适用的访谈提纲，对深度访谈的开展是非常必要的，可以保证将有限的访谈时间进行有效的利用，也可以杜绝访谈陷入与研究毫无关涉的话题中。在实际操作中，一些访谈者误认为把访谈的具体问题按照一定的顺序排列起来，就是访谈提纲。其实不然，访谈提纲主要是起提醒作用的，列出的是研究者在访谈中所要了解的主要问题和应该包括的内容，不是受访者需要回答的具体问题。

课堂访谈提纲的制定应注意以下方面：第一，课堂访谈提纲要尽可能覆盖全面，以免遗漏，课堂教学的要素及其关系常常是制定课堂访谈提纲的依据，因此从教学七要素的角度进行访谈是比较全面的访谈，研究者在此基础上可进一步取舍访谈内容；第二，课堂访谈提纲中列出的问题应该具有灵活性和开放性，要考虑受访者可能的、不同的回答，研究者还可以随时根据课堂教学的观察活动调整所要访谈的提纲，使访谈提纲更有针对性；第三，课堂访谈提纲不应拘泥于固定的形式，事先不能把所要了解的具体内容的前后顺序程式化，要根据研究者听评课活动所需要的材料设计访谈提纲。

（4）做好访谈记录

在进行具体访谈时，除了提问外最为重要的莫过于记录了。深度访谈是要了解受访者如何理解相关事件的意义，如何形成某种态度和情感等，这就要求研究者做好访谈记录，尽可能一字不落地记录下所有信息。如果访谈记录不好，就可能收集不到有用的信息和资料，更无法分析受访者的真实情感、态度和动机，所谓深度访谈当然也就无"深度"可言了。当然，要想一字不落地记录受访者的相关信息，谈何容易？首先，访谈过程中的语言表达速率远比笔录速率快，不宜经常打断受访者，让其时时停下来等待。要解决此问题，一方面要求研究者学习或者开发速记方法，另一方面，在条件允许的情况下进行现场录音或录像。其次，即便可以录音或录像，也不能放弃笔录。受访者的某些谈话当时好像偏离主题，但事后有可能是很有价值的材料，最好一并记录下来。另有许多非语言行为，如外貌、衣着、打扮、动作、面部表情、眼神等，很可能就是解释受访者行为的重要背景资料，也为分析受访者情感态度等提供了清晰的线索。这要求研究者在访谈中不能只顾埋头记录，最好随时注意观察受访者的非语言行为。最后，研究者要及时补充访谈记录，一方面是由于一些速记部分的内容需要尽早补充，以免遗忘；另一方面，对访谈情境尚有记忆，补充访谈的情境细节以及访谈者的原样表述。

（三）课堂深描法

1. 作为研究方法的"深描"

在人类学演变过程中，马林诺夫斯基建构了文化功能主义学说，列维·施特劳斯创立了结构主义理论，而对人类学研究有着转折意义的是美国人类学家克利福德·格尔茨，他完成了解释理论大厦的建构任务。格尔茨《文化的解释》开篇第一章就是"深描说：迈向文化解释的理论"，以强调其研究的方法是深描式的民族志，其研究理论是解释性的理论。格尔茨的深描源于法国思想家赖尔在《思考与反思》中对"眨眼"现象的分析。[①] 格尔茨在书中还"深描"了玛穆什地区一个名叫科恩的犹太人所遇到的"抢羊事件"，并以此进一步分析"深描"作为一种研究方法在人类学领域里的运用。"我们称之为资料的东西是我们自己对于他人对他们以及他们的同胞正在做的事的解释的再解释，民族志的深描是多么异乎寻常地深。"[②] 所以，民族志是"深描""从事民族志好似试图阅读一部手稿——陌生的、字迹消退的，以及充满省略的、前后不一致的、令人生疑的校正和带有倾向性的点评——只不过这部手稿不是以约定俗成的语音拼写符号书就，而是用模式化行为的倏然而过的例子写成"[③]。格尔茨主张用"深描"的方法研究文化背后的意义，试图对人类文化，尤其是对异文化进行解释。这也标志着"深描"作为一种研究方法被正式用于人类学的田野研究。格尔茨认为，从

[①] ［美］克利福德·格尔茨：《文化的解释》，韩莉译，译林出版社1999年版，第7页。

[②] 同上书，第11页。

[③] 同上书，第12页。

事民族志就是深描，所谓从事民族志就是建立联系、选择调查合作人、做笔录、记录谱系、绘制田野地图、记日记等，就是详细的深描的尝试。①

美国学者罗曼·K.邓金对深描给出了更为确切的定义。他认为："在解释研究中，深描是深入的、厚实的、详细的问题性经验的解释，像报道一个人正在做什么，超越了单纯的事实和表面现象，更能呈现细节、内涵、情感的综合，旨在澄清一种倾向和组织行为所存在的意义。"②他把"深描"与"浅描"做比较来讲其方法及其运用。他认为："浅描只注释或给出表面、部分、较少的事实。他们用很少的话去表述复杂且有意义的事件。在某种意义上，他们会选用一些较宽泛的词，经常是社会科学术语和概念。浅描不呈现生动的现场经历。"在浅描中，研究者经常会用第二人称进行远景的描述。而深描不同，深描包含着捕捉细节，决定着某一特定行为和结果对于个人的意义。邓金认为："深描是深入的、厚实的、详细的问题性经验的解释。这些解释通常是澄清一种倾向和组织行为所存在的意义。在深描中，常用第一人称，近景描述和术语。"③

因为有了格尔茨文化解释中的"深描"方法的论述与运用，因为有了邓金交互解释主义的"深描"方法的专门总结，"深描"作为一种研究方法不断成熟，并被运用到人文社会科学的研究之中。所谓"深描"，就是极详细的描述，深描和浅描是相反的，浅描就是"轻描淡写"，深描就是"浓墨重彩"，就是不厌其烦、详细地描述细节，通过细节来呈现真实的情境。在文学作品里面有很多深描，比如说《红楼梦》，对林黛玉进贾府的心理活动的描写，作家曹雪芹用了大量的笔墨，不仅详细描写了林黛玉一路所见所闻，而且细致入微地刻画她的内心活动，让读者深深体会到了一位失去双亲、家园的弱女子进入富丽堂皇的贾府时那种寄人篱下的窘境和多

---

① ［美］克利福德·格尔茨：《文化的解释》，韩莉译，译林出版社1999年版，第6页。
② Norman K. Denzin, *Interpretive Interactionism*, New Delhi: Sage, p. 83.
③ Iibd.

愁善感的性格。如果阅读《红楼梦》时对这些细节不感兴趣，可能会觉得作者写这些建筑、贾府人员的衣服、花花草草没有什么意思，其实，这不仅是文化艺术上的反衬法，同时也是深描法。如果读者把林黛玉进贾府的心理描写翻了过去，直接翻看进了贾府的章节，这样就有可能永远都看不懂《红楼梦》了，也体会不到"红学"艺术的精华所在了。在艺术领域，如中国绘画中就有"深描"与"留白"之法，著名画家张大千还发明了所谓的"泼彩"画法。如果观察那些日常生活中擅长讲故事的人，他们讲得非常吸引人的地方，便是"深描"故事细节之处。格尔茨在《文化的解释》中就讲了一个生动的巴厘岛人斗鸡的故事。格尔茨是这样深描当时的情境的。

> 一辆满载用激情武装的警察的卡车咆哮而入。在人们发出的"pulisi! Pulisi!"的尖叫声中，警察们跳下车冲进赛场中间，并开始来回挥舞他们的枪，就像电影中的匪徒那样，尽管并不真的开火，那个超机体的人团立刻像它组合时那样向四面八方散去。人们沿着道路跑开，消失在墙壁后面，从平台下面爬过，蜷伏在柳条篱笆后面，或者急忙爬上椰子树。我和我的妻子也决定逃跑，我们跑向城市的主街道……中途另一群人落荒而逃，撞翻了一张桌子，连同桌布、三张椅子、三个茶杯，一切都陷入混乱恐慌之中。①

如果用浅描，可能会这样写："当警察来的时候，我们和当地一对情侣茶都没喝完，就赶紧跑了。"

由于"深描"相对于量化研究中数据的呈现，更能深层细微地挖掘现象深处的"清泉"，因而在质性研究中得到广泛运用。课堂上的"深描"就是要描述课堂教学中的细节，用细节说明教育教学

---

① [美]克利福德·格尔茨：《文化的解释》，韩莉译，译林出版社1999年版，第487页。

现象。课堂研究对在"深描"中的解释给予高度重视。对于现实生活中教学的观察和描述，坚持采取客观事实第一和特殊情境相结合的原则，不仅分析具体教学形态中的教学规律，而且对于教学过程中所涉及的人文性内容给予必要的、合理的解释。随着基础教育课堂正在逐渐由"知识课堂"向"生命课堂"转变，课堂所具有的生成性、流动性、多变性要求课堂研究者运用一种可以深入挖掘课堂现象背后意义的方式去呈现富有生命力的课堂，这种方式就是"深描"。课堂研究中的深描是指课堂研究者在富有情境性、生成性、动态性的"课堂田野"中，基于深度观察和访谈，对课堂情境、过程、关系、情感进行深入细致的描述，将课堂情境中观察和体验的结果直接而真实地表达出来，让读者感受到真实的课堂教学情境和体验存在的课堂教学过程。

2. 课堂研究中深描的特点

格尔茨在其《文化的解释》中引用赖尔对"挤眼事件"的描述而对"深描"做了具体的解释。同样的"挤眼"动作，使读者看到一个动作背后不同的意义结构分层，也体现出"深描"相对于"浅描"所具有的真实性、深入性和近经验性。

（1）真实性

美国学者邓金认为："深描是有效的经历呈现，其中有效性意味着有能力将听到、看到、被证实的东西以适当的原生态的形式呈现出来。"[1] 同样，陈向明也提出研究者必须从原始资料中提取合适的素材，然后对这些素材进行"原汁原味"的呈现。深描的特点就是描述详尽、细密，力图把读者带到现场，使其产生"身临其境"之感。[2] 因此，课堂研究中的"深描"应该以课堂教学中的事实发生为前提，捕捉在真实课堂情境下的个人或集体的真实经历。深描的真实性要求课堂研究者将其经验理论"悬置"起来，以一个孩子般"单纯好奇"的眼光去窥探课堂上的情境和所发生的故事，

---

[1] Norman K. Denzin, *Interpretive Interactionism*, New Delhi: Sage, p. 85.
[2] 陈向明：《质的研究方法与社会科学研究》，教育科学出版社2002年版，第347页。

切勿加入过分注解和个人偏见,更不能站在一个"理论者"的高度进行主观臆断。所有的发生都是有其原因的,所有的交互行为都是有其背后意义的。正如赖尔对"挤眼"动作所做的深描那样,在探索"挤眼者"不同的神情、身份、动机后,潜在于"挤眼"背后的真实性才能为人所知,这也是深描的魅力所在——还原"原汁原味"的真相。

（2）深入性

当然,深描之所以被称为"深描",是与"浅描"相对的。关于这一点,格尔茨感叹道:"民族志的深描,是多么异乎寻常地'深'。"① 在教育学中,大部分的理论解释都是基于浅描的原始资料,缺点是理论太多而描述太少。浅描常选用较宽泛的词,如用教育学术语和概念来进行注释或给出较少的事实,但却不能呈现出生动的现场经历。相对而言,深描的深入之处在于,与浅描中的较宽泛术语的运用不同,深描在其描述过程中常运用小范围的词语(甚至这类词语是"被研究者"创造的)来精确细致地描述场景的丰富性、细微差别和复杂性,因此这种深入性不是浮在表面的对于教学现象的简单描述或者是记忆建构,而是深入地析解其中教学现象发生的过程、经历、情感等,包括事情的具体细节、有关事件之间的联系,当时当地的具体情况以及事情发生和变化的过程,力图把读者带到现场,使其"身临其境"。

（3）近经验性

格尔茨在《地方性知识》中引用了心理分析学家海因茨·科胡特的"近经验"和"远经验"的概念来对深描中的立场进行说明。"近经验"通常是研究对象或者"报告人"可以自己自然地、不费吹灰之力地用来说明他所看到、感受到、想象到的那些概念,而且他的同伴也可以毫无困难地了解他在说什么。而"远经验"则是指任一行业的专家,不论是分析师、实验师、民族志学家,他们用来

---

① [美]克利福德·格尔茨:《文化的解释》,韩莉译,译林出版社1999年版,第69页。

达成其科学上、哲学上和时间上的目的的概念。① 例如，课堂上"教师的关心"是一个"近经验"概念，而"对学生的情感投入"则是一个"远经验"概念。在课堂研究的深描过程中，为了保持其经历的"原汁原味"，研究者应多使用当事人的"近经验"去定义所看到的、听到的、感受到的、想象到的一切事物，让研究对象发出声音，而不是研究者的声音和描述充斥在整个课堂描述中。因此，在"深描"中，研究者可引用当事人的原话，提供较多未经研究者分析的原始资料。"理论建设的根本任务不是整理抽象的规律，而是使深描成为可能，不是越过个体进行概括，而是在个案中进行概括。"② 在个案中概括就是临床推断，这种推断就是从近经验开始，逐渐达于远经验，最终完成对研究个案的理解。

3. 课堂研究中深描的类型

课堂研究中的深描是有选择性的。正如加拿大学者康纳利等所言："当我们突出一个或另一个方面，也会使其他方面的可见度降低。"③ 因此，深描就像聚焦的放大镜，专注于课堂上的某一个点，如研究者专题开展课堂中的师生互动、生生互动、某一个学生或老师、教学情境、某一段教学过程的研究，就要对其放大进行细致真实的描述。课堂深描从类型而言，主要有微观式深描、情境式深描、交互式深描三种类型。

（1）微观式深描

微观式深描是从一个较细微的点或者"问题"切入来研究课堂上的"小问题"，这些"小问题"常常是一种科学的研究，需要透过细节看到真相。如对课堂上"举手"现象的研究，又如对课堂上"教师的视线移动"的统计分析与描述结合的研究等，都是微观式

---

① ［美］克利福德·格尔茨：《地方性知识——阐释人类学论文集》，杨德睿译，商务印书馆2014年版，第11页。
② ［美］克利福德·格尔茨：《文化的解释》，韩莉译，译林出版社1999年版，第33页。
③ ［加］D. 简·克兰迪宁、F. 迈克尔·康纳利：《叙事探究——质的研究中的经验和故事》，张园译，北京大学出版社2008年版，第101页。

深描。对微小且不易被人察觉的课堂教学现象进行深度细致的描写，可以显示课堂教学的关系、结构和演变过程。这种微观的研究尽管有点"在显微镜下看到整个研究对象的缩影"或"琼斯村即美国"的逻辑，但通过小世界捕捉大世界就会发现其中的关联性。社会学家 David Sudow 在描述他在学爵士乐的时候，手在钢琴键盘上的动作，就是一段关于手指在琴键上寻找位置的微观式深描。"手放在钢琴上，自然地移动形成和弦，当指尖在琴键上游走，和弦就被视为整体，而音域也被看作相关音列的集合。""钢琴中有 A 和 B 和弦，两者彼此分离。A 需要双手的紧依，而 B 需要双手的分离……但初学者却不能连贯地从 A 过渡到 B。"①

微观式深描常常是以描写为主，并不解释，有时描述者将自己置于其中，以第一人称讲述，进而把描述聚焦在人物关系上或者集中在个人上或者关注情境等。

对于"课堂上举手现象"的深描就是一种典型的微观式深描。

> 同是举手的学生，他们的方式却大相径庭：有的学生一等老师的问题刚提出，他们便很快举手了，其中有的还举得特别高，希望老师能注意到他；有的在举起手的同时，还伴随着声音的申请，如"老师，让我来回答！"或者"老师，我，我，我！"等；或者伴随着击打桌子的声音，以引起教师的重视，为自己挣得回答问题的机会；有的举起手又放了下来；还有的把手放在桌子边上，伸出指尖，抬头看一眼老师，又慌张地低下头。②

这个片段通过微观式深描方法，对课堂举手动作的细微处理、语言的原声重现，神态的捕捉，使得课堂上不同学生的举手过程以深描的形式被放大，用细节呈现出一幅生动的课堂画面，读者也可

---

① Norman K. Denzin, *Interpretive Interactionism*, New Delhi: Sage, p. 85.
② 王鉴：《课堂志：回归教学生活的研究》，《教育研究》2004 年第 1 期。

以从这样一个微小的镜头窥探到小学课堂上学生对于举手这一行为的主动性，也可以呈现小学课堂上举手现象对教师教学工作的挑战及教师应对的策略与方法。

（2）情境式深描

情境式深描就是将事件所发生的场所及情境作为一个背景进行深描，以此呈现研究对象及其事件发生时的背景与环境。Jules Henry 通过描写一个人所在的房间及周围的环境来衬托对这个人的描写，创造了一幅惟妙惟肖的情境画面。

> 她的房间干净整洁，墙壁是浅黄色的。正墙要比两边侧墙更宽敞且吸引人。墙壁是悦人的黄色，白色的天花板……地板铺着黑灰格子的瓷砖……墙边摆放着沙发，在东西角有长沙发椅……一把古老的伞倚在墙角，在壁龛……有一座栩栩如生的雕像屹立在大理石的基架上。在墙上挂着竹子做的画框，里面的日本丝绸上绣着花鸟的图案。梳妆台出现在视线中，应该是那位病人的。在梳妆台上有照片，化妆品，心形盒装的糖果。这位病人微卷的头发上别着一个丝带状的发卡，粉饰淡妆，涂了口红。[1]

课堂作为一种特殊的情境，是老师和学生共同作用的社会空间，也是一个融洽的学习共同体。但课堂因其独特性和生成性，使得每一个课堂的教学现象、课堂情境都有所不同。这就需要研究者将自己置于特殊的情境之中，融入这种特定的社会空间，兼顾师生生活世界，学会体验并把理解的文本应用于解释者目前的境况，对课堂现象进行整体性的、情境化的深描，尤其是对课堂环境的细致描写，给读者营造出一定的"情境氛围"，这样可使其快速进入"特定的课堂情境"，最终达到"情境理解"。研究者常常会对所研究的班级的课堂教学进行情境式的深描。

---

[1] Norman K. Denzin, *Interpretive Interactionism*, New Delhi: Sage, p. 93.

A 班看起来干净整洁，整个教室有 8 排 6 列，学生按大小个头分布而坐。每个学生的桌上都堆着厚厚的一摞书，有的甚至堵住了学生的视线。黑板上挂着倒计时的标示牌，赫然写着："倒计时 50 天。"教室背后画着一颗巨大的愿望树，学生把自己的梦想大学都贴在上面。教室很安静，偶尔有人咳嗽一两声，老师的声音在课堂上听得十分清晰。

　　B 班的布局和 A 班有所不同，走进 B 班的课堂，看到这个班是以六人为一组排放桌椅。每个组都在桌角立着学生给自己组起的名字。如超人组、全能组等。学生环组而坐，讨论起来倒是很方便。教室中间留出空隙，老师在课堂教学中会时不时地走下来与各组学生互动。教室的墙面上贴着"风云榜"，标示着每组所得的红星数量和评选出的"小组最佳"。教室后面有书本借阅区，书架每个格子也是以小组的名字命名的，并配有每组的宣传画，写着"欢迎借阅"。

以上关于两种课堂的情境式深描，虽然没有具体的师生对话和教学内容的呈现，但是却能从教室桌椅的摆放、教室的文化环境的布置、学生的学习氛围中猜测出学生所处的年级和学习的阶段以及教师的教学风格。因此，"情境式深描"的作用就在于让读者更能"身临其境"，为后面的深描进行铺垫和暗示。

（3）交互式深描

交互式深描集中在两个或两个以上人之间互动关系的详细描述上，这种深描有三个特点，即互动性、情境性、关系性。

　　孩子从学校刚回来……门铃响了，孩子们争着去开门，我正在给他们做勃朗宁小牛肉，听见他们喊我："妈妈，快来，有人找你。"我说："你告诉他，现在不行。"他们又说："不行，妈妈，他们说非要见你。"我无奈来到门口，一位执行长给了我一张离婚传唤书。孩子们都好奇地问，"妈妈，这是什么？"他们都围着我，我呆呆地站在原地。"爸爸想跟你离婚吗?"我开始大哭了,瘫坐在地上,我意识到一切都结束了。[1]

这一段描述是将结束的感情置于某种情境中,使感情结束的行为被描述得栩栩如生,不仅描述了人物之间的关系,而且深描了人物活动的情境及人物之间的互动。

康纳利等认为,研究的现场是一个具有时空、地点以及个人与社会互动的三维结构,因此它具有情境性、互动性、连续性。[2] 而课堂作为一种特殊的社会交往现场,课堂上的交互式深描主要集中在对师生互动、生生互动、合作交互等过程的动态描写上,其中包括交互语言、行为、情感等。叶澜认为,现代的课堂正在向生命课堂发展,让课堂焕发出生命活力其中重要的一点就是在课堂上产生有意义的交互行为,她提出课堂上"师生应该共同参与、相互作用、创造出实现教学目标"的教学观。[3] 这种交互行为正是有意义教学发生的过程,因此对这一过程的深描显得尤为重要。这里列举李秉德在家中的一个教学片段,其中的师生对话描写就是很有意义的交互式深描。

> 来到李先生家的时候,先生刚吃完早餐,他便把我们带到了客厅。先生坐在一张老藤椅上,我们俩随手找来两个小木凳子坐在了先生的对面,此时,朝阳正好从窗子照进来,照在先生的脸上,使本来慈祥的脸庞显得更加和蔼可亲。他指了指我们俩坐的小木凳说,读书就像坐这"冷板凳",要耐得住寂寞、抗得住诱惑,一坐就得三年五载,甚至十年八载,坐"冷板凳"可不是什么愉快的享受,做学术研究的人必须学会坐得住"冷板凳",坐"冷板凳"就是潜心做学术研究,不带功利思想,不带私心杂念!不知你们俩有没有信心去坐这"冷板凳"?

---

[1] Norman K. Denzin (1987), *Interpretive Interactionism*, New Delhi: Sage, p. 94.
[2] [加] D. 简·克兰迪宁、F. 迈克尔·康纳利:《叙事探究——质的研究中的经验和故事》,张园译,北京大学出版社2008年版,第4页。
[3] 叶澜:《让课堂焕发出生命活力——论中小学教学改革的深化》,《教育研究》1997年第9期。

对于上博士研究生抱着许多期望的我们俩，顿时有种压力，表情中流露出一种焦虑之态。先生见此情形，马上哈哈大笑，接着又说，你们俩坐的"冷板凳"是不是已经坐热了？

我俩不解其意，面面相觑。先生接着说，其实坐"冷板凳"也并不可怕，只要你坚持了，坐长了，"冷板凳"也会变成"热板凳"。①

这段深描通过一个事例体现了李先生的治学思想。整段内容结合了对李先生家里环境的情境式深描，对李先生动作神态的微观深描及其与学生之间对话的交互式深描。在师生互动的情境对话中，读者仿佛身临其境地看到一位治学态度严谨、和蔼可亲的老人在朝阳下对学生进行悉心指导的真实场景。

总之，深描对生动经历可以进行一系列有意义的分析和理解。课堂研究中的深描类型有很多种，可以运用其中一种去聚焦描述一个观察点，也可以是建立在多样的、三角的方法之上的。我们所深描出来的内容可以允许读者间接感受其中所体现的重要特征，但值得注意的是课堂研究者本身却不尝试去注解所描述的东西。

（四）解释

1. 解释及其意义

课堂志中的解释关乎理论，即用一定的理论去解释研究的材料。"解释方法对于所有东西——文学、梦、病症、文化——容易犯下的错误是它们要拒斥的，或被允许去拒斥的概念性阐明，由此也可逃避系统化的评价模式。要么你理解一个解释，要么你不理解；要么你明白它的要点，要么你不明白；要么你接受它，要么你不接受。"② 理论解释的双重任务是，一方面提示贯穿于研究对象中活动的概念结构，另一方面建构一个分析系统。对于课堂志来

---

① 王鉴：《论李秉德先生的治学思想》，《教育研究》2012 年第 6 期。
② [美]克利福德·格尔茨：《文化的解释》，韩莉译，译林出版社 2014 年版，第 35 页。

说，理论的职能在于提供一整套词语，凭借这些词语解释符号或行为背后的意义并将其准确地表达出来。"解释是对一个相关术语的意义进行阐释和理解的过程。一个阐释者可以把不熟悉化为熟悉。解释的过程也是赋予意义一定的过程和经历。而意义是一个人脑海中的思想和意识。换言之，是向人们传达了一系列经历的重要性、目的和结果。一旦经历被解释，有关它的意义就会被理解。在理解中，一段经验的意义是复杂且综合的。理解也可能是带有情感和主观的。"[1]

马克斯·韦伯提出："人是悬在由他自己所编制的意义之网中的动物。"因此，对文化的分析不是一种寻求规律的实验科学，而是一种探求意义的解释科学。[2] 解释是对一个相关术语的意义进行阐释和理解的过程。换言之，解释是向人们传达一系列经历的重要性、目的和结果。一旦经历被解释，有关它的意义就会被理解。而课堂研究中的解释力图超越课堂现象的表层，诠释课堂背后的意义和价值问题。以派纳为代表的"概念重建主义"正是在现象学、存在主义、诠释学的基础上，用"现象—诠释学"来理解和解释课堂，这一理念在课堂研究中恰好是"深描—解释"的运用。通过解释学对教学过程基本要素、教师学生和教学内容的重新诠释，可以使教学研究指向对教育本真意义的追求和回归，使得理解成为教育教学的核心。

2. 课堂研究中解释的特征

（1）创造性

加拿大诠释学课程论代表人之一史密斯提出，解释探究的生命力就在于其内在的创造性。"创造意义"使得诠释学探究充满了活力。解释目的是指明人是怎样相关的、相对的，而不是绝对的认识事物的意义。关注诠释学内在的创造性，诠释学的目的在于创造意义而不仅仅是报道意义。尽管如伽达默尔所说，解释中的"偏见"不可避免，但它并非不正确或者错误，它是我们对世界开放的倾向

---

[1] Norman K. Denzin (1987), *Interpretive Interactionism*, New Delhi: Sage, p. 104.
[2] ［美］克利福德·格尔茨：《文化的解释》，韩莉译，译林出版社2014年版，第5页。

性，是我们经验任何事物的条件——我们遇到的东西通过它们而向我们说明什么。① 因此研究者的偏见在文本理解中具有"积极意义"，正好这种多元的解释显示了生活在传统之中的个体性和创造性。

（2）情境理解性

课堂情境对理解十分重要。埃利奥特认为："解释学的基本原则是某种情境理解。"② 一个事件或经历可以被进行多种解释。一个简短有力充满怒气的"很好"和一个面带微笑招手致意的"很好"所表达的意思是不一样的。这说明解释的理解往往要联系背景和情境。因此，诠释学取向的课堂研究注重课堂情境的"生活世界"在学生经验生长中的地位，关注交互主体性，包括在情境中的对话和会话（个人过去和现在的对话、师生对话、生生对话、研究者与被研究者对话、作者和读者对话）都是意义的建构和理解的基础，而整个课堂教学过程也正是一个交互主体性地、情境性地构建意义的过程。③

（3）生成性

叶澜提出，从生命的高度用动态生成的观点去看课堂教学。这种动态生成的观点同样在课堂研究中值得借鉴，尤其是课堂研究中的解释过程。生成性的解释注重对深描文本的理解。决定文本意义的因素有两类：一是深描文本以外的因素，包括历史、文化、社会、自然环境、解释者的生理和心理因素。二是深描文本以内的因素，包括文本的内在结构、篇章语句的表层结构和深层结构、语意、修辞。④ 因此，解释的生成性一方面要求研究者超越表层理解达到深层的更好理解；另一方面保持一种求异的思维，寻求对认同

---

① ［德］伽达默尔：《哲学解释学》，夏镇平等译，上海译文出版社 1994 年版，第 9 页。
② J. Elliot, "Three Perspectives on Coherence and Continuity in Teacher Education," *Reconstructing Teacher Education: Teacher Development*, The Falmer Press, 1993.
③ 杨明全：《教育叙事研究：故事中的生活体验与意义探寻》，《全球教育展望》2007 年第 3 期。
④ 周险峰：《教育文本理解的尺度：一种解释学的视角》，《华东师范大学学报》2006 年第 4 期。

差异、欣赏差异、追求差异的不同理解。因此，主体间性可看作理解的合理性、有效性、生成性的评判标准。

3. 课堂研究中解释的类型

解释是建立在深描基础上的，它赋予经历和故事一定的意义。解释的最终目的是揭开现象背后的意义，但其解释的过程仍然有深浅之分、立场之差、方式之别，由此，可以区别几种不同的解释类型。

（1）浅解和深解

从解释的程度来分，同深描和浅描相对，解释也有浅解和深解两种。一个浅显的解释相当于一个简单的注释，经常针对一系列动作只提供一个因果解释。例如，我们研究小明上课经常吃东西的现象时，浅描是这样的：小明会在老师不注意时，偷偷地往嘴里塞一些吃的东西。而与此相对应的解释是：因为他是低血糖病患者。这种解释是浅解，是基于浅描这一基础的，没有背景互动的资料，只是一个因果性的解释。而深解则是建立在深描基础上的详细解释。一个深解不只解释课堂现象发生的因果，而且会融合课堂的情境、交互行为和人物背景，给出深度析解后现象背后的意义。我们曾经在西北地区开展了汉族、藏族、回族、维吾尔族四个民族师生课堂互动特点的调查，通过详细描述不同民族师生课堂互动的情况后所进行的深解是这样的："总体来看，汉族、藏族、回族、维吾尔族师生课堂互动各有特点，这与民族文化有密切关系，但目前民族地区课堂教学中民族文化传统与民族心理特征没有被充分重视，这也是长期以来民族地区课堂教学质量较低的一个重要原因。所以，民族地区课程改革与教师培训的重点除了通识的理念与方法上的培训外，更重视民族文化的差异，让教师根据民族地区学生的心理特点与行为方式开展教学，加强与学生的交流和互动，形成民主平等和谐的课程教学文化，并以此作为提升民族地区课堂教学质量的一大基础。"[1] 因此，课堂研究中的解释更偏向在深描的基础上进行深

---

[1] 王鉴、张海、李子建、尹弘飚：《不同民族文化背景下师生课堂互动的比较研究》，《教育研究》2011年第9期。

解，将其现象背后的意义深度挖掘出来。

（2）局内人解释与局外人解释

从解释的立场来分，有局内人和局外人两种。一个局内人的解释是被研究者给予其个人生活经历和自身知识一定的意义。正如格尔茨所提到的："让他们解释他们自认为是谁，他们自认为在做什么，为什么这么做，身体力行的意义框架是什么。"[①] 而一个局外人的解释往往是某一领域的专家试图通过感觉他人的感觉，思考他人的思考，或者把自己变成他人来做出合理的解释，但即使再融入其中也不可能做到和局内人一样。局外人的解释可能会强加观察者的解释于深描的经历中，但有一个缺点，即这种独白式的解释往往会掩盖被研究者的声音。

陈向明在《王小刚为什么不上学了?》一文中先对故事的主人公王小刚进行了深描，然后就采用了局内人和局外人的两种解释。

关于王小刚的深描：王小刚个子不高，瘦瘦的身躯上挂着一套肥大的西装，脚上蹬着一双厚厚的旅游鞋（我当时的第一想法是：这孩子穿着他爸的西装来了。后来问他，他说是他自己的，故意做得大一点，可以穿得久一些）。他的面部表情看起来比他同龄的孩子要更成熟：长圆的双眼透着精明和一丝幽怨。当金校长告诉他"北京来的专家们想和你谈谈，了解你的一些情况"时，他立刻回答："可以，没问题。"可是他带一点漠然的眼神和紧咬着的嘴角告诉我：这是一个精明、倔强而且有主见的孩子。

局内人的解释：小刚说在这次挨打以前，他已经被刘老师打过几次，打耳光和屁股，"老师经常在班上说我，经常打。"此后，他在刘老师上课时便逃课，逃过五六次。他很害怕刘老

---

① ［美］克利福德·格尔茨：《地方性知识——阐释人类学论文集》，杨德睿译，商务印书馆2014年版，第8页。

师，因为他语文和政治功课不好，背不出来，还会挨打。这次因为打得比较狠，他在几天以后又有刘老师课的时候便决定不去了。"我决定不去了。再去的话，老师还会打我，他打了我，以后还会打我的。"

  局外人（研究者）的解释：王小刚辍学的原因可能有两个：一是他学习成绩不好，对学习失去信心。对这一点所有被采访的人都持相同意见。二是他因老师体罚而退学，这一点只有王小刚本人可以作证。

  在课堂研究中，解释的立场更倾向于以局内人为主，所以，在听课活动结束以后，研究者要对当事人进行访谈，结合观察与访谈的材料，对课堂教学现象进行深描和解释。让教师讲出行为背后的原因、意义，当然这种解释可能是对话式的、多声音的，允许不同的声音和对于深描文本做不同的解释。但正是这种对话多观点式的解释才使得研究的结果变得多元和饱满，从而避免"一家之言"。

  我们在小学开展课堂研究时，在《蚂蚁与蝈蝈》一课结束后，笔者对上课的戴老师进行了访谈。我让她自己评价一下这节课，她说："这是一节失败的课！"我问她为什么这么说呢？

  局内人的解释："第一，这节课没有完成教学任务就下课了；第二，这节课的课堂秩序比较乱，根本无法控制；第三，这节课没有解决同学提出的问题。"这便是局内人对这节课的评价及解释，在表明教师的态度比较谦虚的同时，说明她对所谓的好课的评价标准存在一定的问题。

  在评课的时候，笔者作为研究者进行了点评。

  局外人的解释：我认为这节课是一堂好课，原因有三：一是这节课是生成的，因此是真实的、有趣的、有创新的；二是这节课表面看来有点秩序上的混乱，但其实一点也不乱，学生们围绕一个问题在讨论、争论；三是这节课没有回答学生提出的问题，恰恰为学生进一步思考和讨论留下了时机。

接下来评课的人员对于什么样的课是好课的问题进行了热烈的讨论。

(3) 分析型解释和描述型解释

从解释的方式角度，解释可以分为分析型解释和描述型解释。邓泽指出："分析型解释是对一系列事件或经历赋予一个抽象或因果的解释，但它更典型的是源于研究者引入研究情境中的理论。"[①]一些质性研究在从"现场文本"转向"研究文本"时，倾向于通过分析寻找一种恰当的理论去解释和支撑其研究。这种解释可能是对之前已有的"形式理论"的套用，也可能是在原始深描资料基础上通过分析解释自下而上建立起来的，是适于在特定情境中解释特定课堂现象的"扎根理论"。尽管有人认为，质性研究的目的不在于理论的构建，但是正如费孝通所言："我们的理论不在道破宇宙之谜，而是帮你多看见一些有用的事实。"所以判断理论的标准不是"正确"与否，而是"有用"与否。[②]

另一种解释是描述型解释，相对于分析型解释的理论建构，它更倾向于澄清事实背后的意义。描述型解释又可分为事实解释与相关互动解释。事实解释指，第一是事实的，一个情境描述解释可能记录了一系列的客观经历。第二是解释的，它依赖局内人对系列经历的叙述，一个客观描述解释是真实的，对一个解释性叙述的解释正如它们被解释的那样呈现出经历。相关互动解释使一系列关于社会关系和发生在情境中的互动具有意义。解释既应该是相关的和交互的，也应该是情境的。这些解释应该依赖于深描而不是分析。存在主义理论建构者认为，被研究者日常生活的尝试足以帮助研究者发展其研究方法、策略和步骤，研究的目的是寻找人类生存的使用性知识，而不是抽象的理论。[③]研究者从被研究者的描述和解释中获得的知识可以作为解释社会现象的生成性概念，而不一定要寻找

---

① Norman K. Denzin (1987), *Interpretive Interactionism*. New Delhi: Sage, p. 97.
② 陈向明：《质的研究方法与社会科学研究》，教育科学出版社2000年版，第317页。
③ P. Adeller, & P. A. Adeller (1987), *Membership Roles in Field Research*, Beverly Hills: Sage.

和借用绝对的理论。因此描述型解释重在描述和解释的过程，而不注重最终"理论"结果的呈现。所以它可能是解释正在被解释的过程本身，也可能是依赖于被研究者真实的叙述来解释一系列客观存在的经历，还可能对其中的社会关系和发生在情境中的活动进行说明。

总之，"解释者在进行解释时，通常有两类解释者：一类是对真实生活经历进行描述的人，另一类是学识渊博的学者，他们往往是民族学者、社会学者和人类学者。这两类解释者（地方的和社会科学的）往往对同一经常描述的经历给出不同的解释。"[1] 课堂研究中的解释是一个复杂且重复的过程。由于对课堂进行深描的现场文本有大量的研究潜力，解释需要我们不断地重回现场和现场文本，对其进行多次的研究。所以一个丰富、全面、合理的解释需要以深解为主，以局内人的解释为解释的基础，无论解释的目的是生成理论还是注重解释的过程，其意义在于让读者理解背后的意义和社会问题的重要性。

课堂志研究经过观察、访谈、深描、解释而形成的成果其实就是一个典型案例，因此，课堂志研究的实质是一种案例研究。案例研究方法首先在法学领域诞生，后被运用到医学、教育学领域的研究之中。案例法乃由美国哈佛大学法学院始创。1870年，兰德尔出任哈佛大学法学院院长时，法律教育正面临着巨大的压力：一方面传统的教学法遭到全面反对；另一方面法律文献急剧增长，这种增长不仅是因为法律本身具有发展性，而且在承认判例为法律的渊源之一的美国表现得尤为明显。兰德尔认为，法律条文的意义在几个世纪以来的案例中得以扩展，这种发展大体上可以通过一系列的案例来追寻，由此揭开了案例法的序幕。医学的案例研究法同样率先在医学院的教学中被使用，典型的病例对于治疗相似的病总能有一定的借鉴意义，后来逐渐被运用到临床医学中，形成了医院临床领域的会诊制度。教育学领域的案例研究法最早用在教师培训领

---

[1] Norman K. Denzin (1987), *Interpretive Interactionism*, New Delhi: Sage, p. 109.

域，主要通过听评课活动来完成案例，案例不仅对于授课教师改进教学有帮助，而且对于听评课活动的参与者有启发。案例研究法在上述三个专业领域的运用基本相似：案例不仅是教学法的一种，而且是研究方法的一种，教学方法与研究方法相互促进，完善了案例本身，使其更加合理有效。形成案例研究的素材主要有三个途径：一是研究自己的教学，并从自己大量的教学实践中积累一定的案例；二是在别人教学的课堂观察中捕捉案例；三是在平时的学习和阅读中注意搜集书面材料中的案例。对案例进行的加工与创造，使其具有广泛性与代表性。把所看到的、听到的详细讲出来，并以一定的理论进行解释，就形成了案例。所谓"叙事研究"就是指这样的研究，教师把其教学故事讲出来，就是教师的叙事研究，同时也是一种案例研究。通过我们的观察、访谈、深描，最后形成了案例，"案例"具有典型性和代表性，当然，案例来源于教学生活，但要高于教学生活，就需要经过加工，这个加工不会损害它的真实性。所以说"课堂志"通俗地讲就是在课堂上观察、访谈、描述和形成案例，用案例去分析和解决课堂教学中的课程与教学问题，要么探循一定的教学规律，要么结合一定的情境解释某种现象。

第四章　课堂志的案例研究

案例研究法是研究者深入课堂教学第一线，通过观察、访谈、描述、解释等方式，以案例的方式呈现课堂教学的真实情景，以此为基础研究课堂教学中主要问题的方法。案例研究法不仅在教学理论研究中被广泛运用，而且在教师研究课堂的实践中也是常用的方法之一。

对案例进行概括在医学和心理学中通常被称为临床推断。医学上的案例法被广泛运用到法学、经济学、教育学等学科的研究之中，教学案例就是对教学事件的记录，它将教学实践工作者在实际中所面对的困难以及做出决策所依赖的事实、认识和偏见等都显现在其中。通过向"受众"展示这些真正的和具体的事例，促使他们对问题进行相当深入的分析和讨论，并考虑最后应采取什么样的行动。教学可以有案例教学法，教学研究亦可以有案例研究法。教学研究中的案例就是对一个有趣论题的生动再现，它具有时间、地点、人物等，并按一定的结构展现出来。案例记录和描述的是教师和学生典型的行为、思想、感情等，并以故事或事件的方式加以呈现，但案例同时还反映出研究者的方法与理论及其描述的重点和最终的落脚点。

一　自主学习的课堂志研究

我们在新课程改革的专业支持小组的听课活动中，曾经在一所小学里听了一年级的一节语文课《蚂蚁与蝈蝈》。课文的内容如下。

夏天真热，一群蚂蚁在搬运粮食。他们有的背，有的拉，个个满头大汗。

几只蝈蝈看见了，都笑蚂蚁是傻瓜。它们躲到大树下乘凉，有的唱歌，有的睡觉，个个自由自在。

冬天到了，西北风呼呼地刮起来，蚂蚁躲在装满粮食的洞里过冬了。蝈蝈又冷又饿，再也神气不起来了。

（一）课堂观察

任课教师戴老师设计的第一个教学环节是让学生在朗读课文中尝试性地认识生字。让学生边朗读课文，边在朗读过程中找生字，并通过拼音认识生字，然后学生之间开始相互讨论。教师在学生中间交流与指导，有的学生已经读了数遍，并把生字写在了写字板上，同桌学生之间相互纠正读音、交流认字与识字方法。第二个教学环节是戴老师引导学生读生字，让学生相继把生字读出来并由教师逐一写在黑板上。整个识字与写字的过程全是在教师的指导下完成的。学生对"冷""汗""蚂""蚁""蝈""躲"等字，都讲了他们的识记方法，如学生得出"干活出水为汗"的识字方法。学生在表达其识字的方法时十分积极主动，争相举手。第三个教学环节是学生朗读课文比赛，学生被分成三个组，每个组派一名学生代表来朗读。三位学生读完后，大家开始对朗读进行评价，有的学生还纠正了他认为读得不到位的地方。第四个教学环节是戴老师组织的扮演活动。学生将蚂蚁在夏天忙碌的动作以"它们有的推、有的拉、有的背、有的扛、有的搬、有的抱、有的抬、有的提、有的举，个个累得满头大汗，个个忙得不可开交"表现出来。学生还将故事进行了演绎，他们认为，第二天蚂蚁去看蝈蝈时，蝈蝈已经被饿死了。所以他们不但能较准确地描述蝈蝈的动作，而且在扮演蝈蝈时，假装被饿死的蝈蝈倒在讲台上了。这时戴老师让学生们起来，而陈小刚倒在地上不起来，教师问他为什么不起来时，他慢慢地站起来，并问老师他可以提一个问题吗？在戴老师的许可下，他问道："老师，我觉得蝈蝈也挺可怜的，你想那么冷的天，它又没有吃的,都快要饿死了、冻死了,它需要蚂蚁来帮助他,可蚂蚁呢?一点同情心都没有,我觉得蚂蚁做得也不对,因为蝈蝈已经受到教训了。"由于没有想到学生会提出这样的问题,戴老师开始时显得有点不知所措,教室里静悄悄的,正如文学作品中常常描述的那样:一根针掉在地上都能听见!学生们也被这一问题惊呆了。教师毕竟是有丰富的教学经验的,她很快又产生了灵感,也许是教学智慧,她对学生们提出了这样一个问题:"同学们,请你们想一想,学了《蚂蚁与蝈蝈》这一课后,你们认为我们应该向蚂蚁学习,还是要同情蝈蝈呢?请你们在小组中讨论一下。"教师并没有直接回答学生的提问,而是"踢皮球"似的将问题又踢回给了学生。这是个两难的问题,也是个适合学生们辩论的问题。于是,学生们七嘴八舌地讨论起来了,有的说,要向蚂蚁学习,因为蚂蚁爱劳动,劳动光荣,劳动就有财富;有的说,蚂蚁虽然勤劳,但缺乏同情心;还有的说,蝈蝈是不是在冬天就冬眠了,不需要食物,等等。到底谁是"傻瓜"?学生们在这里有了不同的观点,教师如果能加以引导,这将是课堂上最出彩的地方。在引导学生讨论的基础上,让学生了解多元价值观的存在,以及学生如何形成正确的价值观。在学生们的讨论中,戴老师也理出了一些头绪,她在引导学生们认识课文中所描述的蚂蚁与蝈蝈时,结合课文的主题思想与学生提出的"同情心"问题,进行了引导与讨论,使学生一方面形成了"劳动光荣""劳动创造财富"的人生观与价值观,另一方面又针对我国独生子女的教育问题,提出了"帮助别人""同情别人"的价值观与人生观问题。语文教育的工具性与人文性在这里得到了统一,课程标准要求的"知识与技能、过程与方法、态度情感与价值观"的三维目标在这里得到了统一。

(二)课后访谈

对课堂上出现的"突发性事件",研究者分别访谈了陈小刚同学和任课的戴老师。

问：小刚同学，你提出的蚂蚁不是什么好东西的问题是个很好的问题，你是怎么想到这个问题的？

小刚：当我躺在地上的时候，突然就想到了，可能蝈蝈也会这么想，我就把我的想法提出来了。

问：你认为蝈蝈应该受到帮助吗？

小刚：蝈蝈虽然不劳动，但仍然需要帮助，应该帮助它！

通过访谈我们发现，体验式教学在这里发挥了作用。正是陈小刚同学躺在了冰冷的水泥地上，才体验到了蝈蝈需要帮助的心情，才提出了具有生成性的问题，进而引导了这节课的教学。正是因为这一突发事件，使教师预设的教学流程被打乱，教师不得不重新组织教学，生成了鲜活的教学内容，创造了新的讨论式教学方法。

同样对这一问题我们访谈了戴老师。

问：对陈小刚同学提出的这一问题，您是怎么看待的？

教师：我确实没有想到他会提出这样一个问题。在我备课的时候，我只准备了蚂蚁热爱劳动，同学们应该向蚂蚁学习。但当他提出蚂蚁不是什么好东西的时候，我也被惊呆了，不知道怎么处理他的问题。

问：那你将问题抛给了学生，让学生们讨论，这种做法非常好，你是怎么想到的？

教师：我一时不知所措，看到了学生们期待的眼神，突然想到了曾经看到的一位特级教师的录像课，教师将问题抛给学生，学生会创造性地解决问题。我便一下子有了思路。当学生们叽叽喳喳争论的时候，我有时间开始思考了。

问：你认为这节课的效果如何？

教师：前半节课还可以，我可以控制教学的节奏与过程，基本完成了教学任务。后半节课因为这个突然出现的问题，让我有点措手不及，还好，在稍微镇定下来之后，我根据学生们的观点重新组织了教学，虽然有点乱，但基本还是有效的。

通过对教师的访谈我们发现，教师在处理课堂突发事件时，需要教学智慧，教学智慧的生成是有根的，来源于教师的理论水平与实践经验。有效教学的教师常常会让学生解决问题，而不是教师自己解决问题。与此同时，教师对新课堂教学的理解还有一点问题，新课程改革强调自主、合作、探究式的学习方式，就是要让教师变革其传统的控制型课堂，将课堂还给学生，形成以学为主的课堂。教师要正确看待课堂纪律与规范、教学进度与任务、教学预设与生成等问题。

（三）课堂深描

对于课堂上学生的提问与教师解决问题的这一关键事件进行了深描，让读者如身临其境。

这时戴老师让扮演蝈蝈的几位学生起来，而这时，大家发现陈小刚仍然躺在地上不起来，教师走过去，关心地问道："小刚同学，扮演活动结束了，你为什么还不起来呀？"只见陈小刚慢慢地站起来，并举起他的手问道："老师，我能提一个问题吗？"教师笑呵呵地说道："当然可以呀！"在戴老师的鼓励下，陈小刚问道："老师，我觉得小蝈蝈也挺可怜的，你想那么冷的天，它又没有吃的，都快要饿死了、冻死了，它需要蚂蚁来帮助它，可蚂蚁呢？一点同情心都没有，我觉得蚂蚁做得也不对，因为蝈蝈已经受到教训了。"由于教师没有想到学生会提出这样的问题，开始她有点不知所措，教师一下子懵住了，站在那里一动不动。她似乎在想，这可怎么办呀？学生们也一下子惊呆了，面面相觑。教室里静悄悄的，正如文学作品中常常描述的那样：一根针掉在地上都能听见！但教师毕竟是有丰富的教学经验的，她很快产生了灵感，这正是体现教师教学智慧的时候。老师镇定了一下，然后又笑着对学生们提出了这样一个问题："同学们，请你们想一想，陈小刚同学刚才提出的问题好不好？"学生们异口同声地说："好！"老师接着说:"同学们,我们学了《蚂蚁与蝈蝈》这一课后,你们认为我们应该向蚂蚁学习,还是要同情蝈蝈呢?请你们在小组中讨论一下。"教师并没有直接回答学生的提问,而是"踢皮球"似的将问题又踢回了学生。这时候教室里炸开锅了,学生们之间的讨论与争论随即开始了。

这种深描是一种交互式深描,将课堂上这一突发事件作为描述的重点,旨在再现这一问题是怎么被学生提出来的,教师是怎么反应的,学生们又是如何表现的。深描将课堂教学中精彩的一瞬间集中在对教师与学生之间互动关系的详细描述上,这种深描体现了交互式深描的三个特点,即互动性、情境性、关系性。

(四)课堂解释

关于这一节课的解释理论,我们采用了评课的方式将生成性教学理论引入课堂评价之中,强调了生成性教学的价值,解决了预设性与生成性的关系问题。

在课后的反思与评课活动中,戴教师对她这节课的设计思路与教学步骤进行了说明,尤其重点反思了课堂教学中遇到陈小刚同学这样的情况时,教师的教学要始终与新课程的理念保持一致。

> 作为小学老师,戴老师也很谦虚,她说,总体来讲,这节课没有上好,甚至可以说是一节失败的课。主要原因是:第一,这一节课的教学任务没有完成;第二,这节课的纪律比较混乱,难以控制教学的秩序;第三,这节课没有回答学生的提问。作为听课者,我知道戴老师的谦虚,但她的这种自我评价会引导教师错误地认识这节课。于是我也进行了评课,谈了我的看法。认为这节课恰恰是一节好课,原因同样有三点:第一,这节课预设的教学任务虽然没有完成,却生成了很好的讨论问题;第二,这节课从表现上看有点混乱,但其实一点都不乱,学生们都在讨论一个问题;第三,没有回答学生的问题,

正好给学生思考的时间与空间。接下来，我讲了预设性教学与生成性教学及其关系，讲了课堂教学中的纪律与秩序问题，讲了课堂教学中师生对话教学问题，等等，从理论上进一步引导教师对新课堂教学的认识。

接下来，地区教研员对这一节课进行了评价，肯定了其中与新课程理念相一致的地方，同时指出教师在引导学生讨论时做得不够深入的问题以及教师如何组织语文课的活动问题等。当然，还有课程与教学专业支持的专业研究者对这一节课的分析：这节课是生成的、活动的、学生参与的，整个课堂气氛十分活跃，学生们始终保持着高度的兴趣，同时，这节课也让学生们不仅在语文教学的识字与写字等方面完成了任务，尤其可贵的是在语文教学中很好地结合并体现了"三维"课程目标与"二重"语文特性。课堂上教师始终能够考虑到学生的学习状况，并将教学活动与学生的参与活动紧密结合起来；课堂上学生积极主动、生动活泼、兴趣盎然、乐于探究；在教学效果上，完成了语文教学的任务，将语文教育与思想教育、将知识教育与情感教育、将方法与价值观教育等有机地结合起来，是一个富有代表性的"自主学习课堂"写真。

二 合作学习的课堂志研究

小学六年级的一节数学课是"分数的应用"。为了便于观察学生在课堂上的表现，作为课堂研究者，我们在上课前两分钟便进入了教室并坐在了我主动认识的第一排座位的两个学生的前面，确定这一对同桌为这一节课课堂观察的重点对象。

（一）课堂观察

王帅，男，大大的眼睛，穿一身运动服，显得很机灵；李连，男，稍胖，穿着校服，总有点害羞的样子，看上去厚道可爱。为了真实自然地观察这一对同桌的课堂表现，研究者向这两位学生每人赠送了一支中性笔作为礼物，并告诉他们，因为我坐在教室的后排看不到黑板上的字，所以坐在前排，这样不会影响你们的听课吧？王帅很快地回答："老师，没问题，您就坐这儿吧！"而李连同学只是笑笑，并未说话。给我的印象是：王帅有个性，不穿校服，眼睛会说话，脑子反应极快，很自信。李连是个内向害羞的学生。

上课了，教师采用"翻转课堂"的教学方式，先在题板上出了一道数学题，让学生们在练习本上做。

"国家一级野生动物丹顶鹤，2001年全世界约有2800只，我国占其中的1/4，其他国家约有多少只？"

老师要求学生在练习本上画图并解题。王帅用三角尺和铅笔在练习本上快速而规范地标出了单位"1""1/4""？（3/4）"的比例，在其他大多数学生还在做题的时候，他已经列出了两种算法并得出了相同的答案："2800－2800×1/4＝2100（只）；2800×（1－1/4）＝2100（只）"，然后带着自信而充满期望的表情，向教师高高地举起了他的右手。这时候，教师正在巡视学生们做题的情况，老师走到哪儿，王帅的目光就跟踪到哪儿，那眼神就是想告诉老师，您看见了吗，我已经做好了。他的同桌李连在练习本上，很零乱地画出了一段线，选中线段的一半标上单位"1"，然后因为标不出"1/4"而在抓耳挠腮。这时李连一直低着头，红着脸，在练习本上不停地乱涂乱画，偶尔，他想看一看王帅的练习本，可被王帅高高举起的右臂"有意识"地挡住了。我在听课记录本上写下了这样的话："为什么不让同桌之间合作学习呢？王帅在完成作业之后，一直举着手在等待老师的提问，为什么不帮助李连呢？李连在不会做题时，一直乱涂乱画，为什么他不能向王帅请教呢？如果课堂上同桌之间有了一定的合作学习，王帅既可以更深入地理解教学内容又可以体验到合作学习与助人为乐的乐趣，对学习活动会更加有兴趣。李连也可以理解新的内容，感受到自己也在参与学习，并经过努力以后可以完成学习任务。"

　　李老师的数学课是一种以"旧教材、新教法"的理念尝试学生自主课堂的教学，在接下来的教学活动中，王帅一直都表现积极，练习本上的四道题做得全部正确、规范，并有一次机会到讲台上面向全班学生讲解他的解题思路与方法，有一次机会回答李老师提出的问题。同桌的李连，这一节课的四道题一道都没有做出来，在整个教学过程中，他一直低着头，既没有一次得到教师关注的机会，也没有一次与同桌进行交流学习的机会。

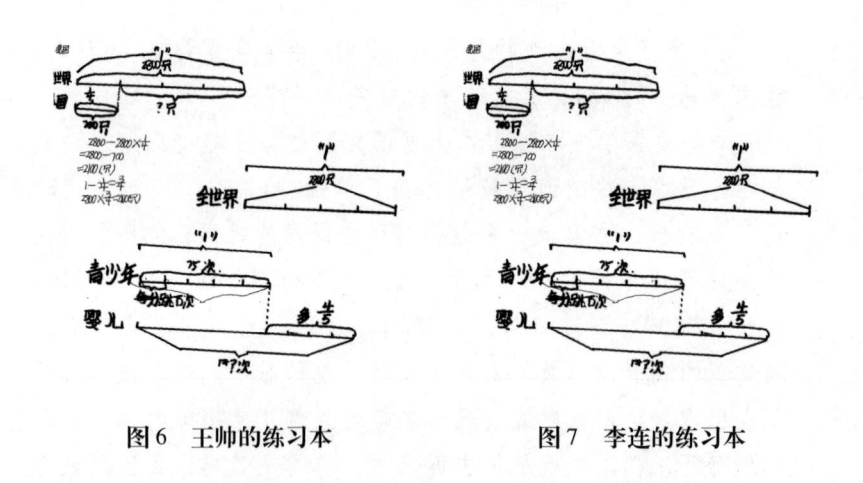

图6　王帅的练习本　　　　**图7　李连的练习本**

　　下课后，我把王帅与李连的练习本收集在一起，进行了比较，同时也把我在课堂观察中记录的对这两位学生不同的描述动词与语言列表进行了比较，结果发现：李连不理解这一节课内容的关键是他不理解"单位1"，因而他的行为是消极的；而王帅恰恰能较好地理解"单位1"，整节课他的行为积极主动。在课后，为了更进一步了解同桌合作学习的可行性与操作步骤，我请来了李老师和这两位学生进行了深度访谈。

（二）课堂访谈

　　问：王帅，当你做完题时，你心里想的是什么？

王：我想让老师看到我做完了题。

问：当老师没有注意到你时，你会怎么办？

王：我会等一会儿。如果老师没注意到我，我就高高地举手示意。

问：你有没有兴趣向你的同桌讲一讲你是如何做题的？

王：教师不让讲，老师让我们独立完成作业。

问：你是不是发现你的同桌不会做这些题？

王：是的，有时，我也会悄悄地告诉他一些（方法），他好像也无所谓的。

问：李连，你在数学课上不会做题时，心里是如何想的？

李：（低着头）我的数学很差，我最怕数学课了。我经常不会做。

问：如果你不会做题时，老师来到你身边给你讲，你高兴吗？

李：我会害怕的。老师有时也给我讲，但我还是听不懂，老师就会批评我。

问：为什么听不懂？是基础太差吗？还是因为别的原因？

李：老师讲的时候我很紧张，根本听不清他在讲什么。我心里只是想着，老师一定会觉得我笨，一定会批评我的。

当我问到王帅为什么不当一回"小老师"去帮助同桌时，他说，老师要求他们做完题以后，不要给别人看，举手等待教师的提问。李连在回答"当你不会做题时，你心里最担心的是什么？你心里最希望的是什么？"的问题时，他说，最担心的就是老师来到他的身边，最希望的是能得到同桌的帮助。他还补充说，其实他很想学好数学，但他总是比王帅笨。听到这里，我被他的真诚话语所感动，在访谈笔记上写了下面这段话："这就是我们教师眼中的落后生！他们不会做题，他们上课不积极参与，他们总是与我们所希望的学生之间有一定的距离。而这是为什么呢？这都是我们教师教的结果，使他们因为认同自己是落后生而不自信，在学习上缺乏兴趣与动力。"就同桌之间能否开展合作学习的问题，笔者与李老师进行了广泛而深入的探讨，李老师认为，自己理解的合作学习只是在小组中使用，没有想到同桌之间的合作学习，即使想到了，也不知道同桌之间如何合作学习。

为了进一步了解教师在合作学习中的态度与方法，我又专门访谈了数学课的李老师。

问：李老师，你的数学课上，为什么不鼓励同桌之间相互合作学习呢？

李：我确实没有很好地想过这个问题。

问：为什么呢？

李：因为以前我们在培训的时候，合作学习就是小组合作学习。那种形式与方法我们还不是十分熟悉，所以在课堂教学中对小组合作学习的使用与探索可能较多一些，而对其他合作学习的形式与方法没有想过，更没有尝试过。

问：事实上，同桌之间是很好的合作者，既方便，又有效，为什么不试试呢？

李：听你这么一讲，我也很想试一试。以前，我在班上做过类似的探索，就是把好学生与落后生安排为同桌，让他们相互帮助，确实有一定的效果，但不知道，那也是合作学习。

我们发现，学生之间是希望合作学习的，教师不鼓励学生之间的合作学习，致使学生之间只有竞争学习，没有合作学习。教师不鼓励学生合作学习的原因在于教师并不了解合作学习的方法，在课堂上不会运用合作学习开展教学。

（三）课堂深描

研究者在课堂教学结束后，邀请王帅给李连讲解"单位1"的过程并对此进行了深描。

　　研究者让王帅给李连讲一讲他是怎么理解单位"1"的，此时学生中有几个争先恐后地要给李连讲"单位1"，课堂上顿时热闹起来了。研究者还是让王帅讲。只见王帅举起自己的手问道："李连，你看这是一只手，有五根手指，如果切菜粗心，切掉一根手指，你用分数说说，少了多少？"李连说："少了一根手指！""是的，但要用分数来说，你把自己的手理解成单位1，少一根手指头就是少了多少？""是不是少了1/5？"李连怯怯地问道。"真聪明，继续来，如果少了两根手指头呢？""就是少了"2/5！""如果少了三根呢？""3/5！""如果少了四根呢？""4/5！""如果五个手指头全没有了呢？""5/5！""5/5约分是多少呢？""约分后是1！"在王帅的讲解中，李连慢慢明白了"单位1"的含义。接下来，王帅以课本上丹顶鹤的例题给李连讲了一遍，李连似乎理解单位1了。

　　这个片段的深描是一种微观式深描，通过描写王帅给李连讲解单位1的细节，呈现问题是怎么产生的，问题又是怎么被解决的。李连不会做题的主要原因是对"单位1"不理解，这也是许多学生学习分数时所遇到的难点，因此解决这一问题有一定的普遍意义，对于洞察学生学习的过程十分重要。同样的年龄，同样的基础，为什么有的学生对于分数中"单位1"的理解比较快？有的学生则比较慢？微观深描正是把李连理解的困难与王帅合作学习的过程细节呈现出来了。王帅与李连之间的问答，不仅充满孩子气，如以自己的手指被切为例来讲解，而且透着一股智慧，如从"1/5"到"5/5"再到"单位1"的理解，就是一种学生的经验与智慧。通过深描洞察了问题产生的原因，便较容易解决问题了。

（四）课堂解释

这节课例研究的是合作学习，教师在课堂上没有很好地利用合作学习来改变课堂教学方式。即使用了合作学习，也还是在形式层面，对于合作学习的方法，教师也不是很清楚。美国的约翰逊兄弟认为，合作学习就是在教学上运用小组，使学生共同活动以最大限度地促进自己以及他人的学习。英国的赖特认为，合作学习是指学生为达到一个共同的目标而在小组中共同学习的学习环境。王坦认为，合作学习是一种旨在促进学生在异质小组中互助合作，达成共同学习的目标，并以小组的总体成绩为奖励依据的教学策略体系。我认为，对于中小学老师来讲，合作学习可以讲得更通俗一些，一个人学习是个体学习，两个或两个以上的人共同学习就是合作学习。合作学习的要素有两个：一个是分工，另一个是同学。因为没有分工就没有合作的必要，没有同学就不是学习活动。合作学习的形式主要有：同桌之间的合作学习、小组内部的合作学习、全班合作学习。这一节课的合作学习从形式上讲是同桌之间两个人的合作学习；从要素上看，既没有明确的分工，又没有有效地开展同学的学习活动。所以，以合作学习的理论解释这一节课，从形式到要素都没有很好地组织与开展合作学习，主要的原因在于教师对于合作学习的理论与方法掌握得不够，在课堂上创造性运用得不够所造成的。

　　李老师在教学反思的基础上，决定开展课堂教学中同桌合作学习的尝试性研究。在有了明确的意识之后，李老师在课堂教学中倡导同桌之间互帮互助的合作学习，并以实际教学为例，教给同桌之间合作学习的一些基本方法。李老师在教学中发现他自己很难关注到所有的同桌之间的合作学习。在带着这一问题进行教学研究的过程中，经过一学期的尝试，李老师终于探究出了"从关注一对同桌开始，以合作学习方法为主，教会学生学会合作学习"的同桌合作学习模式。后来李老师在给我发的电子邮件中，深情地写到："同伴互助合作学习改变了原先'只同桌、不同学'的课堂同学关系，使学生的学习方式多样化、趣味化，使学生体验到了什么是真正的合作学习并掌握了合作学习的一定方法。而对我自己来说，最大的收获是认识到了学生合作学习的能力与潜力，体验到了教学生活的挑战性与趣味性。"

三 探究学习的课堂志研究

在小学三年级的一节科学课"如何让鸡蛋在水中飘浮起来"的教学中，我们进行了课堂探究学习的观察、访谈、深描和解释的课堂志研究。

上课之后，科学课的刘老师并没有直接走上讲台开始讲课，而是组织学生开展分组，这节课无疑是一次探究学习的活动课。教师把学生分成四个人一组，全班共分十个小组。每组的桌子上面放着一盆水、一块小木板、一小杯盐、一小杯糖、一块学生最喜欢玩的橡皮泥；当然，还有"格尔茨式的幽默"所交代的列举方法：一个鸡蛋。科学课的刘老师站在学生们中间，她略带点神秘地向学生们提出一个问题："同学们，现在注意听老师布置任务，我们这一节课的实验是如何让一个鸡蛋在水中飘浮起来？大家先认真想一想这个问题应该如何解决，然后再利用我们放在桌子上的所有材料，进行探究实验，去发现解决这一问题的方法。"

还没等老师把话说完，学生们就开始七嘴八舌地议论起来，有的学生已经"捷足先登"了，他们在水盆里尝试如何将鸡蛋在水中飘浮起来；有的学生在小组长的带领下讨论解决问题的方法；有的小组长让学生发表自己的设想，并进行尝试演示；有的小组还因为由谁来操作实验而开始争论。总之，这时的课堂气氛已经十分活跃，同时也显得有些吵闹和杂乱。因为教师没有对让鸡蛋在水中飘浮起来的条件做出限定，所以学生们采用了各自认为有效的方法。有一个小组的学生们正在尝试将鸡蛋放在捏好的橡皮泥"船"上，但是鸡蛋一放在"船"上，就沉了下去，于是学生们开始讨论，有的学生还建议把"船"造得再大一点，有的学生建议把鸡蛋放在木块上，各个小组都在想办法完成老师交给的任务。

(一) 课堂观察

研究者在课堂中观察了身旁一个小组的探究学习活动,这完全是观察法所要求的那种真实自然情境中的观察,有着明确的目的,即观察这个小组中四位学生是如何完成探究任务的?遇到了什么问题?发生了什么故事?

在一个小组的学生中,有一位学生给大家讲起了他所知道的死海的故事。他说,他爸爸告诉他,在死海里,不会游泳的人掉进去也不会被告淹死,人会自动地飘浮起来,你们知道是为什么吗?因为死海里面有大量的盐!所以,这位学生便建议大家往水里加盐。可是所有的盐都加进去了,鸡蛋放在水里还是没有飘浮起来(可能是老师的盐实在是太少了),于是,大家便开始争论起来了。有的学生开始质疑这位学生所讲的死海的故事,说什么不会游泳的人肯定会被海水淹死之类的,等等,这样一来,几位学生便开始讨论起一个与本探究教学无关的问题:不会游泳的人会不会被淹死?显然,因为缺乏教师的及时引导,探究教学走入了误区。就在这时候,这个小组中一位调皮的学生发现了一个杯子里的白砂糖,就在大家不注意的情况下,把糖悄悄地吃了,因为他发现与偷吃了糖,他的脸上的笑容十分灿烂,神情也十分得意,也许他暗自为自己的聪明而骄傲呢。也许实在是太无聊了,也许是不想讨论死海里能不能淹死人的问题,也许是灵机一动吧,他把一个鸡蛋放进那个被他吃了糖的空纸杯中,试图让鸡蛋"乘船"在水中飘浮起来。他通过几次尝试以后,都因为鸡蛋太沉而告失败,但他确实是在尝试实验探究。就在他多次尝试的过程中,不小心打破了这个鸡蛋,他又灵机一动,把蛋清与蛋黄通过那个破裂的小洞注入杯子中,把鸡蛋壳抛入水盆里,蛋壳便在水中飘浮了起来。他惊讶地喊道:"大家快来看,鸡蛋(被)浮起来了!鸡蛋(被)浮起来了!"他还饶有趣味地将蛋壳装满水,沉到水盆底下，嘴里嘟哝着："大家快来看我的潜水艇！"然后，排出蛋壳中的水，"潜水艇"又浮出水面了。就在他得意洋洋地表演着他的"潜水艇"游戏的时候，小组内学生开始质疑他了，有学生问："你这样飘浮起来的是蛋壳，并不是鸡蛋！"于是，大家便叽叽喳喳地争论起来了。这时候，教室里散发出一股臭鸡蛋的气味，影响到所有学生们的探究活动。当刘老师闻见臭鸡蛋味，来到这一组开始批评这位学生时，这位学生脸上的笑容顿时消失了，他规矩地低下头、垂着双手，听着老师的训斥，与先前活泼调皮的样子完全判若两人了。

这段课堂观察，研究者以客位非参与的观察者角色，对一节课中一个小组的活动做了细致深入的观察，发现了学生们在探究学习中存在的主要问题。首先，教师给出任务后，对要求讲得比较少，放手让学生去探究，学生在探究的过程中出现问题时，教师又缺乏及时的指导和帮助。其次，探究教学活动中学生发现了问题，即浮力与什么因素有关系。当然，这不是小学生科学课要讲的内容，但学生在实验活动中探究出来了，浮力与水的密度及物体的质量有关，如果在此基础上有教师的引导，学生会完成在水中继续加盐和改变物体的形状以及借用一定的工具来完成学习任务。再次，当学生在表演"潜水艇"游戏的时候，事实上学生已经发现了另外一个科学原理，即潜水艇的工作原理，这是一个很好的探究教学的发现，遗憾的是学生的发现不但没有受到鼓励，而且受到了老师和同学们的批评与指责。一节很有机会的探究教学活动课因教师对探究教学方法的误解与指导的缺失而告终。

（二）课堂访谈

这节科学实验课的主要教学任务是：如何让鸡蛋在水里飘浮起来？是让小学生自主探究浮力与哪些因素有关系，为以后学习物理学奠定基础，培养兴趣。在这节课中，探究学习的形式是被教师采用了，一些小组探究学习中的规则也被学生们在无意中使用了，但透过这节课的过程来看，教学秩序较乱，探究学习的效果并不理想。比如，探究学习中教师的指导不及时，小组中两极分化的现象比较突出，探究时交流与合作不够等都是明显的不足。在课后的教学反思活动中，研究者问了刘老师几个问题，这些问题是研究者在课堂观察中发现问题之后记录下来的，属于对课堂观察的验证性访谈。

  研究者：刘老师，在课堂教学开始小组探究之前，为什么不对学生的活动要求进行更详细的说明呢？

  刘老师：我理解的探究教学是先让学生自己探究，即让学生先学，然后待发现问题后再帮助他们解决问题，即后教，先学后教，以学为主是探究教学的主要模式。

  研究者：可是不对学生的学习活动做具体的要求的话，会不会盲目了一些呢？因为要求不明确，学生的探究活动就走了弯路。

  刘老师：是啊，确实是这样，我以后会提出明确要求的。

  研究者：当学生在探究中出现问题时，因为小组较多，老师难以发现每个小组中学生学习活动中的问题，容易让学生陷入一种指导缺失的状态，因而影响了学习的效果。

  刘老师：是啊，是不是在探究活动中设计一个环节，即让各小组组长报告各自遇到的问题环节，这样可以把问题归纳一下，形成几个主要问题，在此基础上，大家一起解决这些问题，这样，是不是效果更好一些呢？

  研究者：这是教学方法的设计问题了。还有，那位偷吃了糖的学生是不是很调皮啊？可是他在课堂上的探究却十分独特，他想办法让蛋壳飘浮起来，也很有趣，他的潜水艇也有一定的道理，我想问的是您为什么要批评他呢？

  刘老师：我确实不知道他在小组中是如何探究的，我只知道他把鸡蛋打破了，教室里很臭，于是批评了他。如果像您描述的那样，确实不应该批评他，而是应鼓励他继续探究下去，也许会有更好的效果。只是教师一个人确实顾不过来，十个小组的活动教师只能关注两三个，其他小组的情况就不太了解，所以需要设计一个发现问题和展示问题的环节，在此基础上再引导学生进行探究实验，效果可能会更好些。

通过对教师的访谈我们知道了教师教学观念与行为的关系，教师确实有一定的探究教学的理念与方法，但在具体的操作中还有许多问题正是在课堂研究中发现了这些问题，才有了解决这些问题的思路与策略。同样，研究者专门就那位吃糖学生进行了访谈，想了解一下他的内心世界及对这节课的认识。

研究者：同学好，你叫什么名字？

W同学：老师好，我叫王旺平。

研究者：这节课上老师批评了你，你是怎么想的？

W同学：我确实错了，我把鸡蛋打破后，教室里太臭了，老师批评我，我认了。

研究者：可是我发现你前面的实验做得很好，你确实做到了如何让鸡蛋飘浮起来，而且"发明"了潜水艇。

W同学：我是想着办法让鸡蛋飘浮起来了，可是不符合老师的要求，还有同学们也不支持我，我只是玩了一下，并没有完成任务。

研究者：你已经做得很好了，为了做实验，打破一个鸡蛋没有什么，如果我是老师我就不批评你！刘老师现在也认识到他批评你批评错了，准备向你道歉呢。

W同学：真的？那可不敢啊，我以后再不破坏公共财物了。（呵呵，这是刘老师批评他的主要观点。）

研究者：你长大一定会当一个科学家，因为你爱研究，喜欢动脑筋，有创新思维，一定能的，记住我的话。

通过对学生的访谈，不难发现，学生确实有着较强的好奇心，有着一定的探究能力，需要教师的鼓励和支持，引导和帮助，如果教师批评了学生的不恰当的探究方法与行为，学生就会失去兴趣和信心，这一点十分重要。探究教学就是要让学生像科学家那样在实验中去研究，去尝试错误，去发现问题，正是在无数次的失败中，学生的能力成长了，方法形成了，思维受到训练了，当然，学生的探究学习又与科学家在实验室的探究是不同的，学生是在已知世界中探究，有教师的指导与引领，是一种研究性学习。

（三）课堂深描

课堂深描的意义在于发现问题这一关键，并通过对细节极其详细的描述将问题呈现出来。深描的类型十分丰富，根据邓金的方法分类，可以在课堂研究中运用的有解释性深描、微观式深描、交互式深描等。对本节课，研究者使用了微观式深描方法。

> 这个小组中一位调皮的学生发现了一个杯子里的白砂糖，就在大家不注意的情况下，把糖悄悄地吃了，因为他的发现与偷吃了糖，他的脸上的笑容十分灿烂，神情也十分得意，也许他暗自为自己的聪明而骄傲呢。也许实在是太无聊了，也许是不想讨论死海里能不能淹死人的问题，也许是灵机一动吧，他把一个鸡蛋放进那个被他吃了糖的空纸杯中，试图让鸡蛋"乘船"在水中飘浮起来。他通过几次尝试以后，都因为鸡蛋太沉而告失败，但他确实是在尝试实验探究。就在他多次尝试的过程中，不小心打破了这个鸡蛋，他又灵机一动，把蛋清与蛋黄通过那个破裂的小洞注入杯子中，把鸡蛋壳抛入水盆里，蛋壳便在水中飘浮了起来。他惊讶地喊道："大家快来看，鸡蛋（被）浮起来了！鸡蛋（被）浮起来了！"他还饶有趣味地将蛋壳装满水，沉到水盆底下，嘴里嘟哝着："大家快来看我的潜水艇！"然后，排出蛋壳中的水，"潜水艇"又浮出水面了。

这段观察记录就运用了深描的方法，深描了王旺平同学探究活动中的三个细节：第一个细节是他偷吃糖的细节。他确实有点与众不同，思维与行为与众不同，别的学生在争论一个没有答案的问题，他却发现了糖的甜蜜，并吃完了所有的糖。当看到他脸上的笑容及得意的神情时，我们一定相信他是一位与众不同的学生。这个细节的深描旨在铺垫他的性格及他思维方面的创新基础。第二个细节深描了他试图用纸杯做的"船"让鸡蛋飘浮起来这一尝试活动。正是因为吃完了糖，正是因为不愿意和大家一样去争论问题，他的灵感便出现了，他没有忘记老师交给他们的任务，如何让鸡蛋在水中飘浮起来的任务时时在他脑子里，他的"船"的尝试虽然没有成功，但却发现了另一种方法，而这种方法是下一种方法的基础，这两种方法之间有着必然的联系，有着逻辑的关系。也正是这样的多次尝试偶尔打破了鸡蛋，才让他想到了将蛋清和蛋黄倒出来后的蛋壳就能在水中飘浮起来了。第三个细节深描了他的潜水艇游戏。他的表演与他的解释同样精彩，他既能操作演示潜水艇给同学们看，又能用纳水与排水原理解释潜水艇的原理，他的探究活动可以说是收获很大了，就差一步探索出另外一个课题了。只可惜最终因教师的批评和同学们的质疑而没有结出果实。这段深描既是观察者眼睛所看到的，又是在访谈之后将问题融入细节之中，以细节呈现问题，显示了深描的价值，微观深描将学生探究学习活动中的问题十分清楚地呈现出来了。

（四）课堂解释

观察是研究者以专业的眼睛审视课堂教学并发现值得研究的问题，访谈是对观察中所发现问题的循证方法，是对观察法的补充，深描便是将研究者看到和听到的教学现象以语言的方式讲述出来，在这一过程中，需要有理论的解释。由此可见，课堂志中的四种方法是一种组合式的套路，其中解释便是用理论来研究现象的依据。在课后的反思活动中，我们和刘老师探讨了探究学习的意义。我们一致认为，首先，在探究学习中，关键的是如何使每位学生能有组织、有秩序、有效率地参与到探究活动中去。就这一点而言，这节课上老师并没有把探究学习的要求与方法教给学生，而是凭学生自己的组织能力自发地完成探究学习任务。其次，当学生在探究活动过程中发现或遇到问题时，教师要及时给予指导，为了便于指导，教师在进行教学设计时，就要专门设计一个问题呈现与汇总的环节，将关键问题的解决作为探究活动的任务。再次，当学生在探究活动中发现新的问题，或在探究活动中失败或犯了错误的时候，教师要积极引导，切忌批评打击。如果从理论上来解释的话，就是要让教师明白学生的探究学习是一种什么样的教学活动，它和科学家的科学探究活动的根本区别是什么？学生在课堂中的科学探究活动，其本质是一种在已知世界中的探究，不同于科学家的未知世界的探究。学生的探究性学习活动对学生来说是未知的，但对人类来说却是已知的，而且这种探究是在教师的设计、指导、帮助下进行的，其目的性和效益性均不同于科学家的探究活动。所以，在探究学习活动中，教师就要根据学生探究学习的本质特点设计与实施教学活动。这就要求教师对学生的探究活动做出适当的要求，使学生更加明确探究学习的任务。教师还要在学生的探究活动中发现最为关键的问题，引导学生探究解决这些关键问题，完成教学任务。教师还要鼓励学生在探究活动中的创新与尝试行为，培养探究学习的多种品质而非仅仅是知识点的获得与掌握。在后来的教学过程中，刘老师以一个小组的组织与引导为例，探索出有效组织探究活动的一些基本规则与方法，使课堂探究活动更加有效、更加符合教学的需要。后来，刘老师很有感触地说："以前只听说要教会学生学习的方法，总不知道如何去教，原来就是让学生在学习活动中掌握学习的组织形式与活动方法、培养良好的学习习惯。"

总之，案例研究法不仅在教学理论研究中广泛运用，而且在教师研究课堂的实践中也是常用的方法之一，学校教研活动中的听课、评课、说课等常常会形成较为经典的案例。只要教师掌握了案例研究的方法及规则，结合观察法、访谈法、深描法、解释法等质性研究方法，并将它们融为一体，相互印证，就可以开展课堂教学的案例研究了，这对提升教师的专业发展有着十分重要的意义。

第五章 教师研究课堂的理论与方法

一 教师研究课堂中专业引领的价值

课堂是教育工作者既熟悉又陌生的地方。熟悉是因为教育工作者经常出入课堂，把课堂场所作为教书育人的主要阵地；陌生是因为尽管教育工作者与课堂关系密切，但他（她）们却"只缘身在课堂中"而"不识课堂真面目"，很少关注和研究课堂。教师关注课堂的开始就是研究课堂的意识形成的标志，当然教师传统的教学任务并未赋予教师研究的任务，但教师教学工作的实际需求使教师必须成为研究者，方能成为专业工作者。在教师由不会研究课堂教学到逐渐开始研究课堂教学并成为课堂教学研究的能手的变化过程中，专业的引领不仅必要而且可行。国外教师专业发展的模式中就不乏专业研究人员深入课堂引领教师专业成长的案例。如日本教育家佐藤学从1980年起，坚持每周2天造访学校，观察课堂，与一线教师合作，致力于推进教育改革，以行动研究的立场经常出现在课堂教学的现场。根据他自己的回忆，他自1980年在地方大学的教育学院谋职以来，造访各类学校（幼儿园、小学、初中、高中、特殊学校）累计超过1500所，所观察的课堂教学案例超过8500项。[①] 他一反部分教育研究者到学校去做演讲和咨询的陈旧做法，把造访学校的目的分为两个：一是从一线教师的工作中进行学习；二是从课堂的事实中获得以学习为目的的课堂观察。因而他发现：

---

① ［日］佐藤学：《课程与教师》，钟启泉译，教育科学出版社2003年版，第4页。

"没有哪个教室和其他教室飘溢着完全相同的气息，或有着完全相同的问题。"他与校长、教师们一起研讨改革中的问题，"丢开一切抽象的语言"，并在与一线校长、教师的密切接触中，使自己的"研究和实践获得了有力的支撑"。他把自己融入学校的教师和学生之中，"与教室里的学生和教师同呼吸"。他说："在想观察什么之前，先把自己作为教室里的一员。如果我没能与教室中的一个个学生和教师产生共鸣的话，那么，真实而生动的观察是不可能的。"正是在他的研究态度与方法的影响下，"小林教师决心从一年做一次法国大菜的教师，变成每日三餐过问柴米油盐并能做出美味菜肴的教师；他决心把那种期待学生会发生戏剧性变化的教学转变为不间断的可持续培育学生的教学。"与此同时，学校中的"加纳校长自己亲自扛着录像机，一一记录每个教师的教学，倾听教师们的烦恼，坚持与处于教学中心地位的教师们相互学习。"这样做的结果是："若干年轻的教师响应了他们的行动，率先开放了自己的教学，在学校内形成了专业合作的'合作性同事'的关系。""静悄悄的革命便从一个教室里萌生出来，它植根于下层的民主主义的、以学校和社区为基地而进行的革命，是支持每个学生的多元化个性的革命，是促进教师的自主性和创造性的革命。"[①] 这种教学研究者回归课堂教学生活中做研究的范式，使佐藤学积累了十分丰富的课堂研究的第一手资料，进而在这些有血有肉的材料基础之上理解课程与教师及其教学的关系。面对这样一位从事教学研究工作的理论家，我们不得不承认，他不仅是一位课程与教学研究的真正专家，而且是一位引领教师做课堂研究的专家，正是在他的引领下，教师在课堂上开始通过研究来提升教学质量，校长通过研究来推动学校发展。

课堂研究就是研究者深入教学现象发生与教学规律呈现的课堂"场域"之中，综合地开展课程、教学活动、师生关系、教学方

---

① ［日］佐藤学：《静悄悄的革命——创造活动的、合作的、反思的综合学习课程》，李季湄译，长春出版社2003年版，第2—5页。

法、学习方式、教学环境等方面研究的一种方式。课堂研究既探索与总结课堂教学的一些科学规律，又解释课堂教学中生成的人文现象，课堂研究既把这些课堂的要素进行分解研究，又研究它们之间的相互关系，从而形成"课程与教学论"的新理论。与课堂的含义相对应，课堂研究也包括三个层次：一是把课堂作为教学环境加以研究，它是传统教学论中教学要素研究之一，主要包括课堂上的环境布置、排座位的方法、教室的温度与光线、教室的面积与学生的人数、教学活动的硬件设备等；二是在课堂上研究教学活动，即所谓的教学研究，主要包括教师及其教学方法、学生及其学习方式、师生关系、课堂提问、教学的重点与难点把握、教学目标的完成、教学评价等；三是将课程与教学整合为一体的"课程与教学论"的研究对象，主要包括课程的实施与课程资源的开发利用、教学活动的过程与特点、教学要素及其相互关系、教学评价、教学现象及其规律的揭示、教学人文性的解释与发展等。[1] 现代的"课程与教学论"学科强调，课堂研究的重心在第三种研究上，它要求教学研究者将课堂作为教学研究的"田野"，深居其中且从事理性研究，在"回归事实本身"和"扎根理论"的指导下，重建现代课程与教学论的新体系。

大学不仅是专业人才的培养机构，而且是科学研究的重要力量。在大学里，尤其是在师范大学里，有一支从事教育教学研究的专业队伍，他们掌握着丰富的教学研究理论与方法，为了研究的需要，他们常常会深入中小学第一线，开展课堂生活研究，尝试探索一条教育理论与实践相结合的研究路径，成为U—S协作的专业引领者。对于中小学教师而言，这些掌握着教学理论与方法的专业人员有着相当的"势能"，是教育改革的"能动者"。中小学既是基础教育的主阵地，又是基础教育研究的主战场，在中小学里同样有一支专业性较强、实践性明显的研究队伍，他们以教研室为单位，以校本教学问题为研究内容，长期开展课堂教学生活的研究。相对

---

[1] 王鉴：《课堂研究引论》，《教育研究》2003年第6期。

于大学的专业理论工作者而言，这些草根式的研究者同样有他们独特的"势能"，是教育改革的执行者。二者在研究目的、方法、内容等方面虽然存在一定的差异，但通过相互合作研究，可以构成U—S协作的重要伙伴，以推动课堂教学生活世界的研究和改进课堂教学生活的过程。实施新课程改革以来，正是基于U—S协作的基础，中小学课堂教学研究才成为一个亮点，才成为基础教育课程改革的一个主要特色，进而从根本上促进了课程改革的深入发展。

有学者认为，课堂生活研究是改变目前教育理论与教育实践相脱节的一个突破口。[1] 教育理论工作者要联系实际就要深入课堂做研究，教育实践工作者本身在课堂上一边教学，一边做研究。所以，课堂生活就是理论工作者与实践工作者共同的场域，是联系二者的纽带。

从目前来看，课程与教学论的研究成果为课堂研究积累了十分丰富的材料，课堂研究形成了专业的理论与方法。这些理论与方法是开展课堂研究的基础，没有专业训练和学习就不能系统地掌握这些理论与方法，也就不能成功地开展课堂研究。而这些理论与方法常常掌握在理论工作者手中，他们不仅系统地学习和掌握了专业的课堂研究的理论与方法，而且在深入中小学开展课堂研究的过程中，发展与创造着新的课堂研究的理论与方法，所以这些理论与方法对欲从事课堂研究的中小学教师而言是十分宝贵的，专业的引领不仅必要而且意义重大，是教师通过研究实践活动掌握课堂研究理论与方法的必由之路，也是教师成为研究者的捷径之一。

如何提高中小学校本教学研究的有效性是当前校本教学研究中的一个重要问题，许多中小学都开展了尝试性的探索。有的学校通过同伴互助的集体备课方式开展对教学问题的研究，有的学校通过加强示范性的公开教学来开展教学研究，有的学校通过听课评课等活动来开展教学研究。在探索过程中，有的学校出台了一些制度性

---

[1] 劳凯声：《现代文化视野中的课堂生活研究》，第四届"学校改进与伙伴协作"学术研讨会论文集，首都师范大学，2010年9月。

的措施，比如刚性地规定集体备课是一种常规、公开教学，每人每学期必须开展一次，每周开展一次听课评课活动等，这样做的结果是，不仅学校不能有效地开展教学研究工作，而且教师们在低效重复的校本教学研究活动中失去了信心与兴趣，使校本教学研究步入低谷。

事实上，不管是集体备课，还是公开教学和听课评课活动，作为中小学教师专业发展的集体活动形式，这些都是学校开展校本教学研究的有效途径，问题的关键不在于是否开展了这些活动，而是如何有效地开展这些活动。有效地开展这些活动需要大学与中小学的合作，需要专业的引领。大学专业研究人员通过专业的引领，使中小学在校本教学研究方面，将集体备课、公开教学与听课评课这三个环节有机地联系起来，作为一个系列活动来开展，而不是把三者作为毫无关联的三种活动来进行。具体做法就是在专业人员的引领与参与下，学校每学期就某一学科有针对性地开展一次将集体备课、公开教学、听课评课活动对接起来的教学研究活动，使同一学科的教师全身心参与其中，作为集体中的一员参与校本教学研究。每一位教师都可以从自身的角度就这次系列教学研究撰写研究报告或撰写心得体会，在此基础上，在专业人员的指导帮助下，形成一个集体的校本教学研究报告。如果这样一次活动做扎实了，教师们的收获就非常大，而且减轻了教师校本教学研究的负担。依次类推，如果其他学科以同样的方式开展校本教学研究，经过三到五年的探索，校本教学研究的有效性问题就一定能表现出来。

集体备课是教师备课形式中的一种，但它不是常规的备课形式。常规的教师备课形式是教师个体的独立备课，从时间和空间上来说是一种自由的专业活动。中小学教师的备课形式应以教师个体独立的常规备课为主，但集体备课作为一种补充形式可以促进教师个体独立备课的能力发展和水平提升。随着教师专业自主性的增强，原先企图通过教学参考书来规范教师个体备课形式与内容的做法，已经退出了时代的舞台。教师专业自主的个体备课不再受时间与空间的限制，更不受内容方面的限制，而是充分发挥了教师的专业自主性。但是，教师的专业水平有高有低，教师专业自主的水平也是参差不齐的，不同教师之间的相互学习与交流是促进教师专业发展的一种有效手段，同时，校本教学研究需要教师之间合作开展课堂教学研究，所以，从教学研究的环节上说，就需要教师开展对备课环节的研究，集体备课的形式就随之产生了。在集体备课是将同一专业领域的教师集中在一起，就某一节课的教学如何准备与设计而开展的研究性活动。在集体备课活动中既可以研讨备课的方法与内容，也可以就某一节课的备课案例加以研究和讨论。不是所有的课都要通过集体备课的研讨后再备课的，也不是所有的教师都要无条件地参加学校制度化的集体备课活动。有效的集体备课活动和公开教学要对接起来，也就是说，对那些要开展公开教学的课，同一年级同一学科的教师要采用集体备课的方式来进行教学设计，这种教学设计就是一种集体智慧的结晶，主要的目的在于研究，而研究的过程必须进入课堂教学中，其最好的形式就是公开教学。

公开教学过去常常作为检查或评价某一学校或某一教师教学水平的主要形式，所以遇到有上级教育主管部门来检查或同行专家来观摩，一些优秀的教师常常要代表学校上公开课。对于此种公开课，教师们的积极性不高，甚至还有较强的逆反心理。但是作为校本教学研究活动环节的公开教学，则是教师真实展示预设性教学文本的过程，是再现教学设计理念与方法的过程，是教师参与真实教学活动的研究过程。对于此种公开课，教师参与的积极性高，而且参与听课评课活动的教师会有更大的收获。公开教学的教师可由教研组成员讨论决定，或让优秀的教师来示范，或让新手教师来展现，各有各的效果。作为参与过集体备课的教师参与公开教学活动时，应以研究者的视角发现课堂教学中所出现的问题并分析其原因，最后将集体参与公开教学的意见通过评课活动展示出来，形成案例研究的素材。

公开教学的过程就是教师们听课的过程，听课活动结束之后，就进入了校本教学研究的第三个环节——评课活动。评课活动过去常常是考查和评价教师教学的一种活动，但作为校本教学研究环节的评课活动则重在研究。通过评课活动，作为研究者的教师可以将他们的"集体备研""公开课教学""听课评课活动"三个环节有机地联系起来，进而形成一个完整的研究过程。上课前每一个假设、每一个预设的情境，课堂上的每一次评价、每一次互动、每一次情感表达、每一次自我超越，以及课后每一次反思、每一次总结、每一次改进……都印证了教师作为研究者在学校教学研究过程中成长与发展的轨迹。从他们未进课堂之前的集体备课，到课堂中的耳闻目睹，再到课后的访谈、教研中的对话交流等彰显的都是教师研究课堂的过程与方法，教师必须致力于通过描述来解释甚至揭示那些深藏在现象之后的本质以研究教学。这正是在评课中做课堂教学研究的通幽之径与成功之路。

专业引领教师做课堂研究，就是通过专业人员与教师的合作研究让教师树立课堂研究的信心，培养教师开展课堂研究的兴趣，帮助教师掌握课堂研究的方法。所以专业引领要求专业的课程与教学研究人员必须深入一线课堂，与中小学教师通力合作，发现课堂教学中所存在的问题，并将这些课堂教学问题的解决作为研究的重要课题。一个一个的问题被解决了，教师相信教学理论与教学研究的作用与价值了，进而会积极主动地参与到课堂教学研究活动之中。只要一所学校能够培养出若干名这样的教学研究骨干，他们就可以成为星星之火，燎原为整个校本教学研究的生力军。专业研究人员与教师合作，既可以在这位教师的课堂上做研究，又可以在别的教师的课堂上做研究，其特点是以研究课为对象，通过专业引领而开展聚焦课堂的教师个体的专业发展。这一发展过程就是通过"引领备研""引领听课、观课""引领评课"等活动来完成的。

"引领备研"就是帮助教师做好开展课堂研究之前必需的准备工作。如同教师在课堂教学之前的"备课"一样，教师在开展课堂研究之前必须"备研"，即对研究的准备。教师对"备课"是十分熟悉的，这是他们教学工作不可缺少的一个环节，但教师对"备研"并不怎么熟悉，因为他们对课堂研究的环节比较陌生。专业研究人员在引领教师做课堂研究之前，就要和教师一起开展"备研"

工作，给教师讲清楚为什么要备研，要备些什么，备研和研究之间的关系等，更为重要的是研究人员应和教师一起"备研"，根据特定的研究目的，对所要研究的课题内容、研究对象的条件、研究对象的典型性与代表性等进行必要的准备。备研工作主要包括三个方面：一是专业人员帮助教师对所要研究的课题的相关文献进行整理与归纳，这是任何研究必须做的工作，目的在于找到研究的起点，使教师不仅熟悉这一研究课题在理论上已有的成果，而且要通过对文献梳理形成自己独特的研究基础。二是专业人员帮助教师对所研究的课题在课堂教学活动中的现象观察与记录方法做充分的准备，对观察什么、如何观察，记录什么、如何记录等任务进行分析与分配。三是专业人员要帮助教师对研究对象进行准备，其实就是熟悉所要进入研究的学校或课堂的文化。尽管课堂不是研究的对象，但在什么样的课堂上从事什么样的研究却是十分重要的，所以研究人员和教师一起调查、了解或熟悉将要进入的课堂的基本情况，包括任课教师的特点、学生的基本情况、教师的教学风格等。

"引领听课、观课"就是专业人员引领教师如何在课堂上收集第一手研究资料。课堂研究获取第一手研究资料的方法通常是课堂志，课堂志是一种质性的、直观的、描述的、微观的研究，需要研究者掌握课堂观察、访谈以及深描等方法获得第一手的研究资料。就观察的方法而言，专业研究人员要引领教师在课堂上发现问题，在听课与观课的活动中，通过专业人员的引导与示范，教师掌握课堂观察的目的、条件、方法、步骤等，并通过系统的学习，进一步熟练掌握并运用这些方法做课堂教学研究。观察可分为非参与观察与参与观察两类：非参与观察并不强调研究者是否参与到观察对象的活动之中，是从外部进行观察；而参与观察强调研究者要参与到观察对象的活动中，是从内部进行观察，可分为"参与者的观察"与"观察者的参与"两个方面，前者指教师作为研究者对自己和别人课堂教学的观察，后者专指作为研究者的教师仍然作为"局外人"对"局内人"课堂教学的观察。对于课堂上观察到的一些现象，还需要在课后进行深入研究，这就需要专业人员引领教师进一步开展访谈研究，观察研究与访谈研究常常是结合使用的，因为对眼睛看到的现象我们不能做出主观判断，而是需要倾听当事人内心世界的真实想法，在此基础上，通过理解来达成对教学某些现象更为人文的解释。如何使我们在课堂上看到的、课后听到的这些材料构成一个研究的整体呢？这就需要专业人员引领教师开展深描解释研究。所谓深描解释，就是对课堂上的"实事本身"进行不厌其烦地、真实地、细致入微地描述，并在此基础上对课堂上的现象与问题进行解释。目前流行的教师叙事研究基本上就是深描解释研究教师的教学生活的一种方法，教师对此是比较熟悉的。与此同时，专业人员还需要教会教师收集与研究课题相关的"实物"，或者课堂快照，把课堂教学中的一个片段真实地记录下来，结合研究者的记录为"课堂写真"准备素材，或者课堂录像，把课堂教学过程完整记录下来并能供研究者剪裁所需教学研究案例。过去我们强调的是"听课"，主要是对教师教的活动的观察，后来提出"观课"理念，即在课堂上就某一问题做深入细致的观察。引领教师在课堂上"听课""观课""说课"以及讨论与交流，都是为进一步开展课堂教学研究获得第一手的资料。

"引领评课"就是从不同的角度开展课堂教学研究的活动。评课就如同一棵大树，其根深深地扎在课前的"备研"和课中的"听课"与"观课"的土壤里，而且课前的"备研"越扎实，课中的"听课"与"观课"越细致、越缜密，以评课为中介的课堂教学研究就越有成效，所谓根深才能叶茂的意涵正在于此。传统的教师听课评课的价值和功能主要定位在学校职能部门或领导对教师课堂教学的过程性管理和对教师教学能力的诊断性评价两个方面，听课评课成为学校管理教师的主要途径和手段。事实上，听课和评课的本质不是要把教师分为三六九等，而是要以"课"为例开展教学研究，其核心的价值在于一个"品"字，亦即"品课"，评课者可以从不同的角度对课堂教学开展研究：可以是综合性的研究，也可以是专题性的研究；可以是正面的研究，也可以是反面的研究；可以是个体的研究，也可以是集体的研究；可以是从教师角度的研究，也可以是从学生角度的研究。总之，研究是开放的、民主的、科学的，目的在于研究课，而不在于评价人，这样就可以实现课堂教学研究的理想了。为此，专业研究者要引导教师转变评课的观念，把评课活动作为校本教学研究的基本活动形式，并在评课活动中让教师逐渐掌握评课的理论与方法。评课的理论与方法一直是课程与教学论领域的研究重点，它和"有效教学""一堂好课的标准"等问题息息相关，已经积累了相当丰富的素材，比如评课的价值、评课的标准、评课的方法、评课的主体等，研究人员不仅引导教师在评课活动中学习这些理论与方法，更重要的是专业研究者还要通过专题讲座、案例分析等方式引导教师开展专题性的理论学习。在评课活动中，面对课堂上发生的一切现象，专业研究者鼓励教师善于发现问题，敢于说出真话，使教师在评课活动中有启发、有帮助、有收获、有发现，并逐渐形成坦诚直言、追求发展的校本教研文化。通过评课活动，作为研究者的教师可以将自己的"备研"与任课教师的备课，将自己的"观课听课"活动与任课教师的教学活动，将自己的评课活动与任课教师的总结反思及教师集体的评课活动紧密结合起来，进而形成一个完整的研究过程，使教师作为研究者在学校教学研究过程中成长与发展。

在大学里，一般的现象是：科学研究十分突出的教师，课堂教学也会深受学生的欢迎和喜爱，因为只有站在学科最前沿的人，才有可能高屋建瓴、深入浅出地将教学内容呈现给学生，才能让学生较为轻松愉快地掌握；同样，课堂教学如果深受学生喜欢的教师，他的专业学术研究一定不差，因为教学和科研从来就是一个大学教授不可分离的基本素质。目前，这种趋势已经开始下移，在中小学里，那些非常有影响的所谓名师，基本上都兼备了教学高手与研究能手的双重素养，一个只会教书而不研究教学育人之法的教师，永远都不能成为一个成功的教师。统观全国基础教育领域，从事教学研究的教师毕竟还是少之又少，所以，通过大学教师的专业引领来促进中小学教师从事教学研究的空间还是很大的，现实需要也日益迫切。

以 U—S 协作改变教师教育观念。中小学教师长期以来因为分工的原因而认为自己只是从事教育实践活动的人，而不是教育活动的研究者，教育研究是大学教授的事情。如今，教师成为专业人员，教师成为研究者的理念越来越深入人心了，教师若要成为教学的高手，就必须先从研究教学活动开始，成为教学研究的能手。这种观念的转变不仅需要专业人员的引领，而且需要在与专业研究者的合作过程中形成新的观念。这是中小学教师专业发展的基础，只有教师从过去单一的教书匠角色中转变过来，成为教学工作的专业人员，教师的专业发展才成为可能。U—S 协作就是将现代大学中的一些理论与方法传递给中小学教师，使他们在协作过程中完成蜕变与发展。

以 U—S 协作提升教师研究能力。许多中小学教师在有了开展教学研究的意识之后，随之面临的问题是如何提高开展课堂教学研究的能力问题。因为缺乏从事教学研究的专门训练而不知道如何做起，这时候专业人员的介入与引领就十分必要了。专业人员可以根据自己研究的需要进入中小学，让一些教师参与其中，使他们成为最早的研究学习者，这是培养中小学教学研究者的一种途径。另一种途径就是学校根据校本教学研究的需要，请一些大学里的专家学者给予专门的研究指导，在学校里成立课题小组，由大学里的专家任指导教师，开展课堂教学研究，在这一过程中逐渐培养基层教学研究者。大学也可根据发展的需要，举办一些专门的课堂教学研究培训班，为中小学培养专门的教学研究者，也为进一步合作培养专业人才，不仅促进了教育理论研究的发展，还扩大了教育研究的队伍，更将中小学教师归属为研究者主体，降低了教育科学研究的重心，加强了教育科学研究的实践性。

以 U—S 协作促进教师专业发展。如果教师队伍中出现了较为成熟的教学研究者，这些教师的专业发展就有了保障，因为他们成为研究者而不断地学习，不断地钻研，不断地从事课堂教学研究，进而不断地提升自己的专业水平，专业发展的理想就实现了。如果教师队伍中这样的研究者越来越多，就说明教师队伍整体专业水平得到了发展，一支能自主学习，不断研究课堂教学的教师队伍，使得专业发展有了保障。而不管是教师个体的专业发展还是教师整体的专业发展，大学专业研究人员可以通过加深对学校的专业引领或在大学开展专题学术研讨来实现，大学作为专业引领积极主动地承担为中小学教学服务的任务，中小学更要将教师专业发展作为师资队伍建设的重要目标来推进，只有这样，二者的合作才能积极有效。

二 在集体备课活动中促进教师专业发展

校本教学研究是教学研究十分重要的一个领域，研究主体为中小学教师，当然因为校本教学研究的需要，还有专业引领的专家与教研员的参与。备课作为教师开展教学活动的首要环节，是保证教学质量的根本前提。就形式而言，备课分个人备课和集体备课两种形式。相对于个人备课，集体备课是为了实现教学效益的最大化，教师之间通过合作互助开展教学研究，以达到提升课堂教学质量并促进教师专业发展的目的。因此，集体备课强调教师基于合作探究而实现教育教学的意义，强调优秀教学资源与教师集体智慧的共创与共享，强调课堂教学质量的提升与教师专业发展的促进。尤其是在高中课程改革全面推进的今天，教学中尚无现成经验可循，仅凭教师个人的单兵作战很难触及改革的实质。因此许多学校和教研部门都将集体备课作为教研活动中的"重头戏"。然而在理论与实践层面，集体备课还存在诸多问题。特别是在"以学论教""以生为本"的教育理念引领下，集体备课如何突破"备教材""备教法"的传统模式，真正实现向"备学生""备学法"模式的变革，是当前校本教研中亟须解决的问题。

基于集体备课的理论价值与实践意义，许多学校都将其与当前所倡导的教师专业发展、教学反思、校本教研等新的学校变革要求相结合，并探索出多样化的实践操作模式。其中，最为普遍的模式是：个人初备→集体研讨→个人反思（二次备课）→独立施教→教后反思。在此基础上发展起来的集体备课主要有以下几种变式。

第一,主题发言式。基本操作程序是:集体商议、确定主题(前提)→钻研教材、个体初备(基础)→中心发言、集思广益(深化)→形成预案、二次备课(创新)→教后反思、理论提升(提升)。主题发言式集体备课目标明确、任务具体,教师通过说课的形式站在理论的高度审视和分析自己将要付诸实施的教学行为,有利于其不断提高理论与实践水平。

第二,个案引领式。基本操作程序是:发现疑难问题→推荐主备教师→个人初备→试点试教→个人反思→集体商议。个案引领式集体备课可以有效地针对教师教学中普遍存在的共性问题开展教学研究,主备教师一般由教学经验丰富的专家型教师担任,为其他教师解决教学中的共性问题提供样板与参照,并起到一定的指导与引领作用。

第三,同课异构式。基本操作程序是:首先选定课题,然后全组教师分头备课,再共同研讨教案,彼此修改完善后,各自上课并互相听课,最后进行会诊或讨论。[①] 同课异构式集体备课可以更好地比较不同教师对同一教材内容的不同处理,比较不同教学策略所产生的不同教学效果,进而引发集体备课参与者智慧的碰撞,并由此打开教师的教学思路,体现教师的教学个性,展示教师的教学风格。

第四,主备试教式。基本操作程序是:集体备课前,先由主备教师上一节试教课,集体备课时首先研讨主备试教的课例,再从实施层面反思教学方案设计的可行性与有效性,同时进行教学策略、教学技能的探讨,并对需要研讨的其他教学方案进行推敲和修改。[②] 主备试教式集体备课对于提升年轻教师的教学技能更具针对性和实效性,教师通过自己切实的课堂教学体验和同伴教师的听评课研究,有助于发现教学中所存在的问题并加以改进。

[①] 李国华:《同课异构与集体备课"嫁接"的方式与作用》,《教学与管理》2010年第1期。

[②] 戚成林:《主备试教:语文集体备课的新举措》,《人民教育》2009年第24期。

以上四种集体备课方式都是围绕"教师的教"而展开的，可称为"以教为本"的集体备课模式，其特点表现在以下几个方面。

从目的来看，以教为本的集体备课更多的是为了解决"教什么"和"怎么教"的问题。其实，不论是集体备课还是个人备课，都是与教学紧密联系的。因此，教学的基本理念决定了备课的根本目的。在传统教学中，教学就是教师对学生单向的知识传授活动。其表现之一是以教为中心，以教定学。在这个过程中教学的基本关系是：我讲，你听；我问，你答；我写，你抄；我给，你收。其表现之二是以教为基础，先教后学。学生只能跟着教师学，复制教师讲授的内容。先教后学，教了再学，教多少、学多少，怎么教、怎么学，不教不学。[1] 在这样的教学理念和师生关系下，教师的备课也必然指向单边的"我教什么"和"我怎么教"，而不太关注"你学什么""你怎么学"以及"你学得如何"。这种"以教为本"的备课，忽视了学生的主动性、能动性和创造性，进而导致学生主体地位的丧失，这也是传统教学不能有效调动学生积极性的根本原因所在。

从内容来看，以教为本的集体备课关注教材内容的处理和教学方法的选择。在备课所强调的"三备"中，首要的是"备学生"，在此基础上才强调"备教材"和"备教法"。然而，在实践中，集体备课不外乎探讨新旧教材中该部分内容是否有所变化？常见的题目类型有哪些？教学如何达到高考要求？课程标准、教学参考书是如何规定的？……教师能够真正站在学生的层面反思教学问题的并不多见，即使有些教师重视了"备学生"，其目的也仅仅在于保证教学顺利进行，而并没有真正以促进学生的发展为目的。其实，这些都无可厚非，教师备课时必须要对教材、知识有深入的理解和研究，而且这种理解和研究一旦确定，就会变成教师自身的文化构成，相对而言比较稳定。但是学生将怎样理解知识却是每位学生在

---

[1] 余文森：《一位教育学教授的听课评课与教学断想》，福建教育出版社2011年版，第130页。

不同时刻不同情境下都不相同的。因此，教师的工作永远充满着未知的因素，永远需要以研究的态度对待每一位学生。而且，教师对教材、教法的研究结果最终也要通过学生来落实。因此，不深入落实"备学生"，教学就很难达到预期目的。

从形式来看，以教为本的集体备课是在同一教研组或同一年级组的同一学科教师之间展开的。因为以教为本集体备课的目的是更好地解决"教什么"和"怎么教"的问题，这必然导致集体备课的形式仅仅局限于同一学科教师之间，因为只有同一学科教师之间才有"教什么"和"怎么教"的对话基础。然而，同一学科教师的集体备课就只能是分析教材、研究教法，重在"备教"，很少关注"备学"。即使"备学"，也只能针对一般的学生，无法做到从具体班级、具体学生的实际情况出发。然而教学的对象恰恰是处于独特教育情境下的具体学生。因此，同一学科教师开展集体备课，因缺少与不同学科教师以及班主任的有效沟通与交流，势必会造成对所教学生学习状况认识的零散性与片面性，最后导致备课缺乏针对性与实效性。

从结果来看，以教为本的集体备课追求课堂教学技术层面的完善。若从知识的传递出发理解教育，教师的备课只能是技术性的；若从学生的成长出发，教师的备课则总是实现着文化的融合、精神的建构，永远充满着研究和创造的性质。[①] 然而，从实践的表现来看，教师通过集体备课更关注技术上的互补，着重吸收别人所表现出来的技术优势，很多教师几乎还停留在机械模仿与照搬经验的层面。比如对某个知识的重点、难点，更加关注同伴是如何处理的，课堂引入创设了什么样的情境，习题是如何设计的，而缺乏对教学行为背后所隐含的教育价值观念、教育哲学理念的深层次反思。另外，教师过分推崇听课观摩，忽视课前与课后的集体研讨。这种缺乏反思、批判与重构的集体备课，其结果是对实际教学的改进作用

[①] 宁虹：《"教师成为研究者"的理解与可行途径》，《比较教育研究》2002 年第 1 期。

并不明显，更谈不上对学生发展的促进了，而且教师也容易产生教研的无效感。

新课程改革中处处渗透着以人为本的教育理念，特别是对学生主体地位的凸显达到了前所未有的高度。因此，集体备课将不再是教材内容的简单诠释、教学过程的按部就班和教学方法的直接呈现，其内涵、特征、内容与形式都发生了根本性的转变。教师备课时要从新课程理念出发，在落实学生主体地位上下功夫，在培养学生学习能力上做文章，在调动学生学习积极性上出新招，在切实提高课堂教学效益上见实效。由此，针对以上传统集体备课中所存在的问题，学校应该尝试构建"以学为本"的集体备课模式。

"以学为本"是"以人为本"思想理念在教育教学领域的体现，贯穿着关注人、尊重人和发展人这个鲜明的时代主题。相对于"以教为本"的集体备课模式，"以学为本"的集体备课模式是为了实现学习效益的最大化和学生发展的最优化，教师从学生的兴趣和已有经验出发，以学科备课、班级备课以及跨学科备课等多种形式，对学生学习过程中所遇到的问题以及解决问题的方式方法有针对性地开展教学研究，从而为学生的发展扫清障碍、奠定基础，真正实现学生学得好、学得有效的发展目标，实现教师成就感与幸福感的体验以及教师专业发展的促进。"以学为本"的集体备课模式具有以下特征。

集体备课的目标是多元的。传统集体备课注重从教的层面强调教师对教材的把握、教学重难点的突破、教学环节的有效设计，从而保证教学的顺利实施，以共同设计和完成教学设计为目标。以学为本的集体备课则更加强调学的层面目标的实现，通过课堂教学学生能够习得哪些知识、提升何种能力、获得哪种方法、体验什么过程，从而促进其发展。其实，从"保证教学顺利实施"到"优化学习过程"、从"完成教学设计"到"促进学生发展"，这既是一种超越，超越以教的价值凌驾于学的价值之上的逻辑错位；也是一种回归，回归到"以学论教"的传统教育智慧上；更是一种唤起，唤起教师对促进学生学习的充分重视。① 以这样的目标为引领，集体备课的内容和方式就会呈现出新的面貌。

以学为本的集体备课模式以促进学生的发展为目标，那么到底如何才能促进学生的发展呢？我认为，那就是在集体备课中教师共同研讨解决学生学习中所存在的问题，为学生的发展扫清障碍、奠定基础。而现在普遍存在的一种现象是，集体备课时教师只是不断地抱怨学生，比如学生的知识基础太差、接受能力太弱、课堂管理太难，却鲜有教师能站在理性的角度思考如何有效地解决这些问题。试想，如果学生学习中的问题得不到解决，即便教师教得再好，学生也不会有实质性的发展。而"以学为本"的集体备课就是以集体的智慧去解决长期困扰课堂教学的这些老大难问题。而且，不以问题解决为根本的集体备课往往会导致备课无目标、无成果。长此以往，教师会失去应有的激情与兴趣，更谈不上集体备课的实效性了。因此，只有以学生学习中所存在的问题为载体开展集体备课，才能促使教师及时进行自我反思，探寻问题，发现问题，从而抓住关键和疑难问题进行集体攻关，依托群体智慧清淤除障，释疑解惑，最大限度地改善课堂教学，促进学生发展。

以学为本的集体备课模式旨在通过解决学生学习中的问题从而真正达到促进学生发展的目的。那么学生在发展过程中到底存在哪些问题？是由学生的智力因素造成的还是非智力因素造成的？到底应该如何解决？这些问题只有依托教师在集体备课中开展教学研究才能有效地发现与解决。而目前集体备课存在的最大问题正是研究性的缺失。教师沉溺在具体的教学事务安排之中，忙于统一教学进度、形成统一教案等，即使交流也是漫谈式的意见发表和经验交换，根本到不了"研"的层面。低效课、无效课就是由研究不足、不到位所导致的。因此，研究性是集体备课的重要特质，是集体备课的生命力所在。② 特别是新课程改革强调学生不仅要"学会"，

---

① 曾文婕：《"备学生"新论》，《中国教育学刊》2013年第3期。
② 周荣：《把握特征提升实效——对集体备课有效性的辩证思考》，《教育理论与实践》2011年第2期。

而且要"会学",更要让学生"乐学",这些目标的实现就更加要求教师深入研究学生,聚焦问题,追求课堂教学的高品位、高效益。

在信息化时代,在弘扬人的主体性的时代,"以教为本"的集体备课已不适应现代教学改革的需要,在继承传统集体备课的一些积极因素的同时,要将校本教研中集体备课的重心转向"以学为本"的模式,这种变革不仅具有十分重要的意义,而且还有具体的变革策略。

课堂教学的有效性直接关系到教育的整体质量,因此追求课堂教学有效性是教育教学的永恒目标。教学是否有效,并不是指教师有没有教完内容或教得认真与否,而是指学生有没有学到什么或学得好不好,如果学生学得不好,即使教师教得再辛苦、再认真,也是低效或无效的教学。以学为本的集体备课就是为了实现学习效益的最大化和学生发展的最优化,针对学生学习过程中所存在的问题开展教学研究。因为只有学生学习中所存在的问题解决了,才能最大限度地改善教学效果,提升课堂教学的质量。因此,以学为本的集体备课模式始终围绕学生的学习而展开,是教师共同关注学生、研究学生、促进学生发展的教学研究活动,是实现课堂教学有效性的重要保证。

为了培养学生的综合能力,课程改革在以往分科课程的基础上增加了综合课程和综合实践课程。而综合课程的有效实施,必然要求不同学科教师之间相互合作学习、取长补短,使自己具有开阔的教学视野和综合的个人素养。而以学为本的集体备课正是为了学生的综合发展,在同学科教师集体备课的基础上丰富集体备课的形式,由不同学科教师针对某一课程内容或课题研究开展跨学科集体备课。因此,这样的集体备课,不仅有助于学生的综合全面发展,而且是实现课程综合化的有效途径。

集体备课从以教为本到以学为本,对教师自身素养的要求不是降低了,而是更高了,这对于教师来说是一种全新的挑战与提升。迈克·富兰曾生动地说道:"当教师在学校里坐在一起研究学生学习情况的时候，当他们把学生的学业状况和如何教学联系起来的时候，当他们从同事和其他外部优秀经验中获得认识、进一步改进自己教学实践的时候，他们实际上就是处在一个绝对必要的知识创新过程中。"① 因此，教师通过以学为本的集体备课，促使其与同伴教师开展合作研究，解决学生学习中的问题，从而丰富自己的专业知识，提升自己的专业能力，发展自己的专业素养。

学校的教研文化深刻而长久地影响着学校每一位教师的思想意识和行为方式。以教为本的集体备课关注教师的教，因此教师难免会产生自我保护意识和自我封闭思想，集体备课很难形成合作互助的文化氛围。而以学为本的集体备课模式更加关注学生的学，因此聚焦点会从教师转移到学生，教师为了一个共同的目标——学生的发展，而自发地开展合作研究。这样，可以使原先处于竞争、对立或分散关系中的每一名教师，都感受到自己是具有共同目标、任务和利益的集体中的一员，认识到相互帮助、彼此合作的重要性，并在不断的同伴互助与相互磨合过程中，取长补短、共享智慧与经验，使教师集体内部形成团结协作、互帮互助的良性运转机制，从而促进教师集体的成长进步和可持续发展。

传统的集体备课以教师为中心，关注"教什么"和"怎么教"，以形成和优化教案保证教学的顺利开展为目的。以学为本的集体备课模式是基于一切教学的出发点和立足点都是促进学生的学习而提出的。因此，这就要求集体备课的重心实现以下几个方面的转移：第一，从"教师"向"学生"转移。学生既是教育的客体，又是教育的主体。因此，真正的教育应该把发挥和培养学生的主体性作为一项核心目标。集体备课作为开展教学活动的首要环节，更应该从关注学生开始，以学生的发展为首要目标，不光关注学生基本知识的获取，更要关注学生科学方法的掌握与良好情感态度和价值观的形成。第二，从"教案"向"学案"转移。传统备课的最终成果是形成一份完整的教案，但教案是从教的角度呈现备课内容

---

① 阳利平：《对"教师即研究者"命题的探析》，《教育发展研究》2007年第10B期。

的，多是以教师和课本为中心的预设，少有以学生和课堂为中心的生成。因此，为了增强学生学习的主体性与主动性，在教案的基础上倡导教师设计学案，即从学的角度呈现备课内容，真正实现教与学的有机结合。第三，从"教法"到"学法"的转移。教是为了不教，真正会教的教师不是教学生知识，而是教给学生方法。知识永远在更新，知识是教不完的，只能培养会学习的学生。因此，教师在备课中不光要关注自己如何有效地教，更要研究学生如何有效地学，只有这样，教师才会越教越轻松，学生也才会越学越会学、越爱学，实现学生的可持续发展。

以学为本的集体备课模式追求学习效益的最大化和学生发展的最优化，传统以"备教材""备教法"为主要内容的集体备课已经无法达到该目标的要求了。因此，集体备课的内容要在此基础上着力加强"备学生"，真正实现教为学服务，以学定教。具体来说，应该在以下几个方面予以拓展。第一，备学生的学习兴趣。教育是一个主动的过程，它要求学生自己积极主动努力。如果学生面对的是他感兴趣的事物，他就会积极参与其中，从而学会如何有效地应对当前的情境，并为应付将来不断出现的各种新情境打下基础。[1]具体来说，教师备学生的学习兴趣，不能仅泛泛地了解学生喜欢什么，而应真正深化和落实"教师个人的教学风格如何吸引学生""一堂具体的课拿什么来吸引学生"。只有学生的学习兴趣得到激发和维持，他们才能真正参与到学习过程中来。第二，备学生的已有经验。这里的经验包括直接的生活经验和间接的知识经验。教学其实就是经验与经验的对接，是将教材中的间接经验与学生的直接经验相对接，将成人的知识经验与儿童的知识经验相对接，将抽象的学术经验与直观的生活经验相对接。因此，教师研究分析学生的已有经验，不仅可以找准学生学习的起点，使学生的已有经验为教学服务，而且可以搭建学生已有经验和未知经验有效转化的阶梯，

---

[1] ［美］拉尔夫·泰勒：《课程与教学的基本原理》，罗康、张悦译，北京轻工业出版社 2008 年版，第 10 页。

同时还可以使学生的学习经验回归生活世界，达到学有所用的目的。第三，备学生的学习方式方法。学习不是简单的知识转移和传递，而是学生主动建构自己经验的过程，因此，备课要在关注学生"学什么"的基础上关注学生"怎么学"，即在关注学生已有的知识结构和认知方式的基础上，确定如何帮助他们寻找和利用学习资源；通过分析学生的学习习惯和方法，确定设计什么样的学习活动并帮助学生选择有效的学习方式。第四，备学生的困难与问题。每个学生在学习过程中都会遇到各种困难与问题，既有认知方面的也有心理方面的，可能还会有生理方面的。很多时候往往是这些困难与问题得不到及时有效的解决而影响了学生的发展。因此，教师要善于发现学生学习的困难与问题，正确分析其原因所在，对症下药，及时干预，促进学生的全面发展。第五，备班级动态。学生生活在特定的集体中，班级的学习氛围、组织纪律、整体特征等都会影响学生个体的发展。因此，教师只有对班级动态了如指掌，才能统揽全局、科学施教。

要使集体备课真正体现以学为本的理念，必须打破传统的同一学科备课的单一形式。当然，这并不否认同一学科备课的意义与作用，而是在此基础上丰富集体备课形式，更加凸显集体备课中以学为本的理念。第一，班级教师备课。即由班主任组织本班级所有任课教师共同研究学生的学习情况，从而发现问题、解决问题，实现学习效益的最大化和学生发展的最优化。比如，某个班级的整体学风出现了问题，课堂教学秩序混乱，学生学习状态较差，很多学科教师可能会抱怨这是班主任的问题，没有管理好班级，以致学科成绩一直上不去，也影响了学科教师的教学成绩。其实，如果出现这种情况，仅靠班主任的一己之力是无法解决问题的。此时如果同一班级的所有任课教师能及时开展集体备课，共同分析该班学生的学习情况，群策群力地研究一套成熟的处理问题的方案，这样的班级教师集体备课可能比同学科教师共同研究一份完善的教案更具有实际意义。再如，学生可能会出现偏科现象，而这时同学科教师在一起可能无法解决这一问题，而同一班级的任课教师共同研究解决这一问题可能会更有效，所研究出的各种措施与方法也更容易被学生接受。因此，开展班级教师备课，有利于及时发现并解决学生学习中所存在的共性问题和带倾向性的问题，从而使教学更具有针对性与实效性。第二，跨学科备课。即不同学科教师针对某一课程内容或课题研究开展集体备课。学科课程综合化是新课程的一个显著特征，它不仅要求课程内容的综合，而且要求教学方式方法的综合。比如在研究性学习的指导过程中，学生需要打破班级界限，根据课题的需要和兴趣组成研究小组，由于一项课题往往涉及化学、历史、地理等多种学科，因此需要教师打破学科壁垒，弱化学科界限，团结协作开展跨学科集体备课，只有这样才能真正体现研究性学习的综合化特征。跨学科集体备课可以使教师体会合作学习、合作教学、资源共享的优势，有利于形成教师之间的良性互动。更为重要的是，它将教育的重心转移到学生全面综合发展的诉求之上，在尊重学生、理解学生的起点上进行有意义的尝试。

以学为本的集体备课作为校本教研的一种重要形式，它的价值取向体现在促进教师从"技术熟练者"向"反思性实践者"转变，从关注具体的课堂教学技术向关注学生发展转变，从而实现教师价值观念、个人实践性知识的转化与更新。因此，这就要求教师不能简单照搬照抄集体备课的成果，而是要在集体备课的基础上结合自己和所教学生的实际，反思其背后更深层次的思想与理念问题，从而进行教学环节的再设计、教学情境的再创设、教学效果的再评析等，重构教学方案，使自己的教学既充满集体智慧，又体现个人风格，突出特色与创新。比如，在集体备课中教师对某一个教学难点的认识各有看法，对难点的突破也各有策略，教师不应仅仅在表现上承认权威，模仿应用，而应该从学生发展的角度多深入思考几个"为什么"，挖掘背后所蕴含的教育教学思想与理念以及是否适合于自己所教的学生。因为只有进行深入的反思、批判与重构，教师才能创生出对教育问题深刻而富有个性的见解，才能有针对性地解决所教学生的问题，而不只是别人经验、技术的搬运工与模仿者。另外，教师在集体解决学生学习问题的过程中，不光要关注问题是否解决，更要在这个过程中提升自己对教学以及班级管理的预测和分析能力、调控和应变能力以及总结和评价能力。

三　在听评课活动中研究课堂教学

在课堂上做研究，目前已经成为许多课程与教学论研究者的价值取向，课堂研究的成果正在不断涌现，全国教学论专业委员会的学术会议中也专门开辟了"回归课堂、关注课堂、研究课堂"的博士论坛，旨在引领更多的年轻学者关注课堂教学现象，开展原创性的学术研究。理论领域的研究取向，也正在成为实践领域的价值追求。随着课程改革的深入发展，校本教学研究已经蔚然成风，广大中小学教师从事教学研究的积极性空前高涨。但是，从现实情况来看，中小学教师虽然不断尝试开展课堂研究，但在实践中仍然感觉束手无策。教师反思流于形式，同事进入课堂往往是迫于学校的要求，专家进入课堂常常是来去匆匆，甚至还是没有熟悉课堂。这种松散的研究对改善课堂教学并没有多大的意义。其根本的原因就在于教师对课堂研究的真谛理解不深，对课堂研究的路径与模式掌握不精。为此，探讨教师作为研究者如何在校本教研中开展课堂教学研究就显得尤为重要了。

自 20 世纪 80 年代以来，"教师成为研究者"（teacher as researcher）已成为教师专业发展与教育革新的重要途径。近年来，教师成为研究者在我国教学论研究与实践领域也日益受到关注。当前基础教育领域倡导的"聚焦课堂"的校本教学研究就是要求教师成为课堂教学研究的主体，并在与专业人员及教研员的合作中，开展课堂教学研究，提高课堂教学质量。教师研究课堂教学已经成为教师专业生活的有机组成部分，对教师的成长及教学质量的提升均具有十分重要的意义。

首先，教师研究课堂是教学活动中教师主体回归的必然选择。教师作为教学活动的主体之一，其地位与作用历来都受到十分重视的，但这种重视长期以来将教师视为知识的代表、成人的代表，其实质是一种主体旁落的教师观，教师的主体地位并没有真正体现出来。教师在从事职业活动的过程中，"感受不到因从事这一职业带来的内在尊严与欢乐的满足"①。教师在日常的职业工作中也感受不到教学对自己智慧的挑战，对自己生命发展和生命力展现的价值也就无法体现出来。"能给人以尊严的只有这样的职业——在从事这些职业时，我们不是作为奴隶般的工具，而是在自己的领域内进行独立的创造。"② 中小学教师正是由于脱离了科学研究才使他们失去了应有的学术声誉和专业地位，不能像医生、律师、科学家和大学教师等职业一样享有受人尊敬的专业地位。教师只有通过参加教育科学研究才能使自身获得应有的尊严。西方教师专业研究的一系列成果也再一次证明，教师这个群体历史地受到了压抑和控制，需要效法女权运动，像解放妇女那样解放教师，而教师作为研究者是解放教师的武器之一。

其次，教师研究课堂是教师专业化发展的需要。作为一个专业性的职业，一般公认的有三个方面的规定：一是作为专业的职业实践必需以专业理论知识作为依据，有专门的技能做保证；二是作为专业的职业要维护服务对象的利益，遵守职业道德；三是作为专业的职业在本行业内有专业性的自主权。教师专业化发展已经成为国际上教师教育改革的趋势，受到许多国家的重视，也是当下教育改革实践提出的一个具有重大理论意义的课题。教师专业化发展，要求教师具有相应的教学实际能力，同时还主张教师积极参与教学目的与教学内容设计，扩大教师自主权，促使课堂教学合理化。在教学实践中提倡反思，提倡研究，形成教师反思运动以及教师成为研究者运动。

再次，教师研究课堂是基础教育课程改革的迫切要求。课程改革中会遇到各种各样的问题，这些问题的解决不能仅仅依靠理论工作者或教育行政部门，而是要依靠广大的中小学教师，这就需要教

---

① 叶澜：《教师角色与教师发展新探》，教育科学出版社2001年版，第10页。
② 《马克思恩格斯全集》（第40卷），人民出版社1982年版，第6页。

师研究这些问题，解决这些问题。教师研究课堂问题不仅仅是个体的研究，也是群体的研究；教师研究课堂不仅仅是教师群体的研究，也是和专业研究群体合作的研究。教师研究课堂是一种名副其实的校本教学研究，在研究中不仅解决了教学中需要解决的问题，而且促成了教师的专业发展。

教师研究课堂教学不仅必要，而且可行。由于受传统教学论研究范式的影响，中小学教师以及社会公众舆论对教师做研究还存在一定的误解，如有人认为做研究是大学研究人员的事情，中小学教师只要上好课就行了；也有人认为研究就是写论文、做课题、做实验等，这会加重中小学教师的负担。从而使得教师成为研究者"有名无实"。因此，寻求一种适合我国中小学教师开展教育研究，并真正成为研究者的路径和模式就显得尤为必要。

课堂志（Chronieles of Class）是指研究者深入教学现象发生的"场域"——课堂之中，通过观察、访谈、参与体验、描述，提供对课堂教学过程和现象的科学资料，进而研究教学活动的一种人文研究方法。[①] 在课堂志的研究过程中，深入课堂场域、面对课堂教学"实事本身"、开展参与观察为主的"田野研究"是第一要义。在此基础上，对所搜集的信息资料进行比较、综合、分析和概括，以探究课堂教学现象及其规律，这便是课堂志研究的价值诉求。教师作为研究者从事课堂志的研究，就是将教师的教学活动与教学研究活动有机地统一起来。这一研究活动主要有三条路径：第一是"主位的"课堂研究，即教师在自己的课堂上做研究。教师不仅要在自己的课堂上从事教学活动，而且要从事教学研究活动，每一位教师都是"主位的"教学活动研究者。第二是"客位的"课堂研究，即教师在别人的课堂上做研究。每一位教师都要和同伴合作，在同伴的课堂上做"客位的"教学研究。第三是教师与专业研究者开展合作研究，既可以在自己的课堂上做研究，又可以在别人的课堂上做研究，其特点是以研究课为对象，通过专业引领而开展聚焦

[①] 王鉴：《课堂研究概论》，人民教育出版社2007年版，第185页。

课堂的校本教学研究活动。

与上述三条路径相对应，教师研究课堂便会形成三种主要的模式。

第一，"实践—反思"的教师个体课堂研究模式。

教师"主位的"课堂研究与教师的教学环节是相对应的，教师在教学活动中，从备课到上课再到反思性说课，已经成为一条较稳定的实践工作路径。备课的目的是上好课，反思性说课的目的也是上好课，可见课前的准备与课后的完善有着共同的目的，即教学活动的有效或高效。每一位教师都可以成为自己教学活动的研究者，教师通过对自己教学进行系统研究，或积累独特的教学经验，或检验相关的教学理论，或开展一定的教学实验，以此实现专业上的自我发展。这就需要教师把自己教育教学活动中所存在的问题作为研究对象而不断进行审视、追问、探究与评价，即进行总结或批判性反思，形成教师教学研究的自觉意识与能力。如此便形成了图 8 所示的"实践—反思"的教师个体课堂研究模式。

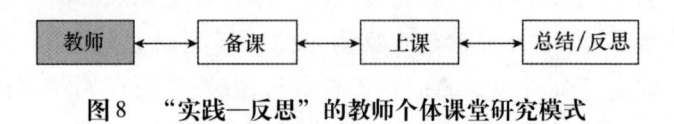

教师 ↔ 备课 ↔ 上课 ↔ 总结/反思

图 8　"实践—反思"的教师个体课堂研究模式

在这个模式中，教师的备课是教师开展课堂教学研究的起点，其教学设计思想正是研究结果的一种表达形式，是对课堂教学的基本预设，为教师走进课堂开展教学打下了基础。而"教然后知困"的动因为教师进行课堂教学总结与反思创造了条件。教师个体这一带有研究性质的总结与反思，可以追溯到教学之前的课堂教学活动设计，教学过程中的协调管理以及带有评价性质的课后批判性反思之上。我们也知道，课堂的复杂性决定了课堂教学的无限可能性，特别是在备课这一环节中，有很多课堂生成性的问题是难以预设的。从某种意义上说，当教师对教学现象"事实本身"开始追问、反思之时，也就意味着教师对教学进入了研究状态，说明教师已经具有了"研究者"的特质。① 在这里，教师既是教学的组织者，又是课堂教学的研究者。这一模式是伴随着教师的教学活动而开展的研究活动，是教师个体的专业发展行为，开始于教师的专业自觉，发展于教师的经验积累过程，成熟于教师既是教学高手又是研究能手的高度统一。这一研究模式是教师研究课堂教学的最基础模式，是教师研究的起点，从表面上看教师研究的还是备课、上课、说课的问题，但它已经是一种教学研究的开始，在此基础上如果有专业人员的合作研究，教师研究课堂就会更上一层楼。

第二，"实践—研究双维互动"的课堂研究模式。

教师"客位的"课堂研究就是在听课评课活动中做教学研究，教师进入同伴的课堂开展教学研究就是同伴互助，其研究过程主要包括三个基本的环节：首先是"备研"，即作为研究者进入同伴课堂做研究前的准备；其次是"听课"与"观课"活动，从中获取研究资料；最后是在"评课"中做教学研究。教师在同伴的课堂上做研究，是教师教学工作的有机组成部分，不是额外地让教师做本不属于他们的抽象研究，这便是将专业活动与专业研究活动融为一体的教师专业生活。② 如此便形成了图9所示的教师"客位的"课堂研究模式。

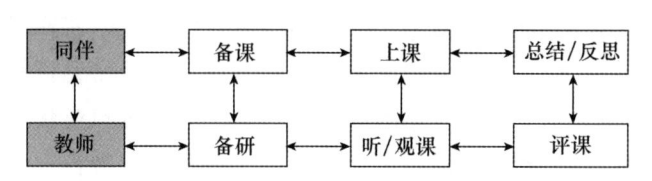

```
同伴 ↔ 备课 ↔ 上课 ↔ 总结/反思
 ↕     ↕     ↕      ↕
教师 ↔ 备研 ↔ 听/观课 ↔ 评课
```

图9　"实践—研究双维互动"的课堂研究模式

其一，"备研"是进入课堂之前必需的准备。课堂如同万花筒，因时空的变迁和参与主体的不同而变化无穷。这就需要教师在进入同事的课堂开展研究之前，根据特定的研究目的，对所要研究的课

---

① 李润洲、张良才：《论"教师即研究者"》，《教育研究》2004年第12期。
② 王鉴：《论课堂的历史及其变革》，《西北师大学报》2006年第2期。

题内容、研究对象的条件、研究对象的典型性与代表性等进行必要的准备。从教师所要研究的课题内容来看，进入课堂之前的准备就是对相关研究课题的文献整理与归纳概括，这是任何研究都必须做的工作，目的在于找到研究的起点。教师不仅要熟悉这一研究课题在理论上已有的成果，而且要通过对文献的梳理形成自己独特的研究基础与方法。对于研究对象的准备其实就是熟悉所要进入的学校或课堂的文化。尽管课堂不是研究的对象，但在什么样的课堂上从事什么样的研究却是十分重要的，所以教师要调查、了解或熟悉将要进入的课堂的基本情况，包括任课教师的特点、学生的基本情况、教学中的主要问题等。在这一过程中，教师自然而然地与被研究的对象有了接触与了解，这会促使研究对象对教师的理解与接纳，提高研究的信度与效度。对研究对象在研究课题方面已开展的工作、教学环境、学校文化等，也需要认真考虑，其根本目的在于研究者要尽快地与研究对象进行合作，深入课堂"内部"去做研究，而不是周旋于课堂之外。教师在做课堂志研究之前，要先把自己作为课堂上与大家共同生活的一员，以此消除来自教师和学生的戒备，并适应课堂的文化生态圈。

其二，"听课"与"观课"是到课堂上收集第一手研究资料。课堂志作为质性的、直观的、描述的、微观的研究，需要研究者通过课堂观察、访谈以及深描等方法，获得第一手的研究资料。就观察而言，可分为非参与观察与参与观察两类：非参与观察并不强调研究者是否参与到观察对象的活动之中，是从外部进行观察；而参与观察强调研究者要参与到观察对象的活动中，是从内部进行观察，可分为"参与者的观察"与"观察者的参与"两个层面，前者指教师作为研究者对自己和别人课堂教学的观察，后者专指作为研究者的教师仍然作为"局外人"对"局内人"课堂教学的观察。[①] 就深描解释而言，就是对课堂"实事本身"进行不厌其烦

[①] S. Grundy, *Curriculum: Product or Praxia*, London, New York and Philadelphia, The Falmer Press.

地、真实地、细致入微地描述，并在此基础上对课堂上的现象与问题进行解释。与此同时，教师还要收集与研究对象与目标相关的"实物"，或者拍摄课堂快照，把课堂教学中的一幅幅图像真实地记录下来，结合研究者的记录为"课堂写真"准备素材。过去我们强调的是"听课"，主要是对教师教的活动的观察，后来提出"观课"理念，即在课堂上就某一问题做深入细致的观察。眼睛有时也会欺骗我们，看到的并不一定是真实的，这就需要我们在课堂教学活动结束之后进行必要的访谈，或对教师，或对学生，通过访谈进一步确认观察的真实性与准确性。可见，教师在课堂研究中的"听课""观课""说课"以及讨论与交流，都是为进一步开展课堂教学研究获得第一手的资料做准备。

第三，在评课活动中做教学研究。评课就如同一棵大树，其根深深地扎在课前的"备研"和课中的"听课"与"观课"的土壤里，而且课前的"备研"越扎实，课中的"听课"与"观课"越细致、越缜密，以评课为中介的课堂教学研究就越有成效。传统的教师听课评课的价值和功能主要定位在学校职能部门或领导对教师课堂教学的过程性管理和对教师教学能力的诊断性评价两个方面，听课评课成为学校管理教师的主要途径和手段。事实上，听课和评课的本质不是要把教师分为三六九等，而是要以"课"为例开展教学研究，其核心价值在于一个"品"字，即"品课"。为此，一方面需要教师——不论是生长在课堂上的"本土人"还是新进入别人课堂的"异乡人"，都应该正视课堂教学的"事实本身"，面对课堂上发生的一切现象，发现问题，敢于说出真话，使教师感到有启发、有帮助，使研究者有收获、有发现，并逐渐形成坦诚直言、追求发展的校本教研文化。另一方面，教师还应该在更新观念和追求技术的过程中，在新旧文化变革的冲突中，学会打破坚冰，开辟出自我创新与发展的航路。通过评课活动，作为研究者的教师是可以将自己的"备研"与任课教师的备课，将自己的观课听课活动与任课教师的教学活动，将自己的评课活动与任课教师的总结反思及教师集体的评课活动紧密结合起来，形成一个完整的研究过程。上课前的每一个假设、预设的每一个情境，课堂上的每一次评价、每一次互动、每一次情感表达、每一次自我超越，以及课后每一次反思、每一次总结、每一次改进……都印证了教师作为研究者在学校教学研究过程中成长与发展的轨迹。从他们未进课堂之前的假设预想，到课堂上的耳闻目睹再到课后的访谈、教研中的对话交流等彰显的都是教师研究课堂的过程与方法，教师必须致力于通过描述来解释甚至揭示那些深藏在现象之后的本质。这正是在评课中做课堂教学研究的通幽之径与成功之路。

第三，"实践反思—同伴互助—专业引领"的三维立体课堂研究模式。

教师与专业研究者合作开展研究其实就是我们通常所说的"行动研究"。在这一研究过程中，教师丰富的教学实践经验在专业人员科学的理论指导下，会不断提升教师的实践性知识，进而成为推动教师专业发展和研究水平提高的主要动力。教师与专业研究者的合作可以是教师个体与专业研究人员的合作研究，即研究人员进入教师的课堂，教师在教学活动结束之后与专业人员一起开展关于课堂教学的研究工作，必要时还可以结合录像课。也可以是教师集体与专业研究者一起进入教师的课堂做教学研究，在专业人员的指导下开展听课、观课、评课的集体研究活动。如此便形成图10所示的"实践反思—同伴互助—专业引领"的三维立体课堂研究模式。

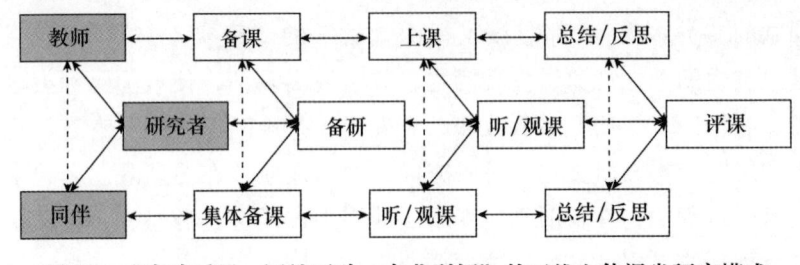

图10 "实践反思—同伴互助—专业引领"的三维立体课堂研究模式

在这个模式中，教师不再是单一的教学工作者角色，他还是教学研究者角色，该模式增加了与教师合作的同伴与专业研究者，他

第五章 教师研究课堂的理论与方法

们作为研究工作者参与了课堂教学的整个过程并为研究课堂教学做了准备，收集了资料，能够较为专业地和一线教师合作开展课堂教学研究。教师与课堂教学研究者的行为在每一个环节上都是一一对应的，当教师在伏案备课的时候，作为研究者的同伴或专业人员也要做到对教师所教课程内容的熟悉，对教师与学生的熟识与彼此了解，对学生学情的把握……需要经历"破冰"之旅进而有准备地进入课堂，而不是盲目地进入课堂。在教师上课的过程中，要认真倾听、积极主动地进行"参与观察"。当然，作为研究者的同伴或专业人员，还不能仅仅停留在"听课"与"观课"的层面，还要善思善疑，针对自己所看到的和听到的课堂教学现象，前溯至"备研"中自己的设计思想，后推至"评课"中自己还有哪些问题需要澄清、需要追问等。这些都要在课后的总结与反思性说课中体现出来，在评课中加以进一步研讨。更为重要的是，在这一模式中，实践工作者与理论工作者之间有了平等、合作、共享的机会，共同解决教学实践中的各种问题，进而使教师成长为实践中的研究者。[①]这一模式的特点在于教学理论工作者与教学实践工作者联盟，课堂是他们合作研究教学问题的场域，在课堂研究中，教师的教学过程成为研究的对象，教师能够在与专业人员的合作研究中，不仅改进教学，而且学会研究，研究人员不仅能够将理论运用于实践，而且能在研究过程中发现问题、解决问题。在该模式中，教师作为课堂教学研究者已经不限于自身的反思与总结，而是有了专业的指导与引领，使教师懂得了课堂研究的基本理论与方法，因此是教师成为研究者的专业发展中必须经历的一个特殊阶段，在这种模式中做研究的教师，已经开始从一个个体的、经验的研究者向一个群体的、专业的研究者迈进了。

"实践反思—同伴互助—专业引领"的三维立体课堂研究模式，是基于校本教研而形成的课堂研究共同体。在这个模式中，教师、

---

① ［美］Joanne M. Arhar & Mary Louise Holly：《教师行动研究——教师发现之旅》，陈晓霞等译，中国轻工业出版社2002年版，第1页。

· 405 ·

同伴以及研究者所形成的研究"共同体",是以学习和探究课堂教学现象与问题为前提的。教师作为一个行动的反思者,通过与同伴的集体备课,形成预设性的教案,并指导自己的课堂教学。此时教师的"做"已经是注入了集体智慧意义的"行动",该行动由从具体的群体情境中获得的意义所激发。[1] 同伴则在教师的教学中积极参与,认真思考,仔细观察,甚至是通过课后教师的说课与学生访谈,收集有效的信息资料,为总结反思做好准备。研究者要在"课堂田野"中积极参与,更要从专业研究者的视角对课堂教学提供专业支持与帮助。特别是在评课的过程中形成一种终身学习的脉络环境,真正发挥教师个人反思,同伴互助合作,专业研究引领的作用,在合作分享的过程中形成教师、同伴、研究者之间的协作文化和相互尊重与信任的关系,在精神层面给予教师更大的支持和力量,使教师在教学过程中真正学会做研究。该模式是教师研究课堂的最高层次的追求,它不仅使作为个体研究者的教师参与集体的教学研究,形成校本教学研究的文化与机制,而且使教学研究活动成为教师专业发展的依托,使研究者不再孤立无援而是与同伴志同道合,最为重要的还在于教师个体层面、教学研究群体层面、教学专业研究理论层面的合作与统一,使教学活动与教学研究活动真正融为一体,因此它成为当前校本教学研究中可资效仿的基本模式。

---

[1] S. D. N. Cook, & J. S. Brown, (1999), "Bridging Epistemologies: The Generative Dance between Organizational Knowledge and Organizational Knowing," *Organizational Science*, Vol. 10, No. 4, Jul/Aug 1999: 381–400.

第四编
现代教学论与课堂研究

在全媒体时代，传统教学及其媒体与现代教学及其媒体共存，现代教学论研究要致力于推动传统媒体和新兴媒体的融合发展，强化互联网思维，坚持传统媒体和新兴媒体优势互补、一体发展，推动传统媒体和新兴媒体在内容、渠道、平台、经营、管理等方面的深度融合。"慕课"的出现，"翻转课堂"的盛行，改变着传统的课堂教学形式。现代教学论在信息技术的背景下有了新的研究问题，也有了新的发展前景。课堂教学实践与研究出现了新的发展趋势。

第一章 "互联网+"视域中的现代教学论

"互联网+"正在改变着世界,包括教育世界。在工业化时代向信息化时代的转变过程中,教育实践领域的变革正经历着一次伟大的创新活动,包括教育政策与制度的变革、教育资源的变革、教学形式的变革、学生学习活动的变革、教育管理与评价的变革等。教育实践变革呼唤着教育理论的创新,这些领域的教育理论研究同样经历着由传统教育学向现代教育学的转型过程。适应信息化时代的现代教育学呼之欲出。

21世纪是人类全面进入信息化社会的世纪,信息领域的数字技术向人类生活全面推进。在信息化时代背景下,社会各行各业都发生着变化,"互联网+"和各行各业联系起来,使产业形态发生了深刻变化,也为教育实践变革和教育理论创新带来了新的契机。"全球教育信息化进入全面发展阶段后,除了在教育思想观念方面有较大的更新外,在理论方面也进行了更深入的探索。"[1]"互联网+"视域中教育创新的内容包括三个方面:一是国家层面的教育政策和制度的引领,以保障教育创新有理有据。二是实践领域的教育改革,为教育创新注入新鲜血液,增添活力。三是教育理论领域的创新,来自实践而又高于实践进而指导实践。在信息化时代,传统的教育模式被打破的同时,重建全新的教育学理论体系也迫在眉睫。

---

[1] 何克抗:《教育信息化发展新阶段的观念更新与理论思考》,《课程·教材·教法》2016年第2期。

一　教育实践变革与理论创新的时代背景

所谓创新，包括三层含义：第一，更新；第二，创造新的东西；第三，改变。创新是人类特有的认识能力和实践能力，是推动民族进步和社会发展的不竭动力。在教育改革或教育变革的过程中需要创新来解决教育领域的问题，教育创新也是在教育改革或教育变革过程中解决教育问题而完成的。教育为未来培养人才，因此，它具有超前性和先导性，教育需要走在时代的前列。但事实上，教育实践活动和教育理论又往往落后于时代发展，跟不上政治、经济、科技、文化发展的需求，致使教育领域存在许许多多的问题，这就需要通过教育改革的创新活动来有效解决这些问题。

从历史的发展来看，从采集时代到农业时代，再从工业时代到信息化时代，不同时代有其标志性的特征，决定了这一时代社会实践变革的主题，进而形成了教育实践变革与教育理论创新的契机。如人类进入工业化时代以后，由于机器的广泛使用，生产领域发生了很大的变化，社会需要大量懂得一定读、写、算和基本技能的人才，学校教育为了适应这一需求而出现了班级授课制，成批量地为社会培养人才，因此班级授课制就是在教育实践领域的一个创新，它在扩大教育规模、普及教育对象方面有着历史性的进步意义。与此同时，教育理论的创新便在研究班级授课制的过程中形成了，夸美纽斯的《大教学论》系统地论述了班级授课制的组织与方法，标志着独立形态教育学的开端。21世纪人类进入信息化时代以后，数字化资源对社会各行各业产生了广泛的影响，教育领域的在线课堂、慕课、翻转课堂等层出不穷，对传统的工业化时代的教育理论、课程与教学、管理与评价等进行了彻底的变革。"'互联网+教育'还在蹒跚学步。虽然如此，我们依稀可以看到'互联网+教育'的广阔未来和可能带来的教育的变迁、学习的革命。"[①] 与此

[①] 杨银付：《"互联网+教育"带来的教育变迁与政策响应》，《教育研究》2016年第6期。

同时，教育理论领域正在兴起全新的"慕课"开发理论、翻转课堂的教学原理、学生的学习理论等，"互联网+"时代的新教育学呼之欲出。由此可见，不同的时代对教育有不同的需要，不同时代的人的发展对教育有不同的要求，数字化推动了人类的"第二次"进化，一个数字学习时代即将到来，即"构建网络化、数字化、个性化、终身化的教育体系，建设'人人皆学、处处能学、时时可学'的学习型社会"[①]。一种全新的泛在学习型（U-Learning）社会成为可能。教育活动和教育事业就要适应时代发展与人的发展的共同要求，创造性地开展实践变革，创造性地发展教育理论，解决教育自身所遇到的各种问题。我们身处信息化时代全面到来的历史背景下，面对今天教育领域的问题，就要充分考虑这个时代的特点，充分考虑这个时代人的发展的特点，在教育变革中创新教育理论，在理论创新中引领实践变革，重建我们这个时代所需要的新教育学体系。

二 教育实践领域的变革

（一）教育政策和制度的变革

将制度和政策放在实践领域，原因在于从国家教育事业的角度来讲，很多教育实践基本上都是对国家教育政策的执行，是一个自上而下的变革过程。如 21 世纪开始启动的我国基础教育课程改革，就是通过国家政策引领与制度的保障，自上而下推进的实践变革，经过十余年的发展已取得了举世瞩目的成就。今天面对信息化时代的浪潮，联合国教科文组织再次发表重要报告——《反思教育：向全球"共同利益的理念"转变》，有助于在不断变化的世界中重新规划教育愿景，并借助联合国教科文组织作为全球社会变革观测站

---

① 《教育信息化"十三五"规划》，中华人民共和国教育部，2016 年 6 月 7 日。

的主要任务，激发关于变化世界中教育问题的公共政策辩论。[①] 在我国，《国务院关于积极推进"互联网+"行动的指导意见》颁布，旨在把互联网的创新成果与经济社会各领域深度融合起来，推动技术进步、效率提升和组织变革，提升实体经济创新力和生产力，形成更广泛的以互联网为基础设施和创新要素的经济社会发展新形态。为了适应此形势，教育部出台了《关于"十三五"期间全面深入推进教育信息化工作的指导意见》，积极推动信息技术与教育融合创新发展，培养大批创新人才。正是在国家宏观政策的引领下，中国社会各行各业兴起了"互联网+"时代背景下的产业升级变革，教育领域更是将全新的信息资源与技术应用到教学与管理领域，创新网络学习空间"人人通"建设与应用模式，拓展信息时代教育教学、管理与服务方式。从基础教育到高等教育，从普通教育到职业教育，整个教育领域的课程资源开发与课程存在方式、教学模式与教学方法、管理评价理念与途径等都发生了翻天覆地的变化。国家的政策和制度是教育实践变革与教育理论创新的基础，具体表现在教育实践中，就是通过对国家政策的落实，变革教育管理者与广大教师的观念与行为，进而变革教育的过程与方法。

（二）教育资源形态的变革

在信息化时代，教育资源形态已经发生了变化，其典型代表是"慕课"。传统的教育资源有两种：一是以教师为课程资源；二是教材。但是，在"互联网+"时代，除了这两种资源之外，数字化教育资源更加普及和丰富，使用起来也更加便利。"慕课"的出现，在整个教育领域都是一场革命。虽然目前"慕课"还只占课程总量的小部分，但它的发展趋势一定会逐渐加强，所占学校课程的比例也会迅速增加。以"慕课"为标志的信息化教育资源的开发与利用，它的"受众"没有边界，可以脱离课堂时空的限制，使得优

---

① 李丹丹：《联合国教科文组织举办"重新思考教育：迈向全球共同利益"圆桌会议》，《世界教育信息》2016年第2期。

质教育资源大规模共享成为可能。"慕课通过引入一套新的设计，改变了教育景观。"① 数字化教育资源的开发与利用还可以打破学校围墙，通过市场竞争产生优质资源，通过深入应用拓展优质资源，优质企业还可以参与教育资源的开发与利用，积极提供云端支持、动态更新的云服务、移动计算等的新型数字教育资源。这种数字化教育资源存在的方式和网络输出端口的全覆盖以及智能化手机、电脑的普及，使教育信息资源的存在和使用处在一个前所未有的便捷时代。因此，学校的课程改革需要创新，课程设置需要创新，尤其在新课程改革的过程中，现代化的信息技术背景下的课程开发、课程形态及课程的存在方式等，都需要在教育实践过程中创新并完善。

（三）课堂教学形态的创新

学校教育的核心在教学，而教学在信息化背景下正发生着革命性的翻转。"翻转课堂"标志着工业化时代的传统课堂教学模式向信息化时代的现代课堂教学模式的转变。传统的课堂教学模式是"先教后学"，"教"的作用非常重要，以致不"教"便不能"学"。在"互联网+"时代，没有"教"，"学"也成为可能，教师之"教"是为了让学生"学"得更好。因此，"教"的作用和地位发生了重大变化，但更重要的是一定要充分认识到学生"学"的主体地位。现代课堂教学模式是"先学后教""以学论教"，学生的"学"才是教育、教学的逻辑起点。随着以 B-Learning 为标志的混合式教学的不断发展，传统的教学活动与现代的学习活动有日渐融合的趋势，并逐渐发展成为一种最重要的新型混合式教学方式。"在完全在线的网络化教学环境下，教学活动与学习活动这两种情况往往很难加以区分，一般来说，网络化教学主要是学生自主学习，但不排除教师通过各种方式随时对学生的在线学习从方法、策略、信息与资源等方面提供必要的帮助和指导。"② 今天，我们的

---

① ［英］斯蒂芬·哈格德：《慕课正在成熟》，《教育研究》2014 年第 5 期。
② 何克抗：《教育信息化发展新阶段的观念更新与理论思考》，《课程·教材·教法》2016 年第 2 期。

基础领域、高等教育领域都在尝试翻转课堂，明天，翻转课堂将成为教学改革的一个趋势，将成为未来学校教学活动的主流。以学习者为中心，个性化的学习活动等理念正在深入人心，翻转课堂不是简单的"教"在先还是"学"在先的问题，它是"互联网+教育"背景下信息技术与教学的深度融合，是形成多媒体、交互式、个性化、以学习者为中心的人才培养模式的具体表现。当传统的课堂教学模式不适应今天社会发展和学生发展的需要时，这种模式就需要变革。现代的新的课堂教学模式就是"先学后教、以学论教"。翻转课堂的历史可以追溯到杜威和进步主义教育运动的大师们，他们其实都是翻转了赫尔巴特时代的课堂，翻转课堂的原因是他们发现了儿童，发现了儿童的生活。今天在信息化背景下出现了全球性的翻转课堂，这次翻转不仅在于发现了信息技术，而且在于发现了在信息技术背景下的儿童及儿童新的生活方式。

（四）学生学习领域的创新

过去教育学领域很少研究学生的学习，而以研究教师的教法为重点，包括对课堂教学的研究重点也是在研究教师及其教学方法方面。在中国的古代与西方的近现代，学习理论和教育心理学备受重视。这一点受苏联凯洛夫教育学的影响比较明显，即重视教师的地位和作用，轻视学生学习活动的主体性与主动性。事实上，不同时代的学生身上明显地打上了这个时代的烙印，在信息化时代的青少年不可能脱离网络与智能手机等，他们获取信息的方式与渠道明显不同于他们的老师，他们的学习方式明显带有现代信息技术时代的特征。再加上在中国独生子女政策下的特殊成长经历，使得这个时代的学生的身心发展有着独特的时代特点。心理学和学习理论就要研究这些特点，为教学提供理论支持。在实践领域中，教师要学会指导学生的学习，教师要教会学生学习的方法，学生要逐渐形成和掌握学习的方法，逐渐成为会学习的人。学生不仅会听课，而且会自己学习，这就是一个教育的创新。在翻转课堂上，学生先学，是怎么学的？学生学习的方法有哪些？学生之间如何合作学习？学生自主学习的方式是什么？在线学习与现场混合学习如何有效结合？等等，这些学习领域的创新活动正在课堂教学实践中被一线教师所尝试，一些经验与方法正在趋于成熟。早在20世纪90年代，学习理论专家德莱顿等人就曾预言世界正在经历一次关键性的转折，我们处在一场改变我们生活、思想、沟通、成功方式的变革中，还专门撰写了《学习的革命——通向21世纪的个人护照》一书。20多年后，他们的许多预言已经变成了现实，作者在书中详细分析了变革时代的社会背景与发展趋势、人脑的奥秘、真正的学习等理论问题，并就未来的学校进行了专业的规划设计，提出了未来学校全新的发展理念，即"让每一个人既是一位老师又是一位学生"①。

（五）教育管理和评价的创新

随着"互联网＋教育管理"资源平台的建设，传统的教育行政管理与学校管理的模式正发生着变化，全新的国际化、数字化、智能化的教育管理模式正在形成和完善中。学校数字化资源主要有两大系统：一个是教学系统，另一个是管理系统，管理系统要为教学系统服务。现代教育管理的主要任务是推动管理平台与教学资源平台的深入应用与协同发展。"互联网＋"时代的教育管理职能正发生着变化，教育行政部门和学校管理者必须打造信息化服务平台，建立公共服务数字化系统，真正实现从管理到治理，从约束到引领的职能转变。因为信息化管理的重心下移，扁平化、网络化、民主化的管理方式使管理组织结构发生了变化，从而推进了教育管理的民主化与科学化。从管理方式来看，"互联网＋"背景下的教育管理方式开始从"命令—服从"转为"参与—创造"，有利于提高管理的效率。与此同时，教育评价的方式与手段也发生了变化，不论是对学校的评价，还是对教师和学生的评价，评价平台与评价系统正在更新，数字化的评价使评价的功能与价值正有效地实现着。全

---

① ［新］戈登·德莱顿、［美］珍妮特·沃斯：《学习的革命——通向21世纪的个人护照》，顾瑞荣等译，生活·读书·新知三联书店1997年版，第447页。

新的管理与评价模式和数字化的教学模式相互支持，一种现代的管理与评价理论正在形成。

三　教育理论领域的创新

（一）教育基本理论的创新

面对信息化时代人与技术的矛盾，或人在物质财富丰赡之后精神与道德发展的困境，教育基本理论领域应着力研究现代社会人的发展的真正内涵，应着力研究时代的精神与人的发展之间的关系，应着力研究教育对人的全面发展发挥作用的途径等。在此基础上，教育基本理论不能忘记研究经典教育学所研究的两个基本问题：一是人的身心发展和教育的关系问题；二是社会中政治、经济、文化、科技和教育的关系问题。当前，教育基本理论领域对信息化时代背景下学生的身心特点、学习特点的理论研究很少，对信息化时代背景下人的发展的理论研究较少。同样，教育基本理论领域对当前的时代研究不够，对这个时代的特点、时代的精神研究不够，对这个时代的政治、经济、文化的发展研究不够。翻开当前的教育基本理论方面的著作，不难看出，教育基本理论领域还在研究工业化时代的人和社会，研究工业时代的教育功能，使当前的教育基本理论研究缺乏时代感、缺乏创新。尽管有个别研究者已经开始这方面的研究，但总体上对教育理论研究的创新还是远远不够的。叶澜自20世纪80年代始，比较敏锐地感受到了一个新的时代的到来，她分析了时代的精神与新教育理想的构建，提出了世纪之交中国学校教育的文化使命，为创建21世纪中国的新基础教育进行了长达近30年的探索，形成了富有中国特色、富有时代气息的"生命·实践教育学"。正如叶澜所指出的那样："生命·实践教育学派回归与突破最深的一个'猛子'是扎入当代教育实践之涌动不息的大海，尤其是深度介入当代中国基础教育学校改革的实践。"[①] 而这

---

① 叶澜：《回归与突破："生命·实践"教育学论纲》，华东师范大学出版社2015年版，第36页。

一"猛子"更广阔的背景则是"这样一个大时代和中国大转型的社会热土"[①]。叶澜把握时代背景,深入实践变革,构建理论体系这样一种理论创新研究的过程,被学界誉为"探究学术源流、创建理论学派、行走天地之间、独爱冬春夏草"的"叶澜之路"[②]。不同时代的人受不同时代的背景和条件的影响,其身心特点和学习特点都是不一样的。因此教育基本理论创新的重点是进行信息化背景下学生的身心特点、学习方式、学习特点的相关理论研究,探索新的时代背景下人与教育的关系。同时,教育基本理论领域的研究还要研究这个时代的政治、经济、文化发展的特点,从中归纳这个时代的精神,重建教育与社会的关系。只有从原理层面研究清楚这个时代教育所面临的挑战、教育所要解决的基本问题、教育发展的有效途径、教育与人的关系、教育与社会的关系等基本理论问题之后,教育实践领域及教育学的下位学科才会有最基本的发展依据。

(二)课程理论的创新

课程理论重点要研究信息化资源,"互联网+"时代背景下课程的多样化存在形态,课程资源的开发和使用。除了传统的课程资源外,以"慕课"为代表的新型课程资源是现代课程理论研究的重要课题,要运用著名的泰勒原理去开发网络的课程资源。现代课程理论开发的目标是什么?内容是什么?怎样实施?怎样评价?这些都需要理论工作者的研究创新,重建课程论要突破工业化时代背景下的知识课程论,建构信息化时代背景下的综合课程论,现代课程论的价值观、内容体系、结构方法、存在形态等均需要重建。现代课程论既要从课程实践中汲取养料,又要从现代哲学、社会学、心理学等学科获得理论支持。

[①] 叶澜:《回归与突破:"生命·实践"教育学论纲》,华东师范大学出版社 2015 年版,第 3 页。

[②] 王鉴:《论教育研究的"叶澜之路"》,《当代教育与文化》2015 年第 5 期。

(三) 教学理论的创新

教学理论的创新就是教学模式的变革。传统的教学模式在工业化背景下以传递知识为主，强调三个中心：教师中心、课堂中心、教材中心，形成了一个稳定的模式，加之苏联教育对中国的影响，这种模式更加被强化了。因此教学更多的是以传递知识，发展认知为主，以考试成绩作为评价的标准。在信息技术背景下，要培养全面发展，有创新精神、创新能力的人，那么教学就不仅仅是知识的传授。因此关于教学及其教学理论的研究要形成和过去不同的模式，这种模式就是以学为主的教学理论，这也是回归教学的原点和逻辑起点的必然选择。没有"学"就没有"教"，在信息技术背景下，没有"教"可以"学"，之所以有"教"，是因为要让学生"学"得更好。现代教学论的重建正是基于这种学习中心理论，结合信息技术资源、结合学生学习理论，重建以"学"为逻辑起点的现代教学论。"从已有课堂教学改革的经验、相关理论研究的倡导和国家推行的教育改革的趋势三个层面来看，建构学习中心课堂应该成为我国当今课堂教学转型的基本取向。"[1] 当然，其中对于教师的地位和作用以及学生的地位和作用的重新理解是教学论研究的重要主题。

(四) 学习理论的创新

过去将学习理论看作教育心理学的范畴，而今天教学论要以学为主，以学为中心，强调对学生学习的研究，那么学习理论的研究已经成为教育学中很重要的领域。因此，在现代课程论、现代教学论的基础上，还应该有现代学习论来支持学校课程与教学的理论，这样，教育学的下位学科中传统的二级学科教学论"一分为三"，形成现代课程论、现代教学论、现代学习论。其中现代学习论的发

---

[1] 陈佑清：《构建学习中心课堂——我国中小学课堂转型的取向探析》，《教育研究》2014年第3期。

展较弱，需要作为信息化时代背景下教育学的重点领域予以加强并提升学科水平。现代学习理论的主要源头是心理学、教育心理学，建构现代的学习理论一方面要从学生的学习实践中获得第一手资料，另一方面要从比较成熟的教育心理学理论中汲取营养，形成能够与现代课程论、教学论学科互补、相互支持的理论体系并能有效指导信息化背景下学生的学习活动。

（五）管理和评价理论

学校管理理论的直接源头是工业化时代的泰勒原理，它是以工商业的生产管理和车间管理为起点，理论、原则和操作性技术方法相结合，兼具思想性和实用性的一整套管理学说。其主要内容涉及生产管理的技术与方法、管理职能、管理人员、组织原理、管理哲学五大方面。在信息化时代，管理与评价的领域与内容基本上还是这些方面，但管理与评价的理念、方法、途径、组织、职能等正发生着变化。管理与评价要为课程与教学服务，课程与教学的变化要求管理与评价随之形成新的理念与方法。为此，现代教育行政管理学与现代学校教育管理学的重建将是教育学体系中不可缺少的一个重要领域。

理论创新可以引领和指导实践的发展；实践的创新又可以为理论的创新提供养料，提供一手资料，使理论创新更加完善，这样便形成一个良性的循环。因此，在今天的时代背景下谈教育创新，是教育实践的改革和教育理论体系变革的双重创新。教育创新具有以下特点：一是相对性，它是以过去为基础的创新，创新是针对过去的基础和问题进行变革和改革。二是过程性，它是在教育变革和改革与发展的过程中用智慧的方式解决所遇到的问题，形成了实践中的亮点或者形成了新的理论。三是结果性，从历史的角度看，当我们站在当前回顾历史时，在理论方面的创新和在实践方面解决了某些问题的创新也是一种结果。四是矛盾性，一方面，不能将教育做出分解而单纯地研究宏观的教育或教育的创新，这似乎有点空泛，如果将教育创新按学科或者指标分门别类地加以分解，这样虽然具体但太过机械。因此，在对教育创新按照实践、理论、政策制度进行细化后，不妨再回过头来将其演绎为宏观的教育创新。既能够深入进去，还能够跳出来看。五是本原性，当前时代是物质和信息发达的时代，这其中不缺少物质，但缺少时代的精神。因此，教育创新要注重教育的原点和本质，包括杜威所说的教育即生活，教育关于人的意义以及时代的精神意义等都是教育创新中的底线。一旦违背了本原，那么创新之处未必是合理的，也许解决了暂时的问题，但从长远来看恰恰在人的培养方面出了问题。

"我们进行教育学科建设，特别是要建设迈向21世纪的教育科学，这包括基础、部门应用和技术开发等几个层次，其中，主要就是建设现代教育的科学范畴和理论体系。"[①] 当前，在教育学的下位学科中，教育基本理论、课程论、教学论、教育管理与评价理论等均在重建过程中，这也意味着这个时代的教育学体系正在重建过程中，新时代的新教育学呼之欲出，但还没有形成，这就需要教育理论工作者付出艰辛劳动，需要这个时代的教育家勇敢地承担起这个时代的任务。不管怎么样，新教育学一定不能缺失这个时代所具有的特点，即信息化，更不能缺失这个时代的人所应具备的特点，即健全的人、和谐发展的人。新时代的教育学以新时代的社会背景和教育实践为基础，坚守教育的本原与本质，为培养健全的人、和谐发展的人服务，同时要适应时代的需要，符合这个时代的人的发展特点。全新的教育学也许就是信息化时代的教育学，我们可以称之为真正的现代教育学。不管我们把它叫什么，它正如一个与母亲脐带分离的新生儿一样，将以新的面孔新的声音出现在我们的面前并长大成人。

---

① 黄济、王策三：《现代教育论》，人民教育出版社1996年版，第1页。

第二章　现代教学论的发展基础

现代教学论指的是19世纪末20世纪初伴随着现代社会和现代生产而来的教学论，它是对古代教学论、近代教学论的继承、批判与发展。现代教学论的基础主要包括三个方面：一是现代教学论的学科史基础，教学论史的经验为现代教学论提供了发展的根基；二是现代教学论的相关学科基础，主要包括哲学、心理学、社会学、现代科学技术等，现代教学论在与相关学科的互动中获得发展的养料；三是现代教学论的实践基础，主要包括教学实验、教学改革、课堂教学，教学实践是现代教学论发展的源头活水。现代教学论犹如一棵参天大树，就是在这三大基础之上获得进一步发展空间的。深入探讨现代教学论的基础，是教学论学科发展的前提和保障。

一　关于教学论与现代教学论

深入探讨现代教学论的基础，是教学论学科发展的前提和根本保障。为什么这么说？这就如同地基与大楼的关系一样，只有明确学科发展的基础，才能为教学论赢得自身发展的空间。正如有论者所强调的："教学论的理论基础亟待阐明，理论基础是学科发展的理论前提，长期以来，教学论对其理论基础未能给予明确界定，使教学论成为'弄潮'学科，从而成为别的学科的'材料库'。"[①] 在

---

① 蔡宝来：《现代教学论的发展反思与构建》，甘肃人民出版社2001年版，第29页。

探讨现代教学论的基础之前，我们有必要对何为"教学论"，何为"现代教学论"作一界定。首先，关于什么是教学论，有很多提法，这里我们不再一一列举。根据学科学的通例，我们将教学论界定为"研究教学现象和教学问题，揭示教学规律的一门科学"。这个界定明确了教学论的研究对象及学科性质，为我们进一步探讨教学论的其他问题奠定了认识基础。这一认识十分重要，正如王策三所言："对于一门科学来说，生死攸关的一个问题就是要明确自己的研究对象和任务。"[1] 我们将教学论做如此的认识，旨在匡正教学论里概念、范畴、体系的混乱现象。继而，我们对什么是现代教学论作一界定。关于什么是现代教学论，目前有三种看法：一是与以赫尔巴特为代表的"传统教学论"相对而言的，以杜威为代表的"现代教学论"。二是"二战"以后在世界范围内出现的教学论，其代表有三大流派，即赞科夫的发展性教学论、布鲁纳的结构主义教学论、瓦·根舍因和克拉夫基的范例教学论。[2] 三是是我国学者的界定，主要指与传统以理论思辨为主要的研究方式、以教学理论本身为研究对象的"理论教学论"相对的"实践教学论"或"课堂教学论"[3]。对于这三种理解，在教学论界各有坚持者。我们认为，对于什么是现代教学论的理解，不能仅仅局限于教学论的视域来认识，而是要从教育学这一教学论的母学科的角度去认识，如此，才不至于产生自说自话的逻辑偏颇。关于什么是现代教学论，首先要了解什么是现代教育，什么是现代教学。从教育学整个纵向的发展历史来看，所谓现代教育，主要是指建基于现代社会之上的教育[4]，从时间上看，它从19世纪末20世纪初即开始了。现代教育是与原始教育、古代教育、近代教育相对应的概念。自从人类社会从19世纪末20世纪初逐渐从近代过渡到现代以来，教育也呈现出一些现代社会的特征。虽然，其间各个国家现代化的历程各不相

---

[1] 王策三：《教学论稿》，人民教育出版社1985年版，第54页。
[2] 吴文侃：《当代国外教学论流派》，福建教育出版社1990年版，第1页。
[3] 王鉴：《课堂研究概论》，人民教育出版社2007年版，第6页。
[4] 黄济、王策三：《现代教育论》，人民教育出版社1996年版，第1页。

同，甚至相差很大，而且即便是一个国家内部的现代化进程也是一波三折，并不顺利，但是现代教育毕竟已经在世界范围内出现并且是人类教育发展的必然走向，这是任何人都无法否认的。而现代教学论便是与现代教育相伴而生的。它也产生于19世纪末20世纪初，至今已经有100多年的历史了。在这100多年的发展过程中，形成了众多的理论流派。这些理论流派如果按国别来看，有德国教学论学派、美国教学论学派、苏联教学论学派、日本教学论学派、中国教学论学派等。这些学派都是现代教学论的有机组成部分，是从本国国情、历史、文化、实践出发对何为现代化、何为现代教育、何为现代教学所做出的理论概括。因此可以说，从宏观上、从世界范围来看，现代教学论确实是从19世纪末20世纪初发展而来的理论体系，但是，从微观上、从具体方面来看，我们也应该承认，现代教学论在不同的国度，不同的文化背景下有不同的表现形式。也可以说，世界范围内没有一本可以代表所有国家或地区普遍情况的"放之四海而皆准"的"现代教学论"。现代教学论只能是某国某种文化背景之下的现代教学论。这样，我们便可以理直气壮地言说中国学者视野中的现代教学论了。因为中国属于世界的一部分，中国教学论亦是世界教学论体系中的一个重要部分。中国现代教学论是中国学者基于本国的历史文化传统结合现代化的时代背景所做出的对中国现代教学现象和问题的理论概括和总结。我们在探讨现代教学论这一理论命题时，一定要有一种"中国意识"。否则，我们所谓的现代教学论将是无根的学问，将是无可附着的"游魂"。关于这种意识，在中国众多其他学科中，学者已有明确的主张，如美学领域、哲学领域便早有深具远见卓识的著名学者提出："中国学者在学术文化领域（包括美学领域）应该有自己的立足点。"[①] 这个立足点就是中国文化。因此，在这样一个文化自觉的时代里，中国的教学论学者也应该有自己的立足点，这个立足点无疑也是中国文化、中国国情、中国实践。如此，我们所言说的教学

---

① 叶朗：《美学原理》，北京大学出版社2009年版，第9页。

论才不至于成为"乏味的学问"①、被人"拒斥"② 的对象。我想，只有具备如此的意识，才能使中国教学论走出困境，获得生机活力。也只有如此的认识，才能使我们今日所讨论的"现代教学论的基础"这一问题产生学科发展原动力的真正意义。毋庸讳言，以往的教学论教材或论著并不乏对教学论基础问题的探讨，但是，不难发现，似乎探讨教学论的基础只是一种教材结构完整上的需要，是一种与整个论著并无内在关系的"理论摆设"，并无切实"奠基"的意义。我们之所以要重提现代教学论的基础问题，是因为要为现代教学论的发展空间打好基础。

二 现代教学论的学科史基础

现代教学论是对现代教学的一种理论概括。而现代教学不是凭空产生的。它从古代教学、近代教学而来。同样地，现代教学论也并非凭空产生的，它的基础便是传统教学论（包括古代教学论、近代教学论）。从某种意义上说，现代教学论是传统教学论的进一步发展，而非与其决裂。这正如一棵树的成长一样，它总是从它的根部生长起来的。这一点必须得到尊重。相对于那些为了强调其理论贡献，而将前人的理论建树视作陈旧遗物的做法，我们更加强调理论发展的内在逻辑性、继承性和整合性。③ 教学论从古代发展到近代乃至现代，是有其内在的逻辑和规律性的。在这里，我们不妨梳理一下教学论的发展简史。自从古代学校产生之后，人们便开始思考教学问题了，比如中国的《论语》《学记》、苏格拉底的"产婆术"、昆体良的《雄辩术原理》等，东西方的先哲在其教育教学实践中积累了丰富的教学经验，并且对教学的本质特性有着十分透彻地把握。比如东方的"因材施教""教学相长"等思想，西方的

---

① 郭华：《教学论研究患上了"没感觉"的症状》，《教育科学研究》2004 年第 7 期。
② 石鸥：《新世纪拒斥这样的教学论》，《湖南师范大学教育科学学报》2002 年第 1 期。
③ 李森：《现代教学论纲要》，人民教育出版社 2005 年版，第 30 页。

第二章 现代教学论的发展基础

"产婆术"等思想都是十分深刻的。这一时期，虽然没有现代意义上的教学论之名，但它却是现代教学论的思想渊源所在。因为它的思想主张主要来自思想家或教育家的经验，故我们可称之为"经验教学论"。经验教学论时期长达两千年之久。教学论成为一门独立的学科起自夸美纽斯《大教学论》（1632年）一书的发表，夸美纽斯提出教学是一门艺术，教学论是一门研究教学艺术的学问。夸美纽斯对教学论的贡献在于，提出了教学论的学科性质、任务以及学科的基本概念范畴和逻辑架构。教学论在夸美纽斯那里获得了"学科自觉意识"。夸美纽斯在建构自己的理论体系的时候，也有意识地将其建立在一定的理论基础之上。如哲学的宗教式的人生观、人性观、人文主义和自然主义的教学观以及实践观。夸美纽斯教学论可被称为"艺术教学论"。夸美纽斯之后，在洛克、卢梭、裴斯泰洛奇等著名教学论专家的努力之下，教学论学科获得极大发展，到1806年赫尔巴特出版《普通教育学》一书，教学论学科实现了质的飞跃。赫尔巴特在直接继承裴斯泰洛奇等教育家理论观点和研究自身实践的基础之上，通过理论思辨和理论演绎的方法，明确使教学论摆脱经验主义的藩篱而成为一门真正的科学。众所周知，赫尔巴特教学论的理论基础是实践哲学和心理学。他关于教学过程的论述被其学生发展为"五段教学法"，以及他提出的"教育性教学"等观点都对后世包括欧洲、美国、日本、中国等国的教育教学理论与实践产生了重要影响。赫尔巴特也是明确提出要将教学论学科发展成为一门科学的教育学家和教学论专家。他对教学论学科发展的贡献也正在于此。我们将赫尔巴特的教学论称为"科学教学论"。这一研究取向得到了极大的发展，伴随着现代科学技术的迅猛发展，教学论研究出现"唯科学化"倾向。探讨教学规律成为教学论的主要任务。王策三在其《教学论稿》中便明确指出："教学论的根本问题，与任何一门学科的根本问题是一样的，就是如何保证真正揭示自己所研究的对象的客观规律，也就是如何保证教学论成为真正的科学。简言之，教学论的根本问题就是如何科学化的问题。"

"根据教育史工作者和教学论工作者的研究，教学论的发展正是围绕着教学论的科学化这条基本线索而展开的。教学论的历史也就是教学论逐步科学化的历史。"到19世纪末20世纪初，伴随着西欧的"新教育运动"和美国的"进步主义教育运动"而来的理论集大成者——杜威的"进步主义教学论"，根据机器大工业生产的需要和现代民主社会发展的需要，对赫尔巴特教学论进行了进一步的改造，并在批判赫尔巴特教学论"旧三中心"的基础上提出了"新三中心"的主张。杜威对教学论学科的贡献在于他积极响应了20世纪是"儿童的世纪"（the century of the child）[①]的时代哲学，并且将教学论作为通向民主主义社会的重要途径，使人们不再闭起门来谈论学校的教学问题。他使教学论成为改造现代社会的一种工具。继而，到了20世纪50年代，随着第三次科技革命浪潮的风起云涌，世界范围内的教育改革也是一浪高过一浪，教学论的发展呈现出多元并存的态势。人们不再局限于某一家某一派的观点，而是根据本国的历史、国情、文化及对新时代的反应建构其教学论体系。如著名的现代教学论的三大流派便是在此背景下产生并发展起来了。而此时教学论已经离开了书斋化研究，与整个时代、国家紧密联系起来。我们可将这一时期的教学论称为"实践教学论"。

纵观教学论发展的学科简史，我们可以看到，教学论的研究具有如下特点：其一，研究取向多元化，教学论研究有科学化、艺术化、人文化三个取向；其二，研究基础多元化，不仅包括哲学、心理学、社会学、科学技术，而且还有人文学的基础；其三，研究方式不仅包括演绎的体系，而且包括归纳的体系。通过对教学论学科史的考察，我们发现，现代教学论除了科学化的发展路径之外，还可以向艺术化、技术化方向发展，现代教学论的学科体系呈现出多元化的发展趋势。

[①] 钟启泉：《现代教育学基础》，上海教育出版社1986年版，第36页。

三 现代教学论的相关学科基础

现代教学论不是孤立发展的，而是在与其他学科的相互作用中发展的。特别是现代科学的分化综合趋势日益明显，学科之间要保持自身的"纯洁"而不与别的学科发生关联不仅是不可能的，也是十分有害的，这种做法属于自绝其路、自取灭亡。现代教学论的发展无疑离不开其他相关学科的发展基础。审视教学论的发展历程，哲学、心理学、社会学和一般科学技术与教学论的关系密切，也被人视作教学论的基础学科。

（一）现代哲学基础

哲学是关于世界观和方法论的学问。它涉及对世界、宇宙、人生的根本看法，是我们认识世界、改造世界和人自身的理论基础。哲学对现代教学论的意义主要表现在两个方面。一方面，从哲学理论当中演绎出教学理论，如赫尔巴特的教学论实际上可以说主要源于其哲学理论；另一方面，哲学为教学理论提供基础和方法论的指导[1]，如杜威的教学论就以其实用主义哲学为理论指导。现代哲学，诸如马克思主义哲学、现象学、诠释学、解释学、后现代主义哲学、存在主义哲学等为现代教学论的发展提供了重要的研究基础。我们在探讨现代教学论时不能离开这些哲学基础。正如黑格尔所说，哲学是一个时代精神的精华。面对现代社会所出现的种种问题，现代的哲学家们从人类理性的高度指出了人类认识、思维、实践的未来走向。比如，认识到资本主义的剥削本质后，马克思主义提出了旨在改造世界的实践哲学观点；面对"科学世界"的一统天下以及造成人类的异化现象后，现象学、解释学的大师们提出了"回归生活世界""回到事实本身"的主张；面对"现代性"对人类理性的蒙蔽以及造成的世界的"祛魅"现象，后现代哲学家们提

---

[1] 迟艳杰：《教学论的基础》，《教育研究》2000年第1期。

出"解构""返魅"的理论观点；面对人类生存意义危机和人类的异化，存在主义哲学家提出"人的存在""人诗意地栖居"的命题，如此等等。这些理论观点是现代哲学家从人类理性的最高层面对人类社会发展的认识，它为我们认识某些微观问题提供了宏观视野和方法论基础。

（二）现代心理学基础

现代教学论与心理学的联系更为直接而紧密，"心理学对教学论的价值是任何人都不能否认的"[①]。在教学论历史上，有着重大影响的教学论专家基本上是心理学家。甚至有人将教学论视作心理学的应用学科，而否认它的独立性。虽然以心理学代替教学论的观点有一定的偏颇性，但是我们不得不承认，心理学对教学论的意义是其他学科所无法代替的。我们很难想象，对心理学一无所知的人会对教学论学科发展产生有价值的理论贡献。从裴斯泰洛奇倡导"教育学的心理学化运动"以来，包括赫尔巴特、杜威、布鲁纳、赞科夫、洛扎诺夫等著名教学论专家都是以其自己的心理学观点建立起教学理论大厦的。离开了心理学的内在理论支撑，教学论便成了一门不可言说的学科。从总体上说，心理学对教学论的贡献包括两个主要方面：一是心理学的理论直接进入教学理论，如赫尔巴特的"教学四段论"便是在他（"统觉心理学"）对人的心理过程认识基础上提出来的；二是心理学作为教学论的理论基础，如"教学促进发展"的教学论命题便是建立在维果斯基"最近发展区"的心理学基础上的，对话教学的提出是建立在建构主义心理学基础上的，多元教学评价是建立在加德纳多元智力理论基础上的。历史上，心理学领域的每一次进步都深刻地影响着教学论的发展面貌。

（三）现代社会学基础

教学论与社会学亦有十分密切的关系。社会学是研究社会现象

[①] 徐继存：《教学论导论》，甘肃教育出版社 2001 年版，第 138 页。

（社会组织、社会机构、社会个体等），揭示社会规律的一门学科。社会学十分重视对作为人类群体存在形式的"社会"和作为个体存在形式的"个人"的研究。特别注重对人的社会化的研究。现代教学论的发展离不开对现代社会学的理论探究。事实也的确如此，现代教学论的发展受到社会学的深刻影响。20世纪30年代以后，教育社会学的研究深入课堂教学这一微观领域。20世纪70年代以后，教学过程中的社会属性，如师生关系、师生互动等不断被揭示出来。在当今开放社会里，教育不仅要培养学生的个性，还要培养其社会性，出现了群体化教学等。"社会化"的概念对教学论中人的发展的解释具有重要意义。西方的批判理论对教学理论具有启发意义。

（四）现代科学技术基础

教学论与科学技术的关系密切。特别是教学的方法、技术、手段、组织形式都受到了科学技术发展水平的影响和制约。在现代社会里，人类的科学技术革命此起彼伏。现代的多媒体技术、通信技术，特别是电子计算机和互联网技术对人类的教育教学产生了革命性影响。对于这一方面，教学论的研究者理应十分敏感。如何实现现代教学论与现代科学技术的对接是一个十分重要的时代课题。[①]

四 现代教学论的实践发展基础

实践是理论的源泉。离开了教学实践而谈现代教学论发展，犹如痴人说梦。可以说，教学实践是教学理论的源头活水。历史上，有生命力的教学论著作或者教学论流派都有自己的实践基础。这一点必须明确。因此，现代教学论绝不是"闭门造车"就可以发展形成的，它必须将其"根"深深地扎于实践之"土壤"之中。具体来看，现代教学论的实践基础包括如下三个方面。

---

① 王策三：《教学论稿》，人民教育出版社1985年版，第273页。

(一) 现代教学实验基础

教学实验是借用自然科学的实验法而运用于教学理论探究的一种方法。在教学论的发展历史上，有杜威的芝加哥大学师范学院附属实验学校的教学实验，赞科夫长达20年之久的教学促进发展的教学实验，我国陶行知、梁漱溟、晏阳初的农村教学实验等。这些教学实验以明确的理论建构和社会改造的双重目的，为现代教学论开辟了重要的方向。至时今日，教学实验依然被作为发展现代教学论的一种重要方法。以我国为例。20世纪90年代以来的主体性教学实验、新基础教育实验、新教育实验等，成为我国现代教学论发展的重要思想来源。

(二) 现代教学改革基础

现代教学论与现代教学改革的关系密切。自20世纪50年代以来，教育改革（包括课程、教学改革）成为新时代的重要特征，甚至有人因此将20世纪称为"教育改革的世纪"。每一次教育教学改革，无论是成功还是失败都伴随着新的教学理论登上历史的舞台，比如美国以杜威进步主义教学论为理论基础的20世纪20年代至40年代的教学改革、以布鲁纳的结构主义教学论为理论基础的20世纪五六十年代的教学改革以及以要素主义为理论基础的新一轮教学改革，都大大推动了现代教学论学科的发展。反观我国的第八次基础教育课程改革，无论是对它的诸种质疑批判，还是它的实践困境，不可否认的是，新课程改革确实为中国教学论界提供了新的领域和新的理论生长点。"任何改革都要处理好继承与创新的关系，新课程秉承以人为本的思想，与时俱进地提出了很多新理念，倡导很多新方式，这些新内容是新课程改革的亮点、特点，是推进和引领基础教育改革的方向和动力。"[①] 这些基础教育课堂教学改革的

---

① 余文森：《论新课程课堂教学改革的八大关系》，《当代教育与文化》2013年第1期。

亮点与特点也将成为理论研究的热点，进而发展成为现代教学论实践基础，可以说，现代教学改革为现代教学论新命题的生成和建构提供了广阔而深厚的实践土壤。

（三）课堂教学基础

现代教学论更微观更根本的基础在课堂教学。教学论实际上是关于课堂教学的理论。如果不研究课堂教学，那么现代教学论便成了无源之水、无本之木。无论教学实验也好，教学改革也好，最终都要落实在课堂教学上。课堂教学实践是现代教学论基础的基础。对此，我们必须有十分清醒和正确的认识。那种只以以往教学理论为研究对象的"理论教学论"或"主流教学论"使我国的教学论成为一门"没有感觉"的乏味的受人"拒斥"的伪学问。现代教学论必须"回归原点"[①]——课堂教学实践。进行课堂教学实践研究是建构或推动现代教学论学科发展的最重要最基本的途径。只有在对日常课堂教学实践的研究中，才能产生真正的教学理论的"原创理论"和教学论学派。我国现代教学论的研究现状正好印证了这一事实。比如，李吉林的"情境教学论"、邱学华的"尝试教学论"等便是基于课堂教学实践研究的具有原创品质的教学理论。现代教学论的发展需要更多的教学论专业研究者以及一线教师深入课堂做研究。这是现代教学论发展的真正和最终的根据和源泉。另外，需要强调指出的是，现代教学论研究不能离开具体的学科教学论基础，也即不要轻视学科教学论。因为"教学，总是关于具体学科的教学"[②]。学科教学论（语文教学论、数学教学论、英语教学论、物理教学论等）是一般教学论（或称普遍教学论）的基础，它为现代教学论提供了丰富的素材。我们在进行现代教学论的研究之时最好有一门或两门具体学科做分析的对象，这样的教学论研究才不至于陷入空洞中。

---

① 蔡宝来、晋银峰：《当代教学理论的理论基础与时代课题》，《课程·教材·教法》2007年第12期。

② 张楚廷：《教学论纲》，高等教育出版社2008年版，第379页。

"现代教学论学科发展和理论建构必须建立在坚实的理论基础之上,教学论产生和发展的历史表明,理论基础是现代教学理论得以产生的土壤和催化剂,是教学理论流派多元共存的内在依据,是教学论适应实践需要改革发展的生长点和外部推动力。"[1] 现代教学论的理论基础不仅应包括哲学、心理学、社会学、科学技术等外在基础,而且应该包括现代教学论的学科史基础和教学实践基础等在内的"内在基础"[2]。现代教学论除了上述基础之外,还"需要借鉴国外的教学理论,形成中国当代的教学理论基础"[3]。借用马克思主义在论述事物变化发展的原因时所说的话,我们也可以得出这样的结论:"外在基础"(相关学科基础)是现代教学论变化发展的条件,"内在基础"(学科史基础与教学实践基础)是现代教学论变化发展的根据,"外在基础"通过"内在基础"共同推动着现代教学论向前发展。

---

[1] 裴娣娜:《现代教学论基础》,人民教育出版社2012年版,第78页。
[2] 王鉴、孙新格、王珍珍:《课程改革:从学术理念到治国策略》,《当代教育与文化》2012年第2期。
[3] 段兆兵:《论中国当代教学论的形成、构成与特征》,《当代教育与文化》2012年第2期。

第三章 现代教学理论与课堂教学改革

自 21 世纪以来，我国基础教育领域广泛开展了课程改革工作，新的知识观、课程观、教学观、学校观、评价观等冲击着中小学教师。面对众多的理念，如何理解新课程改革更深层次的理论，需要教师较系统地学习和掌握教学认识论、教学实践论、教学建构论、教学交往论和教学生活论等现代教学理论，用理论指导教学实践，变革课堂教学，才能保证课堂教学改革的顺利进行。

21 世纪基础教育课程改革之初，为了对新课程的理论基础及全新理念有一个较为统一的认识，教育领域曾开展了规模较大的教师培训工作，从国家级教师培训到各省、各地区多层的教师培训工作使得一线教师对新课程所倡导的知识观、课程观、教学观、教师观、学生观、学校观、评价观等均有了较全面的理解。但是当初的通识培训，还只是一种思想上的启蒙，因为新课程尚未实施，课堂教学实践中的新问题尚未呈现出来，教师难以将新理论运用到课堂教学中去。经过十几年的基础教育课程改革，一线教师似乎面对实践中纷繁复杂的各种问题，渐渐淡忘了曾经接受的通识培训，在理解新现象、研究新问题时陷入了理论的困惑之中。许多教师提出，到底有些什么样的现代教学理论支持着新课程的课堂教学改革呢？当教师面对课堂教学实践中的新问题时，如何从理论上找寻科学依据呢？

基础教育领域的课程改革所依据的当然是现代教学论，泛指"二战"以后形成和发展起来的多种教学理论。这些教学理论是在"二战"之后整个社会政治、经济、文化教育发展的背景下开始形成的,是国际政治的民主化、经济的一体化、文化多元化的产物,归根结底是一种"以人为本"的教育思想。综观现代教学论,不难发现它们的一些共同之处:在教学价值观上从重"知识"转向重视"人",在教学过程观上强调民主平等与交往的师生关系,在教学评价观上强调综合素质与多元指标。具体来讲,现代教学论的发展主要包括五种教学理论流派。

一 教学认识论

教学认识论的理论基础是马克思主义认识论。人的认识活动是一个实践、认识、再实践、再认识,循环往复,以至无穷的过程。在实践过程中,人们首先通过与客观世界的接触,形成了感性、具体的认识成果;然后,通过对感性、具体的认识在头脑中的加工制作,形成了理性的认识成果。人们采用这种理性认识指导实践,并通过实践来检验认识正确与否,同时,又是下一个认识过程的起始。由此,人类社会积累了十分丰富的理论知识,这些理论知识对人类社会来说是已知的,但对学生来说尚是未知的。所以学生在学校中的认识活动是一种特殊的认识活动。人类的认识过程是一个不断扩大已知世界、缩小未知世界的过程。教学过程是一个在人类的已知世界中不断扩大学生的已知世界、缩小学生的未知世界的过程。

教学认识论者认为,课堂教学的主要任务在于让学生较系统地掌握人类已经成熟的科学文化知识,强调基础知识的传授与学习。所以课堂教学便是教师讲授教材知识,使学生易于接受,教师以"传授"为主,学生以"接受"为主。事实上,这种理论并不真正符合马克思主义的认识论,而是经过苏联教育学家们理论加工的产物,尤其是凯洛夫"教育学"思想的体现,这种重视"教师、教材、课堂"的教学认识论更贴近赫尔巴特教育学的"三个中心"理论,它和中国传统教育中的教育思想相吻合,形成了以"传授与获取知识为主"的教学认识论思想。教学认识论在过去我们开展课堂教学改革，加强教师培训等方面均起到了重要的指导作用。但这种理论过于强调知识的重要性，以致当新课程改革中有人提出加强学生创新能力与综合素质培养时，有些教学认识论的倡导者认为，这样做会使学生的知识学习受到影响，一时间好像又回到了"形式教育"与"实质教育"争论的老话题上了。因此，我们可以这样说，在我国形成的教学特殊认识说部分地吸收与运用了马克思主义认识论的观点，但在它形成并成为影响课堂教学的一种理论之后，对于强化教师教的活动及方法是有效的，但不利于学生的学习活动，对于学生学习心理的基础考虑较少，表现出明显的不足。这种不足并不是马克思主义认识论的不足，而是对马克思主义认识论理解与运用得不足。目前，关于教学认识论的观点批评者较多，批评者认为：（1）仅仅强调理论学习，强化认识的特殊性，而轻视实践是认识的源泉，违背了马克思主义的认识论。（2）认识过程是囊括不了教学过程的本质的，具有很大的片面性，这种片面性导致教学实践中片面强调传授知识，忽视了智力、能力、情意、思想品德、体质等，忽视了学生多种心理的参与。（3）它在教学实践中极易形成师生间的主客体关系，造成教学上的片面和单一，不利于学生个性的整体性和谐发展。总之，教学认识论虽然有它自身的不足，但并不是完全错误的，所以我们不能全盘否定它，而应该继承和发扬它，况且它在学校教学实践活动中还很有市场，更需要我们用理性的态度不断完善教学认识论，使它真正符合马克思主义的认识论原理。这样做，对于课堂教学中如何有效地教，如何有效地指导学生的学，如何保证最有价值知识的传授与继承等均有重要的作用。

二　教学实践论

教学实践论的理论基础是马克思主义实践论，它是在马克思主义认识论的基础上发展而来的。马克思主义的实践论认为，实践是第一性的，意识是第二性的，实践是认识的源泉，实践还是认识的落脚点，是检验认识的唯一标准。既然实践如此重要，而且先于认识，那么，学生在学校中的学习活动同样不能少了实践的环节，它应该是在实践中认识，在认识中实践。学生在学校中的学习作为一种认识过程，必然要遵循人类认识历史过程的规律。学生在学校中学习主要是继承人类历史上已经发现并证实了的系统知识，尽快地达到社会所要求的水平，教学活动有其全面、系统、集中、有计划且收效显著、影响深远的特点，同时，也正是由于它的社会价值和功能，决定了它必然是一个简约的、经过提炼的过程。这种高度提炼和概括的认识对于学生而言是间接经验，缺乏个人亲身体验，对理论知识的加深理解有一定的障碍。因此，在教学过程中既要充分发挥其长处，又要减少或避免其缺陷。在教学过程中，应有意识地安排一些必要的实验或实践活动。

教学实践论者认为，教学过程是教师精心指导学生掌握知识经验的认识活动和建构学生完美主体结构的实践活动的统一过程。教学活动是学校教育的主要途径、主要渠道，通过各学科的课堂教学，完成德育、智育、体育、美育、劳动技术教育、信息技术教育的任务，最终实现人的全面发展。教学活动不仅要让学生在课堂教学中学到各学科的知识与技能，而且要将道德的、情感的、态度的、方法的内容融于其中，还要通过实践活动培养学生的各种能力。课堂教学更多的是发展学生智力的活动，不仅要把德育、体育、美育、劳动技术教育的任务融入课堂教学中，而且要扩大学生的各种实践活动，在实践活动中进一步加强德、智、体、美、劳的教育及学生各种能力的培养。

三　教学建构论

教学建构论的理论基础是建构主义心理学。最初是由瑞士著名的心理学家皮亚杰提出的认知发生理论。皮亚杰关于建构主义的基本观点是，儿童是在与周围环境相互作用的过程中逐步建构起关于外部世界的知识，从而使自身认知结构得到发展的。儿童与环境的相互作用涉及两个基本过程："同化"与"顺应"。同化是指个体把外界刺激所提供的信息整合到自己原有认知结构中的过程；顺应是指个体的认知结构因外部刺激的影响而发生改变的过程。同化是认知结构数量的扩充，而顺应则是认知结构性质的改变。认知个体通过同化与顺应这两种形式来达到与周围环境的平衡：当儿童能用现有图式去同化新信息时，他处于一种平衡的认知状态；当现有图式不能同化新信息时，平衡即被破坏，而修改或创造新图式（顺应）的过程就是寻找新的平衡的过程。儿童的认知结构就是通过同化与顺应过程逐步建构起来的，并在"平衡—不平衡—新的平衡"的循环中得到不断丰富、提高和发展。在皮亚杰"认知结构说"的基础上，苏联心理学家维果斯基认为，个体的学习是在一定的历史、社会文化背景下进行的，社会可以为个体的学习发展起到重要的支持和促进作用。维果斯基区分了个体发展的两种水平：现实的发展水平和潜在的发展水平。现实的发展水平即个体独立活动所能达到的水平，而潜在的发展水平则是指个体在成人或比他成熟的个体的帮助下所能达到的水平，这两种水平之间的区域即"最近发展区"。这一理论使建构主义得到进一步的丰富和完善，为实际应用于教学过程创造了条件。美国教育家布鲁纳提出了以结构主义为理论基础的教学理论，他认为，教授每门学科应主要教其基本概念、基本公式、基本原则和法则，培养学生的主动学习和独立发现、获得知识的能力。布鲁纳认为，心理学应当重视怎样让学生掌握复杂知识的基本结构，因为学习任何学科，主要就是使学生掌握这门学科的基本结构。所谓基本结构是指基本原理或基本概念。他认为，掌握了这种基本结构就可以在此基础上扩大和加深知识，就能形成学习中大量普遍的"迁移"，这种"迁移"应该是教育过程的核心。

教学建构论者认为，知识是学习者通过意义建构方式而获得的，教学不能无视学习者的已有知识经验，简单强硬地从外部对学习者实施知识的"填灌"，而是应当把学习者原有的知识经验作为新知识的生长点，引导学习者从原有的知识经验中，生长出新的知识经验。教学不是知识的传递，而是知识的处理和转换。教师不单是知识的呈现者，不是知识权威的象征，而应该重视学生自己对各种现象的理解，倾听他们的看法，思考他们这些想法的由来，并以此为据，引导学生丰富或调整自己的解释。以学生为中心，充分发挥学生的主动性、积极性和首创精神，最终达到使学生有效地实现对当前所学知识的意义建构的目的。与此同时，教学建构论特别强调在学生知识建构过程中教师的有效指导与良好情境的创设，所以，教学建构还是在教师指导下的建构，不是学生随心所欲地建构。教学建构论就是在教师指导下的、以学习者为中心的学习。学生是信息加工的主体，是意义的主动建构者，而不是外部刺激的被动接受者和被灌输的对象。

四 教学交往论

　　教学交往论的理论基础是哈贝马斯的交往理性论。哈贝马斯认为，人类交往行为的基础就建立在"生活世界"所代表的那种无疑的（非课题性的）、根本的（奠基性的）信念之中。换言之，交往行为理论是建立在生活世界现象学的基础之上的。在此基础上，哈贝马斯进一步从社会、交往、与人的关系出发，指出现代社会的科学和技术不仅使生产力实现了对生产领域的统治坚不可破，同时也使意识形态实现了对人的统治。整个社会成为科技时代的社会，成为实证科学支配的社会，人也成为科技的奴隶，现代化的过程所造成的最大的负面影响在于人的主体性的失落。为了解放人、拯救人，哈贝马斯提出了"工具理性"与"交往理性"两个关键概念，"工具理性"发生在生产领域，"交往理性"发生在日常生活领域，现代社会的症结在于工具理性已经跨越了生产领域而开始浸入人们的日常生活领域，因此，人类必须通过张扬"交往理性"以解放并拯救自己。

　　教学交往论者认为，当下的教育世界处于"工具理性"统治下，教育改革的任务就是进一步通过弘扬人的主体性，倡导"交往理性"来解放教育，进而解放人类自己。从教育世界的主体来看，教育的主体，不论是教师还是学生，在日常生活世界中的交往和他们之间在学校中的交往行为，都受到了科技时代"工具理性"的影响，因而缺乏人的主体性表现。所以，应该强调教学过程是一种特殊的交往活动，强调教学活动的双边性、师生交流与沟通。在师与生、生与生的交往中沟通情感，建构知识，接受教育。在课堂教学活动中教师不仅要处理好与学生的交往活动，在交往中传授知识、培养兴趣、掌握方法，而且要鼓励学生之间的交往与学习。所以应在课堂教学中倡导自主、合作、探究的学习活动。教学活动中的交往活动不仅有利于学生道德的发展、知识的获得、方法的形成，而且有利于培养未来社会成员的交往理性，既考虑了眼前学生发展的需要，又考虑了学生长远发展的需要，归根结底要考虑人类未来社会发展的需要。

五　教学生活论

教学生活论的理论基础是胡塞尔的生活世界理论。胡塞尔的生活世界理论主要有四个方面的含义：第一，"生活世界"是一个非课题性的世界。"生活世界是一个始终在先被给予的、始终在先存在着的有效世界，但这种有效不是出于某个意图、某个课题，不是根据某个普遍的目的。每个目的都以生活世界为前提，就连那种企图在科学真实性中认识生活世界的普遍目的也以生活世界为前提。"可见，生活世界是人们生活在其中但却没有意识到其存在的存在，就如同空气一样，人们无法离开它但并不是时时都想着它。第二，生活世界是一个奠基性的世界。与"生活世界的自然态度"相对的是"客观科学态度"与"哲学反思的态度"，后面两种态度都是将现实世界作为课题来探讨的，都是在"生活世界的态度"的基础上探讨客观世界的，而"生活世界的态度"本身是先验的现象，"只要我们不再陷身于我们的科学世界思维，只要我们能够觉察到我们科学家是人，并且是生活世界的一个组成部分，那么整个科学都与我们一起进入这个——主观、相对的——生活世界之中"。第三，

"生活世界"是一个主观、相对的世界。生活世界随个体主观视域的运动而发生变化，每个人的生活世界是各不相同的，因而生活世界的真理是相对于每个个体而言的真理。第四，"生活世界"是一个直观的世界。即生活世界是一个日常的、触手可及的、非抽象的世界，因而也是一个直观地被经验着的世界。如果从胡塞尔现象哲学理解教育世界的话，它主要属于科学世界的范畴，但同时有着哲学世界的含义，即它是不同于生活世界的，但又以生活世界为前提。生活世界是教育世界的根基与源泉，教育的有效性与意义最终要回到生活世界，而且从教育为完善生活做准备开始，教育世界就基本上淡忘了这一源泉。我们的教育处在一个被科学技术和信息符号覆盖的异化了的生活世界里，随着人们对科学世界的进一步反省与认识以及对教育世界的追问，人们的主体意识正逐渐觉醒，提出了回归生活世界的要求。教育源于生活世界，以生活世界为前提，又回归生活世界，这是当前人们从现象学的"生活世界"出发对教育世界的基本认识。

教学生活论者认为，课堂教学是一个建立在日常生活世界基础之上的专业生活世界。课堂教学要"以生活世界为基础，以专业世界为目标"，课堂重构要从以下三个方面展开：第一，课堂教学从知识世界回归人的世界。在课堂管理的制度方面，要废除传统的对课堂教学人为强加的清规戒律，解放教师与学生，不要把课堂教学过程看得过于神圣而将其教条化、程式化。在教师的学生观方面，不要把学生看作万能的，其实，学生的发展是渐进的，是有限的，是有差异的，学生的承受能力是弱小的，学生的精力与时间都是有限的，教师应该理解学生，还学生一个健康的学习过程。在课堂教学的评价方面，重视对教师自身素质的提高，注重其作为专业的教育教学人员的自觉意识的培养，使教师成为最主要的课堂教学的评价者，成为评价的主体并引导教学。对于学生的评价要多元、全面，不能过于强调以考试的成绩作为评价的标准。第二，重视课堂生活世界的两个组成部分及其关系。必须将课堂生活看成是教师与学生的专业生活世界，即科学世界的一种，但这种科学世界始终是以教师与学生的生活世界为基础的。第三，还教师与学生专业生活世界之外的日常生活世界的时间与空间。一方面是教师夜以继日、年复一年的辛苦耕耘，他们作为正常人的衣食住行、交往活动都受到教育教学生活的冲击；另一方面是学生失去了休息日、睡眠时间、娱乐时间、交往活动、兴趣爱好的生活世界。他们日常生活世界被教学专业世界所覆盖，日常生活中的体验、交往、经验、兴趣、娱乐等开始冻结或消失，所谓要结合的直接经验从根本上讲就是一片空白。还教师与学生日常生活世界的时间与空间就是要解放教师与学生，就是要解放未来的人类自己，不解放教师就不能解放学生，不解放学生就不能解放人类自身。让教师与学生有自己的生活经验与体验，是一个人健康存在的前提，失去这个前提就意味着失去了一切。

现代教学论对课堂教学实践的影响并不是单一地进行的，而是综合地影响着课堂教学的观念与方法。新课程改革以前的课堂教学，多受教学认识论和教学实践论的影响，强调教学的"双基"目标，培养有知识的一代新人，在教学上更多地强调教师的作用与价值。在新课程改革之后，即进入21世纪的课堂教学，多受教学交往论、教学建构论、教学生活论的影响，强调对学生个性的尊重与培植，对学生的创造精神和实践能力的培养，教学上强调学习者的主动性与创造性。从总体上看，课堂教学的理论基础正发生着一些变革，其基本趋势是：由单一的理论指导向多元的理论指导发展，表明了教学的复杂性与创造性；由单一的重"教"理论向"教""学"并重的理论发展，表明了教学主体的回归；由单一的"准备"理论向"准备与生活并重"的理论发展，表明了教育与生活的关系；由单一的"科学理论"向"科学理论与人文理论"并重发展，表明了教学的"二重性"。广大教师要在课堂教学改革的过程中，不断深化对现代教学理论的学习，理解教学重心转移背景下新的教学方式及其特点，真正实现在教学改革与教学研究相互促进中提高课堂教学质量，培养富有个性和创造性的德、智、体、美、劳全面发展的一代新人。

第四章　课堂生活及其实质

"没有最好的教学，只有更好的教学。"这句话表明了人们对"高效教学"的一种不懈追求。20世纪90年代，叶澜针对基础教育课堂教学中所存在的问题提出了"让课堂焕发出生命活力"的观点，旨在通过教学方法的变革来提升课堂教学质量。[①] 田慧生也针对课堂教学质量难以提升的问题提出了时代对于智慧型教师的呼唤与需求。[②] 21世纪初启动的国家基础教育课程改革已经历时十多年，它倡导的"自主、合作、探究"新型学习方式，对传统的"机械训练、死记硬背"的教学方式进行了猛烈的冲击，也取得了很好的效果。但是，就目前基础教育课堂教学的整体而言，课堂教学存在的问题仍然表现为教学方法陈旧、教学质量不高。教师教得苦，学生学得累的现象仍然普遍存在，尤其是在普通高中的课堂教学中更为严重，什么"激战课堂""决胜课堂""抢夺课堂"等，严重地影响了教师和学生的正常课堂生活及日常生活，使他们睡眠不足、交往不够、锻炼很少，使他们过着一种非正常人的生活，进而影响了师生的身心健康。课堂教学的质量问题将是今后一段时间内基础教育课程改革的重中之重。课堂教学质量问题的实质是教师与学生在课堂上过一种什么样的生活。所以，正确理解课堂生活的内涵，把握课堂生活的实质，对于重构课堂，提升课堂教学质量有着十分重要的意义。

---

① 叶澜：《让课堂焕发出生命活力》，《教育研究》1997年第7期。
② 田慧生：《时代呼唤教育智慧及智慧型教师》，《教育研究》2005年第2期。

一　对课堂生活内涵的理解及其意义阐释

在教育学领域，课堂并不是什么全新的概念，从历史上看，课堂的源头在于 17 世纪出现的班级授课制，只是因为研究的重点不同，西方国家大都将课堂上的课程与教学作为一个整体加以研究，关注课堂教学的细节。我国学者则从教学论或各科教学法的角度将课堂上的教学组织形式和教学方法作为研究的重点，认为教师的教学方法与教学组织形式是课堂的核心，只要通过对教学方法和教学组织形式的研究就可以提升教师的教学水平，就可以提升课堂教学的质量。这一研究重点是建立在对班级授课制的一种假设基础上的，即认为年龄相近儿童的特点是差别不大的，所以教师可以使用相同的方法和组织形式开展有效的课堂教学。事实上，这一假设只是看到了相近年龄儿童在心理发展上的同一性这一方面，而忽视了他们在心理发展上的另一方面，即差异性。同一性只为班级授课制提供了理论上的可能性，而差异性要求班级授课制还必须因材施教，以保证班级授课制的有效性。正是因为长期夸大了相近年龄儿童在心理上的同一性，所以在班级授课制中只强调教师的教学方法训练与教学组织方式的变革，而轻视对学生学习方式及兴趣的培养，形成了教师主宰的课堂，教学生活单调乏味。随着时代的发展，这种适应大工业生产、批量生产的教学组织形式正在受到挑战，小班化、个性化、订单式培养的教学组织形式正在兴起，课堂作为一个整体，尤其是对学习型共同体的深入研究也成为热点，课堂上的师生生活越来越多地被关注，新型的课堂生活理念呼之欲出。

课堂生活的概念源于对现代哲学中"日常生活"概念与"生活世界"概念的理解。日常生活虽然平凡、琐碎，但却包含着比我们想象的丰富得多的内容。正如格奥尔格·齐美儿所指出的："即使是最为普通、不起眼的生活形态，也是对更为普遍的社会和文化秩序的表达。"① 赫勒认为，日常生活包括两大部分：一是随着历史的沉浮而不断生灭的可变的部分，其变化和消失不会从根本上影响人类的生活；二是基本的不变的部分，这是人类存在不可或缺的基础，其总体或某一要素的消失会导致混沌状态、世界末日或人类生活的终结。② 她进一步通过对日常生活与非日常生活领域做比较，从而把包括日常生活世界在内的整个人类社会划分为三个基本领域：首先，在整个人类社会结构中，基础领域或第一领域是日常生活领域，即人类条件领域或"自在化对象"领域。没有这一领域，人类就不可能存在，即没有日常生活领域做基础，人类就无法存在下去，所以称其为条件领域。其次，在人类社会结构中，最高领域是"自为的对象化领域"，日常生活领域中所谓的自在性与给定性，其实都源于更高的领域，即"自为的类本质对象化"。最后，在"自在对象化"与"自为对象化"之间存在一个中间领域，赫勒称之为"自在自为的对象化"领域，是由前两个领域分化而产生的，这是一个制度化的领域。③ 从赫勒的日常生活概念出发，我认为，课堂生活是教育领域中师生的"自为化领域"，代表着运用自由意志的对象化领域，是教育活动中的专业领域，它为生活提供意义，它能使现存秩序合法化，并能在同样程度上对现存秩序合法化提出质疑。而它的基础是日常生活领域，这一"自在化领域"同样是课堂生活这一"自为化领域"存在的前提条件，即师生的日常生活领域是他们课堂生活领域的基础。而课堂上的规范与制度等就成了介于二者之间的"自在自为对象化领域"。所以，课堂生活领域包括三个构成部分：其一是课堂专业生活领域，即课堂的"自在化对象领域"；其二是课堂日常生活领域，它是课堂专业生活领域的"地基"，是前提条件，没有它，就没有课堂专业生活领域；其三是课堂的制度化领域，它是课堂生活的"自在自为化领域"，是前

---

① Georg Simmel, "Metropolis and Mental Life," in Kurt H. Wolff (trans. and ed.), *The Sociology of Georg Simmel*, New York: Free Press.
② [匈]阿格妮丝·赫勒:《日常生活》,衣俊卿译,重庆出版社1990年版,第3页。
③ 同上书,第6页。

两个领域形成的过渡领域。而传统的课堂关注的重点显然只是课堂的自为化领域，使自为化领域越来越专业，越来越表现出其自为性的特点，并与制度化领域相结合，越来越远离了课堂日常生活的基础领域，甚至失去了这一基础领域，由此而构建的课堂大厦是危险的，如同没有地基的大楼，修得越高，危险就越大。

课堂生活的概念还源于另一个现代哲学概念，那就是胡塞尔的"生活世界"概念。在胡塞尔的哲学概念中，与"生活世界"同义的还有"周围世界"和"生活周围世界"，它们所表达的都是与直观视域有关的空间与时间上的形成过程。这一概念在胡塞尔的著作中主要有四个方面的含义：第一，"生活世界"是一个非课题性的世界。即现实世界是一个毋庸置疑的、不言自明的前提，不将它看作问题，不把它当作课题来探讨。用胡塞尔的话来说，"生活世界是一个始终在先被给予的、始终在先存在着的有效世界，但这种有效不是出于某个意图、某个课题，不是根据某个普遍的目的。每个目的都以生活世界为前提，就连那种企图在科学真实性中认识生活世界的普遍目的也以生活世界为前提。"① 可见，生活世界是人们生活在其中但并没有意识到其存在的存在，就如同空气一样，人们无法离开它但并不会时时想着它。第二，生活世界是一个奠基性的世界。与"生活世界的自然态度"相对的是"客观科学态度"与"哲学反思的态度"，后面两种态度都是将现实世界作为课题来探讨的，都是在"生活世界的自然态度"的基础上探讨客观世界的，而"生活世界的自然态度"本身是先验的现象，"只要我们不再陷身于我们的科学世界思维，只要我们能够觉察到我们科学家是人，并且是生活世界的一个组成部分，那么整个科学都与我们一起进入这个——主观、相对的——生活世界之中。"② 第三，"生活世界"是一个主观、相对的世界。生活世界随个体主观视域的运动而发生着变化，每个人的生活世界是各不相同的，因而生活世界的真理是

---

① ［奥］胡塞尔：《欧洲科学的危机与先验现象学》，张知熊译，上海译文出版社1988年版，第461页。
② 同上书，第133页。

相对于每个个体而言的真理。第四，"生活世界"是一个直观的世界。即生活世界是一个日常的、触手可及的、非抽象的世界，因而也是一个直观地被经验的世界。如果从胡塞尔哲学来理解课堂生活的话，它主要属于"科学世界"的范畴，但同时有着"哲学世界"的含义，即它是不同于生活世界的，但又是以生活世界为前提的"科学专业世界"。教育处在一个被科学技术和信息符号覆盖的异化了的课堂专业生活世界里，作为人类条件的日常生活世界被隔离，人的异化与单向度化在课堂上被塑造着。随着对科学世界的进一步反省与认识以及对课堂生活世界本位的回归，人们的主体意识正逐渐觉醒，提出了回归课堂生活世界的要求。所以，从胡塞尔的"生活世界"理论来理解"课堂生活"的内涵，关键在于能否把握它与日常生活世界的关系，能否真正通过回归生活的意蕴而达成人的解放。

基于对现代哲学中"日常生活"与"生活世界"概念的理解，我认为，课堂生活作为学校教育生活的主体，是一种教育的自为领域，是一种专业的生活世界，它的基础是日常生活世界，没有日常生活世界作为基础的课堂专业生活世界是不可能的，如果存在也只能是对人的一种异化，正如现实中机械呆板的课堂生活一样。同时，课堂生活世界和社会现实之间有着必然的联系，从个体角度讲，课堂生活与个体的日常生活密不可分；从社会群体的角度讲，课堂生活与人类社会的政治、经济、科技、文化等关系密切。由此可见，完整的课堂生活包括三个有机的组成部分：师生日常生活世界是课堂生活的基础，社会现实生活是课堂生活的源泉，专业的生活世界是课堂生活的核心。

重新理解课堂生活概念，对于重构课堂，深化课堂教学改革有着十分重要的意义。首先，课堂生活是一个综合的领域，重视课堂生活的整体变革，有利于课程与教学改革的整体突破。从纵向来说，课堂生活是日常生活、专业生活和现实生活的统一体，从横向来说，课堂生活是课程问题、教学问题、学科问题、师生问题的呈现场所。课堂生活综合体的变革是把课程与教学及其参与的人员作为一个有机体来进行的，而不是分解式变革。综合变革可以发挥整体优势，使有机体内部各构成要素均成为变革的能动者，而不是就事论事，分而治之，其结果是整体效果较差。长期以来，我们要么改革教学方法，要么改革组织形式，要么改革教材，要么改革管理，可改来改去，课堂生活还是死气沉沉，教学质量还是难以得到提升。把课堂生活这一综合领域作为改革的突破口，就是抓住了课程与教学改革的关键。其次，课堂生活是一个中观性的层次，重视课堂生活的改革有利于理论与实践的结合。"社会科学研究在宏观与具体实践之间的中间环节应该是一种介于理论与实践之间、由研究者与行动者共同建构的一种中观性理论。这种中观性的理论应该包括两大领域，即课程研究与课堂生活研究。"[1] 最后，从课堂生活的全新内涵出发重建课堂，可以使课堂专业生活世界与师生的日常生活世界、社会的现实生活世界结合起来，可以把学生的直接经验与间接经验结合起来，可以把书本知识与现实社会结合起来，可以把知识的掌握与能力的培养结合起来。在这样的课堂上，也许对于知识的传授与继承便没有以前的课堂多了，可是课堂上的人却"活"了，学生的兴趣才有可能培养起来，学生的创造性才有可能逐渐形成。所以，重构课堂生活就是深入开展课程与教学改革的突破口，是解放教师与学生，形成民主自由教育的必然选择。

二 课堂生活的构成内容及其变革途径

如果我们进入中小学课堂教学的现场，不难发现课堂教学中所普遍存在的两种现象：一种是"穿旧鞋、走旧路"的传统应试教育，它以灌输式教学方法为主，课堂上以教师的讲授为主甚至只有讲授，而缺少甚至没有学生的合作与参与，课后是题海战术，学生少有参与社会实践活动的时间与空间。另一种是"穿新鞋、走旧路"，课堂上似乎有了新课程所倡导的教学方式的一些形式，但效

---

[1] 劳凯声：《现代文化视野中的课堂生活研究》，第四届"学校改进与伙伴协作"学术研讨会交流论文，首都师范大学，2010年。

果并不明显，有的教师反映还不如过去的灌输式教育好，或者有的课堂教学热热闹闹，实则属低效教学，学生的课业负担变得更加沉重，压得学生喘不过气来，学生的命运比以前更惨。目前，教学方法的变革还没有从根本上得到解决，那种点缀式的所谓新型学习方式绝不是新课程所追求的目标。

教师和学生在课堂上过一种什么样的生活，关系到课堂教学的实际效果问题。19世纪中叶，英国经过产生革命后确立了世界工场的地位，在这个背景下，英国教育家斯宾塞强调，在学校课程中自然科学知识应占最重要的地位，学习自然科学是对人类所有活动的最好准备。他认为："如何经营完善的生活？这是我们需要学习的一件大事，亦就是教育所应教导的一件大事。为我们完善的生活做好准备，乃是教育所应完成的功能；对一种教育课程是否合理的判断，就要看这种功能的完成程度如何。"[1] 所以，学生在课堂上的生活就仅仅是一种苦闷的准备，如果准备得好，未来的生活就会更加完美，此乃"吃尽苦中苦，方为人上人"的真实写照。20世纪初，美国教育家杜威开始对斯宾塞说"不"了，他认为，教育不是为未来完美的社会生活做准备，教育就是生活本身。学生在做准备的这么长的时间中还要不要快乐地生活，回答当然是肯定的。所以，学生成长的过程就是教育的过程，学生生活的过程就是教育的过程，教育即生活，教育即成长，教育即对学生经验的不断改造。[2] 到了20世纪中叶，苏联和美国同时开展了教育改革运动。苏联教学论专家赞科夫认为，如果两位教育家的观点还仅仅是在讨论教育与生活的关系问题的话，那么，当下关注课堂教学生活的内涵就更为广泛而深刻了。[3] 与此同时，在美国，布鲁纳倡导的学科中心课程

---

[1] 张焕庭主编：《西方资产阶级教育论著选》，人民教育出版社1987年版，第418—419页。

[2] 华东师范大学教育系、杭州大学教育系编：《现代西方资产阶级教育思想流派论著选》，1987年，第7页。

[3] ［苏］赞科夫：《教学论与生活》，俞翔辉、杜殿坤译，教育科学出版社2001年版，第141页。

盛行一时，他认为："学校，是进入新知的门户。确实，学校是生活本身，不单是生活的准备。但是，学校终究是特殊的生活形式。"① 随着生活世界理论的提出与发展，课堂教学生活世界的理论也逐渐成为当下课堂教学改革的主要依据之一。既然完整的课堂生活包括师生日常生活世界是课堂生活的基础，社会现实生活世界是课堂生活的源泉，专业的生活世界是课堂生活的核心，那么，课堂生活世界就要从这三个方面加以重构，这样才能使教师和学生在课堂上过一种成功而幸福的生活，才能真正解决课堂教学质量问题。

（一）以教师和学生的日常生活世界为基础重建课堂生活之"地基"

日常生活世界是人作为人的最基本的一个世界，是奠基性的、非课题性的、主观的、直观的世界，也是人之所以为人的一个保障世界。胡塞尔认为，人的世界可分为日常生活世界、专业科学世界、哲学世界，而日常生活世界是其他两个世界的基础。如果课堂生活世界这一基础性缺失，就如同一幢大楼的地基缺失一样，是十分危险的！课堂教学中如果不融入教师和学生的情感、兴趣、交往、表达、参与、活动、合作等活动的话，而仅仅是苦闷的教师讲、学生听的活动，那么教学活动就会沦为一种危险的活动，不仅不能发展学生的智力，而且会破坏学生的身心健康。

以生活世界为基础的课堂教学方法改革，应关注教师和学生主体的特征，教师在课堂教学中要有爱心，与学生平等相处，教学方式更应以学习者为中心，充分尊重学生的兴趣与需要，调动学生学习的积极性与创造性。在这一点上，教师可以反思一个问题：让教师讲授其实是比较容易的，不容易的则是教师如何少讲授而调动学生的学习积极性，让学生主动地学习。在此基础上，学生在课堂上不仅要学会合作、探究、实践参与等多种形式的学习方法，还要了解学习的过程，掌握学习的方法，培养学习的兴趣，更为重要的是

---

① 钟启泉主编：《现代课程论》，上海教育出版社1989年版，第110页。

使学生在情感、态度、价值观等方面得到发展。课堂教学过程其乐融融，师生关系平等和谐，教学效果最佳最优，这才是对以日常生活世界为基础的课堂生活的生动描述。虽然这种以生活世界为基础的课堂教学调动了学生的积极性与创造性，但在实际操作过程中费时费力，许多教师常常会半途而废。同时，教师习惯了讲授，习惯了对知识的单一传送，会经验性地认为这种课堂表面上热热闹闹，而在知识的获取方面尚不如讲授来得快，教师不考虑学生的发展，而考虑知识的传授，并形成一个思维定势，即掌握了知识就是发展了学生。事实上，转变教学方式不是一朝一夕的事，以师生的日常生活世界为基础的课堂生活之"地基"工程也非一蹴而就的事。基础教育课堂教学中最需要的就是这种能够保证质量的素质教育，而不是争分夺秒的应试教育，所以，能不能坚持以日常生活世界为基础，是真正落实这一理念的关键。

（二）通过反映社会生活的时代特点来丰富课堂生活之源泉

如果校园是封闭的，以围墙与社会相隔离是教育脱离社会生活的主要原因的话，那么课堂上拒斥教师与学生的社会生活经验则是课堂教学质量下降的重要影响因素。尽管理论上常说要把学生的直接经验与间接经验结合起来，可实践中却很少有人这么做，课堂上依旧是满堂灌。在当今知识经济社会的背景下，在信息技术已经不能离开我们生活的条件下，课堂教学还停留在传统的黑板加粉笔，或是仅仅停留在多媒体的装饰之中，难怪教学不能吸引学生，也难怪教学质量每况愈下。课堂生活其实就是社会生活的缩影，课堂生活就是教师和学生的具体生活，课堂生活就是教师和学生的日常生活与专业生活的结合。"课堂生活其实就是社会生活的缩影。无论是宏观的课堂结构、课堂制度、课堂权利，还是微观的课堂话语、课堂关系、课堂行为，都不能不受它所处的社会环境的制约。对这个领域进行研究就是要解释现在社会、学校、家庭、教师和学生在课堂当中的冲突和困惑，要干预现行课堂，建立新型的课堂生活，使教师和学生幸福。"① 教师和学生往返于社会与课堂之间,很容易将社会生活的方方面面带入课堂生活。课堂生活中的许多矛盾和现实社会中的各种矛盾有着必然的关系,如课堂的结构、课堂的制度、课堂的秩序、课堂权利以及课堂知识等都是社会文化的反映,解决好这些问题有赖于对社会文化的理解和把握。课堂教学生活中如果缺失了社会生活的时代特点,就会自然而然地出现种种不合理的现象。

通过反映社会生活的时代特点来变革课堂教学生活,就是要通过教师和学生将时代的特点及社会的文化反映到课堂教学中来,教师就要不断地学习,了解把握时代的新知识,了解学生的特点及存在于他们身上的主要文化,做学生的朋友,引导学生健康地成长。在课堂教学过程中要引导学生正确理解社会的各种现象,培养学生正确的世界观和方法论,鼓励学生对真、善、美的追求与对假、恶、丑的抵制,不要就教学而教学,而要结合社会实践开展教学,使教学活动真正成为育人的过程,使教书的活动与育人的过程相统一。不仅如此,学校教学活动还要鼓励教师和学生走出课堂,走出校园,到社会中学习,到自然中学习,到社会上的各种组织机构中学习,在生产生活的过程中学习,真正做到"学而时习之,不亦乐乎!"

(三) 把握专业生活世界这一课堂的核心重建课堂生活新理念

课堂生活虽然以日常生活世界为基础,虽然反映现实社会生活,但课堂生活的核心是教学专业生活。教师是专业的教育工作者,学生是学校这一专业团体中的一员,按照学习型组织的理论,教师和学生共同组成了专业活动共同体。可见,课堂生活就是教师和学生的专业生活,是专业生活就有专业生活世界的规范。这些专业规范的形成是多元的,既有传统的文化积淀,也有舶来的他者

---

① 劳凯声:《现代文化视野中的课堂生活研究》,第四届"学校改进与伙伴协作"学术研讨会交流论文,首都师范大学,2010年。

文化，更有现实的本土文化。作为专业生活世界中的教师与学生分别受角色定位的影响，其特点表现为：以传递知识为主的教学过程，以讲授法为主的教学方法，以考试为主的评价标准。长此以往，教师和学生就分别被专业世界的规则所限制，语言与行为自然表现出与角色对应的特点：教师神情严肃认真、工作一丝不苟、教学有条不紊，学生小心谨慎、学习踏实刻苦、把作业奉若圣旨。

在专业的课堂生活中待久了，自然就认为世界也只有专业的生活世界那么大了，全然不顾日常生活世界的基础，全然不顾现实生活世界的影响，而一味地追求书本知识，追求升学考试成绩。作为课堂生活核心的专业生活世界，在教学方法的变革方面，一方面要求教师和学生恪守应有的规范与秩序，以传道授业为主要任务，但又不受制于这些规训，而是灵活地创造符合新时代学生发展的课堂教学规范与方式；另一方面要打破唯专业世界是从的理念，融日常生活世界与社会现实世界和专业生活世界为一体，在关注师生情谊与兴趣的基础上关注社会需要，关注学科知识，培养有知识、有灵性、有创造性的一代新人。

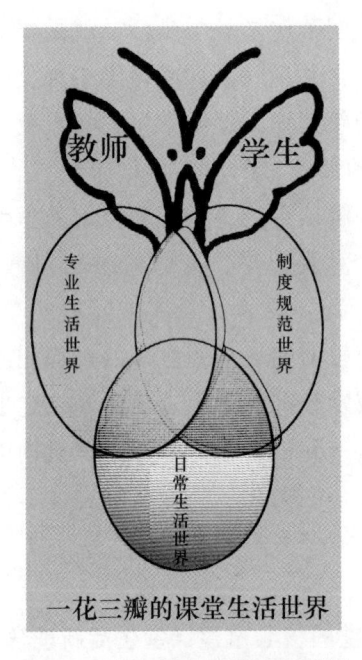

图11 一花三瓣的课堂生活世界

三 课堂生活研究及其方法

"无论对于教育者还是受教育者，教育都是一种生活方式，而且是一种日常生活方式。所以，我们如果想要了解教育，并且期望发展教育，就必须了解和理解这种生活方式。"① 既然关于课堂生活的内涵有了全新的理解，而且明确了课堂重构的基本途径，那么，就应该通过深入了解和理解课堂生活来渐进地重构一种能使教师和学生都幸福愉快且教学相长的课堂生活方式，这一过程当然不能缺失课堂生活研究。

课堂生活研究是一个综合而特殊的领域，所以研究课堂生活的方式方法也是综合而特殊的。我认为，对于课堂生活研究及其方法可以考虑以下三个方面的内容。

（一）课堂生活研究的方法论

课堂生活研究，就是要让课堂生活本身"言语"。这就要求研究者深入课堂生活之中，参与体验课堂生活，观察理解课堂生活，了解阐释课堂生活。研究者可以是理论工作者，他们进入课堂做非参与式的观察研究，从事的是一种理论引导性的研究工作。研究者还可以是中小学教师，他们身在课堂之中，将课堂教学与课堂生活研究结合起来，成为实践型研究者，从事的是一种实践研究工作。近年来，作为理论工作者的我，尝试以人类学的方法研究课程与教学的问题，提出了"课堂志"的研究方法。这一研究方法直接来源于人类学的"人种志"或"民族志"②。我认为，方法本身并不专门属于某一学科，而是一种通用的工具，不同的是有的学科因为使用某一方法成功而闻名，如人类学的人种志、心理学的实验法等。如果从方法论来讲，课堂生活研究其实就是要效仿人类学的研究方法，把课堂作为其"田野"，把课程与教学现象作为参与观察的对象，把课堂生活作为研究的基本内容，走一条"事实积累—方法分析—意义解释"的"田野"之路。③ 在这里，"事实"就是主要的假设，也是主要的结论：它的主要概念通过它的研究结果进行例

---

① 丁钢：《声音与经验：教育叙事探究》，教育科学出版社2008年版，第1页。
② 王鉴：《课堂志：回归教学生活的研究》，《教育研究》2004年第1期。
③ ［美］詹姆斯·皮科特：《人类学透镜》，汪丽华译，北京大学出版社2009年版，第9页。

证;"方法"即像人类学家一样着手学习他们所学到的方式,通过独有的观察访谈、体验理解,从多数人熟悉的课堂生活现象中筛选出最重要的特征。课堂田野的工作方法就是课堂志,就是通过观察、访谈、深描、解释来完成对课堂生活意义的了解和理解。"意义"就是将事实与方法这两个主题联系到一起,将自然科学的实证研究路线与人文社会科学的实践研究路线结合起来,通过探索课堂生活来达成人类学所谓的意义理解。[①]

(二) 课堂生活研究的基本内容

劳凯声从微观政治学和微观社会学出发,从高到低把课堂生活研究的内容划分为课堂结构、课堂制度、课堂秩序、课堂权利、课堂知识等,这是一种视角,另一种视角就是课堂交往、课堂关系、课堂沟通、课堂纠纷、课堂影响、课堂话语、课堂行为、课堂习俗等,这些要素构成了课堂的一种政治和社会生态,这种生态又可形成一系列的问题,课堂研究就是研究这些问题。[②] 沈毅和崔允漷通过对课堂观察框架的行动研究,提出了课堂观察的四个主要领域:学生学习、教师教学、课程性质、课堂文化。每个领域下面又各设五个观察指标。[③] 这些内容既是课堂观察的指标,又是课堂生活研究的主要方面。我在《课堂研究概论》中,对于课堂研究也提出了自己最初的一个观点:课堂研究是一种开放的研究,课堂就是课程与教学研究的"田野",课堂上有多少问题,课堂研究就有多少个研究领域,课堂教学论研究的主要对象就是课堂教学生活,由此形成的课堂教学论就是一个开放的体系。并且在该书的最后一编中对合作学习问题、教学智慧问题、教师期望问题、有效教学问题等开

[①] 王鉴:《论人文社会科学研究的实践性》,《教育研究》2010 年第 4 期。
[②] 劳凯声:《现代文化视野中的课堂生活研究》,第四届"学校改进与伙伴协作"学术研讨会交流论文,首都师范大学,2010 年。
[③] 沈毅、崔允漷主编:《课堂观察:走向专业的听评课》,华东师范大学出版社 2008 年版,第 104 页。

展了专题研究。① 在重新理解课堂生活的内涵之后，我认为，课堂生活研究的基本内容应该包括三个领域。

第一个领域是对作为课堂生活世界之基础的师生日常生活世界的研究。师生日常生活世界因为在课堂生活世界的"下面"，所以，长期以来都轻视了对它的研究。课堂生活中的主体是教师和学生，尤其是学生，他们都是从自己的日常生活世界来到课堂这一专业生活世界的，他们有自己独特的文化背景、家庭环境、性格特点、情感兴趣，也就有自己独特的日常生活世界。课堂生活重构要打好这一"地基"，就需要深入研究师生日常生活世界的特点，将课堂生活世界与日常生活世界联系起来。课堂教学中的因材施教、课堂学习方式、师生交往、对话教学、情感态度与价值观培养、过程与方法的获得、教学艺术与教学智慧的形成等都包括在此研究领域里。这一研究领域过去多为教育心理学和学习理论的研究内容，随着课堂生活对学生主体关注的重视，这一领域正逐渐为课堂生活研究内容所涵盖。

第二个领域是对作为课堂生活世界之核心的课堂专业生活世界的研究。如果从劳凯声的标准来看，课堂专业生活从高到低分为课堂结构、课堂秩序、课堂权利、课堂知识等。如果从沈毅、崔允漷的标准来看，课堂专业生活包括学生学习、教师教学、学科性质、课堂文化四个方面。传统的教学论体系最为关注的专业生活领域主要包括课堂教学组织形式与课堂教学方式。研究课堂专业生活领域不能就事论事，就课堂专业生活而研究专业生活，而必须将课堂生活的其他方面与这两个领域结合起来开展研究。这样就可以对课堂结构、课程秩序、课程权利、课程知识等赋予全新的意义，比如，研究课堂日常生活与课堂专业生活之后，教师就不会仅仅按照规训与惩罚的意义来理解课堂秩序，而会加入生活化、人性化对课堂秩序进行理解，教师也就不会将课堂上学生激烈的讨论与争辩看成是课堂秩序的混乱，更不会将课堂上学生端正的坐姿作为良好课堂秩

---

① 王鉴：《课堂研究概论》，人民教育出版社2007年版，第19页。

序的评判标准。我认为，较为全面的课堂专业生活的内容应该包括李秉德提出来的七个要素，也就是七个领域：课堂上教师的教、课堂上学生的学、课堂教学目的与目标、课程与课堂教学内容、课堂教学方法与手段、课堂教学环境、课堂教学评价与反馈。

第三个领域是对作为课堂生活世界之源泉的现实生活世界的研究。时代是发展的，不同时代的政治、经济、科技、文化常常反映的是时代的脉搏，作为培养人的学校教育，作为课堂这一主要场所，不关注现实生活世界无异于关门办学，脱离社会。如何让现实生活世界的各种有价值的信息进入课堂生活之中，就需要进行理论与实践层面的双重研究了。在课程改革过程中，可以通过课程资源的开发与利用让充满时代气息的信息进入课程内容，但课程一旦形成就有相对的稳定性，而时代性的信息又是瞬息万变的，这些信息只有通过教师和学生在课堂上的相互交流与沟通才能进入课堂，才能成为有效的课程资源。所以，以生活世界的方式，以专业世界的方法与技术，将现实世界的信息融入课堂制度与课堂文化之中，是当前课堂重建的一个重要领域。

（三）课堂生活研究的基本方法

关于课堂生活研究的基本方法，我认为"课堂志"可以成为一种较为成功的模式：观察—访谈—深描—案例。

课堂观察就是指研究者或观察者带着明确的目的，凭借自身感官（如眼、耳等）及有关辅助工具（观察表、录音录像设备等），直接或间接（主要是直接）从课堂情境中收集资料，并依据资料做相应研究的一种教育科学研究方法。课堂观察法可分为参与观察法和非参与观察法。课堂观察法的主要特点包括：第一，课堂观察法有明确的观察目的。第二，课堂观察有系统的计划。第三，课堂观察是在自然状态下的观察。课堂观察法可以对课堂生活的三个领域七个方面分别进行专题性观察。

课堂访谈常常是一种课后的访谈，在个别情况下可以在课堂教学中进行访谈。访谈的内容就是课堂观察中记录下来的一些现象，对这些现象的理解有两个角度：一个是研究者的角度，一个是当事人的角度，需要通过访谈知道当事人的观点与态度。课堂访谈是一种深度访谈，可以不断追问当事人观念深处的东西，确证当事人观念与行为之间的关系。课堂访谈是对课堂观察的补充，课堂访谈也是课堂案例描述的基础。

深描就是极详细的描述，描述细节，用细节说明教育教学的现象。课堂研究对"深描"的解释给予高度重视。对于现实生活中教学的观察和描述，应以教学实际和事实为出发点，不仅分析具体教学形态中的教学规律，而且对于教学过程中所涉及的人文性内容给予必要的、合理的解释。

作为案例的研究素材收集主要有三个途径：一是研究自己的教学，并从大量的教学实践中积累一定的案例；二是在对别人教学的课堂观察中捕捉案例；三是在平时的学习和阅读中注意搜集书面材料的案例。对案例进行艺术的加工和整理：一方面，案例的搜集必须来源于课堂教学的生活，是真实的，这样的案例才具有真实性和典型性。另一方面，案例的形成还应高于生活，进行艺术的加工与创造，使其具有广泛性与代表性。

课堂生活方式是多种多样的，构成了课堂生活的多彩图景，而要提示这幅图景中的奥秘，课堂志所形成的研究案例，就是以人文社会科学特有的语言讲述让读者能够参与其中的课堂生活故事。

第五章 高效课堂的理念及其建构策略

高效课堂有三个核心理念：教师从"为教而教"转向"为学而教"，教学活动以学习共同体为依托保障学生的学习权，教学内容的有效组织。高效课堂是针对课堂教学的低效问题提出来的，低效问题的关键在于对学生自主学习活动的轻视和教师教学方法的陈旧单一。构建高效课堂的策略主要包括教师"为学而教"，学生在课堂学习共同体中有效发展，教学内容得到有效组织等。随着基础教育课程改革步入"深水区"，高效课堂已成为每所学校追求的理想。教师"为学而教"，学生进行合作学习，教学内容得到有效组织的"学习型共同体"理念已经成为当前课堂教学改革的主旋律。

一 高效课堂的核心理念

高效课堂是一种理想的课堂，是一种应然的课堂，也是课堂教学所要追求的最高理想。高效课堂不是已经完成的课堂，而是必须努力追求的课堂。在基础教育课程改革过程中，提出有效教学，进而构建高效课堂，不仅说明了课堂教学所应追求的价值取向，而且说明了基础教育课堂教学的低效问题较为严重，高效课堂就是针对课堂教学的低效问题而提出的。那么，高效课堂的核心理念是什么呢？不同的研究者对此有不同的回答和解释。

在我国，理论界和实践界对高效课堂的理念进行了研究和探索。理论界多使用"有效教学"这一概念，强调教学对学生发展的价值和意义。叶澜认为："我国现实教育中最大的缺失是对学生——作为教育对象的具体的人生命的关注。作为教育者的教师,在忽视学生真实生命成长需要的同时,自身的生命成长的价值也被忽视,强调的仅是教育的工具价值。正是双重的忽视,使学校教育丧失了'生命性',丧失了'魂'。"① 所以,叶澜在分析了基础教育的课堂教学问题之后,开展了以"生命·实践"理念重建课堂的"新基础教育实验"。她认为:"课堂教学的价值在于培养能在当代社会中主动健康发展的一代新人;课堂教学的过程观重在对课堂教学基本要素教师、学生、教学内容及其关系的理解与把握;课堂教学的评价观将评价改革贯穿于教学改革研究与实践的全过程;课堂中的师生关系必须置于教学活动过程中,把握其内在不可分割性、相互规定性和交互生成性。"② 崔允漷也将有效教学的理念落实在学生的发展方面,他认为:"学生有无进步或发展是教学有没有效益的唯一指标。"③ 我们认为,可以通过重构学生的课堂生活与日常生活来构建高效课堂,"基础教育课堂的主要困境表现在两个方面:一是课堂上学生的精力与兴趣不能适应高难度、高速度的教学内容与单一乏味的教学方法。主要原因在于学生的家庭作业量大,作息时间晚,睡眠严重不足。二是教师的课堂教学方法单一陈旧,不能适应基础教育课程改革的需要,不能适应学生主体性发展的需要。走出困境的途径在于重构学生的课堂生活与日常生活"④。实践界对高效课堂的理念探索强调教学的结果,主要是指教学对知识传递的效果。刘金玉认为,高效课堂包括三个方面的内涵:一是提高课堂效率;二是课堂效率的最大化;三是达到最佳的课堂教学效率。⑤ 李本禄、崔淑芹认为:高效课堂必须是基于课程标准的教学,这种课堂要具备四个基本的特征:一是有明确、具体、可检测的学

---

① 叶澜主编:《命脉》,广西师范大学出版社2009年版,第15页。
② 叶澜:《课堂教学过程再认识:功夫重在论外》,《课程·教材·教法》2013年第5期。
③ 崔允漷:《有效教学策略》,《人民教育》2001年第6期。
④ 王鉴:《课堂的困境》,《当代教育与文化》2013年第5期。
⑤ 刘金玉:《高效课堂八讲》,华东师范大学出版社2010年版,第36—37页。

习目标；二是课堂效率高；三是课堂上学生学习积极主动；四是当堂达标率高。[①] 迟学为则从高效课堂建构的文化思考与行动策略方面提出了高效课堂的"三有"条件、"三维度"关注、"四灵魂"理念、"六字箴言"方法、"三看"评价标准。所谓高效课堂的"三有"指，一是有"效果"，二是有"效率"，三是有"效益"。所谓高效课堂应关注的"三维度"指，一是高的目标达成度，二是优化的达成路径，三是积极的学习愿望。高效课堂的"四灵魂"是指"相信学生、解放学生、激发学生、发展学生"。高效课堂必须遵循"自主、合作、探究""六字箴言"。评价一堂好课则要做到"三看"：看自主程度，看合作效果，看探究深度。让课堂真正成为"知识的超市、生命的狂欢"[②]。李炳亭对高效课堂内涵的理解进一步论述了"超市"与狂欢的含义：所谓超市，是指课堂上体验的是对学生和学习的尊重性、选择权、自主性，同时要求课堂呈现出丰富性和多义性，琳琅满目、各取所需，就像"知识超市"。所谓狂欢，是指从知识到生命，课堂立意的变化带动课堂价值追求的"质变"。课堂是学生成就人生梦想的舞台，是展演激扬青春的芳草地，是放逐心灵的跑马场。他认为，高效课堂应具备主动性、生动性、生成性三个特征。[③]

综上所述，国内论者基本上将高效课堂的内涵集中于课堂教学的效益与效率方面。从目标而言，确定课堂教学所应达成的理想，从过程而言，确保课堂上教师教学方法的有效性，从结果而言，要保障学生的学习质量。这种高效课堂的理念还是工业化社会的生产效率理念，即追求单位时间内的最大效益。这种课堂理念曾经作为一道美丽的风景线在西方国家教育世界流行过，然而，进入 21 世纪以后它正在作为一种历史而进入欧美国家的博物馆了，与此同时，欧美国家对高效课堂的理解出现了新的理念。

[①] 李本禄、崔淑芹：《基于建构高效课堂的思考》，《当代教育科学》2012 年第 10 期。
[②] 迟学为：《高效课堂教学模式建构的文化思考与行动策略》，《课程·教材·教法》2012 年第 5 期。
[③] 李炳亭：《高效课堂九大"教学范式"》，山东文艺出版社 2012 年版，第 5 页。

西方学者论述高效课堂的理念都放在一个产业社会的终结与新型社会勃兴的背景之下，通过批判"同步教学"而倡导"学习共同体"的创建。不论是美国学者贝尔·胡克斯的"教学共同体"（teaching community）理论，还是日本学者佐藤学的"学习共同体"（learning community）理念，都将课堂教学改革的重心与目标锁定在创建高效的学习共同体基础之上。贝尔·胡克斯认为："教学共同体，作为一种教育的希望，它给我们提供了一种实践的智慧，即把课堂作为学生生命发展和思想扩展的地方，把课堂作为教师和学生相互自由的地方，把课堂作为教师和学生伙伴式工作的地方。当我们真正开展课堂教学时，课堂永远是作为一种精神的共同体而存在的。"[1] 佐藤学则批判了优质学校所谓的"上好课"的目的，指出学校教育的真正目的不是要"上好课"，而是要实现每一个学生的学习权，给学生提供挑战高水平学习的机会。所以，他认为，学校教育低效的原因有二：一是学校对每一位学生的学习权不负责任；二是单靠教师来实现改革，没有构筑课堂上的合作学习关系。因此，他提出构建学习共同体来实现课堂教学的优质化。[2] 佐藤学进一步指出："课堂共同体不是课堂的学习集体，也不是班级的集体，它不是地域性、血缘性的共同体，而是意味着由叙事、言词与祈愿的情结构成的富于想象力的共同体，是每一个人的经验得以交流与交欢的共同体，就是'交响式沟通'的共同体。在这种和而不同的共同体中，每一个人的自立、亲和及其多样性是一个前提。每一个人通过亲力亲为的探究，形成与自我共生的众多异质的他者的关系，从而构成了自我参与其中的共同体。"[3] 事实上，西方学习共同体的理念来自"学习型组织"与"共同体"两个概念。学习型组织（learning organization）由美国学者彼得·圣吉（Peter M.

---

[1] Bell Hooks, *Teaching Community: A Pedagogy of Hope*. Preface xv. Published in 2003 by Routledge Taylor and Francis Group, New York.
[2] ［日］佐藤学：《学校的挑战：创建学习共同体》，钟启泉译，华东师范大学出版社2013年版，第2页。
[3] 同上书，第214页。

Senge）在《第五项修炼——学习型组织的艺术与实务》（The Fifth Discipline）一书中提出，彼得·圣吉认为，学校的教育成为片断知识的传授和枯燥的学术性演练，最后竟发展到愈来愈和个人成长脱节，成效越来越差。而现代社会要打破由个别、不相关的力量所创造的幻觉，就要创建一种学习型组织。学习型组织应包括五项要素："自我超越（personal mastery）、改变心智模式（improve mental models）、建立共同愿景（building shared vision）、团队学习（team learning）、系统思考（system thinking）。"① 相对彼得·圣吉所讲的企业，课堂更是一个专业的学习型组织，也是一切学习型组织的源头和雏形。课堂上透过学习，学生重新创造自我，透过学习，学生可以做到从未做到的事情，重新认识这个世界与他或她的关系，以及扩展创造未来的能量。所以彼得·圣吉讲："学习型组织的真谛在于活出生命的意义。"② 而"共同体"概念则由英国著名学者鲍曼提出："共同体是一个温暖而舒适的场所，一个温馨的家，在这个家中，我们彼此信任、互相依赖。"③ 然而，"共同体"不是一个已经获得和享受的世界，而是一种我们热切希望栖息、希望重新拥有的世界。这是一个失去了的天堂，或者说是一个人们还希望能找到的天堂。学习共同体是指一个由学习者及其助学者共同构成的团体，彼此经常在学习过程中进行沟通、交流，分享各种学习资源，共同完成一定的学习任务，因而在成员之间形成了相互影响、相互促进的人际联系。在传统教学中，教师、学生同时在一个教室中参与教学活动，彼此可以很容易地进行面对面的交流，也可以很容易地形成一定的学习共同体，比如一个学习小组、一个班级乃至一个学校，都可能成为一个学习共同体。但事实却并非如此。课堂常常是教师演讲和学生被动听讲的地方，没有成为所谓的学生共同学习

---

① ［美］彼得·圣吉：《第五项修炼——学习型组织的艺术与实务》，郭进隆译，上海三联书店2006年版，第2页。
② 同上书，第13页。
③ ［英］齐格蒙特·鲍曼：《共同体》，欧阳景根译，江苏人民出版社2003年版，第41—42页。

的温馨而舒适的场所，也没有成为真正专业的学习型组织。所以构建学习型课堂共同体既是对课堂本真的复归，也是对课堂未来发展的专业筹划。不论在美国、加拿大还是在欧洲和日本，传统的"同步教学模式"正在向"合作学习模式"转型，这表明以产业社会的大工业效率主义为基础形成的高效课堂的概念也正发生着变化，即由"知识传递的有效性"向"学生学习权保障的有效性"转变。"近二十年时间里，世界各国的学校中仍然固步于同步教学的，只剩下地球上一角的东亚国家和地区与发展中国家了。"[①] 所以，西方学者论述的高效课堂或优质教学已经向学习型共同体课堂转型了，而我们的高效课堂还处在知识的有效传授方面。这也是后工业社会与工业社会的差距，而在那些尚处于农业社会的发展中国家里还谈不上什么高效的课堂，还处在满足教育基本条件这一发展水平上。正因为这样，所谓高效课堂就是合作共同体的课堂，就是在常态的课堂教学中，教师通过课堂经营与管理，为学而教，引领学生积极主动地参与学习，通过构建学习型共同体，在课堂上追求活动式、合作式、反思式的学习，使学生的学习成为同客观世界（文化性实践）、同他人（社会性实践）、同自己（反思性实践）三位一体的对话，使学生获得全面发展。可见，现代学校的高效课堂有三个核心理念：教师从"为教而教"转向"为学而教"，教学活动以学习共同体为依托保障学生的学习权与全面发展，有效组织教学内容。"这种现代的高效课堂的理念才真正体现了现代学校教育的'公共性'、'民主主义'、'卓越性'的哲学内涵。"[②]

二　建构高效课堂的主要条件

佐藤学在分析了日本的课堂教学现状之后认为，所谓的优质学校课堂的主要问题在于：一是课堂未能实现学生的学习权；二是单

[①] ［日］佐藤学：《学校的挑战：创建学习共同体》，钟启泉译，华东师范大学出版社2013年版，第10页。
[②] 同上书，第4页。

靠教师来实现课堂教学改革，没有把课堂创建为学习型的共同体。[1]而我国基础教育课堂教学的问题与此情况十分类似，基础教育课堂教学中的主要问题表现在两个方面：一是课堂教学对学生的学习态度与兴趣关注不够，在构建课堂学习共同体方面尚缺乏明确的认识和行动；二是教师的课堂教学方法单一陈旧，"为教而教"仍然是教师从事教学活动的主要理念与方法，在"为学而教"方面尚缺乏足够的理论研究和实践探索。

（一）内在条件：以"学习共同体"为依托保障学生的学习权

保障每一位学生的学习权，既是"学习共同体"的愿景，又是高效课堂建构的内在条件。学生的学习权是指每一位学生都可以通过学习活动得到发展，每一位学生都可以快乐地学习，学生的学习权以学习共同体为依托，将传统的"竞争与甄别"的权利关系转型为"共存与共生"的权利关系，承认每一位学生的自立、亲和及其多样性，形成每一位学生的经验得以交流与交欢的"交响式沟通"[2]。"学习，可以比喻为从已知世界到未知世界之旅。在这个旅途中，学生同新的世界相遇，同新的他人相遇，同新的自身相遇；在这个旅途中，学生同新的世界对话，同新的他人对话，同新的自身对话。"[3] 学生的态度与兴趣是保障构建学习共同体的内因，只有使学生的态度与兴趣得以充分展示，学习共同体才能成为真正温馨与舒适的地方。传统的课堂是以传授知识为主的专门场所，这种课堂忽略了学生的情感、态度和价值观的培养，因而缺乏生命的活力与气息，学生被动地接受知识，缺乏对学习过程的体验与学习方法的掌握，久而久之便失去了对学习的兴趣，甚至产生厌学心理。高效的课堂更是一个学习型共同体，这个共同体不仅是学生成长的

---

[1] [日]佐藤学：《学校的挑战：创建学习共同体》，钟启泉译，华东师范大学出版社2013年版，第2页。

[2] 同上书，第214页。

[3] [日]佐藤学：《学习的快乐——走向对话》，钟启泉译，教育科学出版社2004年版，序。

共同体，而且是教师专业提高的共同体。教师专业的提高与发展又可以促进学生的成长与发展，进而形成一种良性循环。课堂上的学习活动蕴含着学生的生活，学习活动是一种特殊的生活过程，而不应把学生的学习活动从他们的日常生活中剥离出来，变成枯燥乏味的机械训练活动。教师应该利用各种手段，让每一节课都成为充满趣味的课。课堂作为一个共同体，就应该是学生的家，是一个学生快乐生活和成长的地方，在课堂上学生不仅获得知识，而且是一个感受爱和温暖的过程。在学习型共同体的课堂上，学生通过自己的兴趣爱好自觉主动地参与活动，积极主动地发现问题，思考问题，解决问题，学生在愉快的气氛中主动地学习，不仅学会，而且会学。因此，在课堂教学中激发学生的学习兴趣，是关乎教学活动成败的内在因素，只有让学生保持学习兴趣，才能促使学生学习时间更长，更高效。从目前国际课堂教学发展的趋势来看，构建学习型共同体是关注学生学习态度与兴趣的有效途径，不仅佐藤学系统地论述了学习共同体的理论与日本学校的实践案例，[1] 而且美国的贝尔·胡克斯在其《教学共同体：教育学的希望》中也深入浅出地论述了西方课堂教学中的共同体建构方法。[2] 国内有学者也专门论述了学习型共同体课堂的内涵与特点，并把它作为构建课堂教学论的基础概念。[3] 我国基础教育课堂教学改革要把构建学习型共同体作为理论研究与实践探索的专门领域，与国际教育接轨，尊重学生的学习态度与兴趣，在教会学生知识与技能的同时，发展学生的情感价值观，让学生学会学习，学会合作，学会做事，学会做人。让学生的学习权在课堂学习过程中得到保障，并通过教师之间的通力合作与研究，为学生的学习权负责。让课堂共同体真正成为学生成长发展中温馨的、舒适的地方，让课堂共同体真正成为师生教学活动

---

[1] [日] 佐藤学：《学校的挑战：创建学习共同体》，钟启泉译，华东师范大学出版社 2013 年版，第 45—158 页。

[2] Bell Hooks, *Teaching Community: A Pedagogy of Hope*, Preface xv. Published in 2003 by Routledge Taylor and Francis Group, New York.

[3] 王鉴：《课堂研究概论》，人民教育出版社 2007 年版，第 60 页。

专业世界与生活世界相结合的地方。

　　高效课堂除了构建学习共同体之外，还要考虑学生参与共同体学习的前提条件，即保障学生以充沛的精力与良好的情绪状态参与课堂学习活动，这就必须保证学生在课堂以外充足的睡眠和应有的体育锻炼时间。这也是保障学生学习权的基础性条件。把本应该属于学生的课堂之外的日常生活世界的空间和时间还给他们，让学生在日常生活世界里尽情生活、体验、感受、休息、放松和锻炼，而不是让学生带着课堂生活世界的作业和任务在日常生活世界里做题、背诵、熬夜等，最终形成恶性循环，导致课堂教学的低效甚至无效。所以，关注和激发学生的课堂学习兴趣，保证学生日常生活中的睡眠休息和必要的身体锻炼时间，构建学习共同体，保障学生的学习权，这是高效课堂教学模式建构的内在条件。

（二）外在条件：以"为学而教"理念变革教师教学方法

　　长期以来，课堂教学方法的变革是基础教育改革的重点与难点，教师教学方法的变革之所以困难，不仅是因为教师的专业素养问题，而且是因为我们的课堂教学方法、理念问题。"为教而教"是传统教育学的核心理念，强调教师有效地教学，轻视了教师教学的对象性。教师教学的对象性不在教材，而在学生；不在教师之教，而在学生之学。所以"为学而教"成了现代教育学中教学方法变革的核心理念。

　　教师"为学而教"，首先要求教师转变角色，由"为教而教"者转向"为学而教"者，要由执教者、指导者转变为合作者、参与者，在学生讨论、交流合作的时候要参与到学生中间，让学生不断地暴露问题，充分了解学生的想法和做法，只有这样才能有针对性地进行指导，才能做到有的放矢。其次，教师的教学方法由重"教"向重"学"转变。传统的教学方法是教师讲授法，学生是课堂上的倾听者。我们认为，这是"为教而教"，而非"为学而教"。长此以往，学生习惯于被动学习，学习的主动性渐渐丧失。显然，这种以教师"讲"为中心的教学的最大局限性在于学生处于被动静听状态，单调乏味，加上内容过多或过长，使那些缺乏良好注意力和记忆力较差的学生收获很少。因此，教师教学方法的变革作为构建高效课堂教学模式的主要外因，应该让教师彻底反思其教学方法的对象性，将学生作为学习活动的真正主人，真正实现学生从被动学习向主动学习的转变，让学生成为课堂学习共同体的主人，让学生在课堂上学会并会学。这就要求在课堂教学中倡导对话教学，变革学习方式，使学生真真切切地进行自主、合作、探究学习，使教师与学生、学生与学生之间进行平等、多向、互动的教学对话。再次，建构新型的师生关系。新型的师生关系不仅是民主平等的师生关系，而且是学习型共同体中教学相长的师生关系，更是一种注重交往的情际性师生关系。传统的师生关系之所以被称为专制的，或被压迫者的师生关系，是因为"教师在学生面前是作为对立面出现的。教师认为学生的无知是绝对的，教师以此来证实自身存在的合理性"[1]。师生关系长期被所谓的知识传授所支配，从而形成了一种简单的事际关系，而非良好的人际关系。重构师生关系，不仅在于适应学习型共同体课堂教学的需要，而且在于民主社会中人与人之间关系的重新确立，进而彻底实现师生之间基于情际的事际与人际关系的结合。最后，"为学而教"的条件是建立在教师"为教而学"基础之上的，"为教而学"是教师专业发展的新理念，即教师作为教育专业工作者，不仅职前专门在师范学习，而且职后不断加强理论学习与实践学习，使其真正成为既有理论基础又有实践智慧的教师。"为教而学"说明了教师专业学习的目标性与方向性。"学，然后知不足，教然后知困，知不足然后能自反，知困然后能自强也，故曰教学相长。"只有教师"为教而学"，即学而不厌，方能"为学而教"，即诲人不倦。

---

[1] [巴]保罗·弗莱雷：《被压迫者的教育学》，顾建新、赵友华、何曙荣译，华东师范大学出版社2001年版，第25页。

三 构建高效课堂的主要策略

构建高效课堂就要以高效课堂的条件为基础，结合高效课堂的核心理念"为学而教"、创建学习共同体、整合教学内容，具体分析课堂教学中的问题，有针对性地提出具体的策略。

（一）教师如何"为学而教"

作为课堂组织者的教师，应该转变传统的以讲授为主的教学观念，尤其是要转变"为教而教"的教学观，倡导"为学而教"。在理论界，研究者要研究"为学而教"的理论与基础。在实践界，教师要在课堂上积极探索"为学而教"的路径与方法，并将这些研究成果与实践案例作为教师培训的基本资源。教师教学观念的转变不是一蹴而就的事，必须在推进课堂教学改革的实践过程中，通过不断学习新的理论与研究成果加以逐步完成。教师"为学而教"的课堂变革策略包括以下方面的内容。

1. 提升教师专业自主的意识和能力

教师在课堂教学中有很大的专业自主权，但在现实中教师常常因专业水平较低而不能有效地发挥专业自主能力，或因专业意识差而放弃真正的专业自主能力，于是，课堂教学按照功利思想的惯性运转着。教师不相信自己课堂教学的效果而大量布置作业，或怀疑其他教师布置了大量的作业而不甘落后，进而为学生布置大量的作业。如果教师能真正做到专业自主，第一件要做的事就是少布置作业或布置弹性作业或分层布置作业，这样做的主要目的是保障学生回到家里后的休息、娱乐与睡眠时间，为高效的课堂教学做条件性准备。第二件要做的事就是专业自主地开展课堂教学改革，尤其是教学方法的改革。而这两件事恰恰是高效课堂的内、外条件。因此，教师的专业自主能力是衡量高效课堂教学真正落实的有利条件。教师的专业自主能力如何获得呢？专业自主能力不是别人给予的，而是教师通过自身素养的提升获得的，除了教师自主学习与获得专业发展之外，教师培训中理念的转变与方法的指导，对于重塑教师专业自主的信心，提升专业自主的能力有着非常重要的作用。

2. 扩大教师课堂教学机智的功能与效果

教师敏锐的观察力、较强的记忆力、思维的灵活性、丰富的想象力和创造思维能力等对高效课堂教学有着较大的影响。教师的教学机智制约着教学决策、方法的选择以及解决课堂上所出现的各种问题的能力。教师的教学机智在学习型共同体课堂上发挥着教师应有的价值与作用。一个具有敏锐感受、准确判断、丰富想象、创造性思维、快速记忆力的教师，既能够很好地把握教育时机，化解课堂教学中所出现的矛盾与冲突，也能对课堂上生成的教学问题和教学对象以及面临的具体情境及时做出决策和选择，调节自己的教育教学行为。正如教育家拉尔夫·泰勒所言："学习是通过学生的主动行为而发生的，学生学到了什么取决于他做了什么，而不是教师做了什么。"[1] 教师的教学机智不仅有助于其在课堂上教什么和如何教，而且有助于对学生学习的指导与影响。现代课堂教学正在将教师的教学机智扩大到学习型共同体中教师对学生学习的有效指导与帮助上，教师是学习型共同体中的首席与引领者，同时也是学习共同体活动的设计者与调控者。

3. 营造良好的教师心态与课堂气氛

"为学而教"的教师，在课堂教学过程中表现出专业的心理素养，不将生活中的情绪与态度带入课堂，而是以学生学习环境的营造为课堂教学的前提，一方面表现出自身良好的心理状态，另一方面营造出学习共同体的良好学习氛围。教师的心理品质和高效的课堂教学之间有较大的关系。教师的心理健康与否，直接影响着学生心理品质的形成。一个性格孤僻、褊狭、自私的教师很难培养出学生博大的胸怀、宽容的态度，相对应的是课堂气氛紧张、对立、沉闷。而一个心理健康、性格豁达、开朗、自信的教师，对学生敞开

---

[1] [美]拉尔夫·泰勒:《课程与教学的基本原理》，罗康、张阅译，中国轻工业出版社2008年版，第55页。

心扉，热爱自己的学科和学生，不经意间就能营造民主、和谐、融洽的课堂气氛，激活学生的求知欲望。学习共同体的课堂是学生学习和成长的"家"，是学生与教师专业生活世界的"家"，这一共同体需要家的温馨与舒适，需要共同体成员之间的支持与帮助，教师良好的情绪与心态是营造学习共同体氛围的关键。为此，贝尔·胡克斯在其《教学批判思想：实践智慧》中详细论述了融合教学法、故事教学法、分享教学法、交往教学法、合作教学法等，一反传统的纯学术讲授的教学方法，倡导与学生融为一体的教学方法，这些教学方法的共同之处是以教师的教学方法的多样化为学习共同体营造文化环境与心理氛围，教学效果也由少数学生的被动参与变成全体学生的共同发展。[1]

（二）创建课堂学习共同体

把课堂建设成学习共同体，教师必须关注学生和课堂的多方面特征。"学习共同体不同于联合体，它是一个环境，处于学习共同体中的个体拥有共同的目标、共同的关系，并且互相关心。学习共同体是一个组织，其成员有共同的情感取向和行为标准。"[2] 杜威认为："儿童自己的本能和能力为一切教育提供了素材，并指出了起点。"[3] 北京十一学校校长李希贵在《学生第一》中指出："学生第一是教育学的取向，一位成熟的学校管理者，谁也不会糊涂到弄不清学生在自己工作中所占分量的程度，重要的是如何实现学生本位的价值，怎样落实学生中心的地位。"[4] 学生也是课堂共同体的"第一"，学生的发展及特征是课堂学习共同体建构的重要内容。

---

[1] Bell Hooks, *Teaching Critical Thinking: Practical Wisdom*, Published in 2003 by Routledge Taylor and Francis Group, New York, pp. 3 - 6.

[2] ［美］理查德·I. 阿兰兹：《学会教学》，丛立新译，华东师范大学出版社2007年版，第109页。

[3] ［美］杜威：《我的教育信条》，人民教育出版社1980年版，第3—4页。

[4] 李希贵：《学生第一》，教育科学出版社2011年版。

1. 确定学生的"最近发展区"

学习共同体是以班级授课制为形式的基层学习组织，是按照一定的教学目的、任务和形式而加以编制的。在学习共同体中，学生会感到自己和其他学习者同处于一个温馨而相互依赖的集体之中，在进行共同的学习活动过程中，遵守共同的规则，形成一致的价值取向和旨趣。学生对共同体的归属感、认同感以及从其他成员身上所得到的尊重感有利于增强他们对共同体的参与程度，维持他们持续、努力的学习活动。高效课堂上有"学习权"理念，就是要利用学习共同体的组织功能及其对成员发展的自我超越理论，促进学生有效学习的发展，帮助学生掌握学习方法。而这一发展的起点就是以学生的学习水平与能力作为高效课堂教学的起点。学生的学习水平与能力指的是在教学开始之前学生原有的学习准备状态。不了解学生的起点能力，教学就很难做到有的放矢。奥苏伯尔指出："假如必须把一切教育心理学还原为一条原理，我就要说，影响学习最重要的一个因素就是学习者已经知道了什么。弄清楚学生已经知道了什么，并在此基础上进行教学。"[1] 所以，将学生的起点定得太高或太低，要么脱离学生实际，要么使学生在低水平的内容上做无效的劳动，都会造成时间和精力的浪费，从而影响教学的有效性。与此同时，在高效课堂教学中，仅仅掌握学生学习水平和能力这一起点还是不够的，这只是问题的一个方面，问题的另外一个方面是学生可能发展的水平与能力，这一可能发展水平和能力是学生通过单位时间的学习活动所能达到的水平，虽然因人而异，但却有共同的领域，即维果斯基所谓的"最近发展区"理论。学生的"最近发展区"理论虽然在20世纪30年代就提出了，曾引起教学论领域的普遍关注，但因缺乏相应的理论支持而逐渐淡出学术主流。但在学习共同体理论中，自我超越理论又一次将"最近发展区"理论引入学术主流，旨在通过学习共同体的特殊功能完成学生的有效发展。事实证明，如果学生个体不能独立完成任务，在共同体的活动

---

[1] 王丕：《教育心理学》，河南大学出版社1988年版，第335页。

中，在教师的有效指导和同学的相互支持中，通过模仿，就能够完成任务，并能加速学生的发展。

2. 形成学生的学习策略

学习策略是指学习者在学习活动中有效学习的程序、规则、方法、技巧及控制方式。但遗憾的是，在实际的教学过程中，学生的学习策略的重要性长期以来没有引起教育工作者的足够重视，只是更多地期望学生学习，却没有教给他们解决问题的思维策略。教会学生学习才是高效课堂教学最本质的要求，学生学习策略与方法的形成需要教师的指导和帮助，教学中教师教给学生学习策略和方法的价值远远大于仅仅教给学生知识内容本身，正所谓的"授人以鱼不如授人以渔"。而教会学生学习策略，教师需要研究学生的学习策略，需要在教学过程中了解和把握学生的个性特点及其学习风格，进而教会学生学习的方法。形成学生的学习策略，既是学生的事，又是教师的事，是学习共同体活动中师生的共同任务。在《教学模式》中，乔伊斯系统地论述了学习在学生策略的掌握方面怎么样从"不适"到"适"的过程，而这一过程正是通过学习活动的变化来完成的。[①]

3. 转变学生的学习方式

"真正的学习"通常不是正规教学的结果，相反，它往往来自于个体的体验和思考，是通过个体的自我发现和自我发展而产生的。学习者在学习知识的过程中积极主动地探索而习得学习的策略和方法。课程与教学专家拉尔夫·泰勒认为："学生学习经验的获得，是通过学生的主动行为而发生的，他学到了什么取决于他做了什么，而不是教师做了什么。"[②] 陈向明认为："以往我们在学校里度过的大部分时间都带有'教'的特点，可是学生按照这种方式所获得的效果往往与学生的'学'没有多大的关系，很难使真正的学

[①] Bruce Joyce, Marsha Weil, Emily Calhoun：《教学模式》，荆建华、宋富钢、花清亮译，中国轻工业出版社2002年版，第479页。

[②] ［美］拉尔夫·泰勒：《课程与教学的基本原理》，罗康、张阅译，中国轻工业出版社2008年版，第55页。

习发生。"① 新型的学习方式主要有自主学习、合作学习、探究学习、研究性学习、参与式学习、实践性学习等，新课程改革已经将这些学习方式引入基础教育的课堂教学中，之所以目前的效果还不是十分明显，主要是因为教师对这些学习方式的理解与掌握不够，因此在课堂上有了新型的学习方式，却缺乏应用新型学习方式的真正方法。转变学生的学习方式，不仅要求教师转变自己的教学方式，而且要求教师研究并转变学生的学习方式，让学生在学习活动过程中学会学习。在基础教育领域，许多教师仍然不相信新型的学习方式的价值，仍然迷信传统讲授法与良好的学业成绩之间的必然关系。教师最大的顾虑在于新型学习方式会影响教学的进度，有损他们上课的效率。"传统的教学方法追求效率与效益的同时，削减了学生的学习经验，制造并放弃了学习困难的学生，忽略了寻求发展性学习的学生的兴趣而得来效率。这种所谓的效率与效益是建立在对学生的浪费与经验的浪费基础之上的，而新型的学习方式寻求的不是传授教科书知识的效率，而是丰富每一个学生的学习经验的效率，这才是货真价实的效率与效益。"② 因此，只有学生的学习方式转变了，教学活动才能结合学习共同体的特殊功能，真正提高课堂的有效性。

（三）有效组织教学内容

传统的教学内容，是一种"教"与"学"分离的内容。在课堂上，主要是教的内容，因此称之为教材，课堂教学就是教师"教教材"的活动。在课堂外，主要是学生学的内容，通常以作业的形式让学生再学习课堂上教师讲授过的内容。这种分离的教学内容最大的弊端在于教与学的分离，在于学生对教学内容的陌生与惧怕，不仅影响了学生的学习兴趣，而且加重了学习负担。相反，如果教

---

① 陈向明：《在参与中学习与行动：参与式方法培训指南》（上），教育科学出版社 2003 年版，第 1 页。
② ［日］佐藤学：《学校的挑战：创建学习共同体》，钟启泉译，华东师范大学出版社 2013 年版，第 27 页。

学内容通过优化整合，在课堂学习共同体的活动中，将教的内容与学的内容有机地整合起来，让学生在课堂上"以学为主，先学后教"，不仅发挥学习共同体的功能，而且可以减少课外作业，使高效教学成为可能。

教学内容是教学活动中最实质性的因素，是指由一定的知识、能力、思想与情感等方面内容组成的结构或体系。具体表现为各级各类学校的教学计划、各科教学大纲和具体的教材。① 教学内容不仅仅是一个"教什么"的问题，也是"学什么"的问题。也就是说，教师教得不一定是学生学的，教师教得如果没有被学生学，那就是无效的。所以，要使课堂教学高效，不仅要使教学内容有效，而且要让教师的"为学而教"、学生的自主学习、教学内容的综合化三者有机统一起来，成为一个整体。

1. 教学内容的价值

19世纪英国哲学家和教育家斯宾塞对这个问题进行了广泛研究。他提出"什么知识最有价值"的问题，并在研究的基础上对这个问题予以回答，提出"为完满生活做准备"的知识是最有价值的知识，而为完满生活做准备的知识就是科学，所以科学知识是最有价值的知识。② 历史发展到今天，我们仍然要回答这个问题，因为我们面临着一个无法回避的难题——时间的有限性和知识信息增长的无限性。那么，面对这样一个难题，我们只能做出一个明智的选择——教方法，学方法。我们怎样学习比我们学习什么更加重要。因此，高效课堂教学内容的价值取向不仅仅是所谓有价值的知识，在现代的学校教育中，教学内容更是与其方法有机地结合在一起的，即将基础知识与基本技能融入课堂教学的过程与方法之中。正如课程史专家布鲁巴克在《西方课程的历史发展》中所指出的那样："课程史所反映的课程本质问题，不仅包括应该如何选择课程的问题，而且包括应该如何组织课程的问题。"③

---

① 李秉德：《教学论》，人民教育出版社2001年版，第11—12页。
② ［英］赫伯特·斯宾塞：《教育论》，人民教育出版社1962年版。
③ 瞿葆奎主编：《教育学文集》（课程与教材），人民教育出版社1988年版，第88页。

2. 教学内容的整合

著名作家巴金曾指出:"我越来越觉得我们这个新社会里封建流毒多。……仍然用'填鸭式'的方法教育儿童。不管孩子们理解不理解,只要把各种各样的知识塞进他们的脑子,塞得越多越好,恨不得在短短的几年中间让他们学会一切,按照自己的愿望把儿女养成什么样的人。因此不论家长不论老师,都以为听话的孩子就是好孩子,整天坐在书桌前的学生就是好学生。家长说孩子做功课太慢,老师就布置更多的作业,学生不得不早起晚睡,好像学生休息愈少成绩愈好,老师也显得愈认真、负责。塞进脑子的东西越多,学生的收获越大。学生忙,老师也忙,老师脸上的血色越来越少,学生的眼睛越来越近视。"[1] 这正是应试教育的真实写照,教师以为教得越多,教学的有效性就越高,可实际上并非如此。教学的有效性并不取决于教学内容的多寡,而是取决于教学内容的有效整合。现在课堂教学内容之所以越教越多、越学越多,主要在于知识的分科与考试的无限扩张。分科教学使知识林立,使教材内容庞杂,使学生的学习负担加重,所以国际课程改革的共同趋势在于课程的综合化,使教学内容通过课程综合而达于有效组织。分科且单一的教学内容不会对学生产生深远的影响,为了使教学内容产生累积的效应,就必须将它们有效地组织起来,使之相互强化。在学习共同体课堂上,"教学内容可以按时间角度和学科角度来组织,即按照纵向关系和横向关系来组织,且按照连续性、顺序性和整合性的标准有效组织教学内容"[2]。

3. 教学内容的呈现

教学内容不是目的而是手段。根据教学内容本身的性质和教学目的的要求选择不同的呈现方式,能够极大地提高课堂教学的高效率。从目前的研究来看,单一方式最不受欢迎,即教师一人单独按教材内容进行讲授,教学方式缺乏变化,容易造成学生的厌倦。根

---

[1] 巴金:《致李楚材》,《收获》2004 年第 1 期。
[2] [美]拉尔夫·泰勒:《课程与教学的基本原理》,罗康、张阅译,中国轻工业出版社 2008 年版,第 74 页。

据教学内容的性质和内在逻辑结构可采用直线式（按教学内容内在逻辑顺序，把教学划分为相互关联的结构或步骤），也可分为并行式（把教学内容划分成若干平行的单元，分别采用相应的方法与媒介），还可采用综合式，即将上述几种方式综合起来使用。[①] 在课堂学习共同体中，因为教师和学生合作，教学内容呈现的方式更多，多种呈现方式会让学生耳目一新，不容易产生对课堂教学内容的厌倦，提高学生的好奇心，求知欲望。现代社会信息化进程的加深，为教学内容的有效呈现提供了强有力的保障。教师除了借助传统的教材与图片等呈现教学内容外，还通过现代多媒体技术呈现教学内容，将教学内容的语言文字与图像声音结合起来，使教学内容呈现立体化、动态化、情境化。多媒体技术的情、景、声、形更具感染力，具有声形并茂、近距效应、现场效应等优势，大大激发了学生的学习热情，充分发挥学生的主体作用，让学生在开阔视野的同时，有效地提高他们学习的兴趣，强化学生的学习动机，提高课堂实效。

总之，构建高效课堂是教育变革的一个重要领域，国际上最通行的方法是建构学习共同体课堂，在这样的课堂上教师"为学而教"，学生相互支持与共同学习，教学内容得以有效组织。这样的课堂学习共同体以课堂教学中的三个核心要素"教师、学生、教学内容"为指标，构建高效课堂，且将最终的目标落实在学生学习权的保障和学生的全面发展方面。这样的课堂在现实中还只是一种理想，还需要理论方面的深入研究与实践层面的积极探索。所以，高效课堂不是我们已经完成的课堂，而是需要我们不断建构的课堂，这是一个漫长而有趣的过程，这也是课程与教学理论研究与实践工作者孜孜以求的梦想。

---

① 孙亚玲：《课堂教学有效性标准研究》，教育科学出版社2007年版，第105页。

第六章　课堂教学如何构建学生发展核心素养

所谓学生发展的核心素养是指："学生在接受相应学段的教育过程中，逐步形成的适应个人终身发展和社会发展需要的必备品格与关键能力。"[①]自 1997 年以来，国际经济合作与发展组织（OECD）、联合国教科文组织（UNESCO）、欧盟（EU）等国际组织先后开展了关于核心素养的研究。受其影响，美国、英国、法国、德国、芬兰、日本、新加坡等也积极开发核心素养框架。2014年，我国教育部在《关于深化课程教学改革 落实立德树人根本任务的若干意见》中第一次提出"核心素养"概念，并于 2016 年发布了《中国学生发展核心素养》。中国学生发展核心素养以全面发展的人为核心，共分为文化基础、自主发展、社会参与三个方面，综合表现为人文底蕴、科学精神、学会学习、健康生活、责任担当、实践创新 6 大素养，细化为 18 个基本要点。根据这一总体框架，提出各学段的具体要求。

课堂教学是落实学生发展核心素养的主要渠道，九年义务教育阶段学生一共上课 9522 节，学生在校的 80% 以上的时间是在课堂上度过的。因此，课堂教学如何落实学生发展的核心素养是当前教育改革的重点和难点，也是教育改革的突破口和希望所在。"在我眼里，无论是主体的构建，还是社会客体的构建，其根基都在于紧

---

① 林崇德主编：《21 世纪学生发展核心素养研究》，北京师范大学出版社 2016 年版，第 29 页。

密渗入时空中的社会实践。"① 学生核心素养构建的根基同样在于紧密渗入时空中的教学实践方面。既然核心素养是关于学生知识、技能、情感、态度、价值观等多方面要求的结合体,它关注学生在其培养过程中的体悟,而非结果,同时,核心素养兼具稳定性与开放性、发展性,是一个伴随其终身的可持续发展、与时俱进的动态优化过程。因此我们在理解学生发展的核心素养时就可以将其定位于每个学生的日常生活流中,具体定位于每位学生接受义务教育的特殊阶段(人生中的学生时代)上,重点是定位于"制度性时间"的绵延中,即社会制度"超个人"的结构化过程中。每位学生核心素养的发展都以"多重"方式定位于由各种特定身份所赋予的教学关系之中。彼此之间互相定位的不仅是个人,还有群体的定位与教学互动情境的定位。核心素养的构建既不是每位学生个体主观构建的产物,也非教师和"超个人"结构化客观影响的产物,而是每位学生能动者与"超个人"结构客体互动的结果,也是学生能动者之间、学生能动者与教师能动者之间互动的结果。因此,将学生发展核心素养置于时空绵延的课堂教学实践之中,研究学生作为能动者的反思性监控及行动的理性化发展过程,研究课堂教学的资源与规则通过系统整合和社会整合而形成的制度性实践,以及研究二者在一定时空中的转换关系,对于课堂教学落实学生发展核心素养要求有着十分重要的理论意义。

一 学生能动者及能动性分析

社会理论的任务之一,就是对人的社会活动和人类行动者的性质做出理论概括,并研究二者的关系。"agent"与"actor"一般通译为"行动者",根据《牛津英汉词典》的解释,"agent"即行使权力或造成某种效果的人。吉登斯指出:"作为能动者或行动——

---

① [英]安东尼·吉登斯:《社会的构成——结构化理论纲要》,李康、李猛译,中国人民大学出版社2016年版,第10页。

我交替使用这两个术语——的人在行事时有能力理解他们之所为，这正是他们之所为的内在特征。社会活动的具体情景有一个特点，就是人类行动者的反思能力始终贯穿于日常行为流中。"[1] 行动是一个持续不断的过程，是一种流。在这个过程中，行动者的能动性表现在三个层面，这三个层面分别与三种意识相关（见图12）。首先是行动者的反思性监控与实践意识。行动者的反思性监控是人的能动性的具体体现，是行动者日常行动的惯有特性，不仅涉及个体自身的行为，还涉及他人的行为。行动者在参与社会实践的过程中，不仅始终监控自己的行为流，还期望他人监控自身。与它相应的实践意识则是行动者在社会生活的具体情境中，无须明言就知道如何"进行"的那些意识。对于这些意识，行动者并不能给出直接的话语表达，只是知道怎么做而不必说出理由。其次是行动的理性化与话语意识。行动者既知其所为，又知其所以为，或者，行动者既知其所然，又知其所以然。在此情境下，行动者就要对自身的活动始终保持理论性的解释，这样就形成了行动的理性化。与行动者的理性化相关的意识便是话语意识，当行动者对自己的行为做出说明时，就意味着行动者可以通过话语方式理解自己之所为。最后就是行动的动机激发过程与无意识。如果说理由指的是行动的根据，即理性化行为的理性基础，那么动机则指激发这一行为的需要。尽管说具有资格的行动者几乎总是可以有话语的形式，就自己之所为给出自己的意图和理由，但他们并不总是能够说清楚自身的动机。动机属于无意识层次，是话语意识与实践意识的源头，其本源便是时空绵延中的社会实践。正如马克思所言："人们自己创造自己的历史，但是他们并不是随心所欲地创造，并不是在他们自己选定的条件下创造，而是在直接碰到的、既定的、从过程继承下来的条件下创造。"[2] 人的无意识便是在这样的条件下创造的，是主体与客体相互作用的结果。

---

[1] ［英］安东尼·吉登斯：《社会的构成——结构化理论纲要》，李康、李猛译，中国人民大学出版社2016年版，第10页。

[2] 《马克思恩格斯选集》（第1卷），人民出版社1995年版，第585页。

```
┌─────────────┐         ┌─ 行动的意外后果 ─┐
│             │    ↑    
│ 行动未被认  │ ⟹  行动的反思性监控      话语意识
│ 知到的条件  │    行动的理性化          实践意识
│             │    
│             │    行动的动机激发过程    无意识
└─────────────┘
```

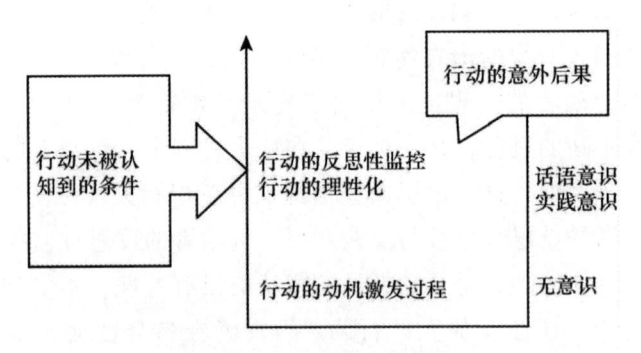

图 12　能动者的分层模式

学生作为能动者的能动作用，在教育史上很早就引起了重视。尤其是在人类轴心时代的教育理念中，不论中国的孔子、孟子，还是西方的苏格拉底、柏拉图等，均十分强调学生主体的能动性，并把学生的学习活动看成是教育活动的逻辑起点，即所谓的"不愤不启、不悱不发"和"产婆术"等。在人类进入工业化时代以来，因为机器化大生产催生了班级授课制，教育领域才逐渐形成了传统教育的"三中心"规则，将课堂教学活动完全变成教师能动作用的发挥过程，学生的能动性受到了限制，甚至在教师权威和"超个人"制度的双重影响下，学生的能动性变得微乎其微，于是乎才有了"被压迫者的教育学"的呼声，才有了"让课堂焕发出生命活力"的呐喊。因此，传统课堂教学中的学生能动性被教师的能动性所掩盖，学生完全变成了接受知识的容器，变成了教师加工改造的对象，变成了制度化教学实践中升学考试的牺牲品。那么在教师能动者的主宰下，学生的能动状况是什么样的呢？作为个体的教师能动者，他的教学活动具体到微观的一节课的教学活动之中，由此绵延而构成该个体教师的教学生活史。个体的教师要发挥其能动性，一方面要适应传统教学体制而开展"教师中心""教材中心""课堂中心"的教学活动，另一方面，教师个体又在这一体制中构建自身主体与教学制度客体，形成了所谓的结构二重性。也就是说，这一教学过程表现出了一般社会生产与再生产中的二重性特征。在这一过程中，学生被人为地作为客体对待了，学生与客体的能动二重性、学生能动者之间的互动、学生能动者与教师能动者的互动等均被轻视或者忽视了。作为群体的教师，处身于广泛时空延伸中的教育工作者，他们作为一个社会特有的能动者群体，既是传统教育体制这一先在于他们的客体的创造者与构建者，又是传统教育体制约束的对象。也就是说，教师能动者群体构建了客体"象牙塔"，又钻进"象牙塔迷宫"难以找到出口。作为被动的能动者和支配的能动者的学生，在传统教育体制下，被教育体制和教师共同构建成了一个知识的容器和缺乏能动性的空壳主体。教师作为真正的能动者，不仅按传统教学的理念反思监控自己的行为以及同事的行为，而且从理论层面能够言说自己这么做的理由，达成行为的理性化，其无意识之中的动机千篇一律地被解释为"我也没有办法"，其实质是教师能动性成为传统教育的工具。学生作为能动者因为受到教师能动者及客观制度的限制，不能发挥能动者的能动作用，更难以形成相应的意识类型，学生作为教学实践活动中的能动者徒有其名。

学生作为真正的能动者的理念，是在对传统教学的批判与反思中逐渐提出来并重构的，而完成这一任务的主体则是教师能动者与学生能动者的联动。传统教学体系中的教师，并不完全是这一体系机器中的"螺丝钉"或"螺丝帽"，而是在一定的条件下反作用于传统教学体系的。当教师中话语意识占主导的能动者，发现传统教学中的矛盾与不适时，他们会反思自己的行为，进而改变自己的所作所为以及支配行为的实践意识与话语意识。相邻的教师能动者便会受此影响，开始反思监控自己的教学行为，变革实践意识与话语意识。正如日本教育家佐藤学所倡导的静悄悄的革命描述的那样："课堂变革从一位教师到另一位教师，从一间教室到另一间教室。"① 学生作为能动者的属性本身毋庸置疑，在传统课堂教学实

---

① ［日］佐藤学：《静悄悄的革命——创造活动的、合作的、反思的综合学习课程》，李季湄译，长春出版社2003年版，第5页。

践过程中，尽管学生的能动性受制于教师能动性与既有的教学体制的限制，但对这一限制的反叛始终没有停止过。英国著名的教育社会学研究的"老炮儿"保罗·威利斯在其《学做工——工人阶级子弟为何继承父业》中指出："反学校文化最基本、最明显、最明确的表现是对'权威'根深蒂固的彻底反抗。这种感觉很容易被'家伙们'（the lads，这是反学校文化者的自称）表达出来。"[①] 尤其是随着现代信息社会的发展，新一代青少年是在信息技术世界里长大的，他们获取信息的途径与方法发生了根本性的变革，他们在新型学习方式的课改浪潮中长大，在与传统课堂教学模式中教师主宰的能动性的抗争中构建自己的教学生活世界。个体的学生能动者在构建自己素养的过程中尝到了甜头，他们的行为会影响相邻的学生，学生群体能动者的能动性逐渐被唤醒，他们自身的反思性监控行为的理性化发展与教师自身的反思性监控行为的理性化发展相遇在课堂上，形成了能动者联动的有效机制，于是课堂教学结构不再是教师独自的前台表演流，而是教师与学生作为能动者主动构建新的课程与教学资源及其规则的实践活动。

所有的学生都是具有认知能力的行动者，行动者的认知能力嵌入实践意识，在日常教学生活中，学生作为能动者能够在话语层面描述他们的行为及其理由。教师作为能动者的任务在于促使学生能动者发挥其能动作用，而不是代替学生作为教学活动的主宰者。学生发展的核心素养是学生发展的目标，是学生在教学活动中构建的主要内容，从文化基础、自主发展、社会参与三个方面，通过与课程体系资源（广义上包括一切配置性资源与权威性资源）、教学规则体系（广义上包括一切表意性符码和规范性要素）等既有客体的转换性关系，构建全面发展的社会能动者。核心素养便是能动者的动能所在，学生在教学实践中一方面构建主体的能动者自身，同时构建与其自身难以分离的课程与文化客体，并且在二者的互动过程

---

① [英]保罗·威利斯：《学做工——工人阶级子弟为何继承父业》，秘舒、凌旻华译，译林出版社2013年版，第13页。

中扩大了自己的动能,进而在广泛的时空范围内形成能动者与教学制度的结构二重性特征。这一过程与教师能动性的发挥结合在一起,便构成了完整的课堂教学结构二重性。

二 课堂教学结构及其变革

"我把在社会总体再生产中包含的最根深蒂固的结构性特征称为结构性原则(structural principles)。至于在这些总体中时空延伸程度最大的那些实践活动,则可称为制度(institutions)。"课堂教学活动作为人类教学活动的实践流,关注共同在场情境下的互动如何在结构上融入具有广泛时空延伸(time-space distanciation)的教学系统,即关注教学系统如何在大规模的时空范围里伸展开来而形成现行的教学制度。课堂教学的结构,通常可以理解为教学活动中或教学现象中的某种"模式化"(patterning),它既从宏观上形成于广泛时空中的能动者与人类文化的互动过程,又从微观上存在于具体课堂教学的能动者与课程教学的互动整合中。前者是吉登斯所称的系统整合,后者则是所谓的社会整合。

人类社会经历了口承时代、农业时代、工业时代和信息化时代的交相演进。今日教育教学体制是工业化时代形成的主要模式,这一模式以工业生产与再生产原理为依据,将教育看成是为社会生产培养人才的工具,明显打上了实用主义的烙印。为了强调效率与效益,班级授课制应运而生,赫尔巴特的"三中心"理论成为教师话语意识形成的理论基础。传统课程强调知识体系,尤其是有价值、能应用的知识,将知识静态化而成为课程资源选择和学生必须学习的资源,将教师系统传授看作学生获得知识的有效途径。因此可以说,传统课堂教学中的课程资源理念与教学活动原则构成了传统课堂的主要结构。课程的体系先在于学习者,在学校教育体系中已经历史地存在着了,不管受教育者是否愿意,其存在已经不是受教育者的意志所能转移的了。教学的模式也基本定型,教师是在这一教学模式中被培养出来的,又加入这一模式培养学生,形成了稳定的课程与教学体制。这一课程结构是在工业化背景下,在班级授课制的发展过程中,由教师群体能动者构建并在广泛时空范围里伸延开来而形成的。学生能动者在这一过程中被纳入了教师能动者的对象之中,作为客体被动地存在于系统之中。因此,这一系统结构是教师能动者与工业化时代的资源与规则互动的产物,是被强加于学生能动者的。这一课程结构一旦形成,便成为一种体制或制度而客观存在着,成为"超个人"结构中时空延伸最大的实践。能动者一方面与其作用,构建和完善这一体系,同时,能动者又被约束于这一体系之中,从而形成了这一结构的二重性特征。"个人在没有创造出他们自身的社会关系之前,根本无从驾驭这种关系。不过,倘若把这种关系看成单纯的客观关联,看成是自然而然的、与个体本质不可分割的,而且是个体固有的关联,那就大错特错了。"① 我们把这一制度假设为先于学生而存在的客体,目的在于明确教学体系本身不是学生能动的结果,主要是学生能动者的对象。而事实上,作为教学活动的本质,学生的学才是其真正的逻辑起点,教是为学服务的手段,也可以说是人类目前探索形成的最佳手段。如果从广泛时空中的片断化情境来理解,不管学生是否进入课堂,课堂教学的资源与规则的结构是先于学生而存在的,学生在进入课堂之后,面临着课堂结构对其的约束与影响,然后才是学生能动性的反映,即制度的受制性与使动性同时存在。

  传统课堂结构以传统课堂上的课程资源与教学模式为稳定的制度,既是教师群体能动者反映社会结构的结果,又是约束教师群体能动者的主要客体,二者既相互作用,又相互制约。学生是被动地置于这一系统之中的,学生作为能动者的能动性被轻视甚至被忽视了。这一课堂结构的本质是为工业化时代的知识传递服务的,是培养工具的人的机器。工具理性时代的发展,使学生成为单向度的人,教育系统的弊端被广泛地批评,传统课堂的结构最终不仅约束了学生,而且约束了教师,从根本上而言,约束了教育体系,使教

---

① [德] 卡尔·马克思:《政治经济学批判大纲》,企鹅出版社1857年版,第162页。

育仅仅沦为一种工具。

信息化时代的到来，各行各业都受到了"互联网+"的挑战，教育领域也不例外。信息化时代改变了知识获得的途径与手段，打破了时空限制上的不足，使"人人能学"和"处处可学"成为现实，传统的课堂教学模式受到了极大的挑战，新型的"翻转课堂"应运而生。教师能动者主宰的课堂普遍受到了批判，教师从前台区域的表演转向了后台区域的支持，学生作为能动者真正成为与人类文化客体互动的主人，新的课程与教学文化正在重建之中，一种适合学生学习的资源开发模式与教学模式取代了传统的既有的课程与教学体系。在新型课堂结构中的能动者分为主角与配角，学生能动者是主角，在前台区域的情境中与教育资源和规则开始了建构活动，学生发展的核心素养便在这一过程中由学生主动构建起来，而不是由教师规划与给予的，这才是学生真正的素养。当然，这一素养的构建中不能或缺教师能动者的唤醒与支持。作为"配角"能动者，教师发挥的是其后台区域中的导演与设计的"筹划"工作，在前台区域中的指导与引领作用，教师能动者与学生能动者的联动，使教学系统的运行更加切合普遍的社会二重性原则（见图13）。

从传统课堂结构到现代新型课堂结构经历了两次历史性的"翻转"：第一次是以杜威为代表的进步主义教育流派，在20世纪初对以赫尔巴特为代表的传统课堂的翻转，这是一次发现学生能动性的翻转；第二次是在21世纪初，在信息化支持下，世界各国又一次对传统教学中自上而下的传授式教学模式进行了翻转，以"先学后教、以学为主"翻转了"先教后学、以教为主"的课堂，这是一次在技术条件支持下发生的学生的翻转。[①] 课堂教学的两次翻转是课堂结构的发展变革过程的具体体现，传统课堂的结构二重性始终是教学实践活动跨越时空的连续性的主要根基，反过来，它又需要以行动者身处日常教学实践活动的绵延并构成绵延的反思性监控过程为前提。不过，人的认知能力是有限的，行动流持续不断地产生

---

① 王鉴：《论翻转课堂的本质》，《高等教育研究》2016年第8期。

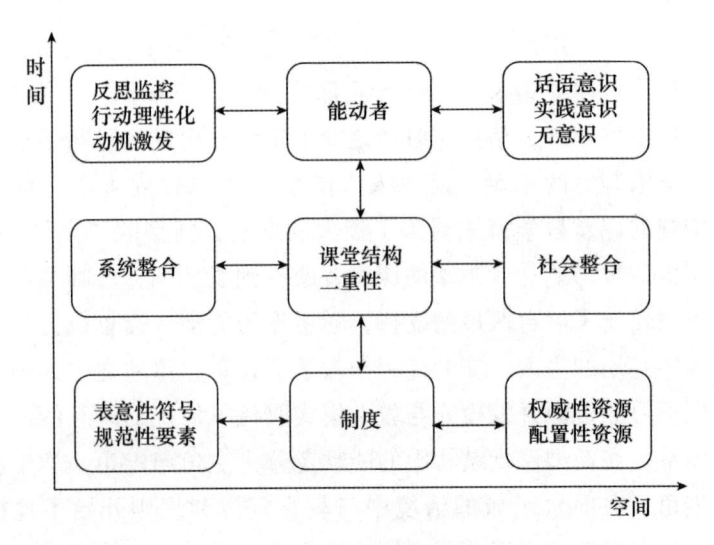

```
         时间 ↑
              ┌─────────┐    ┌─────┐   ┌─────────┐
              │反思监控  │←→│能动者│←→│话语意识  │
              │行动理性化│    │      │   │实践意识  │
              │动机激发  │    └─────┘   │无意识    │
              └─────────┘       ↕        └─────────┘
              ┌─────────┐    ┌─────────┐ ┌─────────┐
              │系统整合  │←→│课堂结构  │←→│社会整合  │
              │          │    │二重性    │ │          │
              └─────────┘    └─────────┘ └─────────┘
                               ↕
              ┌─────────┐    ┌─────┐   ┌─────────┐
              │表意性符号│←→│制度  │←→│权威性资源│
              │规范性要素│    │      │   │配置性资源│
              └─────────┘    └─────┘   └─────────┘
                                                     → 空间
```

图 13　课堂结构二重性

着行动者意图之外的后果，这些意外后果又可能以某种反馈的方式形成行动者未被认识到的条件。行动者与传统课堂教学结构互动过程中的意外后果最为重要的便是"翻转课堂"，在"先教后学，以教为主"的课堂上，教师能动者在前台区域尽情地发挥了自身的作用，而学生能动者在这一教学活动中被"形塑"的同时，一部分学生能动者的能动性使他们走向了传统教学的反面。一方面教师与传统的课程与教学体制同构了传统教学二重性，另一方面，教师也同构着走向传统教学反面的"家伙们"，这些"家伙们"在后台区域构建了适合自己的教学模式，教师不得不变革自己的教学模式以适应学生学习的需要，即"以学为主，先学后教"模式的雏形。在翻转课堂上，学生在教学活动过程中，在具体定位的互动情境下，与那些身体和自己共同在场的他人进行着日常接触。与学生共同在场的他人包括其同学和教师，学生能动地构建自己发展核心素养的过程正是学生"与自己对话、与他人对话、与世界对话"[①] 的过程。

---

① ［日］佐藤学：《学习的快乐》，钟启泉译，教育科学出版社 2005 年版，第 38—39 页。

新型的课堂结构形成了学习共同体组织，这一组织既是学生能动者与课堂资源与规则的互动产物，也是新的时代约束师生教学活动的一种制度。教师与学生的变革可以说难以区分清到底是谁先变革的？又是谁的变革引起了另一方的变革？但有一点是明显的，即结构二重性在此表现出具有另外一层含义的"二重性"，即在同一时空的片断化情境中，不同结构的课堂教学模式同时存在，同时处在构建的过程之中，这便是课堂结构的变革。

三 在课堂时空转换中落实学生发展核心素养

当从理论上分析了课堂教学结构的二重性特征之后，我们便从话语意识层面解决了学生发展核心素养的言说问题。课堂时空的转换有两个主要的维度：一个是纵向的历史时空，一个是现实的社会时空。从历史时空审视今天的课堂教学，就是要理清课堂上师生的关系及课堂上师生与课程教学的关系，从传统教育的课堂模式与现代教育课堂模式的比较中确定课堂上能动者与制度的相互作用关系，以此确立学生的能动作用并在学生发展核心素养的形成过程中充分发挥这一能动作用。从社会时空审视今天的课堂教学，就是要跨越国家、民族、地域之间的差异，探寻课堂教学中能动者与制度之间的最大"公约数"，明晰现代课堂教学中学生学习的特点及在自身发展核心素养中的能动作用。课堂时空的转换旨在系统整合与社会整合的统一，并以此为基础形成教师的课堂话语意识。学生能动地构建自身发展的核心素养是关键，课程与教学制度的改革是条件，教师能动者作用的定位助力、教学实践的持续构建形成能动者与制度的良性循环（见图14）。

（一）关于学生能动者自身素养的构建

学生发展的核心素养是学生的事，也是教师的事。属于学生的事，就是学生作为能动者如何在定位于教学实践的课堂上主动地发展自己，在不同学科的课堂教学实践中有目的、有计划、有组织地

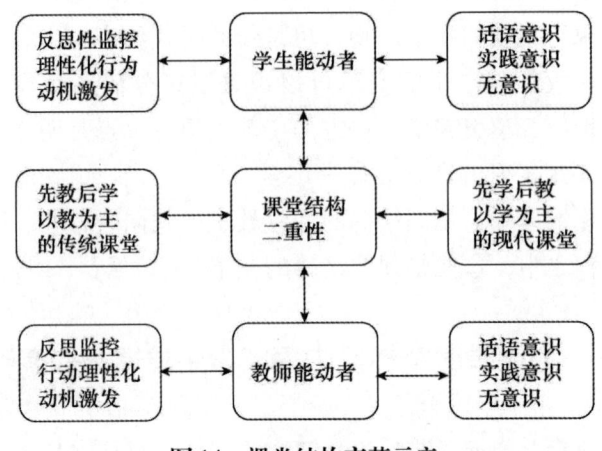

图14 课堂结构变革示意

构建属于自己的核心素养；属于教师的事，就是教师的主导作用从学生身体进入课堂时空并在与教师的日常接触过程中，教师的引导、指导与帮助无时不在、无处不在，这是由教师的专业属性所决定的。对这一问题及其关系认识清楚了，就能充分理解能动者联动的价值与意义了。在此基础上，教师和学生作为结构二重性中能动者的一面，就要通过反思性监控、理性化行为、动机激发等充分发挥其能动性，学生发挥"学"之能动性，从"要我学"向"我要学""我能学""我会学"转变，教师发挥"教"的作用，从"先教后学、以教为主"向"先学后教、以学为主"转变，从"为教而教"向"为学而教"转变。[①] 学生发展核心素养的关键是"全面发展的人"，包括"文化基础、自主发展、社会参与"三个方面，再具体到"人文底蕴、科学精神、学会学习、健康生活、责任担当、实践创新"六大素养。其中文化基础主要通过各学科课堂教学来落实，在课堂教学中通过落实学生的自主学习、合作学习、探究学习这些新型学习方式，构建课堂学习共同体，这些都需要重建学

---

① 王鉴、王明娣：《课堂教学范式变革：从"适教课堂"到"适学课堂"》，《山西大学学报》2016年第3期。

生作为能动者的角色与功能。自主发展中的学会学习、健康生活，不仅在于课堂上，而且在于课堂外，包括学生身体定位的三个领域，即学生生命的特殊时段、学生日常生活流、学生制度性时间的绵延，也就是学生不仅在学校中健康生活，学会学习，而且在家庭、社会中都要如此。不仅学校要关注学生的健康生活与主动学习的关系，而且家庭与社会亦然。在社会参与的责任担当与实践创新方面，学生更要走出课堂与学校，参与到社会中去，发展自己的德性，提升自己的能力。当然，这只是从学生能动者方面而言，还有教师能动者对其相应的专业援助与专业支持功能，它们会使学生所构建的自身发展的核心素养切实有效。当然，这还只是问题的一个方面，问题的另一个方面就是教学系统总体中时空延伸程度最大的制度，它既是教师与学生能动者构建的结构，又是约束二者的客观存在，它的变革直接关系着能动者构建其发展核心素养的效果。

（二）关于课程与教学制度的改革

人们不禁要问："课程与教学制度从何而来？"它是主观的还是客观的，抑或是主客一体的？要回答这些问题就要弄清楚"制度"从何而来，它的属性及与能动者的关系，如果我们把社会分成各个系统，这个系统可能是专业的门类或领域，那么各个系统内部又可分成诸多子系统，各子系统内部就要具有一个结构性的特征，即能动者与客体相互作用而构建的社会系统的二重性特征。制度就是每一个子系统或者大系统中根深蒂固的、绵延不断的实践活动，既然是实践活动，就离不开作为能动者的人及其活动的对象，而制度就是其对象中最典型的代表。所以，制度是具有主客统一的存在，是人在实践活动中所形成的最有代表性的对象过程与结果。学校教育中的课程与教学制度就是由教师和学生在绵延的时空中开发与建构起来的主客统一的存在，它是能动者实践活动的产物，又是约束能动者实践活动的客体。长期以来，学校的课程作为传承人类文化的途径，以知识尤其是实用知识作为认知对象，并将教学活动简单理解为一种特殊的认识活动，使学校的课程与教学的内涵变得十分狭窄，从而成为一种制约教师与学生教学的主要因素，久而久之，便形成了"唯教材、唯教师、唯考试升学"的"应试教育"。在信息化背景下，知识观、课程观、教学观等均发生了巨大的变化，知识不再是静态的、理论化的、僵化的存在，而是与人类的历史与精神息息相关的动态的表达，课程不再是封闭的、分科式的、书本化的，而是开放的、综合的、数字化的存在，教学不再是掌控知识的"少数人"教"多数人"的活动，而是将形成"处处可学、人人能学"的活动。在课程与教学制度的变革方面，就是要变革传统观念，形成新的制度，对"翻转课堂""慕课""微课""网络互动平台"等的积极探索与应用，正在形成新的课堂制度与文化，这种制度与文化既需要教师与学生能动者在课堂教学实践中积极探索与构建，又要成为教师与学生能动性发挥的主要理性依据，其使动性与制约性并存。

（三）关于教师能动性的定位

教师能动性是课堂教学实践中的特殊定位，长期以来，理论界要么以"教师中心"来定位其能动者功能的发挥，使学生能动者处于被动地位；要么以"学生中心"来定位学生能动者，使教师能动者不知所措，从主宰控制的主体变为无所适从的"他者"；要么以"教为主导、学为主体"来定位二者的功能，其实质是难以处理二者的关系。实践界更是形成了教师满堂灌的"适教课堂"与放任学生的"游戏课堂"，在面对考试这一评价指挥棒，"适教课堂"仍然占有绝对优势，但已经今非昔比，"适学课堂"正在悄然兴起。事实上，这一问题的实质是如何处理课堂教学实践中主体之间的关系问题，主体的能动性不容置疑，所有的主体都是具有认知能力的行动者！在日常教学活动中，行动者不仅能反思监控自己的所为，也能通过话语意识解释其所为，使其行为理性化。课堂教学实践中的教师与学生均具有这样的特性，只是在"教"与"学"的关系上，有必要厘清"学"是教育的逻辑起点，"教"是为"学"服务的。因此，教师之教是为学生之学服务的，教师能动性也是为学生能动性服务的。如此理解，就可以将教师能动性定位于学生能动性之相关能动者上，是学生能动者的动力源之一，而且是能动的动能源，能动的动能源是联动的，可以形成更大的动能系统。教师能动者动能越强大，就越能助力学生能动性的发挥，教师能动者切忌以自己的能动性代替学生的能动性，而应以自己的能动性作为动力系统推动学生能动性之动力系统发挥其功能。作为学生发展核心素养的落实，教师的作用在于"筹划"与指导，教师作为专业能动者影响学生能动地构建自己发展的核心素养，这是一个循序渐进的过程。不同阶段教师的功能是不同的，但切忌因学生年龄小、能动性弱而取而代之，恰恰此阶段更需要教师良好的专业素养做支撑，教师要记住的是："教学永远不是让教师做了什么，教学永远是让学生做了什么。"[1]

（四）关于教学实践的持续建构

教学实践是教师和学生以及课程与教学之间相互构建的活动，既有宏观的时空存在，即教学的历史与地理存在，又有一定情境下片断化的时空存在，还有未来将要构建的存在。我们研究教学实践，可以研究它的历史，研究现实的课堂教学情境，研究未来的课堂教学趋势。将这三个方面统一起来，放在广泛时空的社会系统中研究教学，就要把握教学实践持续建构的特性。作为历史的教学实践已经是一种制度性的客观存在，它成为约束师生能动性的主要因素，但它的使动性又让师生在持续不断的时空绵延中得到一定的理性依据。现实的课堂教学情境片断，构成了活生生的现实教学实践图像，每一位学生所处的课堂既是这一图景中的一幅风景，又是受其影响的难以与其分离的一部分。未来的课堂教学实践并不是空穴来风，它已经在现实的课堂教学实践中初露端倪，正如今天之"慕课"与"翻转课堂"，它们必然是未来学校课程与教学的主流。在

---

[1] 拉尔夫·泰勒：《课程与教学的基本原理》，罗康、张阅译，中国轻工业出版社2008年版，第55页。

这一教学系统的持续构建过程中我们同时构建着主体，学生发展的核心素养便要在这一过程中逐渐构建起来，学生发展的核心素养与教师专业发展的素养相互作用，以及对教学活动科学性与艺术性的定位，使得教学结构二重性产生良性影响，你中有我，我中有你，教学实践活动与人的能动性发展密不可分。正如吉登斯所言："在结构化理论看来，社会科学研究的基本领域既不是个体行动者的经验，也不是任何形式的社会总体的存在，而是在时空向度上得到有序安排的各种社会实践。"[①]

[①] ［英］安东尼·吉登斯：《社会的构成——结构化理论纲要》，李康、李猛译，中国人民大学出版社2016年版，第2页。

第七章　翻转课堂的本质

翻转课堂（flipped classroom 或 inverted classroom）是近年来教育领域一个高频使用且特别流行的词汇，目前正在成为教育理论研究与教育实践探索的热点。翻转课堂是一种形象的说法而非一个科学的概念。如果在没有仔细研究其内涵、本质的前提下，盲目追风，不仅不能有效地理解翻转课堂的真义，而且不利于课堂教学方式的变革。因此，在理解翻转课堂含义的基础上，把握其本质属性，对于更好地变革传统的课堂教学，建构现代的课堂教学范式有着十分重要的理论价值和现实意义。

一　什么是翻转课堂

"翻转"一词，源于英文"flipped"或"inverted"，"flipped"在《新牛津英汉双解大词典》中做这样的解释："turn over or cause to turn over with a sudden sharp movement." 意思为翻转，使翻转。"inverted"在《新牛津英汉双解大词典》中被解释为："put upside down or in the opposite position, order, or arrangement." 意为使反向，使倒转，使倒置，使颠倒。[1] 在汉语中，"翻转"是什么意思呢？《说文解字》对翻转的解释是："翻，飞也。从羽，番声。""转，运也。从车，专声。"[2] 所以，在汉语里，翻转就是翻来转去，翻

---

[1] 《新牛津英汉双解大词典》，上海外语教育出版社2007年版，第804、1100页。
[2] （东汉）许慎撰，徐铉等校：《说文解字》，上海古籍出版社2007年版，第168、722页。

过来，或改变的意思。"翻转"一词即将原来的事或物转变为一种新的样态，或将原来的事或物颠倒过来，可见，翻转总是有一定的意指对象的。所谓翻转课堂就是将原来的课堂样态倒过来而形成一种全新的课堂样态，也就是说是对传统的课堂范式的革命。传统的课堂范式是在工业革命背景下形成的，是以传授知识为主要过程，以班级授课制为主要形式的教学模式，它的代表是赫尔巴特教育学的"三个中心"，即教师中心、教材中心、课堂中心。这种传统的课堂教学范式作为"常态的科学"有一定的稳定性，300多年来一直是全球范围内的主要教学模式。随着信息化时代的到来，常态科学的所谓稳定性被打破了，传统的课堂教学范式不适应信息时代的需求，于是便形成了以信息技术为背景的，以学生的学习活动为主要特征的现代课堂教学范式。正是基于此，我们认为，翻转课堂具备一些基本的特征：第一，翻转课堂的目的在于适应学生的个性化学习能力及方式；第二，翻转课堂的本质在于变革传统的课堂教学方式；第三，翻转课堂在现代信息技术的支持下变得具体可行。这三个特征在下面关于传统课堂与翻转课堂的描述中可见一斑。

在全球每天有数亿学生走进课堂学习，这些课堂基本上是相同的：几十名学生，几张桌椅，老师站在黑板前授课时，学生不停地记笔记。这种教学方式完全忽略了不同学生的不同的学习方式，学生以同样的进度接受的是同样的信息。当老师呈现相同的信息时，不同的学生会有不同的反映：Jessica 听懂了教师的讲授，George 觉得太容易而觉得很无聊，Kevin 则听不懂教师在讲什么。一天结束了，同学们回家开始做作业了，大家都在努力回想老师在课堂上所讲的内容，像 Jessica 这样的孩子基本能够完成教师布置的作业，George 觉得很容易，所以很快就完成了作业，Kevin 这样的学生很纠结，因为他们需要更多的帮助。事实上，教师已经意识到了每个学生的学习能力不同，每个学生都有不同的需求，他们也愿意帮助每一位学生，仅靠过去的补救教学是不能解决因材施教问题的。但这需要大量的时间和资源,而这在课堂上是不可能实现的。唯一解决这个问题的办法就是翻转课堂。每天学生通过个性化的平台在家里学习知识:Jessica 遇到不会的问题马上查看讲解,不会把问题留到后面;George 也不会觉得无聊,因为他可以根据自己的能力做额外的练习;Kevin 也不会再纠结,因为他可以反复学习他没有掌握的内容,如果他真的觉得不行,他还可以求助于老师和同学们,互动学习平台让他和同学们及老师的沟通变得简单高效。就像家庭作业不同一样,上课形式也变得不一样了。教师不仅站在教室里讲授,而且常常会在学生们中间,翻转课堂让教师对每一位学生的学习情况的了解成为可能,上课前教师可能根据每一位学生的不同情况单独备课,解决学生的个性化学习问题。在传统课堂上,教师站在学生与知识之间,但在翻转课堂上,学生直接面对知识,而教师更关注学生获取知识的能力及效果。

表1十分清晰地反映了翻转课堂教学与传统课堂教学的不同。

表 1　　**翻转课堂教学与传统课堂教学比较**

维度	传统课堂	翻转课堂
教师	站在学生与知识中间	课前针对学生进行个性化备课,关注学生获取知识的能力与效果
学生	Jessica 听懂了,George 觉得很无聊,Kevin 没有弄懂	Jessica 可以马上解决问题,George 不觉得无聊,有挑战性的问题要解决,Kevin 可以向教师和同学寻求帮助
教学方法	教师站在黑板前授课,学生不停地记笔记	学生先通过个性化信息平台学习知识,也可以交流互动。在课堂上可以讲授,更多的是站在学生们中间
教学效果	Jessica 基本上能完成作业,George 飞快地完成作业,Kevin 觉得很纠结	互动学习平台让教师和学生们的沟通变得简单高效,翻转课堂让教师对每一位学生的学习情况的了解成为可能

美国著名的翻转课堂的创始者强纳森·柏格曼（Jonathan Bergmann）和艾伦·山姆（Aaron Sams）在《翻转课堂：激发学生有效学习的行动方案》中讲述他们的故事时，同样分析了像安立奎、珍妮丝、艾西利三位学生所面临的困境，即传统教学不能满足他们个性化学习的需求。这些具体的学生名字隐喻的是不同学习风格和不同学习方式的学生类型，有一定的普遍性。作者进而指出："在美国各地的学校，许多想把学科学好的学生，就算努力，还是跟不上进度；有的学生参加多种活动，会错过核心内容的学习；有的只知道如何应付考试，从未真正学到重要的东西。翻转课堂可以满足学生个性化（personalize）的适性教学。"[1] 可见，翻转课堂最初也是为了满足学生个性化的学习而提出的，同时通过现代信息技术的支持而变得可行，即教师通过事先录好上课的内容，学生回家的作业就是看这些视频，然后教师利用上课的时间，帮助学生将这些内容搞清楚。与此同时，还需要在时间方面进行一次合理的调整，即课后先学，课堂再教或再学，传统的学生做作业的时间变成学生在个性化平台上学习与交流的时间，传统的课堂上讲授的时间变成了学生提问和亲自动手做的时间，或是教师指导学生如何解决问题的时间（见表2）。

表2　　　　　　　　传统课堂与翻转课堂的时间运用

传统课堂		翻转课堂	
活动	时间（分钟）	活动	时间（分钟）
暖身活动	5	暖身活动	5 分钟
检查前一天家庭作业	20	针对影片内容提问	10 分钟
教授今天的新进度	30—45	引导练习和独立练习或实验室活动	75 分钟
引导练习和独立练习或实验室活动	20—35		

---

[1] ［美］强纳森·柏格曼、艾伦·山姆：《翻转课堂：激发学生有效学习的行动方案》，黄玮琳译，台湾联经出版事业有限公司2016年版，第13页。

基于对翻转课堂实践操作方法的分析，我们还可以从理论的视角反思如下几个问题：翻转课堂是针对什么样的课堂而翻转的？所谓的传统课堂又是一种什么样的课堂？翻转课堂何以优于传统课堂？首先，翻转课堂是针对传统课堂而讲的，是对传统课堂的翻转，是对传统课堂教学范式的变革，因此理解翻转课堂就要对传统课堂进行分析，弄清其来龙去脉，批判其弊端，这样才能找到翻转课堂的出发点，由此出发去探讨翻转课堂的内涵与本质。其次，传统课堂的教学范式是在工业化背景下形成并发展起来的，它历时300余年，从夸美纽斯到赫尔巴特再到凯洛夫，形成了所谓的传统教学的"三中心"，这种教学范式的弊端在于工业化背景下传授知识的有效性，成批量地为社会培养"模具化""标准件"式的人才，不能满足学生个性化发展的需要。再次，因为信息技术的支持使得学生的个性化学习成为可能，从而对传统课堂的修订也变得切实可行，学生不仅可以通过网络直接获得丰富的数字化资源，包括教师提供给他们的视频材料或网络资源，而且因为智能手机的普及化和网络信息的全覆盖，使得学生在课堂之外可以直接完成教师安排的学习任务，这样就很容易形成线上学习与现场教学的有机结合，完成对传统课堂教学的翻转。传统课堂教学的逻辑是：教师教得好，学生必然学得好。可事实上，教师确实教得很好，但大多数学生还是跟不上教师的进度，学得并不好，这才有了社会上普遍存在的补救教育与补习教育，学生的时间与精力被大量投入学习活动之中，可是学生还是学得不太好。翻转课堂的教学逻辑是：教学活动一定不是教师做了什么，而必然是学生做了什么。[①]学生在个性化平台上学习了适合自己水平与兴趣的学习材料，还可以超越自我，完成更有挑战性的问题，他们之间及他与教师之间的互动交流变得简单容易，学生不仅掌握了知识，而且形成了自主学习的态度与方法，更重要的是在课堂上他们还学会了以交流与合作的方式解决问

---

① ［美］拉尔夫·泰勒：《课程与教学的基本原理》，罗康、张阅译，中国轻工业出版社2008年版，第55页。

题，提高了学生的学习能力。

由此可见，所谓广义的翻转课堂是指通过调整课堂内外的教学关系，将学习的决定权从教师转移给学生。学生在课后完成自主学习，教师则采用讲授法和协作法来满足学生的需要和促成他们的个性化学习。狭义的翻转课堂则主要指在现代信息技术背景下，学生在家通过网络平台学习或观看教师提供的视频，课堂上开展讨论与解决问题的教学方式。总之，"翻转课堂"是对传统课堂教学结构与教学流程的彻底颠覆，由此将引发教师角色、教学模式、学生学习方式等一系列变革。

二 传统课堂及其弊端

"传统教育"这一概念主要源于杜威对以赫尔巴特为代表的教育的批判，并认为自己的教育为现代教育。那么传统教育是怎么形成和发展的呢？传统课堂的弊端又是什么呢？

简单而言，传统教育的理论源于夸美纽斯，形成于赫尔巴特，发展于凯洛夫的教育学。夸美纽斯尖锐地抨击了中世纪的学校教育并号召"把一切知识教给一切人"。他在《大教学论》中提出了班级授课制这一教学的基本组织形式，这不仅是对当时捷克兄弟会学校的教学经验的总结，也适应了资本主义工业化生产的社会需求。他指出，班级授课制就是根据儿童年龄特点和知识水平，将儿童分成不同的班级；每个班级拥有一个专用教室；每个班级有一位老师，他面对全班所有学生进行教学。为了适应班级授课制的课堂教学之需，《大教学论》安排了这样的内容："第十六章，教与学的一般要求，即一定能产生结果的教与学的方法""第十七章，教与学的便易性原则""第十八章，教与学的彻底性原则"和"第十九章，教学的简明性与迅速性原则"。在此基础上，夸美纽斯提出了教学的程式：（1）先提出一条自然现象的规律；（2）用自然界的现象说明此规律；（3）在教学活动中园丁如何模仿这条规律；（4）教学工作中因违反此规律而出现的偏差；（5）纠正偏差的办法。① 这样就形成了班级授课制的一系列教学原则，如遵守适当的时机原则、直观性原则、循序渐进原则、巩固性原则等，奠定了传统课堂教学论的理论基础。

赫尔巴特以多方面兴趣理论为基础，在其《普通教育学》第五章"教学的过程"中，分析与论述了教学方式与教学过程的基本阶段。这就是著名的赫尔巴特"四段教学法"：明了、联想、系统、方法。"明了"是教学过程的第一步，由教师传授新教材，要求教师在讲解时应尽量清楚、明了、准确、详细。"联想"又称联合，对学生而言，这是运动状态的专心活动，教学的主要任务是在新旧内容之间建立联系。"系统"是指学生需要进行一种静止状态的静思活动，在教师指导下，在新旧知识联系的基础上，探究规律性的知识。"方法"表现为一种动态的省思活动，教师指导学生将所学知识付诸运用。"四段教学法"强调教师应运用心理学理论探讨传授知识的过程和方法，使教学程序符合心理规律。教学过程包括"专心"和"省思"两个基本环节。所谓专心（concentration）是指心智集中于某一对象而排斥其他思想活动；所谓省思（reflection）即深入理解与思考，把专心活动中对个别事物的认识联合成统一的整体。②

苏联著名教育家凯洛夫在其影响最大、流传最广的《教育学》第八章"教学过程"中论述了教学过程的本质与教学原则。他认为："教学过程一方面包括教师的活动（教），同时也包括学生的活动（学）。教和学是同一个过程的两个方面，彼此不可分割地联系着。在教学过程中，讲授应起主导作用，正确地安排讲授是学生顺利掌握知识、技能和技巧的主要条件。"③ 为此，凯洛

---

① ［捷克］夸美纽斯：《大教学论》，傅任敢译，教育科学出版社1999年版，第75—139页。
② ［德］赫尔巴特：《普通教育学 教育学讲授纲要》，李其龙译，浙江教育出版社2002年版，第79页。
③ ［苏］凯洛夫总主编：《教育学》，陈侠等译，人民教育出版社1956年版，第130页。

夫明确了六条教学原则：学生的自觉性与积极性原则；教学的直观性原则；教学的理论联系实际的原则；教学的系统性和连贯性原则；掌握知识的巩固性原则；教学的可接受性原则。凯洛夫还在分析人类认识过程与教学认识过程的基础上，肯定学生掌握知识的过程和人类在其历史发展中认识世界的过程具有共同之点，但教学过程是一种特殊的认识过程。强调上课是教学的基本组织形式；充分肯定教师在教育和教学中的主导作用，并强调教科书是学生获取知识的主要来源之一。凯洛夫提出的教学环节主要包括：学生进行学习的诱因、使学生感知新教材、观念的形成、概念的形成、知识的巩固与复习、技能技巧的形成、检查、科学世界观的形成等。

传统教学理论围绕"三个中心"开展教学，即教师中心、教材中心、课堂中心。传统教学理论是在工业化社会背景下所形成的班级授课制基础上逐渐形成和发展起来的。传统教学论强调教学的认识过程，强调教师的主导作用，强调教学的主要原则，强调学生理论知识的获得。在教学关系上，教主导着学，学生学习的主要是理论知识。这种教学理论与工业化大生产的模式相一致，重在规模化培养人才，重在培养学生的基础知识与技能。自班级授课制产生以来，集体教学取代个别教学，以教为主的课堂成为教学的主导模式，教师面对很多学生传授同样的信息，学生却有着不同的表现，这样的教学忽视了学生的个别差异与个性化发展需要，这也是班级授课制及传统教学一直以来的最大弊端。所以，在知识的系统掌握与学生的个性发展、教师主导与学生主体性、知识传授与学生生命成长、重视教师之教与强调学生之学之间长期存在着争论。传统课堂教学范式自形成至发展到成熟，历时300余年，有着一定的稳定性。但随着教育领域对学生心理成长的发现，随着信息化社会对教育教学的影响不断加大，对传统教学的批判与翻转就应运而生了。

三 翻转课堂的历史

(一) 第一次翻转课堂

20世纪初，以杜威为代表的进步主义教学对以赫尔巴特为代表的传统教育的课堂教学进行了翻转。19世纪末至20世纪初，美国的教育仍沿袭欧洲的传统教育，强调严格训练，注重记忆，学生处于被动学习的地位。进步主义教育的兴起源自反对传统教育的形式主义。代表人物有帕克、杜威等，主要的理论和方法有帕克的昆西教学法、帕克赫斯特的道尔顿制、华虚朋的文纳特卡计划、克伯屈的设计教学法等。其主要观点包括以儿童为中心的学生观、以生活为内容的课程观、以解决问题为方法的教学观、淡化权威意识的教师观、强调合作精神的学校观。进步主义教育运动是美国教育界在现代工业文明条件下对传统教育弊端的一次彻底翻转，起因是民主社会对学生的发现，通过对教学方式的变革重新确定教与学之间的逻辑关系。

进步主义教育之父帕克在1875—1880年担任马萨诸塞州昆西市督学期间，针对传统教育的形式主义倾向，进行教育革新试验。主要做法有教学过程以儿童为中心，为学生安排各种活动；注重计算、测量、绘画、手工劳动等课程以及各门学科的相互联系；用报纸、杂志和活页读物代替教科书；强调理解，反对机械背诵，重视户外观察和实验室教学。这些试验成果被称为"昆西教学法"。

美国H. H. 帕克赫斯特于1920年在马萨诸塞州道尔顿中学创行道尔顿实验室计划（Dalton laboratory plan），这是一种新型的教学组织形式和方法，又称"契约式教育"。道尔顿制完成了对传统教育中学校、教师、学生的根本性翻转：学校作为一个整体，可以像一个社区那样运作，为学生提供精神和智力成长的环境。将学习的主动权真正还给了学生，同时也对教师的"教"提出了更高的要求，这就是道尔顿制教师翻转的关键所在。学校要成为一个社会的"实验室"，学生自己就是"实验者"。让学生拥有尽可能多的自由时间和自由意志，在教师的指导下相对自由地支配学习时间、选择学习科目、选择适合自己的学习节奏，并培养学生良好的社会适应能力、与他人共处的能力。

1919年，美国教育家华虚朋（C. W. Washburne）在芝加哥文纳特卡镇公立中学创建了一种教学形式。从教学的多个方面对传统教学进行了翻转：第一，有具体的学习目标和内容，对每个单元都有非常细致的规定和自学教材。第二，应用各种诊断法测验检查学生每个单元的学习情况。第三，通过自学及诊断测验后，方可学习下一单元的教学内容。第四，教师经常深入学生中间，因人、因时、因事而进行个别指导。

设计教学法，也叫单元教学法，由美国教育家杜威首创，后经其学生克伯屈的改进并大力推广而闻名全球。设计教学法的目的在于设想、创设一种问题的情境，让学生自己计划、执行、解决问题。设计教学法要求废除传统的班级授课制，摒弃教科书，不受学科限制，由学生根据自己的兴趣决定学习内容，在自己设计、自己负责的单元活动中获得有关知识和解决实际问题的能力。因此，整个的设计教学包括实际的思考与各样的活动在内，一边思考，一边执行，既用脑，也用手。

20世纪60年代以后，随着教育心理学的发展和信息技术的广泛应用，美国中小学掀起了学生学习方法变革的热潮，布鲁纳倡导发现学习法、布鲁姆提出掌握学习法、罗杰斯提倡有意义学习法，这些新型的学习方法在信息技术运用于课堂教学的过程中得以扩大与推广，使美国中小学特别重视学生的自主学习、合作学习、探究学习、实践性学生、有意义学习、网络在线学习等。

尽管美国进步主义教育已经过去半个多世纪了，但它对美国教育现代化进程的影响仍然表现在美国的教育理论与实践之中。杜威曾明确标榜其教育理论为现代教育理论，就是要与赫尔巴特的传统教育区别开来，就是要反对传统教育的灌输式方法，使儿童的成长成为第一教育之法。以杜威为代表的进步主义教育的教学理论建立在儿童的思维研究基础之上，强调儿童主动学习，强调儿童经验获得，强调儿童在做中学。现代教学论对传统教学论的翻转是根本性的教学重心的转移，从教师到学生，是一个发现儿童的翻转，是一个发现教学本质的翻转（见表3）。

表3　　　　　现代教育课堂与传统教育课堂之比较

	传统课堂	现代课堂
背景	班级授课制大班教学	班级授课制小班教学
教师	知识讲授者、过程主导者	领导者、专业工作者
学生	听讲者、记录者、被动学习者	做中学者、成长者、体验者
方法	讲授法、训练法、记忆法	做中学、实践性学习、研究性学习

（二）第二次翻转课堂

进入21世纪以来，在信息技术背景下，由在线学习与现场学习混合教学再一次形成了对传统课堂的翻转。这是一次同时发现信息与学生之后的翻转课堂。美国的可汗学院（Khan Academy）通过在线图书馆收藏了3500多部可汗老师的教学视频，向世界各地的人们提供免费的高品质教育。该项目由萨尔曼·可汗给亲戚的孩子所讲授的在线视频课程开始，迅速向周围蔓延，并从家庭走进了学校，甚至正在"翻转传统课堂"，被认为放射出了"未来教育"的曙光。2007年，美国科罗拉多州中学教师强纳森·柏格曼（Jonathan Bergmann）和艾伦·山姆（Aaron Sams）把其讲解内容制作成教学视频，在课前让学生观看，课中则用于理解的检测与个别辅导，他们把其实践称为"逆转指导"，这种教学形态在社会上一般被称为"翻转课堂"。强纳森·柏格曼和艾伦·山姆曾采用传统课堂教学模式上过很长时间的课，都算得上是好老师，也都获得过"总统杰出数学和科学教学奖"，他们一旦发现了翻转课堂的奥秘，就绝不会再返回传统教学的怀抱。他们在自己的课堂教学中发现，翻转课堂说的是今日学生的话，今日的学生是和网络资源一起长大的，像Youtube、Facebook、Myspace等，还有一大堆网站，网络学习是他们喜欢的学习方式。尤其是翻转课堂可以解决传统教学长期不能解决的许多问题，它的优势日益突显："翻转能帮助忙碌的学生，翻转能帮助学习较慢的学生，翻转能帮助能力不同的学生，翻转允许学生暂停和倒转教学内容，翻转能增进教师与学生之间的互动，翻转能让教师更加了解学生，翻转能增进学生之间的互动，翻转能容许真正的差异化教学，翻转能改变课堂管理模式，翻转能帮助家长学习，翻转能让课堂教学内容一目了然，翻转是教师无法到校的绝佳替代工具，翻转是翻转精熟模式的入门等。"① 2011年，这股翻转课堂的浪潮同时传入我国，2012年在我国的中小学课堂上出现了一些实践的尝试。"翻转课堂"一般被解释为这样一种教学形态：把教师讲解的教学方式改为布置家庭作业在上课之前进行，而在教学中采取个别辅导与问题讨论来巩固知识，培育应用能力。这样，注重知识巩固与应用能力培养的以对话为中心的教学设计，就有了可能。事实上，这种翻转课堂是一种外翻转，即课堂内与课程外的翻转，将课堂上的教与课外的学进行翻转，形成了先学后教的新模式。还有一种翻转可称为内翻转，即在课堂教学中，先通过播放提前录好的视频或在网站上学习相关的材料，即利用信息技术先完成学生的学习活动，在这一过程中，学生自然会遇到各自的问题。接下来，教师组织学生开展合作学习，解决学生所遇到的问题，同样将课堂教学翻转为一种先学后教的活动（见图15）。

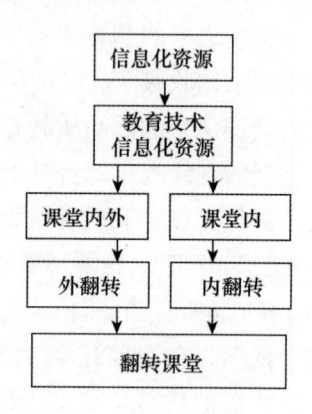

图15 内翻转与外翻转

钟启泉认为，传统课堂上所谓的"教学黄金律"，就是学生在家中精心预习，在课堂上补学预习中不理解之处，在家中复习课上习得的知识，反复练习，形成"预习→上课→复习"的连锁学习。翻转课堂

---

① ［美］强纳森·柏格曼、艾伦·山姆：《翻转课堂：激发学生有效学习的行动方案》，黄玮琳译，台湾联经出版事业有限公司2016年版，第37—55页。

借助于教学视频的运用,瓦解了这种"教学黄金律"。在翻转课堂上,"预习+讲解(观看教学视频)→课中的复习与运用"成为新的"教学黄金律"①。

表4　　　　　　　翻转课堂与传统课堂不同比较

	传统课堂	翻转课堂
背景	工业化背景下的班级授课制	信息化背景下的混合学习
教学模式	先教后学	先学后教
教学方法	教师讲授、学生接受	观看视频、讨论互动、问题解决
教师	教师主导、讲授、控制	领导者、设计者、组织者、合作者、参与者
学生	被动接受、背诵记忆、训练	自主学习、互动交流、表演展示

四　翻转课堂的本质

传统课堂是在班级授课制的组织形式下形成的教学范式,历时300余年,有一定的稳定性。但它的最大弊端在于不能满足不同学生的个性化学习需要,因为第一次翻转是在教育家发现学生的基础上对传统教育进行的批判与改革,是一种哲学层面的教学理念的变革。第二次翻转是在信息技术的支持下再一次捍卫学生的学习自主权,调整课堂内外的关系,进而调整教学的关系,使学生的自主学习、个性化学习有了一个基本的保障。那么,为什么要对传统的课堂进行翻转呢?传统的课堂有明显的弊端,这是肯定的,但更为重要的是翻转课堂是对教学本质的回归。

教学的本质是什么呢?

钟启泉在《翻转课堂新境》中认为,翻转课堂的本质在于四个方面的翻转:其一,教学理念的翻转,即翻转课堂可以分为两种类型:一是完全习得学习型,二是高阶能力学习型。其二,教学流程

---

① 钟启泉:《翻转课堂的新境》,《中国教育报》2016年5月5日。

的翻转，即传统课堂上所谓的教学黄金律——"预习→上课→复习"被翻转成了"预习→看视频→运用"。其三，教学关系的翻转，即学生是主体，教师不是主体。其四，教学效果的翻转，即传统的教师讲解只关注优等生，所谓的"差生"往往是被边缘化的。① 这四个翻转其实是对翻转课堂特征的描述，而非对其本质的把握。教学活动是教师"教"的活动与学生"学"的活动的有机组合。一般来讲，"教"与"学"的组合可分为四种情况：有教有学，有教无学，无教有学，无教无学。在这四种组合活动中，"有教有学"与"无教有学"是教学活动中的常态，其中"有教有学"是传统教学中最主要的教学现象或教学存在；"无教有学"即我们常说的学习活动或自习活动。这两种教学的形态也是课堂教学中经常的表现形式。而"有教无学"与"无教无学"在教学活动中几乎是不存在的，或者是教学活动中鲜有的极端现象，一般不作为教学研究的对象。所以，教学活动可以概括为"有教有学"与"无教有学"两种基本存在方式，即"教学"与"学习"。随着以 B-Learning 为标志的混合式教学的不断发展，传统的教学活动与现代的学习活动有日渐融合的趋势，并逐渐发展成为一种最重要的新型混合式教学方式。"在完全在线的网络化教学环境下，教学活动与学习活动这两种情况往往很难加以区分，一般来说，网络化教学主要是学生自主学习，但不排除教师通过各种方式随时对学生的在线学习从方法、策略、信息与资源等方面提供必要的帮助和指导。"② 教学和学习的关系可以理解为：学习是本体，教学是条件；学习是逻辑起点，教是为了促进学。在英国教育家赫斯特（Paul Heywood Hirst）的《教育逻辑》一书中也有类似的表述，他认为："一般来说，教育过程既包括'学习'，也包括'教学'。'学习'乃教育的逻辑必然，而'教学'不是。"赫斯特进而指出："教育过程即学习过程，这种学习过程可能因教学而得到促进，理想的心理状态

---

① 钟启泉：《翻转课堂的新境》，《中国教育报》2016 年 5 月 5 日。
② 何克抗：《教育信息化发展新阶段的观念更新与理论思考》，《课程·教材·教法》2016 年第 2 期。

（包括知识和能力）由于学习而得到发展。"① 由此可见，翻转课堂的本质是回归教育活动的逻辑起点。同样，在教育理论的源头可以看到此类观点。孔子所谓的"不愤不启、不悱不发"就是将学生的"学"作为教学活动的逻辑起点，即学生不"愤"，教师不"启"，学生不"悱"，教师不"发"，学生没有进入学习的状态或缺乏学习动机，教师就不要讲授，学生没有理解，教师就不要表达。可见，教师的"教"要根据学生的"学"而进行。古代教育家多论"学"，而成《学记》。苏格拉底将教师隐喻为"产婆"，"产婆术"意在"助人之术"，"产婆"是为"产妇"服务的人，教师之"教"是建立在学生之"学"基础上的。马克斯·范梅南（Max van Manen）曾提出，教师与学生的教育关系是一种双向的意向性关系（intentional relation）。"教师希望学生在教师教授的知识中学习成长。反过来，学生需要具有一种乐意学习的欲望。没有这种'学习的准备'，就不可能学到什么东西。当然，教师在某种程度上可以激起孩子对一门课程的兴趣。"② 在学习活动中，学生是当然的主体，教师在学生的学习活动中所发挥的作用在于指导与帮助学生，使其学习更加有效。在教学活动中，主体仍然是学生，教师的地位与作用与传统教学中教师的地位与作用相比发生了巨大的变化，教师是资源的提供者、教学的设计者、学习活动的指导者、教学过程的管理者，其角色呈现出多元的特点，对教师专业水平要求更高了。"为教而学"的理念要求教师专业学习的目标在于学生的学习，为了从事自己的专业活动而不断学习，学而不厌，诲人不倦，学然后知不足，知不足而后能自反也。"为学而教"理念要求教师的教学活动始终以学生学习为本，不能"为教而教"或"教教材"，而是要为学生有效的学习活动而开展必要的教，如果"教"不能有效促进学生的学习活动，甚至干扰和影响了学生的学

---

① P. H. Hirst, "What Is Teaching?" In R. S. Peters (ed.), *Philosophy of Education* (pp. 163 – 177), Oxford: Oxford University Press, 1973, p. 172.

② ［加］马克斯·范梅南：《教学机智——教育智慧的意蕴》，李树英译，教育科学出版社2001年版，第103页。

习活动，这种教宁可不要，甚至可以批判这种具有负功能的"教"①。所以，翻转课堂的本质是回归教学活动的逻辑起点，教是条件，学是本体，教师之"教"存在的逻辑在于有利于学生之"学"，学习活动是一切教育包括教学活动的真正逻辑起点。教育世界不断地对以教为主的课堂进行翻转，其目的在于回归教学活动的本质，在于对教学活动的正本清源。

---

① 王鉴、王明娣：《课堂教学范式变革：从"适教课堂"到"适学课堂"》，《山西大学学报》2016年第2期。

第八章　结构化理论视角下的课堂教学变革

　　自近代以来，学校课堂教学的结构经历了工业化时代以知识为中心的课堂和信息化时代以学习者为中心的课堂变革。这一变革始于20世纪末21世纪初，经过近20年的变革，这一趋势越来越明显，受到世界各国课堂教学改革的重视。传统的课堂教学结构是在工业化背景下建立起来的，以班级授课制为主要形式，教学活动被理解为以教师为主导，以教材为依据，向学生传授知识的过程。这种教学活动形成了较为稳定的结构，即以教师为能动者，以教材为主要教学资源，以"先教后学、以教为主"为主要教学规则的主体与客体在广泛的时空中建构的结构二重性课堂。自20世纪70年代以来，联合国教科文组织先后发表了《富尔报告》《德洛尔报告》和《反思教育：向"全球共同利益"的理念转变》等重要报告，向全世界倡导信息化背景下的"学习型社会"和"终身教育"理念，21世纪以来，世界各国的课堂教学改革普遍注重课堂教学结构的变革，形成了以学习者为能动者，以"传统教材+慕课"为教学资源，"以学为主、先学后教"为教学规则的新课程结构。2017年，联合国教科文组织在其《反思教育：向"全球共同利益"的理念转变》中指出："当代发展的显著特征之一是在互联网连接飞速发展和移动技术迅速普及的推动下，出现了网络世界，并发展壮大。""当前的种种变化影响到了教育，表明新的全球学习格局正在形成。"[①] 在这一背景下，需要重新界定知识、学习和教育，重

―――――――

① 联合国教科文组织编：《反思教育：向"全球共同利益"的理念转变》，教育科学出版社2017年版，第18页。

申人文主义教育方法。面对全球学习格局，课堂教学结构正在发生根本性的变革。教师能动者开始向学生能动者转换，教材知识开始向"互联网+核心素养"转换，"以教为主"的规则向"以学为主"的规则转换。

一 社会结构化理论构成分析

吉登斯提出的社会结构化理论源自于社会学范畴，是在解释学所倡导的社会主体和功能主义所倡导的社会客体，即二元论基础上提出的结构二重性理论。这一理论不仅强调行动者的主体地位和社会结构的客体地位，而且强调行动与结构相互制约和促进的二重性关系。"它不是对结构功能主义和解释社会学在行动与结构关系上的简单调和，而是创造性地重构了行动和结构之间的关系。"[1] 吉登斯认为："无论是主体的构建，还是社会客体的构建，其根基都在于紧密渗透时空中的社会实践。"[2] 其中，作为主体的行动者是唯一具有能动性的能动者，作为客体的社会结构并不是先天客观存在的，而是能动者发挥能动性创造出来的，具有主观性，但是一经出现就会作为制度而客观存在，成为人的行动得以实现和展开的条件。因此，在吉登斯看来，结构与行动并不是孤立存在的，结构虽然内在于人的行动之中，但为行动提供了规范和制度。吉登斯在结构化理论中将"结构"定义为社会再生产过程中反复涉及的规则和资源。这样一来，社会结构化理论主要围绕行动、规则和资源等核心概念加以阐述。

（一）能动者及其行动

吉登斯的社会结构化理论认为，能动性的发挥渗透在个体行动

---

[1] 贺建军：《社会企业与农村社区化——以吉登斯的结构化理论为视角》，《人文杂志》2016年第7期。

[2] ［英］安东尼·吉登斯：《社会的构成——结构化理论纲要》，李康、李猛译，中国人民大学出版社2016年版，第10页。

流中,即在动机的激发过程、行动理性化再到行动的反思性监控三者之间的流动过程中。所谓行动的理性化是指"行动者对自身活动的根据始终保持'理论性的解释'",即行动者能够对自己的所作所为用言语进行理论解释,"知其所以然",这是判断行动者日常行为能力的主要标准。在一般情况下,行动者很少通过话语形式对自己的行为做出理论性解释,除非行为因超乎常规而被问及。反思性监控是行动者不断监控自己,试图对自己的各种实践活动有所认识,同时希望他人也对自己的这些活动有所认识。动机激发过程不同于行动的反思性监控和理性化,因为它不会一直贯穿于行动者的实践活动中,它是行动产生的潜在可能,吉登斯把动机称为"通盘的计划或方案"。而推动行动流不断绵延往复的主要动力是个体意识和无意识的参与。行动流中所包含的意识是指话语意识和实践意识。话语意识(discursive consciousness)是指行动者能通过言语形式表达"为什么这样做"的意识。实践意识(practical consciousness)指的是"行动者在社会生活的具体情境中,无须明言就知道如何'进行'的那些意识"[1]。话语意识和实践意识没有本质区分,只是表达的方式不同而已,一个是无须言说只需去做,一个是通过言语来解释;一个知其然,一个知其所以然。无意识(unconsciousness)是行动者的意识察觉不到的,行动者没有能力用言词来表述或行动证明自己的行为,留在大脑中所谓"记忆"的东西就是行动者在无意识状态下储存的。吉登斯把这片"灰色地带"称为"共同知识"。无意识和意识之间存在很大的鸿沟。"无意识包括某些类型的认知和冲动,它们要么完全被抑制在意识之外,要么只是以被扭曲的形式显现在意识中。"[2] 无意识是意识的源头和转换的对象,意识又是无意识发展的结果和最高调节者。显然,三个行动层面和三种意识相呼应。行动理性化是话语意识的表现形式,行动的反思性监控是实践意识的表现形式,实践意识上升为话语意识是反

---

[1] [英]安东尼·吉登斯:《社会的构成——结构化理论纲要》,李康、李猛译,中国人民大学出版社2016年版,第11页。

[2] 同上书,第4页。

思性不断监控的结果。动机的激发过程有无意识的参与。人的反思性监控将三个意识层面和三个行动层面有机结合起来，促使它们内部呈现出良性循环运转，而这种良性循环运转过程恰恰就是能动者能动作用的发挥过程。

（二）规则与资源的内涵

在结构化理论中，吉登斯认为，社会结构不是外在于人的社会关系或社会现象的模式，也不是人与人在互动中自由创造出来的符号，而是运用在各种社会实践中的规则和资源。社会实践中并不存在具体结构，因为存在于社会实践活动中的结构并不是一成不变的，结构是逐渐形成的动态过程，这个过程被称为"结构化"。因此，结构只能作为"记忆痕迹"引导具有认知能力的行动者的行为。只有结构性特征才能体现出不断循环往复的社会实践活动中社会结构的特点。在广袤的时空中，在社会实践活动中持续久远的结构性特征被称为结构性原则，伴随着结构性原则存在的社会实践活动就是制度。结构是能动者参与社会实践活动的根基，为能动者参与社会实践活动提供"虚拟秩序"。反过来，规则与资源离不开应用它的情境，在具体情境中才可以制定和实践规则，否则规则与资源毫无意义。

规则具有两方面特性：一是构成性；二是管制性。所谓构成性是指规则是一般化的程序，它为一系列情境和场合下的行动提供一套方法并加以运用的程序。这种程序本质上都是方法性的，只适用于一般化的情境。管制性体现在实践活动中，它对行动者的活动进行控制和制约。行动者对规则的自觉遵从来自于实践意识。行动者在规则的引导下协调与社会生活具体情境的关系。

资源是规则存在的前提和条件。资源在社会系统中具有扩展性，因为它是行动者在与社会互动过程中不断利用和再生产出来的。行动者在利用资源时要借助权力作为手段，资源只有在权力发挥的过程中才能不断地生产和再生产。资源有两种类型：一是配置性资源，指对物体、商品或物质现象产生控制的能力，或指各种形式的转换能力；二是权威性资源，指对人或者行动者产生控制的各类转换能力。

（三）结构二重性

结构二重性是社会化结构理论中的最大亮点。吉登斯在整个论述过程中，"起笔于个人，落笔于社会；起笔于自我，落笔于制度"，将行动的结构性和结构的行动性紧密结合在一起。[①] 他在分析社会结构二重性的时候，运用了两种方式：一是从横向的聚合向度（syntagmatic dimension）出发对社会实践活动具体情境中的模式化结构二重性进行阐述；二是从纵向的聚合向度（paradigmatic dimension）出发，在循环反复的社会实践活动中分析社会结构二重性的"虚拟秩序"。从横向组合向度出发对结构二重性的模式化分析主要围绕结构二重性的三个方面展开（如图16所示）。

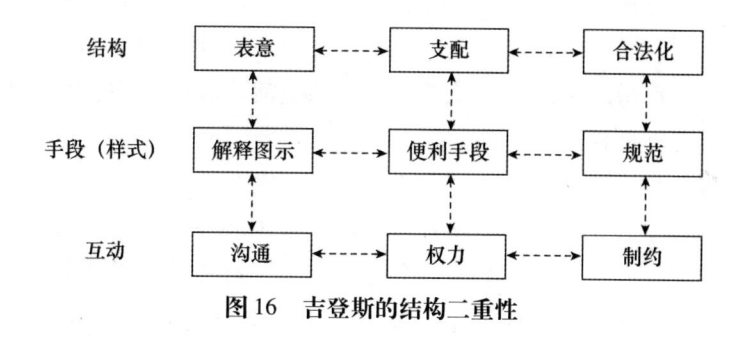

结构	表意 ↔	支配 ↔	合法化
	↕	↕	↕
手段（样式）	解释图示 ↔	便利手段 ↔	规范
	↕	↕	↕
互动	沟通 ↔	权力 ↔	制约

图16 吉登斯的结构二重性

表意、支配和合法化构成了社会结构的特性；沟通、权力和制约构成了互动整体要素。社会结构和能动者互动的媒介包括解释图示、便利手段和规范。从纵向来看，互动中的意义交往涉及解释框架的运用。所谓解释框架，就是被纳入行动者知识库存的类型化模式。[②] 互动交往以解释框架为手段，意义被行动者的话语意识和实

[①] 李慧敏、张洁：《走向教育的"二重性"——探求安东尼·吉登斯结构化理论的教育意义》，《河北大学学报》（哲学社会科学版）2005年第5期。

[②] ［英］安东尼·吉登斯：《社会的构成——结构化理论纲要》，李康、李猛译，中国人民大学出版社2016年版，第27页。

践意识制造出来。表意成为行动者共享的"认知秩序"。行动者在互动沟通中依赖于这种"认知秩序",同时又利用解释框架重构"认知秩序"。不难看出,互动交往中运用的解释框架,就是行动者在实践活动中建构并在无意识状态下储存起来的。而行动者通过解释框架建构认知秩序的过程,也需要实践活动作为中介。权力"具有一定的时空连续性,它的前提是行动者或集合体在社会互动的具体情境中,彼此之间具备常规化的自主和依附关系,这种依附关系也提供了某些资源"[①]。互动中权力的行使离不开便利手段,行动者借助手段才能行使权力并改变他人的行为和创造结果。便利手段是在"支配秩序"中获得的。同时,行动者在行使权力的过程中又不断完善这种支配秩序。显然,由互动中权力的行使到资源的支配,再到支配秩序的构建都是以社会实践活动为起点和中介的。制约指的是"在某一既定情境或情境类型下对一个或一群行动者的选择范围有所限制"[②]。也就是说,制约产生于互动情境中。在一般情况下,表意结构指的是日常惯例,支配结构指的是资源系统,合法化结构指的是制度系统。在互动的任何一种情境中,行动者都要遵守这三种秩序。

吉登斯从纵向聚合角度主要着眼于宏观社会结构的再生产。社会制度的促进性会促使能动者不断自我组织和完善、不断吸收新的因素、不断创新,社会制度也会趋于完善。社会体系结构化的过程也是能动者之间的自我调适、能动者与社会环境相互调适的过程,最终维持一种自平衡状态。这种调试是局部的、缓慢的,当积累到一定程度,能动者和社会制度之间的矛盾无法解决时,就会导致原有的社会体系瓦解。因此,人的能动作用不仅构成了社会变迁的内在组成部分,也是促进社会变迁的一种手段。人的反思性监控在社会变迁中尤其发挥了支配性作用。社会变迁中包含着主体和客体、主观和客观的辩证关系,这正体现了社会结构的二重性特征。

---

① [英]安东尼·吉登斯:《社会的构成——结构化理论纲要》,李康、李猛译,中国人民大学出版社2016年版,第14页。
② 同上书,第167页。

二 传统课堂教学结构分析

"工业革命带来了教育革命,由原来的手工业式的个别教育改变为集体教育,影响到了教育的形式,班级授课制便是这个时代背景的产物。"[①] 17世纪欧洲率先产生班级授课制,这是为了满足大规模培养知识型人才的社会需要而催生出的新型教育教学方式,由此形成了以夸美纽斯为代表的传统教育学。班制授课制有明显的工业化时代特征:以班级为课堂教学的基本单位,所有的教学活动必须在指定的场所进行;作息时间受到严格限制;按照学校统一的教学计划同时开课,同时完成教学任务;学生按照课程计划安排完成课时,通过考试并拿到学分。到了19世纪,以赫尔巴特为代表的教育家提出了更为完整的传统教育体系。赫尔巴特不仅构建了以"教师中心、学科中心、课堂中心"为特征的教学原则,而且提出了"明了、联想、系统、方法"的四段教学法,对整个工业化时代的课堂教学实践产生了深远的影响。到了20世纪,凯洛夫又进一步根据苏联的教育现实发展了赫尔巴特教育学,形成了所谓的社会主义教育学理论体系。这样,以夸美纽斯、赫尔巴特和凯洛夫为代表的传统教学论思想形成了专门的知识观、课程观、教学观、师生观和评价观,其要旨在于强调"教师中心、知识中心、课堂中心",教学模式表现为"以教为主、先教后学",教学评价在于"知识考核、升学就业"。传统教学模式下的知识观是静止的、自上而下传递的,课程以知识的呈现为主,忽视对课堂资源的开发与利用,教学就是教师向学生传递知识的活动,评价重在对知识的掌握。学校教育的目的正如斯宾塞所言,"为未来完美的社会生活做准备"。功利主义思想越来越严重,主要表现在过分追名逐利,把考试成绩和升学率作为学校发展的出发点和终极目标;学校有了重点和普通的等级之分,学生按成绩被划分为三六九等;家长对传统

---

① 顾明远:《谈谈未来教育的逻辑起点》,《中国教育学会》2018年3月12日。

教育制度的盲从，孩子从入学的第一天起，就为上重点、考大学，将来找到稳定的工作而奋斗。最终形成了应试教育模式，忽视学生能力的培养和个性的发展。

（一）传统课堂教学的能动者

吉登斯认为，行动者或能动者（agent）是指"能够（在日常生活流中周而复始地）实施一系列具有因果效力的权力，包括那些影响他人所实施之权力的权力。个人改变既存事态或事件进程的能力，奠定了行动的基础。如果一个人丧失这种改变能力，那他就不能成其为行动者"[1]。行动者的能动性作用主要表现在意识和实践两个层面：行动者要具备无意识、话语意识和实践意识，在其指导下的行动可以进行理性化解释和反思性监控，当"行为"遇到意外后果时能激发无意识动机并及时弥补。教师作为教的一方能动者，其反思能力贯穿教学的始终。但这种"反思性"只在一定程度上体现于话语层次，话语意识是指教师既知其所为，又知其所以为，既知其所然，又知其所以然的那种意识，话语意识真正决定了教师作为行动者的资格与权力，决定了教师对教学日常行为的监控与反思。不言自明的那些意识，即教师在教学情境中无须明言就知道如何进行的那些意识是教师的实践意识。而与此两种意识不同的则是无意识，教师的无意识是教师意识形成之源，是教师在日常教学活动中难以察觉到的意识，但它确实是教师意识中存在的意识。无意识与实践意识通过惯例被分隔开来。惯例就是依习惯而为的任何事情，它是日常社会生活的一项基本要素。"惯例主要体现在实践意识的层次上，将蓄势待发的无意识成分和行动者表现出的对行动的反思性监控分隔开来。"[2] 学生作为学的一方能动者，也有意识进行实践的参与，学生要不断反思，积极主动地参与教学活动，敢于发表自己的言论和思想，并不断地探索适合自己的学习方法。因

---

[1] ［英］安东尼·吉登斯：《社会的构成——结构化理论纲要》，李康、李猛译，中国人民大学出版社2016年版，第13页。

[2] 同上书，第11页。

第八章 结构化理论视角下的课堂教学变革

此，师生双方都应该是教学活动中的能动者，其能动性发挥的合力是产生高效课堂的前提条件。

在传统师生共同体中，由于过分强调教师的教而形成了主动发挥能动性的教师和被动发挥能动性的学生，即以教师为中心的师生能动者。教师的主观能动性主要表现在对教材、教法、学法和教学设计的实践探索性研究和理论性解释上。在教材上，教师要不断钻研教材，在课前花大量的时间去查阅文献和参考资料，对教材中的每一个知识点要熟悉、吃透，在课上教师要将内化了的知识，即教案一一讲给学生，课堂教学结束后对重点内容再进行整理并作为下一次课讲授的重点。在教法上，教师要不断反思性地监控自己的课堂，及时发现课堂教学问题，从而改善教学方法。在学法上，要经常和学生沟通，将自己和学生中好的学习方法分享给其他学生。教师在不断往复的实践过程中，对教材、教法进行一次次反思内化，认知结构逐渐成熟，实践能力越来越强。传统的大学英语教师的话语意识表现在讲课和教学研究中，一方面，传统语言课堂注重教师的讲，教师的讲授是课堂教学的主要环节，教师可以将自己经实践反思内化的知识通过语言组织起来并讲授给学生，教师对教材的话语意识越来越强。另一方面，高校对大学教师有较高的科研要求。教师在完成课时任务的同时，要开展教学研究活动提升专业理论水平。这样，教师对自己的课堂不仅"知其为，也知其所以为"。传统教师的主体地位使得教师的实践意识和话语意识逐渐增强，能动性越来越大。

传统课堂上的学生，被称为被动的能动者。原因有二：一是长期以来"以教为主"的教学模式和对教师主体地位的过度强调消磨了学生实践反思的积极性，学生不习惯也不喜欢在实践中内化知识；二是中国长期以来受儒家思想的影响，课堂上形成了一套师生互动的"潜规则"，即教师讲学生听，学生对教师讲授的内容不能提出质疑。如果有疑问，必须在教师允许的情况下才可以发问，否则就被认为挑战权威，作为"找乐子"的非正式群体，重则受学校处罚，轻则被教师指责，学生嘲笑。缺少实践探索和不断反思的学习机会，学生的能动性减弱，学生只能在教师的强制要求下发挥能动性，这种能动性的发挥纯粹出于被动，主要表现在两个方面：一是被动的实践意识。教学内容、教学进度、教学方法等都是由教师一人说了算。学生作为课堂教学的客体，主要任务是配合教师完成规定的教学任务，学生在教师的安排下可以适当地参与教学实践活动。显然，学生的一切学习活动都是在教师的要求下被动地完成的。二是被动的话语意识。课堂教学过程是教师课前预设好的，课上学生的自由发言会影响教学进度，学生担心犯错丢面子，对上课发言存在抵触情绪。课下"两不相见"的师生关系更让学生没有发表言论的机会。显而易见，教师一方面家长式地对待学生，另一方面却一直把学生牢牢地控制在依赖的位置上。因此，学生课堂的话语意识淡薄成为常态。

在传统课堂上，一方面教师能动者将学生能动者看作教学客体而将其牢牢控制住，另一方面学生能动者还要完全依赖教师能动者，因为离开教师，他们就不知道学什么、如何学。在这种由专业能动者支配的教学活动中，只见"主导"不见"主体"，充分体现了强调教师主导作用而形成的传统教学论中所谓的"教师主导性教学"。但是，传统课堂教师和学生的能动性发挥偏离了教学的初衷，即教师的教是为了学生更好地学，学生的学是为了学生更全面地发展，师生能动者没能形成良性的循环系统。

（二）传统课堂教学规则

吉登斯结构化理论中所指的规则包括"规范性要素（normative elements）和表意性符码（codes of signification）"。其中"规则"可以"看作在社会实践的实施及在生产活动中运用的技术或可加以一般化的程序。法律条令、科层规章、游戏规则等言辞表述出的形式并不是规则本身，而是对规则的法则化解释"[①]。课堂教学结构中

---

① ［英］安东尼·吉登斯：《社会的构成——结构化理论纲要》，李康、李猛译，中国人民大学出版社2016年版，第20页。

的规则一般被理解为课堂教学原则、教学阶段和教学方法。教学原则是规则的言辞表述形式。夸美纽斯、赫尔巴特、凯洛夫等传统教育学家都十分强调教学原则在教学过程中的作用。夸美纽斯在批判经院主义学校教学工作的弊病与危害的基础上提出了直观性原则、系统性原则、循序渐进与量力性原则、自觉性原则和巩固性原则;赫尔巴特提出"教育性教学"原则;凯洛夫提出在掌握知识的过程中,学生的积极性和自觉性原则、教学的直观性原则、教学理论与实际相结合的原则、教学系统性和连贯性原则、掌握知识和巩固性原则、教学的可接受性原则、对学生进行个别指导的原则。[①] 总之,教学原则以理论知识起主导作用、因材施教、启发诱导、理论联系实际、及时反馈等为主。教学阶段也指一般化程序,比如赫尔巴特的四段教学法、杜威的五段教学法、凯洛夫的教学八个阶段等,都对教学规定了按部就班的若干程序。传统课堂基本上以凯洛夫教育学中的教学阶段理论为基础,形成了"备课、导入、复习旧课、讲授新课、扩展运用、巩固练习、布置作业、反馈评价"的程序化教学阶段。在教学基本原则与教学阶段理论的基础上,逐渐形成了教学活动中的一般方法,讲授法是主要的教学方法,同时辅以类比法、实验法、讨论法等其他方法。传统教学论经历300余年,逐渐形成了这样的教学程序、基本原则、教学方法,也就形成了传统课堂教学的基本"规则"。

(三) 传统课堂教学资源

吉登斯认为,资源包括两种:一是配置性资源,是指对物体、商品或物质现象产生控制的能力或各种形式的转换能力;二是权威性资源,是指对人或者行动者产生控制的各类转换能力。[②] 课堂上的教学资源,同样包括配置性资源与权威性资源。课堂上的配置性资源主要是指教师和学生共同使用的教科书,以及为教学提供服务

[①] 王鉴:《课程与教学基本原理》,人民教育出版社2014年版,第202页。
[②] [英]安东尼·吉登斯:《社会的构成——结构化理论纲要》,李康、李猛译,中国人民大学出版社2016年版,第20页。

的所有物质资源,具体表现为教学环境与教学条件等。课堂上的权威性资源是指教师对自身教学活动及对学生学习活动的协调,表现为具体的师生关系或教学关系。传统课堂上的配置性资源主要是统编教材,因为传统课堂上知识的传递方式只有两种：一种是以文字为载体的教材；另一种是教师口头语言的讲授。学生获得信息的途径也以这两种方式为主,而且教师讲授的信息主要围绕教材来进行,即"教教材"。作为教育行政管理部门,为了让课堂教学有一个统一的标准,在教育行政部门里还专门设立了相应的组织机构,组织专门人员编写教师讲授教材所用的"教学参考书"或"教学参考资料",这样就强化了教材作为课堂教学的主要资源甚至是唯一资源的理念,长此以往就形成了传统课堂上的"教材中心"观。大学英语作为语言课程,不同于其他传统课堂的是,还要配备一些教学辅助手段,如语音室、录音机、磁带、碟片等。传统课堂上的权威性资源主要是指教师能动者对自身及学生活动的控制,表现为"教师中心"的师生关系或者"以教为主"的教学关系。"教材中心"观把教师和学生束缚在学校提供的教材上。教材提供什么内容,教师就讲授什么内容,学生就学习什么内容。教师没有选择教学内容的权利,学生更没有选择学习内容的权利。教师必须按照教材设计好的每一单元的先后顺序来开展教学活动。传统课堂上的权威性资源形成"教师中心"的师生关系和"以教为主"的教学关系,主要表现为教师是课堂教学的主体,学生依附于教师的教,离开教师的教,学生就不会学,学生处于被动学习的状态。课堂教学主要围绕教师的讲授展开,学生参与表达的机会较少。资源是社会系统的结构化特性,具有认知能力的行动者在互动过程中利用并再生产这些资源,权力本身不是一种资源,但资源是权力得以实施的媒介,是行为在社会再生产中具体体现的例行要素。由此可见,权力失衡是造成课堂两种资源分配不均的主要原因。

(四) 传统课堂教学活动中的二重性

教材是传统课堂上唯一的教学资源。在捷克教育家夸美纽斯

"百科全书式课程"和英国教育家斯宾塞提出的"科学知识最有价值"的课程观影响下,传统课堂教学形成了一套一切以书本知识为目的的课堂教学活动。在此"例行化"的活动模式中教师和学生必须按照"规矩办事",按照"规矩说话"。教师的职责就是"传道授业解惑",学生的职责就是按照学校的规定完成学习任务,通过各级各类考试。教师必须按照学校规定的教材内容及先后顺序授课。教材是教师教学的主要内容。教师教学的主要目的是教教材,而学生学习的主要目的是学教材。教师顺利教完教材证明教师完成了学校规定的教学任务,学生学完教材并通过考试说明学生学到了知识,达到了教学目标。教师离不开教材,离开教材就不会教;学生也离不开教材,离开教材就不会学。开学伊始,研究者在一所学校调研中观察到有些教师因为教材还未领到手,和学生一起静坐在课堂里等教材的现象,当问到教师为何不开展教学活动时,教师的答复是"没有教材,怎么上课?上什么课?"教师还必须按照教材规定的先后顺序授课,教学进度被定格在教学计划中,教学督导随时抽查教师手中的教学日志,检查教学进展情况。教师的教学方法来自于教师经验。教师深信不疑地认为,他们今天所获得的知识也是课堂上教师一字一句讲授的结果,同样的学习经验也适合自己的学生。以考试为中心的评价方式会考查教师的教学任务完成情况和学生的学习效果。学生的学习能力被成绩量化着。因此,教学活动只关注和考试有关的知识内容,对于那些和成绩无关的体验,在师生看来,就是无用的、无意义的。教师和学生被学校制度束缚住了手脚,失去了自主行动的自由,不能动,也不愿意动。这套模式受到学习制度的保护,而拥有行使权的就是教师。教师是知识的权威,因为和学生比起来,他们知识更丰富,掌握知识更熟练,学习知识花费时间更多。权力可以为"以知识为中心"的课堂提供良好的秩序。

传统教师能动者作为课堂教学的主体,以课堂为媒介,将学生能动者、课堂规则及教学资源全部纳入自己的作用对象中,成为课堂教学的客体,并以例行化方式开展重复性较强的日常教学实践活动。把学生作为教学客体，弱化了学生能动者的主体地位，同时，教师能动者对教学资源和规则的控制与支配，使学生的实践意识和话语意识受限，能动性完全处于被动状态。这样，教师能动者主体和学生、教学资源和课堂规则为主的课堂结构客体相互作用，便形成了"以教师为中心""以读写教材为中心""以课堂为中心"的课堂教学结构。（见图17）。

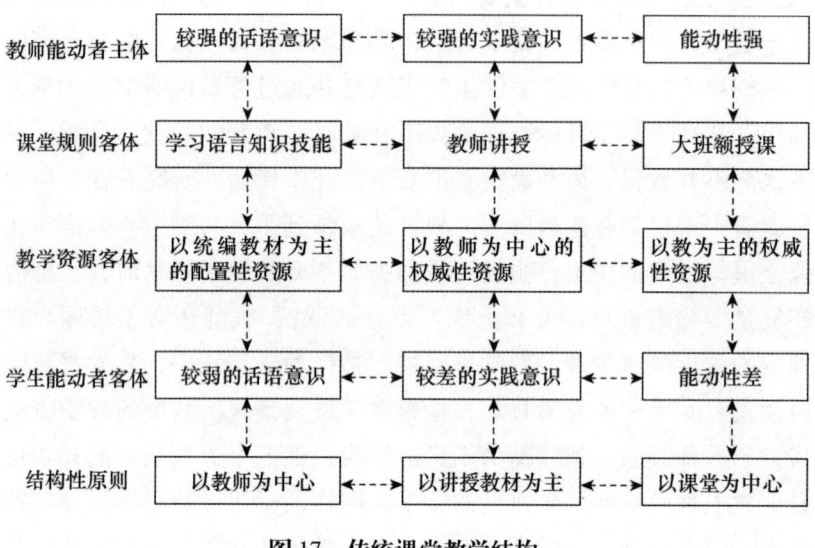

图17 传统课堂教学结构

三 现代课堂教学结构分析

技术革新是时代变迁的重要标志。自21世纪以来，信息技术的广泛应用，推动我国进入"互联网+"的新时代。信息技术作为新时代课堂教学中的一种结构性要素，改变了传统师生能动者的身份，也改变了传统课堂的生态结构。

（一）现代课堂教学中师生能动者的身份"重塑"

新时代背景下师生能动者围绕"学生中心""信息技术""能

力培养"重塑着课堂教学主体。教师是专业能动者。所谓专业能动者，是指通过专业教育培训并具有专业资格、形成一定权力的能动者，具有较强的自我反思与监控能力，拥有丰富的教学话语意识和实践意识，既敢于尝试变革课堂教学，又掌握"之所为"的理论依据，对自己的课堂教学阐述知其"所以然"。教师能动者中有一批具有较强能动性的优秀教师，他们最先掌握现代教育技术，吸收现代教学理念与方法；他们从传统教师共同体的"大本营"中划分出来，成为新型教师能动者中的"先行者"，是能动者群体中的领导者与示范者，其能动性不仅可以发挥到自己的课堂教学中，而且可以影响其他的教师能动者。新型教师能动者关注学生的学，研究的问题主要有：什么是适合每个学生的有效学习方法？学习的规律是什么？教师如何有效地组织学生学习？在讲授知识和技能的基础上如何培养学生综合运用能力及其他关键能力？传统教师能动者是在标准化的参考资料、统一的教学方法与策略中成长起来的，形成以"教学大纲、教材、教学参考书"为依据的课堂教学活动；新型教师是研究者，是在长期的教学研究中成长起来的，不仅教师个体研究自己的教学，通过反思监控自己的教学并改进实践，而且教师共同体开展以听评课活动为主的校本教学研究来解决所遇到的共同问题，形成了以"教师培训、教学改革、教学研究三位一体"为主的课堂教学活动。教师还是网络信息资源的开发者和课程资源的整合者。教师不再将信息技术作为展示某一知识点的工具，而是通过对教学资源的设计、任务驱动等训练学生搜集资料、解决问题及语言综合运用等能力。

学生作为课堂教学中的另一方能动者，不仅是教学活动的参与者，而且是教学活动中的学习主体。他们是学习的主人，学习方式呈现出自主、合作、探索等多元化特点，形成具有能动意识、主体意识、创新意识的学习共同体。随着学生语言认知能力的逐渐增强，自主、探究、合作等学习能动性也逐渐增强，自然难以适应"满堂灌"的传统教学方式，他们渴望自己能参与到课堂教学中去，成为学习活动的主人。同时，学生又是成长中的能动者。所谓成长中的能动者，主要表现为虽然他们对教学活动感同身受，有一定的发言权，但认知水平相比教师专业能动者而言仍然较低；虽然能意识到自己所为，但并不一定能够知其所以为；虽然知道如何学习，但他们难以说清楚这样学习的理由；虽然能很好地掌握信息技术，但不能正确地将其运用在自己的学习活动中。成长中的学生能动者需要专业能动者的引导，帮助他们掌握学习技能和有效运用网络信息技术。

新时代的师生能动者，除了发挥各自的能动性外，还具有凝聚力和向心力。在传统课堂教学中，由于教师主体地位和专业能动者的支配性功能过度发挥，学生的能动者角色与其能动性的发挥受到限制，甚至被教师取而代之。教师和学生的动能性没有发挥共同作用或施力相反，大大影响了合力的效果，"教师主导、学生主体"就成为一个漂亮的理论标语，难以在教学实践中真实地体现出来。新型教师开始注重发挥学生的能动性作用，因为他们意识到只有学生能动者作用的最大化发挥才能促成学习的真正发生。知识与技能的获得、关键能力的培养是学生能动者自身发挥主观能动性与客体的课堂规则和教学资源共同作用的结果，不是教师强制灌输的结果。正如拉尔夫·泰勒所说："学习是通过学生的主动行为发生的；他学到什么取决于他做了什么，而不是教师做了什么。"[①] 当然，拉尔夫·泰勒也只说对了一半，对于学生能动者与知识客体的建构过程而言，确实要保证学生能动性的发挥，确保学生做了什么，确保知识与信息的获得及能力的提升。但教育作为有目的、有计划地组织学生开展学习活动的有效方式，其中就离不开教师专业能动者的再构建作用。学生的学是基础，是前提条件，教师的教是保障，发挥着十分重要的促进作用，这充分体现了教师能动者和学生能动者在新型课堂教学范式中的良性关系：学生能动性的发挥离不开教师能动者，但教师能动者只是对学生能动性的发挥起到助力的作

---

① ［美］拉尔夫·泰勒：《课程与教学的基本原理》，罗康等译，中国轻工业出版社2016年版，第66页。

用，学习的发生最终还是要靠学生能动者。

师生能动者良性关系的形成需要具备两个条件：一是教师能动者要意识到教学活动中另一类能动者的存在，并与其和衷共济。发现自己压迫他人，这也许会让他们觉得倍感苦恼，但这不一定会使他们与被压迫者和衷共济。和衷共济要求一方设身处地为他所要团结与共的另一方着想；这是一种突破常规的姿态。显然，教师将关注点转向学生和学生的学习，想学生所想，做学生所做是形成良性动能循环系统的前提。二是师生和衷共济必须融入教师的关爱。"只有当压迫者不再把被压迫者看作抽象的范畴，而把他们看作受到不公正待遇、被剥夺了言论自由、被骗去出卖劳动力的人时——只有当压迫者不再摆出伪善、伤感、利己的姿态，而是敢于做出慈爱的行动时，压迫者才能与被压迫者和衷共济。"[①] 教师的关爱、尊重和赞赏是构建师生能动者良性关系的润滑剂。

（二）现代课堂教学中规则的"重建"

教学规则是构建课堂结构的第一客体，它包括教学原则、教学组织过程和教学方法。新型教学原则以自学辅导、线上线下结合、因材施教、尝试错误、自我反思监控等为主，形成"先学后教，以学为主"；在教学组织过程上，打破了传统的教学阶段，形成了"任务材料、自学、问题解决、共同讨论、发现问题、合作学习、问题再解决、运用扩展"的学习共同体活动阶段，教学活动由"教案引导活动"转向"学案引导"活动；教学方法多以合作学习、自主学习、探究学习、实践学习等为主。课堂的教学原则更强调各项技能在情境活动中的综合运用，形成以"知识为基础""综合技能训练为目标"的教学模式。教学过程包括总结网络平台上的学习情况，引导学生分组对所学内容加以概括总结，教师检测和强化重要知识点，教师发现学生的薄弱点并释疑，看视频，引导学生分组

---

① ［巴］保罗·弗莱雷：《被压迫者教育学》，顾建新等译，华东师范大学出版社2004年版，第6页。

对课文内容进行深度探讨，教师加入小组给予建议、小组讨论结果并进行展示、小组互评、教师点评、布置作文进行强化拓展训练（结合网络资源）、安排下一次网络平台学习。教学方法主要是围绕任务导向或情境问题的自主学习、合作学习和探究学习等。显然，教学规则也无外乎围绕"学生学习""关键能力""信息技术"而制定。

（三）现代课堂教学资源的"再造"

这是构建课堂结构的第二客体。新型课堂教学中的资源内涵发生了变化。由于学生的主体性与能动性得到重视并成为师生能动系统中重要的一员，权威性资源就包括师生能动者之间的转换能力。教师能动者开始作为教学研究者，从教教材转为教学生，学生能动者从被动的知识接受者成为学习的主人；教师对学生的控制和支配权逐渐消失，权力失衡的状态逐渐改变。权力的改变，增加了学生实施权力的能力，学生可以充当教师的角色，发表自己的意见和见解；教师可以充当学生的角色，成为"倾听者"，学生成为真正的行动者，课堂上建立起"平等民主、以生为本"的师生关系和"以学为主、先学后教"的教学关系。新型的配置性资源主要表现在师生能动者对以"微课""慕课"为中心的各种物质资源的控制与利用上。学生所处的以信息化、现代化、全球化为基本特征的社会环境发生了很大的变化，社会环境为"以学习为中心"的新型课堂教学提供了物质性条件，改变了配置性资源的存在方式与作用效果。"互联网+"打破了传统的以"教材文本为中心"的教学资源，学生获取知识的方式更加多元化。对于掌握一定权力的学生能动者来说，超越时空限制获取更多的学习资源成为可能。

（四）现代课堂教学活动中的二重性

现代的"生命课堂"更加注重"人"的主体性和生命价值，教师作为能动者，他们的作用对象与作用形式都发生了重大变化，不再是知识加工与传递的能动者，而主要的是学生能动者的促进者。教师作为专业人员,不仅是教学资源的开发者,还是教学活动的研究者,更是学生学习活动的设计与组织者、指导者。课堂上能动的主体是学生,学生在课堂上结成学习共同体,通过合作、探究、实践等形式完成学习任务。这种课堂教学,是共同确立意义、构筑关系、文化的、社会的实践,其人际关系是借助交互主体式的实践而构筑的共同体关系,这种课堂寻求同课堂外种种共同体文化实践的关联。①"生命课堂"的教学活动是创造性的教学和有效的教学,是创建课堂学习共同体的过程,创造性的教学相对于"操作性教学"而言,在教学过程中特别强调和突出教师和学生、学生之间的相互沟通、相互激励、启发和分享,它以发展学生的多种才能为目的,是既有竞争又有合作的一种教学方法,在教学中确立"主体—客体、主体—主体、主体—客体—主体"之新型多元关系,很好地解放了学生,发展了学生。② 这种新型的课堂教学结构既是教师与学生在教学活动中不断构建起来的教学存在形式,从横向上看,它在某一国家或某一地区或某一学校存在着,随着时间的推移和课堂教学改革的发展,它的范围会逐渐扩大。从纵向上看,进入21世纪以来,这种课堂教学结构已经出现,形成了所谓的"翻转课堂",同样,随着时间的推移与教育改革的深化,这种课堂结构会成为新时代主流的课堂结构类型及存在方式。也就是说,课堂结构具有明显的二重性,一方面是教师能动者与学生能动者与课堂教学资源与规则等相互作用建构的结果,另一方面,这种课堂的结构形成以后,又会制约能动者的能动作用,因此,新型课堂结构便具有了明显的结构二重性特点。在当前课堂教学结构的改革过程中,为了追求一种焕发出生命活力的现代课堂教学结构,就要注重以下几对关系的处理。首先,要正确理解课堂上"知识"与"生命"的关系。知识是辅助性手段,生命的成长发展才是最终目的,知识

---

① [美]拉尔夫·泰勒:《课程与教学的基本原理》,罗康等译,中国轻工业出版社2016年版,第66页。
② [巴]保罗·弗莱雷:《被压迫者教育学》,顾建新等译,华东师范大学出版社2004年版,第6页。

要为学生的生命发展服务，生命的发展要依靠对知识的掌握作为手段。课程作为最主要的传播知识的载体，为学生理解和深化乃至获得知识做了最基本的选择，课程所选择的这些知识对学生而言是最低标准，是必须掌握的，但这并不是说为了达到这个标准就可以牺牲学生的生活世界，而是要在充分保障学生休息、娱乐、与人交往，陶冶情操、获得情感发展等的基础上获取知识。现代课堂所追求的生命含义在教学活动过程中的展现，就是要把学生当作发展中的人来看待，既不能把学生"物化"，又不能把学生"成人化"。其次，要正确处理好师生能动者之间的关系。教师作为能动者，是专业的能动者，教师要转变传统的角色和形象，将传统教师观中师道尊严的权威者转变成温文尔雅的帮助者、同学者。教师的职责已不仅仅是传授知识，更重要的是承担起促进学生能动者成长的责任。最后，要适度把握好"教"和"学"的关系。把教学活动细化为"有教有学"的活动和"无教有学"的活动，这其中学生的"学"是核心，教师的"教"从"有教"到"无教"都需要教师发挥相应的能动作用。在"有教有学"的教学活动中，"教"与"学"的关系是"教"为"学"服务，"教"帮助"学"，"教"引导"学"。在"无教有学"中，教师的角色与功能发生了重大变化，教师成为活动的设计与组织者、指导者、评价者，教师在学生自主学习中的作用同样不容置疑。

第九章 教学模式与学习方式的关系

"如果太安逸，我们就会停滞不前。即使学生感觉舒适，同样会给我们的工作带来压力。我们应正确认识这一点，善意地帮助他们对待不适。"① 美国著名学者 B. 乔伊斯、M. 韦尔和 E. 卡尔康在其《教学模式》中提出了著名的"不适"② 概念，并分析了由此而形成的学习者的边缘性状态，旨在解决教学模式与学习者学习方式之关系问题。半个世纪过去了，课堂教学中的教学模式与学习方式不断地变革着，但"不适"的问题依然存在，而且在考试主导的教学模式下越来越严重。尽管我国新课程倡导新型的学习方式，但传统的教学模式背景下的新型学习方式难免会出现"穿新鞋走老路"的问题。解决这一问题的关键是重新审视教学模式与学生学习方式之关系问题，从不适出发，走出学生学习的边缘性状态，建构和谐高效的课堂教学新模式。

一 "不适"：在教学模式和学习方式变革中寻求平衡

心理学家霍利认为，教学环境"是一种能够激发学生的创造性思维的温暖而安全的班级气氛"③，教学模式和学习方式同样也属

---

① Bruce Joyce, Marsha Weil, Emily Calhoun：《教学模式》，荆建华、宋富钢、花清亮译，中国轻工业出版社 2002 年版，第 473 页。
② 同上书，第 479 页。
③ Sheralyn S. Goldbecker, *Values Teaching*, National Education Association of the United States, 1976.

于教学环境一类。在一般的传统观念中，只有学习方式和教学模式相互适合，相互和谐，也就是霍尔所说的"温暖而安全的班级气氛"，最有利于学生学习的发展和成绩的提高。但是事实上，如果只关心和谐性和舒适性，可能就会忽略调动学生的积极性和主动性。教师们的经验常常告诉他们：有效的学习经常是由不适所引起的或与不适有关。学习者如果感觉到不适，他们就会学习。乔伊斯等认为，如果环境与学习者太和谐一致，学习者就会停留在原有的舒适水平上学习，而不再需要成长的挑战。如果学习者与他所处的环境之间动力失衡，学习者身上就会出现一种与教育环境不相适应的状态，谓之"不适"[①]。不适的状况经常出现在教学模式的变革、学习方式的变革以及二者关系的协同方面。每一种教学的模式从另一角度而言常常又是学习的模式，教师的教与学生的学之间总会出现一种不适状态，调适的尺度是教师必须在课堂教学中把握好的。徐继存认为："任何一种新的教学模式，如果忽视了调动学生的积极性和主动性，那么其可接受性是很令人怀疑的。"[②] 在学习过程中，"如果太安逸，我们就会停滞不前。即使学生感觉舒适，同样也会给我们的工作带来压力。我们应正确认识这一点，善意地帮助他们对待不适"[③]。马克斯·范梅南也认为："我们不应该使生活中的所有事都变得容易，相反，我们可能需要重新恢复一些生活中的困难以便提供机会做积极的挑战、探索、冒险，面对及调和人生问题和其他重要的疑难问题。"[④] 教学模式与学习方式之"不适"问题，正是调动学生积极性和主动性的一剂"良药"。当面对学习者时，我们给他们提供的新的学习内容和学习方式，很自然地会引起他们的"不适"，因为他们已经习惯了之前所用的学习方式，这样

[①] Bruce Joyce, Marsha Weil, Emily Calhoun：《教学模式》，荆建华、宋富钢、花清亮译，中国轻工业出版社2002年版，第479页。

[②] 李定仁、徐继存：《教学论研究二十年》，人民教育出版社2001年版，第12页。

[③] Bruce Joyce, Marsha Weil, Emily Calhoun：《教学模式》，荆建华、宋富钢、花清亮译，中国轻工业出版社2002年版，第473页。

[④] ［加］马克斯·范梅南：《教学机智——教育智慧的意蕴》，李树英译，教育科学出版社2001年版，第255页。

可能会刺激他们，激发他们的积极性和主动性去寻求新的学习方法。面对这种状况，我们也必须找出这种"不适"的原因并帮助学习者解决这种不适。

（一）"不适"之界定

罗杰斯认为："当外部威胁降到最低限度时，就比较容易觉察和同化那些威胁到自我的学习内容。"[①] 也就是说，他主张为学习者提供一个安全的地方，让他们探索自我及其自身的环境，只有在一种和谐、安全的环境中学习者才能达到学习的最好水平，事实并非总是如此。H.泰伦在其《教育和人类的追求》中提到，有效的学习经常是由不适所致或伴有不适的。同时他还指出：如果学习者不知道该如何回答，他就会学习。[②] 即学习者要成长，就必须面对这种不适并努力克服它，对于教育者来说，要帮助学生打破这种"安全环境"的禁锢，并且帮助他们在学习中成为主动的探索者和求知者。

马斯洛认为："自我实现是一种在人们尝试使用不熟悉的技能时，不仅能冒险，而且能忍受感觉中的不适的状态。"[③] 对教师而言，其最主要的作用在于能帮助学生有效地解决那些在向新的能力水平发展中所出现的"不适"；对学生而言，其最主要的是发挥自己的主观能动性，努力调适自己的"不适"，在"不适"中提高自己的能力和水平。马克思指出："动物和它的生命活动是直接同一的，动物不把自己同自己的生命活动区别开来，它就是这种生命活动，人则使自己的生命活动本身变成自己的意志和意识的对象，他们的生命活动是有意识的，这不是人与人直接融为一体的那种规定性，有意识的生命活动把人同动物的生命活动直接区别开来。"[④]

---

  ① 施良方：《学习论》，人民教育出版社2001年版，第388页。
  ② Herbert Arnold Thelen, "Education and the Human Quest," *Literary Licensing*, LLC, 1961 (8).
  ③ ［美］马斯洛：《人性能达的境界》，林方译，云南人民出版社1987年版，第8页。
  ④ 《马克思恩格斯全集》，人民出版社1972年版，第42卷。

人之所以区别于动物，是因为人具有主观能动性，人能发挥自己的主观能动性，去调节或适应与自己不适的环境，对学生的学习而言也是如此。皮亚杰认为，新信息的吸收将不可避免地带来相关发展阶段的适应。也就是说，要吸收新信息，就必须经历一个由不适到适的过程。由上可知，许多理论不仅强调不同自然发展阶段的自然性，同时强调发展停滞的可能性，以及达到新水平所必需的适应性。如果任何一种发展状态受不到挑战，学习者将会沉浸在这种愉快的和谐之中，放弃认知结构中的重大飞跃。即如果学习环境和学习者的发展水平相适应，学习者就会被阻止在那个水平上；如果环境太舒适或可依赖，学习者就会停留在具体的思维阶段，这样，整合新信息或者形成新的概念的能力就会被减弱。为了促使学习者产生积极的思考，活跃的思维，环境必须在某些方面使其感到不适应。但是我们必须注意的是，这种不适是为了刺激发展，以使学习者能有更好的发展空间，因此不能过于复杂和抽象，而致使学习者丧失基本信心，所以要在适与不适之间保持一种平衡力，以求发展的最佳性和适切性。在此我们认为："教师的艺术在于促使不平衡产生的同时限制这种不平衡——不让它变成不可控制的破坏。"[①]

（二）"不适"之表现

乔伊斯等人对教师使用教学策略的不适和学生对新策略的感受有三种解释：第一种是为了能更好地运用新的教学模式或者新的教学策略，在采取新策略之前必须先采取一点熟知的策略，以引导新策略的顺利进行；第二种是当学生面对新的学习策略时，不能只是停留在原来的那个知识层面，他们也需要补充一些新的、必要的技能，这样教师的新技能才能和学生发生联系；第三种是教师在起初使用一种新策略时，可能对这一策略不太熟知，

[①] ［美］小威廉姆·E. 多尔：《后现代课程观》，王红宇译，教育科学出版社2003年版，第118页。

第九章 教学模式与学习方式的关系

从而产生不自信。但是,这种不自信只是暂时的,当教师做过几次尝试之后,就会觉得使用新策略更加得心应手,并且其教学能力也随之提高。①

值得注意的是,相对于教师而言,在这个"不适"的过程中要始终意识到:教学模式在伴随着稳定性的同时,还有灵活性、发展性、变化性和开放性,教师对教学模式的处理越灵活,就越能有效地调节这种不适的过程,引导学生度过学习的不适期,直到新的教学策略完成其转化。另外,教师帮助学生了解他们的新教学策略和相关技能,也是更好地帮助其顺利地使用新策略的一个重要环节。相对于学生而言,变化性、灵活性、发展性和稳定性是学习方式所具有的特点,所以,学生也会主动或慢慢地使教师的教学模式向自己喜欢的学习方式靠拢,也就是说,当教学模式和学习方法越不适应时,就越能激发学习者采取积极的态度来应对这些不适,以求顺利地度过这个阶段。

综上所述,学习者或者是学生的成长需要这种"不适"(适当的不适),如果环境和学习者太过于和谐一致,学习就可能停留在这个舒适的水平上,而不再产生刺激,不再成长。

二 "不适":在学习者边缘性问题的解决中探寻平衡之道

对任何一个学术性概念来说,为了对它有一个清楚、深入的理解,都需要追本溯源,将它放入具体的语境和学科领域中加以界定。所谓"边缘",有二层意思:"①沿边的部分,如边缘地区;②靠近界线的,同两方面或多方面有关系的。如边缘学科。"② 乔伊斯等对学习者边缘性的界定为:学习者很难和他所处的教育环境

---

① Bruce Joyce, Marsha Weil, Emily Calhoun:《教学模式》,荆建华、宋富钢、花清亮译,中国轻工业出版社2002年版,第477页。
② 《辞海》,上海辞书出版社2010年版,第117页。

相适应并从中受益时所存在的一种状态。① 基于此，我们认为，学习者的边缘性应该是一个从学习者和其所处的环境有效适应到学习者和其所处的环境不相适应这样的一个过程。也就是说，教育者在这个过程中创造了教育环境，但是环境的创造者不是环境的适应者，教育者并不是学习者，这就是我们看到的学习者实际的学习状况和我们认定的特定环境所能产生的学习上的有效性相差很大的原因。如果一个学习者在某一环境中处在"边缘"部分，那么这个环境对他的教育性和有效性就会减弱，更为重要的是，如果边缘性问题过于严重，学习者可能会丧失信心，学习者在那种学习环境里不可能有较好的学习成果，所以就会出现副作用。相反，如果"边缘性"问题不是太严重，能控制在一定的范围之内，教师再有效地做出相应的调适，使适与不适处在一个平衡的张力之中，学习者就会从边缘迈向环境中，相反，则会远离教育者所创生的教育环境。

（一）学习者边缘性的影响因素

关于学习者的边缘性，主要有四个影响因素，分别是文化对学习者边缘性的影响、智力对学习者边缘性的影响、社会对学习者边缘性的影响和学习的灵活性对学习者边缘性的影响。

首先，文化对学习者边缘性的影响。对学习者而言，总是先受到当地文化的影响，而学习的内容却常常是较为普适的文化或异域文化，所以，有些学习者的边缘性状态是一种文化适应问题。学习者在一定程度上已经受到当地文化的影响，已经接触到行为方式、人造物质以及构成文化的认知方式。也就是说，"由于生态环境和家庭教养方式存在一定的差别，他们在学习方式上可能同来自主流文化的学生有一定的区别"②。学习者在学习文化方面已经和其他的人没有什么差异，每个人与生俱来就具有一种学习文化的能力，只不过学习文化的能力的方式不同而已。

---

① Bruce Joyce, Marsha Weil, Emily Calhoun：《教学模式》，荆建华、宋富钢、花清亮译，中国轻工业出版社 2002 年版，第 479 页。
② 万明钢：《多元文化的新发展与课程改革》，《外国中小学教育》2000 年第 2 期。

其次，智力对学习者边缘性的影响。布卢姆认为，"除了占学生总数的5%的超常学生与低常学生之外，其余95%左右的学生在学习能力、学习速度、进一步学习动机方面并不存在什么差异。只要提供适当的先前与现实的条件，几乎所有的人都能学会一个人在世上所能学会的东西。"① 在这里，布卢姆认为，当针对某一特殊的学习目标时，智力的差异主要表现为暂时的差异，只要给边缘学习者更多的时间，他们就有能力完成学习任务。

再次，社会对学习者边缘性的影响。不能有效适应一定的教育环境的学习者，在学习上的进展可能会比较慢，甚至可能会出现停滞或者倒退的状况。这就会被那些和其在同一范围内的学习者所嘲笑，同时他还要对当前这些不同的文化进行内化和规范学习，这样就禁锢了他们的思想，使他们的发展更加困难，最终导致两种结果：一是学习者产生不自信，感觉自己在这种状况下无能为力；二是被别人认为是不好群体的典型代表。这种状况在我们的日常生活中是很常见的。

最后，学习灵活性对学习者边缘性的影响。我们知道，学习者是活生生的人，教育者所面对的是一群有生命、有灵魂、有活力的人，他们有其自身的差异性和独特性，因此，他们的学习方式是开放的、灵活的，他们是成长中的个体，对事物有很强的适应能力，只要他们感觉到和既定的环境不相适应，就会使他们受到相应的刺激，几乎所有的学习者都会出自本能地调节这种不适，使其变得与教育环境相适应。

（二）学习环境的影响因素

1. 文化的普适性与学习环境

"在知识发展的长河中，人类总在追求一般、普遍和整体性的知识，并通过概念、命题及规律等来表达这种知识，这就造成了普

---

① ［美］布卢姆：《布卢姆掌握学习论文集》，王钢等译，福建教育出版社1996年版，第43页。

适性知识的盛行。"① 即知识和文化从一开始就具有普适性的特征。从文化的角度来讲，学习环境是主流文化或者主流知识的变异。对于教学模式而言，所有的教学模式都代表着它们所从属的文化，因此根据文化的多样性，就会有很多种教学模式。但是，相对于教学模式的整体而言，它们的根源是相同的，所有的教学模式都是由教育研究者和教师所创造的，这部分人属于同类的研究者，他们代表着一种普适性的知识或文化，即教学模式和学习者有着共同的文化根源，这是无可争议的事实。

2. 学习者的独特性与学习环境

当学习者身处特定的环境中时，就会引起学习者的一系列反应。学习者能通过自己的调适和环境相互作用，但同时，学习方式和既定的学习环境又会有不同的相互作用。因为知识具有境域性，学习者同样具有独特性和差异性，不同的境域对知识的定论不同，学习者对学习环境的要求同样如此。情境学习理论认为："知识具有情境性，而且是被利用的文化背景及活动的部分产物，知识是在情境中通过活动而产生的。"② 所以说，没有任何一种既定的学习环境能对所有的学习者产生同样的效果。

3. 教师设计与学习环境

作为教师，在设定教学环境的时候，尤其要注意头脑中对环境意识的灵活性，要增强在不断变化着的教育情境中的细心和技能。当教育者在潜意识中有对环境意识的灵活性时，学习环境便具有了极强的适应性，或者说至少有潜在的适应可能性。张武升认为："教学模式具有改进功能，它能改进教学过程、方法和结果，在整体上突破已有的教学框框。"③ 教师要注意教学模式的灵活性、发展性和开放性的特点。也就是说，教育者要能恰当地创造学习环

---

① 王鉴、安富海：《知识的普适性和境域性：课程的视角》，《教育研究》2007年第8期。

② 陈青、乌美娜：《从抛锚教学看情景学习观点对教学及教学设计的启示》，《中国电化教育》1999年第4期。

③ 张武升：《关于教学模式的探讨》，《教育研究》1988年第7期。

境，即让学习环境具有很大的灵活性，让它能随着学习者的变化而变化，适应学习者的性格特征。同样，如果我们能十分灵活地对待学习者，他们就会很快地适应环境，根据学习环境的特征而发生变化。二者是一种相互适应的关系。

综上可知，由于环境的境域性和学习者的独特性，每一种教学模式都会在针对其自身设计的方向上更为有效。因此对于教育者来说，要明确教育目标，并且按教学目标选择教学模式是最理想的状态。

（三）纠正边缘性的方法

面对边缘性这种状况，教师绝对不能放任自流，不能让学习者丧失信心；同时教师要做好引导、转型工作，帮助学生向相对舒适的方向转化，提高教学的效率和学生学习的信心。

1. 工业解决方法[①]

乔伊斯和威尔提到用一种工业解决办法来纠正边缘性。对于一部分学生来说，本来有很多种方法可供选择，但是为了注重方法的实用性和选择的有效性，不得不减少一些可供选择的教学模式。从另一个角度来讲，比起置一个问题于不顾，甚至彻底让其放任自流，选一些实用的、比较有效的解决办法，应该是一个相对明智之举。它减少了由于不适而带来的消极作用。也就是说，无论怎样，我们都能发现足够的、有效的、适合每个学习者需要的教学模式来影响他们的学习。

2. 教学模式的调适

学习的环境具有境域性，不同的环境会产生不同的学习文化。英国学者丹尼斯·麦奎尔和瑞典学者斯文·温德尔曾指出："适用于一切目的和一切分析层次的模式无疑是不存在的，重要的是针对自己的目的去选择正确的模式。"[②] 我们要尽量发现问题，发现

[①] Bruce Joyce, Marsha Weil, Emily Calhoun：《教学模式》，荆建华、宋富钢、花清亮译，中国轻工业出版社 2002 年版，第 485 页。

[②] ［英］丹尼斯·麦奎尔、［瑞］斯文·温德尔：《大众传播模式论》，祝建华、武伟译，上海译文出版社 1987 年版，第 4 页。

困扰学习者的一些方面，不能单纯地使用一种教学模式，这样只会使学生感到乏味和无趣。也就是说，当我们努力改变这种教学环境或者教学模式的时候，这种模式可能会促使学生产生学习的动力，并且降低学习者的不适感。这对教师的要求是比较高的，他们要能打破这种模式化的禁锢，利用自己的智力水平和聪明才智进行教学，同时要多与学生交流，取得学生的信任，让学生有展现自己的机会。这样，学生也会和教师一起适应这种环境或者说教学模式，以提高教学水平和学习效率。

3. 学习方式的变革

学习者是一个个体，具有个体的独特性和差异性。马克斯·范梅南认为："每一个孩子都是以一个特别的、个人的方式学习着。每一个孩子都对他或她的知识和理解事物的方式加以个人的塑造。每一个孩子都以自己独特的方式吸收价值观、实际技术，形成习惯和进行批判性反思……很重要的是记住所有的学习最终都是个人的过程。"① 因此在使用新的教学模式时，由于学习者有其惯用的学习方式，起初肯定和新的教学模式不相适应。因为其在自身的发展过程中，形成了他所独有的学习习惯，这种习惯慢慢地变成了他的学习方式而逐渐地固定下来，所以当学习者感到和新的教学模式不相适应时，我们要以更多的练习和特别的帮助来让他们渡过这种不适；或者用布卢姆的观点来说，学习者之所以落后或者成为边缘者，就是因为我们要求他们用比他们适应环境快得多的速度去学习，所以我们应该调整学习者的学习进度，给学习者更多的时间，让他们完成学习，不再使其长久地处于边缘者的位置。教学原理告诉我们，学习方式是学习者可选择的丰富多样的方法与形式的组合，它与教学的模式是相对的，教学的模式是教师主导的，学习方式则是学生主导的，课堂上的不适，主要表现为学生对教学模式的不适、学生对学习方式的不适以及学生对教学模式与学习方式关系

---

① [加] 马克斯·范梅南：《教学机智——教育智慧的意蕴》，李树英译，教育科学出版社2001年版，第104页。

第九章　教学模式与学习方式的关系

的不适三个方面，不管哪个方面，教师的作用都是十分重要的，教师不仅负有对教学模式调适的责任，而且学生学习方式的变革还必须经由教师教学模式的变革，也就是说，学生掌握适合自己的学习方式不仅仅是学生自己的事，还与教师教学生学会学习方法的关系十分密切。

总之，生活的发展和变化要求学习者不断改变自身，必须学会放弃那些舒适的习惯和条件去和那些不适应的发展观念相互调适。人类是不断成长的，与此同时，人类所有的知识也是不断增长和丰富的，都是有一定的转型期的。石中英认为："每一次的知识转型都有两个方面的原因：一是知识分子内部对知识性质或标准问题的不懈质疑与反思；二是社会政治、经济或文化结构发生大的变动。"[①] 鉴于此，知识的转型和变化必然导致学习者对知识的认识方式发生变化，而变化最集中的体现也就是在"知识分子内部"，这里的知识分子则更多地聚集在一个群体之中，也就是学校之内，那么相对学校来说，知识承载者是全体教师，教师是知识最重要和最集中的传播者，因此面对诸多的、发展变化的知识，教师的教学模式也必然会发生变化。对学生来说，采用这种新的教学模式必然给他们带来不适，学习者就必须面对这种不适，在不适中激发自身学习的内在动力和兴趣，以便能够超越目前的发展状态，向更高的层次发展，不适的强大动力会促使学生努力适应不适，在学习方式和教学模式之间寻求一种张力。学习者面对的困境，也是教师的重要任务之一，是教师和学习者一起形成和发展适合他们的学习方式，并形成教学模式与学习方式的和谐与适应。最后用当代分析哲学家维特根斯坦的一句话来隐喻这一主题：我们已经走上了一个光滑的冰面，冰面是理想的，没有摩擦力的。但是，没有摩擦力就不能往前行走。要前进，还是回到粗糙的地面上来。

---

① 石中英：《知识转型与教育改革》，教育科学出版社2001年版，第50页。

第十章 从"适教课堂"到"适学课堂"

与工业化社会背景相适应,教育领域形成了班级授课制和传统教育的"三中心",其理念是"为教而教",课堂教学范式为"适教课堂",目的在教,重点在教,其假设是教师教得好,学生必然学得好。然而,随着信息化时代的发展,随着人文主义在世界范围内的再度复兴,"适教课堂"内部发生了严重的"危机",传统的课堂"范式"正处在转型中,随之出现了"为学而教"的新理念,与之相应的课堂教学范式为"适学课堂",即将教学活动的终极目的确定为学生的学习和发展,并以学为主,先学后教,"翻转课堂"就是其中的一种。

一 两种课堂范式的并存与更替

"中国以及东亚各国的课堂正在发生静悄悄的革命。如今在许多中小学教育的课堂,用粉笔和教科书进行教学,老师在黑板和讲台面前,面对排列整齐的课桌展开单向传递的课堂情境,正在进入博物馆的资料室。"[①] 课堂的变化由"划一的同步教学"向以"学习者为中心的教学"转变,由"适教的课堂"向"适学的课堂"转变,而且这一新型的课堂已经成为学校课堂的主流。如果说课堂教学范式从"适教课堂"向"适学课堂"的转变在中国及东亚各

---

① 钟启泉:《课堂改革:学校改革的心——与日本佐藤学教授的对话》,《全球教育展望》2004 年第 3 期。

第十章 从"适教课堂"到"适学课堂"

国的趋势是20世纪末出现的思潮,那么在欧美诸国,这种课堂范式的变革则出现得更早,可以说从20世纪初杜威的"学生中心主义"课堂就开始了课堂范式的转型。

"范式"理论是托马斯·库恩(Thomas Kuhn)在《科学革命的结构》中提出来的,是由某一时代特定的科学共同体所支持的信念,在其构成中包含了由其个人偶然性和历史偶然性所组成的明显的任意性因素。这一任意性确实存在着,对科学发展起着十分重要的作用。[①] 简单地说,科学在某一时期内,其理论假设、应用方法是以一些特定学科的"科学家共同体"所接受的方式存在的,这就是"范式"(paradigm)。科学的发展并不保持连续性,而是具有革命性,不论是天文学、物理学、光学等,都有革命性的变化。概括地说,库恩范式的科学进步有如下的步骤:前科学—常态科学—危机—革命—新的常态科学—新的危机,常态科学总会出现问题,但并不一定就会产生革命。当出现的问题危及常态科学的基本原则,并且为了解决问题,维持常态科学的规则越来越宽松时,革命就产生了。教育学领域的研究历程同样会经历常态科学向新常态科学的转变。在工业社会背景下建立起来的传统教育学,即赫尔巴特的教育学,以传授知识为教育学的逻辑起点,教育实践共同体坚守的理念是"教材中心、教师中心、教室中心",教育研究共同体坚守的是传统的"为教而教"的教育观。将学生囿于课堂上机械地掌握人类已有的知识,形成了适合工业社会发展需要的教育学理论体系,这一理论体系就是对工业化社会的教育现实的写照。随着时代的发展,人们认识到人的发展远不是掌握知识的内涵所能完成的,人的发展才是真正的教育的逻辑起点,这样杜威提出了民主社会的教育理论体系,即"学生中心、经验中心、活动中心"的新理论。传统教育学作为常态科学的教育学,其内部危机四伏,表明它已经不适应新的社会发展的需要了,尤其是"二战"之后,世界范围内现代

---

① [美]Thomas S. Kuhn:《科学革命的结构》,李宝恒、纪树立译,上海科学技术出版社1980年版,第4页。

信息技术发展的需要，传统教育学的规则受到了挑战。与现代信息技术相适应，以人的发展为逻辑起点的现代教育学体系在杜威民主主义教育思想的基础上进一步发展，形成了在信息技术背景下以人为本的"为学而教"的教育学新范式。而教育领域的变革也形成了两种范式并存的局面，即欧美各国的教育范式与东亚各国的教育范式。进入21世纪以来，这两种范式逐渐趋于统一，从"适教课堂"向"适学课堂"转变。

两种范式相遇本身就意味着一种教育的人为式的蒙太奇闹剧的上演。2015年8月，英国BBC电视台精心策划了一个节目，引起了关于中国与西方国家教育差别的大讨论。五位中国教师被聘为英国一所中学的教师，并按所谓中国传统的教学方法教授英国的学生，以此来检验所谓"中国式教学"的成效。不同的文化背景、不同的教育模式呈现在同一课堂中的师生身上，矛盾与冲突随之产生，关于"中国式教学"的思考开始走向深入。五位老师果真能代表所谓的"中国式教学"？何谓"中国式教学"？难道就是不顾学生死活的机械训练吗？难道就是不管学生兴趣的题海战术吗？难道就是不顾民主与平等的课堂专制吗？事实上，"中国式教学"已经标签化了，它特指中国及东亚各国的传统式课堂，即在严格的纪律保障下，通过教师的辛苦教学，通过学生们大量的作业，以机械训练、死记硬背的教学方法，让学生取得考试的成功。这种"适教课堂"在英国受到冷嘲热讽，英国公学的校长公然说，这就是中世纪的教学。而英国的学生在课堂上缺乏纪律的保障，自由而散漫，但学生的能力却很强，他们需要在民主的管理中按各自的兴趣发展，再加上现代教育信息技术，诸如翻转课堂、慕课、微课等的支持，学生学到的知识比教师讲授的知识丰富有趣得多。将"适教课堂"的教师，置于"适学课堂"的学生之中，让他们开展教学活动，真有点中国古代的"以子之矛攻子之盾"的幽默。事实上，中国的课堂教学随着21世纪以来基础教育课程改革的不断推进，已经发生了很大的变化。无论中国教育好还是坏，都不可能用这种方式到国外去展示，他们忘记了文化与历史的差别，忘记了学生的差别，把教育看成是一种可关在学校内，用一种方法就能做成的事，这是方法至上主义的错误。同样，把中国式教学理解为"满堂灌"和被动接受，本身已经不符合中国教育的现实。中国基础教育的课堂教学范式正发生着变化。认识当前世界范围内教育范式的变革趋势，分析中外课堂教学理念的差异，对于把握中国当下课堂教学变革的理念与方法有着十分重要的意义。

二 "为教而教"批判

"为教而教"从字面上理解就是为了教师的教而开展教学工作，其逻辑是教师教得好，学生必然学得好。因此，教师是主角，是主导，学生跟着教师走就可以了。可事实是，学生常常跟不上教师的步伐，尽管教师教得"很好"，学生常常学得并不好。"为教而教"的教育理念是对传统课堂教学的概括，有其特殊的社会背景和独特的内涵。

教育活动是社会活动的一部分，受制于社会发展的影响，同时又可以引领社会发展的方向。"为教而教"的教育理念与工业化社会背景息息相关，在工业化时代，为了满足机器化大生产的需要，学校教育引入了工业化批量生产模式：按年龄班级组成的、标准化的课堂、统一的教材、按照时间编排的流水线进程等，所有这些为工业时代标准化地"制造"人才提供了便利。尤其是工业化时代的班级授课制的形成与发展给"为教而教"理念的盛行奠定了基础。1632年，捷克教育家夸美纽斯出版了《大教学论》，影响深远的系统化班级授课制理论自此形成。所谓班级授课制就是把认知水平和学业水平接近的学生放在同一个班级，根据周课表和作息时间表，教师有计划地对同一个班的全体学生进行同样内容教学的一种组织形式。班级授课制的产生，改变了个别教学的现状，形成了集体授课的组织形式，它以"教"为中心，特别强调教师的"教"，以致夸美纽斯提出了班级授课制的方法："采用一种教育方法，使学生对教学不感厌恶，而能被不可抵抗的诱惑力所诱导。""课堂教学是每天只有四个小时，一个先生教几百个学生，而所受的辛苦比现在教一个学生少十倍。"① 但是，事与愿违，因为这种组织形式及其时代对学校教育人才的实用化需求，使得夸美纽斯的方法难以实现，代之出现的是由教师完全掌控的满堂灌的讲授法，并把教师教的活动与"教材"和"教法"有机统一起来，形成了后来以赫尔巴特为代表的传统教育论的"三中心"，即"教师中心""教材中心""课堂中心"的课堂教学范式。班级授课制扩大了教育规模，扩大了个体教师的教学能量，提高了教学效率，增加了人才数量，但是班级授课制也存在不可避免的弊端：不利于因材施教，忽视了学生的个体差异。英国教育家斯宾塞认为，什么知识最有价值，我们就把这些知识教给学生，他为此设计了直接谋生的课程、间接谋生的课程、养育与独立的课程、休闲娱乐的课程与参与社会实践的课程等。班级授课制产生以后，课堂教学变成教师"教教材"的场所，学生作为教育对象被动地跟着教师学"教材"，有些学生遇到不理解的问题，教师很少能有针对性地解决个别学生的困惑，因而产生了所谓的"差生"，教学进度按照好学生或者中上水平学生的进度前进，教师以讲授法为主导导致出现教师教不完，时间不够用，学生学不好等问题。正如彼得·圣吉所说："学校也许是现代社会中临摹生产流水线的最为神似的样例，学校被按照生产线形塑起来：学校被划分成各个阶段，冠之以'年级'，学生被按照年龄分配到各年级进行加工，加工的顺序由低到高顺级而上，每一年级均有车间主任——教师来负责监管，一定定额学生数的班级在课程表规定的时间里进行操练，以备质检，所有学生应按照设计的同一速度、根据铃声规定的刻板课表运行，在这样的流水线上，与其说学生在学校中学习，不如说学生通过跟上流水线的节奏，在适应并生产着一个控制的系统。"② 由此可见，"为教而教"是工业化时代的产物，是为传授知识的有效性而强调了教师的作用，并以教材和

---

① [捷] 夸美纽斯：《大教学论》，傅任敢译，人民教育出版社1984年版，第50页。
② [美] 彼得·圣吉：《第五项修炼——学习型组织的艺术与实务》，张成林译，中信出版社1998年版，第18页。

教法保证这一作用的发挥,其特点在于"三中心"合一,完成知识的传授,至于学生的发展却出现了很多问题,最为严重的就是不能因材施教而产生大量的所谓学业失败的"差生"。到目前为止,"为教而教"的现象还普遍存在着,主要表现在将教学活动理解为"教教材",课堂教学方法单一,以讲授法为主,忽视学生的差异性等。这种课堂教学范式在世界范围内已经受到了猛烈的批判。

"为教而教"包含两个"教":第一个"教"是教的内容,第二个"教"是教的活动,即为了教的内容而开展教学活动,目的是让教师教得更加有效,更加顺利,也就是说"为教而教"的内涵就是为了教师有效地教,让教师教得更好。"为教而教"到底好不好呢?教师教得好,不一定学生就学得好,教师教得很辛苦、很认真,但学生不能理解,不能内化,教学就是低效的活动。因此,让教师教得更好,不是目的而是手段,教师教得好,只是对教师自身的评价,但不是终极评价,终极评价在于学生,即学生能够学得好。所以,"为教而教"实质上还停留在手段的层面上,没有达至目的层面。为了让教师教得更好,教育管理部门的主要做法就是培训教师和编写教师教学参考书。培训教师,主要是教学理念和方法的培训,让教师如何统一性地理解教材上的内容,形成所谓的标准答案,教学的理念在于如何发挥好教师的作用,方法就是如何讲授,如何形成教师的权威,以便更好地控制课堂。编写教师教学参考书,就是让层次不一的教师对教材的理解能够有一个相对的标准。在传统的教学中,教师基本上是以教学大纲、教材和教师参考书为依据来开展教学活动的。教材、教学大纲、教学参考书都是为了保证教师能把教材上的内容教得和全国一个水平,因此教学参考书为教师提供帮助的同时,使教师过度依赖教学参考书,捆绑了教师的手脚,捆绑了教师的思维方式和创造性。自实施新课程改革以来,尽管废弃了教学大纲与教学参考书,而代之以课程标准与教材,但"教教材"的现象仍然普遍存在。培训教师和课程标准,虽然有助于教师钻研教材,开展正常的教学活动,但教学活动的重心仍然是为了使教师教得更好，轻视学生的学习方式，或者在一定的新型学习方式点缀下的课堂教学仍然是"为教而教"的范式。

"为教而教"的理念有如下三个特点：第一，有利于系统地传授知识，能有效地按照学科门类、学科内部的结构和学科体系而系统地传授知识。从夸美纽斯的"百科全书式"课堂，到斯宾塞的"什么知识最有价值"，再到赫尔巴特的"三中心"，其核心在于通过教师有效地教授教材，让学生掌握专门的知识。因此教材成为联系教师和学生的纽带，变得十分重要了，教材被喻为"圣经"，课堂里教教材，课后背教材，考试考教材便成了所谓的传统教育模式。第二，教师起着主导作用。教师是课堂的中心，学生跟着教师走，教师掌握着知识和课堂的主动权，教师在传授知识和组织学生方面有着权威性，甚至有着特权，教师靠自己的权威和铁的纪律掌控着课堂。这样，就形成了知识课堂的固定格局，讲台高高在上，提供教师表演的舞台，所有学生的目光及注意力都集中在教师的语言和行为上，形成了课堂上的教师焦点。第三，学生被动学习。学生被教师牵着走，被动地接受知识，缺乏自主学习能力，"要我学"而不是"我要学""教师在讲台上口若悬河、滔滔不绝，学生在课堂上昏昏欲睡"成为"为教而教"课堂的真实写照。由此可见，"为教而教"的特点是：教师掌控课堂、系统传授知识、学生被动学习。通俗地讲，即教师依靠课堂铁的纪律做保障，把教材上的知识较为系统地灌输到学生的脑子里，完成自己的教学任务。这完全是教师立场的教育学，缺乏对学生特点及学习效果的深度关注，因此"为教而教"的课堂范式是工业化时代的产物，在传授知识上虽然是有效的，但在发展学生的创造性与培养各种能力方面却表现出明显的不足，所以在信息化时代背景下表现出严重的危机。

三 "适教课堂"及其特点

与"为教而教"理念相对应的课堂可被称为"适教课堂"，这样的课堂适合教师教的活动的顺利进行，但并不一定适合学生学的活动，尤其是全体学生的学习活动。"适"的繁体字是"適"，适（適）的含义包括适切，适合，适当，适度，适应（适合客观条件或需要），舒适，适意，适中，适值（恰好遇到）；适可而止，方才，适才（刚才）；适间，往，归向。"適"通"啻"（chì）声，有模板，模子的意思，"辶"是朝着，通向的意思，因此，适（適）就是朝着模板去做，和模板一模一样。适当，适切，适合等都是要求与模板相吻合，按照标准、模式去做就叫"适（適）"。"适教课堂"和"为教而教"的理念相吻合，就是要将课堂建构成适合教师"教"的场所，便于教师教，益于教师教，适于教师教。那么，"适教课堂"是一种什么样的课堂呢？为了便于理解适教课堂的内涵与特点，我们可以从李秉德的教学七要素角度审视这一课堂的构成及其特点。在适教课堂的教学中，主要的目的是传授给学生知识，学生的能力、道德、情感、心理健康、身体健康等不能通过传授知识而获得。在适教课堂上，教师主要是知识的传授者，甚至是知识的搬运工，把教材的知识搬运到自己的脑袋里，然后以一定的方法再搬运到学生的脑袋里，但是搬运到自己脑袋里容易，搬运到学生脑袋里并不容易，这就要思考教师的角色到底是什么，作用到底该如何体现的问题。在适教的课堂上，学生是知识的容器，忽视了学生是作为"人"存在的个体，适教的课堂以"为教而教"的理念不断向学生灌输知识，忽视了学生的身心健康，忽视了对其情感态度与价值观以及美德的培养，使学生变成单向度的"知识人"，不完整的"智力人"，忽视了学生自身的主体性和差异性。在适教课堂上，主要是教师"教教材"，学生"学教材"。教教材是永远教不透的，教师必须开发教材，借助网络和当地文化、校园文化开发课程资源，丰富课堂教学内容，整合各学科内容，才能使学生将所学内容与实际生活相联系，学以致用。在适教课堂上，教学环境分为有形环境和无形环境。从课堂的有形环境来看，适教的课堂上的讲台、黑板都是为教师准备和服务的；从课堂的无形环境来看，课堂教学环境以教师为中心，以教为中心，教师具有较高的权威性，课堂气氛紧张、沉闷。在适教课堂上，适教课堂的教学方法主要是讲授法，很多教师认为，讲授法最适合教师教学，最适合完成教学任务，最适合学生学习，新课程改革中推行的自主、合作、探究学习等其他学习方式只是停留在形式上。正如美国著名的教育家拉尔夫·泰勒所说："教学不是教师教了什么，而是学生学了什么。"① 在适教课堂上，评价就是成绩、考试、排名、升学，这种评价只是对知识的一种简单测验，而忽视了学生作为"人"的多元评价，过分强调结果性评价而轻视了过程性评价。适教的课堂是一种目中无人的课堂，教师的眼里只有知识，"我心中，你最重！"最重的不是学生的生命与生活，而是考试的知识。对此，叶澜在20世纪90年代就猛烈地批评过这样的课堂特点在于"完成认识性任务""钻研教材和设计教学过程""上课就是执行教案"，这就是传统课堂教学范式的"大框架"。在此基础上，叶澜进而提出了她自己对于基础教育课堂教学改革的基本观点：

> 把丰富复杂、变动不居的课堂教学过程，简约化地归为特殊的认识活动，把它从整体的生命活动中抽象、隔离出来，是传统课堂教学观的最根本缺陷。它既忽视了作为每个独立个体，处于不同状态的教师与学生在课堂教学过程中的多种需要与潜在能力，又忽视了作为共同活动体的师生群体，在课堂教学活动中双边多向、多种形式的交互作用和创生能力。从根本上看，这是忽视课堂教学过程中人的因素之突出表现，它导致课堂教学变得机械、沉闷和程式化，缺乏生气与乐趣，缺乏对智慧的挑战和好奇心的刺激，使师生的生命力在课堂中得不到充分发挥，进而使教学本身也成为导致学生厌学、教师厌教的因素，使传统课堂教学视为最要之认识性任务也不可能得到完全和有效地实现。为了改变上述状态，我以为，必须超出和突破（但不是完全否定）"教学特殊认识论"的传统框架，从高

---

① ［美］Ralph W. Tyler：《课程与教学的基本原理》，罗康、张阅译，中国轻工业出版社2008年版，第55页。

第十章 从"适教课堂"到"适学课堂"

一个层次——生命的层次，用动态生成的观念，重新全面地认识课堂教学，构建新的课堂教学观，它所期望的实践效应就是：让课堂焕发出生命的活力。[①]

叶澜几十年如一日，带领团队深入基础教育课堂开展研究，紧紧抓住课堂教学与班级管理两个中心，重构课堂教学的价值观，变革课堂教学的过程观，形成新的课堂教学的评价观，探索形成中国特色的"生命·实践教育学派"，旨在推动中国基础教育课堂教学范式的现代变革。

目前，社会正处在一个由工业化社会向信息化社会转型的过程中，适应工业化社会的"为教而教"与"适教课堂"已经处在危机中，这一危机主要来自它的内部。只有先弄清楚这个危机的性质，才能为教学理论的研究寻找到一条可能的新路子。"危机"一词来自库恩的《科学革命的结构》一书。库恩在该书中提出了两个概念并论述了它们之间的关系，这就是"危机"（crisis）与"范式"（paradigm）。根据库恩的理论，一切科学革命都必然要牵涉到所谓的"范式"的改变。范式可以有广义和狭义之分：广义的范式是指一门科学研究中的全部信仰、价值和技术，因此常常也被称为学科的范式。狭义的范式则指一门科学在常态情形下所遵奉的模型或楷模。库恩认为，常态科学都是在一定的范式指引下发展的，科学的传统一经形成之后，大多数研究者都在既定范式的笼罩下从事解决难题的常态工作，他们的旨趣决不在基本性的新发现上，而且他们对叛离传统范式往往采取一种抗拒的态度，成为传统的维护者与倡导者。但是，传统从来都不是固定不变的，一种科学研究的传统积之愈久，内部发生的困难就愈多，尤其是对新生事物无法做适当的处理。当这种困难达到一定程度后，就会"从量变到质变"，这种传统的研究范式就要被新的研究所"突破"了，科学的革命随

[①] 叶澜：《让课堂焕发出生命活力——论中小学教育改革的深化》，《教育研究》1997年第9期。

之发生。新理论就像是对危机的回答，旧的研究范式开始向新的研究范式转换。由此可见，与工业化社会相适应的"为教而教"与"适教课堂"的内部危机促使传统的教学研究理论与教学实践活动的范式开始被突破，而突破它的新范式就是与新的信息化社会相适应的"为学而教"与"适学课堂"。

四 "为学而教"理念

"为学而教"是指为学生的学习而开展教学活动，教师教学的目的或落脚点是学生的学，这就达到了教学活动的终极目的。教师是因为学生而存在的，没有教师可以有学生，但是没有学生就没有教师。"学"是教学的逻辑起点，有了学生的"学"才有教师的"教"，所以"为学而教"是一种新的理念，它的产生同样适应了一定的时代背景并具有特殊内涵。

由于信息化社会和工业化社会的背景不同，不同的教育教学理念由之产生。教育信息化正是在全球信息化大背景下产生的，信息技术的全面渗透深刻地影响着教育理念、模式和走向，教育发展必须适应信息化时代的特征。教育信息化大体上包括管理信息化、教研信息化、教学信息化、学习信息化、评价信息化等。学生学习的信息化，是指学生获取信息的途径和通道多元化，学生知道的，教师不知道是很正常的现象，学生生于信息化社会，成长于信息化社会，发展于信息化社会，信息化和学生融为一体，培养学生的信息素养，在繁杂的信息中选择有效信息，分析信息和应用信息本身就是教育应该有的职责，所以"为学而教"的理念以学生和学生的"学"为逻辑起点和落脚点，符合信息化社会下学生发展的需求。信息化和大数据已经改变了教师和学生的学习、生活，改变了教学方式，学生可以通过网络获取信息，教师不再只是知识的传递者角色，而是帮助学生，促进学生，指导学生，研究学生等多元化角色。"为学而教"的理念在信息化时代应运而生，以学生的学习为目的，也就是有学者所提出的信息时代学与教变革要以"学习导向"为特征,关注信息时代学生学习的能力结构,挖掘教育大数据以分析学习者行为,构建学习化网络空间以培育新型学习方式,倡导"以学习者为中心"的新型教学模式。①

"为学而教"的内涵是让学生学得更好,目的是学生在学习的过程中体验学习的乐趣,让学生学会学习方法,即乐于学习和学会学习。

"为学而教"涉及两个方面:一方面是转变教师的观念,教师不再只是单纯的知识传递者,而是要组织学生学习,引导和创设环境让学生"动"起来,使学生学习活动更加丰富,如合作学习、自主学习、探究学习、实践学习、研究性学习、调查学习、网络学习等。这一过程使得教师教得少甚至"不教"了,但学生却因此可以"多学"了。传统教学中大部分教师是在"为教而教"的理念体系下成长起来的,没有在"为学而教"的理念体系下接受专业培训,因此,"为学而教"以"为教而学"为基础。教师为了让学生学得更好,自身必须先学习且要终身学习,"为教而学"就是让教师为了学会教学而成为一个学习者,它是教师专业发展的新理念,即教师作为教育专业工作者,不仅职前专门在师范学习,而且职后要不断加强理论学习与实践学习,使其真正成为既有理论基础又有实践智慧的教师。"为教而学"指明了教师专业学习的目标性与方向性。"学,然后知不足,教然后知困,知不足然后能自反,知困然后能自强也,故曰教学相长。"只有教师"为教而学",即学而不厌,方能"为学而教",诲人不倦。② 另一方面是转变学生的学习方式,学习方式是学生在完成学习任务时基本的行为和认知取向。它不是指具体的学习策略和方法,而是指学生在自主性、探究性和合作性方面的基本特征。③ 随着新课改的推进,如何转变学生的学习方式已成为研究者关注的一大热点,在理论与实践结合、互动的

---

① 周晓清等:《从"技术导向"向"学习导向"——信息技术支持的学与教变革国际发展新动向》,《远程教育杂志》2014年第3期。
② 王鉴、王明娣:《高效课堂的建构及其策略》,《教育研究》2015年第3期。
③ 孔企平:《论学习方式的转变》,《全球教育展望》2001年第8期。

基础上实现学习方式的转变，才能给"为学而教"理念创造实现的可能性。

"为学而教"是在信息社会背景下产生的，这样的时代背景下的教师、学生、教材都带有信息时代的烙印和特点，主要包括以下几个方面。

第一，教师的角色多元化。首先，教师是专业的教育工作者，必须具备心理学知识、教育学知识、学科知识，是学生学习的引导者、指导者、合作者、支持者、传授者。其次，教师是研究者，研究学生，研究自己，研究教材，研究教法，研究课堂管理，研究同僚关系，研究师生关系，研究校园文化等。教师作为研究者与他自身的多元化身份相辅相成。最后，教师是课程资源的开发与利用者。传统的教师角色是传承知识，在为学而教的背景下，教师要精心准备学生的学习材料，开发利用课程资源，同时组织学生在开发利用课程资源中获得知识、发展能力。

第二，学生是学习的主体。叶澜认为："要把课堂还给学生，让课堂焕发出生命活力。课堂既是学生学习的场所，也是学生生活的场所，生活的场所必须舒适、温馨，学习的场所必须具有生命气息。无论是教师还是学生都以整体的生命，而不是生命的某一方面投入各种学校教育活动中。"[①] 把课堂还给学生，建构学习共同体，学生才能真正成为学习的主体。学生成为学习的主体不仅需要教师转变角色，赋权学生，相信学生的学习能力，还学生学习的权利，而且要通过营造良好的物理与心理环境，以温馨、舒适的共同体作为其学习的场所。构建以学生为主体的课堂学习共同体正是"为学而教"的有效途径。

第三，教学资源多样化。传统的教学资源主要以教材为主，在"为教而教"理念下教师主要负责"教教材"，在信息化社会背景下以"为学而教"为主流理念的课堂教学中，教学资源由纸质的教

[①] 叶澜：《让课堂焕发出生命活力——论中小学教育改革的深化》，《教育研究》1997年第9期。

材和辅导材料变为广泛的在线学习资源，线上线下的O2O使教学资源丰富化、多样化、便捷化。微课、慕课、翻转课堂、智慧校园、教育大数据无不冲击着当今的教育，也促使了课堂范式的转型。以翻转课堂为例，因为信息化条件的支持，先学后教成为可能，学生学习方式多样化，通过自主学习获得信息并完成学习任务，通过交流互动解决自主学习阶段中所遇到的问题，教师的角色与作用同时发生了变化，教师成为指导者、研究者、合作者。师生关系也发生了实质性的变化，课堂不再是教师讲学生听的场所，而是学生快乐学习的共同体。

五 "适学课堂"及其特点

与"为学而教"相适应的课堂便是"适学课堂"。"适学课堂"中的"学"包括多层含义。

首先，适合学生。主要是指适合学生的身心特点、认知特点、地区特点、民族特点，适合学生天性、学习风格、文化背景等。学生是教育的对象，学生的身心特点始终是教育活动与教学过程的出发点。不同时代的学生，其身心特点明显打上了时代的烙印，有一定的共性。在现代信息化社会背景下，学生的学习方式、学习兴趣、学习过程等均需要与信息化的手段相结合。即使同一时代的学生，因其成长环境、性格特点、兴趣差异而富有个性。适学课堂既要适合现代信息技术背景下学生的共性，又要考虑到不同学生的个性。学生的特点会因文化、民族、地域等的差别而有所不同，不同学科的课堂教学要考虑学生的特点而设计与组织教学活动。现代课堂教学方法因适合学生的特点而出现了新的形式，比如微课、翻转课堂等，这些新的教学方式均结合学生的学习特点而进行传统课堂的变革，将传统的"先教后学"模式转变为"先学后教"模式，形成了课堂教学范式的更替与变革。

其次，适合学法，即适合学生的学习方法，教会学生学习方法才是适学课堂教学的本质要求，学生学习方法的形成需要教师的指导和帮助，教学中教师教给学生学习方法的价值远远大于仅仅教给学生知识本身，正所谓"授人以鱼不如授人以渔"。教会适合学生的学习方法，既是学生的事，又是教师的事，是学习共同体活动中师生的共同任务。在《教学模式》一书中，乔伊斯系统地论述了学生在学生策略的掌握方面怎么样从"不适"到"适"的过程，而这一过程正是通过学习活动的变化来完成的。[①] 比如，今天的学生喜欢网络学习，相比于中小学限制使用手机，大学生都喜欢在课堂上玩手机，那么，在大学课堂上，WIFI 覆盖整个校园，相信学生，让学生利用手机学习，将手机作为学习工具，讲到概念性问题，就可以让学生上网获取概念，通过手机进行自主学习。再比如，翻转课堂，作为一种先学后教的教学模式，利用当前信息技术的条件，为改变学生学习方式和教师教学方式，把由教师重复讲的内容，如概念讲解和事实展示等放在课堂教学之前，通过课前的视频和其他形式供学生学习，让学生学习更加主动，让学生逐步学会对自己的学习负责。利用课堂上的宝贵时间，学生能够更加主动、积极地进行合作学习，动手操作，参与活动，交流互动，实现适学课堂所追求的把课堂还给学生的真正诉求。

再次，适合学材。教师可以根据教材和学生的"最近发展区"，结合网络资源，教师开发学材，制定适合学生的学材。

最后，适合学科。适学课堂教学模式并不是固定不变，整齐划一的，适学课堂教学模式有其各自适合具体学科的设计思路和模式，深入各学科内部。比如甘肃庆阳五中，以"先学后展，当堂达标"的适学课堂为总体模式导向，在数、理、化学科探索出"问题引导"模式，基本流程为：铺垫导入—明确目标—问题引探—达标检测—小结评价；在语文学科探索出"学·展·练"型模式，基本流程为：铺垫导入—明确目标—问题引学—展示导学—扩展练习—

[①] Bruce Joyce, Marsha Weil, Emily Calhoun：《教学模式》，荆建华、宋富钢、花清亮译，中国轻工业出版社2002年版，第479页。

小结评价；在史、地、生学科探索出"137"模式，"1"是指一个指导原则：集中学、集中研、集中展，"3"是指课堂导学的三模块：自主学、合作学、展示学，"7"是指课堂七环节：铺垫导入—认定目标—合作研学—展示导学—达标检测—小结评价；在英语、政治学科探索出"任务活动"型模式，基本流程为：铺垫导入—认定目标—任务活动达标—达标检测—小结评价。适学课堂根据不同的学生、学法、学材和学科选择适合的模式，营造了民主、平等、和谐的课堂环境，实施了自主、合作、探究的学习方式，创建了活动、展示、组评的课堂形式，运用了多媒体服务的教学手段，达成了课内高效，课后轻负的教学理想，完成了育人、素养、智慧的课堂使命。

"适学课堂"的实质是将课堂建构成适合学生学习的温馨舒适的学习共同体，也就是将现代社会中流行的学习型组织与共同体的理念引入课堂之中，使得课堂的范式更加有利于学生的学习。适学课堂建构的起点在于教师，在于教师观念的变革与教学方法的改革。教师要不断学习，接受全新的教育理念；教师要研究学生，了解他们的学习特点；教师要勇于探索，创新自己的教学方法。也就是说，课堂变革从教师的变革开始，教师不变，学生难以改变，课堂就仍然是沉闷的适教课堂。因此，建构适学课堂从校本教学研究开始，让这种理念从一个教师到另一个教师，从一间教室到另一间教室，从一所学校到另一所学校，正所谓佐藤学的静悄悄的革命自下而上形成燎原之势。

当前，世界各国的课堂和我国的课堂教学改革趋势正在从"为教而教""适教课堂"的理念向"为学而教""适学课堂"的理念转变，这种改革的浪潮滚滚而来，为我们正处在迷茫和探索阶段的教师提供了值得深入思考和践行的有力保障。虽然"适学课堂"正处在探索和完善阶段，但却呈现出一种与信息化社会相吻合的趋势。"评价教学思潮演变对促进课堂本质嬗变的作用大小，取决于能否澄清教与学的关系并予以深刻的祛蔽：两者之间究竟何为目的、何为手段?"① 从"适教课堂"向"适学课堂"的转变，正是从课堂教学手段向目的的转变，达至课堂教学本质的变革。面对基础教育领域课堂教学改革之需求，研究者既要反思适教课堂之弊端，又要着力构建新型的适学课堂，从"上天入地工程"的两个方向做起，将研究与变革的重心放在"学校的课堂教学与学校的课堂管理这两个核心上"②。实践和改革的路就在脚下，我们只有深入实践，不断探索和完善才能让这种新模式更具代表性和科学性，并发展为我们这个时代的课堂教学主流范式。

---

① 潘涌:《新中国课堂教学思潮的跨世纪演变》，《课程·教材·教法》2015 年第 8 期。
② 王鉴:《论教育研究的叶澜之路》，《当代教育与文化》2015 年第 3 期。

参考文献

陈向明：《质的研究方法与社会科学研究》，教育科学出版社 2002 年版。

胡德海：《教育学原理》，甘肃教育出版社 1996 年版。

黄济、王策三主编：《现代教育论》，人民教育出版社 1996 年版。

金生鈜：《教育研究的逻辑》，教育科学出版社 2016 年版。

李秉德主编、李定仁副主编：《教学论》，人民教育出版社 1991 年版。

李定仁、徐继存主编：《教学论研究二十年》，人民教育出版社 2001 年版。

李定仁、徐继存主编：《课程论研究二十年》，人民教育出版社 2005 年版。

李定仁主编：《教学思想发展史略》，青海人民出版社 1993 年版。

李书磊：《村落中的国家》，浙江人民出版社 1999 年版。

李希贵：《重新定义学校》，中国人民大学出版社 2017 年版。

李亦园：《文化的视野》，上海文艺出版社 1996 年版。

刘良华：《校本教学研究》，四川教育出版社 2003 年版。

施良方：《教学理论：课堂教学的原理、策略与研究》，华东师范大学出版社 1999 年版。

施良方：《课程理论：课程的基础、原理与问题》，教育科学出版社 1996 年版。

石中英：《知识转型与教育改革》，教育科学出版社 2001 年版。

王策三：《教学论稿》，人民教育出版社 1986 年版。

王策三：《教学论稿》，人民教育出版社1986年版。

王策三：《教育论集》，人民教育出版社2002年版。

王嘉毅主编：《课程与教学设计》，高等教育出版社2007年版。

王鉴：《教师与教学研究》，甘肃教育出版社2012年版。

王鉴：《课堂观察与分析技术》，甘肃教育出版社2013年版。

王鉴：《课堂研究概论》，人民教育出版社2007年版。

王鉴：《实践教学论》，甘肃教育出版社2003年版。

吴康宁：《教育改革的"中国问题"》，南京师范大学出版社2015年版。

吴也显主编：《教学论新编》，教育科学出版社1991年版。

徐继存：《教学理论反思与建设》，甘肃教育出版社1991年版。

叶澜：《回归与突破：生命·实践教育学论纲》，华东师范大学出版社2015年版。

张楚廷：《课程与教学哲学》，人民教育出版社2003年版。

张汝伦：《现代西方哲学十五讲》，北京大学出版社2003年版。

钟启泉：《核心素养与教学改革》，华东师范大学出版社2018年版。

［巴］保罗·弗莱雷：《被压迫者教育学》，顾建新、赵友华、何署荣译，华东师范大学出版社2004年版。

［德］赫尔巴特：《普通教育学》，李其龙译，人民教育出版社1993年版。

［俄］苏霍姆林斯基：《给教师的一百条建议》，教育科学出版社1984年版。

［法］埃米尔·涂尔干：《社会学方法的规则》，华夏出版社1999年版。

［法］卢梭：《爱弥尔》，李平沤译，商务印书馆2017年版。

［法］皮卡尔·布迪厄、［美］华康德：《实践与反思——反思社会学引导》，李猛、李康译，中央编译出版社2004年版。

［加］马克思·范梅南：《教学机智——教育智慧的意蕴》，李树英译，教育科学出版社2001年版。

［加］迈克尔·富兰：《变革的力量——透视教育改革》，教育科学

出版社 2004 年版。

［加］迈克尔·富兰：《学校领导的道德使命》，教育科学出版社 2005 年版。

［捷克］夸美纽斯：《大教学论》，傅任敢译，人民教育出版社 1984 年版。

［美］Thomas L、Good and Jere E. Brophy：《透视课堂》，陶志琼、王凤、邓晓芳等译，中国轻工业出版社 2002 年版。

［美］艾尔·巴比：《社会研究方法手册》，邱泽奇译，华夏出版社 2004 年版。

［美］杜威：《民主主义与教育》，王承绪译，人民教育出版社 1990 年版。

［美］加里·D. 鲍里奇：《有效教学方法》，易东平译，吴康宁校，江苏教育出版社 2002 年版。

［美］克利福德·格尔茨：《文化的解释》，韩莉译，译林出版社 1999 年版。

［美］拉尔夫·泰勒：《课程与教学的基本原理》，施良方译，人民教育出版社 1994 年版。

［美］梅雷德斯·D. 高尔、沃尔特·R. 博格、乔伊斯·P. 高尔：《教育研究方法导论》，许庆豫等译，江苏教育出版社 2002 年版。

［美］乔治森·特纳：《社会学理论的结构》（上、下），邱泽奇等译，华夏出版社 2001 年版。

［美］威廉·F. 派纳、威廉·M. 雷诺兹、帕特里克·斯莱特里、彼得·M. 陶伯曼：《理解课程》（上、下），张华等译，教育科学出版社 2004 年版。

［苏］赞科夫：《教学论与生活》，俞翔辉、杜殿坤译，教育科学出版社 2001 年版。

［日］筑波大学教育学研究会编：《现代教育学基础》，钟启泉译，上海教育出版社 1986 年版。

［日］佐藤学：《学校的挑战——创建学习型共同体》，华东师范大学出版社 2010 年版。

［日］佐藤学：《静悄悄的革命——创造活动的、合作的、反思的综合学习课程》，李季湄译，长春出版社2003年版。

［日］佐藤学：《课程与教师》，钟启泉译，教育科学出版社2003年版。

［日］佐藤正夫：《教学原理》，钟启泉译，教育科学出版社2001年版。

［英］安东尼·吉登斯：《社会的构成——结构化理论纲要》，李康、李猛译，中国人民大学出版社2016年版。

后　记

　　近二十余年来，我研究的兴趣集中于课堂教学。教育学独立于哲学，虽然它已经分离出来，但到目前为止，仍然受哲学的影响而沉溺于思辨研究的旧习难改，我也曾经痴迷于这种近似于玄学的研究。因此，以往的课程与教学论研究，不是属于"实证学派"就是属于"进化学派"或"唯心学派"，对于教学的研究价值要么是纯自然研究方法取向的实证研究，要么就是纯主观心理取向的解释研究，因此，扎根实践的对课堂教学现象的研究成了传统研究的突破口。

　　关于课堂研究，我已经做了三个方面的努力，可称之为课堂研究三部曲：《课堂研究概论》《课堂研究方法》《教师如何做课堂研究》。《课堂研究概论》于2007年由人民教育出版社出版，该书旨在重新理解课程与教学现象，并通过对课程与教学论的学科发展研究，将课程与教学的理论与学科教学的课堂有机结合起来，重构课堂教学论的概念与体系。《课堂研究方法》以"课堂志"方法为核心，系统地论述了课堂研究的方法论历程、课程与教学论学科发展与课堂研究的关系、课堂研究的主要方法、课堂研究的经典案例、课堂研究与课堂变革等，对于教学研究人员和中小学教师从事课堂研究有一定的参考价值。《教师如何做课堂研究》则主要是以课例分析为内容，将中小学各学科的经典案例集中在一起，既分析课堂研究中的共性，又分析不同学科、不同年级课堂教学中的特殊性，不仅通过案例掌握课堂研究的方法，而且通过案例提升教师课堂教学的理念与方法。这本《课堂研究方法》是我继《课堂研究概论》之后对课堂领域深化研究的又一专著。在研究过程中，既考虑到体系上的完整性，又考虑到内容上的独特性，所以可以将二者结合起来阅读，同时在《教师如何做课堂研究》完成之后，三部曲便相得益彰，形成了一个全面系统的研究成果。

在该著作的完成过程中，我的学生给予我很大的支持与帮助。在他们攻读学位的过程中，我不仅指导他们完成学业，而且带领他们深入中小学开展课堂研究，将理论与实践有机结合起来。在成果发表方面，我一直主张师生之间的合作，这不仅有利于培养学生成长，也有利于形成研究团队。因此，我与他们合作发表过许多文章，多数都是我讲授给学生们，他们经过整理并收集资料完成论文，我再进行细致的修改，这样，既相当于给学生上了选修课，又和他们合作完成了科研任务。这些成果经我选择，部分编入此书，成为我研究体系的一部分。在此，我要向他们表示感谢！姜振军、王文丽、安富海、田振华、李晓梅、李泽林、胡红杏、刘祎莹、谢雨宸、方洁、王力争、王明娣等在与我的合作中，记录与整理了我的一些思想与观点，让我省去劳力之苦，同时，他们付出的艰辛劳动不仅丰富了我的研究，也助力了他们的专业成长。

事实上，一种方法的运用并使某一专业领域的人广泛认同或使用，并非易事。课堂志作为课堂研究的方法，自 2004 年我提出已历时 15 年，如今本专著再一次对其加以系统、深入的研究，旨在让这一方法与课堂教学的现象研究紧密结合起来。今天，课程与教学论学科的重要任务是发展一种适合科学研究的特殊方法，能够摆脱功能主义、解释主义、结构主义的束缚，使我们在研究教学现象时，摆脱以往对这一事物的一切成见与旧习，把它当作一种新的事物进行考察和理解。诚然，课堂教学论要成为一门真正的科学，路途尚远，但是，为了这个目的，研究者必须从今日做起，不仅是我和我的学生，而且希望有更多的学者加入其中，尤其是中小学教师应成为真正的研究者而与我们相遇在通往课堂的路上。

我们不是在课堂做研究，就是走在研究课堂的路上。

王鉴
2018.7.31 于昆明